國家古籍整理出版專項經費資助項目

邢侗集

〔明〕邢侗 著

宮曉衛 修廣利 輯校

齊魯書社

來禽館集卷之一

濟南臨邑邢　侗子愿父著

五言古詩

鳳笙曲

鳳笙不須炙和鳴千載期白日弄霞采悠悠隨所之人
代亦自好緑髩無常滋所以抗手去青天羃四垂

君馬黄

何因識龍種玉纓黄金鞍望風馳絶塞轉戰不辭難箭
簇桃花落霜彫赤電殘祇縁蒙一顧帷敝寸心丹

明萬曆四十六年本《來禽館集》卷首

來禽館集卷之一

臨邑　邢　侗子愿甫　著

河間　范景文夢章甫　閱

序

吳景猷先生詩序

今海内物力多詘獨文力校盛窮閻下邑人人工爲詩然而外强者中恒乾聲炫者實類勦塗鴉伧署以爲鳳畫虎自匿其近尨鞶倮無裨于巨匠本夆卒歸于瑣恧者矣其或渭城止限于一曲則全體之褩金

明崇禎十年版築居刻本《來禽館集》卷首

沛園集卷一

沛南 邢侗子愿著

詩

沛園吟 小引

余家濟北善富以數世王父迨世父相沿邸店上田甲一邑而自余讀書解事則諸院謀爲秦人出分計家侍御公適當戶一切部錄瓜分率用河南卜式指多推美田宅而余兄弟凡三人猶鼎峙各

明天啟四年賜緋堂刻本《沛園集》卷首

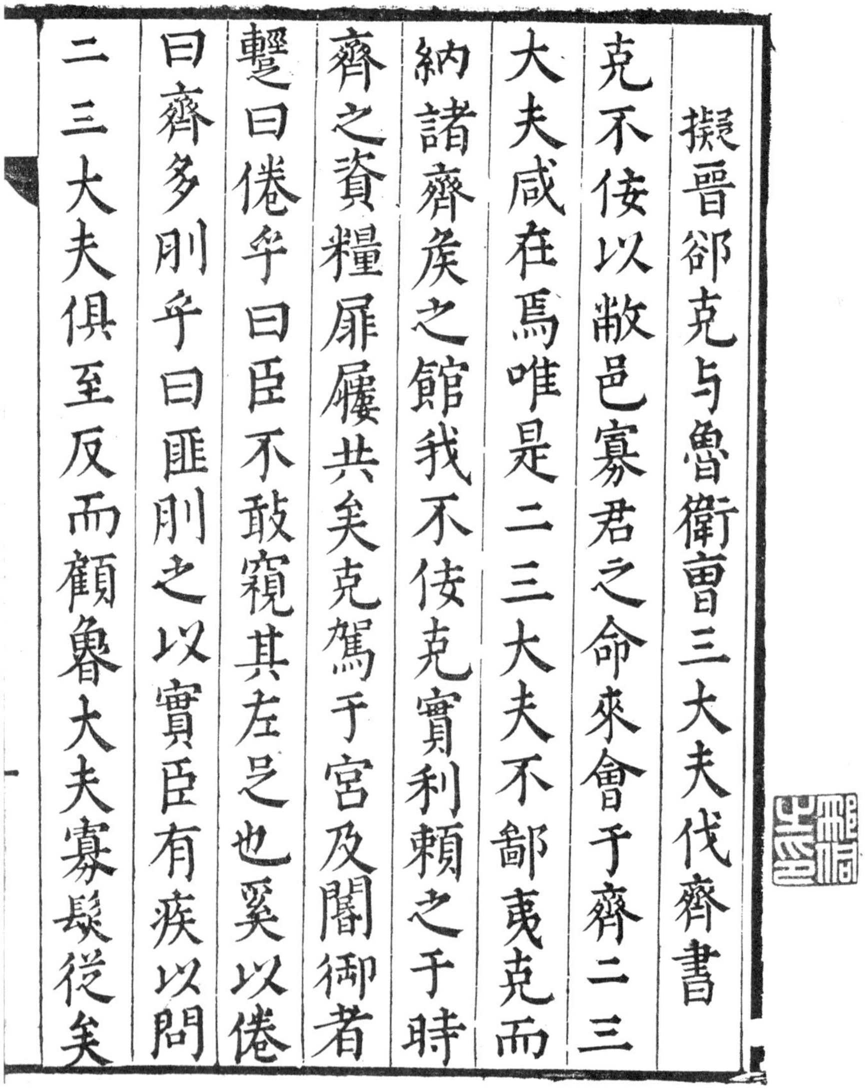
擬晉郤克与魯衛曹三大夫伐齊書
克不佞以敝邑寡君之命來會于齊二三
大夫咸在焉唯是二三大夫不鄙夷克而
納諸齊侯之館我不佞克實利賴之于時
齊之資糧屝屨共矣克駕于宮及闈御者
輕曰倦乎曰臣不敢窺其左是也奚以倦
曰齊多刖乎曰匪刖之以實臣有疾以問
二三大夫俱至反而顧魯大夫寡髮從矣

明刻本《邢子愿雜著》(有邢侗鈐印)

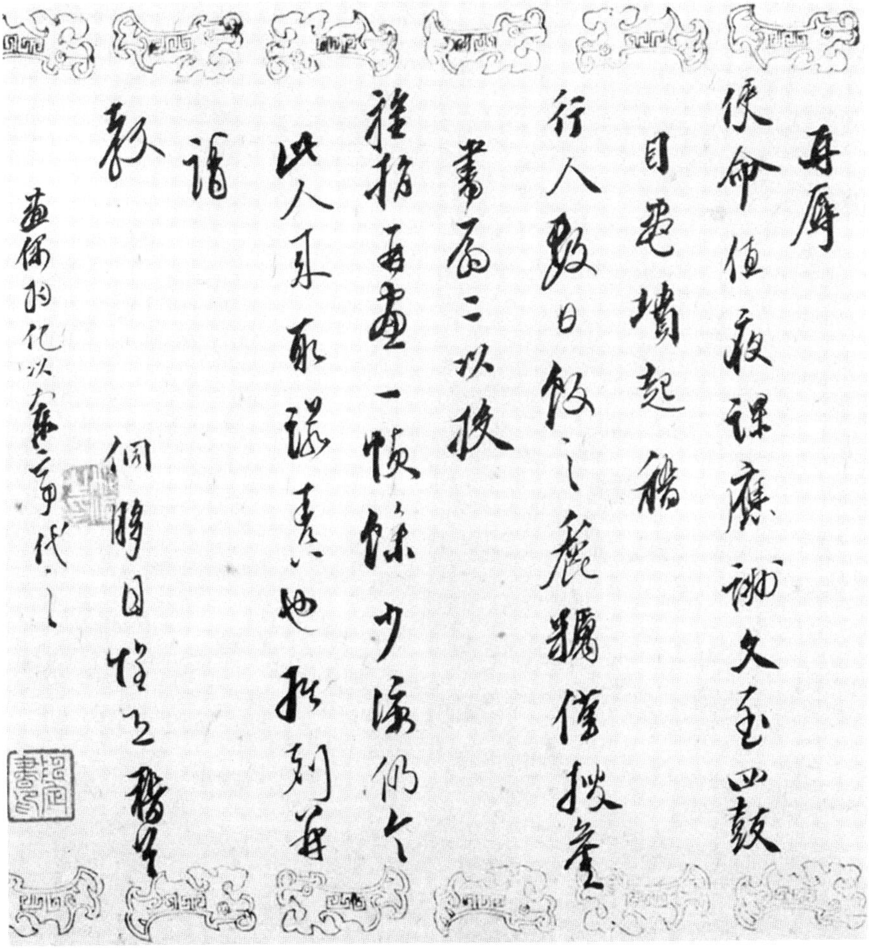

邢侗手札

邢侗讀書處(采自民國二十二年版《山東古蹟名勝大觀》第一集。原説明文字:“此處亦曰來禽館,爲泲園二十六景之一。”不存。)

邢侗墓(采自民國二十二年版《山東古蹟名勝大觀》第一集。原説明文字:“墓在縣西南八里盧家莊。”存,在今臨邑縣經濟开發區大盧家村。)

前言

邢侗（一五五一—一六一二）是明代一位很有成就的文學家、書法家、方志家。他的文學觀念和創作，被認爲「去七子之鉛華」、「孤出獨樹」，或有推其主盟山左文壇之譽；他的書法地位位列「晚明四大家」，作品和收藏影響波及至今；由他領纂撰述的數種志書，多開啓當地修志之始，在明代山東志書編撰中占有突出的位置。以此數端，邢侗洵爲明末山左乃至全國當之無愧的文化名人。本集則是邢侗詩文創作的結集。

一

邢侗，字子愿，號知吾，致仕歸里後因築來禽館而居，又稱來禽主人，人或稱來禽夫子，山東臨邑人。生於明嘉靖三十年（一五五一）。邢氏家族「簪紳世閥，詩禮名家」①，「五代以上皆有科第」②，是當地最有影響的鄉紳大族。邢侗曾祖父邢政，以舉人先後任河北静海知縣和山西岢嵐州知州，頗有政聲；祖父邢溥，貢生，爲河北博野縣教諭，並因子貴而獲封吏科給事中；父邢如約善醫術，御選列第二，回山東任濟南德王府良醫所良醫正，後又因邢侗而獲封監察御史。傳統的家學和殷實的家境，爲邢侗提供了良好的成長氛圍。

邢侗夙稟靈慧，七歲能寫擘窠大字；十四歲已盡讀家中藏書，補博士弟子員；十七歲被山東督學鄒善賞識，召到濟南「讀書於其堂」；十八歲，時值明穆宗「詔選天下髦士，縣一人貢太學」，他應詔至京，「盡友天下士，學日益博，文日益有名」③。隆慶四年，邢侗二十歲中舉；萬曆二年，二十四歲進士及第，授南宫縣令，正式步入仕途。

在南宫令任上，邢侗行事公正廉潔，政績突出，「在任五年，野無不耕之田，下無廢學之士」，深得當地人稱贊，號曰「邢父」④。萬曆八年，擢山西道監察御史；萬曆十一年，巡按三吴（今蘇州、常州、湖州一帶）；萬曆十二年，遷湖廣參議；萬曆十四年，升任陝西行太僕寺少卿，官至四品。邢侗念及父母年事已高，不欲遠離，經三次上疏辭官，終獲准歸里，時年三十六歲。

邢侗歷官數任，頗有政績，入仕僅十二年已官至四品，在他人眼裏乃是少年得志、宦途通達者。而且在邢侗少年時，因見家中長輩被小吏催租呵責，發憤曰：「丈夫不能榮其親而以親辱耶！」而愈加勤奮讀書，入仕乃是其志向，所謂「少而勵操，不屬爲庸常人」⑤。何以竟如此年輕而辭官？究其原因，「親老乞休」大概衹是一個可向皇帝陳情的正當理由。時任兵部尚書的黄克纘在《邢子愿先生傳》中有一段文字寫了邢侗當時的政治遭遇：

先是，權貴子有鹿蒙虎皮，欲鬻餘技以欺世者，多引名士以爲重。同年某御史素重子愿，遂列名評隲中，子愿不知也。至是權貴敗，銓部引繩批根，凡與其子遊者俱罷官。而子愿以跡素疎逖，得外轉楚藩參議。子愿不之白，怡然之官。督漕粟至淮上，往返風濤中二年，艱險萬狀。猶以前事轉陝西行太僕寺少卿，時年僅三十餘耳。

史高先在《來禽館集小引》中也用此說：

偶罣浮議，遷楚叅藩、秦冏卿，移疾乞休。

黄克纘説的「權貴」是張居正。張居正死後，明萬曆帝曾查抄其家，與張居正相近的官員多受牽連。黄克纘説邢侗是無意中與張居正的兒子扯上了關係，結果也被張居正案波及。雖然没有受到直接處罰，在任官使用上顯然還是受到了影響。參藩督漕粟於淮上，往返風濤的艱險；陝西太僕寺少卿料理馬政的路途遥遠，按黄克纘的記述，邢侗这兩次官階的提升，都没有脱開張居正案的影響。這對年輕的邢侗反而是一次次的挫折。如此的宦海風波，也許讓邢侗對仕途有了新的認識，讓他執意辭官，不再留戀。不過一旦辭了官，辭官的原因無論是奉親養老，還是「懮讒畏譏」遠離避禍，抑或是「移疾乞休」——此説實出自邢侗曾説過自己是「養病致仕」⑥，都已經不那麽重要了。因爲一朝跳出宦海，邢侗的人生軌跡幾乎就是一條直綫，始終怡養鄉里，即便曾有重返仕途的機會，他也不再去主動把握。

回鄉後，邢侗置買了臨邑城東南十二畝多的一塊荒地，修築自己的私家園林，取名「泲園」。園内修建二十六景，其中的讀書處名曰「來禽館」，乃是因爱慕王羲之書法，取其《來禽帖》名爲館名⑦。有《來禽館詩》云：

買絲繡右軍，分行種青李。總是愛來禽，帖與樹俱爾。

既緊貼王羲之《來禽青李帖》之名，也寫了築景之實。從此，來禽館就成了邢侗的代稱，直至其身後作品結集，亦以此命名。

居家期間，邢侗流連田園，怡然林麓，「身與氓隸爲伍，心與猿鶴爲儔」[8]，讀書會友，似已絶意宦途。文學創作多爲親友酬答，儘管胸中尚有「一腔意氣未盡沫」[9]，時而會評隲文壇現狀，抒發糾正時弊之豪氣：「覺今人一字不跡古，元美暢美，于鱗艱深，皆非班、左斯文正髓，泲水其將興乎？」[10]間或感念時事，也會「釋詩書而談韜略」[11]，保有驅虜御寇之「請纓少年」的血性，但更多的時間還是用在泲園的打理上。他甚至每每會爲一株珍稀花木費神向朋友索求，或以書法交換，且把此種雅興多以詩紀之。生活波瀾不驚。

「皎然冰玉見風姿」[12]、「齊風多憍志，子愿乃温然」[13]，这是當時的文壇領袖、與邢侗有著亦師亦友之誼的王世貞寫邢侗的詩句。這樣的文字，無論是對其人還是對其創作，都讓我們感受到了一位清正儒雅的邢侗。而邢侗容貌的「聲如鐘，目如電，髮鬢如雲，鬚髯如戟」[14]，倒是與他通儻灑脱、豪爽好客的突出個性更合拍。辭官歸里，他除了購地建園，抒散風雅之情；就是廣交朋友，「四方賓客造門，户履恒滿」。他「減産奉客」[15]，盛情款待，客去還「頗有贈遺」，「有木綿二十餘頃，所入盡以供客」[16]，加之他不善經營，雖然曾擁有祖上留下的鉅萬資産，却很快便家道中落，甚至到了「租税踐更之外，幾不飽僮僕」[17]，「八口嗸嗸，交遍相責」[18]的境地。而他自樂其中，「自謂不貧也」[19]。這種既能捨棄功名，又「見素抱樸」、疏爽豁達的處世態度，頗得時人對其品行的贊賞。

萬曆四十年（一六一二），邢侗六十二歲，「鬖髮鬢黑，風神健旺」，却「一疾遽歿」[20]。黄克纘寫其是「因長子王瑞才而早夭，思念成疾患」[21]。邢侗曾寫過此子之才：「長兒瑞十歲能爲顔平原《麻姑壇》書，府君摩其頂謂：『汝父以名書稱，今且及汝矣。羲、獻逝矣，自覺瑯琊不遥。』」[22]足見家族對其期望之厚。愛之深，痛之切，愛子的早逝，終止了邢侗原來信心滿滿的生命之路[23]。他在臨終所書「天高水長，學則如此。止惟五峰小圃未成，西漢書未爛耳」[24]一節文字，最後又一次道出了他怡情園林、貪戀讀書的性情取向。並不刻意孜孜於創作，所以雖然他休閑日久，作品存世量却遠不及與他交往密切的王世貞、李維楨、馮時可等好友。

二

邢侗的存世著作主要爲兩部分，一是詩文，二是方志。其詩文結集爲《來禽館集》二十九卷，其中詩五卷，近六百首。方志三種，爲《南宫志》、《武定州志》、《臨邑縣志》。

顯然邢侗没有想到自己的生命會在六十二歲戛然而止。儘管在生前他已經爲自己作品的結集付梓有所考慮，如他的詩文稿雖然自稱「儘多散草，都未料理」[25]，但保存是比較完整的，理應是在爲結集做準備；又如他分批寄作品給千里之外的浙江海寧賜緋堂主人陳與郊，雖在信函中没有關於這方面的具體文字留下，其意圖亦應是借助陳與郊之手將作品付梓行世，否則即便兩人交情深厚，陳家也難以在遭逢大難、十分困苦的境况下，還在陳與郊、邢侗身後刻印出《沛園集》五卷。天不遂人意，邢侗的詩文著作在其生前雖然似乎刻過兩種小集，但没能真正結集刊行。這與他在當時文壇的地位和影響很不相稱。

邢侗去世後，其次子王稱「綜緝笥中櫝，凡若干卷」[26]給邢侗女婿史高先，史高先請邢侗生前友好李維楨、馮時可等幫助審訂，李維楨又請冒伯麟、喻叔虞等參與討論，而後繕寫，按詩五卷（分五言古詩、七言古詩、五言律詩、七言律詩、五言排律、七言排律、五言絶句、七言絶句、頌等九類）、文二十四卷（分詩文序、考績序、贈送序、壽序、傳疏、擬古書、碑記、傳、墓志銘、墓碑、誄、行狀、祭文、雜俎、記、逸事、呈詞、論、啟、書牘等二十類）排序，共二十九卷，名《來禽館集》。該集於明萬曆四十六年付之剞劂面世，時距邢侗去世已六年。李維楨爲之撰「序」，史高先撰「小引」，敘述了該集的緣起。儘管該集輯録邢侗作品並不全，如邢侗撰有《擬古十書》，集中僅輯六篇；黄克纘説邢侗曾爲之撰《城安德記》「遂爲絶筆」，集中未見其蹤；鄒迪光跋邢侗與范穆其書櫝十幅，此批書札亦不見集中等。所以史高先在「小引」中説「是集也，散佚什之三，删削什之一」，且準備「俟異日蒐羅續補」。但該集通常已被視爲邢侗著作之「全集」，這從李維楨所撰「序」原題作《邢子愿全集序》[27]可以印證。

萬曆本《來禽館集》二十九卷是家刻本，板存臨邑邢家，此後曾分别在清康熙、道光、光緒間三次補板重印。清代的這三次重印可分别稱康熙本、道光本、光緒本，都是因時任臨邑縣令或地方政要的重視和支持而實現的。板的基礎是萬曆本，補刻了因戰亂和時日久遠而損毀部分，當然，因朝代的更替，康熙本也對萬曆本原板做了少量文字的剜削。補刻部分行款字數均同萬曆本，可惜的是大都校訂不精，疏誤頻見。僅舉兩例： 如卷六原第三十頁之康熙本補刻板，萬曆本「知微」，康熙本作「知徵」； 萬曆本「粗備」，康熙本作「祖備」； 萬曆本「工備」，康熙本作「王脩」； 萬曆本「又曰」，康熙本作「天曰」； 萬曆本「斯人」，康熙本作「也人」。又如卷十五原第三頁之康熙本補刻板，萬曆本之「侵我」，康熙本作「侵也」； 萬曆本「詳爲」，康熙本作「儀爲」； 萬曆本「老者」，康熙本作「者若」； 萬曆本「凡如」，康熙本作「比如」。此外諸如將「阿堵」誤爲「阿諸」，「菟裘」誤爲「蒐裘」等形近誤刻者不勝枚舉。雖然道光、光緒重印訂正了部分康熙本的錯誤，也是據萬曆本恢復了初刻本原貌，且訂正並不全面，新刻仍有疏漏。所以有清三種重印本，品質較之萬曆原板還是打了折扣的。

《來禽館集》的另一刊本是明崇禎十年重刻的二十八卷本，本文稱之爲「崇禎本」。該本由時任兵部尚書的范景文撰序，史高先之子史以明作「跋」，在南京刊刻行世，亦即史以明「跋」中說的「留都書肆重梓以行」。是爲坊刻本。崇禎本是一個新刻本，但從其每卷内篇目的編排順序與萬曆本一致，可知其源自萬曆本。不過崇禎本還是較萬曆本有明顯的不同。一是將原萬曆本的文二十四卷並爲二十三卷； 一是大大改變了原各卷編排順序，將原置一至五卷的詩調到二十四至二十八卷，一至二十三卷的文編排順序與萬曆本順序也大不同了（改排爲詩文序、考績序、贈送序、壽序、書牘、啟、傳、傳疏、擬古書、議、頌、碑記、誄、行狀、墓志銘、墓碑、祭文、雜俎、記、逸事、題辭、呈詞等二十二類）；一是較萬曆本增補了一首詩六篇文，按文體自然補入各卷中。此外，該集有近二十人參與校訂，並在大部分的卷前署有校訂責任者，校勘較爲精審。不過，令人費解的是，其目録卷十三列「議、題辭、呈詞、逸事、頌」諸類及文題多篇，但正文中卷十三衹收「議」一篇，其他各類，「題辭、呈詞、逸事」諸篇附於卷二十三「雜俎」之後；「頌」一篇仍如萬曆本附「詩」之卷末。目録與正文如此差異，實在是該本校訂上的一大疏忽。崇禎本對萬曆本既有篇章數量的增益，也有少量文字的差異和對萬曆本個別文字之誤的訂正，是萬曆初刊本的較好校勘本。《明史·藝文志》所録「《來禽館集》二十八卷」所指即是崇禎本。

據考邢侗存世的詩文集尚有《泲園集》、《邢子愿雜著》等。《泲園集》五卷本，僅見存國家圖書館。該本刊刻於明天啟四年浙江海寧賜緋堂。賜緋堂是海寧人陳與郊的室名，陳與郊在此刻書多種。陳與郊，字廣野，與邢侗是同科進士，兩人友誼甚篤，有金蘭之交。他和邢侗的朋友王穉登、李維楨也是好友。據陳與郊長子陳祖皋爲本書所撰序言知，邢侗常寄自己的作品給陳與郊，且這些文稿並未因陳家罹獲冤獄而散佚。陳家冤獄平反後，將之檢閲刻印。刻印成書之時，邢侗、陳與郊均已去世。因南北相隔遥遠，《泲園集》與《來禽館集》刊刻時間相近，却没任何關聯。儘管《泲園集》的大部分作品已見收於《來禽館集》中，但其編排順序與《來禽館集》毫不相干。《泲園集》中有多首詩和十餘篇文字特别是邢侗給陳與郊信札多通爲《來禽館集》所失收。但該集世間流傳甚少，顯然爲明清歷次重印《來禽館集》者和邢氏家族後人所未見，是以不僅没把《來禽館集》失收的文字補入新刻重刊本或補板重印本，明清書目及《邢氏家乘》中記載邢侗著作也不見提及是集。另外，《泲園集》還有一不分卷本，僅見於南京圖書館所藏。此本一册裝，無序、跋、目録。所收詩一組、文二十一篇均見於《泲園集》五卷本。該本除了書口係對應本頁内容的文體而鎸爲「詩」「序」「誄」等，與五卷本書口鎸爲卷數不同外，其他行款、字體、内容與五卷本《泲園集》完全相同；少數頁碼行數雖有異，但對應的每行字數、内容亦與五卷本《泲園集》一致。可以推定，兩本同出一源，不分卷本當是五卷本的節選本，衹是兩本孰先孰後就不好推論了。此本亦未見於明清書目。

《邢子愿雜著》不分卷，藏於上海圖書館。原書無名，現書名是館藏者書目所列。這個版本當爲明代寫刻本。原書既無書名，也無目録，按文體歸類裝訂成册。書中數篇前面署有「來禽館草」字樣，似爲原編集擬定名。該集所收詩文用各種字體書寫，部分出自邢侗學生之手；各個小類的印製用紙也多不同，是一種少見的編集形式。從書中留有邢侗本人鈐印推測，此本或爲邢侗生前刊印本，其所收録的「記」和「墓志銘」中尚有細述相關人員或墓主後人名録等文字，而這些文字在《來禽館集》中都已不存，或許删削這類文字也包括在史高先「小引」中説的「删削什之一」之中。衹是該集在明清書目及文獻中未見著録。其收文約四十篇、詩十餘首中，書札十餘通爲《來禽館集》失收，則又不似邢氏家藏本。失收文字大部分見收在五卷本《泲園集》裏，可知邢侗曾將這些文字寄與浙江陳與郊，顯見他對這些文字還是很在意的。

見於《邢氏家乘》著録的刊刻本邢侗詩文集還有《擬古十書》和《來禽館文稿》兩種。按其著録所記，《擬古十書》是邢氏家刻本，「文字雕鏤精雅，紙札堅潔」，然「十書」僅存四書，已全收在《來禽館集》中。此集原本亦未考見。《來禽館文稿》則「不知共幾卷，今存者一卷，後半簡札多全集不載」。情況與《泲園集》第五卷相似，但書名又不類。此集亦未得見原本。此兩種版本除見於《邢氏家乘》存目外，明清其他書目不見記載。

邢侗著述，又有方志三種頗具影響。其中《南宫縣志》撰述最早，作於邢侗任南宫縣令時。該志的編纂，是南宫有《志》之始。全志共十三卷，無序跋，但邢侗在大部分卷後都加有一段「邢侗曰」的評述文字。這種編輯體例又見於邢侗此後編纂的《武定州志》和《臨邑縣志》，在其他志書中則較少見。明萬曆本《南宫縣志》存世甚少，《邢氏家乘》在有清一代近三百年數加修訂，但邢氏族人「屢徵不至」，均未見此書，衹能將該志在《家乘》中存目。現僅見國家圖書館藏寫本，该本首頁有「南宫邢氏珍藏善本」鈐印，蓋爲明本。

《武定州志》十五卷，是邢侗在原嘉靖兩卷本《武定州志》的基礎上增補數萬字而成。書前有邢侗萬曆十六年撰「引言」。與《南宫縣志》一樣，邢侗也是在每卷後加了一段文字評述，這使得其志雖屬官修，却又帶有私人著述的鮮明痕迹，是明代山東地方志中引人注目的一種。書目見收於《明史·藝文志》。

《臨邑縣志》十六卷，是邢侗回鄉後，在萬曆十九年應時任臨邑知縣所聘創修，亦爲臨邑有《志》之始。該志的編纂，邢侗依然采取了其熟悉的於卷後加本人評述的格式。祇因其反映原貌的版本甚少見，而且其個人色彩突出的著述方式，也被認爲「似與近時志體間有未合」[28]而不爲後世修志者采用，是以後人多祇知其爲當地志書之創始，而不談其編纂特點。

邢侗撰志，「寧質勿文，寧輕勿譜，寧簡勿蔓，寧嚴勿濫」[29]，考據詳明，采摭精當，門類清晰，並不泥於舊例成規，人評「事核而文，嚴而直，信史筆也」[30]。其所加的評述文字簡賅允當，較之邢侗其他文章更見直白流暢。不過此類文字與原志合爲一體，捨去原志則内容不能獨立成篇，因而不在本集的輯録範圍。

邢侗編撰著作又有《邢氏家乘》、《邢進士舉業稿》和合編《東阿于文定公年譜》等。《邢氏家乘》是由邢侗創修的邢氏家族史，經歷明末戰亂，原作祇存邢侗撰或輯録他人文字數篇二卷，現存《家乘》十二卷是邢氏後人數次補修而成，非邢侗原作。《邢進士舉業稿》是邢侗科考之作，雖然所收文章「大都語語務驚人」[31]，却非文學作品，亦不屬本集輯收内容。《東阿于文定公年譜》是邢侗受于慎行之子于緯托請編纂，署「濟門人邢侗編纂，皖門人阮自華撰述」，兩卷。有卷末邢侗所撰「跋」，已輯入本書的「集外詩文輯遺」部分。

三

史高先在編輯完《來禽館集》所撰「小引」中寫邢侗道：「先生能文、能詩、能書、能畫，蕞會諸長，擅絶兼品，裒裒慨慨，鬱爲鉅儒。」説到了邢侗在詩文書畫諸方面均有較高造詣。而如若論及邢侗這些才藝的影響，當還是以其書法爲先。清代著名詩人王士禛在其《論詩絶句》中論邢侗「來禽夫子本神清」，「悔教書法掩詩名」。此評是人們談邢侗被引用最多的，反映了人們的認可度，亦由此可見邢侗的文學創作，影響不如他的書法藝術。邢侗書法，與張瑞圖、米萬鍾、董其昌並稱「晚明四大家」，又與董其昌有「北邢南董」之目。其書法「取法晉人，不落唐宋窠臼」[32]，時人争相寶藏，且有以黄金同價購買者，聲名遠播朝鮮、琉球[33]。其《來禽館帖》，時至今日，仍爲書家喜愛和重視。邢侗雖善畫，人評其畫「入黄、趙、董、馬堂奥」，評價也不低，但影響遠遜書法。在書法的盛名之下，説到邢侗，人們通常首先會想到他是一個書法家，這確實遮掩了他在文學創作上的名聲和影響。而文壇上的邢侗，其實也有不俗的表現。在前後七子「文必秦漢，詩必盛唐」持論影響廣遠，邢侗本人與前後七子的領袖李攀龍、王世貞都有關係甚至私誼之時，他能不事依傍，以「孤出獨樹」之風頗令人矚目。時人有「于鱗之後，君爲代興」[34]之目。「君爲代興」未見得已是文壇共識，邢侗能否堪當其名尚可議。但邢侗本人是十分認可這個評價並極其看重這方面的名聲的，他在托請李維楨爲自己寫墓志時特别强調了這是必寫内容：「以邢生與李君並，煩足下墓志中入此論，死有餘榮。」[35]雖然認爲能與李攀龍齊名乃是自己的榮幸，但對這種評價的欣然接受，也透出了邢侗對自己文學創作的自負。

邢侗論詩，對時風多有批評，朱彝尊在《静志居詩話》中舉其説曰：「其言曰：『詩盛于嘉隆七子，以爲盡詩人之變矣。然效趨者高趾，促柱者急張。往往不病而呻吟，匪樂而强笑，江河日下，七子之盛，七子之衰也。』」蓋深中時流之弊。」他在創作中也努力踐行自己的主張，他於詩歌諸體皆擅，尤以古體最見揮灑。如他在歌頌某官員地方治理有「德政」時所作詩中對饑荒之年的描寫：「歲多菑，疾癘起，富者半生貧欲死。十室九室呻吟中，千户萬户倉皇裏。」（《春風歌》）「東土饑，民流離，婦姑不顧乳下兒。衰羸夫，卧道塗，烏鳶睥睨號豺貙，况乃有賦官追呼。」（《再生歌》）風格上頗近漢魏樂府，内容上直寫生民困苦也不輸前人。此類寫民生疾苦的詩在邢侗詩中不乏見。如下面這首五言律：「下邑浮沙白，微生傍木綿。綻纔堪再摘，雨已濯枝捐。泥淖盈霜霰，田農苦涕連。謀生已無策，况復急官錢。」（《木綿壞》）都是作者身居鄉里有感而發，不涉無病呻吟語。

邢侗的詩歌多作於其辭官回鄉之後，「適興達情」蓋爲其創作初衷。内容上多爲居家期間的友朋往來酬答，間或點染田園風光；風格大都意興平和。也能偶見意興飛揚之作，如《題宣和御筆白鷹》：「鐵爪金睛雪作衣，石頭亭立特生威。解絛欲奮青雲去，應是凡禽不敢飛。」雖然衹是題畫，筆墨中却有一種超然世外的卓拔之氣。衹不過這類風格的作品在邢侗詩中甚少，包括那些直接關乎民瘼的創作，有的作品甚至是邢侗流著眼淚寫的：「裁書報憑軾，臨紙淚痕新。」（《敝邑今歲幾大熟連遭陰雨十不一得室廬半毁徙爨通逵叵而泣報守道仁公》）他的文字讓人讀來還是多平和而少激烈。加之其文字上的工於雕琢，所以《山左明詩鈔》評其詩「大抵氣體清逸，風神隱秀」，《四庫總目提要》評其「和平雅秀」，允爲的評。

邢侗爲文，名聲亦著。曾任山東巡撫，後任兵部尚書、刑部尚書等顯職的黄克纘在所撰《邢子愿先生傳》裏寫道：「子愿夙以古文詞鳴。最熟太史公、班孟堅，晚乃馳騁於東漢、晉宋間，好作駢儷語。一時操觚之士於大江以北咸推子愿狎主齊盟。」「狎主齊盟」之語出自山東巡撫之口，當非虚言。其文章特點，在黄克纘所述以外，當時分别爲萬曆本和崇禎本《來禽館集》作序的李維楨、范景文對其也有著比較一致的評價。李維楨説：「邢子愿崛起山東，而海内傾鄉之，如岱宗之長五嶽，如東海之表大風。其文出周、秦、漢、晉諸家，殊非六朝所能盡。雖然，即目子愿爲六朝，亦吾丘壽王所謂天下少雙、海内寡二者也。」又説：「子愿文體沿六朝而精鑿整潔，新奇充滿，出入秦漢，無六朝人强造不根，誇多傷煩之病。」[36]范景文則説：「其爲文，韻生於才，膚冒其骨，有子長之沉鬱，極長卿之絢麗，選徵刻羽，比事屬詞，即使鄒、枚八公及子政父子，未能或之先。」「氣格遒上，直逼東西二京。」「色光日煊，神理不磨，則真六朝非豔六朝，真兩漢非竄兩漢。」爲他人著作作序，推許之辭難免溢美。然以李維楨當時的文學聲譽和范景文的兵部尚書身份，所言蓋爲時人對邢侗文章風格的基本共識。這種認識，道出了邢侗文章深受漢魏六朝文影響，風格亦近之的特點。讀邢侗原作，自能清楚地感受到這一點，如他「好作駢儷語」；如文中隨處可見的古文奇字；如他仿古所作「擬古書」，讀來幾可亂真。學古並不易，李維楨論六朝文：「藻豔之中有抑揚頓挫，語雖合璧，意若貫珠，非書窮五車，筆含萬化，未足語此。」[37]范景文説邢侗文是「真六朝」，顯指邢侗文已有六朝文的境界，邢侗也具有「書窮五車，筆含萬化」的造詣。然而對古人的追仿，勢必要刻意揣摩遺辭用字，所謂「文追漢魏，一字不輕下」㊳。雕琢的痕迹過重，滯礙了行文的流暢，以致典雅秀麗有餘，自然舒暢不足。所以當人們走出擬古之風籠罩的明代，再看邢侗文章，感受就更清楚。《四庫總目提要》就直接了當地説他「文體則更近於澀」。文風如此，應是邢侗的文學創作後世流播不廣的主要原因。

因邢侗在詩文創作上「書窮五車，筆含萬化」、文字運用可追古人的突出表現，在晚明文壇上，人們把他和王穉登、李維楨、董其昌、馮時可並稱「中興五子」，且有馮時可所撰《中興五子贊》爲證。此五人均爲晚明文壇上響當當的人物，尤其是邢侗與董其昌還有書法盛名，詩文和書法兩者相輔相成，奠定了邢侗作爲晚明山左文化名人的地位。

文學和書法的融合，又生成了邢侗著作一個不能不提到的關於用字的特點。李維楨在《來禽館集序》裏説邢侗「精六書，多古文奇字」；史高先在《來禽館集小引》中也説「集中用古最深」，所强調的邢侗著作之「古」，主要表現在其用字上。用字的古、奇、僻，是邢侗著作需要單獨一書的突出特點。書法家寫字通常講求變化，抑或是出於炫博，尤其邢侗又是一位深諳古文的文學家，好用怪字、僻字，同一字義的字，也往往取不同的寫法，不足爲奇。但把書法家的用字直接摹刻進其著作的刻本中，如萬曆本《來禽館集》裏用字的繁複，與邢侗同時代的文人著作幾無出其右者。從更接近邢侗原作的寫刻本《邢子愿雜著》和存世的邢侗手札可知，邢侗的詩文稿中確實使用了大量的古字、俗字、僻字等。邢侗身後，其朋友、晚輩爲之整理作品集刊刻行世，顯然采取了儘量保存原作用字原貌的整理方式，如此的原貌實録，也就造就了像《來禽館集》這種用字特殊的版本。除了那些觸目可見獨立字義的稀見字、形音相近的通假字，舉凡同一字義有不同寫法者，在刻本中多會被用到，包括選用罕見字、簡寫字和變化字體結構等。例舉幾端：回—囬、廻、迴，樹—樹、尌、尌，最—㝡、冣、㝡，藝—蓺、秇，往—徃、㞷，畝—畒、畆，穀—穀、谷，蓋—葢、盖，寧—甯、宁；類—頪、頪，齊—亝，賢—贒，巡—廵，迺—廼，挨—挨，禍—旤，卒—卆；範—笵，幾—幾，灑—洒，答—荅，廣—广，壞—坏，葉—叶，數—数，饑—飢，解—觧，豐—丰，醉—酔，虧—亏；幼—务，魄—䰡，胸—胷，魂—䰟，岸—岍，裙—裠，幻—玄。

僅舉上例，或已可窺邢侗著作用字之全豹。手稿和刊刻用字往往不同，設若由邢侗本人整理其書稿刊刻，刻本如何用字難以推測，但《來禽館集》既然已由他人整理，且刻意保留了作者好用「古文奇字」的特點。今日整理如將之作統一規範處理，改變了原作之原貌，則恐怕此《來禽館集》就非彼《來禽館集》，此邢侗已非前人眼裏的邢侗了。所以在整理工作中我們采取了用字基本「一仍其舊」的處理原則。包括個別刊刻清晰然查無出處、未明字義的字，如卷十六《陸令人墓碣銘》文中「堂窞」之「窞」，萬曆本、崇禎本同，康熙本補刻作「厭」，光緒本補刻作「厦」，難以判定正誤，凡屬此類，均存原貌。當然，刻本中也有明顯的照猫畫虎出現的錯誤，此類情況主要反映在「須」、「復」兩個字上，因對手寫偏旁的誤解，此二字在底本中時見誤刻爲「湏」、「澓」，如此，則字義已變。對此，則作了徑改處理，以免錯誤延續而曲解文意。出於同樣的原因，底本中也可見諸如刻「警」爲「罄」、「壁」爲「辟」「適」爲「適」等情况，則徑爲恢復本字。

四

關於本集的整理，我們先是廣泛瀏覽了古今書目所載邢侗著作的存世版本，包括到台北「故宫博物院」查閲其所藏「明崇禎十年留都書肆刻本」《來禽館集》，確認其與本集參校的版築居本《來禽館集》爲同一版本。又廣泛考查、校核了邢侗詩文别集所收作品及其失收作品情況，舉凡有綫索者，均加努力搜羅過目。諸如《四庫總目提要》載《端肅公集》條裏有「邢侗爲之序」語，此序邢侗著作集中不收，易見的該書明萬曆本没見邢序，是細訪葛守禮著作其他版本，始在其《端肅公文集》中覓得。前面説到，在邢侗身後，其後人及親友輯編《來禽館集》，是作爲邢侗的詩文全集整理的。儘管其女婿史高先説編集對邢氏著作删削有十之一二，但所删削者似乎祇是相關文章中的部分章節，如《重修泰山碧霞元君靈應宫碑》中參與動議和實施者名録、墓志銘裏較爲煩瑣的墓主後代名録等。真正散佚集外的，是邢侗與他人交往所撰述文稿而未留底者。如崇禎本《來禽館集》所補出的《跋吴橋范會川公書》，顯然就是由范景文提供；再如邢侗作爲著名書法家、文學家，應邀爲所到之地或朋友撰述的文字，有的見收於當地方志，有的見於碑刻，而不爲《來禽館集》所收；還有邢侗交友甚廣，信札往來頗多，有的朋友甚至想方設法多得邢侗書信作爲收藏[39]，是以邢氏書札存世尚多，其中不乏未入集者。此類作品，本集作了盡可能的搜集。

此次整理，《來禽館集》以萬曆初刻本爲底本，以崇禎本及《泲園集》、《邢子愿雜著》等爲校本整理標點，保留萬曆本《來禽館集》原貌，其後出現的崇禎本，清康熙、道光、光緒本《來禽館集》的補文及序跋均附萬曆本後，以見《來禽館集》初刻面貌及版本流變。輯録於各典籍或碑刻的《來禽館集》未收之詩文，作爲「集外詩文輯遺」附《來禽館集》後，編排順序依萬曆本《來禽館集》體例先詩後文，再按詩體文體排列。不過這一部分實難收全，如明鄒迪光曾作《跋邢子愿與范穆其書牘十幅後》⑳，這些書牘尚未查見。儘管現所見存世的邢侗信札原件，以便箋爲多，且多不署收件人（如南京博物館藏《邢侗手札》），暫不適合録入本集；另外，在今人著述中也有對邢侗未入集作品的引録，這類已有綫索，却雖經努力難覓其原件或原拓者，本集也祇能暫付闕如。但隨著全國古籍普查的展開，相信會有新的發現。因此，對邢侗著作輯佚的工作依然還在路上。

本集的「附録」部分擇録了有關邢侗的墓志銘、祭文、傳記等資料，以助加深對邢侗的了解。

邢侗用字的「奇、僻」、其文章的「澀」和其集外詩文的「散」，都給本集整理帶來了不小的困難。對其用字的理解和古文辭的斷句標點，頗費周章却難免存有疏漏；對其集外散見詩文的搜集，也祇能算是告一段落。雖然整理者已是加倍小心、審慎對待，但囿於學識且完稿時限緊迫，自知失誤和不足均有。在此懇望方家不吝指正，以期日後訂補完善。

最後，要感謝所有給予我們支持和幫助的朋友，是他們的熱忱相助，使本集的整理少走了不少彎路；要感謝國家古籍整理出版規劃領導小組辦公室將該集列爲出版資助項目，使該集得以順利出版。

二〇一六年十二月

①②《邢氏家乘》卷一。

③⑯㉑㉚㉞黄克纘《邢子愿先生傳》。

④《南宫縣志》卷十二《南宫循吏傳》。

⑤《來禽館集》卷二十六《上温按臺》。

⑥本集《集外詩文輯遺·揭帖一篇》。

⑦《來禽館集》卷五《來禽館》：「每展右軍囊盛書，令人神爽，乃錫館以嘉名。」

⑧《來禽館集》卷二十八《與王成所年丈》。

⑨《來禽館集》卷二十九《與少宗伯郭明龍》。

⑩《來禽館集》卷二十五《與傅金沙》。

⑪《來禽館集》卷二十七《與兵垣》。

⑫王世貞《弇州續稿》卷十九《復陪子愿侍御過家弟敬美澹圃作》。

⑬王世貞《弇州續稿》卷三《邢侍御侗》。

⑭⑳馮時可《明中順大夫陝西行太僕寺少卿知吾邢公墓道碑銘》。

⑮錢謙益《列朝詩集小傳》丁集下。

⑰⑱《來禽館集》卷五《泲園吟小引》。

⑲《來禽館集》卷二十九《與趙南渚京兆》。

㉒《來禽館集》卷十八《先侍御史府君行狀》。

㉓《來禽館集》卷二十五《與蘇松徐撫臺》：「行年六十，鬚髮無一莖白，齒尚可礪。漏三十下，矻矻作褚河南《陰符》，細書不訛謬。本寧有云：『子愿不似人間人，似仙似神。』」又，本集《集外詩文輯遺·與陳廣野》：「弟邇日酒可飲三十小杯，飯亦健，鬚尚無一莖白者，讀書覺有味，想當有數十年活也。」

㉔㉝李維楨《陝西行太僕寺少卿邢公墓志銘》。

㉕《來禽館集》卷二十七《與徐汝惠貢士》。

㉖史高先《來禽館集小引》。

㉗李維楨《大泌山房集》卷十一。

㉘清康熙《重修臨邑縣志》唐開陶《序》。

㉙《來禽館集》卷六《棗强縣志序》。

㉛顧爾行《邢進士舉業稿·序》，見《邢氏家乘》卷十。

㉜王士禛《分甘餘話》卷一。

㉟李維楨《祭邢子愿》。

㊱李維楨《來禽館集序》。

㊲李維楨《邢子愿小集序》。

㊳《邢氏家乘》卷十劉重慶《來禽館真蹟跋》。
㊴王世貞《弇州續稿》卷一百八十九《邢子愿侍御》：「尺牘俊語，使人醉心。至於結法，妙入《聖教》三昧。家弟所別得四帋，更焕若神明，即付兒子寶藏，不敢作换羊肉故事也，所覬多多益善耳。」
㊵鄒迪光《石語齋集》卷二十二。

例言

一、本集爲邢侗詩文總集，輯録邢侗存世詩文作品，並加以校勘、標點。作者所著志書、年譜等，不在本集輯録範圍。

一、邢侗詩文已基本見收於其詩文集《來禽館集》中，本集整理，存留《來禽館集》明萬曆初刻本編排原貌，後出《來禽館集》各版本增補的詩文、序跋等附萬曆本後；見於他處而《來禽館集》未收之詩文，作爲「集外詩文輯遺」置《來禽館集》後。

一、所收《來禽館集》以明萬曆四十六年初刻本爲底本，以明崇禎十年版築居《來禽館集》及其他邢侗著作版本爲校本，校記附篇後。校記所涉各版本簡稱爲：萬曆本《來禽館集》爲「萬本」，崇禎本《來禽館集》爲「崇本」，《泲園集》爲「泲本」，《邢子愿雜著》爲「雜著本」，《邢氏家乘》爲「家乘本」等。

清康熙、道光、光緒諸本《來禽館集》作爲萬曆本的補板重印本，除對其輯録序、跋的特殊之處適當出校外，不作校本。

一、底本原目録與正文標題時見不一致處，已作統一處理。底本多見剜削處，校他本能補出者補出，出校；不能補出者，以「□」示出。

一、基本保留底本及增補文字所涉各版本用字原貌，原版本的古字、俗字、通假字一仍其舊；人名字號、室名的用字不統一，如王穉登，字百穀、百谷，底本中「穀、谷、縠」均見；于慎行之「穀城」時或作「縠城」，不改。屬於顯誤者（如「緒」作「楮」）予以訂正並出校。

一、「輯遺」部分依《來禽館集》文體編排順序排序，於各篇後均注明來源出處。該部分屬清代版本中的避諱字，如「玄」作「元」，徑改。

一、詩文均加新式標點。爲統一格式計，詩句及詩文標題中的書、篇名均不加書名號。

明顯誤刻字，如「須」作「湏」，「復」作「复」，徑改，不出校。

一、「附録」輯録了部分關於邢侗的傳記資料，以便於讀者查閱和加深對作者的了解。

目録

來禽館集

卷之一

卷之二

卷之三

卷之四

五言排律 …… 一一〇

卷之五

卷之六

卷之七

卷之八

卷之九

卷之十

卷之十一

卷之十二

卷之十三

卷之十四

卷之十五

卷之十六

卷之十七

卷之十八

卷之十九

卷之二十

卷之二十一

卷之二十二

卷之二十三

卷之二十四

啟

卷之二十五

書牘

卷之二十六

卷之二十七

卷之二十八

卷之二十九

崇禎本補詩文

其他版本《來禽館集》序跋

集外詩文輯遺

附録

來禽館集

來禽館集序

今所在文章之士，皆高談兩京，薄視六朝，而不知六朝故不易爲也。名家之論六朝者曰：「藻黼之中有抑揚頓挫，語雖合璧，意若貫珠，非書窮五車，筆含萬化，未足語此。」又曰：「文考《靈光》，簡棲《頭陀》，令韓、柳授觚，必至奪色。某有六朝之才而無其學，某有六朝之學而無其才。才學具而後爲六朝，非修習日久，實見得是，寧知其然？」國家文治休明，幾與三代等埒。自二三作者淪喪，壇坫虛無人，邢子愿崛起山東，而海内傾鄉之，如岱宗之長五嶽，如東海之表大風。其文出周、秦、漢、晉諸家，殊非六朝所能盡。雖然，即目子愿爲六朝，亦吾丘壽王所謂天下少雙、海内寡二者也。六朝人論文莫如《文心雕龍》，雖有作者，莫之能易。試取子愿詩文，參以彦和之論，統其凡而言之，則神思、體性、風骨、通變、定勢、情采、鎔裁、聲律、麗辭、練字，有至境矣；典雅、遠奥、精約、顯附、繁縟、壯麗、新奇，有具美矣。分其品而按之，宗經則情深而不詭，風清而不雜，事信而不誕，義直而不回，體約而不蕪，文麗而不淫；明詩則采縟于正始，力柔于建安，情極貌以寫物，辭窮力而追新，或枂分以爲玅，或流靡以自妍，有曲當矣。就其人而擬之，則賈生俊發，子雲沉寂，子政簡易，孟堅雅懿，平子淹通，嗣宗倜儻，叔夜儁俠，士衡矜重，心手相應，表裏相符，有全德矣。天授之才，人益之學，囊括千古，驅役百氏，建杓秇苑，傳播夷裔，名下故無虛士。

頃日後進廣先輩之說，謂：「爲僞兩京易，爲真六朝難。」真能爲六朝如子愿，豈不難哉！余嘗以邢子才比子愿，特取其同姓耳。子才六朝人，在北易爲雄長，令與江左諸君並驅，或亦韓陵片石之類耳。山東有子愿，而南北士林推遜率服，不謀同辭，豈不難哉！

子愿每有撰著，注想沉吟，良工不示人以朴，故其遺集視弇州、太函、馮元敏、鄒彥吉諸公，僅可十一。又精六書，多古文奇字，常手校讎，付家梓人。仲子與壻史民部畀余審定，余謝不能，屬之冒伯麟、喻叔虞、茅止生參伍討論，而後繕寫，可以剞劂。因述居平所評鑒如此，象白髦殘，鵠酸蠵臛，世所希御之珍，不盡悅口，惟識者知其味。地下修文郎庶幾快然若雌霓之讀矣。

萬曆戊午仲秋月穀旦大泌山人李維楨本寧父撰

邢子愿小集序

東晉後，文獻徙江左，而中原以五胡雲擾，遂若荒服。明興，則江左帝基肇迹，故南方之學得精華者，校西北殊衆。《北史》稱邢子才文章典麗，年未二十，名動衣冠。南人曾問賓司，邢故應是北間第一才士。今代有臨邑子愿氏，與子才同姓，又北間第一才士也。客有傳子愿詩文十許篇示余，將授梓，使爲序。

余按子才文不傳，度不能超六朝而上，子愿文體沿六朝，而精鑿整潔，新奇充滿，出入秦、漢，無六朝人强造不根、誇多傷煩之病。詩自建安以至大曆，撮諸名家勝場，非子才比也。余所見子愿詩文不止此，以兩邢相挈，子才之同於子愿者有三，子愿之賢於子才者有三。子才爲州，有善政，桴鼓不鳴，姦伏及守令短長，無不知之。不營生産，糴粟就食。及代，吏人、父老、嫗嫗攀追號泣不絶，立生祠，勒碑誦德。子愿爲令，所日用若酬往交際，悉取家槖，縣以大治。爲御史，出按秦、晉，爲楚粲藩，察吏如衡鑑不爽。所興除利患，悉當衆心。金矢之罰，錙銖不染，以資驕厄，所在尸祝不衰。一也。子才事寡嫂甚謹，養孤子恕，慈愛特深，兄弟親姻之間，稱爲雍睦。子愿御諸弟，一體無二，推之群從支屬，有無相共，緩急相爲，鰥寡孤獨，各得其所。田所出木綿，利差饒，什九在人，什一在己。一也。子才望實兼重，不以才位傲物，脱略簡易，不脩威儀。車服噐用，充事而已。子愿世家，席父貲鉅萬，而見素抱樸，與閭閈浮沉，衣褐寬博，脱粟飯、蕪菁俎欵叚下澤，不識金紫貴人。一也。子才不能閑獨，公事歸休，恒須賓客。爾時南北分據，人故有數。子愿之門，四方贒愚貴賤，輻凑纆屬，和顔接引，殷勤勞問。末年析箸，産日減，客日進，婦之簪珥常在質庫。一也。子才繕脩觀宇，爲之名題，有清風觀、明月樓，不擾公私，唯使兵力，然非當官所宜。子愿領職，不妄興作，家有來禽館，在古犂丘上，麁具木石，又與衆共之，外户不閉。一也。子才雕蟲之美，獨步當時，每一文初出，京師爲之紙貴，讀誦俄遍遠近。彼北朝無豪，易高耳。子愿當一統全盛之朝，學士雲蒸霧涌，以同郡，則于麟之後爲李、邢；以座主，則東阿之後爲于、邢；以鴈行，則益都同時爲邢、馮。視子才之初穪温、邢，再穪邢、魏，尤難。且其臨池染翰，宛然晉、唐、宋人手筆，上自宫禁，遠及四夷君長，購得隻字，寶爲九鼎。子才世息大寶，有文情，大德大道，略不識字。子愿諸子都得父所長，家幹戴禄，亦能校六書，有區惠恭、李善之致。一也。

昔陳慶之謂：「衣冠文物，盡在中原，非江東所及。」夫以戎馬蹂躪、羶腥穢濁之後尚爾，况齊魯聖迹未湮，家絃誦、户詩書遺風未泯，國家積德二百年，禮樂大興，子愿巋然特出，籠蓋人群，奔走天下，豈易也哉！子愿《全集》出，自有識者所共贊述，兹特桂林一枝、崑山片玉耳。余第取子才相方，子愿當不受也。

大泌山人李維楨本寧父撰

來禽館集小引

《來禽館集》，余外舅氏世稱邢子愿先生所著也。先生少而慧，長益博雅，弱冠登路爲循良吏，爲名御史。偶罣浮議，遷楚叅藩、秦冏卿，移疾乞休。年甫三十餘，輒被髮入山矣。

素不好治家人産，日蠹魚經史、諸子百家、稗官掌故間，網鮮罥翠，漁獵靡遺。嘗恨少人間未見之書，而又字勞編絶，叩玄問奇，反覆商略，抽繹精華，曾非啜拾餖飣如世之食生物不化者。以故高文大册，歷百千萬言，悉穩嚴古雋，富滋串洽。篇各有體，語各盡意，能令忠臣孝子、義夫節婦、貞士烈女、勞人逸民，靡不模寫其神情，申晰其肺附。即化工之巧，亦復爾爾。至傅會枯寂，意態横生，泠泠穆穆，擲地作金石聲，讀之若際景會而著見形色，則又起雷造氷手也。更從轉摺處换出天機，無湊泊痕，纍纍乎端如貫珠，一氣噴欱，敷成大觀。即小而跐跋標題，寸幀尺牘，泚筆戲言，妙臻典午法門。縱當日捉麈談鋒，亦埒是美令耳。詩分科品，率蝟宅風騷，枕藉魏、晉，以初爲祖，以盛爲禰，間沿厥中，絶不傍晚季口吻。書法工諸體，章、懷、鍾、索、虞、米、褚①、趙，規橅肖像，咄咄逼人。而其㝡會心慊意，尤在晉王，的是右軍後身，居然有龍跳鳯卧之致。試取臨池妙墨錯雜諸名帖中，不辨誰古。輓歲作蠅頭真楷，遒媚如舞女低腰，仙人嘯樹。它擘窠大書，體勢洞精，奕奕生動。雄强如劍拔弩張，奇絶如危峰阻日，孤松單枝而一種秀活。又如楊州王謝人共語，語便態出也。偶作意寫卷石、莎草、長松、脩竹，遊戲點綴，羅羅見其清疎，大抵昉叔明、元章筆意。素縑方麯，略騰數墨，上及宫禁，遠逮裔夷，争傳快覩，即朱提赤仄數流十千，不與易矣。

先生能文、能詩、能書、能畫，蕞會諸長，擅絶兼品，裦裦憪憪，欝爲鉅儒。海内雞壇牛耳，微先生屬誰雄峙狎執也歟哉！乃年政六十有二，鬚髮鬒黑，風神徤王，一疾遽殁。殁之日，余方官白下，竟未及訣袂一慟。訃聞，亟趣録貯先生遺藁。藐諸四人，幸長君鐃才藻，有父風，綜緝笥中櫝，凡若干卷寄余。余破涕謀諸李本寧、馮元成兩先生，龢閱再過，則付之冒伯麐、喻叔虞，徧購殺青氏。蹉跎匝再歲，携歸，復謀諸王涵仲兄。涵仲謀諸牟鳳區公祖。時牟公以鹺臺按東秦，慨然括鍰羨，擬壽梓矣。會余有襄陽之役，薄俸可佐不給。矧也牟公首倡風雅，涵仲從中慫慂，余雖蒙愚，寧忍舍旃？且在今日，非余之任而誰任焉？於是更番攷訂。集中用古竄深，屬司李洪聲希、襄陽令王士完、南漳令李玉巒、穀城令張玉筍，參伍質證，期於義協文通。仍有一二闕疑，若三數魯魚亥豕之訛。

是集也，散佚什之三，删削什之一，俟異日蒐羅續補可耳。若乃字櫛句比，校讎編次，始終厥事，則棗陽諭陸敬叔。此君大雅，又緗囊世緒，不負鑒裁，致足嘉也。余蠛蠓者也，不知文翰，焉敢妄評文翰？然得自疇曩口授頗真，故稱述其梗概如此。以爲謬悠，亡當大方，余甘姗咲；如以爲阿私所好也，則世自不乏具隻眼者在。

萬曆戊午九月九日同郡樂陵子婿史高先頓首書於襄陽之凝清堂

①褚，原作「楮」，徑改。

來禽館集卷之一

五言古詩

鳳笙曲

鳳笙不須炙，和鳴千載期。白日弄霞采，悠悠隨所之。人代亦自好，緑髩無常滋。所以抗手去，青天羃四垂。

君馬黄

何因識龍種，玉轡黄金鞍。望風馳絶塞，轉戰不辭難。箭簇桃花落，霜彫赤電殘。祇緣蒙一顧，帷敝寸心丹。

結客少年場

貂帽黄金羈，行行日欲西。馳道一驟馬，千人自離迷。魯朱虚臂左，郭解甘夏畦。侯印曾不顧，且鬭坊中雞。

王昭君

單于非重色，漢主爲和親。薄命悲蟬翼，君恩想月輪。暮愁沙雪亂，夜語蘆笳頻。寄謝昭陽侶，新歡難及晨。

湘妃廟用前人韻

寒色连江近，荒祠镇北墳。竹枝斑淚雨，苔蘚繡春雲。水咽新啼鴂，風廻故茜裙。浮湘吾去國，楚些不堪闻。

長門怨和劉長卿

長門閉清曉，漠漠繡簾垂。隔樹宫鶯囀，荒臺漏水遲。不將金買賦，徒有玉爲枝。報道芳菲節，春風何處吹。

蔡　琰

心似泥凝絮，身如水漾萍。悲來渾抵夘，歡異轉愁生。胡馬乖天步，穹廬亦月明。黄金誰贖取，行逐鴈南征。

征婦怨

見説塞垣苦，紅綃減帶圍。夢魂何緬邈，心跡恒乖違。臯蘭阻前坂，緑蕙産中扉。蕙開還復落，夫戍長不歸。

當罏曲

卓女逐人間，藏身酒肆邊。擎柈露指笋，倚桁墮鬟鈿。百態羞仍澁，千錢數若旋。家本田僮富，今來殊可憐。

浣紗篇

苧蘿山下女，如雪復如花。丫頭謝鈿妝，焜炫表朝霞。將紗濯江水，返景棲江沙。流盻一顧影，浩淼思無涯。須妍命應賤，年及誰爲家。捧心時作劇，女藪相環遮。傾城何必笑，含顰良自嘉。

畢逋歌爲隆平趙大母作

寒霜噪畢逋，卑栖東門郛。前林響渴鶾，助我城頭呼。問君胡爲呼？爲兹黄口雛。雛非我乎雛，則我哺有巢。戟胡有粒英，荼寧劬寧痡。惟雛之虞雛，竟膴膴雛復。生雛朝采漾，且上林一株。慈兮義乎字厥烏，於戲作歌詒趙嫮。

廬山詩五章爲但太翁賦 五首

廬山表江鎮，曰三天子都。真仙託靈宅，名流依隩區。星氣結寓縣，乃在山之隅。賢聚諒非偶，史奏應不誣。

其二

匡君封鄱陽，匡父元佐漢。我觀今但君，貤厥父華貫。父子遞官封，異代等服玩。但父笑無言，身合自戢翰。

其三

但父抱瓌奇，白鹿時註易。羲學摽殊尤，胷腑絶憹忮。一感王祥魚，數温姜肱被。千載江州門，再見此人瑞。

其四

匡俗兄六君，爾僅得中半。道術與經術，欝爲名山冠。不必問廬烏，所貴兼圭瓚。鼎足奉尊親，飲食常衎衎。

其五

五老化爲石，耳孫布江州。東野濬靈源，支分九派流。大乃柱朝堂，小亦堪薪槱。敬輓別駕駕，聊報前騶騮。

韵樂天吴郡詩石語語云江山是而齒髮非又可嗟矣

房公饒酒德，韋守擅詩名。一醉還一詠，兩州欣賞并。我乃遞領取，詩成酒亦傾。江山助文藻，齒髮悲平生。轉憶少年事，言軫蘇杭情。弇州公謂：「白公至老不忘仕宦，余乃爲暴露一班云。」

送吕甫和上單縣大師

誰鳴單父琴，君振此方鐸。政教非兩岐，明府鞭行著。眷眷牛耳壇，脉脉犂城郭。相勸慎加滄，聲光麗丹艧。青髩尚青氈，爲卜鞭行著。

梅花曲三月晦日作報金陵詹翰林

此日春光盡，何來寄隴梅。寒英猶歷亂，遠道爲徘徊。倚笛難成韻，臨風不可裁。昔時黄鶴畔，曾共落花杯。

演樂天閨婦詩意

三歲戍遼陽，無日不長欷。夜合花幾開，刀頭望來慰。紅綃帶緩無，緑鬢低也未。正詠白家詩，隔墻啼絡緯。

浮雲婿

載去秦淮水，深閨不繫愁。有時迷極浦，何處欝高樓。逐逐空多影，蕭蕭薄似秋。妾身行作雨，願向峽中求。

浮雲驄

槽櫪非吾願，雲空日夜心。離群應矯矯，馳影自駸駸。血汗凝桃雨，霜蹄灑練陰。詎云天上種，常得帝星臨。

七言古詩

調謝先生

朝度不其暮度不，夜寒霜露衣裳忍。凍過前壩長鬚不，解禺夷音揶揄時。被土人罵吁嗟乎，文章滿腹何必言，仰天大笑歸山樊。

伯城石觀察度遼

石卿石卿二千石，先借東萊後東魯。肝腸一片照雪霜，郭解朱家讓明主。吐辭如錦氣如蘭，醉裏揮毫灑素紈。奇乃張顛縱懷素，琳瑯風雨驚珊珊。呼我河間真小友，酌我蒲桃滿瓔柳。眼青時復作眼白，造化雌黄在君口。問君何地置邢侯，謂我真長第一流。頃之不語且不咲，四筵黯霮來颼颼。支公養馬復養鶴，君性依俙並廖廓。凡情曾不到胸懷，春草秋花供企脚。君今手把黄金鞭，長白山銜返照圓。腰間印綬是何物？酕醄猶當青孿鬈。鴨緑江邊曉波緑，漂纓走馬看紅旭。還軍一道練光凝，却是前溪飛屬玉。彎弓直下毛羽隤，高招大纛相喧豗。

回眸一兵進玄菟，淋漓斫膾稱雲罍。樂哉石卿誰可擬，萬歲千秋聊爾爾。膺冠繡服等浮雲，不道他人馬頭駛。

濟南太守檇李沈公德政歌有序

侗索居緜惙，人自齊城來，以劉先生《沈公謠》見眎也，因嗟嗟嘆焉。齊之民其猶有古之遺風乎？人情大抵飽則嬉，安則娛，愁乃吁，病則痾。我公去吁即嬉，起痾就娛，民是以謡焉。出口成聲，情生而質，且文亦有之，其古之遺風乎？余于文質兩無所底，庶幾近情焉。齊民于而余則喁，以藉劉先生。

竹馬歌

使君五馬馬五色，兒童竹馬馬以百。朝朝遲公阡與陌，胡爲使君不夙來？令我父兄頭欲白。

美政歌

古猶期月，公乃三月。文翁石室劉寬鞭，士有師保民有天。不茹不吐歌以絃，塗者擊節漁扣船。

平倭歌

颸風揚兮天地黑，妖氣瘴兮海無色。控扼塞兮保東國，島夷平兮曜靈出，賴我公兮振威德。

榷税歌

天不垂眷，蛇虺載塗。太陰蔽日，蒼生號呼。凶由道疏，斂以義扶。誰拯元元，其我公乎！

喜雨歌

東海揚塵白日丹，草木焦爛禾黍乾。禾黍乾兮民無食，郡公切切中心酸。一禱立澍禾黍起，不有郡公民已矣。

春風歌

歲多菑，疾癘起，富者半生貧欲夗。十室九室呻吟中，千户萬户倉皇裏。朝檢方，暮發囊，口始能言目有光。令我再得見日月，感君之惠天俱長。

再生歌

東土饑，民流離，婦姑不顧乳下兒。哀羸夫，卧道塗，烏鳶睥睨號豺貙，况乃有賦官追呼。公爲極狀天子俞，公逋既緩吾私逋。一一不使淪溝洿，吁嗟兮，捐軀報公公不欲，願公世世食天禄。

借寇歌

男安畊兮女安織，淫僞袪兮争訟息。飯蔬啜水民風一，治郡賢哉我大夫。三年功狀天下無，秖恐馬鳴鈴嘒嘒，願借大夫留一歲。

王受所雙珠照乘歌

滄洲客是滿都客，猗頓東來事鹽筴。青雲未就臚句傳，小隱波心斂雄翮。新詩一一凌古人，庭有芝蘭謝家跡。行年垂耋蚌吐光，喜見雙珠掌中獲。由來餘慶善可徵，此日于公駟門闢。君兮君兮籛氏儔，何慮年齡不盈百。

平生行爲宋鶴山賦兼柬尚璽李公

平生布衣交，多與樊噲伍。雜遝少年場，風流何足數。中山宋公當世豪，欲從末季廻滔滔。手提如意鐵花古，徒步千里寧云勞？策杖俄經歷山下，爲問齊疆誰大雅。道傍人指馬坊城，曰有邢生秀堪把。邢生卧病首長搔，潑墨從教點白袍。支扉片石耐剥啄，砌松磵竹流雲濤。聞道斯人來北寺，倉卒披衣履䩕屣。庭前繫馬不暇騎，半刺何遑題姓字。相逢大咲復譊譊，世上誰人能解嘲。臨堦坐床索茶飲，天花歷亂空中抛。幾廻過我來禽社，書出連山碑裏鮓。君雖不欲興轉佳，夜半談深如炙輠。論詩髣髴到黄初，識字仍頻兼栟櫚。先朝尚璽舊知己，孤鴻欲送心躊躇。俄然對景思東邑，滿目寒花紫烟濕。明朝掉臂重行行，凌曉西風吹簑笠。與君携手上河梁，獵獵新霜凋白楊。馬頭南向嘶不定，橐中短劍寒無光。百年意氣千年調，都付臨岐一長嘯。清平閣下爾同裯，泲水灘前我獨釣。同裯獨釣兩牽懷，南北東西羽翼乖。丈夫踪跡遍天下，到來契分應吾儕。

二龍行贈曹縣王生士龍士樞

東南躍二龍，西北亦復爾。二陸何必淩二王，一片瑯琊石堪倚。更有康樂與阿連，夢草池頭半泓水。楚陽秋花染作舟，二仲行吟筆頻泚。中原推余狎主盟，幾欲向君屐痕齒。題詩聊寄雙飛鴻，思君無言在蘭芷。

李雲仲爲其尊人請銘有感作

向見少孤，萬年可夘。今見季方，太丘有子。瓊花十丈根不芳，憶得斯人姓字香。一夜髮鬚渾欲白，可堪前度問劉郎。

木蘭歌

當户流黄織未成，點兵驚見卷中名。倉皇買馬家東市，結束從軍雪外城。朔塞十年金柝怨，明駝千里木蘭情。幽閨不受尚書賞，贏得填門火伴驚。

醫國行贈陳東溪長君遊泮作

嘗聞古人言，土深則木茂。脱不在其身，知必在其後。又聞語有之，務德莫如滋。所謂滋者何？無以良於醫。平原陳君世業此，方書云曾傳薊子。持心有恒真滿腔，活人無數憑三指。封德由來日已深，即看木茂成陰森。翩翩令子方弱冠，蜚起英聲表士林。明主求賢使者來，陳君之子當掄才。進之庠序鼓篋遊，行歌采芹泮水隈。足下青雲此伊始，扶摇不遠九萬里。從知而翁杏封林，蔌却郎君曲江水。還將而翁醫國手，轉被天下疲癃起。吾兩大人嘗抱痾，陳君療之一七多。酬君無地可栽杏，聞君有子樂如何。爰携巵酒敬爲壽，三爵觴之侑此歌。

送別龔丞之蓬州別駕

桓譚將去安陵境，黄綬解挂犂城門。方州佐政良不惡，蓬山蓬水開屏幡。蜀道雖難君不顧，蓋轉清秋閬西路。由來儒術重儒冠，別駕虔刀割江霧。與君交誼三年强，把酒曾同月未央。詰朝倏忽成疇昔，滿眼桃花都不芳。臨岐肯效兒女哭，但祝香名滿華轂。莫羞持版常拜人，鄧粲王祥匪君獨。

得山西大計耗走筆寄李本寧憲使

并州已謝廉訪使，何事臺抨復相及。一夫見讐胡爾爲，岱嶽驚摧海波立。顧余淪落更甚君，淚眼模糊百憂集。君令僑寓邗溝傍，想像瓊花根入蟄。才名大抵不愿人，鐵劍無光轉羞澁。同年同館多相臣，疇也升車疇戴笠。一生一死休問天，願占鷗沙飽殘粒。浮雲卷盡日未西，且教兒曹擴書笈。

贈藥令君擢順天判

野老相扶話晴雨，取次殷勤及明府。五年無吏到板扉，四境恬眠徧環堵。釋襏欲舞姑整冠，皷嬉北鄙兼南端。華胥之土大槐國，髣髴僅似吾人安。闊度雄風能得士，潘令春城富桃李。吾曹綦跡希偃庭，明府寒温數相齒。誤言曾未涉爰書，鐏視新醪饌有魚。團圞一咲還一謔，共邀座上蟾光虛。轡冠東秦書置驛，中朝競慕王喬舄。一朝帝命下犂城，京兆冠裳延半席。從來三輔重才賢，夙望今歸尺五天。羞將便面來驅馬，且奏民碞聖主前。

寄曾太公清美亭

龍蓋山頭風日好，踏步問將落花掃。方罫移來水石間，父樾天垂蔭芳草。退如徙倚太公傍，爲避陶家覆局狂。南風競甚客子北，太公却擅支公長。儻然敗棊亦可喜，成敗何緣電光似。只今清晝美遨遊，冠履衿紳都不滓。退如風調相如流，我欲從之雲夢蒐。相思莽莽湖南路，一片寒烟杜若洲。

送季岱石赴官杭州

杭州太守平昌客，手把雙旌向炎赫。彭鏗郭外易布帆，千里隋堤五湖白。計程何日到錢塘，榴子成房菡萏香。緋衣褐蓋露行冕，傾城老稺奔如狂。煌煌列炬照溝瓦，虎竹西樓月將下。月光火色交不休，滿百無留進三雅。如藍湖水拍天青，五馬朱轓時一停。六橋楊柳烟波織，三竺樓臺風雨冥。平生見説杭州好，出守真堪恣探討。從他几席出溪山，那得紅顏鏡中老。

當年按節過金閶，總有扁舟不可方。送君寬夢逐流水，相思夜夜吴山傍。

長嘯篇爲顧朗哉東遊作

有刺不傍原嘗投，亦不下與荆高遊。朅來長嘯出燕市，躡屩一過東家丘。靈光古殿魯恭瓦，狼藉殘陽故臺下。拾將一片比璚瑛，剷作風形秀而雅。戟門老檜柯挺霜，雙手摩娑鐵幹長。孔林更有千歲楷，截爲拄杖蛟龍翔。探奇次第尋名嶽，杯底松陰圍嵜嶃。秦斯古篆掩莓苔，坐卧雲根洗班剥。秋空漾漭捲秋霞，巑岏崚嶒凍雪花。扶桑喔喔一聲曉，吗徹山城人萬家。倉忙未盡登臨興，便面從教驅馬脛。雄談稷下今是非，柏寢梧臺應不佞。賫糧十日到東萊，先過中丞賦七哀。滄溟一盃渺無際，憨山衲子將書來。于時列嶂傳烽火，鼓角牙旗肅逌邐。如椽彩筆莫放閒，留向磨崖待虚左。

秋日送元彬孫郎亟還吴門受室

姑蘇此日秋風起，客子猶淹九河水。昨宵魂夢到鄉關，及早倉皇治行李。乍可青山别在兹，回頭應念舊恩私。須臾下馬成家慶，取次明鐙啓繡幃。繡幃銀蒜間流蘇，箇裏風光事事殊。行年三十稱夫壻，玉鏡臺邊問老奴。

古意

銅臺高揭漳水流，中有佳人字鳳脩。鸞簫逐空引仙侶，彩鷁耀日巢飛樓。我本鵷鶵落羽秋，感君並蒂鳴相求。排天六翮徒爾羡，卑飛無那蒼雲愁。但許同凔歲寒實，君自天衢我故丘。

來禽館集卷之二

五言律詩

擬唐人雪獵應制

七萃耀雄武，三驅匪樂盤。星狼避箭急，月兔怯矰寒。雪壓枯桑樹，風鳴獵騎鞍。君王行復問，若箇釣谿磻。

和唐人春雪應制

積素紛麟殿，迴風滿玉除。傍梅流艷彩，調管和陽噓。瑞愜三農望，光侵幾軸餘。莫教零亂盡，留許問蓬廬。

和沈佺期安平公主移新宅宴

錦瑟排金雁，芳筵敞桂尊。纈羅梅蕋綻，調舌鳳笙温。俠有前楹客，歡承秘殿言。主家森列戟，甲第屬何門？

秋日寄謝密雲王憲使懋欽年兄二首

一別軍麾久，金天火復流。錢分憲府俸，書報塞門秋。飛夢平沙月，馳心古驛樓。懸知幽朔節，早晚下檀州。

其二

同是終軍侶，升沉柰異塗。思從天末起，淚向雁邊枯。木落鄉心共，笳寒塞月孤。年來幕庭靜，已道繫單于。

送詹使君入賀便道預奉太夫人詣弟永平憲使邸二首

捧章趨帝闕，遠道奉親闈。去作盧龍聚，歡成鴻雁飛。秋光清藻思，風色耀兵威。遥羨青天外，雙雙動綵衣。

其二

蹔侍慈親去，遥從令弟來。山川駟牡度，風雨五兵開。奏表承明殿，鳴珂建禮臺。翩翩千里道，争識漢庭才。

秋日送公武子之京二首武子先是就婚京邸，尋歸省覲，兹復詣邸舍云。

古道帝京遥，西風萬木彫。覲親來戲綵，乘鳳去吹簫。雨別蒙山樹，天臨潞水橋。翩翩貴公子，蹀躞紫騮驕。

其二

弄玉何時別，秦臺此日思。征蓬飛馬首，望月憶蛾眉。回轡雲邊舍，衝風雁外期。懸知依帝里，夜夜夢青淄。

羅伯符來自中山喜而有作

衣上滹沱色，猶兼霧雨流。停車開夕酒，襆被畏宵秋。共話邊塵苦，因憐月幌幽。贈君無縞帶，十日但淹留。

秋日得郭太史書却寄二首

交情存帝里，遁跡老犂丘。木落孤城冷，書來一雁秋。片雲吞碣石，殘日下幽州。寕是尋君夢，時時繞鳳樓。

其二

憶昔江樓畔，同餐江上魚。十年隔河漢，千里寄封書。家近騶三子，人懷惠五車。山林與鍾鼎，徙倚意何如？

歷城張明府覲已東還取道見訪眷言泉石即席賦得五言一首以謝

覲後方歸舄，懷人此駐驂。静琴陶雅思，飛蓋遲清酣。不顧先趨府，應愁後盍簪。貴遊吾久謝，君意在巖龕。

秋日寄城武張明府

重來出宰地，單父是東鄰。歲歲防黄水，家家負野薪。印從蒼蘚合，官與緑莎親。左鬢凝霜否？含悽問雁臣。

鄭思成年兄以言事調官留都南發先過德平尋携郭甥孝廉見訪喜而有作[1]六首

有疏排閶闔，無緣滯漢京。櫂從春水放，花傍野橋生。去國人如玉，休衙飯是秔。由來佳麗地，此日重行行。

其二

重過河陽縣，桃花照水明。諸生開舊帳，野老拜前旌。置酒鶯窺醉，臨春燕掠晴。并州風日好，何限渭城情。

其三

言訪來禽館，來禽初作花。十年感宵夢，今日對星槎。坐有羊曇秀，襟同鄭老嘉。乍歡方卜夜，明發又天涯。

其四

白下農曹暇，幽懷憶省郎。門羅憎鳥雀，苔繡辨琅倉。解帶貰簹濕，開樽菡萏香。到官能幾許？終日醉爲鄉。

其五

好着登臨屐，清時早放衙。雲屯宮草没，江晃步沙斜。花問臺曾雨，栖知寺有霞。數聲桃葉曲，無柰思交加。

其六

一舸下楊子，春風生五湖。溪橋魚總美，邨市酒堪沽。此去官成隱，重來客似逋。平生饒勝具，嬴得住名都。

①沛本詩題作「鄭思成以言事調官留都南發取道見訪喜而有作」。

戲作大言再贈思成

大言今送汝，天際見鵬鷂。洒血一萬里，陰風來坐隅。擘鳳佐豪飲，賭梟輸海騟。樂哉吾與爾，茫茫千歲徂。

春日東園池上送汪原啓之吴門尋過吴興訪陸令君三首

緋桃一萬樹，那不醉流霞。祖席臨池静，啼鶯傍客譁。秦郵家亦寄，越絶路非賒。會見吴閶侶，還邀過狹斜。

其二

重過蘇臺畔，應啣花月杯。舞鸞驚颯沓，彈雁落玫瑰。儂恐行雲去，人憐舊雨來。坐深堪下淚，衺劍欲藏摧。

其三

澤國栽花令，相逢罨畫前。幾年板橋别，此日故情牽。置驛分官酒，傾囊給俸錢。怕爲安邑累，不住石尤船。

臘日送野鷗先生赴清源訪狄將軍

殘雪猶在地，送君將柰何。客衫翻酒污，鄉夢落梅多。曉寺鍾初定，寒林鴉始過。行行遇知己，按劒一長歌。

張左海以冏卿入賀便道見訪

秋甸花仍艷，晨裝露未晞。蹔抛沙苑節，入覲紫宸扉。燕市良朋洽，盧溝旅雁依。王程今借便，來訪釣魚磯。

薛鳳儀叙致陸行水潦之苦口占攄懷

改陸從鄒嶧，山橋野路微。潦痕侵馬腹，苔色上人衣。前浦鳴榔是，他鄉問渡非。棲皇餘一劍，遮莫寸心違。

秋日送方胥成歸新安

愁看白露下，斗酒送將歸。雁陣馬頭起，客懷楓葉稀。廻鞍山寺出，響獵野雲飛。前路不可道，迢迢知己違。

再送胥成二首

已驚木葉下，况兼寒雨零。送君當此際，别意滿秋坰。脛弱須加絮，囊輕每帶星。前塗幾知己，驪曲若爲聽。

其二

彩筆能干象，青錢莫問囊。酒壚頻泛蟻，頭髮暗凝霜。候館驅羸騎，寒鴉噪野棠。亦知爲客苦，容易度年光。

以筏代舟與汪劉二子分賦

刳木徒爲爾，成舟羡咄嗟。凌風疑采鷁，迎棹誤神鴉。汰擊看溪轉，飄廻聽鼓撾。吾曹二三子，底事共浮家。

送吴雲從秋日遊燕

秋色臨山館，炎蒸減緒風。荷衣騎馬去，緱劍入燕中。酒貰壚頭碧，塵驚陌上紅。何如理歸檝，高臥太湖東。

因吴生寄訊其外舅張叟

老作山林長，今成汗漫遊。曲臺勝伏暑，紈扇怯新秋。年鬢長安换，風烟故國愁。偶因王逸少，一爲問郗侯。

陽信傅令君拜官比部贈别四章

厭次神仙令，嵩山指故廬。鶴笙真侣在，調咲宦情疎。世豈有斯士，人今誰隱居。茫茫塵劫裏，君獨問樵漁。

其二

一官才得調，隨例復西曹。亟拜君王寵，應舒簿牒勞。雲光白作署，茗色緑於醪。小啜看雲意，如臨八月濤。

其三

尹叟多親我，王郎亦起予。兩鄉常寄語，爲荅去秋書。問字捹沉醉，遊仙憶步虚。盟言猶在耳，那得一迴車。

其四

世路太行險，君心如砥平。一嘘真長價，相顧欲和鳴。未死君親願，浮生水石情。寥寥知己輩，肝膽向誰傾。

贈招仙者佘逸人

交甫君應是，年年逐洛妃。明瑙和霧解，仙籙截雲歸。渴浥金莖醉，狂乘洞鶴飛。欲留留不得，踪跡竟霏微。

送古雪上人由三峽附官舫還蜀

何年修净土，此日暫還家。春櫂瞿塘水，江程白帝鴉。鄉山唐俗舊，僧梵漢音譁。莫訝頭陀苦，來乘博望楂。

寄李本寧

春色濃如許，梁園歌落梅。晚風將笛韻，吹度九河來。我夢沓梁月，君情深楚臺。兩鄉常好在，滄海涸爲杯。

喜公孝與重過有作孝與謂：「我輩交情，何必人間兄弟矣。」要作苦語，因及鴒原。

客久竟何意，感君重過門。立談呼茗疾，坐對落花繁。别至愁先入，歸與道益尊。相望三百里，誰断鶺鴒原。

寄楊密雲子漸姻家

近報檀州令，風流子賤情。夕星傳燧寂，朝綺見霞生。簿與軍書雜，囊同藥裹輕。所親今在遠，吟望苦營營。

元美先生上章乞謝時纏小美之慟，肖甫司馬尋有異耗。

萬念縈家國，殷憂兼勸游。亡琴傷愛弟，扣策悼西州。世逐千人玩，名從一鳳收。露章今日事，還理釣魚舟。

起居宗伯尊師于公四首

七上書移疾，三經月改弦。臣心霜露切，帝命起居駢。去住違今日，遲回易長年。獨餘秋夕夢，常繞汶陽田。

其二

玉體神明護，春卿禮樂需。門人方慰藉，鄉思復須句。日鑒孤情劇，朝憐絶調無。寄言黄石侶，先佩赤靈符。

其三

勸講頭堪白，金門隱客星。不隨嚴子釣，已授伏生經。衮闕辛勤補，卷阿一再聆。八方懷舜德，薰吹及焦螟。

其四

下里甘馴鹿，中朝想佩魚。建儲勤報疏，獻餓幾傳臚。曹鮮山郎入，庭容月魄虚。履聲來几几，偏識鄭尚書。

送毛懋新山人歸河南

落拓憐吾友，知音聾俗稀。天秋一鴻動，人老外黄歸。客夢迷吹角，閒情入擣衣。送君郵樹轉，寒雨正霏霏。

與公孝與登犂丘

一片陌塵近，吾兄驅馬來。露寒花破閏，醅發酒盈盃。對坐驚殘鬢，牽衣上古臺。生平吾與爾，肝膽莫教灰。

送劉公雨之楚劉時寓洛中。

家遠懷靈鷲，秋深感洛橋。萍蹤嗟不定，緱氏恨難招。露重桃笙冷，風高塞鴈遥。别君當此日，人馬共蕭蕭。

題趵突泉圖寄所知二首中有白雪樓。

斯人不可見，小築寵斯文。雪色照梁月，雲光清户薰。瀑急玉虹立，石飜蒼荇紛。我亦郡中士，緬想空氤氲。

其二

十載曾過此，重來興未央。馬蹄穿篠入，酒榼逼林香。碧揖南山夕，清邀北渚凉。畫圖堪省識，一爲寄川光。

冒伯麟移居西齋

槐院秋光逼，空堂夜色侵。城低通暮鴈，風峭急寒碪。故國親朋思，他鄉去住心。小牕吾屬耳，彷彿動哀吟。

二月上旬送仲素先生北遊

幾遲山中信，俄驚匹馬過。攬衣愁冷薄，看鬢訝婆娑。去路氷澌急，臨春鄉夢多。會稀兼別蚤，其柰寸心何。

送光先輩之太康任

孝廉今出宰，百里古諸侯。井邑通梁宋，人烟接鞏緱。政成河比潤，俗美雉來遊。千載空陽夏，名從我輩收。

贈四明陳君夏

泛菊陶嘉月，臨流送遠人。可憐明下客，幾作旅中身。飄泊依公子，蕭條去故親。似烏能漾彩，無分上林春。

賦得尊湛新醪再命筏港中

伏雨没河岸，悠悠江海流。水寬堪泛宅，糟熟欲餔丘。愛客檣烏集，餘歡堞日留。泊來荒市晚，鳧鴈滿沙頭。

聞王百穀寓南屏寺奉懷

卜築南屏寺，多因太守賢。榻移千竹潤，書枕一床眠。禮佛沉香火，看花細雨天。無緣陪勝侶，吟望獨凄然。

送張元春蹔如都下旋歸吴門

秋杪欣相過，春深忍送君。花泥融跕跕，水縠亂沄沄。去拂千門柳，歸占九夏雲。鄉愁兼客思，都付野橋曛。

敝邑今歲幾大熟連遭陰雨十不一得室廬半毁徙𡡉通逵即事成詩且以呈諸當路①

有歲占天意，淫霖柰浹旬。壞垣連萬屋，浮甃及比鄰。無計醫禾耳，還誰念甑塵。裁書報憑軾，臨紙淚痕新。

①雜著本詩題在「通逵」後作「曰而泣報守道仁公」。

秋日寄荅曹縣王五雲茂才

一鴈迴風度，三秋今雨期。夢中人似玉，書到色爲絲。古學貪秦璽，名家出晋羲。愁心殊不極，河水正瀰瀰。

送江東八十汪叟北上訪大司徒石公

人世神仙侶，詩篇冠栢梁。白頭俠不減，清嘯興彌長。芒屩三千里，綸竿百二鄉。王維依北闕，客得孟襄陽。

寄葛仲明太史

幽意向來愜，年光任轉蓬。折花代賓友，撫軫送雲鴻。鳳轄天風度，龍樓曙月空。可因江海闊，魂夢失青楓。

數奏書百穀不見答聞諧通州顧公所詩以示嗔

葉落將書去，離心一寄君。如何花欲發，不見鴈歸群。久泊通州步，應忘岱岳雲。江船今借問，三誦絶交文。

喜知己七夕遠歸

愁劇繁星逼，歸當大火流。馬驚新露濕，人感瞅貂秋。經歲家園夢，凉風菊秫篘。薄遊應自喜，指點説并州。

懷夢白

感慨俗猶古，才情今屬君。難賓長調笑，作賦動風雲。候館連城璧，垂楊赤幟軍。舊遊曾此地，念爾思逾紛。

七夕

一夕罷龍梭，盈盈此度河。鵲填橋作路，霞捲帔爲羅。乞女迎殘巧，寒蟾駐暗波。悲歡不須道，從古别愁多。

薛鳳儀解館由晉還吴贈别二章

命犬吾家子，成虹爾劒裝。幾分豐嶽氣，數借壁魚光。玄暢酬山水，清唫激羽商。賞心非一事，那得不霑裳。

其二

岸柳窺青日，官橋酒一杯。春風尚寒峭，裘馬欲摧頹。入晋河山險，歸吴杝纜開。王褒共徐孺，岐路重徘徊。君之晋吊所親，還家營冢舍，故及。

送祝鳴皋還蒼玉齋丁丑作。

且住亦不惡，欲歸將柰何！臨風堪隕涕，立馬一悲歌。客夢舟邊雨，鄉心月下蘿。還家問藂竹，秋至幾莖多。

常黄門視河竣事邀會平原

楚客三年别，相思柰若何。節旄天使重，經略故人多。共卜平原飲，還同郢上歌。河渠應有策，入奏莫蹉跎。

午日小齋同黔中楊翰學於越施布衣讌集

小閣聊開讌，同來玩物華。書談越絶古，人自夜郎嘉。槐竹披新徑，茶瓜薦晚衙。欲將今夕酒，醉殺石榴花。

午日問楚馬文學時其家仲與俱。

楚俗還今日，龍舟逗午颸。君雖美吾土，鄉思復何其。酒共端陽樂，花增故國悲。客中看愛弟，一爲賦連枝。

久宦移疾五日故園作

旅食頻年换，鄉心此日移。火榴遲客醉，青鬢逼人衰。綵綺裁方勝，靈符繫五絲。留歡無不可，紗帽任風吹。

秋日得本寧社兄書夜夢却寄

近得梁園信，深宵頻夢君。黄河疑雪沸，紅樹學花紛。愁思關蛩語，書題托鴈群。遥憐衣帶緩，三歎問休文。

喜周貴中見訪

白首譚詩健，青雲末路稀。故園秋浦外，鄉夢曉鐘微。策馬訪同調，憐余慣息機。臨風更相囑，休負北山薇。

因周貴中寄訊北山先生

老淚窮交盡，知音龝歎新。清平誰屬和，儻𦾔獨斯人。見客先驚問，因秋倍愴神。前川動南鴈，聊此寄情親。

寄鄒平張考功

吾黨張平子，官曹歷四銓。忤時甘落魄，移疾豈沉綿。小閣旃檀爇，疎堂密樾連。自憐幽意愜，不草絶交篇。

午日賦得尊湛新醪

酒憶重陽醞，端陽亦發醅。液侵雲母鄣，色借夜光杯。的的榴花泛，盈盈籜葉開。玉山還尒健，日暮未言隤。

舟泊九江寄謝吴明卿先生

昨夕遥林夢，依微下雉城。雪舟清譙集，風篷旅人情。天意存黄髮，鄉心滿緑蘅。蹇余通籍晚，猶及歲寒盟。

寄濟南光孝廉乃叔爲故黄門給事懋

君家厭次里，托跡濟南生。漂瞥看人白，髝瀾舉座傾。竹林賢叔謝，阮氏阿咸清。別爾垂三紀，愁來意未平。

荅張孝廉曰肩兼寄薛茂才

問訊吾門彦，秋來可自如？昂藏人代裹，飲啖葛天初。興逸籠鵞外，悲啣抱璞餘。能將書寄薛，新鴈掉行疎。

送吴生還吴因寄百穀

君是吴中彦，風流自不群。緑沉茶鬬夜，青靄扇分雲。慎夏歸齋艦，乘秋改練裙。將書附魚腹，把似右將軍。

送德州謝學博落進士舉例拜龍泉令

卞玉終遭刖，牙琴安可期？夜光百里照，流水寸心知。佩有龍泉舊，官從露冕疑。起家吾亦爾，至竟鳳凰池。

冬日喜孝與丈返駕見訪

入門驚握手，衣上五陵塵。蹔作燕關客，歸來白社人。逼年缸面緑，披霧石華新。茗椀兼尊酒，能無憶所親。蒙山石花可爲茶。

再送古雪上人還蜀

虎亦窺行李，猿能識梵音。無歡故無怖，長嘯復長唫。瞿峽非爲險，巴江豈是深。月光淩卓錫，相送度前林。

四明張平叔過海上訪楊冢宰公尋以屠長卿書見枉泲園喜而有作三首

春明當歲閏，嚴瀨一星臨。期豈尚書顧，恩深國士心。海魚猶石首，霜柚别來禽。細話江南北，風期入雅吟。

其二

幾醉桃花嶺，重過泲水園。上公欣擊節，下士澹忘言。道味君堪把，清齋我共飧。何時返鄉路，三徑菊應存。

其三

下馬人疑古，開緘墨未渝。四明滄海外，幾度白榆枯。問俗知無恙，吟詩一劇呼。兩鄉如晤語，不必嘆長途。

得長卿書却寄①

韋杜違天尺，烟霞占洞壺。四明狂自署，五斗夜須沽。蘭省芸香杳，雲藍彩袖扶。醉中論出處，吾亦愛吾徒。

①長卿，沛本作「屠長卿」。

寄傅伯俊年兄

朝請朝鳴佩，招提午駐驂。宰官諳大隱，佛火凈名藍。片柳灑爲雨，千花落是曇。皈依且隨例，何必問抽簪。

送張觀察憲周年兄入賀公往爲諫議。

聞道朝京去，秋風滿甸花。掖梧應識主，都舍似還家。對月酙芳桂，臨岐折野麻。獨賢君莫嘆，來就日邊華。

贈章丘茅明府記室陸生拙

管記非長策，栖栖一客卿。年光淹陸暢，仙侶逐茅盈。匹馬秋原外，孤唫曉寺情。明朝問燕市，誰與結平生。

思成年兄南還過廣川題書見寄率爾奉荅

連鴈南飛盡，題書到遠天。廣川舟送曉，寒月樹交烟。少別經年幾，豪遊入夢偏。新詩能自媚，不必罩珠還。

秋日得李希説年兄太原書却寄二首

故國風烟古，天涯草樹疎。月通汾水夢，雲度太行書。出處皆吾道，寒喧有敝廬。題封猶未悉，瓜地待春鋤。

其二

別爾才經歲，新聞定不虛。季常歸隴兆，馬別駕九月襄事。崇嗣荷除書。管太學，公故人，八月授官。故舊存亡裏，悲歡代謝餘。更多堪慰藉，吾姪好懷舒。余孝廉姪，公莫逆交。

即席贈銀臺王丈

近甸楓林赤，侵星夙命倌。觴稱萬年洽，衣授九秋寒。義渴輕長路，杯深罄古歡。江亭愁立馬，那不勸加餐。

本寧丈繇清源枉道見訪四首

征軺千里命，憲府一秋違。語共清尊倒，門驚紫鷰肥。支離慙我貴，幽獨和人稀。不盡鍾牙意，相期保布衣。

其二

驚見真如夢，歡迷却問年。深盃驕午夜，旅被怯霜天。齊分星從聚，江鄉月佇圓。歲寒敦白首，誰受世人憐。

其三

蹔泊清源渚，鄉關自可期。路隨沙鴈宿，帆共野雲馳。殘槲砧邊墜，寒菰柁底炊。晚烟迷澤國，此際若爲思。

其四

一借西陲節，飄然拂袖歸。鶴犀甘脱屣，猿鹿任牽衣。酒罷香凝座，詩成月入扉。從他嚴檄至，肯使寸心違。

秋日送范穆其北遊

藴愜投余好，清狂見爾真。霜風催壓酒，燈火解親人。岐路阮家泣，新篇孟氏鄰。預愁寒序偪，未別已傷神。

秋杪送張德符太史赴闕二首

霜落愁行路，情深眷所親。且扳將秃柳，行渡未氷津。金馬人相待，荷衣我不貧。憑君報朋好，心斷洛陽塵。

其二

寧親逾二載，詣闕及三秋。去接雲邊翅，行經日下郵。離筵花罽列，别思曙雲愁。君莫言軒蓋，驚翻海上鷗。

秋日送李子有還吴①

老嬾吾安拙，清真爾自嘉。有懷同白水，相送折疏麻。驛驛晨逢騎，山山晚帶霞。到家應悵②望，極北片雲遮③。

①泲本題作「中秋送李子有南還計到舍可及重九矣」。

②悵，泲本作「北」。

③本句泲本作「和淚憶黄花」。

秋日得潘茂碩書却寄

當秋忽如醉，因得故人書。展轉烹魚後，寒温結纛餘。燭花兼雨白，桐影帶霜疎。料此懷君夜，君應夢敝廬。

季弟八妹之雲中塞

弟妹駕言邁，含辛將柰何？同林乖去翼，立馬佇鳴珂。首路郵餐供，稽程塞草多。官銜定南望，才說鬢先皤。

孟秋壽萬伯脩使君

憲府初筵敞，新秋爽氣生。歡言參佐洽，麗曲侍童清。烏識投壺意，雲含上酒情。從知塞垣重，稱壽亦稱兵。

暮春宗伯尊師邀遊虎窟洞偶雨

幽洞何年闢，芳筵此日開。依希聞虎嘯，颯遝見人來。曲細廉纖合，談深鑿落催。吾師能好客，泥滑尚徘徊。

寄楊司農榷楊州先是由成都令擢今官

蜀道方停軌，還來駐蜀岡。推舟清似水，懷玉美如肪。到處簫吹好，河橋月未央。勝遊兼勝賞，無分共徜徉。

嘉平送王次公之長垣任

兩借郊圻舊，今鳴右輔琴。仲由當日政，汲黯異時心。臘色氷霜集，鄉思棣蕚深。但憑驊騄在，衢道自駸駸。

贈陽信路明府四首

明府瞻雲處，中山臥大儒。含光韜異彩，赤電老神駒。門閥分苻舊，郎君擢秀殊。試看棠樹蔭，奕世盡堪圖。

其二

東海爲邦日，并州借倅年。兩鄉存峴首，十載兆堂鱣。壯志兒曹繼，幽懷水石偏。太平占一雨，齊趙正相連。

其三

君今令北海，方幅亦東秦。緬想嚴親澤，同教野雉馴。家聲推寶樹，國宴憶芳春。惇史何人紀，徘回絶後塵。

其四

梟翥經鄉縣，萊娱近帝都。居諸調署鶴，昏旦視林烏。孝義君家禪，清公父子俱。茫茫天壤闊，把臂自吾徒。

端月送陳東父之陽丘謁董明府

若榴朝泛酒，送子出重闗。問渡大清水，逢人小朗山。南風吹憶夢，赤日着愁顔。莫忘并州路，期君楓葉斑。

謝朱在明寄至精縑

繡段來江國，封題至遠人。雲裳欣授尺，花幔借藏春。玩態輕褣失，方珍白氎鄰。春荼尋有寄，感極一含辛。

送于楚之海上訪戴大將軍二首

此夕歎摇落，明朝君遠征。雪宫問齊址，霜仗閲萊兵。市海出没見，勞山大小迎。論文復説劍，感激傾平生。

其二

海上將軍第，秋花明夕天。巡遊帝王跡，碑碣漢秦年。蝦菜猶南國，悲歌似北邊。一登蓬閣望，無數島門連。

秋日送南思受進士奉使榆林便道過家

擢第名都好，還家驛路長。竹林催曉宴，榆塞急秋裝。牛引關門紫，雲分隴封黃。華峰遥在眼，奮履欲凌霜。

來禽館遲汪明生結夏

過從每朝市，心復戀滄洲。遠道能相訪，嚶鳴若有求。禽來知果熟，雨積覺林幽。慎夏宜居此，君應三伏留。

因歙程生寄訊王臨漳伯固四首

少别已十載，含情難具陳。郎官雙舄舊，風政兩河新。壇坫歸盟主，雲山問美人。相望纔一水，何事乏遊鱗。

其二

三十六鱗至，君還相憶無。憑將歙州去，莫作石城逋。吏散吟銅爵，官閒愛野梟。四年猶不調，遮莫歲華徂。

其三

拙宦堪憐汝，遭逢莫怨渠。太湖罹寇盜，明府罷遷除。唾面隨鄉少，攢眉近里胥。亦知腰膂困，不作貴人書。

其四

漳水三臺下，三臺漳水邊。經過幾徙倚，賦詠數留連。賀雪春城劇，啣盃夏日偏。吾園臺十丈，西眺滿雲烟。

積雨後送王文禎北遊

策馬果安適？淩兢將柰何。書囊苔色滿，襆被潦痕多。投宿纔鄰墅，贏糧欲渡河。王孫吾最念，無計挽蹉跎。

題梅花紙帳贈冒伯麟

紈素豈不貴，障風借陟釐。破霜開臘封，暈粉出春枝。夢涉羅浮近，香殘襆被知。蟠根君自見，願訂歲寒期。

俠日秦京以潘青縣書至即席有作却寄二首

何事潘青縣，封書到濟南。鴈驚霜墮陣，人喜月停驂。問訊情如舊，扳留酒欲酣。同鄉與同調，此夕意雙含。

其二

蕭颯看堤柳，鄉心共鴈程。塹來吾道重，且住旅懷輕。霜晚喧秋序，更深寒夜城。徘徊良不愜，一爲問秦京。

送戴孝廉落第南還將就其兄嶺南督府邸中

相傍一龕燈，相將酒若澠。垂楊三月曉，遠戍暮雲層。戰北餘長劍，還南理敝縢。賢昆方軫念，宵被似姜肱。

送方胥成之塞下兼寄萬伯脩使君

長劍倚天外，驚風飄北陲。顧君歌驥櫪，臨路贈犀毗。縉絜年來事，刀環塞下期。因聲問朋舊，胡運幾時衰？

送張伯羽之上谷

鼓鋏出東齊，停鞭問路蹊。心馳荒塞外，人去白登西。殘燒迷秋驥，凉雲動曙鷄。可憐聞病者，那得不悽悽！

秋日寄黄昭素太史因憶昭素座師死友葛仲明及方外蜀愚公三首

藉甚黄夫子，當年漢長卿。蜀琴操絶調，官弩御前旌。月照峨眉白，塵驅劍路清。玉堂深幾許，爲爾獨含情。

其二

後死誰何氏，先鞭自爾儔。泉臺揮暗淚，風雨送殘秋。向汝看千頃，輸余老一丘。君還念濟北，同代可相求。

其三

秋盡驚寒序，蛩聲響夜牀。同人隔疆畛，異縣獨彷徨。地偪星辰近，琴從月露亡。問渠誰最好？方外得支郎。

再奉宗伯尊師北樓讌出魯藩名酒觀法書作

莫問平原飲，東阿興若何。上樓開魯酒，中饌出齊鹺。帙散春雲滿，歌停堞日過。心期欣共賞，寧惜醉顏酡。

即席贈于長文

玉封欣相傍，交期此日披。卷簾來暮靄，當檻度輕颸。百堞千峯遶，青尊白鳥窺。東樓奉玆會，依約見連枝。

遊五峯山①

琳宇初開地，翛然静者居。駐車聊啜茗，臨水暫觀魚。有意栖青嶼，更端問素書。行來林壑瞑，塵坌欲安如。

①泲本詩題無「遊」字。

同方胥成侄孫固過北莊問王業侄疾

伏枕憐吾侄，新秋到僻居。案抛殘籠藥，門掩舊畦蔬。命酒頻斟我，呼兒故傍渠。夕陽堪徙倚，歸路轉徐徐。

送西粤高山人北遊有序

西粤客鮮遊京國者，公先高先生擔簦萬里至，不異行脚頭陀。問所以之，訪蕭少宰公卿尊宿，敝裘繖笠無所求也。本寧社兄爲先談，見過，留三日即請行，僕則閔焉，脉脉動情矣。橐空靡所贈，贈之以詩。詩寥寥數語，腹亦空空如也。諸公悉大書行卷，僕乃作學人細字。六十老人强勉跳跋，率如此。

百粤牽鄉夢，燕遊事事難。鷫鸘經歲敝，風雨去塗寒。度嶺梅初發，還家臘已殘。故園魚稻美，天末憶加餐。

秋容

節届金商候，飄飄道上蓬。蕭條砌桐病，寂歷野花紅。細雨孤舟暮，寒碪萬井通。閨中有思婦，徙倚玉牀東。

瓶中窓間竹影

誰擘淇園秀，瑶瓶鳳篠欹。綺疏凝粉翠，素幌借紛披。夢覺燈枝會，書翻暗籜移。好將縹緲意，都付韻人知。

琴　歌

城烏半入霜，開宴晚雲凉。清歌奏渌水，妙伎出幽房。簞縷連心潔，鑪霏竟體香。夜闌歸客動，真箇斷人腸。

美人汲秋水

皓腕朝提汲，寒侵步屧難。觸波疑雪沸，灑面訝花殘。力引銀瓶綆，愁繁露井榦。近桐驚一葉，拾得倚闌看。

花船載麗人

青翰牽紅袖，相將事水嬉。洛眸隨浪轉，巫髻逐帆欹。擲翠招紅女，含嬌問檝師。輕風吹五兩，彷佛見蛾眉。

賦得漁陽摻

誰奏漁陽摻，征人不耐聽。颼颼邊莳動，轟轟陣雲停。篴苦遥相和，鴻驚近亦冥。何當憑驛使，傳響到幽扃。

木綿壞

下邑浮沙白，微生傍木綿。綻纔堪再摘，雨已濯枝捐。泥淖盈霜霰，田農苦涕漣。謀生已無策，况復給①官錢。

①給，雜著本作「急」。

孝與赴舉齊州示疾詩以問之

一病緣何事，誰堪破旅愁。錢刀羞橐澁，容鬢覺身秋。十上還家路，千場罷酒樓。今年應擢第，老弟未全休。

吊宋叟 四首 有序

新河，古信都地，隸今真定。宋布衣鷟池，名登春，邑人也。徃落魄遊江陵，荆州故守徐太室先生延之上客，數與譚詩，語合，謂：「吴門詞客如雲，不如一中山布衣矣。」比徐公以封守事忤當塗，解綬家居，而山人衣道士衣，徒步三千里過訪。坐徐公竹林中，日持螯飲酒，意良適，未久别去。且二十年，而徐公遘會風雲，超拜大宗伯。山人乃走上都，追叙故驩，徐公不厭也。又三季，徐公歸。山人從新河過余，言且將訪徐公山中。索醉，訣别。尋錢塘弄江濤，脱履江頭，乘潮上下，樂哉！即南面百城不與易矣。已，復謂子愿：「子愿君視宋登春豈杉栢四周間人？」余時大駡：「唉，老虜！燕趙士自昔死魚腸龍雀，不聞死潮。」比廼甲申寒食時也。居數年，絶無音塵。而是歲十月，新安余叟適從江南來，才繫馬即嘖嘖道宋山人狀，謂：「山人某歲過徐公，公館之，禮敬有加。廼山人瞻顧異常也，時時風其主人撻家僮。謂：『僮慢我甚！』徐公即鞭家僮百。山人佹謂：『杖才從青衣上拂，柰何惜一平頭奴，令傲海内名士乎？』一旦懊惱，辭且去，問舟徐公。公爲呼艇子，與載米數斛，笋脯酒漿穪是，仍移榼餞之城門外。山人爲强一舉白，造次趣榜人：『勿悮我潮信！』意殊不屑。徐公亦掉臂去。山人乃趣舟，抵四十許里海頭，不知昏曉，徑跳白波逝矣。榜人初意徐公客纜舟觀潮，不謂咄嗟自葬魚腹中也。」嗟乎！汨羅采石，登一咸三，亦自燕趙慷慨悲歌之氣作使然矣。余迺爲詩吊之。復爲叙致前方東南好事之家。儻取余言竪石，正自新奇可喜，何必重問要離之墓，迺俠骨香也。

僑寓江陵日，徐陵作郡年。重來滄海上，依舊孝廉船。醉齧松枝雪，狂吟桂尌篇。浮生無住着，駘蕩白雲天。

其二

不作吴門隱，飄然汗漫遊。尚書重一諾，遊子合千秋。宫錦鯨魚杳，烟波采石愁。前身應李白，終古揖風流。

其三

憶别來禽館，余山居。曾言葬汨羅。落花留且住，芳草柰君何。吊死文姬怨，山人有女。悲生薤露歌。茫茫江水闊，應比淚痕多。

其四

倔强憐吾子，蕭條安可論。滹沱流日夜，蘭芷憶王孫。斑竹新冠幘，山人自製籜冠。垂楊舊酒尊。往共飲官道大封下。西州門側路，郴禁哭聲吞。

追憶宋叟卜居江陵時耕田、釀酒，携老僕鯨自隨其適也。爲賦一章。

買宅鶩池畔，躬耕湖上田。緑荷朝餉飰，青稻夜歸舡。一僕更孤獨，他鄉足醉眠。怕言懷土事，生死任皇天。

愚谷吟爲鄭中丞賦凡五首

鳩峯

龍馭杳難即，雙峯傳至今。括蒼遥封碧，勑木澹疑森。放去化爲石，飛來懷好音。一巢安計拙，劚取屬家禽。

愚公洞

拓拔矜人代，愚公亦此曹。不周分地肺，小隱解天弢。言鳥栖花巘，神羊啜石膏。洞邑今改屬，名姓咲徒勞。

雲谷臺

臺自中央峙，山從面面分。披花香襲谷，拂石冷生雲。四望環蕺黛，孤吟對落曛。萬松何處是，猶似碧氤氳。

山郭

野色分遠甸，晴烟蕩灝空。濃花籠細細，沓嶂認曈曈。奏入縉雲郭，霞連滄海東。此時聊倚杖，身世盡鴻蒙。

仙巖

接磬來飄拂，和雲入渺茫。紆宮尚天表，度壑自諸方。混籟通元氣，虛鳴應早霜。聞聲憶疇昔，多在朗公房。

李道甫觀察枉詩見拉卧病不赴聊此倚和

讀罷停雲句，魂飛縹緲間。欲攀璃作封，轉媿玉爲山。藥裹經秋劇，籃輿故爾閑。一尊齋閣夕，料得破愁顔。

秋日閨思用杜牧之韻。

曦光浸簾箔，慵起着花鈿。關塞久離别，居諸傷歲年。泣學荷筒露，愁深木末天。驚傳有靈卜，特地數金錢。

美人篇用王允寧先生韻。

有女織流黄，迴文炫彩章。罷梭聊繟袖，拂鏡一臨粧。不語堪傾國，含顰倚夕陽。恠他巫峽夢，底事怨襄王。

夏日團扇

帳殿度薰風，鑾迴避暑宫。羅幃捲空篋，璧月荚疏櫳。色借宫鵶曙，思催班賦工。預愁將减熱，搧泣怨秋蓬。

送紹卿史甥之任留都司農署即席賦此

錦秋秣陵好，之子適之官。緑鬢司農署，清尊白鷺灘。衰顔對玉潤，幽夢逐鴻殘。應有相思字，雙魚下碧湍。

詠塵

撲撲隨風轉，霏霏作雨吹。貧憐范大令，污避庾元規。洛水生羅襪，隋隄透麴絲。還誰歌未歇，應見落梁時。

賦得馬英花一名夜合。

芳封依孤樹，瓊英爛曉葩。蒙茸紛綴纈，羃歷宛披霞。雨浥如蘭度，風飄學柳斜。遼陽消息杳，愁殺絳綃髽。

遠旆

遠旆臨燕甸，新秋去濟湄。挹滄持作壽，籠岱屬爲詞。舊舍烏臺在，孤臣省封思。君王行召對，端合及仳傐。

琵琶

獨凭繡床側，慵來拂四鵾。撚攏並挑抹，泉迸復珠飜。調古按初拍，情深無一言。何似潯陽婦，聲聲衫袖痕。

來禽館集卷之三

七言律詩

送楊司諫册封韓藩

久别玄亭楊子居，頻來諫獵似相如。函關氣繞天邊節，仙掌雲迷柱下書。玄晏先生猶有宅，秦川風物可無魚。君應搦管西征賦，莫遺新秋一鴈疏。

寄朱希尹使君西凉

使君風采人争傳，獵獵牙旗西海邊。十道軍書促茶市，萬里胡沙開酒泉。蒲萄味甘勝刹蜜，塞鹽色美如峰蓮。黄羊紫駝亦解事，若爲遮過雙甄前。

送章廷綸之塞下兼訊王子廓使君二首

愁露愁霜不柰君，馬頭黄葉復紛紛。人從方朔祠邊去，路向刀環渡口分。客舍并州成舊雨，家園江封隔重雲。懸知奏記陳琳好，憲府于今正策勳。

其二

南來蹩躠苦行役，今日驅車薊北天。解裝山店婦留客，沽酒河橋人渡舩。悠悠羈旅誰瞥眼，冉冉離懷堪長年。到時使者定傾蓋，塞曲寒花爭欲然。

送濟南趙太常先生起家大京兆

三輔風烟傍紫清，徵書十道及躬耕。起家杜曲新京兆，入對齊川舊伏生。篋裏殘荷留野服，馬頭斜月引王程。太常不忘玄都觀，重問繁桃醉玉笙。

和西夏李大理年兄寧夏人。

立望千門涕泗連，西來烽火尚依然。高秋暮入胡兒馬，近塞沙昏野戍烟。尺鯉不傳河外字，哀鴻堪斷匣中絃。籌邊數子今誰健，佇聽清笳奏凱還。

九日同家弟仲季與客宴集犂丘二首

絃管無多醉不辭，東籬堪翫菊花枝。客憐鴻雁同家遠，酒有茱萸對弟宜。暮色冷涵①秋水碧，晚風斜颭帽簷欹。詩成點筆邀俱賞，乍聽寒林一葉吹。

①涵，家乘本作「涵」。

其二

烽火甘泉接野燐，那堪此際對佳晨。茱萸猶及家園酒，鼙鼓真憐塞上塵。叢菊杜公懸淚眼，停雲陶令憶閑身。諸公並是他鄉客，寒燕撩人倍愴神。

送傅伯俊奉使荆楚

曉光初動散宫鴉，遥降天書帝子家。雁背楚雲迎使者，雪消江岸見仙槎。春晴載酒章華館，艸緑吟詩宋玉衙。覽眺不禁懷古思，夕陽回首漢川斜。

暮秋贈閩中鄭文學以尚書授經濟南

夜猿曾記别家時，今聽燕南秋雁悲。衣上紫埃緇化素，鬢邊青鏡緑生絲。洛濱交甫仙妃佩，濟水明經伏氏祠。悵望千年俱感慨，紫萸無那對卿巵。

即事再寄萬使君

漢主離宫卧正深，諸方羽檄尚騣騣。千官動集和戎策，九廟驚傳奏凱音。舊市黄金消塞馬，幾家銀漢怨秋砧。知君建節天山北，無限風烟萬里心。

陸成叔以元美先生書見訪未久促歸今且三年矣緬懷今昔漫成

改服春程憶昔時，秣陵垂柳促歸期。行過北里教調管，看到南山對舉巵。入洛紙騰誰與借，登牀琴死痛何支。王孫舊路依然在，底事秦淮棹屢移。

寄顧朗哉都門

黑貂曾不受緇塵，歲歲風光鬢色新。辟士書從何府至，望鄉心逐故情親。罏頭貰碧千場慣，坊曲貪歡萬態頻。如此王孫遊自好，天涯芳草可禁春。

送馮粲伯從洛中入賀粲伯，今宫允用韞父。

玉帛中原戒曉趨，月光低佩暎仙榆。來驂綵嶺千齡駕，去效嵩山萬歲呼。星使却兼金馬養，鯉庭還借彩雲扶。何人家國衷情愜，太史聲華滿帝都。

喜尹使君見枉園㕏即席賦得門字

題書三度過衡門，物色中林起病黿。羅雀十年情始見，灌園長日嬾堪言。將酬白雪無新曲，但枉青山是舊恩。莫道風期難再續，一尊今復近平原。

春日東園隄口得屠長卿書却寄①

雪竇天窓落日低，斷雲南望緑莎齊。迢迢夢逐千山度，漠漠書從一雁迷。鄰客抱琴時貰酒，砌花霑雨半成泥。春來事事堪幽賞，無計同君醉大堤。

①沛本「屠長卿」作「陳廣野太常」。

寒食與平原趙氏諸兄弟讌集次日擬還舍中得寒字

雨色霏微上井欄，桃花猶自怯春寒。依稀禁火當年事，合帀啣杯半日歡。客舍啼鶯催別管，平原芳草促征鞍。明朝兄弟東樓會，還作荆花此夜看。

喜周督學見枉作

執法文昌照路光，風流猶自羡何郎。囊開白水垂花鏡，袖挾靈蕪捲穗香。影蓋黑雲飛雨過，度杯斜漢偪人涼。相逢且爲投車轄，明日書帷又一鄉。

秋日寄在明兼訊百穀

霜天淒切颭霜風，一夜心期付塞鴻。間歲書郵嗟遠道，半江烟封隔遥空。平生臭味椒蘭似，晚暮因緣杖屨同。更有王猷情不淺，兇時携手問東蒙。

寄故兵使者王廉父檇李

平原十日故時情，幾度相思芳艸生。割肉東方官况達，吹笙子晉俗緣輕。沿溪野墅千花艷，隔隴春田數畮平。極目烟波天萬里，芒鞵何處問江城。

寄憨師海上

一片軍聲徹海東，吾師猶自占林叢。山門月湧波光白，洞口雲扶日氣紅。飛錫幾從昏曉度，鳴鐘每與嶼潮通。天風忽送蓮香妙，髣髴匡廬對遠公。

寄荅沈翰撰茂仁

吴越風流素所期，玉堂無路問璚枝。携來團扇青雲氣，讀罷新詞艷雪姿。長樂鼓鍾懷往事，幼輿丘壑是吾師。思君恰對雙桐封，一夜秋聲到鳳池。

送張叅知胡觀察二年兄入賀

使者征車拂曉過，夜舒風送後湖荷。王臣共獻千秋頌，帝里雙趨白玉珂。寒色一川看鴈序，曙光三殿聽雲和。臨軒倘問羊裘侶，爲道河干有釣簑。

新城王一丈入賀見訪

河洛風烟滿素秋，筍輿朝發問東郵。中郎待漏行宣表，内史還家蹔浣牏。晝省冠裳清曉夢，繞衣嵩少白雲流。相挤一醉山中客，明日天涯襆被愁。

李道甫觀察駐節安德許過園居詩以遲之

聞道旌旗駐上游，一簾霜色萬家秋。長安北望吾廬近，冠蓋南通故省幽。獨戍月明津鼓動，千鍾酒美玉驄留。年來謫宦飛騰意，何似閒門占白鷗。

四月八日寄問弇州先生

浴佛嘉辰萬念虛，獨從天末望精廬。客來寒暖知無恙，人去殷勤問卜居。半夜鵲鴒沙海夢，幾年縹緲玉真書。仙音似隔風流盡，都向無生一破除。

弇州先生新拜大司寇時長公登進士舉有懷今昔興言濟南

司寇新除到白門，兩都八座并稱尊。婆娑人地香山似，浩淼天池碧水温。正及郎君春躍馬，誰從南北夜開尊。因憐白雪朱絃絶，悵望空樓掩淚痕。

新營小齋效樂天體

新結茅茨近水湄，水堤茅屋恰相宜。道人裝有沙鷗識，居士丹成海鶴知。禪侶過時同誦偈，酒罏行處不須期。還炊一甑黄粱飯，飯罷殷勤課小兒。

伯與督學仁兄邀游泰岳不果所期遥同此章

向平婚嫁苦相仍，卬竹因緣恨不勝。望岳幾迴明月嶂，驂鸞何日白雲層。青蓮巢父人俱遠，玉簡金書事可憑。悔不蚤題名姓去，最高三觀有人登。

殷一丈折券泉亭偶乏之買山之貲以謝以辭①

秘殿風流漢省郎，開園三晦種篔簹。墻圍澗瀑霜花亂，人醉冰壺雪乳香。結夏比鄰應作好，買田陽羨勝吾鄉。獨憐宦薄青錢澁，負却②前山數點蒼。

①沛本「貲」後有「賦此」。
②却，沛本作「郭」。

送李叟之京

冰斷春流照珮鉤，薄寒輕戴洛京游。天風時引三山夢，海客遥憐一片鷗。築傍故侯還俠烈，馬雖垂老自驊留。身隨燕鴈今俱北，華髮差池可耐秋。

王明野侍御書徵拙翰聊此寄荅

南床風采近如何，珍重雙魚破暑過。五月霜華烏府劇，六朝烟靄白門多。爲憐湖水君家帖，翻愛崇虚道士鵞。無計可淩楊子去，雨花臺館共婆娑。

秋日送方胥成遊鄴下諸王孫作

霜酣浦封雁衝雲，匹馬蕭蕭向曉分。一葉乍驚衣帶緩，雙砧遥隔戍樓聞。依劉無地休言命，入洛何人定識君。隨分且應甘穆醴，度遼戈甲正紛紛。

與方胥成談鄴下有作

惆悵漳河舊路遥，客懷東下轉蕭蕭。從他朱邸婆娑好，其奈青山意興饒。殷帝遺墟非故壘，魏家荒樹認前朝。相思再過平原里，聽話奇蹤坐徹宵。

寄懷濮陽李伯承先生

壯歲懸車逸興偏，泰然亭子枕流泉。書成滿架青堪殺，竹長前溪緑可搴。老境未停春夜輩，酔鄉猶施佛燈錢。詞場故侶唯君在，敢擬靈椿頌大秊。

公一丈孝與書訂晤期因寄次丈敬與

去歲緘詩海右亭，今秊秋水接天青。鯉魚縱有河笱斷，鴻雁欲來風雨冥。把酒孤吟飛仄鏡，背人無語立空庭。此情可待何時寫，會見沙頭送鶺鴒。

寄徐茂吴年丈

攝掾江城事已非，宦情原與世情違。歸來負郭無田宅，到處寒波有釣磯。啼鳥似關愁客語，亂雲如曳故人衣。知君詞筆頻年健，幾向秋空詠落暉。

得百穀書知移家錦帆涇輒賦短篇

梵幢偈火坐疏櫺，宛轉題緘達曙星。賣賦欲營青雀舫，卜居新在錦帆涇。南鄰古木濃陰合，別院深松暮靄停。興至詎難千里駕，大江其奈隔冥冥。

秋日卧病鄰家餉酒陶然成醉曰憶李觀察

八月一日凉風發，翛然卧病衡門秋。龍涎滿爇紫烟起，麈尾乍動玄言遒。到門欲扣李元禮，覿面不減韓荆州。西鄰忽漫過濁酒，一醉自署東家丘。

送藩伯叔簡丈之晉臬

風雨端陽滯祖筵，畫熊車畔草芊芊。三齊問歲枯還肉，千里提封戴所天。夾道野棠碑作口，臨岐田父淚爲泉。太行何限雲山隔，兩地心知皎月圓。

送羅實甫先生之灌令有序

先生一時翹俊，三楚名流。用獲麟之筆以起家，借啣鱣之席而脱穎。頃上春官，復成遺蚌，路人爲之飲泣，門故更覺慘顔。領縣爲花，在蜀之灌。櫂纜江頭之錦，濯以成文；目遲青城之鶴，隱而没羽。且休明之代，母氏遑將，簿領之餘，風期未謝。信宦遊而偕仙侣，陸地而有洞天也。其高足劉生本初《戀别酬知命詩》爲贈。本初明月丹霞，先生黄鍾大吕，鄙言未工刻羽，行藉二公以天飛也。

撤絳西凌錦水波，馬融門下故人多。傾城榴泛陽關酒，載路驪喧蜀道歌。鶴帶御翎盤縣閣，鳧眠沙渚亂江莎。郎星入益兼將母，佇聽神京白玉珂。

寄訊李本寧都邸

漠日春風度艦窻，蕭然金馬舊旌幢。一時流輩多華省，千里鶯花到曲江。夢繞楚山蘿外月，詩成京洛酒盈釭。故人岸幘垂楊裏，不見當年畫鷁雙。

送章丘茅令君入覲

苕霅才名少日收，一爲仙令領齊州。年來花覆千門麗，君去人悲萬室秋。無那王生虚托乘，真勞天子問陽丘。黄金亦是尋常事，竹帛應令異代求。

送唐尉之黄梅少府

層臺高閣送君行，垂柳千絲綰别情。沉李甎同今日宴，炙笙誰共隔江聲。明州風物蚶田美，楚塞秋期漲雨晴。家計宦遊俱不惡，路人何必問浮名。

送郡司理吴公入拜司勳大夫

華省人推定國平，歌驪聲轉雜遷鶯。分來濟上湖天色，併作山濤水鏡清。荔艷絳紗鄉夢杳，杯浮仙露客愁輕。吴公自昔稱高第，部下還誰似賈生。

韓太倉偪歲問貽詩以見懷

卧病經年歲且除，案頭常草絶交書。霜鍾一片驚迴鴈，雪涕雙痕濕故裾。飛夢海天寒角裏，散衙蝦菜晚潮餘。故人莫話雲霄事，已分滄州學釣魚。

贈陸逸士時僑居蘆臺

邂逅風塵意氣偏，坐中心賞忽泠然。步虚雜珮青霄外，洗藥寒流碧澗邊。滄海魚鹽供越客，桃花鷄犬憶秦季。相期他日尋真訣，共採三峰玉井蓮。

和樂天寄李蘇州

蘇臺歡笑與誰同，春艸秋鴻約略中。櫂纜沙棠銷夏曲，月移籃轝館娃宫。吴儂若個凄驚骨，越女縫教斷似蓬。试屬楊瓊歌一闋，柳烟江霧轉朧朧。

濟南

七十二泉滿郡城，踏歌清夜一聲聲。湖頭舴艋鶯窺否？山畔樽罍僧解迎。我欲卜居無長物，昔時老友尚多情。酔翁何必在山水，浪得林泉漫客名。

寄李本寧大梁邸中①

十年曾寓金鑾直，走馬人呼李謫仙。隨牒忽煩秦隴檄，尋真應采華峰蓮。情貪竟體芳蘭好，書及孤鴻曙雪前。此日繁臺推作賦，夾池霜竹爲君妍。

①沛本「寧」後有「社兄」。

追憶百穀命舟維揚感而有作

春潮瓜步暮烟收，短檝垂楊度子猷。璚蕋欲尋空廢苑，玉簫何處問揚州。愁中舊雨人千里，夢到寒江月一鈎。轉覺比來音信杳，幾從天際誤沙鷗。

送濟上于與部文若奉使還

湯湯濟水汶流通，結駟高門定國同。畫省夜藜催視草，塞垣秋燧遲行驄。邀賓醉洗南池馬，納節寒衝北地鴻。我欲送君睒月色，夢中無路逐宸楓。

同門李觀察丈奉諱還武功詩以唁之

邊馬躊躇度隴遲，蕭蕭似爲使君悲。腸摧岳麓三聲裏，淚迸闕門片角時。擁繐几筵山轉白，曳麻鷄骨命如絲。平生分誼猶兄弟，無計西攀壠上枝。

秋日百穀以其群從見存把扇對酒漫賦寄懷

愛弟鄰莊意氣雄，托將書札及秋風。乍拋漁獵游初薄，纔隔池塘夢已工。狼藉素紈霜杵色，綢繆香露菊花叢。相看兩地成追憶，練影雲封入望同。

秋日寄李觀察道甫年兄

河廣誰云一葦輕，隔年吟望此盈盈。行人來及塞鴻動，尺鯉去憑秋水生。雞黍范張存雅道，楚湘蘭芷見幽情。君還記得平原飲，枕谷巢雲當日盟。

太保司馬鄭公解鎮還朝詩以奉懷

佩玉紆朱八座身，十年憂國鬢如銀。古來龍馬神元王，天上星精日拱辰。沙塞生還班氏節，露桃需醉上陽春。平生一顧稱名下，東海于今有釣綸。

李于田年兄以督學蒞濟喜而有賦三首

壇院同標海内名，于時鴈序忝稱兄。十年浪跡隔銀漢，一夜清飈酣玉笙。金奏振衣滄海沸，賦成揮手石閭晴。故人此際勞相憶，月度千門春漏聲。

其二

梁園學省人如玉，又借流風及大東。稷下雕龍供彩翰，轂邊黄石度青驄。三千魯士名門籍，一代齊盟仗國工。與爾已拚十日飲，醉歌齊扣嶧陽桐。

其三

鍾山朋好舊遊從，江月江花是處供。兊度烏衣懷徃昔，還因芳艸歎蒙茸。天曹小宰神仙侶，地肺真人邂逅逢。君夢南征應拉我，與君同聽秣陵鍾。

寄荅長卿屠丈二首

赤水丹山物外期，想看玄髩未成絲。關河春盡樓舩別，海曲秋深桂封思。三徑月蘿閒緑綺，九華仙露挹瑶巵。生天慧業前身定，世上窮愁徒爾爲。

其二

十年心想玉蘢嵸，我已相期在岱東。婚嫁未緣卭竹杖，逢迎無計碧霞宫。晴雷亭午雲常合，曙海荒雞夢亦通。七十二君煩寄語，美人愁絶越來鴻。長卿數有書，期登泰山。

二月望日本寧書至謂元美先生於長至後一日賦玉樓矣驚悼無已輒成三章

閒門長日户深扃，傳到吴音涕泗零。海嶽忽傾天一柱，彭鏗誰較壽千齡。南都罷曳尚書履，北斗虚占太史星。無限武陵吹篴客，翻來新曲未堪聽。

其二

綿竹山頭鶴馭來，弇州華表鬱崔嵬。人間題鳳非凡鳥，天上驂鸞逐吹臺。長至忽驚年筭至，夢迴旋領色身迴。公謝政旬月而疾作。黄壚一笑千秋盡，塵世何勞賦七哀。

其三

愛弟當年赴九京，巋然魯殿有難兄。孤芳棠蕚争相倚，已死琴聲可再賡？麟鳳兩洲摧海外，蛇龍連歲泣門生。中原未老吴夫子，彩筆猶堪定後盟。七子獨明卿在。

是日聞元美先生訃偶檢柳集得哭吕衡州詩步韻志哀

南雲黯霮失孤峰，地下斯人未可逢。我已無心馳練馬，誰同清賞續歌鐘。身還净土如來偈，哭到重泉若鬣封。記得扁舟江上别，秖應魂夢一相從。余按吴時，舟别婁江。

安肅太保鄭公以經畧使者西巡遥寄此篇

控制宣雲已數秋，節旄今屬鎮邊樓。大將軍客誰堪揖，司馬家兒盡可侯。縣道忽摧驕虜氣，槀街行揭月氏頭。三冬况值枯楊運，十萬天兵却甲休。

是役也萬使君篚車隨焉并以奉懷

帝遣元臣出塞雄，使君叅佐羽書同。皋蘭苦雪埋殘燒，河曲悲笳咽暮風。染翰幕中飛露布，倚戈天外問崆峒。十年一劒慙無補，萬里相思贈白虹。

歲暮拜憲周年兄酒貲賦謝公，汝州人。

歲事蕭然罷掃除，故人魚腹到幽居。汝州舊石何年搨，天后流觴兇代餘。往蹟欲尋難縮地，野懷無郙懶題書。損來月俸都沽酒，醉擁黎雲意自舒。

錢存芳久守德平博雅志重赴進士舉俄有國學之擢詩以道懷

絳帳傳經陋馬融，六年鈎曲遍春風。松枝折下供談塵，茗椀浮來憶故宮。公家陽羨。此日四門賓博士，有時三禮奏宸楓。璧池亦是鵷鸞地，不必逢人歎轉蓬。

與崔明府談鄴中舊事作

相州城北正黄昏，猶記春衫汙酒痕。一自簿書淹墨綬，頓令花月負清樽。詞場七子看前輩，魏帝三臺想舊恩。與爾夜深談轉劇，九河風雨暗千門。

寄懷中山刺史尹春寰丈（中山，余故手板地，因及。）

晴川連江江樹青，故鄉遥望江泠泠。中山太守走吏牘，闞尹先生談道經。如此風期仕兼隱，誰其叅佐狂而醒。十年趨府勞憶夢，曾醉松醪雙玉瓶。

陽信德平朱崔二令君讌集洓園作（朱，烏程人。崔，彰德人。）

綺疏籠霧柳千條，上客過從莫待招。魯酒亦堪烏氏醉，犂丘兼接魏臺遥。門前班馬鳴相向，厨裏枯魚夜可燒。星聚一堂占入洓，朋來今雨洽深宵。

秋日送馬使君轉漕還楚

轉漕三度下樓舡，使者威名盡楚天。岳牧自憐分轄久，省闈應許召君還。殘花古驛迷寒雨，踈樹晴川滿暮蟬。此去衡陽看漸近，客程猶在塞鴻先。

德平王侍御以言事左遷漫賦見懷

非是王猷逸興竄，舊京争避李端公。霜飛節下連章艸，風動輪邊一馬驄。桃葉冠裳催送檝，雨花烟月别行宫。堯時恩澤寬如海，夢逐征鴻共向東。

簡汝寧太守林公先年曾謫通州。

六宫底事妬傾城？一夕長門罷玉笙。司馬通州稱冗長，褰帷新息見平生。刺桐遥隔家山杳，淮水翻如太守清。陽鴈正來逢驛使，落梅吹送隴頭情。

伯俊南禮普陀舟人告警歸呈此篇

宰官身屬幻空身，一葉輕舠萬鬼鄰。怖鴿不須驚弱水，機鷗早已破重旻。去爲海畔真行乞，歸是聊城舊道民。我欲就君前禮拜，金沙巖下有通津。

秋日寄思成年兄時以使事歸自吴門

平生三絶堪誰擬？不減當年鄭廣文。父叟平陵尚書履，弟提京兆羽林軍。門施行馬心如水，徑轉深松月是君。近報畫舩來茂苑，載將湖石帶秋雲。

聞盛太古與馬使君有孺子之誼感而賦此

管記曾隨馬少游，恩深國士未能酬。豈知畫舸圍碁夜，遽作悲楊咽笛秋。紙筆五男賢足慰，衣冠三輔望全收。憑君爲覓巫咸術，共揖英魂到十洲。公與客對奕而逝。

松江董吉士玄宰以座師田宗伯喪南歸慨然移疾護行都不問解館期壯而賦之

躭策人傳董仲舒，玉堂標格復誰如？環隄御柳青眠纔，近苑宮桃絳咲初。鄉夢數過黄歇水，生芻先傍馬融居。多君古誼兼高尚，願謝銅龍緩佩魚。

寄王師古廷尉年丈

簡貴吾憐王右軍，慣從清隱拂苔文。篝燈起艸驚飈下，去國深秋落葉紛。人到秣陵官轉達，門閒廷尉雀成羣。同年與爾同辛亥，寂寞心期付夕曛。

閒居再寄伯俊年兄

盛代無人問子虚，茂陵空卧馬相如。夢裁春艸池塘句，醉搨蘭亭脩禊書。蟲篆拂堦觀物候，雲光垂石愜幽居。故人臺省今何限？不遣長河雙鯉魚。

寄屠田叔

二十年前爽鳩客，一千里外灌園人。愁來申旦不能郮，夢度遥林何處頻。拙宦潘安頭蚤白，能詩江令筆如神。因君一問先司馬，宿草蕭蕭經幾春。

寄光禄魏丈懋忠

夜夢長馳雕馬河，美人瓊佩玉爲珂。題緘尺鯉情如昨，入剡扁舟興若何？當日荆花連笑樹，竭來鴻羽戀卷阿。曲鈎直矢君應見，且向尊前一放歌。

送張觀察之衡水

柳乍舒青雪乍消，使君南向駕征軺。陽春送潤湘流滿，紫蓋浮空岳麓朝。楚已無年三帀歲，誰從行部數停橈。山人原是薇堂客，滿目烟塵未可招。

送德州趙守之太原貳郡兼訊刺史韓丈

絶塵風格羡君侯，玉蕻冰壺月在秋。落穆虒祁新刺史，浮沉河上舊方州。春郊策馬胡床挂，塞曲褰帷鴈陣愁。我有故人韓太守，相思馮爾一登樓。

送馬妹丈明府之唐山唐乃漢栢人城，而順德，余邢郡望也，語中故及。

再捧除書出帝庭，腰章還是舊銀青。城荒漢壘猶名栢，春秀堯階幾莢蓂。北俯冀群空萬馬，南臨襄國憶諸邢。所嗟人異雲中侶，目折西原送鶺鴒。

送楊子漸姻丈之密雲令

書生非敢議臨戎，詔屬斯人赤縣中。國馬不甘遥甸步，宓琴猶奏近郊風。千旗谷暗迎明府，十道書飛佐令公。我亦有心馳塞下，燕然誰掃待文雄。

崔會卿明府已爲我君矣忽有他借書來殊蹙額于束帶折腰也余爲賦七言見懷且以二事相歆發函開箋雲光冉冉濕衣裾矣

崔顥題詩自大名，欲從邢邵結平生。除書不分他人得，俠氣空寒我輩盟。靈麓月光時徙倚，岱峰霞色與縱横。還君洞府神仙令，手板婆娑豈世情。

酒間走筆贈廣川李叟

俠氣填胸燕趙聞，個身羞逐孟嘗君。花從迷處呼歌扇，酒每中時掃練裙。七首風霜常自許，錦囊烟月與平分。何年徙倚秦松側，共指扶桑海日熏。

東所瞽叟來自太保鄭公所東訪憨山禪師歸贈此篇

君是當年高漸離，蕭蕭片筑暮風悲。千秋馬骨懷燕市，萬里湘潭吊楚纍。家本鄭莊門下客，身同郗氏幕中兒。荒原匹馬西歸急，問道東溟訪德師。

彭直指按鹺淮揚寄訊

春色驅人海國郵，使君風采動三騶。誰能不避桓公馬，我乃常便晏子裘。明月夜橋清似水，絳花寒雪峙如丘。當年共醉犂城酒，那得書成不繫愁。

奉別明生由臨邑追送思受進士于磁作

黄葉鳴階朝露盈，留君不住復南征。河橋人遲深秋別，川路雲迷一夕程。壺酒市將荒菊泛，盤餐供處薄糜傾。臨岐轉憶函關道，曙角三鄉共愴情。

送陸司訓之長興掌教二首

紅亭相送兩含顰，夾道風烟漾麴塵。三載絳紗留雅詠，半帆青翰引離神。重尋林竹新篘洽，小駐枌榆舊雨親。總是還裝無長物，白鱸黄甲未言貧。

其二

移官猶是舊青氈，稍向南中樂事便。紫筍焙雲收顧渚，緑茗舒縠静江天。方音吴越微茫辨，土俗菰蘆上下連。何羨昔人鄉郡好，齋寮兒女足流年。

送方胥成之薊門塞

三月鶯花促别筵，三春離思逐行邊。風烟不改盧龍塞，客子今過飲馬泉。鄉路半年無鴈字，將軍諸道有樓船。紛紛家國堪垂涕，君去并州又幾年。

送來觀察從濟入賀

玉帛梯航拱帝京，中原使者重行行。花披甸服秋猶麗，人向春風暑忽清。此日曙星陪六傳，有時昏夜突雙旌。堯樽正滿君須及，絶勝相如渴露莖。

送張藩伯入賀

路轉齊川驛騎連，使君結束去朝天。秋林罥旆朝如織，玉節衝飇客若仙。三殿日開霑舜酒，八方嵩祝慶堯天。小臣巖壑多高枕，微物應知聖澤偏。

送宋布衣歸大名隱居

冬至至後復三日，握手城南官道傍。綈袍媿我故人薄，襆被愁君孤夜長。層冰峨峨凍滿眼，大雪漫漫寒撲裳。笑他阮籍徒下泣，掉首東山還舊鄉。

馮元成客臨邑黄中丞邀遊濟上余病未能偕往遥同歷下亭千佛山作二首

同人春首赴佳期，地主娱賓小隊隨。溪似浣花堪取醉，曲翻楊柳却傷離。寴回列炬千燈合，月帶疎更五夜移。此日招邀原忝竊，東風吹夢未須疑。

其二

城頭王母玉函宫，並轡來遊二馬驄。卜夜未遑先白晝，題詩端合領羣公。乍看華注青蓮出，却憶明湖畫艦通。共道中丞深作事，可能無意醉春風。

九日懷謝在杭

聊城西望鴈通郵，泲水南臨客上樓。兩地煙塵悲壯髮，殊方霜露攬孤裘。黎黄小摘枓中實，蘜潤初披檻外秋。向晚插萸來泛酒，何人能共此風流？

喜王理公以公慮過邑枉訪作

使者軒車破綠蕪，野人何幸御前驅。居然煦日廻霜狴，倏爾炎天坐玉壺。骯髒西京千載士，
駼驔大國五文駒。多君不棄林中叟，共喜敲氷罄夜沽。

張函一孝廉來自半偈庵寓王二丈書兼有問貽賦此却寄

曾過吴閶處士家，茱萸同泛暮天霞。舟廻愁繞丹陽郭，書到欣從碧漢槎。無那勝緣虚雪夜，
有懷清夢隔蘭闍。白頭傾蓋誰新故，一諾相憐轉未涯。

贈同邑高進士

仙郎擢第經冬夏，試轉軍芻向鴈門。紫馬曉風肥苜蓿，綠蕪疏雨殢王孫。過家牛酒君王賜，
抵掌桑麻父老言。我亦忝君枌社侶，幾廻相對道寒温。

送秦京由青縣見訪復還青縣時重九前二日二首

驅車青縣來臨邑，世路窮交此獨難。十日平原追昔飲，重陽叢菊罄今歡。衣裳初授微霜薄，

栗葉多黄白露寒。明發野橋逢候鴈，相思應寄數行看。

其二

一日相過十日還，留君不住悲心顔。離堂琴瑟㚖霜菊，客鬢風塵驚白綸。莽莽天空下碣石，班班秋色行河間。好將消息報潘令，岁晚林中吾塹閒。

用韞學士待命長山許杜泲園詩以奉遲①

擊節曾同雪夜歡，别來黐覺會時難。愁隨南陌暮雲遠，夢落東風春雨寒。病裏書從前夕寄，酒邊花是異鄉看。即今聖代思公等，一爲蒼生起謝安。

①泲本「用韞」前有「馮」字。

人日齋中與二客小集

屈指元正又此辰，雪消雲歛歲華新。應憐第宅春爲畫，與報風花日是人。客枉高陽傾醆急，菜傳纖縷簇盤辛。明朝草閣仍相遲，容易香醪許再親。

懷登州胡郡丞胡先是爲杭州守

左鬢誰令傍海涯，行春風采路人窺。猶餘五馬駼驔步，不盡孤城佐理思。衣上曉星臨不夜，日邊殘嶠認東夷。懷君但有盈尊酒，夢到蓬萊共舉巵。

和屠長卿十姊妹詩二首

客有談屠長卿作《十姊妹詩》，都不記憶，余追想賦成。此花似薔薇，而華跗妖冶過之。倡余和女，余又一長卿矣。其疇爲余和乎哉？

麗日和風淑景移，翠裳紅袖鬬蛾眉。諸姨共擅傾城譽，貴姊尤標絶代姿。寂莫玉蓮羞並蒂，紛披朱杏讓連枝。芳藆帶露愁無語，彷彿啼痕洗面脂。

其二

一院名花滿架鮮，萼跗相藉復相牽。真妃舞罷依羅幕，秦虢粧成擴錦韉。賸有暗香飄曉露，鮮將芳意駐流年。宜春十里空多種，未比群姬競鬬妍。

喜公孝與見訪山居作

柳黄霜白暮秋期，送爾紅亭酒一卮。客路定依沙鴈宿，馬蹄應共野雲馳。山山度盡逢殘燒，驛驛行來見晚炊。十載重過三日别，對人猶是道相思。

寄章廷綸都門

底事南徐故業荒？聊從燕市筑歌傍。吟成丹槲愁鄉國，貌出青山换鷫鸘。念爾舊通門客刺，報余新改道人裝。已知桂玉年來困，膭欲邀君一饋漿。

秋日送郭甥孝廉之白檀塞

西風切切正吹裳，送子河橋不盡觴。黄葉墜階時聽雨，敝裘當曉欲霑裳。旌門九月寒沙屨，獵火千山入野桑。莫道邊庭前路隔，馬蹄行處是漁陽。

送張比部奉命恤慮以偪除啓行間歲入關

夾陛傳呼下簡書，王臣啣恤入關初。青牛導路疑非馬，玉節停郵不薦魚。氣轉葭灰看雪盡，人從彤管布陽舒。于公門閥由來闊，會見雲仍結駟車。

又八月七日喜章直卿司理見枉沸園即席作

當年行縣急前旌，秋閏重來意興并。勒菊未應開冒雨，啣盃渾似對繁英。談深約略霜全減，坐久依微月漸生。君自射書城下至，一詢風義倍關情。

贈鶴山逸人

宋公半生江海客，晚就中條卧翠微。鉢裹松泉香似酒，洞中霞綺照成緋。孤鴻乍動心俱遠，野衲相依願不違。吾有玉琴塵久暗，敢將山水托音徽。

送崔明府解任暫還鄴下詩并序

嗟夫，世故難言矣！傳甫之去，抑難言矣。他人以不子元被咎郵，或以貪受賕報罷，或以才力不任職得量移。而傳甫以境内嘆蝗爲元元請命，頗用詞色，小失獲咎當路。露章上聞，司銓大夫僅僅擬量移，且美其署詞，含蓄婉轉，以不教戒赴臺告災旽庶微罪坐。其非才力不任職，審矣。去之日，囊無一錢，邑人遮留以萬衆計，車枳不得行，哭聲震天。兹其廉又明甚。吾故難爲言，難爲傳甫之去言。

著姓名家久屬崔，後渠門望動三臺。雕龍繼武推高第，倚馬如君數夠才。欲爲蒼生迴起色，翻令白璧受纖埃。塞翁海叟行年事，都付臨風酒一杯。

太保海豐楊公逾耋期屏跡人外間携僧侣栖依禪寺蒙示詩篇敬此仰和二首

投簪十載卧巖扉，遁跡人間願息機。花雨石牀僧共定，鳥啼山院吏來稀。宵分竹火烹藜饌，曉對松檀擁衲衣。爲識永年遥寄語，白頭長見白雲飛。

其二

冢宰勳名漢代賢，一星曾傍紫微邊。夢辭丹禁依青嶂，老戴黄冠主白蓮。親供鉢將菰米薦，公詩有「永懷慈母易」，故云。佛香鑪采桂枝然。因風願進長生術，不數彭鏗八百年。

歲暮東阿尊師邀遊東郭園亭即席漫賦

學士池亭傍縠城，山光面面曉嵐生。幽栖欲下寥天鶴，倚杖如聞上苑鶯。檻外花香供酌酒，松間春籟入調笙。十年纔到楊雄宅，歡極侯芭更慘情。

送李伯建計曹奉使吴門

野潦摇空苔染衣，吟邊秋色見鷗飛。轉漕江左艅艎急，此日吴門杍柚稀。人對寒洲愁雁序，月深孤館戀萱闈。依稀練馬當年事，回首封雲一當歸。

賦得宮庭鎖鑰

九關金鎖秘嚴更，銀鑰初收玉漏清。寂寂女墻鼯犬定，迢迢城柝乳鴉鳴。于時盡閑昭陽伴，若箇偏承户牖情。鄰磬里笙俱索莫，天街十二月華明。

麥秋

緑滿平疇暎碧空，漸黄如粟隴雲同。山妻餉饁經前坂，田犬穿林吠晚風。蠶子在眠行作繭，雉媒群雊劇呼雄。江南總屬菜麻地，也自輸余歲麥豐。

邊

單于納款願稱王，更領閼氏入舉觴。不是中原渾却備，原來胡馬罷騰驤。宣雲節鎮秋開市，文武官裨夜射羊。見説近年王太保，白頭垂淚拂金瘡。

越溪耀光綾

江淹集中壁魚蝕，化作石帆山下蠶。繅絲女子夜見夢，登機玉腕春生嵐。樵風一夕豈人力，鮫綃百尺開冰函。迷樓詔賜原不數，唯有司花肩袖儋。

送陵縣王令君入覲陵即古平原又厭次去城四十里許東方先生遺塚在焉

平原厭次近吾鄉，王宰彈琹不下堂。天子恠驚唐太守，禁中調笑漢東方。異時風格誰相似，此日君矦竅可當。梟舄凌空纔尺五，未央仙露正瀼瀼。

咏江妃真珠

花萼樓前一斛珠，封來密勅自天厨。匀圓萬顆心如貫，明媚千頭色應膚。蹙黛欲開還復怯，洗妝長日竟何須。從今轉作鮹人泣，灑向寒梅夜夜枯。

秋日寄懷黄開府寧夏

雲中數報霜鴻至，此日天西無鴈來。一線濁河分内地，千年靈武峙高臺。時平卧鼓閒清晝，獵出行營奏落梅。黄憲不將千頃撓，賀蘭堪與鬬崔嵬。

秋日寄答荆使君蘭州

洮河雙鯉緑波盈，書到加餐萬里情。晚磧皋蘭愁玉塞，秋風羌管憶金城。盤中赤柰霜前菓，塞外黄羊臘後羹。聖主垂衣莫西顧，已將方略付營平。

秋日寄陳明府①

明湖新緑動輕颸，明府開尊曲宴移。畫舫乍驚鷗鷺陣，野人真愜水雲期。談邊勝事供揮麈，眼底幽情付接䍦。無奈一秋長伏枕，梦魂猶在習家池。

①涉本詩題作「雲腴醉題寄陳明府」。

送張元春

河水盈盈隔九秋，歌成采葛恨悠悠。客來道汝將移棹，我更含情一上樓。沙鴈漸依歸路宿，岍楓行破旅人愁。懸知到舍西窓話，應及東園夜命篘。

宋鶴山自魏見泉所來涞北作

非馬雄談稷下生，憐君幽賞到孤城。詩同何遜梅花艷，興逼王猷竹樹清。已繼襄陽前代迹，還游河朔大人名。天風渡海蓬蓬至，與爾婆娑世外情。

思成年兄請告扶侍尊翁太保年伯詩以奉懷

烏烏情深拜疏還，晝庭如錦照家山。舄隨堂上尚書赤，巾效林間處士綸。荀氏由來關象焯，壺公端合駐容顔。依希郭隗臺邊月，遥夜思君未可攀。

秋日再送鶴山訪李尚寶濮陽

犂丘南望隔霜林，終夜迢迢千里心。君向寒燕衝候鴈，我從孤館聽鳴碪。三秋去住悲歌裏，十載年華感慨深。竊喜汪倫逢李白，桃花潭水故沉沉。

秋日寄公孝與時爲其先太史勒碑

東蒙秋曠海雲連，中有高人欲學仙。笙韻乍調憐子晋，藥鑪常守憶高駢。尺書題就誰將去，塞鴈征時可寄前。爲掃秣陵山一片，那能堪語似當年。

送周職方由南都北上上最作

三載留京報最書，二洲芳草送征車。分官尚屬周方國，述職應陳漢版輿。闕下軒裳憐舊侶，殿頭臚句報新除。秋風且莫施南櫂，天子行勞問子虛。

送武德董觀察以治漕叅知浮淮二首

蠻夷氛掃奠遐荒，藉甚雄聲遍廟廊。握節久勞臨海岱，治漕今復借淮陽。雲含五兩摇秋水，風走十帆拂曙霜。若問聖朝飛輓事，從來恩寵勝東方。

其二

飛飛玉勅下遥天，使者新恩督餉年。粟轉萬艘輸上國，名從三載樹朝鮮。淮南草木迎齊月，海上旌麾入甸煙。畿内自今倉廩實，君王不復問屯田。

來禽館集卷之四

五言排律

送元定先生①有序

司農郎夷陵劉使君元定者，才成天拔，系出名家。萬卷蟠其胸中，三象驅之几下。經綸夙富，何必李贊皇之雄標；丘壑獨存，雅類白香山之風致。司倉德水，治粟齊方，銑然抱雪而寒，徹矣，瀲江共湛。閒陶琴酒，兼洽文儁。麈颺謖謖雨花，墨瀋輝輝粲采。抗志九霄之上，栖神太始之前。陋坦腹之腥腴，任掀髯之跌宕。兒敦七業，室便數椽，貴不挟貴良佳，卿自用卿可尚。忽忽蓴鱸夙念，車馬星言，氣凌南紀之雲，書動北辰之座。顧侗自慙駑劣，謬荷嚶鳴。一尊小阻拏舟，十韻聊將折柳。不嫻者語，不晦者心。

使者勞于役，移書返漢槎。里人虛爾雅臺名，鄉路轉章華。冥果先嘗橘，幽蔬續啖瓜。鬭身歸客健，採蠟穉兒嘉。告祖祠如在，遺榮舍不譁。東床推骯髒，南郡絶紛葩。往事真堪述，新聲更莫加。飲氷朝治粟，調鶴暮休衙。彩筆干躔緯，雄心問莫邪。俠儁雙紀傳，文武並名家。

柳彈依依線，蘆掀細細芽。板橋開祖道，珂馬戀蘭闍。念子投朝策，憐余寄串茶。風塵正擾擾，相訂老烟霞。

①沵本詩題作「送夷陵劉元定先生」。

送靳叅知入賀便歸省覲十四韻

㟚路初成餞，楓墀欲覲宸。暫違齊境土，去祝帝秋春。月滿侵行騎，天空度使臣。遷喬方改政，捧鑑遂占旻。夾岸諸儒送，隨車一鶴馴。到親前粉署，遊命舊綸巾。序鷺霑堯酒，驚鴻謝漢闈。思鄉心獨切，拜慶禮須臻。錦晝親庭藹，筵芳壽斝新。皇恩餘瀝在，子職寸暉均。勞釋談經久，歡催嘯侶頻。黍苗嘗社味，霜葉啓征塵。稷下雕龍士，東方望歲民。皇皇共屬目，悲喜見情真。

九日對菊有懷趙季卿兼訂晤言

搖落霜天迥，幽懷對菊新。槲林紛似錦，烏翼勸如人。北海賓盈座，南端月入茵。雲停思作賦，湖碧欲呈蓴。落落陳蕃榻，依依郭泰巾。三秋成偃蹇，一疾誤音塵。白玉堂虛席，青油幕芘身。課兒朝與夕，求友賤兼貧。我已追禽向，君休歎鳳麟。世貽安是业，老覺退爲真。晚暮論知己，高風猷可親。固交深比漆，齊契篤於姻。儵爾通今古，翛然愛隱淪。野鷹呼褭醉，寒燕咲中馴。杜牧之詩：「咲他寒燕一雙雙。」策杖期寧負，登堂意迺申。此州矜從事，何地狎征輪。十日端非滯，雙眉盡展顰。稷丘千萬户，應共頌陳荀。

百穀寄茶分饟司農覲國先生兼謝嘉招賦得十四韻

新荈來江國，籠頭手自煎。葉巆霑露潤，花鼎泛緗圓。滌寐情偏朗，清襟疾盡蠲。素瓷便静夜，香沫媚炎天。際此真興想，還誰解痞玄？司農三舍近，風雅十行妍。朋道輕遺珮，鄉題悵跕鳶。沼亭曾祓禊，書衮數留連。許共松枝麈，要同竹篠筵。碧筩追北渚，河朔失前賢。山水應如對，形骸計已捐。百年吾道在，雙槳客舟仙。緬憶中泠水，因之顧渚田。殷勤寄靈草，七椀憶中傳。

武德陳觀察惠甫以入賀先期還温陵遲以秋信

無棣仍周履，明公寵漢旃。鹽田寬夜色，關戍絶烽煙。端廌三齊重，行驄一道便。飲冰寒徹骨，霏屑劒如泉。天際疑真侶，人群仰大賢。時情都欲盡，古道獻推先。不鄙沈淪士，長開徧浄天。曾班鴝鵒硯，復賜裔夷錢。茘子來閩騎，螳房勝澥羶。殷勤魚腹信，珎重菊花筵。過我清醪醉，呼儂白日眠。襟期同慷慨，風素合留連。忽動親闈思，能邀部使憐。天風真借便，金鑑屬祈年。預遣南江舫，聊停北闕箋。綵衣華轂客，錦晝閬巔仙。問月經頻破，稽塗復數千。波春吴越裏，園夏葛蕉前。靡盬須行役，趨程試整韉。征衫秋度暑，换節燕移蟬。人吏欣相遲，川原會有緣。入甄山啓事，輯瑞舜垓埏。體國家還置，紓忠孝並全。勞勞縈寸念，沾沾釋雙孿。期爾迎霜雁，偕余縮項鯿。旌旗遮滿道，拭目冠君旋。

送陸三茂才之臨邑學舍省覲二親還雲間時其尊君候除書未至

小陸雲間彦，寧親宛在兹。南江下采鷁，東道儼緇帷。苜蓿朝盤共，宫墻午砌移。蟫編時上下，芹縷對差池。散步吾園適，驚麑故里思。含辛將被襆，長跽酌甌瓷。楓岸迎歸客，村霜送解維。袍綿母加著，書笈父教隨。搉禍危初定，行程穩若斯。斫鱸經月事，懷橘再年期。去路依征雁，除書付灼龜。我懷忞竹切，君報隴梅遲。爲感今浮梗，因追舊秉麾。故人如借問，應道鬢髦衰。

送方胥成之薊門詣督府萬公

雙鬢颯然變，勞勞虚此生。故人憐藥物，地主進藜羹。候至莎鷄語，離前朔雁征。客心黄葉渡，馬足白檀城。幕府披襟待，將軍執轡迎。旌旗開野况，詩句敵邊聲。羌管連鼙起，蒲桃共酪傾。沙昏愁玉塞，天近渴金莖。日月殘杯盡，風霜裋褐驚。祖筵應破臘，鄉路欲遷鶯。

草檄誇空冀，垂鞭憶偶耕。行行莫相負，長此遲同盟。

送汪明生之古鄭縣訪南太史子輿時太史宅憂

覽眺過三輔，尋盟指渭川。路廻邙樹失，馬蹙華峰連。蒼莽秦朝舊，依稀漢代先。金人思泣霸，瓜叟憶留田。雨暗潼驪領，雲開鄠杜天。古亭標杜老，新隧表秦阡。入户家童喜，褰裳地主憐。故驢仍竹素，幽憤復廬饘。乍見疑今雨，深交掩昔賢。液波偕夢斷，闕月共盃圓。欲接諸岑宴，應陳七月猏。船舷驅並槳，鈷鏻起雙烟。留滯君非土，消摇客似仙。兩坨歸賦詠，八水鬪鮮妍。幾換王孫草，空懷楊子玄。曰歸頻破日，言別定開年。追賞通莊騎，含悽落景筵。暫令山水絶，寥濶一琴旋。

黄昭素宫允予告還里寄聲見訪詩以奉遲

紫闥登黄憲，清秋下赤墀。寧親萊子服，給驛楚人炊。意共雲西去，身邀雁北辭。幾年懷隱豹，此日息禪枝。履道瓢無伎，藍田較有儿。客談矜蠟面，僧供出精衹。鹽火尋雙井，泉橋認兩碑。衲隨笻竹杖，齋謝屈金巵。度渴丹椒雨，消煩縹蒂梨。幽瓜成野醬，蒙露摘朝葵。住岳峨眉勝，觀川濯錦奇。温文破堅悍，風素表清夷。天韻真難並，人倫迥在斯。夔龍蹔巢許，無計重臨岐。

寄本寧叅知并州

廿載叅藩舊，如何尚積薪。馬蹄恒咄咄，駒隙共駪駪。度隴經狐塞，行邊感雁臣。一官非小草，三仕豈逡巡。夢劇虒祁觀，心閒泲漯濱。朋儔多落拓，吾道弗沈淪。課子還經笥，懷鄉每鈞緡。夙知家本素，無奈業常貧。門故寒暉外，篇章跐跋新。頭顱吾與爾，意氣笑兼顰。書信違黃閣，詞名入紫宸。退非明主意，來是奉身人。末路風雲起，千秋伊傅鄰。未妨今屈宋，龝歎古良歅。引分浮生酒，忘機挂體紳。并州佳且住，無限緑楊津。

送瑞軒崔公由濟南刺史擢洛中觀察十五韻

行春崔刺史，甘澍遍郊園。車認緹油是，騐餘赤汗存。囊中無陸賈，道左有壺飱。勞績三年著，謳吟萬口繁。自天題寵詔，唯爾被殊恩。龔遂空驅盗，王尊枉叱轓。徵書先十道，功狀列千言。帝念襄城郡，官張陸海藩。繞庭看帖古，何地訪泉温。鞏洛雄圖舊，伊瀍故浪奔。霜威凝井邑，膏澤下閭門。治郡名如昔，提兵望益騫。中原開府待，八座上卿掄。寇盜時方劇，桑榆數及庵。臨岐諮勝筭，前浦夏雲昏。

春杪張紹和落進士舉迂道見訪即席有作

淚眼看花日，尋盟泲水隈。到門吾倒屣，解帶客啣盃。談劇譙窮漏，歌深篴落梅。抱荆頻刖苦，衝雁並聲哀。涴樹行邊獨，殘暉坐側陪。馬蹄征陌動，驪曲別筵催。彩筆干時左，春風落第回。未應謀鷃適，終不老龍媒。離思寒江杳，清吟列嶂開。襟情牽縞紵，音驛遲瓊瑰。延想三年外，期君郭隗臺。

王正廿三日唐昭甫以元學書至喜而有作

臘雪融春塢，征鞍駐此辰。小僮青箬笠，孤客白綸巾。君欲聞齊語，吾能愛楚人。行蹤欣有託，篇詠契無隣。朋道頻年絶，書郵少日親。一談償憶夢，千里問迷津。寓趙豪持弆，辭燕笑數緡。阮塗車軋軋，馮舍鋏璘璘。坐遲新鶯動，行逢別譙陳。拂衣烏戍柳，逐路馬蹄塵。望望南湖棹，悠悠北道賓。傷離兼惜侶，相囑重加珍。

得東郡謝在杭司理五月書以彈丸射雀見矜也爲詩答之兼及餘情

代擅王孫裔，羣推小謝才。簿書情蹔局，丘壑抱常開。搔首人驚借，圖雲客爲裁。魯連懷故箭，袁紹負深杯。慕羽飛金彈，憐妝倚玉臺。晝眠猿警夢，午啜鶴侵苔。曝帙依駒馭，熏衣仗麝煤。送茶將舌去，題菓報禽來。曲郢俄霏雪，音柯自落梅。有官便俗禮，無士對清詼。芳杜江傳燕，萎薞露泫哀。余身既隱矣，公等奏康哉。

臨邑烈女

未嫁身能殉，芳齡節已安。自經豈溝瀆，就瞑亦團圞。明月含珠蚌，良璵韞石磐。溢輝青嶂秀，呈媚碧漪寬。灝氣歸星采，遺形箸玉棺。冢成連理樹，笙逐並飛鸞。白日留顔髩，清霜識肺肝。望夫疑化石，厭代媿彈冠。仞立千尋壁，風廻徑寸丹。喧歌騰萬宇，欣賞合千官。信擬堯堦草，芳同楚澤蘭。月當秋作皎，冰蕻玉生寒。姱節凌終古，關泥塞一丸。誰將黐雅操，試向繐帷彈。

輓東郡尊太史朱父

東郡趨庭日，高堂赴岱秋。昔今雙結念，風木一幽憂。太史襟期美，先生譽望遒。明經推父子，佳詠總曹劉。未皷丹霄翼，常便碧浪鷗。飲惟安竹篠，榮不慕車騶。日月天書迥，山林地主優。封君超種植，隱德絶雕鎪。魯箭還同俠，綿駒坐廢謳。老應能閱世，人自適浮丘。故篋輸殘蠹，當場引勝流。無書干五馬，見義勇千牛。生擅君公號，冥宜俎豆修。此鄉矜此典，前路抗前儔。史也兄稱舊，翁兮父行侔。哀詞因病拙，清謚豈私求。桃李輝孤櫬，雲虹返十洲。欲知心不死，請覩殯宫旒。

七言排律

楊以德中丞遥自桂林寓書曲右丞申荅見臆

荒戍逶迤度雁臣，八行郵自桂江濱。迢迢白社雙傳淚，寂寂青山半負春。熊晝城中開節鎮，銅標天末望嶙峋。休衙僮作傾鬟伎，近峒猺争祀水神。青箬趯墟驚野市，緑荷包飯拜行塵。烽烟荔浦寧教少，手板龍城莫厭頻。坐對舜梧悲渚女，行過唐柳憶州民。凌晨魑魅窺人巧，亭午鯛鱅入饌珎。塹斫前庭栽木槲，旋吹清角戴綸巾。濡砂印牘夷王信，潑墨飛文粤俗馴。憔悴西垂慳日月，倉皇中使算錢緡。幾家痛哭傷離亂，是處謳謠藉拊循。和雪心期隨涕盡，傲霜眉宇逐時顰。君王不問安疆策，開府須捐報國身。萬里關河黄耳健，十年朋道白頭新。計程風水無虚夕，取次書題動涉旬。今日秪將藤紙去，劍虹終久借斯人。

奉寄行省左丞黄公濟上八韻

左相清風肅省寮，依微郊甸轡聲遥。探碑魏寺標麟枕，選樹房園護鳳條。月倚華岑蓮似吐，風淪灤水客須招。黄金漢杏和雲噉，白玉仙函掃地邀。進港畫舡開碧藻，隔花朱火散銅鐎。犀毗帶露園新竹，熊軾牽星度暝橋。觸緒抗言憂國步，休衙有意駐年韶。慙余虚奉城隅宴，日日相思鬢欲彫。

擬送沈方伯

雄藩擁笏鎮垂魚，恩命輝煌出帝居。錯繡五花天女織，開函什襲史臣書。當官祖父崇銜並，表懿閨門寵誥舒。三錫侈承三代備，百祥欣佇百年餘。蒜山晴日遥迎錦，蓬海春濤近應臚。經世業惟夔吕共，名家文復馬遷如。籯多韋氏矜黄卷，掌有隋侯照駟閭。西吏尚供鹽猗頓，東人猶上蟹匡胥。齊盟涖處陽噓滿，趙璧完來意氣紓。蒙昧幸深千厦芘，鈍椎無計萬言譽。徒將丹慊中芹縷，末座依稀聽珮琚。

送周司理

紫誥瑶函莢楚鄉，飛馳東魯寵靈長。太丘自昔封非素，湛母于今夜有光。花縣增榮頻憙動，萱堂雖謝亦憂忘。眼前並妙青藍色，膝下應知弓冶良。司理神明傾六郡，風流文采慕三湘。人同玉樹清無比，氣若幽蘭國作香。縱是伯仁違絡秀，還教阿母得王祥。雲霄劍履雄名起，雨露江邨奕葉芳。愛日長臨庭下彩，法星高傍斗中芒。醇醪公瑾推吾黨，廷尉賢于結襪張。

送白公之任上元

衣冠文物古今同，赤縣衙齋近謝公。三輔舊推京兆急，九州偏讓石城雄。江東借牧君都會，冀北論才爾大風。群孺竹争桃葉渡，一郎星照雨花叢。均輸大府千艘集，傳教長淮尺鯉通。卧閣樹深迎夕靄，登臺雲杳到邊鴻。夢迴彩筆江花迥，煙入絲楊步篋籠。偶至半山題梵刹，更臨殘冶吊吴宫。興來不礙尋幽客，政洽唯應噉晚菘。暮暮朝朝飛陛舄，融融洩洩韻絃桐。誰將父老頻年苦，與達君王乙夜中。寂喜清曹才咫尺，不須行李問艨艟。

午日偶病暑從架上抽得白長慶集嚼玩良久因念晉叔臧君效爲其體贈之以嵇康之嬾遂難孟公之櫝至竟不能寄寄知晉叔者

憶共韶年洛社遊，兩鄉心事總悠悠。輸君團扇班姬賦，老我私門晏子裘。下下高高題處寺，溶溶瀁瀁汎邊鷗。青山建業懷如昨，緑酒烏程醉未休。採藥曲巖兼闞茗，傷春佳節復悲秋。麦亭合在遥天末，着眼浮雲暗不流。

來禽館集卷之五

五言絶句

沸園吟小引

余家濟北，善富以數世，王父迨世父相沿，邸店土①田甲一邑。而自余讀書解事，則諸院謀爲秦人出分計。家侍御公適當户，一切部録瓜分，率用河南卜式指，多推美田宅。而余兄弟凡三人，猶鼎峙，各支一足，僅不覆折耳，無奇贏也。爰自勝冠仕宦，性與錢刀違，浸尋家日衆，務日益拓，蓋還山而租税踐更之外，幾不飽僮僕，勢且割上田第一再，忍他如酒鎗諸器物，則什不一存。徒有大第一區，類鄭子真身如覊旅人，終日與檐雀對。時或繙書庫，得古人一言半語，欣然有會，乃自謂不貧也。居恒家侍御公謂不肖：「而王父諸父好行陰德，計享年無耆耋者。余老人獲藉祖宗餘蔭，今且八十餘，幸甚康强無恙。小子聽之，余老人行樂所不足者，日耳。」嗟乎，乃今而後安敢托言儉陋，以不中大人歡？此園所繇作也。園成，版輿日一御，童子携鹿盧牀選樹徙倚。亭午，爲展桃簞，供高眠。醒則啜茗一甌，還舍中。間日若節春秋，始及具杯盌作小讌集，不肖每每從行遊，司所愛惡，手荷長鑱，壅培芟薙，期不倍素懷，庶幾一當萊子嬰兒啼，以娛厥天年，不愧人子也。竊伏自念，是園一柱木、一把茆，皆出轉貸，歲且逋不訾，而意實安之者，不欲以貧故傷大人志耳。夫以五十年温厚肥美，安享擬素封，而以余不肖宦拙、分箬兩事，減暮年歡，天地雖大，何所著此七尺哉？客有問園及訝余本末失宜資身無策者，請以一紙應之。我知我罪，其毛氂無所掩覆矣。②

①土，泲本作「上」。

②泲本此後另行起，有「園分署二十有六，各具一體，率儉不中度，以按圖，則聲寔寔不配合。大要意義本之輞川，而興象所詣，庶幾古人，不遥第才謝右丞，余寔恧焉」一段。另，雜著本文末署「萬曆癸巳夏六月上旬云云亭亭間人邢侗子愿父書」。

犂丘

穆天子八駿行遊，相傳歷此地。其稱犂，則春秋分邑所繇。始史傳壽春等凡三犂丘，吾邑居一。

犂丘此邑傳，犂丘此名古。一片穆滿秋，和雲戀抔土。

㳅亭

按《山經》、《地誌》俱稱㳅水出臨邑。邑故有㳅廟，神爵改元，使使者持節侍祠臨邑界中，今莫從考。渴烏飜車，泉乃突出，君其問諸水濱。

㳅乃四瀆一，相傳敝邑是。彷彿認菜田，微微漏清泚。

東山

叠石爲之，不滿數武。巉巒洞壑，具體而微，以據地東偏，借名。方隅客乃引喻過當，非其本懷。

我家山之東，我舍東山塢。卜築近宮牆，馬隊何足數。山園在儒學東。

南嶠

東山所不盡石，雜置成岫，有澗有島，僅逾盆盎間。觀白石赤欄，下蔸垂柳，北臨疎豁，瞻之在前。

峰巒攢十二，飛棧入烟霧。更對十二樓，增城列仙妒。

中皋

覆土爲丘，南頫來禽。後除高不五尺，延眺乃盡四週。

魁陵不盈尋，所貴得其據。徙倚到上頭，臨風迓仙馭。

踈豁堂

杜工部詩云：「草堂本貫爲踈豁。」吾堂出自舍中餘材，實不費一錢。此公地下應以王石目人。

平生厭喧湫，林際一堂豁。千載杜陵人，吾儕仰流沫。

來禽館

土產甚夥，家園在所不乏。每展右軍囊盛書，令人神爽，乃錫館以嘉名。

買絲繡右軍，分行種青李。總是愛來禽，帖與樹俱爾。

半舫齋

曲房罄折，宛若艦齋。推牖東南向，百雉萬柳争來獻奇，幾欲浮家泛宅。

北人不識舟，謂是西戎屋。我屋黐似舟，書帷當帆幅。

暢叙亭

空游沼南嵌一洲，結亭洲上，三面臨清流，一詠一觴，幽情足暢，頓覺蘭亭不遥。

土俗舊刀環，風光儼蘭渚。觴詠暢幽情，斯文感來許。《魏書》：「刀環水出臨邑。」

空游沼

用酈道元《水經注》語：「意澄潭，展鏡一碧無玷，文魚歷歷，真若空游。」

千頭在沼鯉，都作金稟身。鏡中看不定，疑是倒漣淪。

小趵突

出南嶠中趾，伏流仰濺，如郡濼泉。

齊州古城邊，平地湧寒雪。坤維折复西，吾園亦霏屑。

亦山陰

石子齒齒，甃爲曲溝，左右凡九叠，可以浮杯在南嶠，北陰疎豁中庭。

親賓集上巳，歡樂移下春。放溜成曲水，山陰今屬儂。

團槐塢

團欒離披，槩株不揚。晴雨張油，不減帝幕。

輞川宮槐名，余意良有會。似是雲中君，團團下車蓋。

浮螺館

臨湖面山，厦屋比敞。綰轂之口，無所不匯。

伐竹爲橋好，誅茆蓋屋宜。片雲剛露紒，縹緲對卿巵。

思曼湖

竹橋数折，中突小灘。垂楊楚楚，張緒當年。

弱柳絲絲漾，晴湖艷艷光。風流張緒遠，雲水憶衣裳。

氷廊

沛水迤西，懸厓置屋，登高自下，漸行樹端，滉漾瑣碎，波文英壁，人在氷壺。

迴廊置庋壁，嶝道如上天。流泉一飛濺，蕩漾琉璃田。

長房洞

上接毘曇閣，口縮腹寬，中有天地。

長房能縮地，我乃傳要眇。跳向一壺中，方幅未云小。

毘曇閣

佛以講論經義爲阿毘曇。余有方外友，山上人間日過從，於焉是棲。

灑灑阿毘曇，妙義不削柹。長日坐隣僧，鑪香兀相對。

臨高臺以軒

樂府篇名。五字署亭，似無前匠，片言有會，何必古人。

臨高臺以軒，樂府於古有。大雅久寥寥，請視此培塿。

浩亹洞天

浩亹，海外福庭。超然欲界，企其庶而必弇州也者而後可。

海外有名山，廣莱携我入。劈得一支還，蛟螭爲移蟄。

夕佳亭

「山氣日夕佳，飛鳥相與還。」是陶公會心語。亭面東巖，盡收晚照，凝嵐散綺，殢人胸懷。

返景復照苔，山光亂飛鳥。欲辨竟忘言，悠然在林表。

優鉢羅池

梵釋爲青蓮花，以代夫容池，似小超播。更拓聖教法爲顔風骨，挺然不愧名義。

人道是青蓮，佛説是優鉢。色相本來空，無須太藤葛。

鵝群榭

取右軍换鵝故事。又《大令帖》「鵝群」二字，有擘窠法，摹以署楣，若還舊觀。

曇邨人不返，是處有鵝群。但會寫黄素，前身應右軍。

觴醥臺

《蜀都賦》：「觴以清醥」。臺據優鉢羅池東北，岍池①計三之一。妙香飄拂，一洒人世伊蘭。

我有清醥酒，與君醑千觴。臺上方了了，臺邊笑頹唐。

①岍池，泲本作「岍函池」。

鶴田

南對鵝群榭，夾岸五柳間之。中啓白扉，樊木爲柴，以居胎禽。

華亭音響逸，青城毛羽便。晚暮欲依爾，千錢營鶴田。

清隱山堂

堂爲犂丘右翼，左與東山直。疎籬四蔽，儼若殊庭。前列五石，傲岸如五老人。唐詩「清隱山書小篆文」，其義則竊取之矣。

不入清隱山，但學清隱篆。一領故朝衣，春雲繡成蘚。

八月中澣清源信至知元春即日南還愴然賦此

江南秋稻熟，遊子歸鞭發。我夢繞秋池，殘陽帶江月。

柏下小憩

繫馬雙樹邊，胡床聊一憩。柏子若相憐，無風落空砌。

方丈竹

誰散淇園色，紛披滿上方。平生此君意，今日獨彷徨。

山僧迎送

相迓此山門，相送此山趾。豈知軒冕崇，客至聊復爾。

花下日暮别靈巖

輕風度丹壑，微雨濕紅雪。不道有情山，却從今夕别。

古意秋日送李一觀察二首

檐外青桐樹，朝來風正吹。不堪今送汝，誰共坐題詩。

其二

博山罏正薰，沉香火且斷。冰簟儵驚秋，不眠攬申旦。

七言絶句

撫中丞黄公東巡曲四首①

寧戚城荒墨水流，不其書閣晚烟收。停車忽訝羅衣薄，春到齊封海尚秋。

其二

清笳疊鼓對卿巵，片片晴雲上畫旗。萬里滄波舒眼盡，日邊殘嶠是東夷。

其三

白鹽黄甲紫蜂窠，問俗行春此塹過。轉憶故鄉生事好，夕潮蝦菜較來多。

其四

大竺小竺參差前，島樹鼉田列似阡。一帆飽趂可攬挈，二月東風明月天。

①泲本詩題作「東巡曲贈黄撫公」。

走筆戲贈萬伯脩使君十章

五花胡馬鷫鸘裘，夜獵歸來興未休。教唱西凉新樂府，一時霜月遍幽州。

其二

杞花垂實玉關秋，壯歲無端去國愁。自笑年來身暴貴，畫旗春色上龍樓。

其三

無事邊頭樂事偏，手提玉靶青絲鞭。當場意氣最雄俊，捋取半段黄金錢。

其四

渾炙犂牛熱盪酥，漢官羌子共氍毹。嘈嘈捍撥聲聲樂，不問前川塞草枯。

其五

千峯萬嶺黄雲合，榼榼金軀白馬來。胡婦舞時氄按曲，塞門楊柳未須猜。

其六

叱撥桃花價果殊，牽來噴玉望風呼。輸他獸錦三千疋，贏得龍荒萬馬駒。

其七

鐵衣常捲臥私門，盡道單于不負恩。從此種田沙磧裏，更無覊鬼泣幽魂。

其八

銀花鑿落醉蒲桃，氍毹憑君弄彩毫。一斗隃麋三斗酒，壯懷幽思滿弓刀。

其九

繡窠芳樹照中堂，鈷鉧熏鑪沉水香。明下姣童捹一顧，數將聲病試周郎。

其十

君向清時作大排，野人無分宴高齋。楚傖潦倒吴儂醉，枉殺邊城酒似淮。

朋舊存亡數通宵夢各賦一詩寄懷都不書地望姓字儻①亦有深思也二十一首

一疏批鱗意不孤，九臯鳴鶴絶群呼。中原亦有長沙地，遮莫風霜保畏途。

其二

淮海維揚有此君，判將詞賦滯青雲。天臺瀛海游俱勝，拄笏高城惜日曛。

其三

此地毛公與薛公，賣漿徒博寄雄風。憐君意氣真堪擬，悵望浮雲落照中。

其四

攀栢年來隴樹秋，幾將哀思付江流。霏霏暮色南雲至，應是毘陵哭未休。

其五

赤壁留題事可傳，至今草樹尚含烟。扁舟箬笠春申郭，何似風流太守年。

其六

葛天飛電驥群空，勍敵無須避火攻。此日連枝同作賦，阿誰春草夢魂中。

其七

少時相狎壯相離，至竟雌雄各路岐。鴻雁不辭窮海畔，鳳凰長匝萬年枝。

其八

南國掄材奏楚書，楚天雲物武昌魚。携來賦草誰相賞，苑雪宮鴉自直廬。

其九

楓落鱸肥憶往年，楚天東望接吴天。年來娱悦秋雲裏，欲寄故人心自憐。

其十

跋扈詞場未可當，含香近拜尚書郎。乘軺過省飛狐府，太保開尊自唤甞。

其十一

啓事山濤水鏡清，秣陵秋月照盈盈。即今中土文章伯，洛水嵩山無限情。

其十二

江東大海廻瀾紫，歷下蛾眉雪月竒。初日芙蓉清夜瑟，爲君惆悵立多時。

其十三

傳道人琴事已空，乍聞如醉復如聾。澮園寥落何人主，極目南天哭斷鴻。

其十四

入洛才名小陸過，一官壇殿長青蘿。清齋暮雪生前句，贈言有「旅食清齋暮雪繁」一語。夢裏沈吟涕泗多。

其十五

憶昔覃懷建隼時，側身天地一譚詩。傷心借寇堂邊樹，懷慶北郭有借寇堂。零落偏東第幾枝。

其十六

寒同山下寒烟白，海印寺前海月空。載酒繙經兩無那，宰官身離劫塵中。

其十七

江夏年光二月初，據梧齋敞薦江魚。與君傾蓋成連理，莫遣秋風怨婕好。

其十八

吾世斯人未可求，玉笙瑶瑟氣長秋。無端蘭芷孤臣思，多在晴川漢水頭。

其十九

世路紛紛荆棘生，當年張范舊同盟。即拚一死人争棄，夢裏依然唤巨卿。

其二十

觸目浮雲十載同，掖垣今日領春風。蹊桃自分無言語，曉色憑君醉九重。

其二十一

廿年裘褐識君初，太學諸生交未疎。近日玉堂清暇否，雀羅門巷絶雙魚。

①儻，沛本作「倘」。

效唐人雜興詩 四首

秣陵花柳接平橋，渡口垂絲隱畫橈。君且莫歌桃葉曲，秦淮今夕不通潮。

其二

四條絃上鬭朱顔，團扇詞清似是班。試向綺窗聊一聽，小金鈴子玉連環。

其三

一曲楊瓊萬態生，眼中顧盼耳分明。何人解得筵前意，腸斷行雲此夜情。

其四

霜風如剪夜颼颼，歡去歡來不繫舟。今日一壺臨古渡，隔河人唱白苻鳩。

古意再寄于田 四首

零落鈿蟬出漢宮，闌干雙淚背春風。君王揔署廻心院，再畫蛾眉恐未工。

其二

拒霜花下別歡時，記得綢繆鸜鵒巵。無那驚風漂落葉，雙雙鴻鵠影參差。

其三

少小游閒客洛京，莫愁湖畔竭來情。知君原是神仙侶，重聽緱山子晋笙。

其四

岱門瑶草鬱如林，若箇悠閒物外心。一片緑蕪春不管，隔花人語夜沉沉。

寄胡順庵中丞

中丞納節住青山，三暮三朝任往還。囊有俸錢隨分乞，更將腰帶施禪關。

送張仲儀六首

鬱金枝拂鬱金尊，送爾銀鞍過遠郵。十日春城三日雨，那禁芳草閉黄昏。

其二

董子園邊放去舟，故人牽纜數相留。客心已逐花前發，總聽驪歌不解愁。

其三

燕市酒如寒食餳，壚頭小女搊銀箏。聽箏酌酒不樂意，瞪目銀天空復晴。

其四

別家二月復三月，忽漫宫鸎恰恰啼。一聲唤起客窓曙，令人懷抱增凄迷。

其五

争傳主第牡丹開，十二街中喧若雷。恠爾灑蹄騮馬汗，與誰同去看花來。

其六

九重嚴召動千官，五嶺流人鬢漸殘。可笑張兄與邢弟，對床時把劍書看。

送顧朗哉恭謁岱宗小序 四首

朗哉先生者，東吴華裔，盛代逸民。跡旁要離之墓，骨與俱香；家隣皐氏之橋，身焉同隱。壯游燕市，趣邁人寰，吊擊筑之漸離，慕啣杯之俠少。低回偃仰，囊有草而不減上都；感慨悲歌，劍在裝而耻彈下舍。于焉言辭帝里，行指齊疆。望雲氣於封中，蒼茫衣狗；見人烟於樹杪，指點青徐。三觀攬其襟裾，兩輪落其杯盤。其在侍者，爰有長君漢符。下馬臨流，眺丈人之秀色；捫辰鶩座，俯梓樹之遺蹤。父子偕爲勝游，人天輸其獨往。問大夫而五，疇是秦官？呼萬歲者三，緬懷漢帝。乃犂丘同人邢子，烟霞成痼，悵狗馬而難從；雲雨爲虛，似陽臺之入夢。蓋贈言粗定，聊代同車，而握手重盟，尚圖今雨。七言成韻，十日是詹，脱爾愆期，詛諸若礪。

十年同結泰山盟，多病憐余似馬卿。今日送君成獨往，不禁清夢逐鸞笙。

其二

海上荒鷄報曉籌，岳雲如馬旁輈輈。仙人對博芙蓉嶼，拍手相招汗漫遊。

其三

古碣殘碑歲幾千，泰松漢栢自何年。憑將彩筆都題遍，暮靄朝嵐鬬景鮮。

其四

回首鄉關望眼舒，微茫烟樹失青徐。須臾前磵飛晴雨，訝道吳門練影疏。

詣大庵百歲僧所偶話先朝遺事感而有述二首

巖中老衲百餘歲，共坐移時口不言。見説孝皇今幾代，若爲嗚咽泣陵園。

其二

底事來栖豺虎穴，道人無意受人憐。問年但指庭前樹，楓栝齊雲伴坐禪。

東阿先生

講筵初散轉銅梟，思繞冬青一萬株。聞道後堂時置酒，可能還憶戴崇無。

問弇州公出山

海内宗盟王弇州，頭冠脱禮白雲丘。恔來又着緋衣去，十二層城起暮愁。

代弇州公答

小草人將唤老夫，金門避世朔來無。總然司馬留都府，依舊黄冠白帢徒。

歷下先生

一代詞章千古情，授經無分濟南生。樓成轉屬他家有，白雪吞聲恨未平。

楊以德使君以濟南藩伯擢岢嵐觀察賦贈十章①公，巴縣人，泰山正在部中。

奉高遺址接天門，樓觀雙騫帝女尊。莫道凌空惟錫杖，仙山今日屬叅藩。

其二

廻首峨眉幾歲分，啼猿三峽夢中聞。多情最是明湖月，猶作秋輪照使君。

其三

幾度題詩下鶴羣，墨华霜練偪羊欣。已捹問字楊雄宅，况復頻呼稷下君。

其四

太原迤北是偏頭，虎豹重關據帝州。争問北門誰鎖鑰，節旄今已付輕裘。

其五

嵐雲嵐雨礴荒沙，隔戍胡雛射鴈鴐。伸臂似徼團繡襖，摇唇應索閬中茶。

其六

誰似神明新使君，能將雙劍抉胡雲。通宫邏卒驚傳語，老見椎牛享六軍。

其七

杜鵑聲裏杜鵑花，水膩山春好物華。揔到菜乾鄉思減，十年猶自憶三巴。

其八

翟家門巷斷紅塵，憑軾過從物色新。一别歲時花又謝，峼湖楊柳爲含顰。

其九

大夫譚國奏聲詩，小東大東傷析離。賴得所天剛覆露，襜帷去去絶餔糜。

其十

雙旌今日向邊州，千騎東方可蹔留。此去勳名邀竹帛，滿堂絲管不須愁。

①泲本詩題作「贈楊以德以泲南枀藩擢㟴嵐觀察」。

九日送汪李吴三君子南歸二首

北鴈寒凌南浦雪，南林晚颭北霜風。客懷聽鴈思楓葉，又見棠棃一樹紅。

其二

暮鐘寒角逗霜風，與爾燈前對菊叢。明日關河人萬里，野橋流水夕陽中。

偶因趙人寄懷夢白

十載烟塵兩地悲，都將窮達付明時。平生兄弟今餘幾，可道秋風浪作期。

寄章廷綸畫史都門

丹陽郭裏誰憐汝？泲水亭邊最憶君。此日謝安團扇上，無人爲畫敬亭雲。

送宋中丞拜少司空北上十二章

當年分竹向齊川，萬井人家春雨邊。不是羣情思借寇，那能車幔迓重襃。公先爲我郡刺史。

其二

抱臬依然一丈夫，月當秋漢玉爲壺。還將舊日祥鸞曲，彈向霜臺砌鶴孤。次擢山東廉訪。

其三

杼柚其空賦大東，廷推還復仗明公。一從開府都雄鎮，六郡泱泱播大風。最後拜開府。

其四

停輿何處不周咨，田媪村童皆我師。筆札數行題已遍，更將紳帨結纍纍。

其五

總爲元元雙鬢秋，勞勞下記東諸矦。篝燈一字還一淚，聽徹楓宸意未休。

其六

閱道心期千古同，焚香清夜禮遥空。由來昌邑黄金絶，何必關西擅素風。

其七

俄然赤白羽交馳，十萬倭奴寇近陲。縱有樓船橫海捷，何如單騎令公奇。

其八

湖心開閣鎮談經，座上風華座下鈴。已是列卿臺作幰，諸生猶認赤油蝌。

其九

三仕齊州踰十年，湖光山色也相憐。生男半冒君矦姓，有子教看越絶篇。

其十

十載陽春宋廣平，百年棠樹思公情。人揮秋雨皆成淚，水咽湖波轉似鯨。

其十一

頻年琴尾分成焦，匿影空山自不聊。賴有中郎心賞在，爨餘猶得奏簫韶。

其十二

青山如故舊恩新，淪落江湖一病身。倚劒自嗟還自語，古來誰是報恩人。

贈況重初督餉還朝兼寫鄙懷八首

伐鼓摐金領列檣，如京芻粟海陵倉。黄龍青雀誇神運，桂櫂蘭橈擅國香。

其二

篝火樓船刻漏長，含毫終夜坐鑪香。不將山水牽情思，平準書成獻玉皇。

其三

三江風色送漕艫，一片霜華下鵶烏。無限長淮看似酒，代興誰與共投壺。

其四

吕梁懸水迸如雷，比望天家輓渡來。争道倭奴重入冦，一時邀取萬靈催。

其五

與君俱是南亭長，媿殺安仁廿載餘。君更栽花千萬樹，舊時荒穢不教除。

其六

故國故人天浩淼，三春三峽思氤氲。廣川今夜如規月，解作蛾眉照使君。

其七

去年問疾到柴門，瘧鬼纔銷倍感恩。强博督郵三日飲，忍將佳事讓平原。

其八

君能泣灑巴江雪，我亦歌淩岱岳雲。西蜀東秦兩無那，坐移冰井破炎熏。

中秋柳塘重送雲從二首

秋染楓林赭色殘，莫郊羸馬路行難。故鄉尚隔三千里，忍見清光後夜闌。

其二

濯濯關河楊柳枝，渾如思曼在當時。明朝又是臨風別，更作慇懃掌上吹。

壽青州邢太保六章

酒滿金尊菊滿筵，深秋曠朗白雲天。當杯賓客應劉盛，都爲汾陽頌大年。

其二

甘鎮陽和兩借麾，四輪精采破規隨。乞身不是君王意，保塞還須六出奇。

其三

畫戟如林劍似霜，轅門清角動牙璋。一麾白羽雲中塞，三徙黄沙幕下王。

其四

北闕訛傳叛播夷，夜郎秋盡颯風旗。朏明檄下桑榆定，鑾坢于今嗷太師。

其五

百萬雄師手自提，樂浪重此兆碑雞。還他箕甸渾如舊，畫絳旌旗捲向西。

其六

誰道山林老令公，舉朝東向指冥鴻。蒲輪已出臨交廡，麻紙行宣到雪宮。

寄問半偈庵江雲樓兩主人故疊主人二首百穀在明。

半偈庵中一榻虚，主人頻歲著何書？梅經虎苑闕誰事？秖恐麈言惱蠹魚。

其二

沙鳥池魚結陣迴，主人應是愛林隈。恠來詩思中年健，不住江雲作意摧。

李一觀察壽其大人卷賦四章中間詞旨似都不染世味者談何容易哉不知我者不可聞此言知我者不可不聞此言

封君拜命自彤闈，猶是西秦一布衣。明月似從清渭照，白雲遥指二陵飛。

其二

甲第歌鍾散晚風，帝城誰不競春叢。惟餘一派西山色，盡落君家杖履中。

其三

他家仙吏但含香，膝有名郎白簡霜。一枕故山君耐老，千秋風調意何長。

其四

棹下秋風問鶺鴒，尊親應是昔時寧。送君不飲我先醉，向曉瞢騰占德星。時將買舟過都城外，要其愛弟省問尊人。

送邑博楊汝霖偕計北上十首

夷落交蟠古夜郎，瘴烟蠻雨鬪欃槍。自憐不及中華地，今日輸君大國香。

其二

四明陽羡舊家聲，楊先世兩邑俱稱勛廕名家。兩地金貂帶礪盟。君自夜郎楊伯起，關西何限故鄉情。

其三

萬里征塵撲鹿車，俠來不食孟嘗魚。老親垂骨將軍肉，莫問聊城一箭書。楊之先將軍被罣密雲，汝霖間關塞上，得幸戚公，扶侍生還。

其四

去年鄉國別匆匆，老母牽衣稚子同。轉覺一天情思苦，泮泂回首失江風。

其五

都講堂開橫一經，壁書人遠不勝情。孤裝匹馬殘陽裏，蔓草踈花憶伏生。楊世肄《尚書》濟南故伏生里云。

其六

十載囊琴未敢彈，爲君一奏斗闌干。臨岐更作陽關調，黐入燕山易水寒。

其七

蒯緱猶似布衣時，題柱休令關吏知。曉渡白溝河上路，雪殘鴉拂野棠枝。

其八

入京麯遺似并州，數醉鄉人春酒樓。來日寄將消息否，綺牕寒樹着花愁。王維詩：「來日綺窗前，寒梅着花未？」

其九

昨朝春榜放長安，真箇全勝十政官。章孝標詩：「及第勝十政官。」① 一着宮羅楊柳色，青氊今夜破輕寒。

①詩句當爲七言，漏一字，各本同。章孝標《及第後寄廣陵故人》詩原句爲「及第全勝十政官」。

其十

金作連錢玉作鞭，曲江馳馬杏花天。恠來兩度傳經客，汝霖及今兩司訓云。依舊青袍美少年。

秋夕病卧齋中

孤燭幢幢對壁幽，病來身與鶴爲儔。不知雙鬢秋多少，鴻雁撩人風雨愁。

江上惱李本寧

與君江上乍相逢，夜雨潮連曉寺鐘。儵忽片帆天際没，故人真愧石尤風。

秋日小亭笋成紫薇未卸乘醉作此

篔簹抽條拂檻平，更有紫薇花亂明。我醉欲眠眠未得，夜凉清露熨桃笙。

即席送傅使君二首

使君襟韻莢璵璠，揮麈西堂敝榼樽。方到瓜期秋始半，滿川梨棗送高軒。

其二

緑堤槲葉黄時去，遶砌菊花開復回。捹向并州三日住，家家缸面發新醅。

濟上郵亭會黄中丞

空館山櫻開欲遍，倉皇主客坐東風。笑他沽酒劇亭長，醉數一片南來鴻。

奉别黄中丞一首

楊柳絲絲李花白，道傍特地遲征軒。戴笠乘車各隨分，相看脉脉兩無言。

擬竹枝詞和樂天韻四首以吴代蜀。

一曲吴歈高復低，行行踏歌日欲西。歌罷寂無人語響，唯有前溪沙鳥啼。

其二

儂是江頭採芰人，語翻新調不堪聞。就中女伴猶自可，争奈韋家舊使君。

其三

虎丘南望石湖西，兩地歌聲蕩酒齊。日暮問郎城下路，館娃宫畔草萋萋。

其四

嫋嫋楊枝共竹枝，枝枝和露殢風遲。人間若箇銷魂事，盡是多情白傅詩。

長清崔會卿明府考績詩 六首

黄鶴樓中題句人，高名千古鎮長新。雲孫奪得詞壇幟，賦就河陽未是貧。

其二

洹水清秋起白雲，謝家兄弟總能文。即今兩地鳴琴並，池草迷離夢不分。公兄令中州有聲。

其三

射策翩翩爾最賢，風標宜直御爐前。料因誤草神仙詔，謫下雲霄已十年。

其四

日午庭陰聽政餘，如椽彩筆奏爰書。含毫一再沉吟畔，訝道懸魚落綺疏。

其五

生來逸氣澈冰壺，一曲朱絲皎月孤。三輔五陵豪似雨，崔家俠少博梟盧。

其六

雙鶴分流竹樹殷，明疾封内有靈文。邀余共撰盧敖杖，踏遍峆岈萬壑雲。靈巖在長清部。

偶過平原厭次訪康先輩會同社徐汝惠在坐夜話輒成八章

趙勝遺墟草樹平，東方荒冢暮烟生。憑車吊古思無那，又聽前灘沙鳥鳴。

其二

開元舊事已茫然，太守平原爾獨賢。晚上翫花臺上望，牧樵牛馬下平田。

其三

片石崔嵬據古堂，瑯琊波法掩鍾王。拓工遺火年年偪，不獨轟雷薦福傍。

其四

廟貌巋然漢大夫，歲時野老共凫趨。明妝似待歸遺割，坐對神鴉競夕餔。

其五

逢占射覆有遺書，一任田家飽蠹魚。賴得孝廉公子在，梁塵飜出數行餘。

其六

徐幹同來感廢興，厭厭長夜幾篝燈。相憐酒態還詩態，更話無生到野僧。

其七

離披雜寶間銀黄，古堞摧頹辱斧斨。官府至神民至戇，至今猶説姓名香。比有假令盡攫寶器去，故及。

其八

椎埋屠狗記當年，霸業銷沉歲幾遷。依舊平原厭次路，古槐疏柳夕陽天。

希尹朱丈以河東憲伯入賀遣信見存聊此奉答四首

一疏排天仗馬驚，魯朱家擅直臣名。掖垣梧樹今餘幾？猶記瀟瀟夜雨聲。

其二

一麾分憲屬河東，蒲坂平陽岳牧風。我亦當年稱使者，題詩曾過藐姑宮。

其三

禹會壇邊動使車，攜將玉帛獻庭除。太平天子親鸞問，袖有朱雲舊諫書。

其四

翟尉門堪張雀羅，君能三度遺書過。舊恩零落青山在，一片平生爾較多。

寄楚督學鄒彥吉二首

七澤三湘控使旌，蒼梧斑竹入幽情。手披帖括風生砌，候館山禽交戛鳴。

其二

蘄春篴竹玉爲姿，截作參差獻鳳池。三十六宫絃管罷，一聲聲透萬罘思。

汾源年丈自并州詒書見訊詩以奉答

郭泰人倫天下稀，却從那邵問忘機。并門五月雙魚下，剖腹驚看塞雪飛。

寄訊憨公海印寺三首

一杖行縢東度初，我公所至有真如。何絲卻動宫闈色，榜作烟霞海上居。

其二

種得霜秔弟子春，掌中山雀鉢中龍。諸方衲子歸香積，可柰齋時一片鍾。

其三

一窠聊爾寄鳩巢，似月沉潭似水泡。幻住道人元不住，海鷗何事競相嘲。時爲狂道士所訟。

冬日孝與應鍾直指辟僑寓濟南奉訊二首

辟書飜遺濼川遊，馬踏寒沙舊酒樓。猶是昔時歌舞地，樂人争按小涼州。

其二

峼湖南望報新詩，欲赴幽期恨馬遲。秋憲府中能授室，十年三刖未須疑。

秋日因李民部伯建寄訊百穀先生

偶因南雁寄相思，到及青楓乍落時。莫問故人丘壑態，李膺門館是心期。

送林師之濮陽掌教二首

五載楊雄奇字多，侯芭紛向絳幃過。老夫也是幃前客，莫漫從人訶玉珂。

其二

鄄城霜色斷寒郵，君至封書問濟州。無限愁心付知己，高天片月共犂丘。

送遵道孝廉姪謁選北上

幾度春官下第時，常將淚眼見花枝。今來小作人間事，晚向宮桃也自宜。

余家雪水蓮花酒甚佳再柬夢白期一過臨

釀出藕花缸面碧，分將絳雪百壺春。試携千日中山酒，來作平原社裏人。

送仰齋姻丈之官海州

天邊賜玦人長健，淮上投壺爾代興。咫尺送君千里别，夜深疏雨耐孤燈。

代壽陳公三首

人如五老初加六，族似盧君不姓匡。捲幔九屏江九派，此身真可傲羲皇。

其二

李白松堂太子宮，雲泉相蕩似鴻濛。朅來白鹿天邊下，不傍仙翁傍若翁。

其三

庭梧引月薦新飈，濟上初筵碧玉簫。七十二泉堪佐醴，那知身在渚宮遥。

夏日過青崖訪雲清師不遇

道人不衫復不履，蕭散江湖挂一瓢。我欲尋君同結夏，凌空飛錫最難招。

寄問靈巖四首

乍拋紫綬戀青山，敢向人間問大還。我自會心君自見，竹枝嫋嫋水潺潺。

其二

久向雲巖欲卜居，那堪車馬困除書。買山錢是山公乞，中散徜徉可自如。中朝故人有許買山之貲者，故云。

其三

壯巖巖畔數株松，庵靄雲嵐幾萬重。好結一窠松樹下，度檐蒼翠盡成龍。

其四

萬頃秋雲十晦宮，歘冬何事不相逢。朅來似與貧居士，管領清凉上界鍾。

寄履空上人上人，闕里耳孫。戒律精嚴，山中稱上座矣。

松頂年年巢野鶴，上人僧臘幾回看。只今秋净山光暮，一衲和雲坐夜闌。

送姜生夔還楚二首

白雁秋聲入晚鍾，送君江上採芙蓉。寒枝滿握勞相寄，一夜霜華恐悮儂。

其二

授衣九月送將歸，恰到家時雨雪飛。下馬不言先拜母，依稀魂夢是耶非？

秋日送友人還閩甲戌作。

楓樹青青桂子丹，送人時節早秋寒。知君不淺懷鄉思，一夜魂飛五百灘。

唁公孝與下第兼送北遊 四首

聾俗相輕奈爾何？曲中流水較誰多。盤鈴腰鼓三家市，認是陽春白雪歌。

其二

溗合溪流野燒分，馬蹄衝雪冒寒雲。黑貂裘有風霜色，鑿落銀花好勸君。

其三

吐握周公下士秋，此行非是少年遊。到來曉夕長安邸，挏馬葡桃飲未休。

其四

石鼓纍纍列壁門，周家文雅至今存。於時太學多張邵，釀酒登堂共結言。

擣　帛

擣帛聲中度晚螿，隔鄰吹笛弄新商。無端又送城頭角，一夜令人鬢欲霜。

題管夫人山樓繡佛圖

竹繞層樓罥網蛛，絲絲縷縷貌曇瞿。勸來素面流輕粉，尚衣羊肝半臂無。

錦堤六景爲李叟作

井里春朝生野烟，隔墟婦子餉春田。伊伊軋軋農歌發，響答前溪有釣船。同井農歌。

其二

鳥鷁錦鶘遍灘飛，獨往行吟願不違。欸乃一聲山水碧，半巖寒翠濕人衣。滿灘漁唱。

其三

誰把柯亭片玉裁，水邊林際獨徘徊。斜陽徙倚臨風聽，折柳飜來入落梅。新洲晚笛。

其四

托鉢頭陀夜不眠，蔚藍曉色散諸天。科頭散步柴門下，乍聽疎鐘憶往年。古寺晨鐘。

其五

瀲灧湖光一鑑收，白鷗慣與白波浮。主人原是忘機侶，目送粘天兩岸秋。鷗浮焦渚。

其六

赭圻赤岸斷仍連，擊汰揚舲去復還。人到渡頭潮似雪，晚風將汝過前川。茅津野渡。

乞劉覲國先生紫薇

東堂紫薇開爛熳，野夫無分對題詩。使君有意能相送，敢惜絲綸白傅詞。

乞張舍人蘭

湘蘭楚楚未着眼，爲問齊川張舍人。明朝帶雨且移至，浣盡馬頭三斗塵。

鄰人送金錢花

幽窗緑莎强一尺，風動床書攬熟眠。踉蹌童子報消息，道是鄰家來綺錢。

乞趙司徒竹

北人不識篔簹種，我有渭川常滿胸。趙家亭子分千箇，明歲應來看籜龍。

乞德州親友諸花

廣川絡繹花船過，户户買將江左春。乞得人家數十盎，老夫顛倒着衣巾。

乞劉觀國先生秋桂

獠奴乞來花滿園，紅紫參差相映繁。獨惱出輪芳桂少，和榆移得種前軒。

中秋送朱子命歸閩二首

絳紗籠實擅甘香，去歲炎天佐酒甞。今歲今晨家萬里，綜梨如橘試新霜。

其二

自別壺公不解愁，偶逢南客話同遊。非關噉麪思公味，一領蕉衫不耐秋。

握憲 四首

握憲東秦亦壯哉，岱門松柏倚徘徊。乘秋爲祝君王壽，携取仙巖瑞草來。

其二

小湖荷葉正田田，葉下蓮花作底妍。争道羣公來出祖，湖頭甘醴洌如泉。

其三

絳雪如丘爛曉花，長安西去是吾家。鄉關此日驚相過，衣上猶占鳳沼霞。

其四

繡服仙郎洗沐歸，遲君堂上舞斑衣。何人得似門闌盛，奕世清霜上畫旂。

碧樹 二首

碧樹紅花間緑苔，山空長日少人來。停車試問玄都客，謂已尋仙向紫臺。

其二

駘蕩春光遍野原，石樓寒氣到前軒。倦來且枕松根臥，洞口簫聲清醉魂。

送來禽與李觀察①

平生最愛來禽帖，不道家園美更饒。書後恰題三百顆，洞庭霜雪未須驕。

①沛本「李」作「李二」。

春閨怨

夫戍交河妾孟諸，兩行清淚一封書。行人此去勞相問，驃騎何年罷戰車。

出塞歌

絃絃如愬復泠泠，沙雁迷茫起夕汀。一片暮笳迴北勒，故園斜日幾長亭。

頌

泰山篇以清亭父老子弟指爲崔會卿明府頌

我所思兮，在彼泰山。有美一人，獨立嬋娟。神馳八極，九土豁焉。衣裾繚霞，指爪拄天。挹玉女漿，拍洪崖肩。拾金光草，駐不老顔。瞥扶桑日，翫滄海田。樂兮以極，就雲封眠。曲肱而枕，冒絮孔殷。反覆其手，雷電翻然。山巔列星，下界流泉。龍驅醳駟，揚灑大千。麥秀油油，穀實欒欒。南薰采風，疇是平平。岳牧曰吁，洹水大賢。帝心載洽，大呼楫川。載陳玄纁，載鋪廣筵。載奏虞韶，載設百官。臣拜稽首，主臣上言。睠兹天澤，臣胡敢專？精虔合答，大造無垠。牛馬下走，夾服承乾。帝再舉觴，臣膝以前。唐哉皇哉，大家萬年。

來禽館集卷之六

詩文序

吴景猷先生詩序

今海内物力多詘，獨文力校盛。窮閻下邑，人人工爲詩。然而外强者中恒乾，聲炫者實顙尠。塗鴉佹署以爲鳳，畫虎自匿其近尨。鞶倮無裨于巨匠，本夲夅歸于瑣恧者矣。其或渭城止限于一曲，則全體之艱；金刀未槩夫髮鬙，則薙薉之艱；雨既歇而緯殅未耀，則啓晦之艱；天方春而甲萌弗坼，則振秀之艱。百年萬里，反脣離合，疇能爲何、李故斅也。中原白雪，觭重雄桀，誰其爲王、李礠諸也。程季説餠，右軍噉麪，亦既著明矣，而必文之以起搜飴餎，薄持牢九，則用脩之爲累乎？秦時明月，漢家長安，亦既雅馴矣，而或雜之以聯拳足蝎，細看淺把，則德涵之爲病乎？吟箋率承晚季，則停雲之波靡乎？壯氣間沿叱咤，則樓居之俗漸乎？加以人懷心競，物情贋借，傅武弗慝于班掾，柴郎力訟乎秃鶬。耐窮忽遞，才致受困。翾風下而緑珠上，後彦媿交讓之蔭；脱光靳而鸝鶬澁，雋異厄剸割之數。嗟乎，此道誠難言哉！

余年友閩漳吴景猷先生者，墮地靈異，等身涉誦，不器允屬乎？君子踰勺即推乎國士，弱冠對策，簪握州掾，入佐司寇，歷陟藩臬間。而里居廬處，歲月婁易，觸情抒性，撫運感物。階除移半甓之影，燭花垂一寸之炮，夏歌廣欝陶之致，楚謡極正則之變。凡百先正嗃矢，枚、馬爰有隻婦，擬議團扇，劉司空之《傷亂》，郭弘農之《游仙》，許徵君之《自叙》，陶彭澤之《田居》，盧照鄰之《折柳》，陳子昂之《感遇》，岑嘉州之《滻水》，高達夫之《安西》，孟襄陽之《清鏡》，王右丞之《輞水》，杜拾遺之《秋興》，劉隨州之《聽笛》，皇甫氏之《江草》，靡不絛流爨括，興象速肖。南車首路，岐道下泣，高宴排當，薄主退舍。襟情儵乎雲漾，藻思灑其泉薄，遡風華于麟閣，儕隱淪于環堵，梵靖抉其幽閴，夷裔殫乎罩外，洵可謂詞躔七曜、語陣三行者矣。

先生静瘱孝子，惻閔忠臣，耿介廉士，淹洽秀才，忼慨將略，差分計智，徒以短造未臻乎甿境，齎志蚩親乎添盌。賈生未返乎前席，仲舒竟虛其廷獻。所謂交讓剸割之喻，不獨詞華。吁，可悲矣！蒙而持論，眷言「先生繇前」云云。總之，去瑣而攬巨，彌中而詣實，鴉尨遠于萬里，虎鳳還其所如。四艱妙于風削，八士失其寸葑，斯不亦盛明之罕覯、吾黨之大涂哉！

先生有子亮恭，嗣成進士。代倡建鼓，以蒙同人忝厠屬以前茅。蒙也腹痛未申，何心結綴，嚶鳴在臆，猥抱咄偪。聊贊數言，用質震旦騷壇云爾。

穀城山堂詩草序

吾師宗伯學士先生，以日講事今皇帝最久，受眷知最渥。其予告家食穀城，則以先生婁疏控豤，移疾休沐云。乃今居諸荏苒十餘年往矣。先生時年正六十，色甚澤，志甚愉，而召還之旨迫在旦暮，先生一若弗聞也者。比以一編馳示小子侗，曰：「此余平生所爲韻語也，子其爲我校之，紀之。」侗受而恭讀焉。

凡踰旬，稍稍涉其涯涘，乃僭論曰：「有是哉，先生之值盛明也，盛明之獲有先生也，洵非偶然爾也。夫有唐制作之業，獨歸之詩。要之擅絶而難繼，則又獨歸開元、天寶之際，而名盛唐。神龍以上，詎乏宗工，而以沿襲近代之餘，流波未泯，靡麗勝則嗛其爾雅，痕露則失其穩嚴，是之爲初唐。彼盛之軼于初，而初之不及盛，則時代人情之境會爲之也。譬之釀焉，酎以重醰，醞以法極，漸漬深而蘊愜洽，靈和溢而天籟鳴，盛之爲盛可知已。我明荷天降運，氣化涵融，故其于詩儲精有獨厚，表盛有間才，愚得抒臆而談焉。李、何崛然並挺，力振孤學，猶之産神景而跨開元，犂疆竭蹷以爲盛唐，而化鳩之眼厥有微譏。江東、歷下，擄時全盛，流羡開元之座，即人士不無岐舌。先生起于歷下之壯歲，而成于江東之末年，論其時代，若合開元、天寶、大曆之世，而先生者猗歟休哉。昌明之際，于斯爲盛矣。」

先生降神名嶽，夙負幼清，蚤奉嚴庭，切劘鴈序。青箱付授之日雅言乎詩，而又加以熙朝之所淳湛。逮官翰苑，彌厉家學，以兹地望，不以資詼達而以窟秘檢，不以廣游道而以適深衷。性靈所會，遂百同曹。窓户涸藩番置刀筆，而後其書成。書凡百卷，不盡述，今略辨晰。其詩清靜厭愿，則孝子之處心乎？優柔温厚，則君子之厝躬乎？欽嚴秀特，則太華之孤標乎？汪洋吐翕，則重溟之巨觀乎？華粲萼與，則霱瑞之卷舒乎？條流總統，則箾籥之集成乎？從盛明而出先生之業，就盛唐而測先生，侗竊謂：「先生律、絶、歌行等取以擬盛唐，則先生與盛唐無兩負；若以樂府、古詩而儕先生于盛唐，則盛唐猶似負先生者。此其故難言矣。降而論代，屈先生與李、何角，則李宜遜姿，何宜遜骨。不寧惟是，假令江東以欲野歕山之勢而遇先生，不能不左辟中原之固壘。即起歷下而抵掌于黄石之次，歷下能無爽然于衙勒而推先生國步乎？夫抗聲文苑，則夔、龍弗愈于馬、班；正色台司，則李、杜或慙于伊、傅。何也？則以全力之難，而齒角翼足之鮮兼備也。」

先生貴爲王佐，尊則帝師，託詠屬詞，卓焉名世，不亦天授也歟？先生係著人心甚切。有頃，天子亟下黄麻而相之，屬所司親勸爲駕焉，則馬、班、李、杜一日而都伊、傅、夔、龍之席，所爲稱報張大盛明者，曷極？而盛明與先生遘，不徒以聲詩故，斯又無前之緒矣。門下士侗老于一壑間，無裨崇濬，尚能勉撰中和樂，職宣布詩，以爲先生藉手丹陛下也。

居東集序

今夫海内，鷄壇錯峙則掩甸充郊，牛耳狎執則連鞲接幕。麗璞溷夫臘鼠，薺苨亂乎人蓡。是以葉公之龍非應蟠之物，木寓之驥尠騏驎之材。匪夫極研窮討，益以申晰，則朱紫恒至易處，真贋卒之兩殽。以余所得閩在杭謝君，則未易言也。

在杭冕黼冠族，緗囊世緒。幼而清令，寖長英特。書乃誦可等身，人謂公是卿座。蚤成進士，頗厭時學。屈首司李，遜業董帷，遂乃抉微靈祖，淹函雅故，褎褎惧惧，爲世鉅儒。爰自吴興量移東郡，依籟託寓，一意著書。發軔射書之闉，駐車歷山之麓。猷次吊乎方朔，菑里感乎次卿。任城憶太白之舊，阿曲尋陳思之跡。雪宫留墟乎齊境，蜃市示幻于海澨。不其之書帶佹存，成山之瑑文垂滅。觸時撫景，其能舍旃？抑或訟庭讞慮，積有餘閒，寮佐周旋，間成曲讌。山郵攬空館之蘂，鬼廡借青燐之炬。字勞編絶而欣以會心，膚粟手創而悽然寄慨。凡于此際，文筆迺遒。

君喜爲詩。詩分科品，靡不蝟宅風騷，枕藉魏、晉，祖初禰盛，沿及厥中。蕞會諸長，極之融液。富滋明秀則曲渚之芙蓉，適怨清和則無端之錦瑟。至于出言天拔，絶玄人匠，森然骨部，眉嫵下拜，視夫躭躭飾其孩嗄，欻欻矜其齵楚，良以逕庭矣。若夫文章大業，君更破的。長篇鴻製，步履左、班；法度章裁，出諸麽素。平大祛重舌之譯，雄成免碎金之誚。

時乎登高授簡，則君家希逸之蹤也；時乎遊戲泚筆，則休文甘蕉之致也；時乎雜俎會稡，則義慶《新語》之嗣也；時乎方言貯録，則子雲油素之例也。竊又窺夫餘勇所賈，代斲更僕，英氣露于捉刀，靈襟標乎荅版。致能洽华簪于上座，聯風政于遠陬。總之質稟軼群，才情開敏，投之所向，無不中倫。以斯較條流于吾黨，論真贋之所别，求之中壤，在杭其神龍天馬與哉！

在杭一官落拓，茹菜飫蘼，虎犢殊其所如，傖奴絶于常隸。報友輸一端之疏縞，娱内足四種之好香。寫論將付諸官奴，營壁竊比于宗氏。風期美矣，官何負乎？

在杭爲余言，一昨之日保旅鑾溽，耳溢者廣陵之簫，目盡者蒜山之雪，曾何計乎？身之在遠，官之復踦也。今來筵羽太守後，飛轡直指前，廿季老明經，三日新子媍耳。何日解腰下綬，還頭上冠，婆娑安昌之野，追逐蜚走之侣，大蒼出櫳黄，棘下兔毛，以乾葵壓之濁酒，真足以樂而忘死矣。余曰：「在杭，在杭！曠志如許，是能自作文字田。僧超結撰，郇得不佳？」在杭大噱。集署居東，記地也，亦有風人之托也夫。

王百穀謀野乙集序①

夫冥冥翥空尺一，假其羽毛；圉圉在淵八行，鼓其鱗鬣。飛沉匪郵傳之使，禽魚尠含靈之性，而能暢懷天末，傳響絶徼。畸臣由之返國，良朋因而加飯。斯之託寄，顧不重哉！若乃好緣于肺附，誼重于脩講，勢出于蒼黄，事關乎釁郤。呼吸判乎嗔憙，占授次于言面。非夫東里之博雅，茂先之總稡，鮮不錯雜其旨，猥庳其説，啓友邦之反面，動鄰士之掩唇矣。

我友王百穀先生，含貞蹈龢，苞素揚采，去延陵之舊居，僦伯通之故廡，跂豐儉之穀玉，躭洗礪之枕漱。茅茨非貴，而卿相造門；逢掖本賤，而鐘鼎佇席。下帷方廣川之仲舒，著書類君家之節信。遊道侔于太丘，朋簪洽于蘇、李。竿牘靡挾日之間，交訓盡四垂之遠矣。竊見夫情至禮荅，裂素伸紙，吐章陳文，霞蔚河瀉。學義冠于人倫，言語妙于天下。其或宰執方談，露調咲于矜莊；寒畯失職，寓煦沫于嫚駡。其或朱邸陽慕，羅羅見其清疎；熊轓委誠，岳岳表其耿介。其或閭門接壤，賀弔別區，生芻一束，羊酒兩家，沉痛極驩，造微筆下。其或疏屬密戚，頭岑腹痛，量水稱藥，分甘餉鮮，壹鬱三歎，寄心行間。其或良晨佳夕，藉艸爇炬，撿校鶯花，指揮盧采，倚馬霑醉，覼縷願言。其或方外名流，域中胡賈，彈指疏蘭閣之字，横書走迦葉之文。其或蘭閨少婦，桃葉小姬，濡毫代金剪之怨，含辛報薛濤之錦。大乃鉅幅，小則掌躧，聲振金玉，規矩騷雅。槭若嚴霜之材，婉如流風之雪。磊砢無節目之累，浩汗撤藩溷之障。古則陳孟公，今則王次公，可謂異代齊軌，書場文府均被談談之許者矣。嗟夫！在昔世廟楊用脩氏，篡輯清裁，遂至洛陽長價，雞林懸購。彼猶衆羽之裘，此乃一狐之腋。古謂蜀得其龍，吴得其虎，借兹爲喻，未爲評允也。

百穀友人韓君道亨，廷尉世家，代結王生之韈；桓譚玄賞，獨信楊雄之艸。爰命剮剞，副于郁氏。道亨辭辨清發，風氣遒上，余略得于其先大人。兹特侈厥嚶鳴，未槩及其鴻匠云爾。

①沛本文題無「乙」字。雜著本「穀」後有「先生」。

楊德潤青李園集序

德潤以《春秋》肆名，爗爗擅中土，海内賢士大夫靡不願交之，亦靡不以太倉、漢陽大物相期許。而究之以拔萃貢，出身膠庠，非其志也。德潤北走上都，所交悉賢士大夫。諸賢士大夫初謂德潤《春秋》明經耳，及覩其文，班、史之軌也。及披其詩，三唐之矩也。及盡其雜言、旁記，則國是世故犂然矣。以莫不拱揖相向，謂德潤身兼數噐，絶才殊致哉。嵩少熊耳，轘轅其山，伊洛瀍澗，其水人則，德潤其庶幾矣。

德潤數上都試，卒不第。乃就選人，得邑令。邑爲通渭。通渭邇戎羌塞，德潤即與材官甲士狎言兵，幾以兵事起，遂罹幽憂。滿制，復得吾濟之齊東，夾河清淑地，多大國風，而德潤即亦陶民訓士，有古之風類焉。滿考，則以歸州借矣。

德潤温文醞籍，白皙清揚，恂恂猶儒生。遇當憤激，則又忼慨激發，不爲骫骳一切，而碎首陷匈之無所難。讀書破萬卷，人稱行秘書，如虞世南。書法入大王、永禪師、孫過庭三昧。古隸超軼，鍾、梁以下不足多也。若其文章，隨所歷官輒變。通渭之作，挾秦聲，主於沉雄蹈厲，隴水奔騰而不傷靡。齊東之言則染齊氣，鼎鼎徐偉長之論諟哉，優柔而平粹，秦聲及劑矣。而今復以歸州賜德潤，屈原、宋玉昔所行吟之所，而稟臼之鄉也。其用牢慅離愁化而以楚俗競，德潤吾知其不免矣。

德潤三徙而三變，其文非精隳力廢所致，要以慧心傑思，絲竹金石有所感而成聲，揔之五音六律具矣。而其爲班、史、三唐、國是、世故之凡，則無小更易。以是知德潤文從俗變者也，非變於俗者也。德潤錚錚名士之業，將繇兹不朽矣。雖未以《春秋》顯，其所就即太倉、漢陽何忝焉？今世賢士大夫，往往謂中原一片地，風烈勛名勝，而不屑於雕蟲之技，賴德潤差爲一洗之。不佞生山東，乃文質兩無所底，以視德潤，腆顔矣。

齊文學王君、江君輩，以《青李園集序》請余序之，乃如前云。

管鮑千秋録小序①

夫康侯，一書生耳。父兄没而稱當户，上無所要束，下無所忌憚，輕裘肥馬，擊鐘鳴瑟，之奚不足貴遊所乎？而乃沾沾丈夫事，今日置義田，明日從從兄計常産。此猶爲吾折檻公族地耳。至念友人姜君爾，一妻子費慨然捐五六百斛之業，而弁髦賦之，豪矣哉！

康侯讀書，竊上古意，不可一世。惟是薛包、汜毓、郈成、鮑叔，旦暮恒遇之。亟誼而後貨，勇班而絶悋，匪曰：「我收贍族而博宗黨，閭門譽我爲德姜，而令姜重德，我聊以行吾一意而已。」晚末財用入心脾，赤仄朱提甚於生活之命。居平玉珉一頓美食，嗛嗛自取飽垂。臨訣瞑項，兩手捫錢猶不休，矧去上田良産乎？康侯上下千載，知有吾族、吾兄弟、朋友而已，貲産關何事焉？若康侯者，以津濟天下可也，張楚云乎哉？

①沛本文題無「小」字。

彭伯子詩序

元美先生云：「名邑、名里、名家之子，伯允是耶。」彭世言詩，至伯允而以靈禀承之。亂而成語，齠而成韻，自親外傅，往往舍佔畢而躭爲詩。勝冠而後，詩以大成。大抵立骨而饒氣，舍澤而略姿，禰獻吉而祖子美，卓然翹獨之業哉。伯允生平不欲爲七子，要以七子者詞條互相爲襲，格律過而爲厲云爾。躡蹤希響，誰是之無然？而伯允超然風尚之表，爲竪正統，倡建鼓而警聾俗，厥志良足奇矣。

夫詩有別材，非關理；詩有別趣，非關學，固矣。伯允風華奕奕，涉目十行下；縱毫騰舉，絶不作今人語。相斫書耶？蘭臺史耶？六一公集中「僻固狹陋，面膺大方」云者，意有所譏誚。唐詩人，聲俊俳耦之外，莫能文焉耳，即文焉，猶之聲俊俳耦爾也。伯允高文大册，碑銘記述，投之所向，無不如意。網鮮罨翠，漁獵靡遺，炎詹並陳，儒騷合微。唐詩人值之，能不匿形走哉？

伯允尊人，方以風紀名。天下輶軒所至，首重觀采，所部之詩，皆其詩也。伯允無亦包藏山海乎？余所進于伯允者，大廷之對，木天之學，文章冠臺閣，而究竟諧左、班。詩猶小道，所爲大前人者，不第以詩，伯允洵翹獨矣。伯允應咲邢生迂腐哉。伯允尊人，將捋余鬚而澆之若下也。

刻世説新語鈔引①

蓋自隆、萬以來，而《世説新語》大行。東南天地間，若發中郎之帳，而斲淮南之枕，口不占不得中微談，士不授不得稱名下也。吁！亦好事貪奇甚矣！夫書所列凡三十六卷，標目三十有二則。總之，逸流之勝致，韻士之清言耳。

蓋引之而劄記不逾十行，微之而詞條才可二參也。而乃按之無盡，味之有餘。含餔宛其欲吐，拓綫令其可長，二難欣於叅對，一座似覺無人。塵揮笏拄，帳施膝前，致足墜瞿曇之天，花躍清池之方。嚮矣書本資談，談亦不盡於書。此固瑯琊兄弟所爲，箋評廣演，三復津津，而不能一日緩，石室名山之副，則江左之流風未泯哉。北士深沉，往往病聲俊而厭清譚，謂此書能啓人跳浪心，助人浮薄名，未爲非是。第南人童齔習之，長而骨挺，未必盡户無沉深也。若夫飾椎文陋，倡雅成趣，則北士須之更棘矣。

余故爲南宫業，與廣野期用暇日盡此書，仍期各出臆評，而會名法簿書相糾纏，卒幸初願。又十季而廣野守諫議久，封章朝謁之間爲畢此書。研精蒿目，厥志良勤。其所爲鈔，蓋主習見者，汰冗長者，節亂雅者，湔古語轉譌不可了了者。闕吁，其于《世說》家言，思過半矣。余齋居病卧，一夕爲是正之。稍爲廣其遺逸如干條。即嗜痂好鍛，去取小別，式秇輔談，致無弗一貪奇好事之士人秘一編，庶兑無忝於智囊，何必親躧乎楊亭也。

①沸本題作「世說新語廣鈔序」，《沸園集》不分卷本作「廣世說新語鈔序」。

汪明生詩序

夫輈以載也，篚以盛也，削以斷也，帛以蔽也，皆物也，而法存焉。輈欲頎典，篚欲屑厚，削欲敝而無惡，帛欲器㕍暴宿之相得，皆緣法也，無法則無物也。繇是以談文府稱詩，是謂善物也。而法或侈之，抑或弁之。巨人著態於蓮胞，小兒呈姿於妠媘，皂隸僭質於乘韋，王公降行於執戟。易形變位，詩以衰已。

明生故歙產，北遊中原，而立之齡戢身四壁，藜床布袱，不闋聲聞。非石室玉板之藏不涉，非甂甌敦鼎之識不辨，非生金填麪之幻不博，非鏷燒破析之餘不闚。而又竊煙於史籀，獵紙於蔡倫，搜聿於蒙氏，討研於仲由。摧征之市，霾照隱名，殆十餘年，而書始出。其書大抵皆稱詩。今觀其詩，不眠形不以造，不定位不以發，條流檃栝。可借而言，譬之純王，則彸彸於冠冕；譬之英霸，則肅肅於壇坫；譬之刑章，則斤斤於科令；譬之軍政，則鑿鑿於訓厲。而明生猶不自意也，曰：「元范布衣簡賤，奚知詩？能不苟於爲詩而已。」夫輈之頎典，不苟於爲輈也；篚之脣厚，不苟於爲篚也；削之敝而无恶，不苟於爲削也；帛之器履暴宿之相得，不苟於爲帛也。明生其諸輈、篚、削、帛之爲工乎？於志有之：「舌敝耳聾，不見成功。」明生之詩，怵慮刳心，功乃以成。關中南史子輿雅，負敬禮之識，副在和凝之技，殺青甫已，猋絶奔騰。家見賞於郢音，人盡赴乎淥水，斯足傳已。明生行詣渭川，便姍磨鏡拜尊，怳乎無及攀棺，企其庶而，明生其或張大乎！殽函南史，則亦關尹之續爾。

孫使君家集序 代作

夫郡二千石之難也，難在横金紆紫，篷諸藩臯席，而諸藩臯率求多南面擁專城，三十六輻聽于軸，而一切屬城咸我安車俟、僨轅待也。寂上爲撫中丞，直指使君引均我，而我不便卬；示倨我，而我不便頮。郡凡丞逮倅以下，争言節行以高兒，而吾弟蓄虞，不信遷人播吏輩，胸約結而跡趑且，局外傍窺我而虞不服，此所謂難矣。凡若此等，他二千石恒有之，武昌不寧惟是也。南紀雄而鄂當會，則標表之難；藩封大而瓜瓞繁，則調停之難；縉紱叢而衿佩夥，則和劑之難；山谷逋而川澤邃，則彌已之難。鄂其什伯他郡，鄂二千石什伯他二千石乎！不肖乃今曲跽斂容，以讀《感遇編》也。而後知我觀察孫公者，萬人一人，千百年一身耳。《集》所哀，小則同人醵贈之言，卿士口碑之撰，楚居多；大則聖明褒厲之詔，金石題躞之章，而爲楚居多。則我公之幸楚，而楚之幸所天也，居然可概見矣。

我公温良在中，眉睫與之，及所持三尺，又不氷而寒。近而履屐，遠而箸籌，靡不天則見而人紀賅也。側聞在鄂，黧黮頷瘦以活，獷悍憍慢以馴，衣冠學徒以化，不可思議。猝至遝來之事，不申臂項而受成。是誠無難于二千石，而無難于鄂二千石也。楚善頌而播聲歌。黄鵠大别，不足爲其嵯峨也；長江廣漢，不足爲其淵浩也。春之盎盎，不足爲其和也；秋之朗朗，不足爲其潔也。牢騷絀而闓悦著，風雅廣而惠露洽，至誠動而光輝符，槐安土而化人國，鄂其文獻足徵乎！

難在二千石而公易，二千石難在鄂而公易鄂，繇此重申眷命，悉已試之規矣。遼急借公遼，齊急借公齊，鄂其嚅矢。今地中黄，其注乎哉！某極庸庸，側在臺皇下吏，又黄九里之所委流也。覩斯編而舞蹈，若置身于堯天，輒自忘其固陋，喨囈向前也。萬人一人，千百年一身，詎某言哉？楚既已書之矣。

顧水部竹梧集序

夫淇澳朝陽，粲見于《風》、《雅》；荆揚嶧山，並列于《禹貢》。維梧與竹，表厥《詩》、《書》尚矣。乃水部公用二物自名也，復用二物名其所自爲詩也，何也？言嗜也，又言寄也。

以余聞公所繇生，則宜署。母，薛邑大家云。父，則脩身蒙難。公能泥跣上下之，左槖饘而右緗帙，朝涕泗而暮吟哦。爰自束脩之歲，强半牢愁，而公所得于詩者，深矣。中歲有聲諸生間，稍屈其學，無難唾手于一第，而其湛淳于詩日甚也。跡公雅尚，其所徙箸卜鄰，非孝子之廬則忠臣之祠壁耳。心若醉六經，目若營四海，而所興寄，僅于六季三唐之際，則公之志悲矣。公葢以其力奉母，而以其學課子。子方伯君成而公拜爵，公子貴仕而母以娛悦焉，此公所爲寬然于竹梧之託，而長謡短詠若弗一息而醳。夫六季三唐之業者，公之呴呴而樂天也，卒之徘徊躑躅若怨若慕而皇皇如失者，則以父之脩身蒙難，而與夫我之六經四海之志竟詘而未伸也。嘯歌幽憤，時一中焉，而其于竹梧自若也。

今閲公詩，一切本原于情性，而以「黄絹幼婦」之詞出之，然而弗囿焉。囿之云者，北上風格，南上色澤，南之不能爲北，而北之不能盡折而爲南，從來遠矣。公則挺其骨以傅肉，豈其肉以餙骨。肉不附贅，骨不成削，猶之《竹枝》、《白紵》、《子夜》、《前溪》之[1]叠奏，而《兜勒》、《摩訶》、《隴頭》、《塞下》之音互發，而尜亭焉。則公之爲詩，風格色澤庶幾兼矣，然而倫紀備焉。試繹公詩，君君、臣臣、父父、子子、夫夫、婦婦、兄兄、弟弟、婚姻、朋友、鳥獸、草木之大凡因遇而觸，隨籟而鳴，具天質焉，洽天趣焉。可以興，可以觀，不敢遽擬于孔删之《三百》，而以推而儕之杜陵之詩史，其又奚至腆顔而左辟乎？于是而有感于公之于竹梧也，其以竹梧適也，非以竹梧狥也。嵇叔夜好種顛桐之木，王子猷愛竹，至竹所不問主人，二子言嗜、言寄矣。夫叔夜傲僻，終乏保身之圖；子猷儻蕩，顛乖檢柙之訓；即逸情勝韻，君子率譏焉。以視我公，何如矣？公蓋遊神蕭散，而取券于天道人倫者也。又聞之竹以截焉，翠篠玉柯爰就龍篴；梧以材焉，重碧紫霞蔚爲雅琴。班匠睨而蔡牙值，清廟啓而箾韶作，其斯爲方伯君之今日也與哉？是公之于竹梧也，根荄固矣，柯葉暢矣，騰輝播譽，煜其未艾矣。則夫世之離奇蹇産，終于不遇而汶汶嵁澤者，安可同顛而比倫也？

蓋方伯君講業齊魯焉，休卒于奉高之陽，嚮青蔥而延佇，知其爲唐六逸之竹溪也。曰：「其爲我斸户奉之，令綱紀報平安乎？」結夏于行省之後湖，是歷城齊博陵君之山池也，有梧在焉。曰：「其爲我善護鳳條乎？維桑與梓，必恭敬止。」方伯君之以竹梧狥父乎？抑在所而明孝也？書來，鄭重委序余。余爲序《竹梧集》如此。

侗視方伯君，同舍友也。公視侗，孔李通家子弟也。侗鄉行部金閶之間，覿公顔，承公論議，藹歛然以家人之禮進，今且二十祀矣，而存没槩中，望蘇臺而以致慨焉。天子而採風、諸侯而貢詩者，侗其無憾于疇曩之草草也夫。

①與下句對，「之」後疑漏一字。

張攀龍先生芝樓草序

夫廟堂之上，高文典册用相如；軍旅之中，露檄巧捷用枚叔，固也。則又聞之：江南之致，韶秀而藿靡；中原之風，雄勁而扶踈，然乎？則又聞之：李白、杜陵見長于有韻；史遷、班掾取勝于鴻裁，然乎？則又聞之：董、賈能文而絀于武；衛、霍能武而絀于文，然乎？以斯論代，以斯程人，則攀龍先生者，可指次談已。

攀龍墮墜即奇長，而舉体無凡情。郗桂一枝，湛若秋蟬之翼，而意在必傳之緒。于其雲來，不知姓名者何人，雲夢之襟依俙八九，雲臺之績矜奮二三。溟瀇濯其目，墳素實其腹。銳頭之奴與螺首之卿更相稱進，千古役而萬靈馳，六合并而四裔縮，以一男子張君嗣附之，疲劬欲死矣。而大業成，爲名，即爲名二千石。風流節尚之凡，樂之如琴瑟；使馬彎弓之技，快之如風雲，亦成其爲攀龍矣。嗣之走湟中，萬虜薄城，啁噍流連，激矢倉皇間，左伊秩寒戰，齒相擊。攀龍單騎臨之，衝口一二言，羯夷瞥然鳥散，頸項莫敢回。此不必賦詩退虜，詩人退虜矣。嗣之走朝鮮，餉乏問餉，兵缺問兵。樂浪玄菟之墟滿讕萬出，幾于罵矣，而攀龍植踵如嶽，弗狥阿卒之。青海恬鼻頭之色，白衣還翰如之封。此不必脩文辦賊，文士辦賊矣。自頃角巾歸里，口不言平吴，一棬之素，數衮之緗，與上下周旋耳。而寄余所爲書，書凡詩文分部。余受而讀，高文典册與露檄巧捷俱矣，韶秀藿靡與雄勁扶踈劑矣，杜陵、李白與班掾、史遷合矣。而以究其平生之用，倭虜恒賴以襄夷，此何？云衛、霍、董、賈兼乎哉！

余文畢，傔人言，攀龍名雲，故好雲。其或岩峰突如，機錦幻如，蒼狗黟如，上褚之緜皓如，攀龍悉攓收籠中。已而放齋中，四壁滃然，號咷大叫曰：「來視雲中君！」攀龍好花，故多藝牡丹。其或雷槌斗如，掩抑婜如，越女艷如，沉香亭子之妃酲如。攀龍差誰標目之，擬之三駟之品、六宮之好，亦復號咷大叫曰：「署我爲國香主人。」攀龍更善酒，姑不言酒，所謂善《易》不論《易》矣。

異日一杖過攀龍，攀龍其出威碩之婢，誦《魯靈光賦》，坐邀子愿而盡。攀龍，余寧加前説上哉。有若天子受警甘泉宮，朝勑交道廐，攀龍暮不遑寢矣。攀龍身兼數器，材其無難此，則此論著一編者，姑庋芝樓可也。

曹太公永思録小序

余讀獲嘉曹太公狀及誌，凡三過。已醳卷而嘆曰：「先侍御公已矣，乃世有義烈仁質如太公者！近親而慕，同好而述，余不覺淫淫淚下也。」

太公，長清明府一蘭父也。起自閥閲世胄，終明農田間。先是用少疾疢，不及肄經，然于書一目即通曉，于古今倫常、節俠、禍福、興衰之際，較如指掌，居然魁宿儒者也。太公蚤當户，值親喪，拮据哀禮。迨兄弟分箸，一取瘠少，有薛包之風焉。遇繼夫人息女，不殊胞裹，幌奩維腆。又事繼夫人，毛髮無孏容，曰：「晉王休徵，尚掃除牛下。」此其爲人子可師也。孤姪必恤，多睦之屬必睦。平居恒問：「孫氏姑舉火乎？」于胙城姥畢身脩舘甥之分，死與葬焉。世母孑然，臨命洗如矣，太公爲條牒棺具，及收而後嘗食。其最灼灼異者，清源邸中還鍛工金，天津蕩中神告以事而獲脱陽侯之厄，其于陰陽報應，驗如持左。此太公所爲，爲德有卒而逋負不責賞、劑質畀諸炎火也。

長清君每向余泣曰：「先公之所以教導不肖者，文義悉有度，閲世皆有法。在鄉爲鄉祭酒，在家爲家督，庶幾陳太丘、王彦方其人焉。一蘭今仕矣，而弗及以百里養，心慽慽若剚刀，先生其爲蘭發明之。」余謂：「明府何虞報也？即今身領巖邑，竭虔狥衆，舉數萬蒼赤咸浴明府汪澤。歛氣吐息，無相閼沮，量可而處。衙齋兩飯，菜茹數杯，脱粟盈升，止矣。長清令一日而蜚廉平聲，太公之地下頷而喜，可知矣。矧夫如綍之章且自天而下，若曰長清令能其以考功令父母被旌異，玄宫將及賁焉。太公之爲樊矦樹而食其滲澤者，正在斯日。明府何虞報哉！矧夫明府清卲端醇，功名固未可涯涘。由今而上，所以賁及玄宫者，浸浸其未艾也。明府何虞報哉！」明府再拜而受余言，曰：「先生善道人意中事，請持以自厲而永永書紳。」

樂陵鄉約序

蜀王公以廉訪治兵武德，蓋屈第三品秩而親董訓飭，封疆見若謂官尊地重，囂然不屑其爲武德也。乃公下車，與郡邑長吏要，亟取聖諭六端，而精爲言，動關元元之民。綱以統目，目以系綱，大段用昔先達先生之簒録，傅以己意，藴滙隲評之。已又爲絜法若干條，一以化俗彌姦爲務，而本之深衷，繹其歸指。文不虞艱，質不涉俚，要在田里婦孺靡不曉暢而佩膺焉。遒鐸所經，振聾覺聵。凡再歷歲，而無棣四履之鄉，割齊之强半達于長河，若撤宿蔀一新之。心志濯濯，靡然風草，子言孝，父言慈，兄弟言友悌，婦女言從婉。土箸井閭，病相問而貧相假，彷彿華胥化人之國，庶乎隆古之際矣。公職主盜，始焉名厥魁宿而捕殲之，意陋桓東之酷而過令辟之，至察無徒也。久之，拱環嚮德，盜以不生，寢衣耐鬢以上較昔減衰。健兒休騎投橐，弓矢在櫜，經月無所庸。郡邑賊曹幾受空署，教化誠何負哉！

公品流温瑩，表裏若昭華之玉。其遇同官屬吏，一從丹貇，絶去陽浮道與一切世俗之態，故人亦樂親之。仁風扇和，醇醪既醉，公其有矣。公所開府，地僻近溟海，晨夕放衙多暇，時與縹緗爲伍。低回諷詠，著于詩篇，殊覺古人不遥。間伸黄素，臨搨法書，則又攀王提鍾，駸駸前度專技弗及也。且公斂躬自下，愼愼顤儒生。操履矜嚴，鬼神却步，故其下化之，率蹊良梳。世未有源溷而責之流清者，公其以是帀治武德也，槩可思矣。

樂陵郭令君，廉平籍甚，悉意師承。其在車軸亾之强輻，蹈遐勝重，洵相藉旃！夫配林不敵泰山，然泰山不可終古無配林。則以方之公與令君也，夫豈謬悠歟哉！

棗强縣志序代作

按《漢書地理志》棗强爲棗疆，蓋爾時古文之遺蹟未泯哉。降而近代，相沿爲强，而我明畫野分畛，因仍未改，則遊泳同文之化者，知有棗强而已。余不敏，釋褐領兹邑。坐堂皇而問賦，賦登耗異矣；而問田，田膄堉異矣；而問户口，户口生熄異矣；而問賢科，人物異矣；而問宦跡，官師異矣；而問流風，遺俗異矣；而問亭舍，置郵異矣；而其所謂棗强者，依然名號如故也。已而分區别顛而究凡，則以人代遼遠，精爽閎湮，鸞輅無椎輪之樸，龍舟尠落葉之締，躡尋忘其端委，毫素歉于摽紀。又或十羊九牧，單瓢百輿，國是淆于多宰，築室債于歷年。吁，《志》之難也，尚矣！

棗强有《志》，《志》創于永川羅公，繼益都石公。余不敏，妄意竭其下劣而纘承之。凡經鄉紳、茂異之耳目，逸民、韻士之口吻者，不知其幾何氏。而復授簡編，凡歷春華冬雪、晨曦夕膏者，不知其幾何日，而後亥豕魯魚僅僅無多也。大抵以愚而慮，寧質勿文，寧輕勿諧，寧簡勿蔓，寧嚴勿濫，寧黜其臆測而保諸蕩蕩平平之路，則庶幾乎一方之鼂鑒乎！方今聖天子鋭然《國乘》，大搜二百餘年之業，而作新之，以莫不曰徵故采謡，宜自圻郊始也，棗强非其部内乎？有如按圖考狀，而及境上之小臣，則夫引對而爲王生者，誰其渤海若也？謀野程志而較列乎始終焉，則不敏者其又何敢附于羅、石二大夫之後耶？

邑故以棗名，今其漸不成蹊，道茇而歌纂，纂者聲且嘶而不屬也。則夫所謂依然四境者，延衺①陂沱之無別耳。而以求乎百年蕃庶之舊，其將能乎？不敏非爲棗邑諱言，饒彼夫夥熙而沈沈者，天下之滄桒猶是也，良可悲哉！司國計者，其繇棗强而推之列邑也，其軫卹之惠有同然也，則不敏者其用此書爲叩閽之副乎？不佞小臣，實藉休光甚矣。

①衺，諸本同，疑爲「袤」之誤刻。

忠勤堂碑版集古法書序

桓臺王太公，自以絫議死事，勞贈太僕。少以仲嗣户部公竄，贈少司徒。生榮死哀，寵冠黄腸之題；金躞織文，寶汎丹砂之璽。賁泉曜代，不翅足矣。

乃所奉諭祭文，津津督木平蠻事，厥奉冢祀。上谷中丞象乾子廓，謀以刊諸廟也，以諗户部公。公曰：「于，吾父也，欲報之德，昊天罔極。」子廓曰：「喁，吾父父也，詒厥孫謀，以燕翼子。今日之事，我不爲政，疇當爲政？」于是備搜家乘，撿鏡藏篋，厥有墓門之闕，祠告之製，列傳播在寰寓，彙稡託于冠冕。以逮大母劉太淑人，素旂表懿，重闉誄幽，珪判壁聯，犂然具矣。子廓意謂：單碑介立，則騰播滯遠；樂石雜陳，則簡册斯便。青箱宛其遺習，梵夾踵其故例。而又謂：宗資獸石以雕瑑見推，林華雁足用款識示範。田畸八分以存手詔，鐵石千字以括韻語。魏表重煥于王濛，狸骨再新于内史。其或江左撫疊衣之跡，秘監影頭眩之帖。自昔云爾，今胡不然？是用博徵往揭，以勒斯石：

厥維太傅，清廟琮璜。右軍奕奕，鳳質龍章。大令嗣父，開美無度。永師箧肩，厥體温然。率更方嚴，直鋒隱肉。永興虛和，層臺緩步。登善王佐，羅綺驕春。清臣端士，墜石奔雲。相彼誠懸，凝霜列柏。猗歟太和，攬轡縈策。

嗟乎！世閲人以成世，今閲古以成今。厥亦文質彬彬，蔑以尚矣！

是役也，麟閣舊勳枉青雲以載筆，詞壇宿彦眷緇衣以作誦。如綸如綍，震煜于庭。而迺觴濫以濁水，竽吹以猥管，狐裘飾以羔袖，郢曲發以鄭脣，胡以稱焉？子廓淹通，多許載歷年所，辨甘蔗于十丈，析蜜蒙于四種。恒欲揖永和之高步，復淳化之大雅。而迺殫心匠搆，託志作求。夫自魏而隋，若歲成以積閏；繇唐遡魏，猶正嫡以承祧。自餘竊病其未馴，抑亦舍旃而不録，所謂中原之奇事，宗衮之令圖也。

侗竊私臆，太公而降，家擅萬石，門對三戟。樂詩書于鼓吹，甘仁義于牢醴。恬素族以平進，渺華艷于脱屣。始興之代，將永暢于鼎鐘；太原之鄉，允宜避乎鈒鏤云爾。

平昌葛端肅公家乘集古法書序

平昌葛幼明氏，以所業先端肅公家集諸石眎小子侗，侗沐手受，歛衿閲之，竟作而歎曰：「是何異躋二華岩嶢而茫眛其丈尋，涉四溟浩渺而惝怳其涯際也。」

粤自結繩，代遰文字，漸興古文，春矣籀篆，夏秋隸正，冬矣草行，餘閏是知。劂刀流漆乃根柢之陳，行墨吮毫爲跗蕚之燦。逮夫語言熾則紀著滋多，體度繁則札行浸盛。無論聖作明述紛然，鏤金猶盭鼎之遺規，鐫礎仍闕珉之往制。以故高門大姓，孝子慈孫，妄殫力于不刊，詭競心于悊匠。厥亦滔滔皆是，涇渭靡分矣。第識鑑昏則甄收弗愜，搜剔寡則隳括未周。狥好則波濫已東，泥遠則木龍猶寓。化裁通變，夫豈無徒。

我幼明氏博擅三倉，智淹六故，每致慨于韋成。念祖未及，誌諸幽䆁；孫相紀思，僅有賴于來宰。填胸赤狠，希步素風，生活丹青豈異人任？而乃聿追王父，顯冊高文。羽已篋于三公，衮復華于兩宇。憖遺一老，寶誄孔之王言；附驥千秋，徽傳夷于朋輩。隻詞片語，塵牘綱編，逸同拾瀋之艱，精擬揀金之密。目摽懸帳，蹷竭臨池，以爲不石不堅，不古不雅。爰採名賢之妙蹟，用光吾祖之彝章。蓋自祖乙、姬文、嬴秦、炎漢，魏乃冠之鍾傅，晉則斷自王羲。雜稡六朝，以瀕隋季。唐則多其付授，宋亦輯其偏長。下迨胡元，不乖餘系。一人數紙，則紙紙揖其風流；一代數碑，則碑碑攝其神駿。亦有潦痕駁蝕，嵜蘚斕班。縋夫萬軔之淵，梯士千尋之壁，諸求印可備極體裁。是役也，筆花霏拂，若晉子敬之掃《白書》；丹理郭填，即蜀知微之勒《淳化》。蓋吉光萬羽而集爲重裘，略無羽跡；豫章千材而搆爲大廈，疇見材端。祠廡周遭，孟槃交萰。景襄鐘鈕，陋鼓鑄之未工；饕餮亞形，較欵識之粗備。方斯盡美，所謂秇壇之絶致，孝子之傑思也。

侗聞與幼明言，明盛以來，觚翰之長群歸江左，碑版之富亦首金閶①。似汎支流，未窮本始。夫伯喈陳留占籍，孟皇安定爲鄉，茂先著于范陽，肩吾奮于新野，柳諫生于京兆，蕭郎望于蘭陵，鍾傅、王羲，瑯琊潁水，舉世所知已。唯是介碣豐螭，瑰篇偉製，乪傳北地，滲漉我人。偶覩黄河一曲，文豹一斑，而謂崑崙爲南發之源，澤霧非西鍾之秀，斯則不達之甚也。從此平昌以幼明大矣，幼明用中原幟矣。他山數娑，再見漢、唐之世；齋堂半畝，足當翰墨之林。義夙出于賢尊，暉生綈衺，勞未經于令弟，緒就木天。蓋坐而論道，維端肅公；作而行之，則幼明氏。緊云吴叟，工備刮摩，有其舉之，厥在《周禮》。孔子曰：「美哉璵璠，遠而望之，焕如也；近而視之，瑟如也。」其以喻兹石也。孟子曰：「爲高必因丘陵，爲下必因川澤。」又曰：「遵先王之法而過者，未之有也。」其以喻致石也。侗也尋丈測岧嶤，徒勤仰止；際涯窺浩渺，祇切望洋。斯石斯人，保諸無斁而已。

①閶，崇本作「闐」，是。

平原縣志序代作

平原爲郡，在昔一大都會，與青州河朔懸衡等勝。而至我朝𢊍廢，降爲邑。今所名爲陵縣是已。乃我邑實故郡四封地，歷世而往，獨得仍舊號不湮滅更置云。蕞爾之土，徃堇獲列於附庸，而今衣冠風政，田園物産，至比故郡聲光，不翅雄埒。則余不勝滄海桑田之感矣。

邑有《志》，故廢，再啓于張大中丞，隨成于高明府。而宋大中丞且不恡褎然爲序，珠玉冠前。三先生者，所謂枌榆之祭酒、蓺苑之宗工也。其于兹書，如老宫監談天寶年間事，言言中覈，當實不虚。以寄慨于杞宋之無徵，功德金石與並矣。咫尺之編，識大舉細，彰往古而揭來今。其書頗史隸，厥幅員而非野；其義比乘副，載名山而非家。無論于龍門蘭臺何若，而以絜于當實不虚之指，則有賢者莫爲加懸金不能讚矣。

來禽館集卷之七

考績序

平原劉明府三載考績序

今制，郡縣長吏率三載殿最。乃縣長吏殿最，獨嚴錢谷。不及格，即賢，不得上司功選。懦而廢事，剛愎而喜事，間者簠簋小有指次，則皆不能帖然。三年淹，望司功之最千里矣。故必朝而戴星，居而持盈，清湛如冰壺，士民交一口，而後政理，乃見成績。及考兩臺，始用報闕下，司功按覆考内，表薦凡幾，然後稽制而請，予之告身。若是乎其難矣！

吾邑稍西爲平原，於郡爲衣冠大聚，雄緊甲全齊，天子擇令而屬劉公，非漫偶爾也。公治及三載，兩臺以最報上，爰下司功核奏稱職，予之告身。父拜爵如己官，身受文林。即母暨繼而稱慈、妻暨繼而稱室者，咸孺人。而北堂存者，加太焉。六勅煌煌，褒嘉倍至，臣儀鳳百拜，稽首舞蹈專承。邑縉紳士、三老子弟悉賀于庭，以拜以跽，咸及於禮，何其盛哉！不佞從隣壤密戚友執得公頗深，乃公所由獲譽命，非炫暴釣竊以適資逢世，皆用懿實積累而然。公關輔名儒，本之家所研習，一以西京大師專經之業而無曲學。及服官政，則又準西京循良朴茂廉平之指而靡回思。以故諸所黴之行事，可析而言。公往下車，與元元之衆要，標舉六條，大抵欲民欽聖訓而重犯法。顧尤先法左右，近習人靡不重足一跡，吏以去奸。邑櫃收牽率頻年爲累，每每傾産喪身，且黠者漁，公至不可究詰。公爲調停，一歲一易，所署主名皆殷實謜謹輩，公私便之。俵馬官自招買牙儈不得用，爲市泛募，不知姓名誰何名貌。駒户起俵，厚給厥直，數俵皆竣於事，駒户家所省不訾矣。時值旱暵，公教人昉蘇長公治杭法，多掘井甃，計各團保得井四千有奇，禾以獲潤焉。至于囷儲大命，公彌益蒿目爲圖，闔邑鄉正所貯，録總計穀五萬有奇，較課爲他邑最。又以意捐貲爲儒學立倉，小權子母，貧士藉以緩急。至居平，諸生以緩急告，則又悉心擘畫，人人得意去也。其最鉅重當窾，則在撫亡彌盗等。蓋念流竄歸而無居，則爲于城東近疃設下舍百餘架，以待還集。歸者如市，則又給牛以開。故雙城北與廣川接，州邑互匿，號爲盗藪。公跡其魁宿，名捕治之，覆其巢穴。隨善慰株連一切，境以大寧。公之凡爲此，不過孜孜以狥萬衆耳。而搢紳大夫士妥然安之，良由公誠信孚于搢紳大夫士，不爲矯矯自異，乃其相劑如和羹，相引如督繩。故貴者亟怙于傅保，而賤者仰恃于慈親。公真不媿其爲民牧歟哉！

繇前所論，不能三年淹者。若廢事及喜事，公乃剛克柔克無偏陂，且厲操持槩，神與質焉。衙齋三飯咸脱粟，冬一木綿裘，夏一敝紵衣，依然寒士。家衆化之，無室人交徧之讁。

刑于如此，其于一邑何有？公涖三載，兩税不逋毛氂，表薦以十餘計，司功見核，又鑿鑿懿實乃爾。則夫六勑之寵若亟播而獲，理有固然，視炫暴釣竊者，顒不天壤曼隔哉？公在齊，諸長吏儕伍衡較，不屈第二三指，則公車召入直反覆手頃耳。從此五文之誥洊逮厥家，將無紀極。侗竊載筆而申無已之頌，不第如今搢紳大夫士所屬，爲舉巵之藉而已也。

藩伯晴原李公奏績六載序

我邦藩伯李公，比合左右轄滿考六載，功狀奏闕廷矣。歷城長某等，操牘向侗曰：「愚輩沐浴藩伯大人恩德隆厚，甚願効一言爲頌，幸當最績。會又先生與大人杵臼交也，唯所命令勿辭。」侗受牘赧然。已，灑然若有當也。遂言曰：公蓋崑崙良璞云。片玉初剖，首應戊辰拔萃科。是時海内流品推第吴越甚，然而吴越推第文章矩匠，則又未始不公第一屈指也。公道成名立，脩業里居，吴越名公卿争致爲子孫型範，公勉一就之。正顔臯席，都肆下上，昔昔必滿品。弟子貴介諸公子，屏息傴僂而弱其側，無故不敢獻嚬咲。若名公卿，則岱瞻海赴，莊事維謹，僮隸趦趄，嚴于家督。盃酒聲歌，一切謝不與。而諸公子相藉以成功名，先後而是。是時吴越推第吴越大師經學，則又未始不公第一屈指也。

居且久，庚辰竟魁，其易爲第二人。對策又高第。初得刑部，稍遷爲禮部郎。在曹勤勵伉爽，不阿人意指。遇事與尚書可否，俊辯徵發，卒以令甲持勝，同官莫能難也。乙酉，出典楚試。所羅致類三湘七澤瑰異上材。時侗治楚粟，夙所慕説，赫奕知名士靡不罣掩。已，按所評隲，一如其父師家人語。楚書一出，用《爾雅》冠諸省，厥後史官、言官，接跡名天下。公之薦賢，賢矣！己丑，督學浙，得儁數倍楚。就中多貴要人，又多才節士。至所布爲挈令等，縣諸門闕，靡可得短長。越寔鄰鄉士，又公舊遊地，三歲未嘗私狥一童子及溢科條毛髮事，人至今服焉。尋爲叅政，爲廉訪，周歷楚、黔、東粤地，回翔萬里，壹意秉節。蓋遲速哀序之際，公寔有槩于衷矣。

最後晋吾齊，右方伯遞遷爲左方伯。右優游養望，而左則無事不總統。齊列專城以百計，元元之衆以百萬計，文武青紫官屬以千計，錢穀以三百萬計。公日盪胸而慮，蒿目而籌。兩臺朋寮間，不恤同異，故效壹求其當。公又喜受善言，值時與勢傑俿粦㙨，則又考問黄髮，務叶機宜而後已。每謂人：「大禹聖人，所謂僕僕亟拜也何故？河之役呼吸告急矣。」徵發唯齊之以公，應如飈電，取給必時。即至匱，不爲辭説。歲數不稔，盡境啼號。公曰：「于《志》有之，骨肉而生之，豈異人任？」于是奏記兩臺，大行蠲賑。罄囷刷帑之外，以至下羅瀕海，凡費如許而致一鍾。舟車並任，水陸賫送，猶之哺雛也。榷璫餘孽未盡，公不惜以身抗之，所名錢悉公行省措計，不以煩下邑。諸王國租稅衣食，不時倚辦，公亦不時輒應，不令嗷嗷守車門。其所出校所入，不負忽秒。下逮俵散武人子，亦往往如是。四方臚岱例有金錢、繡黼、布枲、什器之數，其職典屬公。公目無阿堵，曰：「此何等者？」神式憑之，命付諸帑而以代奉料，供非時需也。官所平次，不驟置人，下考于諸州邑。長吏盡推心腹，與談綏奠疲民策，日數移晷。教以身先廉，靖法舞文。胥掾即有小過，亦輒面相規正，陽浮道與無有也。丁未，泉決舜階，暴溢諸衢，市肆皇皇矣。公率寮屬拜于祠，集工百方釃導，三日水乃平。民乃歌曰：「微吴天兮，齊民以魚兮。」大俠柳廷瓚白晝攫找，上下驚擾。公一咲，授官徒曰：「此正孤豚。比取此，才熟羊胛頃耳。」果挾日而獻其縛。

公大抵渟然淵箸，不妄出一語。愴囊應變，若參連之弩，一發無留。行文若萬斛貯胸，隨其挹酌，略無加損。又若甓社一珠，光照十里，泯泯凡火嚮前，蕞長舉要，如取如携。又若隨何，將二十士足抵步卒數萬、精騎五千也。然則公者，詎方伯藩屏才哉？我撫黄，公適推擇大司寇，則有旁州例，在公不猶之以左轄取轅門印代焉乎？

公資二品六載滿，于仕不爲不淹久，固自主上重遷徙，然適當事會。唯時齊撫，舍公其誰？舉朝通論蓋如此。齊大夫士，悃愊更殷殷也。其在今日，人人思欲借寇君，竊恐奪公東郊去，百城寮吏尚亦有同心哉！此不待臚陳户説，徵之宿昔可知已夫。盈虧嬴汋雖云天道，端實在人。公先大人隱德冠吴會，犯而不較，備古賢風。譬之龍湫、鳳穴，必種靈異，此公之爲先者也。公家嗣舉首留都，以子大夫爲太史氏，龍鱗鳳羽似續衍馮，此公之爲後者也。公之滋培日茂，多福寖集，裒輸贕駢，莫可殫述。一大中丞何足爲？至人重輕要之家，慶國恩絡繹薈稡，天時人事，夫豈偶然？此不必準盧先之考政，劉劭之課官，連最在公，功寔莫掩。唯時齊撫，舍公其誰？

侗不慣爲誇詡言，又不喜爲無稽相謏語。此障中刺刺指歷長諸君輩，其私而載之牘，不再月，不佞之言如符左右契矣。

廣川守聚齋劉公受誥序

國家制霈貤臣下獨隆前代，六品而下所給告身率稱勅，五品以上率稱誥。勅所受墨書研光花綾，而誥則五文五采炯爛七褢，稱至麗矣。士生巖穴，頫首脩業，固將期建豎報縣官。而所營營，一念真切不可解，則在光揚張大其所生。其爲典，咸有一定之式，截然之制，而郡縣尤匪易易焉者。期則視三載，最則憑列牘。無論品在中駟，即超乘絶足，非是則格不報成績。甚哉，遭遘之難矣！用是傑魁敏茂之夫，苟非其會，恒艱一獲。而况遞官遞獲，則豈不難之難哉！

廣川劉大夫，以江黄上材移守廣川。謂廣川煩而躬在簡，謂廣川侈而持在節，謂廣川泯萌沉夥而用在盡下，謂廣川軍卒交雜而劑在絜均，謂廣川如潁川置而戢之以化，謂廣川如交道厖而服之以勤。以故譽言四起，剡書更僕，無慮二十餘。中所揚詡，靡非粹潔端凝、豈弟翔洽之指，而多歸于大夫之養。蓋大夫室怒色市略絶纖毫，積金至斗等諸糞土，而乃和風飄拂坐人穆如中，洵有道君子也。比三載而政成，而值大夫蒿目膠庠，刱建傑閣于學宫之東南隅。歲當丁酉，林林中雋，即東省第一人應期而出在大夫之郡中，然又適與大夫之功狀會也，不亦絶奇足紀哉！

惟時綸音自北，題躞輝煌，薦紳秀茂，三老孝弟，有秩力田，無不迓于郊、慶于堂者。伏誦誥詞，其尊先大夫振鐸傳經之業，彌益以光也；其先夫人斷机和丸之教，彌益以彰也；其身所孜孜狥民、駕襲軼卓之閥，彌益以信也；其内夫人之閫德懿淵、勤劬裨我，彌益以徵也。郡人曰：「天子其有以報大夫矣。以我民故歡欣鼓舞而聲于謡也，萬人同辭也。」葢大夫先是爲鳳陽令，業以七品考，恩逮父母及身與内矣，是所謂勅也。而今由州五品再拜誥，訓詞視昔有加焉。且也五文五采與硏光之軸相輝並麗，豈不稱難遘哉？

大夫純孝，人每言及其二人，潸然涕下。若曰：「禄不逮養也。」而今所蒙被光寵如此，葢盡國家霈貤兩制而悉有之。九原猶白日矣，大夫何以悲焉！大夫膂力方剛，其視崦嵫不翅三十舍。由今而就京朝官，則自五品而加四，浸等而上之意，所受誥將縢緘不勝襲矣。然而莫非大夫勞閲所由圖也。大夫俟之哉！

郡諸簪弁先生行合舉兕觥爲壽，謂宜有以藉也，屬不佞言。不佞往在楚式大夫閭，知大夫家世長者，乃今所遭遇如此。語曰：「根深柯長，源潔流長。」于大夫良信矣！于大夫良信矣！

臨邑藥明府考績承恩序代作

余代匱諫官，濫司天省，其于銓序流品，蓋竊竊縈念焉。向困家食，每從鄰境默默程長人者，未數數厭心也。若臨邑明府藥先生，則余願爲執鞭非虛矣。

先生以三載考上司功，司功按令甲，爲疏請譽命。上逮二尊人身授階，内子并拜譽命，煌煌烈矣。邑之縉紳士暨三老子弟，靡不加額。其侯者曰：「今者庶有以藉手頌侯休美，報侯勤也。」問言于余，爲侯加爵焉，余唯唯。

先生之令臨也，非以臨治臨也，以天下治臨也。天下之大，無越情法二言盡矣。徇情而骫法，則人慢；任法而不及情，則人懼；兩劑之難，而吏治兼長之不易也。先生賦質弘毅坦直，又思精，每事必推見毛髮。屬當讞訊，則以三尺衡之，曰：「玉律金科在耶，不敢輒以婦寺心。」視堂下曰：「法必當辜而後可。」然又念林總元元蠢蠢耳，或血氣張僨而成于偶，或志慮擬議不審而蹈于文罔。此盡赤子之可矜者，爲反復周繹，不敢以礉刻心視堂下。務爲開厥三面，丹筆徘徊者再。得一隙，曰：「歐陽夫人之指告文忠，如是焉已矣。」以故爰書所就，情法無畸重，兩造俛首叩首謝。凡身負重譴者，亦必曰：「仁公爲我求之數矣，而卒無隙也，死所無悔。」兩臺監司、郡守丞、倅李，無不委腹心。先生若左右相持借，若履綦跡相踐躧，而無能一字易也。無論濟南一郡獄，即他郡亦往往移以相屬。

先生所居，倨于大府，劇于滕、薛，日昳不及食，憊矣，先生神毫末無侵鑠也。先生指天矢日，諸所出納，惟一無昂尾垂尾異代聽，而外邑浹旬無贖撰半鐶入。居恒遇下用末薄半寸竹決遣去，邑落待鞫輩亟還舍，尚不及熟炊。先生若曰：「吾嚴金錢一介法也。吾此無知之萌隸，雞狗丈墨争言耳，吾決遣不逾晷，情也。吾平時所煦沫災殄而若保身首者，何也？而忍創鉅此曹乎？」先生律己斤斤不越尺寸，表裏無纖塵。溷嶽嶽滿大宅，驟似未易與，然與人交，必攄衷竭赤，久要不渝。友邦資之礱礪，靡有所不盡之悃。絜法與情，禔躬具是矣。與邑鄉大夫背面無違言，相得甚歡，而無相黷。學官弟子亦稱是。總之，絜法與情。先生庶體褚季野四時之氣，以治天下可也，寧獨臨之彈丸也乎？

先生衙宇環棘，飛鳥不得度。日用鮭菜飽其孥，曰：「圂腴何爲者？」退食自教子文，督書課廩廩，務及程品。已而呼童持一皴木案，共啜脱粟，甘于珍異。父子油然一咲，相樂所見。居室無非法、無非情，無非情法劑。先生用是洵可以治天下，于衣帶履屐間卜之矣。先生尉薦幾二十許，剡最績于齊魯不二三屈指。執是而付銓序，行膺膴要爲其先代重。不直今一命及尊人，暨其身與内，然而臨之。縉紳士、三老子弟頌休美而報其勤，願自今始矣！願自今始矣！

齊東白侯上最勅褒二尊人序

邢州白侯居平治夏侯《論語》，顗其家奇；治孟喜《易》，顗其家沛；而其治齊，顗其家季康之治溧水、家景亮之治台州云。溧水誠信，化人不尚威刑，而惟清介。一切無所取，邑人至竟思焉。台州明法律，善記筭，均徭役，興學校，儒風大振。自奉甚薄，妻尤儉素，脱粟對飯，特詔褒美，以宮錦賜之。繇前四白先生皆異時瓌傑，其專儒術，嫻吏術，照代耿耿，而我白侯一身遽兼數器，談言何易也。

白侯自長者治齊，必本父母侯之言曰：「自先太公善《易》，而鯤學經。先太公篤孝誼讓，而鯤脩知内行。家太君孀單自厲，撫翼諸孤，鯤則靡事必禀成。猶夫銅川夫人好藥而王通氏撿述方書也。」侗不佞，聞之嗟嗟歎，灑然異之曰：「白侯之政，其有始乎？」白侯之治齊東，齊東不必野，而我飾以儒；齊東不必詐，而我貫以丹退。米鹽案牘，靡密煩碎，在所必察，而弗行以臆也。有觸乃發，有當乃應，發之無遺慮，應之無留跡。懸衡出量，編教譙門，其或忽秒昂而圭撮溢者，司空城旦以上繩之。痛戒黑衣勿下鄉亭，鄉亭令自爲度，以次灌輸，所不如度者，繩以司空城旦刑，輕重各等倫，鄉亭率教三嗇夫耳。目喻頑愚，月朔懲賞，薄厚各倫等，黑白分明。

境内連侵，奏記食餓人，錮鍒炊筴，藾鉝留犂，分曹而置，計晌而徠。百里之内，疃疸郵舍無贅聚一人。其或米豆賦宴人，人霑實惠，主守不得没毛釐。奏記出糶利宴人，如估獲羨，復用充營田。癘者藥，死者櫘，櫘不繼者槀。市隙置冢，邑無暴髏，以故齊東荒政甲濟諸屬城。上司尉薦，百出榜示，絜令爲傍州。又能案核墆翳田四萬畝，招墾逋田萬餘畝。依魍魅之叢而博簺狂嚚者，治毋貸；僦偃師之能倡而實人應律按舞以蠱惑狹斜者，治亦毋貸。其所尤并心一氣以先諸理，則在興起道學。學官弟子秀異者，舘穀肄；學官僮子，小學肄；彬彬嚮化若蜀文翁。而其所置文廟神龕若干座，悉出俸錢。諸廣文官舍圮，則又與文翁率減少府用度而贍博士者無異。妻孥大布衣，簋食無珍，一肉餉母而已。盡齊之境，道幾不拾，交鬬以息。揆厥繇然，則侯之寡欲、潔廉、愛利而周于事，情之所致也。

比歲侯三載上司功，司功用國令甲當侯最典。逮所生白太公地下貴，孫太君生貴矣。夫侯視溧水久而見思，同視台州，特詔褒美而錫之宫錦者，亦何古今不相似哉？奇之《論語》，沛之經學，庶幾體明而用暢，所謂身兼數器云者，侯則能之。惟邢與齊，以洎寰宇純終領聞，其有幾乎？于《傳》有之：「三代之興，邦家有社稷。兩漢之盛，牧守有子孫。」斯言而信，白太公其以齊東社，白太君其撫孫子十人者，寖昌百歲，樂哉！

濟南沈郡公上最膺命序

我郡公以濟南三載最上考功，法宜四品謈命，上及所生，身及所敵體。而會東朝詔更優異天下賢久二千石，公乃奉五采織文之誥，躐冒黄金，塗凡兩軸。綸言温藉，推本訓迪，茂明閫德。迨所褒嘉近甸守臣者，率有漢沈典風流之旨，猗歟盛矣！其屬歷城陳令君，合三十餘城諸綰綬長吏，謀所以當樽下者，以謂不佞侗：「公于某等，提挈保抱則父，規繩化導則師，明公其代之言，以當樽下，何如？」不佞侗素受公特達知，又令君文字友，其何敢辭？

公之守濟南也，初非拜命濟南也，其由閩大郡奪而之濟南。則以尹大中丞具人倫賞識，特疏借公與共事，朝宁壯之。其所由借，則謂東方多故，瀕海斥鹵，皆稱兵島夷深矣，顧得大度士作泲北長城，其可乎？覘其始滿意勞公以武事，終將以非常職要償之也。

公風期超箸，神檢四帀。甫下車，不作貴倨態，禮服之餘，僅一裋褐掩體。食必簋食，罌案無重肉，飯已畢，一巵即呼舉案去。手口拮据，而逮心目無弗吏民者。諸長吏手板謁，則與攄徑寸談，教以廉白，教以勤事，教以無隋姧宄計。已而覆按之，某也廉白，某也勤事，某也無墮姧宄計，若數一二別黑白，事皆灼然鑿鑿有公據。稱引翹拔，不翅己私。其有不廉白、不勤事、不無墮姧宄計者，亦輒面風再三，俟其改步。又教以某某傍州可師也。或不喻指，則又輒墨帖規之，諄諄若家人提耳狀，俟其改步而後已。意在不輕棄人，陽浮道與無有也。

公簡貴甚，然雅善爲鑒，不假一私人色、一私人口，而三十屬城，毛髮忽秒無弗知。掾史舞文受賕諸不法，析于目覿。黑衣下鄉鄙，一錢以上悉可難質。而至坐列販賣孰誰，境外轉貳子錢孰誰，窖粟善富孰誰，掘冢搏掩孰誰，箭孰誰，鼓孰誰，然不輕洩半言。遇到郡對簿及課逋賦有無滿品等，無意一詰之，若曰：「某亭猪子可祭，某木可材也。」庭下人驚謂猶神。顧不用是督過短長人語，過如洗。大則待其自扞罔，纍人叩首請死。爰書脱手就，則似一切夙辨諸胸矣。公每自言：「吾守濟南，視帑不足當江南一縣，且亦不當嘉、隆間什一。蓋自斂賫之法備，而吾帑王國、奉邑、戍邊、口實之類，如干而止耳。」其金出視入衡，絶不啟封識。其粟準金，出視入槩略不贏㪷儲。即逮賤掫下役，無不如之。公經四歲刺史，邸中臧獲目不識朱提銀，異哉！

公在事，值行礦、榷税二中使磨牙向也，曰：「濟南大東首郡，吾得諸此，餘郡破竹倒瓴耳。」公不爲動。置酒爲會，僅惡草具。從容謂榷使若相調者曰：「此一郡城七十二泉，可飲可濯也。自餘數十賣菜傭，日才博一溢米，而堪貴人垂天之手乎？」其謂行礦使曰：「濟屬即有山，骨山耳。必欲戕高斫深，則有太守之頭顱在焉耳。」行礦使佯恚酒不旨，則荅謂：「不旨，願勿釂。」先後二使神氣爲沮。汔郡及屬城不罹璫禍，公之力焉。

竊又念公四年之内難矣，郡及屬婁嗛，公蒿目不寢動數十旬。旱則祈澍，蝗則戒捕，疫則侍藥，枵則賦粥，死則辦櫘，櫘不繼則給藁。其所上記于兩臺監司、而下記于屬城令長者，側理如丘山。蹙額創膚若弗一昔。自生活而後，屬城以荒政應，兩臺監司報可相屬也，以故積逋十餘萬，力請獲蠲。其新之不辦，則又稱主臣甘罰，曰：「腐骼任賦乎？太守任殿，足矣。」

曩者倭之役，公實始終之。登、萊兩郡諸視濟，濟當漢經見楊僕樓船海議、轂議、芻茭議，一鍾凡費幾鍾乃致，何如起陸，何如抵洋，艨艟凡幾尾，小步馬凡幾頭，縣度凡幾弓，都尉凡幾員，左右騎軍凡幾輩，譯長凡幾曹，勝兵凡幾伍，餔餽薪炭凡幾娑，濟而摹，登、萊而形質因之。蓋尹大中丞以公借而不及耦，俱以終倭。公始倭及終倭，而未遂以非常職要相償報也，則國家恒格爲之哉？

公勤于不腆濟極矣。度元元意，冀公在郡抱孫焉。異時竟以萬禩食不腆濟明矣。則夫一階譽命，雖出恩澤，詔書曾何足稱？大府異等隆然者，公誠極心思奮，不愛狥民以希聞達，某等其以九列遲哉！侗等其真以萬禩遲哉！

歷城陳公滿考上績序

歷城明府夏邑陳公，爲都諫太公元子，世受田何《易》，通明經術，穎秀多文，絶邁倫等。綺歲連上射策成進士，以次授我邑。凡歷朞月，輒登上理，譽望卓卓百城東諸侯間，而以才大換縣歷城。

歷城六郡首邑，諸臺藩臬監司郡國守相胥我臨涖，一不得其指，少不叶其驩，則情或閡于上，澤或屯于民，是爲難我。或多方曬合，以身爲臣妾，以官爲戲劇，則上見鄙而我則承之羞，是爲難于人指。視志已謂嚴，而矧環泲之屬游我于兄弟者若干曹，參互準問，衆射我的，我陽爲歛衿以見憚，或陰爲戟手以相輕，情數態新不可方物，是爲難十萬之炊。大囂憑陵之聚、夥沈智故，百于他邑；非分非時、交關酬對，千于他邑；風雨燠寒、馬蹄咄咄，萬于他邑；是爲難陳。公則曰：「我巖邑師帥也，安得恣爲蹠弛爲？我杜陵男子也，安得過爲孳曲爲？我則無不盡之心，我則無不竭之趱，我則無預方之矩，我則無必圜之規。」

上官朝朔望，及五日一手板謁，鞠躬如也，然色芒寒正甚，荅問商扢不爲俯仰狀。可可否否，一據本情而訟言之。及就對簿，不主上官，先下牒記而上其手曰：「此寡人之貴介弟乎？」亦不故左穿封尹，要當三尺。即上官數有駁正，誤則自引咎，不則數駁數不易爰書。歲時爲賦勞問，具洗沐幽瓜宿暇，僅僅取成禮，絶不徵賣他珍奇。至稱過外臺他使客，案才數瓦栖，及于一飽則已。友邦長吏抒赤往來，不以一字相譏，其所更理牒記，亦求當三尺，不問異同。至一切評署，則率帥諸邑以恕心行，尤護尉辔諸小吏，曰：「我曹一搖筆，此曹即寒，乞食嗟來食，可念也。」

公斤斤所重在錢穀，特厲主典罰，毛氂以上不得昂其入，山藪笨民往往賫還。故辦錢物或多市餅餌，咲樂妻子，曰：「此吾明府貽也。」公若日從枕席過，元元豐瘠如灼之燭，緣爲登下其役，而諸富人鹽賈用高貲得耳。丞或秘書郎吏，則亦一槩比富人，弗復，人盡踴抃稱公平。還集民唐守業，等予之牛犁。蕪民井九策，等蠲其賦。鄉疃在所，教之桑，教之棗，饑賦粥，死賦槥。淮家窪村水賑之穀，數以五千計，而又上記移粟及吾邑。吾則曰：「河之潤九里，沮洳三百步，今乃恩逮三舍耶？」公囅然曰：「臨吾故民，吾實不忘雅意。」學官弟子多所捐貸，孫夢高等養生送死咸有須。而所群茂異不群士，挾日三課之。其所點定汰擿，無不愜可諸士心。人文蔚起，則又眷眷學官僮子。李生嗣，嗣即嗣于鱗先生稱曾冢孫者，燠咻朝夕爲計，昏學以卒。前陳公德，衣冠之族，偶小悵觸儕侶，色于市，直于臺。公爲委曲譬解，示撻伯禽于衆，數其罪而寬其罰。兩家頓首口塞，卒乃不受衣冠，一揖謝，人盡服。

公休休度而又未始不慴，公嶽嶽君家元龍不下豪也。公侍太夫人邸中，極其色物，其遇諸郎又極儉朴，裋褐麄飦以爲恒。公恒自誨兒五郎，遞遂業間，扑其不勉，無少假焉。一日，公自奉高還，持數朱提孩上。太夫人曰：「此物奚宜至哉？」公則曰：「此四方臚岱物，兒從郡相推廟瓜分來。不受則疑矯，受則懼以神貨爲溝壑，母則云何？」太夫人曰：「爾云縣東衢宜治，則以治縣東衢。」公爲增俸合給邑三老，立治衢。過者指曰：「此銀孩兒街也。」

公居平翛然自遠，衣履不冒纖塵污。傳家篤素，見諸吴越巧僞器，爲之蹙頞。衙齋縹緗數卷，退食蕭蕭，與庭樹對，恒有餘閒。交酬鞅掌，咄咄馬蹄，悉不能爲公困。夥沈智故之衆，畢歸皋牢。即向者瞷氏躭躭濟南輩，今不必無而不及亂，則公之診審復熨有良禁方焉。繇前所謂難，吾所屈指數，而公唾手易，公真天授歟哉！

公先令吾邑。吾邑鄙小，不得竟有公，于其去而興歌曰「衮衣章甫」。今歷之人不謀而興歌曰「章甫袞衣」。公之異日社于齊兩邑，不必論，而今以三載上功狀也，銓宰且將何以處我公？則惟前令陳公之傍州在，則又惟太公都諫之箕裘在。若夫織文譽命之典，此公家狎承事，不必剌剌談矣。歷城諸佐尉以公休明問詞余，余則何辭？雖然詞不懼蔓哉，則有兩邑細民「袞衣章甫」、「章甫袞衣」之辭，騰諸碑口具矣。

藥令公三載上績承恩序

我邑之敝，于一紀餘。胡敝也？蓋時勢然矣。邑故醇饒，元元靡有羨譎，若葛天無懷、大槐安境，此四紀前事，而侗爲兒時猶及目擊。且又聞之父兄，吾邑非他邑比，所謂葛天無懷、大槐安境云者，歷歷可指次焉。降而嘉末隆初，繇役繁興，諸額外無名費不可僂數。一郵亭使馬過，則主典力動靡二三金。令長襆被什器、串茶醪酒，皆取自主典力。丞以下尤而效之，旦旦以爲恒，蓋所謂時勢然矣。降而近禩，長人者多任長厚，不能察亭長寄問以上爲何等掾曹，恣寄請以獄爲市。又主典力乾没官錢，至不可訾省，蓋又時勢然矣。此所謂敝于一紀餘者也。

我令公才授職輦下，輦下率嘖嘖：「臨邑難治，難治！」令公初亦謂難治云何。比涖事，而毫末必審諦，手記心存亦必盡毫末。然又坦其胸懷，不逆億人事，至則灼然秦鏡，肝膽畢晰。兩造對簿，不三數言中其隱，伏庭下叩首對：「實有！」實無左證，面槁死心，自語

「安得神君如此」也。以故臺監遇大刑獄日久不決，爰書什九下臨邑令。公隨至隨訊，不稽留信宿。車門而外，朝而市夕而闐然也。其所傳爰書，緣情準律，不緣準臺監先意。臺監間先意示之郄令，公詳若不知也者。卒之臺監揖手謝：「明侯惠我輩甚厚，俾我輩爲朝家守三尺，强半明侯力也。」其所最皦日青天，則于出入錢穀無低昂，易銖兩，主典力、守匭、守藏史綜成筭竹，無所輿。即黑衣經歲靡足趾抵鄉落里，正無狐假督訶。百姓輸納若灌注不休，曰：「我君四體我，一意無苦我，我等何忍以逋負苦我君也？」年即少不登，令公爲弛程減品，曰：「寧受公譴，不欲目見我朘骨民。」百姓則又曰：「我君四體我，凶荒甘讁罰，我等又何忍以逋負苦我君也。」輸納亦浸尋不休。連當上發賑，令公先日一款叚出，從二卒史，蹩躠僻遠陬，牽蘿歷月。垂死翁嫗、奄奄饑孺在床蓐，得狀必謹書。其賦粥，粥餘人。或不足，賦銀。人不足，銀乃有餘。蓋得調亭法，一遵《漢書》，勿贅聚。詔荒政，遂爲諸城首。

居平喜士，謂：「鄉校，吾曹發身所，一晷不敢忘青衿士。吾緩急務與精意，區處得當乃已。又不緣是屈抑平民，吾膳堂饌每預給浹日，朱提燦然，瓜分權之，無小損黍纍。」中常侍雞豚布縷税，例當屬商。令公曰：「此三如十千征商，掾隸遞相濡染，是一税百常侍也。」爲節他經費竣解，不名商一錢。舊有盤撥米，亦用此法，不頭箕擾下户毛髮。城隍圮塞，計口筭人日設，才一榜示，各有期，樓櫓懸門，所須陶木咄嗟立辦。視奏記官物倍以數十計，民若不知邑舉大役者，僝功且千金等矣。日所食飲僅菜茹、白水，涉旬不以肉。門鍵嚴秘，語言内外不及通。間行後園，曰：「畦葵茁矣！時雨佐我廉。」課兒讀誦、食飲皆有度，曰：「廉吏子食貧乃可。」于是邑盡洗一紀叢弊，以較嘉、隆又大懸絶。民懷吏畏，漸以康阜，幾還四紀前葛天無懷、大槐安境景光矣。凡歷三年，臺使尉薦二十許，卓然齊魯冠冕。兩臺上最如令，獲以譽命，及二人身，授階爵及内，此洵洵官拊民之明驗也。邑其差解嘲于難治也與哉！

令公遜心博學，鐫刺聖經，不安爲膚誦。其居塾時，恒設都講，彼中雋異悉來學，侁侁盧鄭若而人，我邑彬彬化其文。學制舉秇顗以遒上，知不安爲膚誦，在齊猶晉云。邑寮佐及尉造侗而言：「令公蘗先生寔覆露我屬，我屬無以相德。會當最考，願匄明公一語，爲三雅先。」侗故不辭而奮筆娓娓如前指。令公行且應公車詔，則侗所宜任，有片石嶙峋在也。

金鄉郭公兩賑承恩紀序

郭公踰冠成進士，由蘭省歷外臺，即懸車之日猶然未强仕也。公生而穎秀，比當象勺，讀等身書。迨長，所結撰動合前榘，文法《左氏》、司馬《史記》、韓柳諸公，詩一意祖盛唐。以故政術流通，本諸藴藉，爛然建豎，所至雅足傳述。而妬者竊竊以起，乃未强仕即懸車也，公略不爲動。曰：「爲政千里與爲政于官，有以異乎？」傾槖而得俸錢若干緡，悉數用治生産。合其先大人所遺業田，以糞奴以力，不歲而囷窌致小羸餘，則爲時時先多睦而周存之，頗昉范文正公贍族之法，同姓治矣。已，又及于秀異高材生。已，又及于閭左之藍縷無依者。且二十年，鄉人頌義津津哉。

會今上之十六年，境内大饑，公輸粟千石于官，而鬻餔之意猶未已也。出粟減直，而公之糶數亦且近千兩。臺疏報闕下，得如例棹楔表焉。又數歲，而值侵如疇年，公再損粟千餘石，減直而糶復如之。兩臺報闕下，錫三品服鏤金孔翠，卧内拜，嘉于禮數綦隆矣。夫公仁心爲質，見可而行，厥意自視，亦居平家食擘畫之常耳，豈望報哉！讀所爲控辭、恩紀、奏記，言若恐恐于近名而來乎同儕同閭之側目者。逃乎坊表，猶之枳棘于目也；惕乎章服，猶之芒刺于躬也。夫且逃且惕，且惕且逃，是在公云爾，而譠德之行大情歸之。矧夫，上命乎！而公又安所卒惕而逃之？

今夫人情，無論世富與否，往往一錢捫之汗出。倉有餘粟，日飽碩鼠，即陳紅山積，鴈鶩之不食，狼藉供滌除黑墳墳起，如是焉已耳。是豈異人爲性，圓顱方趾之不載，而一膜胡越，習漸使然。又不然而用貲爲豪，舉園池鍾鼓賓客槃饌之費，率日以萬錢，此爲娱桑榆者也，餘羹搏飦疇䨓焉。公所前後捐損及賤糶粟物，要以四五千計。驟而言之，似駭聽聞，然有一區釜之不實在民間者乎？且公不過俸錢居積之羨，遠奢去濫、儉以成裕之恒門耳，非有江南大姓鉅萬不貲之蓄，及《史》所稱蜀土著而女懷清，敵王埒國足恣行散者也。公意若謂：「無民則無邑，無邑則吾一二著姓泛泛如浮萍，將奚薄焉？」此其爲識達乎？占同井義者也。此爲至仁也，然而智勇具焉。

公之爲鄉先生也，亦成其爲恤災捍患而巋然，黔首之望不虚矣。公諸子森然玉立，人與業俱奇，天其報公！將在郗桂，抑大椿之歲，緜且延焉，以永受鄉邦兕斝之壽，公真成其爲鄉先生矣。異時尸而祝之，以比于社而稷焉者，今不宜生詛。公要是大情所歸之必至，余言不腆，願留爲金鄉父老子弟手口藉資矣。

齊河令霍公考績榮膺異寵序

齊河大令晉沁霍公，以今齊河績合前陽穀資歷，滿三載，例上功司考，兩臺爲疏請于朝。按功令，州邑長凡經兩臺暨諸臺剡薦及格，乃獲譽命典。公及格矣，宜被譽命，而公有明發之私，具奏上聞。若曰：「臣準少出繼世父。世父母，父母也，譽命應逮。而臣本生父母不及沐王言。臣，臣妻儼然從地上受綸帗而戴面目，其謂地下二人何？願移恩如故事。臣不階，即臣妻安荆布，臣死有餘慼。」上旋報可。于是二父二母並膺帝勑。勑詞備加褒美，極隱德專經，閨闥誕鞠，懿實之大，煌煌烈矣。語曰：「不知其子視其父，不知其地視其草木。」今由其子知其父，猶之乎由草木而識地也。

請究言公。公筮仕爲陽穀，矢飲穀水，一剔宿弊而新之。胥史惴惴重足，無敢假言亥豕陰陶誤以嬲文法。兩造詣庭對簿，不數言立剖佐證，垂首靡所得，低昂其舌。編役咸察于衆，視田量貲不以己立，上下一口筭爲之程。率以五禩計，付棃昭示，重若鈑豉。中使稅四百千不毛麄徵歛，悉取公費贏餘及他小處辦副之，民以無擾。囷儲三萬石，懼歲久腐敗，春際糶量給平民，秋則如區釜還之，官盡得佳穀如數。奉檄治河，躬暴沙淖中，與下共脱粟。邑人慮工不竟，相勸筵役滿千人，若急父母。黑羊水泛溢，没民田廬，則爲主議破隄殺流，諸獲全活無筭。會入覲北，單騎不輿，士民追送餽貽，串茶以上都不納。

迨再令于齊，策輕就熟，指誓彌厲，其所馭吏平刑，一用陽穀法。齊鄰省會，諸上官競相驚詫，謂：「安得通練如令者！」一切疑難大獄，往往屬訊。公視蔭而決，爰書確于金石。上官藉手轉報，不更攛一字。編役亦用陽穀法，赫于日監焉。守藏胥侵盜盈千，久不發，公下車遂得奸狀，治如律。比歲祲，皇皇若身，首爲設糜粥，擇人日賦蚤暮，頓無贅聚。又竊念粥糜之不繼，則復商略出糶受糶，屬最寒乞人不得逾斗者二，價則減市直什四。邑累科頗慳中第，公用堪輿家言，爲樓東南隅。揷霄麗矐，觀表巋然，苦心區畫，曾未損公帑半鐶許。其課士肆，資膏禀孜孜月日，猶夫疇昔之涖陽穀也。

公天性廉潔，目阿堵如糞土，典匭役不得以銖纍名羨。及散予諸人隸，則又不得銖纍名詘。孝蓌無告，又復時勤存恤。俠輕無賴，畢照幽隱，蓋無不凛凛三尺在側者，輒私相謂：「我君幸尚貰我，其勿犯旃！」公政譽一時爲六郡首。友邦寮長就而質問，公絶去陽浮，爲吐赤誠相告，儕耦倚爲吏師。即諸上官亦手語友邦寮長諸君：「其以齊河吏道相師乃善。」公則恂恂自下也。

先是，公覲遠抵清源，以所生母太孺人大故，棄官歸治喪。至心純孝，播滿士林。有曰：「于古所謂：君子大賢，庶其無忝。」令之再政燁然，正其禔閑之緒。則夫帝勅駢臨，四親霑匃，用以耀閭門而騰宦路，寔惟丹虔緼積之素，通重旻而徹白日，夫豈偶然之故歟？公行且以公車徵命行矣，身依日月，持國是而贊皇猷，此不卜卦事。兩邑人士拭目，我公之重以五文錫也，都甚休甚哉！

齊之孝秀冠裳，强半余戚屬也，三揖而問言余。余何能光揚我公萬一？第述所聞于兩邑及齊魯間曹談，大段類如此。

來禽館集卷之八

贈送序

歷城陳明府首應公車序

先生名諫議子。身自爲綺年名甲第，風神氣尚著見睫間，襟裾蔭暎，輒以數十百輩。諸爲泠泠慕説者，不翅天上人，若握内昭華，林中翹秀，而先生殊歛然自下也。每對人謂：「丈夫一片氣，直須爲縣官狥此三尺，南北東西，唯所使矣。」

於時先生用次得臨邑，覆露先我人。期月國俗一新，元元方狎噢咻，共相誇詡曰：「我曹禱祠而獲我君，寧惟我邑？鄰壤將歸政焉！良幸甚！」頃之，當事鄙小我不腆邑，乃用先生爲歷城借，民之奚罪焉。先生去我邑極難，我邑萬衆走臺挽之，莫可得。歷之民胡以宜臨民詛？

先生宰歷凡四年奇，首尾於菑相歲月。旱則祈澍，潦則祈曝，蝗則祈出境，颶則祈返風。饑者粥，病者藥，流者勞，殍者霾，荒政具矣。而先生居平所爲歷畫，則又未可更僕。悉先生繼潁上、上谷後曰：「蕭之規曹將無隨乎？」歷饒錢穀，衡量必慎，入無杪忽升斗羨，出則無杪忽升斗歉。後則視田肥塉多寡，兼准困橐積。即素稱豪有奥援輩，亦不得希脱漏萬一。乃獨周恤士，曰：「此秀民也。」即小復其家，以安佔僤。慰藉乃父兄，曾幾何矣。若胥史，則毛氂不少貸。一字坐魯魚陰陶，扑有等。稍涉舞文，則當鬼薪城旦。此輩惴惴累足，立家不及烟突，非所絶輕。比獄，即繫人皆有不可窮詰，故非不得已，不以金選媢其上。所最嚴在盜，伍伯相糾察，諸爲鈔竊類咸徙他境，境以大治。先生意不安小治辦，從《圖經》、父老得小清河閼塞狀，乃蒿目條牒數千言，撮其肯綮，奏記力行。臺監競相賞異，曰：「安得陳令爲稻田使，還此前百年濟也。」以余所知，潁上神敏，垂簾清晝，事以就理；上谷醇質，矻矻據案行野，不少自寬；先生皆有也。

先生今且赴公車，命駕行矣，縉紳士皇皇曰：「奚而奪我父？」窮檐遐甸殘癃之衆則曰：「奚而奪我母？」擬且畫像伐石，紀厥去後垂不朽。而歷之僚佐幕則亟亟先有請焉，曰：「吾輩賴先生不至廢職守，不至受意外督責，厥惠實大。願公數語報先生。」余嘉諸君指，爲差次素所知先生者如此。臨民昔群而詛歷，今歷將胡詛乎？先生必且曰：「兩邑者，吾驕子也。吾旦夕不忘歷之民，試以臨之口。」其證焉，其須焉。

叅伯亨融戴公之官嶺東序

戴大夫繇南牀得轗，而遷秩出爲臨沂監。於制，監得察一方利弊，掊擊權勢，稱外臺。然而視南牀要貴，左矣。大夫解章而出，按轡而泣，以登瑯琊之臺，極目莽蒼，彷彿少昊氏之墟，是伯禽所封邑也。問何以治魯？尊尊而親親乎？俗既益薄，洙、泗之間猶斷斷也。大夫治之以唐、虞、三代之道，修六經，重廉耻，袪訾毀，去巧僞，庶幾周公之遺乎。所監故設淮戍如干人，撫中丞沽節省汰。大夫抗聲曰：「島寇寖深矣，此去東海幾何而議撤？撤將僨復，臨敵而問師山城，君皷腹笑人矣。」卒以不撤。臨沂夙昔名金穴，語寖聞上，上命郎謁者採辦金甚亟，撫中丞讋請益戍便。大夫抗聲曰：「臨沂與朱提異，盡骨山耳。即劚石及黄泉，至竟無金。野與市無争，民奚以戍爲？即天子好生金，於境内已怨，守臣任之而議增戍，是樹一敵也。」争已之。兩事撫中丞莫能難，坐迕意指，諸大寮屬吏廪廪於大夫焉。大夫意不自可，婁上計乞身，寖不報。無何，而嶺東叅藩之詔下矣。

嶺東，古百粤地，置郡南海，適徙民與粤雜處。南海，任尉龍川趙令所雄覇興兵之地，而蠻夷𨗥蔽誇暴之鄉也。在今皇帝幅員内，頗稱貨貝藪。番船徃來，率無厲禁，採山漁海，僄輕通俠，狡猾百出。盖適徙民與粤雜處，略不易古，而販賣競利則實倍焉。天子擇地立之監，令彈壓一方乎？抑欲教導化誨之也？粤即僻，比號海濱鄒魯，所謂唐虞三代六經之治，何渠不可？大夫用周公而易趙尉，以海外而比淹中。孟軻氏不云乎：「易地則皆然。」信夫，粵庚多戍，戍當否興革。大夫計不難一撫中丞如臨沂監，粵所繇産九孔之螺、龍葱之竹、明月之璣、乳蒳之醬，不減鏐金，天子非時而問，墨勅而徵，大夫何應之？庯詎知夫？大夫不曰：「他日之礦我爲政，今日之貨亦我爲政。」大夫以身狥萬衆，堅令天子不言寶，豈但與撫中丞口舌較量哉！

大夫美秀多文，既部以瑯琊，又部以羅浮山、靈臺觀之奇，在所互發，不已灼爍足術耶？自魯適粵，見謂下泰山而抵配林，若視南牀益左，然金紫貴矣。大夫山林之念，無日不怔營於中，庶藉羅浮一吐之。瑯琊自誓，業及四十。大夫崦嵫尚遠，其圖利事功以媚天子乎？毋遽有遐心也。大夫節下吏臨沂宋守以下合十城十人，謀以言藉大夫，乃屬不佞。不佞知大夫深，爰爲叙致如右云。

武德觀察董公擢淮上治漕叅知序

公之以臬副治兵武德也，蓋用朝鮮轉餉績，奏可，優叙，輒從郎署超數階所繇受。受即以治兵借，借復以武德部也。天子無亦嘉勩俟飽我師旅、張我撻伐，故不次遇之耶？

武定濱海，即漢楊僕將樓船軍入朝鮮道。今天子守在津門，武定視漢於朝鮮孰爲近急？且島寇挾朝鮮，假道虞而窺上國，較厥情形，其視漢徑以朝鮮壘而罔遠牧越藩之苦，相提實萬也。所司以茲役而勤縣官，縣官以茲役而畫便宜，則武定者，可容第二置勾股乎？蓋魚鹽閑曠之塞，而儵然係天下安危之大，勢使之然耳。董公之借部武德也，所部以治兵也，其縣官終始我公意哉。曩之日，舉異域三百餘萬芻茭糧食而付之公。公朝而繹，夕而籌，心徑寸也，費一千舟，費一千陸，鳥翔獸蹶之儻來，而吾以十萬軍徒侂應之。得南則失北，顧後則遺前。水則虞漂風，途則虞泥淖，齎則虞要梗，居則虞竊攘，戛戛乎難其爲我公矣！而公三年所至無餘筭，三軍所向無留匙。即兩兵相決，不無存亡，然以虚枵張口轉徙于溝中者，絶跡其無焉。于時朝鮮復社稷之丘夷，還宫嬪之跿跔，提孩養其壯髮，扶老益之年齡，伊誰之賜？公之明德不可誣也。則夫縣官數階之擢，安所云酬？

唯是借部武德也，所部以治兵也，庶幾縣官終始我公意哉！入乎朝鮮，出乎朝鮮。出乎朝鮮，入乎島夷。挾朝鮮而必徑中國之道。夫兵餉寧分二事？朝鮮、武定寧出兩塗？我公摅司監而與東撫，任身手之勢，舒冠蓋之勞；又與經略經理張堂奥之重，聯輕熟之機。則縣官終始我公意，大抵如斯爾。

今復以治漕叅伯行矣。漕控淮所，關京夏命脉筋僦最鉅，不第一屬國戈鋋事。縣官詰主爵而屬我公，要亦終始成其爲酇侯業爾。公慎旃哉！公此擢亦非常叙，要以朝鮮舊勛。故是行也，去淮撫及治漕尚書不跬武地。會見縣官真能終始公，則中興之盛可跂足竢矣。侗荷公獨知契，敢因諸州牧邑令之請而聊一剖白之。公言如此，非以道私也。

念蓼劉公由濟南相擢睢州牧序

我國家兩都並建，則齊、魯、梁、宋砥平矢直，猶之繒帛則衷幅，土地則中原也。民於斯者嬉，官於斯者逸。民能於官，則官愈逸；官能於民，則民愈嬉；官民交相能，則治道成而太平可跂踵俟矣。要之孅思其居，在民易而在官難。官無見難，則民之恬於其易，直反覆手耳。

我念蓼劉公之爲陳留也，是遊梁始也。于時陳留多故矣，公以撫字行，而以釽裁佐。撫字什而七，釽裁什而三。釽裁定而豪右飭，撫字裕而良弱寧。且也處膏無潤，歃泉逾潔，公則有焉。以故三十四州邑咸避陳留異蹟，諸上司無不剡牘上闕庭者。此其所崇積，内召不疑。無何，得濟南，屈爲别駕。此其故不能奓口談矣，直弦曲鈎之喻，寧詎不爲先生設哉？

公意不無少介，而以馬遷講業之地，惠然而臨之。其所典司才郡一事，若可高枕見華不注山耳。聽虢虢七十二流泉，吏隱耳，而諸上司坐委無虚日，寮長揖借無煖席，其所興建虧除，悉諸上司寮長歲月以幾冀，而公獨晷刻饒爲之。自泰山廣川諸巨鎮，以及禹濟吾臨諸疲茶境，無不遞勞綰握，民以更生。車轄東則西輒以傒曰：「奚我後也？」車轄西則亦然。盡三十屬城，望别駕褰帷真同時雨，而其最大最得譽，則在假守濟南時。文符繁則辦以敏，刑獄夥則辦以平，困帑棼則辦以覈，年穀嗛則辦以調劑。用是三十屬城民吏，競廩廩于二千石，而日夜願公真拜我濟南也。此豈可以聲音笑貌哉！

蓋山以東諸上司，亦無不剡牘上闕庭者，而僅擢方州以去，見謂非所以處先生也。余則曰：「不然。睢，要害也，介在梁、宋間，别設百雉以屯軍兵，隱然負監司之重焉。睢政報，而監司郡長誠無難于序次掇之耳。公行矣，無厭睢也。」睢去陳留，烟火日相達，鷄犬日相聞。語曰：「民所歌舞，天必從之。」陳留故侯頌，而睢新牧矢口增謡焉。公以輕車駕是適宋也，洋洋乎于遊梁始基之矣。

公由縣而郡，由郡而方州，親民之日，皆礱礪德業之秋也。三方之民嬉，而公在所逸，所謂官民交相能者，於公實驗不誣耳。中原抗策兮，繒帛錦成。余因歷城諸君之請，而以二言爲旗亭藉焉。

濟南郡守文翁擢濟兵巡觀察序

海岱間一大都會，唯是吾濟。繄獨海岱，即舉中原幅幁半而其臚布列，曾不得與濟埒兄弟稱。維濟居今左輔，長河滙其西，歲漕所必經地，寔與東、兖二郡介河而均。厥政東而滄海諸郡拱仰矜式，一切厲兵戍守亟在境外，亦靡得而加吾太府之憲焉。蓋他郡屬城厪厪，而濟則屬凡三十有奇。稽《漢地理》，延袤最廣，本郡而外，幾奄泰山、平原、渤海、菑川、清河諸郡之半，非真所謂一大都會耶？天子爲濟置守，每難其選。往往用郎高等出，不則試守他郡而最在高等者移治之。夫他郡去兩臺藩臬諸監司遠，課皆疏闊，即朝旭三十丈坐堂皇，汔崦嵫才一放晝漏，猶自詭云勵精。川觀巖攬，山客狎賓之飲噉，絡繹凝香間與簿書雜，猶不失聲良二千石也。若吾濟之難與官之難濟，抑難言矣。

我文翁之涖濟也，以司農郎高等出。其出而涖濟也，由吾鄉先生之嶷然孤介者請，請其曹之名郎有梓里籍也。銓曹則以司農之名郎爲嶷然孤介之重臣，梓里籍也。文翁車朱兩轓，享二千石不槩禄，意常有以自下者，曰：「我一鄙牧長，盡三十屬城而求芻牧，我孱孱何能爲？不假耳目，人則善敗壅閼而不得聞；假耳目，人則善敗或倒置一不得當，是令之以滿讕進也。」文翁唯推赤誠御人，其所下教屬城，大段在精辦其職而不及溺。衡校其錢穀，而要其無以身作壑、胥作漏巵也。屬城奉令維謹，而間有不喻意指澤弗究民者，文翁則爲手書好語之，若家人父子然。曰：「爾牧長空洞無他，期于佐濟上四履元元之急爾。非吾一二三賢，黄墨孰與共之？某泰甚宜去，某小未治辦宜矜奮而前。」于是屬城皆歡然相謂：「我文翁不鄙夷我州邑吏，我何忍以不競累文翁？」旬而信，期而洽，再期而忘，若三十六輻一聽于居中之軸，而無相盭。即或臺監司以鉤摭某官某事，詢曰：「太守抑知此乎？」文翁正色荅：「守臣即不假耳目，人亦不敢安蔽聰明已。如今所問詰，守臣知稔矣，第數案驗無左證，不欲驟張皇爾。夫吏安得盡龔、黄，州邑安得盡化胥境？在吾有以鈐馭，不至大逸群敗，良足矣。若憑紙上言，守臣受篋如牛腰。」臺監司遜席謝曰：「太守持重甚，人以不寃。」

文翁戴星坐堂皇，濟理奏記、下記牘，落紙如蜚。其所理牘不盡用蕭氏律，半依古經文，老吏吐舌莫能難一字。郡右職諸卒史累足而立，靡窺一笑嚬。諸對簿囚半言立決，堂下叩頭謂：「公見我肺附。」有誣服獄，則又爲片時暴雪。白粲鬼薪以下，不令繫囹圄，曰：「送徒安在？爲我逮還本州邑。此間圜扉兩曜不照地也。」諸所擬爰書，輒面語兩造：「爾傅何等法，爾徑貫勿論。」總之，斷斷中出以平恕。胥史受成削牘，無計營一鍰。郡車門炊烟恒冷，以無滯獄。故居平飭獄官慎視囚，勿以薄罪羈，勿以瘠而瘦，勿以疾病，及鬻藥勿時乏。其所最極心經理，則在解兑一大事。入不以忽杪重，出不以忽杪縮，往往承委官入手流目，契刀錯刀五千五百，封識宛然也。守藏吏奉身坐藏如木偶，州邑官吏不省姓名者何，人人咸目文翁至廉無貳。夫廉者，不取云耳。若文翁者，生而墮地不識阿堵爲何物矣。

郡數值無年，文翁爲減匕箸，蒿目耗精而曲爲籌。縣縣穀嗛作何狀，亭亭道殣凡若干，悉用痛哭達臺監司。報聞不中度若不及時稽固者，治無貣。其議振業，則又參亭三十屬城而准歉豐。如以歷下灌輸之粟給臨商待哺之衆，如家督均家衆而予之食，弗以遠近困儲别也。諸荒政甚多，要之皆顛是。而其所尤沾沾不置，則在學校間。郡學廟赤白剥如，爲捐俸入四百餘千，新若初落，敬群咸有所。郡邑學官弟子、學官僮子，以品程試，不惜評隲高下，猶師友父兄，置不爽毫毛。以故郡當鄉舉，凡入彀者二十有八人，悉向試高等輩。文翁爲鐫《應宿編》，流播海内，翕然文匠歸之矣。他如疏濬河渠，兼古稻田使者職；作起貞孝，兼古美俗使者職。奉太夫人，行後園掘蔬供飦，日告所興除蹟，俻極色養。散衙事估畢，矻矻猶儒生，蠹魚與伍。曰：「我何第希蹤作者，行用自教兒也。」

夫文翁豈不誠車朱兩轓，享二千石不槩禄，而所自奉才箸食練衣，非高堂重客不加豆。雅性愛利人，意欲人人嚮德。而當意所不可，即臺監司不得一阿狥語，秉節如山，賁育不能奪也。涖濟且三年，綽綽餘暇。若他僻小郡，即餘暇亦未嘗數數過王母青鳥之宮、房豹山池之次。宴會稀簡，恬然自適，其天授然矣。臺用資望疏乞爲臬觀察，仍治濟三十屬城地，旋踵報可。臺意洵深遠，謂此劇疲濟宜用輕馳熟，福此濟人，諒亦當鄉先生嶷然孤介者指。文翁無難二千石濟，乃至難觀察濟哉！

濟屬州宋君輩，邑陳君輩，合三十屬城虔潔書幣而徵文侗，曰：「無以報所天，庶幾公爲濟南生祠，代我曹張之言。」盖不肖侗夙欲自言答所天久矣，矧也三十餘城之鄭重乎！文翁之歷濟久，而以濟顯，則遠之爲朱少保、宋司馬，近之爲撫中丞黄公，則不肖之言將更僕有加焉。

中丞黄公晋大司馬兼憲墳齊序

今上之辛亥春王正月上浣維吉，我撫翁黄公用上命晋秩兵部尚書，仍兼右副都御史巡撫如舊。寵隆赫奕，叶爰律而迓齊邦，人天交暢。氓士競前曰：「我公而留，緇衣可嗣也。我公弗歸，衮衣無庸也。」其屬濟南太守丁大夫，則以某等備在，公紀綱恩義良篤，誼宜有辭以頌，屬言于侗。顧侗鄙生，安取爲華膴？借然而大夫命之矣，敢百拜稽首而綴之言，曰：「國家于省直寘撫，凡幾大都，主拊循百姓、兼理六察而已。邊徼則專兵，河漕則專運，至于非時之設，行荒則言荒，契勘則言勘，得未曾有總統而兼司者。則以勢不相能而力難周攝，所從來久矣。公之我撫，則由我齊之廉訪左右方伯遞陟云。此數年間，錢穀刑名全齊洪鉅纖微之故，靡不諳厥胸腹中。以故動輪即輕車，爰啓即熟路。」

公平恒小心翼翼，欽躬自下，真若所謂單匹勝予者。及遇大事，則岱岳不可撼拔，其所持議，率原本姬公、尼父六經之大指，而以天地之正氣發之。即其容睟穆可掬，令人欲傾家釀。至剖明可否，證據疑誤，不冰而栗。撟然矗立者，盖鮮矣。

公于齊凡九年，小則臺記行，大則郵書奏，研席矻矻，無異儒生。入夜燈火青熒，所規裁七寸之牘，莫非軍國民碞一切。即晝日巡檐小步，口諵諵亦唯是「靡有孑遺」等語而已。閹人辜榷，魚肉赤子，公創猶四體。皇皇汲汲，懼以毫末圭撮溢額我東國，正界緎，破欐佹，而摘其轉相囊橐者。即鄰之監曲狥逐羶醜面甚，舉奏無少貣焉。附閹翼虎，禽逮纍纍，狴牢擱縶，大法小懲，一遵憲典，罔或舍旃。河之役，洳下劉李吉黄決南陽爾，罄地日久，焦灼無減漢。許商官稟程度工，靡枵腹，其疾病暑濕而方藥賦，于是畚鍤觀厥成。若魚臺，若膠新固，屹然金隄。小清洱水疏導不遺，民有舍次陂澤利矣。齊婁無年，旱暵、霪潦，蝗復挾以爲菑，嗸嗸口食，唯我公是怙。公涕淚而籌便宜，蠲賑疾置無停時。帑則竭帑，庾則罄庾，甚則貸臨德之儲積，風富人之出賣鬻，逮窮疃戒無贅聚。究之惠露翔于衿子，洪賚洽乎帝裔，心不翅盡矣！力不翅殫矣！

瀕年沿海備倭，物力多詘，公酌沿革，視緩急，于守備則罷王徐寨，于遊擊則罷青州。若旅順，則吾東齊馬腹耳，亟圖改置尉候，一歸之遼。我糧息齎，我人息肩，便之便者也。其他裁節登州大嵩等官兵馬匹費，又不第十萬許金。城以盛民，臨德何地，而在其傾圮。失厥險固，何以稱撫爲濟？及繕矣，臨乃嗣卜，德則大興工作，估以鉅萬計，因勞奠食，民以不譁。孔顔廟貌陊渝，公閔然加慨曰：「撫中丞料錢贏矣，經費奇羨緊有焉？」鳩僝焕然，竣以不日。已而，曾氏祠宇如之，東昌文廟亦如之。公居常振厲風威，申嚴部曲，以時簡練，暘夷、宛景、渠荅、藺石之具，靡所不勑備。又浹辰下教瀕海要害，俾諸將校曰：「從枕席過師也。」先聲所及，大俠柳廷瓚等旋踵就縛，青犢綠林抱頭遠遁，境内以寧。

齊泱泱大國，無諸生居業地。公僉謀甗使者，以堂以廡，學以致道。若曾南豐所搆濼源之舘，僉其改觀圻輔，借羅于鄰。公以天子尺一重水艖陸輦，沾沾乎四海一家，圻省等民耳，吾何憂徑寸丹盈咫檄乎？王家口之不競于事，則公實無狗焉。山東撫每先他撫絡繹抗疏此事，天子問：「東撫何以無疏？」夫有疏則狗矣。排衆口而倜然視力，唯公獨耳。公壹意細民燠咻百出，而其察大吏，則于六條所云，倍公聚歛、任刑剝截、阿附豪强、通行貨賂者，尤加之審。百城凛凛承奉，相慕爲潔廉，循良直道，齊治甲天下焉。他撫，撫耳，公于兵、于河、于荒、于契勘，靡不總統而終始條理奏。凡是九年者，公由艾而鬖鬖髮鬢白矣。無一昔不服散，匕箸覺小減損。子孫跽前曰：「大人得無勞乎？」公曰：「我自樂此不爲疲，且縣官可負，何以戴顔天壤間？」

公生稟傀異，洵備四時而兼數器，至其操槩，咄咄偪伯夷，今世無有也。閫居端雅簡默，庶幾孔子家，兒不及于罵。歲時腊腒，舍舘扉屨才取成禮而止。凡是九年，蓋房豹之湖無亟舫，杜康之泉靡深盃，環城里巷鷄不變塒、犬不易守者，且十年所，公其至人哉。凡九年而晉今秩，不可謂弗尊弗榮。

第嘗聞之，功什酧之什，功伯酬之伯，公于齊計伐拊循，奚直千萬？司馬之命，猶若以九年淹也。侗山澤士，靡敢盡言矣。唯是齊獲復有公，則侗所倡爲「緇衣、衮衣」之説，在所有同心。公夙昔不鄙齊，齊徼天幸。更幾年歲，天子下渥恩，且崇大顯爍邁今日，公與吾齊其兩不負哉！用此復丁大夫謂侗言何若？大夫唯唯而載之牘。

偏關兵使趙公閲叙晉左方伯序

往者吾友萬伯脩司馬書寄余，數數其鄉之虜，及今趙先生所爲策虜狀。大抵謂偏關在山西，與寧武、鴈門並，而偏關界極西，眎二關尤重焉。黄河繞偪如襪褑之綴衣套，虜疾騎而馳，瞬目可至，而又凛冬冰堅，保河一帶猶康莊耳。且雲中平虜西連老營，與偏關接近，故他鎮獨防秋，此鎮兼防秋冬。他鎮獨防西，此鎮兼防東西。蓋舉山西邊事無能踰偏關，而舉山西之力以奉偏關，無敢昕夕懈焉者，其勢然也。而我兵使趙先生則謂：「今且市矣，而計所掾齎幾何，能饜虜心否？軍且玩市矣，而計所脩練若何，能備虜情否？將謂虜愚乎！」

而比者賓客闌我人要，寫秘書教爲天官言，揣摩漢胡運。炊火置釜，糜飯朝晡，俱以時。耻噉生肉，部下奏酒炙，施甲乙帳，吴越之果實陳焉。主者爲貂羽黄金附蟬，漸漸去胡服，掣褌捋帽，眩人刀輪之戲，靡不畢具。而又唉吾中國執驅驅馬弱甚，兵杖不如農人棘矜利，一切溺攢兒童事耳。而我乃枕席帖然，謂虜卒無意我，甌脱夷平，熢燧爲樵薪，刀斗盛水，靧面鳥獸幟截爲下妻裙裳，如云漢寶馬驕軍取爲賭簺博進資，如是已矣。比余則問先生策何屈？先生則又謂余：「蒙也，何知策虜乎？今者不過以中國治夷狄也，抑以夷狄治夷狄也？經其可也，權其可也，經而未始不權也，權而未始不經也，經權互用其可也。何也？中國堂堂華夏，于體爲至尊。彼安我撫，則常爲撫，彼摇動譸張不堅厥要，則聲罪討之，此經也。而撫之日，吾則未嘗不爲厲兵秣馬計，討之日，吾則猶須改嚮投誠而全吾不殺恩焉。此所謂經而權也。夷狄憖腸犬態，於性爲至狡。彼乞我撫而非質，則姑與從其撫。彼佯爲摇動挑釁而弢其形，則吾且若爲不聞，此權也。若乃詐乞撫而徐成馴，吾則至竟而與之撫；佯爲釁而寖成決，吾則案情形而士馬亟兵之，此所爲權而經也。主臣，蒙所爲策虜者云爾矣。」

伯脩綢繆尺素字命余，子愿其謂：「趙先生何等也，侗蓋心降焉。」

積至今，而明將軍姚公爲趙先生徵言余，余因述疇曩伯脩問荅語如此。即伯脩地下陳，當不謂余飾言相謾矣。余又聞：「趙先生仁智廉果人也。仁則盡下，智則應猝，廉則飽士，果則斷疑。四者備而于伯脩問荅語策也何有？」及畢姚公札所剌剌趙先生欵，戰悉堪重寄。它興學校，設常平，字孤恤嫠，振業種種，乃其大者。儲偫至十數萬，在鎮幾十載，蓋儉塞猶之家焉。即左丞顯秩，亦未酧勛什一，秉鉞詎盡酧哉！繇前伯脩稱偏關兼防秋冬、兼防東西語，俟先生秉鉞時，余爲員下吏面證之。余老矣，猶躭躭濟南請纓少年也。

來禽館集卷之九

壽序

大宗伯尊師東阿于公六十壽序①

吾師東阿宗伯學士先生予告閶門，蓋十有四年許矣。今歲甲辰九月，則六十覽揆辰，閫内秦母封淑人，白頭偕也。先生未艾而以秩宗命卿歸，歸且一紀。又二歲，而届六十。屈鍾鼎之業于水木丘園間，擅水木丘園之適而弛擔乎鍾鼎之業者，凡十有四年，而年甫六十也。六十之視耋耄期頤，猶禺中而望崦嵫，刻年程日，其未易以更僕指數，明矣。而海内同人門故，合中外元臣卿座、館署勝流、藩臬郡邑、布衣寒畯之輩，無不延頸穀城，而拊手加額者。走幣走言無虚月，陸贏水舫無虚人。則以先生之爲人，大人也；先生之爲年，大年也；非可以尋常甲子稱慶也。矧而六十，則又始壽也，胡可以弗慶也？

于時，邑之文學弟子若而人，戒書馳信，紹元兄長文而詣不肖侗曰：「諸生受于先生，德厚甚深，知先生宜莫如足下，足下其爲諸生颺言。」侗拜而受焉。已而爲報書曰：「先生介壽，洵世至瑞，合鄉校而薦酌者之詞，又至鉅典，侗胡敢辭先生事？」

今皇帝最久，其過見寵遇，則以説經故。先生徃在石渠，與今二三碩輔比肩都肆經術，沈沈也。其相期許，要于脩明先王之道，用經術爲經濟，破離左右貴人之助，不苟俗以求富貴已耳。及先生都秩宗，則婁言建儲事，天子意微若不懌云者。又諸王國非禮非制之乞，閣尹居間之數，率以峻絶，而先生遂不能一日安于朝廷之上。然上猶知舊學，重先生，慰留數至。卒難屢疏，聽之歸。瀕行，恩賚金幣，中使敦臨絡繹續食，至隆厚也。

先生歸，築別業黄石山，取賜書而旦旦精研之。邑文學弟子絡繹投誠請，先生弗拒也。文學弟子競前問：「先生在朝何以事主上？」先生爲述，總五經之論朝夕王前，至于忠臣孝子之篇，未嘗不爲王反復誦之也。興亡得失之故，未嘗不極口深陳之也。文學弟子曰：「先生今日何以詔諸生？」先生曰：「某説經，臣惟經篋在，其有貳事？」諸以《易》進者，先生爲晳商瞿子本旨，諸生則寖寖乎橋庇子庸等。諸以《尚書》進者，先生爲晳伏生勝旨，諸生則寖寖乎周霸、賈嘉等。諸以《詩》進者，先生爲晳中培公旨，諸生則寖寖乎孔安國、夏寬等。諸以《禮》進者，先生爲晳后倉氏旨，諸生則寖寖乎聞人通、漢子方等。諸以《春秋》進者，先生爲晳胡母生旨，諸生則寖寖乎嬴公、段仲等。此十四年中，非大風雨至不可已事，靡不與諸生經義相周旋。廷中推擇之秏，宗伯館師之啓事，浹日一及門，而先生一若弗聞也者。而其于諸生經義，周旋如故也。以是盡阿之諸生，淳湛被服，靡不善爲頌，善爲歸指，及善爲言。盡阿之諸生，疾痛頓躓，鰥未昏、枵未臘、更繇未復、屈抑未理者，靡不先生通假其肺附，而四體營之也。諸生所謂德厚甚深者，以此。

侗不肖，越在甲戌，與諸南北士專經而辱先生。先生子蓄不肖輩，其所爲淳湛被服，何翅邑文學子弟輩！即今同門之友落落晨星，而其五六在者，尚能以文學政事聞于世。他所樹植士，勾股莫竟，其爲淳湛被服有聞于世，亦何翅不肖甲戌南北諸士輩！則先生之以經術體而經術用，若雲興四岳而天澤之。是尸籠中之士與邑文學弟子之屬，一業一技，秋毫而上，皆先生年也。

不寧惟是，先生身爲儒宗，職居師席，其所啓沃疇昔者，皆社稷磐石之算，帝用納焉，時布濩焉。比當楚相奪情，倡言大義，及坐曹典禮，則又數奏建儲。今東朝麗明作貳，而先生之諫卒行，則國家大經大典，秋毫以上，皆先生年也。

先生温文敦大，坦易直方。自翰林而洊春卿，其所陽示者，縉紳之模楷；其所默持者，王路之平康。究其發存，君子不得遠，而小人不得邇，則熙朝世衡風化，秋毫以上，皆先生年也。

先生訓詞深厚，允愜王言，先漢典謨，卓哉無忝。而至傳論、記序、樂府歌詩，則又淵源經史，陵駕風騷，致令古無鄴中之七子，今失歷下之五君，則千古作聖述明之緒，秋毫以上，皆先生年也。

先生厥考命世鉅儒，德言擅絶，賢昆聯跗發藻，驃騎先登。先生蔚爲國寶，樂賢父兄，以故先韋之季爛然于鴻編，諸石之休績成于手篹。曾未侈文章以掩世，言節行以高兄，卒之人倫光于東海，家鑠大于穀城。稽父者，視其子；考兄者，緣其弟；則夫一門歲月，咸自先生予之，先生之年何如矣？

余故曰：「先生之爲年，大年也。先生之爲人，大人也。」彼夫耋耄期頤，自先生概之，世壽耳。而先生之爲耋耄期頤者，極上天下地，往古來今，無刊磨焉。此其爲大年大人也哉！侗小子懼無能爲邑文學弟子酌者藉，而以素所知先生者爲先生獻，管窺蠡測，不識可當先生一軒渠否？元兄長文博綜藻識，克紹其家，而又每事必圖懿實，其取余言而衡較之，四方之文如織，侗居其質，可矣。

①沛本題作「大宗伯尊師于公六袠序」。

壽新城王大司徒七袠序①

夫吾東秦，廣輪千里耳，乃巨鎮則泰山，巨浸則滄海，兩者若帶礪而地稱雄焉。石閭、梁父，亭亭云云之爲峙者不一，而泰山處其尊；沛、漯、汶、泗、鬲、頫、盤、駭之爲流者不一，而滄海處其長。此何以故？群峙拱而後見尊，衆流嚮而後見長。尊與長著，而壽之道可幾幾焉，辨矣！

我新城左司徒王公，今年六月廿五日開七袠之期，不佞以胇附世講，誼宜脩酧者之言，乃今不他匄，而用不腆之辭進，要以自言近質，明吾胇附世講云耳。公以壬戌對策甲科，周歷侍從，數以封事顯。積資列卿，爲冏，爲臚句，爲棘，爲京兆，爲南，爲北，最後爲御史中丞。撫楚都凡三年，晉右司徒。又二年所，晉左司徒，貴倨矣。計以六曹長可唾手得，而公乃請急，用太夫人爲辭，予告歸。

歸而日侍太夫人，于于然樂也。于時，公齒已望六，而太夫人會及耋，對諸子姓諱言耆，以太夫人在耳。又十餘年，太夫人耄矣，公年已望七，而對諸子姓諱言老，以太夫人在耳。比太夫人違養僅三年，公實七十春秋矣，諸子中丞君以下擬望雲爲舍中壽，諸猶子侍御君以下擬薦觴爲堂上壽，公愀然若不懌也。曰：「自吾司徒府君殉職瘴鄉，不覿吾一賢書名。而今五兄弟輩及若曹纍纍佩印擁高車，盛矣！而吾父不逮吾養也，吾何敢舉兹觴？且也太夫人九十時，吾率吾兄弟及若輩，佔佔進前頌南山，盛矣！而今不逮吾養才三年也，吾何敢舉觴？」不佞聞而躩之曰：「偉哉，公也。其于出處孝慈之義，備矣。」

公以母太夫人故，去二卿如脱屣。即十年，淹若將忘焉。意葢曰：「報劉之日短矣。」十政之官，六月之息，疇不願之？而公卒進至二卿，容容以母爲請，此其出不越階，處不近名，近古大臣所未有也。家食十餘年，不離文史，親弟侄子孫而課之。凡相繼爲子大夫臺館聞人，無不自公鑪鞲而金所從冶焉。父教彰矣，近古家督所未有也。

《禮》曰：「大夫七十而致事。」不佞曰：「公今宜駕。」夫大臣視神理王德，不以筋力盛衰。乃公恬然無欲，即筋力五十許人，何論神理？於《志》有之：「伊尹逼期秉政，尚父黄髮造周公。」視之二公，不翅十舍，寧詎傲天子之尺一而甘一家食終乎？

中丞侍御君十餘輩，山則石閭、梁父亭亭云云也；水則泲、漯、汶、泗、鬲、頻、盤、駭也。無陵高而益其尊，無争流而益其長，公其泰山滄海也歟哉！兹爲公壽，乃復以壽之道申焉。公听然而顧左右曰：「邢生知我，我其强釂一觴矣。」

①泲本題作「大司徒王公七袠序」。

壽特進鄭公七十序①

漢孝景朝，萬石君奮以太子太傅歷位九卿矣，而我主上在宥久，漸摩培植，雅多宿德鴻碩之佐，則遂州鄭公其最也。

鄭公生而魁傑，深厚豁朗，多謀如川，莫禦如岳，靡摧洵負，命世鉅材云。而會起家多從西北塞，持籌策虜無寧月，抒肝事主無寧時，竟此尾至正位元樞，洊升阿保，被虬横玉，至貴矣。乃壯而請老，寄意巖嵁，去三公之列而改署平世道民，異哉！此其度非尋常什一窺矣。

其膝所擁，思成藩伯以下凡五男。思成正若郎中，建思純司隸都邑，以及諸季若任子、若孝廉、若文學輩，彬彬競爽，視史所稱石氏，次子甲、次子乙、次子慶而遞爲二千石者，相提以論，胡軒輊也。君策少君值當户，且率諸弟以興，印纍纍而綬若若，詎止河東太守而下十三人。鄭公三命兢兢循膺步武，葢不翅奮有恭謹之風焉。思成馴行與建爲徒司隸諸弟，又靡不争爲孝謹也，鄭公其猶之乎萬石乎？抑過之耶？奮以上大夫禄歸老于家，歲時爲朝臣，不聞再政。鄭公物望滿寰中，巖廊推第，司馬冢宰御史大夫時以姓名聞。即鄭公逃之若浼，正恐安石捉鼻不免也。其猶之乎萬石乎？抑過之耶？

鄭公今年覽揆初度七十矣，而髮猶鬒，齒相擊有聲，淳於酒可一石不醉，玉珉美食尚兼頓不至果然。察其形氣才四五十許人，較之奮當高祖遇諸河内甫年十五，而歷孝文、孝景康强老壽者，亦復相等。鄭公則去皤磎之歲尚數舍，蒲輪及矣。奮終輸公一籌矣。余不能爲酌者之詞，而用萬石之腐説進。夫萬，極數也，以申以長爲不盡之筭；石，量器也，如京如坻爲不盡之積。因公繹義，則亦可當樽下乎？

余視鄭公猶父也，余戚馬令君視鄭公則師保也。同心之言，其臭如蘭，敢以爲初筵獻國香，拂拂動矣，鄭公其釂一巵乎？萬石張漢孝景朝，而鄭公其張盛明之代。熙朝宿老，其交爲藉也，振古如兹矣。

①沵本題作「特進太保鄭公七袠序」。

劉母胡太恭人七十壽序

榆林觀察劉恩徵先生，生而少孤，母氏太恭人集蓼含辛撫觀察，長養教督至勤戚也。是時，太恭人有良媛膝下，是爲觀察妹。齒少亞觀察，婉嫕淵靖，視觀察若圭璋，並列閨房書閣兩重噐，温如也、栗如也。唯是太恭人左經籍而右内則，朝筆槖而夕女紅，鴻雪程業，青燈課勞，鰓鰓矻矻，所爲長養教督，不直于恩徵極身孟母，于良媛並殫思班大家七誡規矣。恩徵由進士庶常吉士歷諫大夫，上書自言母單孀茹苦狀，所司稽核覆奏，詔表給事中劉餘澤母胡氏門，於人世甚煜赫踔聳矣。而恩徵復用官閥數封太恭人，爲太恭人拜誥焉，里人更榮之。若前所稱良媛，則爲今督漕都御史道甫李公配夫人，毗贊勳猷，耿耿饒風雲霜雪氣，婉嫕淵靖葢不能盡之。

太恭人從兩兒稱母氏，顧安不足北堂所乎？恩徵板輿迓太恭人榆。太恭人將就輿也，而懼塞寒不任行。明駝之使擐甲露矛，環跽誇太恭人，謂：「吾公設棨戟、磕雷鼓以遲吾太君，宫脂脺膌猶常珍耳。」太恭人尚尤豫，而李公自淮走信，采鷁巨艦薄河壖，書謂：「而女甚念太恭人。不腆小弱聟，有酒如淮，有肉如陵，願爲太恭人羞。且太恭人既懼榆塞寒，其庶幾幸臨淮。淮風氣柔，嘉飲噉，計安適？」書末復調笑爲一語：「而女門楣不薄，勿第戀榆也。」太恭人乃抗手謝兩兒曰：「老人病憊，舫輿俱不任行矣。吾有安都亭舍耳。」而會丙午初夏，太恭人屆七十齡，榆之馬蹄穿矣，淮且銜舴艋于江，縉紳韻士之酌言具焉。韓子不云「巫祝祝人」，動曰「千秋萬歲」，夫千秋萬歲之聲聒于耳，而一日之壽無徵于人，何也？無闕壽實也。太恭人大節凛凛，用慈于恤，用教于勞，壽實有矣。今享兒女千秋萬歲奉，而騰千秋萬歲聲，若立標察影，持券責償，胡毫末爽哉？

恩徵文武兼備若尹翁歸，襟際澄朗若皎月，竟宇寒潭在秋，綽綽海内名士目焉。侗與恩徵之于濱棣，則吾同井也。于詞賦，則吾同盟也。敢忝太恭人酌者言？且督漕李公，又吾同籍吾同盟，三十年肺附交也。此譾譾絮語，爲恩徵也者而可，爲道甫也者而可。

賀魏公封大中丞暨九十春秋序

天地之元運流行，常懸衡于南北，而南較勝。以精英清淑得氣獨先，著物則靡靃，著人則韶秀云。而於北，則天行稍後，符采稍遜謝南。物與人若，沉鬱不暢，苞息未達，然而稸極之餘，則悠遠博厚，斯徵焉。以余覿于南樂之魏，而天運可較言矣。

魏自上世世禮忠厚，代行陰德，勸農課書之外，都不省視。而迨節齋先生尤孝謹勑備，有萬石之風。明經不第，屈而爲歲賦，舍上舍。晚銓別駕，兩仕皆執義秉節得名，爲清白吏。已乃嘆曰：「邴曼容何人哉？行矣！余歸耳。」

先生凡三丈夫子，歸而身督教之。長中丞懋忠，次吏部懋權，又次刑部懋誠。率以雋異，唾手成甲科。其所繇得榮異恩光顯先生者，後先不一。而頃以懋忠建西晉御史中丞之節三載，封父都御史，如其官，拜誥于家，織文五綵，蹬冒黃金塗，代言如綍，津津魏先生家世儒宗，蘊本茂柯，甚篤隆詳娓也。乃誥至，而先生適開九袠期，不恃靈壽，趨蹌蹈舞如四五十歲人。鄉人觀者咸謂魏翁上壽大貴，康强福履，會天人之極，而不知先生之得於懋忠者多也。

懋忠自爲理官，入拜御史，直言天下事，數以身試鼎鑊。逮遭貶謫，先生無慼容。家人問故，曰：「見爲御史，思職敢言，自分耳。庸何傷？」家人乞酺，則無不酺觴酒者。懋忠尋還朝，洊歷華膴，身從都邸，爲世模楷。縉紳一切覬見魏大如龍門，先生亦無喜容。家人問故，曰：「兒爲京朝官，過自洗濯，自分耳。吾猶虞其皎皎也。」家人乞酺，則又無不酺觴酒者。懋忠推擇爲晉開府，不作他開府面孔，亦不作他開府胸腑，其所興建虧除悉百世業。及料理鴈門、句注諸塞，實著威信，不令匈奴文降。所貯郡縣錢穀，倍數十年積，不自没半鐶。先生欣欣喜色曰：「兒不負官，兒不負吾家人。」乞酺，則又無不酺觴酒者。

於古有之，父子一體而分也，筋醎脉絡無弗通也，喜怒休祲無弗與也。以節齋先生之仁質坦易，動合自然，天倪和矣。即三公具而六情拂，貴則有之，壽之道猶未也。懋忠呼吸踐履唯義是狥，唯道是遵。懋忠呼吸踐履一先生，先生呼吸踐履不殊也。先生其孰與滑其衷、撓其體哉？懋忠繇是之故，即令先生開百袠無難矣。若夫光膺顯册，跨三命而臨鄉里焉，先生視猶土苴耳。此非所以爲壽之道也，亦非懋忠所用爲大人壽本懷也。

先生坐擁三世而處其尊，侁侁鱗鱗孝先長文，所謂悠遠博厚，稽久而徵，吾於南樂之魏，覩其全矣。彼夫靡霍韶秀，又魏氏之餘耳。吾觀南樂而知天行之運，北又較勝南也。

方中憲先生七十暨配陸恭人偕壽序

余左伯沈公，拊循我人久，且以中州中丞之節旦日抗旌去矣。而念其座師崑丘叙道方先生，今臘嘉平正七十矣，乃其儷陸夫人齊年黄髮，合受祝延，此亦東南冠舄人門一吉祥事也。爲書致侗曰：「將薦幣我先生及夫人，願聞酌者之詞。」侗被公國士知，而于先生爲同籍弟，敢辭有言？

余嚮行部首崑丘，獲以故事，式先生閭舍。先生於時赴銅仁，守門閽其無人也。微見署楣若逢禮，若宫寀，若臺寮云。問其鄉大夫，則曰：「逢禮，先生大父。宫寀，先生世父。臺寮，先生父也。葢兄弟父子間致位通顯，蟬聯赫奕。而其廬兒守舍藍縷，若閽其無人者。」余因竊竊嘆焉，曰：「異哉！」

又三年，則先生謝銅仁歸，膂力方剛，髮鬑然純漆。有與疑年，先生寔逮艾期耳。有與復疑出處，先生曰：「某不敏，幸以二父庇及登途。今者儼然車朱兩轓，黄金横腰，視二父所得，不薄矣。田視季子所爲，烏有者再倍。吾率襏襫以犂以播，水牯數頭，觴觴望鞭影馳黄雲繡壠。紫燕撩吾竹皮冠，瓦盆盛酒，手斟授農子。已，奴産子等以罨糙進，余爲欣然一飽。此何如掩閉障泥幰，作三日新婦態也？而又四五虎犺虎犢，習爲祖父體用茂明科，大者下帷矻矻研精，武進常熟之緒論居不敢，先人試不至，後人即至。小在象勺下，亦咸斤斤句讀，口翻瀾鄒魯家語。晨窗夕燭，來聒吾耳，一部鼓吹何如哉？此校夫堂皇南向，末薄半寸平節鑾江之竹，而日敲箠黎庶，以幾最理者，天淵矣。」問者唯唯退。而先生庭居荏苒，率用畊田、課子二大端。

崑丘人好爲園，先生亦爲園，紅橋緑沼，紫蘆黄英，稱心而止，不蘄爲閎麗觀。結社擬香山，徜徉奕碁觥斝間。間以子夜前溪，佐之家猿報客，鶴銜童子衣，于于適也。吴人好爲古文詞，先生更好爲古文詞，白首嗜蠹魚，比于飢渴之于飲食。然時發先策，得庶子侍御兩文，編校讎，至再叙，致詳娓，付梓而公之人。其諸丈夫子，所謂大者隨年遒上，唾手一南棘南宫第。若取諸符小者，俱沾沾第五風氣韶令。而諸孫肩摩踵接，又盡豫章材，份份萬乘器矣。先生夫人從堂上而著膝前，授衣割炙，心腕爲勞。而其所治，各執劉殷一業，相用而不相爲勝。崑丘，才美之地，幾用諸方張大光揚之都休甚焉。唯是顯顯令祖，皇皇二父，式靈食報，含笑黄壚中，先生其爲啓承先後者至矣哉！

夫人世，難幾者壽，難全者諸福。縉紳而齊眉黄髮伉儷者幾？齊眉黄髮伉儷而有子孫者幾？有子孫而子孫皆賢待庸者幾？齊眉黄髮伉儷有賢子孫康强而未艾者幾？無論吴縉紳輩，即舉吾甲戌籍中諸兄弟，而望先生之全盛，指寧三四屈耶？左伯公于先生爲高弟，先生所屬爲房魏彌天之業者，適見諸行事。崑丘撮土地，自是何減河汾王氏鄉？侗且意公必將取先生所著元經諸秘密而公諸人，則先生所爲全盛云者，復出家庭赫奕之外，豈不爾人間大年與哉？余譾譾不文，不能悉道左伯公祝延，指計亦無足堪。先生觚爵初筵，藉我能用我法，則齊東野人之技如是焉止矣。

壽太子少保大冢宰孫翁八十序代劉華石作

今年辛亥王春屆仲，吾師大冢宰孫翁政八十春秋矣。某小子向備員圻理，首荷尉薦恩，藉有今日。比自田野起家，則以師在事，内舉不避嫌，且某華下産誼與師又枌社戚也，忍默默無酌者詞？詞曰：「朝家氣數，世廟由江漢爲中興，蘊靈振秀，千載一時。而師生于世廟在位之十一年，王者代興，乃鍾名世，雲龍風虎，夫豈偶然？是爲得天。我秦三輔故都，山河四塞，渾淪磅礴，時出異人。而師馮翊標奇二華，孕哲三原，朝邑駢接踵肩，是爲得地。謝傅之身，蒼生係望；李膺之里，群歸龍門。而師弱冠登塗，回翔朝野者垂六十年，士林有天下大老之稱，黔首切中流一壺之想，盱衡跂足，咸籍籍幸所天，是爲得人。由前三得足述矣，而師生平大節，葢又徵諸三變云。」

徃師埋輪都市，新鄭特被糾繩，及當再相，兼攝銓曹，亟諷私人誣師賕賄，屈惠文以囚服，化仁里爲狴牢。坐之適戍，飛章遄馳而神勑於菟，健人立骨。于時，新鄭即亦一夕罷歸，噎霾倏盡，會見太陽，此一變也。師撫中山，江陵炎威正焰，闔尹鄉郡營宅，棹楔之請爰託相臣，而師正顔抗手三謝主臣。若曰：「不腆拊循，知有孑遺赤子，宮庭貴倨分不與聞也。」于是江陵恚甚，遂屬暱近諫官，彈章隨上。師得調南，定力如山，宵小乃爾下石，此又一變也。師往椓銓，朝綱不競，濤汹瀾濁，壹意挽汰爲圖。而新建權竊滋深，事多鑿枘，是非非是視賂以行，孤掌既以難鳴，重閽嚴于虎豹。一身去國，飲淚九廻，此又一變也。

久之，聖心感寤，慨念老成，師于今上戊申歲優詔還冢卿，時年七十有八。師奉蒲則號于鄉人，曰：「强長史之詩諫王三原，堅沮其行，是或一説也。君命詔不俟駕焉。吾有吾師之訓詞在也。且主上知老臣，老臣何愛？葢辭墓則忘老，驅車函谷則忘家，望交道郵則忘身。」及陛見已，居民衛士遮道聚觀，欣欣色喜曰：「吾屬不死，尚恃此翁。」及遍接臺省庶寮輩，臺省庶寮又無不欣欣色喜，曰：「大厦拉攞，尚恃此老。」

師悉知人情皈依，切至盪胸蒿目而精爲籌。其所用舍，雖憑曹議，然本之獨斷居多。黜貪一念，根於由衷不可解。曰佞曰險，深於仇讎。然于小過失小詿誤，則貰貸必加。門狀僅通名姓，無論苞苴不敢鄉邇，即串茶紈扇，萬里屏絶矣。師好談民隱，好談刑名，好談兵法。即專曹不及，師不惜爲諸曹剖晳，諸曹亦無不傾耳滌志以聽。其所施設，率用師什九，師聞而若不知也。封章條牒一出手裁，剴到簡裁，都關大計，赤衷抒寫，靡諱靡遺。至與政府交，淡若白水，劑若和羹，期於共相嘉善，庸直養恬還樸、躋諸休明而後已焉。邇日嘵嘵爲政，緯繣成俗，所嚴憚取裁無之而非方今冢宰者，良以灼然秦鏡，妍醜不能逃也。即以主上之深居簡接，未始不隱然尚父倚之。不則，師一日留哉？

師政八十，精神意用筋力僦理視五六十許人，飲噉如少時，燈下讀分行書如强時。布衣糲食自其天性，然不至苦人以難。曰：「物禁太甚，事冀可行，如是足矣。」以故人人樂親師。師隨大小貴賤飲之河，無不屬厭而去，孔門之「所謂中行」，師焉是矣。主上隱然尚父倚師，師安能議退？且師精神意用筋力僦理視五六十許人，其將于主上奚愛焉？

計非久，主上洊加公孤，非伊異人事，然緊唯吾師無忝于志。孤者，無朋也；公者，無私也。非師其疇無忝焉！某竊繹史編一二，所侈爲赫奕久遠者，非世壽甲子謂也，蓋有大年焉。司馬温公忠精粹德，夙爲人主所鑒知，乃更千年而婦孺厮卒無不君實在口者，夏土之大年在也。包龍圖操概風猷，凛然帝天矣，至于今而異裔窮簷追頌皇皇，篤于宗祖，廬江之大年在也。吾師一語之出若懸書，一事之行如懸象，擬其品地，何必二公乎？某謂吾師之大年，庶幾齊光日月，等敝天壤，不在今日三雅八珍之加爵，大椿度索之幻説而已也。夫念誦則羶薌具，需丐則譜牒長。竟百世而富平大冢宰與馮翊之疆，偕不朽中國四夷之名，永永不澌滅。所云齊光日月、等敝天壤者，于今兹預卜之矣。

主上紀辰萬曆今才年，壽望五十，鬖鬖之筭夫何窮極？吾師元老佐之，猶夫召公、太公輩。召公百六十歲，太公百有九十。揆師事主之年，今方强半。某以佇是君是臣之侔于三代也，以師葆和晏，適行見伊陟誕生于大耋之歲，優遊二老之境，將抱壯孫焉。某罣罣復爲吾師開世壽，復爲吾君祈世臣。即蹈平，恒瑣瑣所弗計爾。

冢宰楊夢翁奉詔優存兼開九袠序①

海豐大冢宰楊翁，奉身歸田間凡踰一紀。又數歲，會上舉麗明典，詔所屬丘園三數大老，自宰執外若尚書，則翁首蒙存問，禮數綦隆，里門驚詫。而翁于時年且迨九十矣。邑鄉校諸君謀爲酌者之詞，則以下問侗。侗小子受翁眷知最深且久，敢抒赤狠颺言曰：「猗歟，我明叶光所鍾會哉！蓋自國初有百數年，而鍾會愈益篤。中間挺發，大人不僂指而我東土有楊翁以出。舉有明合八埏之際得楊翁，舉齊魯六郡極岱宗濱海之盛而得楊翁，斯言若近阿邑，遠情實然。取翁所立身、立朝、進退後先之大節並觀之，正惟小子不能述也。」

翁以進士起家爲長令，入爲夕，即序遷藩臬，顯躋開府，浸用陟貳卿，廻翔南北，竄後正天卿席，寵承衮玉，于人臣極矣。蓋優游膴路且六十年，由青鬟而黄髮，由初政而懸車。此六十年中，合則出，不合則退，退而出，出而退，數進數退，數退數進，猶之神龍，時泥蟠，時天飛。于龍何主遷屈一稟，興雲四岳，固自不能違時，而時於我翁爲近。翁時當芻牧則言惠養，時當論議則言抗直。不容，則于風憲時言條察，于藩屏時言旬宣，于旄節時言綱紀，于貳卿周歷頃時言錢穀，時言名法于天官，時言人材中若太虛。物來則應，物去湛如。

其在生平所條上封事，一意稟主德，重主威，大要明人臣不敢自專擅，而歸之奉法循理、不骳其職之爲兢兢。又最重人品，品高而材稍遜則寧見庸，品中下而材即超軼寧見抑。至於愛護人流，寸長必録，猶大匠之用材不以疎柯累，巨棟引而就繩墨，務俾不委諸溝壑。青黄一切而當萬乘之器，蟠木不遺也。翁之言曰：「三代而下無全人，總之取節爲是。古人不言節行以高兄，而今動以後輩暴前輩之短，小辨掩巨積之能。某數評訾某，某反諸方寸，能保盡無？驗諸厥躬，或亦佹有。」以故翁所存發一本平恕，若《志》所稱「絜矩」。然翁又言：「譬之舟焉，操行，士人之柁也。厥柁無良，患在覆舟。」以故翁持廉葆素，歷官若干，政不取轄下秋毫以上物。練巾韋帶，散衙讀書，矻矻如經生。寮友或以過自損裁訶，翁咲謂：「我故田家子，布被糲食自安也。」

及都政事，貨賄遠萬里，一紈不及邸中門。故人以蝦菜茶笋進，欣然領一串茶，或一柈菜，或一束笋，内科取一，不盡留。然所荅食飲物，往往過再倍。察知四方吏，無論大小，第廉謹則于私舍好語賜顔色，以故群吏化之，謂楊翁誠和悦。一見受賕吏，面若雪霜，何必夏楚及身哉？翁於銓政，不言而躬行，一時仕路清肅，鮮墨敗。而諸大吏之在卿座及臺省，争相慕效。楊翁減騶撤樂，于古正同。楊翁歛然自下，若不知爲己所風被者。一二黄口間謂楊翁平平無奇，翁咲謂：「天風激波，稽天走石，是爲奇觀。風恬日朗，萬頃鏡如，固自平平耳。吾何奇？吾何奇？」若由前所謂時，則又徵翁善退云。

翁在銓無日不念初服，無月不上乞骸書。久之，上重違翁志，允其請。特給驛，歲夫月廩重舉舊章。都門供張，翕然雲集，而翁以鶴一、翦頭雛一自隨。曰：「鶴，吾五銖友。僧，吾三乘友。」從此匣玉弢緋誓不掛四體，曰：「桃花嶺叟得從嶺際以天年老，幸甚。」及歸，以一丸塞車門闔扇，不與世故通。乃時從後户策杖過嶺園，持斤斫樹開徑，種蒼莨竹，亂草結團，焦堂室山木留皮，塗不以堊。曰：「此華胥界，安用雕飾？榱甍且無礙吾栩蘧蝶夢乎？」翁時而遊，時而息，時而啜荈，時而浮白，但不能爲萊翁拓枝舞，以此自嘲。而翁膝下丈夫子、丈夫孫，比肩接踵，强半能文章，通經術經濟，其二三爲濟北大儒。而翁猶時時督課舉子言。又爲邑諸生秀異若干人講說《中庸》，剪宣奥旨，如啓孔堂。間一傍及人外，侈語解頤，麈尾飛而天花墮也。

翁此歸按年上章，時至而止，非直以隆替對出處。而翁徃者，非移疾病，則稱親篤老，稱心舒卷，脱屣如遺烏，計晚節棟銓哉！此翁故爲神龍飛蟠之用，而翁與神龍俱無預，主能不違時而已。

翁今爲德于鄉，莫可訾筭，舉邑號曰「楊父」。少者字吾，翁不再歲大耄及矣，飲噉勝壯年，骨强神王，才如六七十許人。翁以百歲稱吾鄉先生，而以大老光吾熙代，蔚然人瑞。用我生我，天且不能以甲子限量之，則夫九齡百歲之典，絡繹賁閭門，轉睫可待。翁若曰：「爲我問雲間陸宗伯先生，何以希蹤老彭氏？有無壺中術，且就區中緣，兩老臣何以教子孫報荅主上異恩哉！邢生善陸，當藉手一函矣。」

①「冢宰楊夢翁」，泲本作「大冢宰楊翁」。

壽徐母王太君七袠序

宛陵徐先生，以嵎夷借也，蓋自河南太守云。先生在所，皆奉其母王太君板輿行，今者東征逐子哉？先生若不懌于此行也，曰：「人臣夷險何知？人子以母歷窮陬涉大海，而日鄰于蛟宮蜃市之間，曠莽之與居，而颶濤之與伍，母其怔怔心動乎？此何如洛陽者，天下中也，而甘肥之易致，寒暖之適宜。而今者五月凛秋，蝦菜之外，詭曰杜老之所謂盤中水晶耳。不佞一守臣，晝熊轓朱，而以中土易東夷，以五鼎易一梧溟渤水，其于供養之道何如也？我心有戚戚矣！」太君曰：「君命也，王事也。嘗聞貞臣不擇官，勞臣不擇地。夫二千石猶故也，而以夷陋輒敦汝，若不崇朝而亟亟焉者，日本未俘，朝鮮未臘故耳。此出廷議，而更代推薦之。謂若尹翁歸，文武具備云者，用以恬鯨波而惠孑遺，存屬國而尊朝堂。夷陋不必嫌，勞勩無容介介也。且若不憶而父之佐豐城乎，而以潔勤著也。若將傲天子之尺一，而屑越軍民，爲吾老人恚不朝食矣。」先生曰：「母詔之矣，何知夷陋？」

君命也，王事也，于是乎戴星而理，篝火而籌。常持信節詘和節，所置蘭錡之仗幾？犀渠之甲幾？糗糒幾？草茭幾？轒車幾？下瀨戈船幾？而庶有辭于其爲登州軍。夫濱海頻年，黔首骨矣。而胡以減若一二筭？胡以挈困而授之糈？胡以令渠不當壘輕死敵？胡以令渠不蹂躪江東兵？胡以令渠阽危而依依閭左不鳥獸散也？而庶有辭于其爲登州氓。先生之心良苦哉！而後輿人之頌興焉。太君曰：「顧誠何如。若治登州如此，蝦菜珍矣，盤中水晶甘矣，凛秋九夏矣，奚必河南？」先生跽受教：「兒安敢忘君命王事者？兩言竊又得之。」

諸薦紳爾先生之爲人，豈第而盡下，忠信而厚與，才敏而去汰，廉白而遠名，居然公輔器也。且先生餘事多能研精，相斫以下書若從胷中出。窻間之吟，絶妙也。書法無所不底極，抱犢鼻祖鐵限，耳孫又居然藝林長也。無論竟此尾不可涘涯，即就今日，太君其循吏文苑母乎！穹封大國，何足擬焉！

今庚子九月之吉，太君正七十，戴大將軍以酌者之詞屬。顧侗山東潦倒書生耳，言語何能爲太君重？然而有述焉。昔漢武禮日成山，登之罘浮大海，山稱萬歲，即此地也。此異世帝王不敢稱引，母要之。太君板輿所歷地，取精弘多，且輿人之頌徵之矣。萬口徐先生，皆太君壽也。百齡則有之，矧夫山海益筭乎？覽揆之日，先生其以一桮溟渤上太君，太君忻然色喜，又何須五鼎哉？

來禽館集卷之十

傳疏　擬古書

漢書朝鮮

朝鮮王滿，燕人。自始燕時，嘗畧屬真番、朝鮮，爲置吏、築障。秦滅燕，屬遼東外徼。漢興，爲遠難守，復脩遼東故塞，至浿水爲界，屬燕。燕王盧綰反，入匈奴，滿亡命，聚黨千餘人，椎結蠻夷服而東走出塞，度浿水，居秦故空地上下障，稍役屬真番、朝鮮蠻夷及故燕、齊亡在者王之。都王險。

疏曰：太師箕子以八條教朝鮮，俗厚守禮，至戰國，凖乃稱王。先是其地畧屬燕，秦滅燕，屬遼外徼。秦亂，燕、齊、趙三方往避地者數萬口，漢復修遼故塞。燕衛滿乘盧綰反以黨衆詣降，凖賜以圭封之田。亡幾，遂攻凖自王。都王險，所謂平壤城，東北有魯陽山是也。

會孝惠高后天下初定，遼東太守即約滿爲外臣，保塞外蠻夷，毋使盜邊；蠻夷君長欲入見天子，勿得禁止。以聞，上許之，以故滿得以兵威財物侵降其旁小邑，真番、臨屯皆來服屬，方數千里。

疏曰：遼東太守見滿差横，請爲諸蠻夷君長，要束備我外蕃，用以羈縻滿耳。滿先是降準，詐遣人告準，言漢兵十道至，求入宿衛，遂還敗準。其侵降旁小邑，伎倆應亦顛是，不獨兵力。至是并服屬臨屯，不惟稍稍役屬真番、朝鮮蠻夷也。

傳子至孫右渠，所誘漢亡人滋多，又未嘗入見；真番、辰國欲上書見天子，又雍閼弗通。

疏曰：滿子名逸，再傳及孫右渠，滋益以横，倍漢。要不與真番、辰國通已。又不入見，其誘漢亡人多，不第燕、齊亡在者，盧未始不欲帝制而中國自爲也。所壅閼上天子書是何等書？以今言之，即謾好書。要自有説，詎不宜令天子見哉。按真番、辰國，故三韓、辰韓也。

元封二年，漢使涉何譙諭右渠，終不肯奉詔。何去至界，臨浿水，使馭刺殺送何者朝鮮裨王長，即度水，馳入塞，遂歸報天子曰「殺朝鮮將」。上爲其名美，弗詰，拜何爲遼東東部都尉。朝鮮怨何，發兵攻襲，殺何。

疏曰：涉何必漢一才辨士，其刺送己者，幾於搏掩殺人。乃曰「上爲名美，弗詰」，夫奚以美哉？卒之朝鮮發兵襲之，身死東部，其與自殺之者一間耳。史贊置何於唐蒙、嚴助列，通曰「好事之臣」，意戒竊黷。裨王長於漢外夷臣下稱裨小王，則長亦裨小王矣。

天子募罪人擊朝鮮。其秋，遣樓船將軍楊僕從齊浮勃海，兵五萬，左將軍荀彘出遼東，誅右渠。右渠發兵距險。左將軍卒多率遼東士兵先縱，敗散。多還走，坐法斬。樓船將齊兵七千人先至王險。右渠城守，窺知樓船軍少，即出擊樓船，樓船軍敗走。將軍僕失其衆，遁山中十餘日，稍求收散卒，復聚。左將軍擊朝鮮浿水西軍，未能破。

疏曰：樓船將軍從勃海將水，左將軍從遼東將陸，其所募罪人不知凡幾，及隸何軍攄。左將軍將燕、代卒悍，而樓船將軍亦衆不下五萬人，豈其軍興不振哉？夫以五萬人徃，而以七千人先王險，所繇齊卒入海多敗亡耳。以七千人而欲冠軍鋒，輕嘗敵，又輙薄人城，是宜右渠易已。左將軍乃軍浿水西。按王險城東六里，隨山屈曲，南臨浿水，則左將軍軍去城實五六里許。自西據東，業有其勢，其視輙薄城下而以身從險者，不翅天壤。左將軍識度於入軍始可什九，決不及敗矣。

天子爲兩將未有利，乃使衛山因兵威往諭右渠。右渠見使者，頓首謝：「願降，恐將詐殺臣；今見信節，請服降。」遣太子入謝，獻馬五千匹，及餽軍糧。人衆萬餘持兵，方度浿水，使者及左將軍疑其爲變，謂太子已服降，宜令人毋持兵。太子亦疑使者左將軍詐之，遂不度浿水，復引歸。山報，天子誅山。

疏曰：衛山以使者持節至朝鮮，天子欲其觀兩將軍情狀及右渠逆順耳。右渠頓首節下，遂請降服，遣太子獻馬餽糧，不過謬爲以好往，徐觀釁變。持兵甲士衆及萬餘，實用備禦非常，非果不自佗於盛漢也。使者及左將軍乃謂：「已降，不宜持兵。」然則太子寧能爲石人耶？彼其早見紿欺，兢兢勑蔵，尚復有意浿水西南跬步哉？山用無成事坐誅，則左將軍輕信誤之耳！時樓船將軍絶不與山交接，實亦山嫌樓船部署敗走，計無復俚。左將軍擊浿水西，尚勃動有氣，故與知之者謀之也。二人同心，其利斷金，乃山以斷頭乎！惜哉！

左將軍破浿水上軍，迺前至城下，圍其西北。樓船亦往會，居城南。右渠遂堅城守，數月未能下。

左將軍素侍中，幸，將燕、代卒悍，乘勝，軍多驕。樓船將齊卒，入海已多敗亡，其先與右渠戰，困辱亡卒，卒皆恐，將心慙，其圍右渠，常持和節。左將軍急擊之，朝鮮大臣廼陰間使人私約降樓船，往來言，尚未肯決。左將軍數與樓船期戰，樓船欲就其約，不會。左將軍亦使人求間隙降下朝鮮，不肯，心附樓船。以故兩將不相得。左將軍心意樓船前有失軍罪，今與朝鮮和善而又不降，疑其有反計，未敢發。

疏曰：左將軍稍一破浿水軍，氣差驕盛，又素侍中，幸，難近。樓船將卒慙沮，本自易與，乃又常持和節，右渠安得不揖厭狎之哉？其使大臣以私要降樓船，意令兩將軍自貳，非真有意嚮邇樓船，歸誠天子也。左將軍期戰而樓船不會，曲在樓船將軍，固宜左將軍疑有反計。使左將軍依附樓船，則右渠視左將軍與樓船正等，左將軍何以竟此尾乎而收桑榆之烈也哉？

天子曰：「將率不能前，乃使衛山諭降右渠，不能顓決，與左將軍相誤，卒沮約。今兩將圍城又乖異，以故久不決。」使故濟南太守公孫遂往正之，有便宜得以從事。遂至，左將軍曰：「朝鮮當下久矣，不下者，樓船數期不會。」具以素所意告遂曰：「今如此不取，恐爲大害，非獨樓船，又且與朝鮮共滅吾軍。」遂亦以爲然，而以節召樓船將軍入左將軍軍計事，即令左將軍戲下執縛樓船將軍，并其軍。以報，天子許遂。

疏曰：公孫遂，故濟南太守，天子就家拜起，假之便宜，徃契勘兩軍事。左將軍復以所意告，所謂先入之言哉！以節召樓船入左軍，令戲下輒縛以報，疑於太擅。然猶見爾時天子任人不牽文法，差足爲杖節臣吐氣耳。樓船失敗首鼠，固宜縛，但出同遣將軍口而入太守耳，則去同仇義遠矣。雖然，左將軍近果，故太守近公，律以國是，亦何渠而不可？

左將軍已并兩軍，即急擊朝鮮。朝鮮相路人、相韓陶、尼谿相參、將軍王唊相與謀曰：「始欲降樓船，樓船今執，獨左將軍并將，戰益急，恐不能與，王又不肯降。」陶、唊、路人皆亡降漢。路人道死。元封三年夏，尼谿相參迺使人殺朝鮮王右渠來降。王險城未下，故右渠之大臣成已又反，復攻吏。左將軍使右渠子長、降相路人子最，告諭其民，誅成已。故遂定朝鮮爲真番、臨屯、樂浪、玄菟四郡。封參爲澅清侯，陶爲秋苴侯，唊爲平州侯，長爲幾侯。最以父死頗有功，爲沮陽侯。

疏曰：樓船將軍并其軍被縛，入報。左將軍一意敢擊，或仍前使人求間隙降下朝鮮，如法用鄉間，朝鮮乃內亂耳。卒之諸臣市國尼谿相參以右渠首來降，意不欲如陶、唊徒身降漢，路人第道路死也。下王險城，復使右渠子長，非左將軍威德，亦滅國無聊之所必至耳。夫以弑王爲奇貨，而令其子及逃臣之子於兵無諱，第逃臣子比出何策諭故王人民？若右渠子，則可悲矣，卒受幾侯，靦然戴目，異時何以見死父地下哉？餘封四侯，想當漢制定朝鮮爲四郡。元封二年，以涉何故用兵三年，朝鮮以平。

左將軍徵至，坐争功相嫉乖計，棄市。樓船將軍亦坐兵至列口當待左將軍，擅先縱，失亡多，當誅，贖爲庶人。

疏曰：定朝鮮實左將軍荀彘功。樓船將軍楊僕以先縛入報，天子見謂：「左將軍齮齕之佯坐相嫉争功，棄市，不得以勞閲贖毫毛。」天子蓋誅心意風厲並將哉！樓船將軍所繇坐不待左將軍擅先縱，當誅，抑亦風厲並將指，計漢法應爾，然以贖免，楊僕固多財乎？廉吏安可爲也？考楊僕本傳，天子以伐東越切責五過，復令盡死破東越不誅，或以南越、東越功故。武帝之馭將，意深遠矣。

贊曰：衛滿詐，準有其國，再傳爲右渠，隨以滅亡。天道好還，如此哉！涉何意圖異域功，卒以一死易一都尉，令人搤擥於功名之士耳。天子遣兩將軍楊、荀，又遣兩使者衛、公孫，可謂極意武功。卒之衛山誅而荀彘亦不免，悲夫！武帝上刑果殺，可槩以覩矣。余謂山與右渠太子無私牽罥，不足以誅。彘有功可圖，而卒以誅死，無亦道家所謂矜伐驕强鬼神忌之哉？朝鮮四臣一子，録録無所比數，然亦天以真番、臨屯、樂浪、玄菟四郡予漢縣官也。然則爲君父計，宜有荀彘，不宜有右渠子長、相路人等，爲中國計，不害有右渠子長、相路人等。若楊僕者，即當贖刑飾巾人世耳，其何以辭於天下，辭於來祼哉！

擬井公博已上穆天子書

草莽臣井口再拜稽首。天子與化人游，執化人袪及化人之宫，耳目口鼻觀聽茹納，皆非人間之有。自是益薄腥螻，厭羶惡，肆意遠騁，不樂臣妾。造父爲政，八駿雁行，七萃之士，是憑是將，徒卒所至，方寓外内，車轍馬迹若將遍焉。迨見西王母，賓而觴於瑶池之上，謡以白雲，倚而和之，其辭頗哀。乃紀丌跡於弇山之石，樹之槐眉，遊行般般。自西徂東，諸侯王吏或飲以白鵠之血，或雪以牛馬之湩，或獻瑕瑤，或貢錦組，金膏銀燭，薑桂朱丹，篚厥源源，靡不畢集，天子樂之。

爰及於邴，臣實敬承。呼臣與博，臣敢不拜從？官廼設六箸十二棊，王投在前，臣投在後。左手辟王投，右手自爲投，王贏三倍，臣贏六倍。對博三日，臣勝十八。局界之内，烏曹若臨，其不以寵靈天子而幸下臣口也，何故？是日天子親償博進士之瑤以五，鹿人之瑤以十，帶罽四七，珠三十，裹穄麥百載，醇酒百斛，臣乃膜拜而受。天子既駕，臣寤寐反側，思博雖小道而有當於大途也。臣隱於枋，倡倡乎顧畊而不顧博；王乃幸臨，伎伎乎有博而不有王；是以臣勝。勝乎臣氣素定而臨事若忘也。王臨下臣，盛氣加臣，見臣小勝，爽惑在心，是以數博而數見負也。

臣聞金注者惛，鉤注者憚，瓦注者巧。臣之今日，載注之瓦矣。王之所注，匪鉤伊金矣。夫若驟、若馳、若霍、若揮，無動不變，無時不移，博之象也。其合緡緡，其分芸芸。若相棄也，寔相收也；若相及也，寔相遺也；博之理也。情莫若率，形莫若緣。緣則不離，率則不勞。不離不勞，形神弗膠，十博而十勝，百博而百勝矣，寧一日六勝乎哉？臣而後乃今知，夫技係者滯，技單者窮，勝人者蠆，劣天者終。衡氣幾者之進乎藝，而合乎道門也。故曰：「通乎博者可以播校四時，屈信百爲。夏能造冰，冬廼起靁，飛者以走，走者以飛。」大受自可，詎曰小知。化人王母設聞此語，頷之而已，何至笑賤臣之隙末，而炫其昭昭者哉！

擬晉郤克與魯衛曹三大夫伐齊書

克不佞以敝邑寡君之命來會於齊，二三大夫咸在焉。唯是二三大夫不鄙夷克，而納諸齊侯之舘，我不佞克實利賴之。於時，齊之資糧扉屨共矣。克駕於宫，及闈，御者蹔曰：「倦乎？」曰：「臣不敢窺其左足也，奚以倦？」曰：「齊多刖乎？」曰：「匪刖之，以實臣有疾。」以問二三大夫，俱至。反，而顧魯大夫寡髮從矣，顧衛大夫睽睽簉肩矣，顧曹大夫傴僂鞠以前矣。以顧齊侯之宫，臺而帷。婦人觀而笑之，問：「孰誰？」曰：「蕭同叔子，寡君之母也。」嘻，其甚！惟山藏疾，而齊侯暴諸庭。天實我刑，而齊侯婦人笑之也。嘻，其甚！其惟我二三大夫將四國之君，躬自創而疾，焉用益也？嘻！其甚！夫蠆猶有毒，而象人物玩之，則亦胡顔之與有？且也國卿抑徵會也，齊其長有諸侯也與哉！

克也不佞，敢先二三大夫，爲之辭曰：「紀甗亡恙乎？玉磬亡恙乎？丘輿馬陘之地，縱横其畝乎？其盡東焉，吾將以土齊也。豈必土齊，繄蕭同叔子是質！其不請諾，其胡笑焉？而魯，而忘北鄙之敗乎？而衛，而新築之鬼新矣。而曹，褊小，行其及也。二國以復踦而曹亂萌是遏，奚爲而不可？且其國有高固焉，豕突而跦，易與也。有賓媚人，甚口善辯，僬僬至矣。有丑父，膽諦絶人，智而辨於事。其勍敵乎？爾二三大夫其悉丘甲，簡爾鄆之師，皷爾菏澤之氓，以與我八百乘合。尚其釋憾於齊，及於鞍，飲馬華不注之泉，獲齊侯而鍼之。令盡復爾魯汶陽之田，願及吾世一雪之。胥閭在彼，其毋有貳心。

擬范蠡居陶上計硯書

西陶寓姓朱某，故越臣范蠡奉書計然：先生近會越人，貨生翠桂。蠡過陶，因問越狀，知先生佯狂，曳庸、扶同、皐如輩皆狼藉失職。文大夫誅矣，天乎？大夫何罪？舊常有書遺文大夫，先生試就其家取讀之，知蠡久鏡未萌之禍，而虚誦携手同車之詠也。

蠡往泛三江，涉五湖，扁舟所如，飄飄若馬。以彼成行，時日所加，言者、視者皆當狂死。是以王無我追，轉而如齊，不敢顯然常字，易號鴟夷子皮，蓋以伍相國自戒云。畊於海畔，苦身戮力，致童數千萬，齊用以爲相。未久，歸印去。因念越子願與分國不受，而久於齊非我志矣，轉而如陶，易號陶朱公，恐齊以故相纏名也。乃共兒子經營爲生，率用越法開湖蓄魚。湖周百頃，若猶湖乘。湖四圍種樹，白榆、赤柳，類木客山。更十餘年，可備榮楯斬伐交刻未易材也。麻之芃芃，沿塍被隴，若麻林山。簇箔養蠶，可紈可素，又類葛山。囷輸臃腫不材之木，用以作炭，又若炭聚。練塘八穀以時，醬醢、醪酒無不倂備。操斗操概，曾不言勞。要之，用先生策，縱横握筭。

在齊日久，兼法太公，取截管仲，生死金粟，分合乘除，天地陰陽，亢承順逆，此大較也。是故生淩死則歲大美，死淩生則歲大敗。當寒不寒則穀暴貴，當温不温則穀暴賤。承天之時，察地之宜，從陰收著，望陽出糴，貴賤贏頓什不一失。若何而金生粟死？若何而金死粟生？若何而粟金俱死？若何而金粟俱生？富國强兵此爲至計，萬貨廢舉端不踰兹。是以數年以來，居積之厚，甘蜜不翅九欓，文筍不翅七枚，明珠不翅數琲，晉竹不翅十庾。以陶較越，無所不讎。布衣亡徙，徼天之中，以至於是，是亦足矣。第所介然者，宛委之山，銀編玉字，窮極瑰麗。語兒由拳，羸蛤鱸蓴，丹柤碧柚，在在不乏。姑蘇麋鹿可射，鷄陂鴻城諸所圂腴可噉也。然王有驕心，亦有疑心，吾聞驕君不度，疑國不居，於是以三十四年九月丁未幡然入湖。諺曰：「鳥不及弋，獸不逮檻，吾將以避。」夫長頸烏喙鷹，視狼步之主甘心蓄牧。晦跡埋名，坐招太山之福，而自佗於兔盡提湯之慘也。

近聞越子詔募良金范疇蠡軀，非蠡可思思。夫夔皮之鼓總建行前，而蠡雨汗交流，倜然前蹈，而以雷獸之骨撅之也。若徒見蠡面貌，熟蠡步踽，得無曰：「蠡來，其以餘術爲孤前王於地下謀吴之前人。」嗟乎，則亦文大夫屬盧之續耳。其能免於伍相穿山，脅我發憤騰潮，而蠡遊魂慠兀，厥後以重水從耶？蠡今遠從陶上，重先生爲介，許王以蠡還，而爲王請固陵。固陵可得，請陽城里。陽城可得，請從苦竹而大其廣輪，拓其奉邑，亦可得而設城。一旦歸山陰，竊恐王之提所金鑄蠡軀而瓦礫擲之也。詎寧惟是，蠡之頭顱莫保矣，是真所爲屬盧之續耳。

日者，中男见法於楚，卒以長男悋財致敗，龍塞亦自反。久者，兵間中道家所忌，而天道還之也，又何怨？尚幸長者、少者及孫子若干人，相依從行，私徒屬强半俱在陶田僮，差足資養。追惟結童適越棄楚，今垂老便陶而無復水國魚龍之戀，則惟越子之故。不然，習流君子之屬人盡重遷，而蠡播越遠郊，夫豈無心胸哉？先生既已佯狂相，當弗及爲語文大夫家，羈孤自愛。蠡毦矣，先生尚少，終觀越之伯王，更煩微辭謝越，毋復意氣望臣也。

擬司馬遷與李陵書

太史公牛馬走司馬遷再拜言，少卿足下，往在任少卿門，見足下身長九尺五寸，掀鼻卬臆，露目赤睛，大聲自叫，瞻視絶異。一飲盡挏馬酒一石，謂犖犖男子耳。以今觀之，乃作降胡兆耶？咄！少卿，僕不恚足下敗，恚足下降耳。敗，人情所恒有；降，廼羯狨獸性慭腸狗態不顧誼禮事。足下面不黥墨，衣不綴氊，頭不樹鷩鳥毛，何以降耶？足下文降自可，乃受虜馬畜，妻虜息女，自今余吾水北號名少卿婿鄉矣。

少卿足下，僕以足下及於熏胥，即死何所復恨！足下得無久溺穹廬富貴之樂，而笑僕閹尹同呰也乎？僕當少卿軍敗時，陛下怒甚，舉朝皆罪足下，上以問，僕時待罪太史令，得稍近上，爲叩頭省户下言：「陵事親孝，與士信，常奮不顧身以殉國家之急，有國士風。今提兵不滿五千，深踐戎馬之地，與單于連戰十餘日，所殺過半當。及至兵盡道窮，救兵不至，猶能沬血飲泣，振臂呼勞，争嚮死敵。彼之不死，欲得當以報漢也。」臣誠卑賤，見上慘愴，輒效欵欵如此。又當塞書聞上，上召少卿母及婦令相者視之，謂無死喪色。僕不揣，復上言：「臣見方技待詔黄門者，無術足奇。陵平生素所蓄積，饒相而相乃母妻耶？夫臣能相士、相工、相面，必相也者，請起内使叔服。」上愈益大怒，謂群臣：「遷與陵暱，計沮貳師軍爲陵也游，爲單于也地，感慨多言，適與獄會。卒從吏議，當以誣上佴之蠶室。」遂就腐刑。

於時，上尚無意誅足下母妻也。上所爲遇少卿何厚，而遇遷何薄耶？少卿借言：「因杅將軍誤我，謂我教匈奴爲兵備漢，上遂誅吾母妻，族吾家屬，迺始發憤拜胡右校，妻胡女子。」設用此等，少卿何不逐韓延年死，而生戴目見母妻誅絶？此所謂彊顔耳。咄，少卿見蘇子卿身所行事，尚不絶咽死，而甘啖酪、齒斷生肉，如以飽養牛，何以少卿爲？夫坎地熅火不以蹈異人背，而蹈子卿；劒不他擬，而擬子卿；皇天后土，實式鑒諸！而足下反聽燒虜，誘骨鯁杖節之臣曰：「子卿不降，何以過陵也？」不亦羞盛漢、辱隴西之世乎！

近薄從上雍，會見霍子孟、上官少叔，甚念汝，擬具善銅、良鐵、繒絮、器幣、麴蘖、鹽豉以賂單于，贖足下南歸。僕謂足下歸易耳，獨何面目復奉高廟齋酎乎？即陛下假貣不誅，令以一牢豕告韓延年墓，足下此時不免齚舌歐血死，死不亦晚乎！即不然，而陛下躬秉武節，親帥師旅，勒兵十八萬騎深入單于，足下按左則左勝，按右則右勝，足下將安嚮耶？以僕爲少卿計，死當埋骨幕北苦寒地，爲單于蓐螻蟻耳。魂而有知，鬼且揶揄相驚以太夫人、夫人曰：「太夫人、夫人至矣。」足下此時復有雲母翳面乎？少卿地下不乏糒乾肉，吾知太夫人、夫人之不舉匕箸也。及以至是，天因行尸耳！亡在漏刻，而尚喋喋佔佔欲奮大辱之積，以幾曹柯之盟，曰：「吾將以復居延之踦。」孔子曰：「吾誰欺？欺天乎？」輒因當户且渠行，以書喻指。

家有上世鑰玦一枚，用先尺帛，以與少卿訣絶。足下素善五言詩，其以一篇相報，若乃遑胑顚顚，啁噍胡語，嗚敳示勇以報使者。使者至之日，僕其焦熱灼胸，望少卿而歕之也。謹再拜。

擬張湯劾鼠盜肉爰書

杜人小兒湯謹按：爾鼠玉衡禀氣，石䱻託宅，近譬則韓盧東㕙以並形，遐稽則伯勞彭蜞之肇化。地支取象，厥子建初，國風興歌，無牙寓諷。若夫量盈一勺，技嗛五窮，在庾則雀共分糧，去穴則猫恣爲膳。亦有奮鬊飛尾，命疇嘯侶，緣架破鞍，盪櫃銜炷。騰擲攬乎熟眠，潛齧損夫被具。斯其故態，無足深適者矣。

邇乃伺吾大人出舍，狎吾童幼，盜吾蓄肉，掇皮狼藉，剔骨委積。猶爾白日人立，藉神仲能；向夕狐蹲，炫彩赤豹。詭謂聚溷於大社，竊擴乎美好。作孽萬狀，莫可倫擬。用爾之故，大人見譙，謂斯肉未賦庖饌，又匪烏攫，爾湯奉守不謹，當户謂何？於是鞭扑交下，肩背流血。唉！爾童子疾名捕之。余迺發其窶藪，極心熏灌，遠不及於嶓冢，猝未嘗乎複壁，爰得劇鼠一頭。厥腹果然，餘肉尚在，不覺發憤裂眦，劾掠驗服。爾鼠垂首跪足，彷彿請命。余遂桀石殲旃，詈不移日。北苑之剖有經，南淮之捽莫捄，捧絹報珠，咋衣兆福，設曰小瑾匿瑕，吾不取也。

尝聞爾祖肉重千觔，壽以百歲，宜爲爾因物著恠，憑人示卜。何物甘爲腐腊，待饑鵖而皷吻者哉。兒湯敬謝大人，編教鼠背，遍狥長安丞舍。自後復爾爾者，郵均餘黨，畢坐他物，踐毁舍中薪菜鹽、炊食器、席薦者，罪亦如之。

擬單于訟右率陳饒椎印書

單于知敬問無恙。中國受命，在所一新，單于幸備北藩，竊樂觀聖制，慕化亡極。使者五威將王駿等至，宣賜印及紱，再拜受詔譯前。是日坐使者穹廬前，爲壽畢，使者邀取故印紱。敬諾，遂舉掖授譯，奉上將率。單于區霿，不解視印，不知印文有變更也。賴左姑夕矦蘇反覆諫喻，趣視印，印爲「新匈奴單于章」，果不齊同。紱亦異前。隨遣右骨都侯當往白將率。右率陳饒乃引斧椎破故印，且曰：「有詔，故印得隨將率所自爲破壞。」當還白，單于忽忽不樂，咽不下湩酒。因遣弟右賢王輿待詔蠻夷邸，謹以牛馬從皇恐言事。

竊見漢賜先單于印，黃金佗鈕，今裁得中金鈕，又黿，此可疑一。先漢賜印五字，今六，可疑二。先印稱璽，今言章，可疑三。先印無「漢」字，今加「新」，可疑四。先印帶紱色盭，今紱紫，可疑五。先印文鑄，今文斲，可疑六。左姑夕矦蘇頗悉漢事，備言漢儀：諸矦王黄金璽，橐佗鈕；列矦黄金印，龜鈕，名章；下則銀及銅有差。諸矦王印盭綬，公矦紫綬，以下青墨黄綬，用銀銅有差。朝爵印文鑄，獨軍中乃斲。五字應土德數五，明漢攄也。鄉言璽不言章，又璽文從土，或者先皇帝有意先單于，若曰「使爾主其土」云爾！且未嘗加漢，蓋示不統一單于而臣妾畜之也。今皆反是，又文數六，漢渠何罪而親欲背之？爲仍舊貫，如之何？當五威將駿等擇日舉遣，從大行令出，教徐緩，非有壁壘悤遽事，而印乃斲，豈辯銅别火之不職？抑中國乏薪炭耶？

單于謹按，陳饒恃燕士果悍，不顧禮誼，輒破故印。蘇言椎故印無詔，饒椎印多自功色。右骨都矦當詰之，亦無悛容。諸主客以下相目弁栗，謂單于宜且留饒爲質，以索故印，不則磔饒等如焊鷄耳。單于不從，復令右賢王輿將兵萬騎，護饒等直抵朔方塞。輿朝闕下稽顙，用王駿六人賫至金帛重遺告，至，因問中國易故印何故？饒椎故印有無詔？蘇所言漢事是何等説？果蘇懷諼不實誑單于，中國亦當曉告明白，必無赦貰。蘇言實，中國何面目向單于？單于其敢康寧以爲先單于羞。若亟鑄故匈奴單于璽付輿，輿至，當告呼韓邪單于靈，仍不惜治蘇漏言之罪，以醳憾中國。中國獨忘先高后世重勤大謁者張澤以事報先單于乎？今單于亦將卑體旦日使使來謝。

來禽館集卷之十一

碑記

淄川縣文廟碑

葢聞勤宣社稷，爰重職司，秩祀廟堂，是關令典。黜其淫黷，誠何有于叢祠？標厥經常，更何加于尼父。律以在三之公義，裒然群聖之大成。俎豆孔陳，仞㕑特峻，制有隆于疏杍，禮僅亞於賁庸。夫道則歲而聖則時，揭時所以明歲；師以尊而帝以貴，貶貴所以表尊。

凡自鳥言夷面之鄉，均識地負海涵之業。維兹古薛淄川者，幅幀隷濟，雄緊甲齊。年代相沿，廟庭不治，頹拉羅之大夏，見赤白於舊宮。疇鼓舞而勸勸，俟神明之載焕。濡須朱侯下車伊始，扼腕已然，朞月政成，殫心力作。以爲禺中不事，將薄景於崦嵫；黔首漸安，敢後期於逢掖。然又謂勞民者府怨，拂好者室疑。念夫官下之鍰，副以王家之穀。鍰稱金選，豈鄙邑之敢專？穀比玉豐，乃凶年之仰命。籌之婁矣，計無復之。俄而天牗厥衷，遂若神通其算。

薟鄉大夫爲維桑之彦，諸縉紳若衆腋之材。以衆腋緝一裘，胡難弗易；以維桑供在㙮，胡後弗前。我也于于，人皆喁喁，赴之如流水，輸之若轉環。損費有差，視貲爲準。緡錢益大，則桓相之紀豐碑；構匠鬱雲，則益州之營石室。自冬以抵開歲，由孟以汔季春，丹青漆灂之必儲，土木石金之具徬。廡門更造，殿宇加崇。平直圓方，起輸婁於再世；高明廣大，揖賢聖於同時。再輝坐蘷十重，並設板輿四軌。陋張寵之二千，厭史晨之六八。劼勖無補，咲樂多荒。試按昌平之會市，請周瀆井之文梓。道墕之餘麥還民，人其悦矣；尚書之露版答下，侯其妥焉。歲届缺屑，奪標鼎足。纍纍若若者舒顔，誾誾秋秋者鼓氣。侯則能致此，侯忍舍旃？自兹洽道教於中庸，比封可冀；躋文章於上乘，列壤共推。是則作新之明驗，長師之巨伐也。

邑博士先生、博士弟子某某輩，徵記余。余爲嘉樂而記，復系以詩。侯名萬春，字某，辛丑進士。

詩曰：巍巍我師，汁光挺靈。赫赫我皇，擴斯孔庭。褒成大饗，乃在宗國。凡百有司，各守方域。域民嚴祀，厥惟春秋。廟之不飾，寔官之羞。顧此淄川，令來諰諰。有其舉之，貴毋廢禮。載脩載繕，廟貌巋然。崇朝僝功，大夫之賢。誰其尸之，曰我長令。令弗敢專，以付輿詠。民所歌舞，士庚而前。非令之以，其無舍旃！肉美酒香，殷殷鍾石。我師樂且，奚與非責。令開都講，式我諸生。甡甡孝秀，遠其荒傖。子弟孔嘉，大夫是喜。覃厥風流，不疾以馭。坐師南面，令面北莊。坐令南面，諸生向方。未喪斯文，庶幾先覺。爰藉聖師，立我蒙學。洽兹膠頖，圖利貞珉。令君伊何，爲朱萬春。

武定儒學重脩泮池碑

蓋聞宮墻萬仞，非一手一足之爲勞；洙、泗二流，豈盈尺盈尋之可測。自尼父與天無極，素王亘古同休。歷朝之封號，鼎鼎有加；在所之崇嚴，兢兢勿替。有虔俎豆，甚幸生儒。第寓寰之廟貌鱗如，歲月之浸淫不戒。丘陵川澤，高下反至於相淩；土脉水泉，虚實胡由以占勝。竊每嘆夫緇衣白帢，多方結萬姓之緣；絇履青衿，無計購半鐶之入。豈吾廣大之教，不及旁曲之流。事在人爲，時誠有待。

我同郡武定州者，無棣故封，東溟巨鎮。孔父之廬未飭，堪輿之相攸同。攄戟而池，止水溷而不治；采芹在泮，高山仰以無從。且尊經傑閣之後隅，迤邐如岡而突峙。文昌有祀，累刼爲墟。有兵使者許公，載瞻浩嘆；乃子大夫馬子，鋭意復興。尚爾托諸空言，亟有須於義舉。唯是漁陽署篆郡貳吴君、學博望江李君，協謀祇事，殫力宣勤。謂莫非官下，敢傳舍以視儒林；爰歷歲餘，竭劻勷而弘鼎建。疏壅去穢，居然半畝之方塘；湛碧環清，恰受一天之月暈。中開小沼，種佈青蓮，傍得甘泉，鬱成文甃。若天啓秘實，地效靈井，幹美陋乎銀床，環砌不殊於雉堞。胝胼審面，次第永肩。閣沿函道，屹蜿蜿以猶龍；路亘崇臺，儼輝輝而下鳳。畚鍤有嚴于紀律，登馮不謝于昏朝。以故臺張兩翼，水道雙流。不霽何虹，悦晝橋之北直；未雲如墨，見寶樹之中連。是役也，計費三百許千，鳩衆數千餘指。赴工樂施，多紳萌見義之功；經始要終，乃剌博獨賢之力。嗟乎，任勞者不辭爲怨府，計遠者弗責於日前。以彼其勛，渾似不言之桃李；若而人者，真稱大造之鑪錘。聊紀貞珉，以先輿論云爾。

城武啓聖祠碑①

啓聖公，於制郡邑俱有祠祀之。城武故無祠，祠於尊經閣。追惟聊大夫裔殷生，周禱尼毓聖先師，萬世爲土，聊大夫實賜之塊矣。雖曰汁光之精，大帝所挺，揆厥水木，以報罔極。以祠啓聖，其胡後焉？城武假祠於尊經閣，近褻。諸爲城武者不偹闕事，近慢。不有趙人張令居仁，其胡與於兹役？兹役正而經，廢而舉，自以奉錢，不煩王家穀，四民靡所譁釦，令其知政矣。祠卜於尊經閣前方，凡三楹，隱括支柱，抄攎閣笘，悉中節度。爽塏睄窕，不乖神明，令其知禮矣。令屬侗爲碑詞，侗厠魯諸生後，又居仁童子師，敢弗以碑？碑曰：

以稽厥生昌平鄉，以遡厥祖爰始商。帝乙苗裔合永昌，况乃歷世銘循牆。身長十尺巍且彊，神明無忝嚴以莊。抉縣門發於偪陽，諸侯之士曹逃殃。維季庚戌庚子良，乃誕我師丁魯襄。綿緜萬禩吾道光，問河何自崐崙長。依稀徃季錫號王，錫公昭代崇彜章。一杯椒酒東山防，四海明祀争趍蹌。粤兹下邑鄰孔堂，俠甒無所官敗常。有美張令如負霜，程工度日營柏樟。疏杍不儉燔燎鄰，溙溙濟濟來洋洋。辟淫尸鬼恣決猖，安得我令禮教坊。瞽宗東膠日月傍，尚其無怠房廊廂。

①城武，泲本作「城武縣學」。

章丘縣泮池碑①

蓋董侯涖事帀月，而汲汲也延三老有秩於前曰：「政奚辨乎？」曰：「侯之以也，民其奚與知？」延行義好學而前曰：「教奚倡乎？」曰：「侯之以也，士其奚與知？」侯默存焉，曰：「是在我，是在我。以勤厥形，以厲厥精，朞月可矣。」乃臨環橋。以觀殿廡，殿廡嚴矣；以觀堂齋，堂齋飭矣；以觀門戟之間，曰：「泮涸乎？」曰：「無泮。」曰：「無泮奚以廟也？亨不敏，敢修闕事。」于焉諏日徵工，度廟前地而闢之。厥形半規，取象於壁，取制於泮，大都具矣。而池之前民居藂焉，弗大隘也，弗通塞也，奚以池、奚以廟也？迺用訾給券，民得地延袤若干，縱而衢之與廟直，前直城，城東南隅刱而塔焉。坊而識諸衢，聳峭塏爽，于制大備，而不名一錢，帑焉無嬲。自以奉入量而出，佐以拮据，均劑以度役，厥以時教焉。是式政有經矣。

工竣，而春秋中雋者各一人。邑縉紳學徒曰：「侯之功也，宜紀。」謁邢子紀之。余侯布衣文字交，知侯最深。侯者，頹然若順，淵乎似道，天之民也，人之覺也。于教奚有？于政奚有？余僭不揣，爲記其事而詩諸碑。碑曰：

維泮告成，帀月挾日。民之敬共，子來父率。謂其池只，曰董子澤。謂其衢只，曰董子術。矦也來思，身度聲律。士也服思，景鐘清瑟。爰坐端旒，異人造膝。爰走褒衣，異人載咥。爾祖伊何，俎豆維烈。厥孫伊何，仰止在位。凡民有生，匪倫胥遹。以叙以明，兹池永宅。

①縣，沛本作「縣學」。

德州學宮創建文昌閣碑

德州學宮，据址叶旺，夙苞人文；碩德儁異，代稱不乏。比日歌鹿，弗都題雁未歷，人或咎於軸位，兼亦佇于星緯。待時彌渴，于胡能然？天以黄劉公重畀兹土，諄諄單赤，損己益下，氷則避其寒瑩，刃則妙于砉剨。朞月而可，獲上寢洽。乃行頫咨嘆，問步審矚，謂巽嗛昂聳，于經宜畐。乃謀于薦紳士、父老子弟，閣焉文昌，居之歡悰。啓素躍絢，見勇梗梓，甋甎白堊丹雘，靡不備具。

庀徒揆日，公乃涖工，俸料時出諸中庋，鍰率不私於外帑。爰倡爰作，盡人翕赴，不日而竣于事。閣以穹測爲赤五十環，而計亏三十有六。上出雲霓，下臨無地。網珠承乎夕露，飛栱耀乎朝采。戟欞緣之以起勢，殿廡于焉而表盛，巋然方州一巨觀矣。肇于丙申五月十日，訖于丁酉三月望日。是歲登録者四，一冠賢書。聲應桴以如響，人券神而不爽。文翁石室之績，牽招鴈門之業，何以過斯？

于是州人欣惟我公教行問罔，流美千禩，群走余舍，匄言斲石。侗懿其指，却幣而領以文。荏苒紀餘，逡遁未果。給諫程公紹、司農宋公鴻儒復以書見屬，敢託顓氏，爰勒貞碣，庶荅廣川士民之勤，藉揄齊安師帥之槩云爾。宋公即前所云冠賢書者。先是謁余，爲張文學鳳翼、梁文學材。公名道，號聚齋，楚材最良，今爲名二千石云。碑曰：

有頖斯閣，龍首爰亢。文昌赫臨，文教彌罔。鄒魯毵毵，奪解靡讓。人歸我公，公曰靈貺。廣川世延，臺躋臚唱。我公之庸，靡可形狀。千秋萬年，興詠悊匠。血食廟祠，卜于今覊。

重脩泰山碧霞元君靈應宮碑

葢聞之孔子云：「質有餘者，不受飾也。」碧霞宮胡以脩也？又聞之：「德彌盛者文彌縟，中彌理者文彌章。」碧霞宮胡以弗脩也？夫大室不營，春秋致貶，華山加繕，光和見述。張寵以二千祠堯，史晨用王榖表聖。東溟標峨乎桓相，淮源歸勛于郭守。沿經舉廢，自昔然已。

岱宗爰長諸嶽，冠以帝稱，廟貌崇閎，雄峙州治。而碧霞元君靈應宮，則巍然托阯，抗擢岱椒，其列在《集僊》、《蒐神》、《道籙》等編，未究元君之始，寧襲耳食之謬。唯是四岳，避峻九山，推烈碧霞，于斯宫焉。要之，人天允叶，精響合荅，則下臣彷彿可得而言。無懷之所稅鞅，黄帝有虞之所駐蹕，三代以降，迄乎秦漢，臚禋紛如。廣心競設乎壇陔，中貇厚集乎瑄玉。寖尋無已，燀鑠若何。昭代列皇，重厪遺告。倖福陋贊策之罔，竭禋酌刻牒之緒。以故明祇惠以豐楙下土，逭乎縠嗛。蓋有馬談弢其册典，寬舒戢其頮頮者矣。

厥有冠帶之儕，布衣之醜，估販之魁，帷闥之侶，靡不指奉高以首路，望雲封而膝地。瑶則珠松徽尾鍮鍮師比，帛則春草雞翹黎單毞氉，幣則楊邁朱提鮫文白撰，供則盎緹醓醰豚拍宫脂，器則雕篹黄目盔盞梡嶡，樂則雲和别柎丁寧埒竽，儀則金支翠葆徽章星施。焚燎絳天，于喁震壂，蟬匵畫轂，木寓龍駟，殷轔萬狀，不可勝窮。百千億兆，跆藉雜遝，或遙擥乎楞木之采，或下瞰乎治邸之宇，或依俙乎白馬之影，或隱見乎明堂之墟。群情翕赴，亦已極矣。岳靈忞穆，能無應乎？

竊見降瑞錫祉，調風布霖，膚寸澤乎遐表，彌天飽其至德。所謂逭縠嗛而被豐楙，則又惟一人之所曁及也。元元之衆，則有疾癘，覬瘉愚蒙。思牖季壽，句延子嗣，祈夥水火，希遠離睽，求聚休嘉。啓蘄各副所懷，亦有梁父云亭。歙焉聽命，共驅族炊施糜之屬，益廣金銀鏈銅之用。凡此有位，可無報旃？靚傑構之少渝，廼鳩僝而不懈。藻井連茄，會遘脊茅之地；飛雲麗日，若開寶鷄之天。席葺苴稭，典還嶽峙，子來者可念，行築者云勞。遡惟畫議之先，寔出尊明之斷。方諸前哲，今古同符，則此碧霞宮者胡可以不脩也？胡可以不紀也①？

詞曰：泰山巖巖，萬物伊始。帝册帝孫，黨元君是。呼吸上通，堇尺有咫。膚寸八荒，人事甚邇。四岳苞祇，四流遵辶。唯岱是宗，靡敢抗壘。先民有言，神恠詭譎。我儀圖之，祐善殄否。萬方玉帛，走不停踵。孰云奉高，有道如矢。巍然仙居，棟厦宜庀。疇新茲宮，我撫則以。靈篇載韜，神司其匭。發函燭霄，皇乃受祉。

①雜著本此文爲臨邑邢侗門人許用書，此句後有「是役也，合岱廟計費四千九百五十金有奇」及議修、參修官員名録一段文字，或爲《來禽館集》編纂時所删。謹誌於此，不録。

平原縣重脩顔魯公祠堂碑

窃惟臣忠士誼，植萬古之天常；歲逝人思，永千齡之棠蔭。是知徘徊路寢，下涕泗以無從；躑躅靈旗，信神明之有覺。音誠可賞，則柯亭之竹無永枯；檏苘可彫，則嶧山之桐無半死。而矧人倫蓋代，本節干霄，聲金振玉之標，掣電驚雷之望。則夫一絲一竹，安足擬其大成？可賞可材，詎止超於片枝。蓋振古興蘋風之感，乃方今有藻澗之羞。

維顔魯公者，少膺家訓，紹良冶于之推；長薦甲科，拓高門于沂水。繡衣持斧，露冕行驄，人呼御史以爲霖。名冠殿中，而獨步出司大郡，在我平原。適當胡雛犯闕之秋，愈矢神羊觸邪之志。内嚴警備，外飾文儒。軍麾仗李喦之便宜，秘密藉從兄之畫諾。二十四郡獨屋天語勞存，一十七州盡歸先生盟主。主辱則臣宜効死，國危則家不可私。漁陽質十歲之孤，靈武拜一丸之蠟。用是數撓賊備，斐挫逆鋒，關、隴緩動地之悲，李、郭展垂天之勢。氣吸四隅溟渤，身當萬里長城。已復奔詣鳳翔，疊遷樞要。孤忠岳岳，豈窮鳥之依人？艸昧皇皇，若瞽師之得相。詎意發言荆棘，視踽凄凉。汲黯必置於淮陽，賈傅誰堪其痛哭？遞遷遞罷，或懾或疑，舌在而百鍊常剛，丹存而萬方不化。始之元横，繼以盧姦。檢校尚書，白副封之可去；出宣方鎮，奪李勉之請留。

嗟乎！垂齡八十，使于四方。投虎口者，何人探驪珠而無日？蔡州西壁，曰死所之在斯。汝水南冠，甘積薪以如蹈。且出其文妙，自誄平生。閹奴之詔矯，來瑯琊之魂，未返盧卿頭血，猶懷報于舌端。阿泉靈風，計咲迎于地下。精忠大節，史不絶談，而又加以將聖多能，兼身數器。空玄十部，悉已獵其精華；文酒千場，率未妨其雅謔。高文短韻，勝地名籃，適意而潑墨千鍾，會指則揮麻百匹。乃若臨池神授，旭素同功，行押正書，超凡入室。致石則屬之家幹，判牘而不厭老夫。妙喜石鐫，方外推其巧製；白蘋芳渚，宇内賞其名言。在昔一字朱提，今則斷珉白璧。蕞然我土，歸乎典刑。東方曼倩之奇蹤，夏侯太掾之麗作。而公擘窠巨筆，捴匠精心，贔屓穹然，龍鸞鬱若。環而四面，宛蘇蕙之廻文；屹以當庭，匹韓陵之片語。至今陵州敗郭，猶傳太守之臺；厭次故墟，尚挺開元之栢。余堪下馬，疇不汍瀾？

茲有平原令孤竹劉君，念邑故附庸，地元四境。載新廟貌，走伏臘之衣冠；别剏翼堂，貯旂常之副在。門施枝戟，樹列踈槐，倘滄海之末田，庶神靈之永奠。凡余有位，尚慎鑒茲。

邳州張婦瞿貞烈碑

張婦者，姓瞿氏，下邳張子道妻也。子道，故窶人子，又左足跛。瞿二十來歸張，凡八年。子道病噎死，瞿仰天大哭，不復食新。後十八日，以餓死。節烈甚著，垂十年而陳大夫王庭，始搒次懿蹟，上記諸臺。會直指馬公報命，則以兵使者莫公議狀聞闕下。詔可，令以縣官錢三十千爲樹棹楔。署曰：「故民張子道妻瞿氏貞烈之門。」陳大夫復拓祠立像，諸所規畫甚具。大夫顧謂余：「先生凡三過下邳，不佞數承風教，靡不澤于節俠文章也者。茲役也，先生寧無意寵靈之尚有賜言？瞿也不朽，不佞守臣亦不朽。」余重大夫請，敬作《瞿婦碑》。

碑曰：「下邳之里瞿氏姝，二十出嫁張家夫。夫兮何狀賤且愚，下堂傷足蹣跚儔。平原美人恣胡盧，瞿也在室恒于于。劼劻馬毳夫手軀，紡車佐之聲軋如。夫夫婦婦窮巷居，豪華庚識何門朱。日甘脱粟如醍醐，君貧君病余何尤？彼蒼弗仁二豎遒，青蠅作吊東門丘。華州杞梁哭不休，大河嗚咽雲駐流。已而誓向三泉俱，諸姑姊妹喧揶揄。從容屬叔前致詞，脱簪乞爲身後圖。皂綈帕首妾所須，織蕭不腆席一鋪。遺骸無暴幸甚乎，願從夫子先驅蛄。尋常絶粒七日枯，經旬以外神明都。仰天瞠也皎日孤，妾心皎日應不殊。欣然含笑歸黄壚，四方觀者充道衢。一身似葉綱常扶，首陽二子猶丈夫。褒崇之典十載逋，異時廼遇陳上虞。柳州使君稱雅魚，已灰白骨蒙吹噓。繡衣直指真吾徒，飛章疾置承明廬。春卿核報天子俞，詔令竪表張婦瞿。上虞廣厲風教與，爰增廟像恢門廡。冠旒儼然靈妥諸，畫旂不揚神來徐。孱女子者羌何脩？歲時伏臘牛羊豬。一朝之餓千季餔，人間脩短誠須臾。我來下馬重嗟吁，適今不術後何需。長堤垂楊萬祼居，誰其作碑邢相如。」

大司馬御史中丞黄公城德州碑記

德州北拱天邑津門，怙爲要鍵。南控水府漕綱，通其利涉。囷窌倉城之所屯偫，備禦番休之所歸宿。東秦十二，斯爲吭喉，顧不重哉！唯是蓄衆容民，繄城是賴，睠兹德水，則何如矣！百雉殘于颸潦，下魚宅乎狐鼠。頓令仡言者寖削，扃鐍者拉擺。土箸惕其群處，行李凄其瞻矚。繇前綦重之論容，狃因仍之貫乎！

我撫大司馬黄公，叠長藩臬，以逮臨拊。所忘城德，唯寐爲然。第連嗛有秋，人盡詛歲，兼之河倭兩劇，公私百孔。既剥膚以椎髓，復罄蓋而竭帑，徘徊惝怳，靡有底極。我公者雅變至道之俗，數騰歸衮之譽。每謂成城之役恒槩于衷，遺難于人，爰歎其恕，于志有之。浹辰及三城之危，負户避一軍之棘。起沙遄于竟夜，置塞迫于四墉。大易設險，春秋城築，書著既勤，詩詠百堵。吾儕誦攬其説，能無鑒諸？且頻年浪激乎江夏，垣齧于膠水，居諸遞易，人代幾何？此之不治而終託言，民以創距，天以降割，是襲屑越之故，玩門庭之圉也。

公智勇沈邃，几榻研算，匪朝伊夕，頭鬚爲白。以爲不諳官府則不審，不講金錢則不任，不順物情則不允，不劑豐殺則不叙，不敦工匠則不力，不立程度則不飭，不奏旒扆則不重。于是疏具所以，業陳乙覽，而以中齒少府之供，遂捩九關之闔。公曰：「大夫國人無異喙矣，職在疆土，何説之辭？」爰乃議貲五萬，故敚數四。或括其鍰贖之品，或倒其倉廨之貯，或量其臚岱之入，或剔其稱過之羡，或裒其賑餘之數，或舉其節縮之概。增益勤于大吏，纖悉屬于州郡。而又義錢輸灌，衮衮來佐，人誧土酉所不必爲。

乃檄濟南二郡孫君來董其事。孫君以告武德觀察陳公。陳公頷謂：「敏練廉平，君宜爲政。下記方畧，不憚力圖。」孫君左顧州牧邵君：「今日之政，願邀斷金。」邵君唯唯。孫君釃酒矢衆，抗聲而言：「今日之政，名脩而實創，鼎新而革故。水埶肇其鄭重，興建比于大國。以爲侈費則漏巵不繼，稽固則三旬見責，嫥挩則威信不行，愉惰則心志弗㥞。嚋啫嘤喋，寧敢後時？」伏思灰石亟于付工，人牛艱于越棧，神詸天啓，假道津海。事沿齊東之牒，跡同文欽之載。路似迂而實駛，檣如林而狎至。瓴甋埏埴，列竈比櫛，苫茆爲广，厥坏無壞。四時之火恒艿，陶旊之工輒倍。又思俎人代庖，必岐二事；原田芸已，則專一意。以故陶人運薪，灰人運灰，二物無狼藉之患，二人利兼人之直。若夫掇甓于陶，移石于野，輗軏並任，氓庶以休矣。公擊節稱便者久之。

君凡爲此，躬秉賤技，法《月令》之補築，舉大工以維時。度高以高，度廣以廣。竭其離婁，審其拘録，奮其鋭銀，密其模蘛。除其渨涹，增其匾匾，奠其攬搜，昂其窳圞。虞斯誃則加咢夅，虞甀池則事擘掞，虞廖琫則力終葵，虞薛暴則先鈉董。石必輪耝，甓必夸儷，灰必緜攣，土必複陸。時厥赹趟均，厥蔹灆中，厥摶鑪沃，厥糟魄。是以黔首倫勱，匠人競勸，衛士輿謣，傭倮邛勑。人無問顛，視力賦糈，大侵大役，庶幾兩利並存者哉！築斯城也，務濬而固，務深而握，務圓而規，務方而矩。水之、風之、宿之、暴之，計亏論罰，捫璺苴鏄，究之獭猭，軨匜盤湴，爣閬森哀，蹀敿庨豁，嶚剌居然，壯郡焉矣！

是役也，决卜則蜀劍，臨定則脂德，築石則韓晃，增陴則平原，徵瑞則遊鹿，志義則復邢。于稽功伐，不亦偉哉！我公我不自我，故物乃相物如此。乃若師表，百僚主盟，斯道是闢，營繕所不敢及。夫櫓榅量敵，無粟議守，讐保失策，眺激鄍舟。既城之後，責在守土，完城足恃，毋狗管言，此又我公激厲當職意爾。侗質媿顓擢，詞謝章采，靦面爲記，系以韻言。辭曰：「曆緜四十，聖人在宥。公城廣川，重民慎守。無以公歸，濬築云授。天其牖之，方幅良遘。載度載謀，甓石輻輳。公曰懋哉，毋狃簡陋。丞臣受事，言卦言繇。庀徒僝工，厥績斯奏。爰歸我公，公懼却走。曰慙素餐，聊謹尉候。我官我家，人駛公後。經之營之，如刻信漏。睠茲成墉，靡壞靡舊。天都南當，天子萬壽。」

德州户部司庾使者題名記①

國家定鼎燕都，則德水實雄緊咽喉地。蓋傾東南郡國漕綱，艅艎艒宿所必涉歷境。而厥初建議截貯漕，實屹然京坻，以示近甸重，而示天下俻。是名水次倉，大農外府之政。茲實當海内甲，良匪細故。迨常豐倉並建，所由出納在衛所，官軍城守與番戍之役幾中分。而主者持權執概以酌金粟宜，則恩怨實府焉。其所布在方册，兼總庶事，未更僕數。若漕白二艘，則以我爲風伯天吴使；若榷署，則以我爲緡算使。由前所云，大農外府之政，如纏絃然，如儷偭然，主者得無告勞乎？勞則何知？唯是瑩氷其操，而以大智周其務，則今桐城阮大夫其幾矣！

阮大夫之言曰：「先生抑知德庾之今日乎？漕艘蚪石不能留，而發囷之令時時以下，乃積乃倉，輩十餘萬止爾。此齊、豫兩州，人牛推輓物常豐，唯齊分拮据亦等是。余當其入，視輸户如吾佳子弟；及當其出，視官卒如吾密姻戚。世有淩暴摧折其子弟，而甘剥浚溝壑其姻戚者乎？總之，先王父以赤心治軍旅，而余用緒餘以治粟，何渠而不可？」余聞之曰：「有是哉！微大夫言，縉綬軍民之口足徵焉！」大夫世禄，一褐三梧如寒士。大夫目阿堵如腥膩着衣裾。大夫戴星料量一切，夜漏下三四十刻方及寢。大夫疾舞文吏如寇讐，大夫不以日力稱過諸使客。大夫之于庾也，纏絃解而纚佹無能難焉。甚矣，大夫之辦治庾也。庾自永樂乙未設諸監督姓名，則自天順五年始大夫礱石記焉。亦自天順五年始迨于今，方幅留餘。大夫世所名文章家，遜弗操筆，而屬之侗。侗則奚任焉？記石意在備厥觀省，當其碑拱手嚮，顧閉目眵眯。凡兩途，孰爲嚆矢，孰爲炯監，則天地鬼神寔式臨質之。大夫勿謂余言廓廈哉！大夫瞿然曰：「于詩有之：他山之石，可以攻玉。」伐山爲記，鼎也，將無同。凡余同寀嗣至猶珩璜，余其以礛諸解。

監督每閱歲爲代，三歲乃代，則由大司徒肥鄉張公請，厥有深指，宜特書。

①據邢侗書《德州户部司庾使者題名記》碑（存德州市蘇禄文化博物館），本「記」撰於「萬曆丁未孟夏五日」。

觀察方伯荆公洮陽府屬學倉記

方伯荆公以名諫官不能于權貴人，出歷藩臬，遲迴皋蘭塞，蓋有年所矣。諸所爲飭武備，營屯田，繕關陒，拓邊圉者，靡所不具至。而一念貞廉之操凜凜鬼神，禄稍而外，等視糞土。妻孥僅僅脱粟，日再飯。蓋一中單不浣者彌年。公每向人：「吾承乏此間，所蒿目者兵食，所隱軫者菜色之民，所憤怵者榷宰之使。度吾力所能，何如止于三者？實有餘慊。」不寧惟是。唯是洮寔龜陒不毛地，執殳什七，乘障半之。就其中躬絃誦而肄詩書，則千百不得一。且此龜陒不毛地，軍興之不給，而欲士有宿飽以無虞于居肆讀，父兄虆梩之恒具，而有解于人子蹙然泚顙之戚，婚姻禽采之有章，而不至于後時曠怨之爲累，難矣。而又時加以師旅，因之以飢饉，則此塞曲青矜纍纍如匏瓜，所司宜何如計也？公于是則惓惓焉曰：「學校豈監司職外事？」低徊不懌者久之。曰：「今茲之舉，尤豫而弗決，則事卒不可幾也；稽固而垂晏，則士將不可待也。」于是爲調停均節之法，議待儲焉。問諸郡，問諸州，問諸縣，于喁僉同，湆厥盟矣。而置之囷，名曰「洮陽學倉」。建廼自郡以統諸州邑也。諸州邑續有輸灌，以需源源請也，而觀察總焉。而郡，而州邑，惟所奏記，惟其實也，惟其時也。實則無濫予，時則無滯期，厥制詳焉。飽食供其讀，蘽梩供其葬，禽采供其婚。而金城千里幅幀之內，縫衣之輩若恃外府而一意于絃誦，勿替乎詩書，則公創始之功大矣哉！繼此而本郡州邑同袍仕侶時爲之計，則囷不至告匱。囷不至告匱，則士不至告乏。有如繼荆公者而荆公其念，則金城千里幅幀之內，縫衣之輩永永戴所天，與天亡極也。

公先是置鞏昌學田若干頃，蓋捐俸爲諸屬倡。公不傳舍，其官即攝職亦兢兢學校事，合今洮陽倉並觀焉。公之官方節槩，大抵可知已。

公諱州俊，別號籲吾，晋之猗氏人。起家萬曆癸未進士。

分守濟南道右叅政寧陵呂公德政碑

蓋聞五帝三王不易民而始治，近圻遠鄙率胥訓而可興。方笵則不受圓鑄，封型則難規脩器。猱狖尚教以可升，蜾蠃恒祝以肖我。況乎五方之産，元元之民，含靈蘊性，戴天履地，乃至衺惡酗醟，恣虢佹俠；弱爲疆肉，懦則悍使；絶滅倫化，罹觸彛憲，是豈吾胞之赤子？不殊逖裔之羅鬼哉！良繇人上菲薄斯民，糠粃官守，狃畫衣于末季，昉立木於輓世。甚則苛號猛轞，密羅數罟，反鏡索朗，壅瀑責溉。是猶希蠢動于化人之盛，驅魑魅爲俎豆之雅，所捺者背，所望者賒，斯以難矣。

我分守藩伯寧陵吕公，中岳纈秀，大河酌潤，良璞比其温厲，盎齊方其醇湛。少不好弄，長不踐跡。目絶非聖之書，識綜萬有之變。見道則程昆可參，諳治則賈生可二。乃又口不立乎門宗，志不流于憤礉，著書而旁采漢儒之註疏，爲詩而無取李唐之華艷。心聲間發，天籟自鳴。郊廟朝寧之典章，忠誼節烈之風槩，疆域星野之大凡，殊方重譯之侜幻，簪裾竹木之近媟，醫藥卜相之煩夥。六經軼其疑義，史稗逸其元指，靡一不探委窮源。殘膞走蠹，窓户溷厠悉置刀筆。自昔《鴻寶》充枕，《論衡》秘帳，方之我公，不過牛背之一毳，大千之粒米矣。

越自掄魁鄉省，上第南宫，慕古損其心精，閔時幾于委頓。一行出宰，再攬墨綬，襄垣據儒以文吏，大同學軍以從政。兩地氓紳立石肖像，狄公之頰常赭，欒氏之社再臘爾。用㝡内遷，時維小宰，清通簡要，王裴合轍。回翔華省，亦既數年，尚書安其公正，寮友樂其夷粹。門無剌謁，室寡賓從，苞苴却于千里，請託問諸水濱。程功校資清卿在睫，而公耻不事事，邑鬱終日。

會當主上責問，天部例有外除，而公抗聲力請願塞明詔，恬顔含和，略不爲動。用濟上爲淮陽，去汲公于禁闥，乃公單車就道，綰組于蕃，滌慮熏心，蒿目据手。衆視守臣如疾郵，而公則孕男占籍以爲圖。俗謂簿領爲專業，而公則官方民瘼之必稽。已下車而下記，諄諄千百其科條；尋按部而按圖，鑿鑿金石其計畫。大乃鉅榜，小則單詞，或言富而意簡，若語徑則指深。首崇鄉約，稟布成書。敦長吏以提衡，仍非時而案驗。中間主在別白，良慝風勸百一。城邑墟市，雄宇敗廡，講席碁列，月朝日望，按期蟻聚。不妨工賈，率便農畝。各心儀乎皇祖六言，抑意慺乎我公三尺矣。

頻年屢值歲凶，人莫必命。公乃朝無寧箸，宵不帖夢，捐瘠丁躬，號泣填耳，觸一事則出一便宜，歷一方則增一呴沫。繇匹夫而計殫盡人之黄白，緣孤媪而法周闔境之孀嫠。括萬姓于徑寸，擷千里于十指。發倉倒囷，傾帑竭輸。奏記之文月以十計，猶未厭其數數也。至於草根樹皮，苦堇毒狼，遍閲神農之書，示以食物之性，亟在實枵，隨恐中惡。才矜溝斷，復念招撫。振則虞其贅聚，籍則汰其人類，疕瘍則時其湯砭，死喪則掩其暴露，童齔則納之教導①，盲聾則牖之伎倆。公素神明奕奕，遂致氣力惙惙。人百其身，公百其慮，卒之已瘦民肥，大東奠枕。荒政之役，公其獨奇者也。

公恒念夫不樹、不桲、不畜、不牲、不蠶、不帛、不績、不衰，乃教我民及時蒔種。栽幾本榆、幾樹棗、幾株桑、幾畦麻，塲圃任園，牛牧任郊。鷄豚狗彘，阜蓄其物；盆簝筐畚，待偹其器。又令質劑結信毋相誑惑，貨賄六畜不宿于家。酌入以爲用，成賈以徵債。廣而及于耐鬟、城旦、白餐、鬼薪，獄不輒署，罪疑惟輕，厥維鉅重，爰書持論不下。人鑿我枘，衆倡余否，是非非是，較然太虛矣。

齊俗誇詡相高，炫服吊奇，練裙僭中黄之色，男子襲袿結之制。六博徵逐，飲食若流，家無儋石之儲，坐有兼珍之膳。是風競熵，本實窽微。公則削雕樹訓，寧儉塞流。絲枲糧食卒歲羸積，再年以往，能無比屋洋洋者哉！余每怪夫上有渥膏，多不究下，心竊惑焉。乃見公之吏治，而得師也。公制一令則輒任長，輒喻佐領闒茸蚕食，輒戒胥吏舞文骫法。是故三十餘城，長丞以下目瞤，監司心怵要束，盱庶曉上意，猾宄破積習。此尤我公立政之大端，既試之明效也。

邢侗曰：「往者公涖藩服才一年，所屬城百姓即有謀爲立祠祀之者，僅僅十一耳。乃今且再期，而人無弗吕父、里無不仁君者，政成積久，民乃以和，不虛也。」初民聚族而謀，詣闕請留，擬用累勛超拜例。不謂山西之命我人失借，百姓猝猝莫知爲計，徒走慞惶已耳。唯是天不佑我不腆之齊，古有詛楚，移以詛晋，其可乎？

公大抵作用一準中庸，不爲裱暴聲跡，又不一任寬仁。故所揮霍率無留閡屬者。與公論事，公從容謂余：「不見古人，安復古道？不復古道，安覩古俗？」吁嗟乎，意念深矣！

既當吾世而得斯人，即爲之廝役所甘心焉。

公名坤，字叔簡。不佞侗子愿，其字徵文者，爲邑三老孝弟某某若干名，貧不能醵金而尸祝之者，萬萬計矣。

①禩，崇本作「導」。

司農大夫温陵傅公德庾去思碑

于史有曰：「安得天下長者而稱之。」夫長者之云，末季所謂笨鈍度語也。余讀關中王維楨氏説，而後悉長者之義焉。王氏蓋卑才智而尊長者，非繆尊長者如末季笨鈍無所見長狀。若云才十則十，智百則百，而長者博大并包，遇事見才，當機見智，十百其才智而無才態，無智名，卒之收才智萬千之效，而十百者詘焉。余素甚服其立言之精。乃今司農大夫傅公其人足當之。

公以深資劇望領德庾。始焉驅舫泊城門之步，徘徊而即署焉，兢兢乎若不勝其任也。東向揖縉紳士，西向色假諸父老子弟，而問庾政焉。得一言愜而次心，輒手記，縢囊計將不下帶，而理茲庾其猶若不勝其任也耳。而目者以百端，又無所不次心手記以資吾，劑量調停而後可，而庾之政舉矣。

凡三年，得代。行已挾旬所，而侗適以事如德。德之人皇皇如有失，汲汲若有圖，聞侗至而欣欣有喜色也。其父老子弟向余前：「竊爲傅公，願有謁也。」曰先是庾蓋有二量，小大凡兩等。小者名官量，而別創其副大焉。託言揚晒濕潤耗，兑入率用大，而入庾則以官量槩。公乃剖大，一其量，第稍循尖平之，舊用抵揚晒濕潤之數遂已。至所剩積斞石羡，一聽解户轉販爲蓆囤，及竣還資。故例，齎執通關若連鷄法，十十五五，逋者安完者之累，完者甘逋者之逗，人情扼腕久矣。公則立期以逐日，受納以逐人，完者先給公據去，無得一槩留。而逋者懼及州邑違限罰，亟相競勸，無夙逋焉。至于居停米户甲乙主名列，齊豫之役先後集甲乙束濕若牛馬百計，聊蕭朘剥以數倍。公曰：「居停米户甲乙主名列者，假言部署扉屨供耳，吾自有不借，無須此曹。」下令去米户，大户隨意卜居停，寬然自適，糴買遂以時直辦。公察辦且多多，許則諭之進，收無他難。比年齊豫歲賦半折色，數幾四五萬，弊孔滋大。則以稽固月日，不即准兑之，致爲囊橐深也。公嚴出教，今日文人請朝懸衡待庭中，白日可对，守藏吏僅同土木梗偶，批發不踰時。公又極監州邑騷繹害，自未檄走督道吏下州邑，第移片紙數數促。州邑長吏歡然感頌，各奏積欠，輸灌紛沓，至踰于往昔云。

德庾故兼税肆，藉給天津衛官俸，歲有額。公厲禁官攔漁取，及額而止，不至與榷監并竭涸澤焉。兩衛更番軍若節春秋，仰餉司農署。公臨番，爲月會，帥同州佐及衛弁長唱名給發，精鏐燦耀，人各及數，不以瓜分縮短預支，輒滿品，無俟請託行。自餘騎員覃卒，則按時予之。俸予之餉或兼予米麦，俾視市受本折利。而軍中或病委壑、老無嗣鰥無室者，俱覃格外恩，州民亦爾。其最所加念篤厚，則莫如學校。兩衛諸生素仰稰司農署，公予稰亦視市，俾受本折利，齒膠賓餞則又大加振作。及公在事，得雋獨彬彬盛其他州學士。及衛士均沐膏油，贍養惠至，不可僂指。

父老子弟之言曰：「公之庾政，此其大都矣。願先生紀之，以永德人思。」已而，州之縉紳語合，士之語合，衛弁軍人之語合，亦合有請焉。余不勝咨嗟歎之：「有是哉！公其長者而才智歟！」夫庾固豆區鍾釜之藪，仕是職者，往往使人窺見囷腴，且社樹其下，亦猶之聚溷耳。公一意精白，不自炫露，率心而行，一切剔剗宿垢，猶澣敝裓而即維新，又如築高基而法碩鼠，不倢眺而收功速，不盤湓而樹軌端。一日其籌而百齡其筴，四體其勤而兩方萬億，其儔轉之衽席也。君子之澤斬于五世，公其數十世不替也乎！

公持重安雅，廓落大度，巍如泰山之不可陵，浩如江河之不可禦。所有家釀喜醉人，人亦樂向公傾其家釀，彼已俱相忘，于何次道穆如也。日者，四方之士常歸之，而于鄉里士、布衣、窮老，則輒人焉加等，人盡得意去，不顧橐中裝。貴人軺上三栖，設案稱過賓客而已耳，不及汰也。居平好竹素，散衙解帶手一編，蕭然與梧竹侶。白晝不入後閤，子孫繞膝，躬課文業，上下其第而茗醴，勞矻矻若塾師。夫人請簪珥，則大謂：「吾頭上進賢敝，不暇爲汝曹計也。」鞭笞不及僮僕，曰：「彼亦人子耳。」足不履生蟻，曰：「宋公序何人？」乃若遇事見才，當機見智，則轉圜不及捷，賁育不及勇。加之廉而不倨，功而不争，關中王氏之稱長者固如此哉！以斯之世，疇用天下長者如公達闕下者。古諺有之：「桃李不言，下自成蹊。」闕下其不竟卓異酬公乎？則公道其澌滅無餘矣。七尺之石，敬礱以待，其無至侗也失言。

公名賓鳳，字騰阿[1]，萬曆己丑進士，閩之晉江人。

[1]騰阿，萬本原剜削，據崇本補。

金鄉令汝南桂公去思碑

今上癸巳，序在寒孟，金鄉桂令君以治行第一應公車。且入矣，邑之三老、孝弟，勝冠毀齒，竟萬人徘徊焉，嗚號焉，躑躅焉，踟蹰焉，載道扳留。若疑若寐，然後能去之也。已而聚族而謀，所爲志厥不忘者，蓋輕千里之塗，冒暑雨而灕然止于齊，跪而前曰：「某某，邑之鄉有秩也；某某，仕而執珪者之才子弟也；某某，輈車以下力田務本者也；某某，豎桑待盡僕遬重膇不必爲人者也。請以事謁。」余進而問故，則踉蹌嘶聲，舌本木殭，相藉而言曰：「令實生我！令實生我！」中有錚錚俊辯一二其曹，則手一編相及曰：「此桂公大都也，唯先生財之。」余不敏，何敢以腐毫涸硯辭而負千里拳拳之誼爲？

按公汝南華胄，生而風頴秀邁，神檢湛匝。少奉慈訓，捥髮性成，礱厲月評，鬱爲國器。識者知其非常人也，迨解褐爲金鄉曰：「余小子區霿，胡敢以臆行事？」夫余誠罝罝，而用一切吏士民之慺慺，政於何有？降顔攄赤，務拯民所疾苦而鐫識之。其所條牒不以實而藉上爲市者，爲別白存之。遇事考驗，是非非是，猶夫大黄之弩，一發無留行。又若研桑之計筭無遺握，而銖銖錙錙無相負也。於是前告不以實而佹藉爲市者，心膽震裂，趼足不成行。邑中翕然，遂號爲神君。

而公雅性不喜抵讕，又不欲奇請坐人，農瑣兩造，一吐情實，爲曲直而遣之，好語慰藉之，以故贖鍰月率不滿品。至屑越王法搏掩沈命之屬，則必囊頭三木，俻試楚毒，以爲淫惡象刑。一時圜扉嘖嘖，翻自悔艾曰：「我乃不省死，公乎何私！」近甸遠墟，喧騰萬口，莫不望公爲質成。臺察監司移牘待報者無虛日，而金鄉之市，虞、芮交跡矣。公每疾夫棥不撿者之夥而沈沈也，曰：「堂皇攫與白晝市攫者，等盜耳。」乃庭權衡而籍屬之，一流暨一忽杪多寡有差等，而輕重無等差，即三尺一童子可叩主者灌輸。已于賦而竣，則令行者居者坐相授，身不與一錢事。即魁宿役微以奇贏間嘗公，公輒置之法，仍榜諸衢曰：「乃公即不顛，而須爾鼠輩爲地耶？」自餘凜凜，謂：「我公清如玉壺冰，勿慁我公爲也。」其所宬鉅功德，則以督程邑諸高才生，手示矩，口示繩，而制舉之業一變而遂堪前茅。盖三十年乏脱穎士，而自辛卯爲垂復之踦。故邑爲之謡曰：「前卯寥寥，後卯翹翹。匪士之饒，唯公之勞。」吁！是不可爲輶軒者采奏乎！

據士民所爲狀，公平居不見喜愠，不刺候人陰慝，終滿任，莫能名居間私人。見一廢有其舉之矣，見一蠹有其剔之矣，乃若供億一任之當官，毛髮不及于單下。節孝被其弘奬，煢獨沐其噢咻，行荒形于瘦㬶，擘畫竭乎心思。此雖仁公之常業，而友邦之所卒難也。公繇今爲名諫官，又晉而爲名九列，光大顯揚，不可思議。而更十政不及金鄉億姓之口，以召伯之《甘棠》，雍容刻誦，亡窮極爾。季札不云乎：「美哉，始基之矣。」則公今日之謂哉！

公名有根，萬曆己丑進士，河南汝陽人。

蕭公生祠碑記

余嘗聞之古老，士貴弘毅，吏尚廉平。夫人固有品，人亦有材，品爲根荄，材爲柯葉。總總林林，求其身兼數器，不局不匱，率鮮其曹。

我燕都蕭公者，蚤以射策甲科領茌平令。下車指水，入宵對天，居平自矢，輒先厥宗。右我蕭引，左我蕭傅，入室賞蕭奭之記，牖郡慕蕭景之治。烏梅必返，思道企其庶而；青蘋致奠，升佐儻其無忝。遡惟前古，用準禔身，召三老孝弟而庭揖謂：「公等有所欲言事，請卒厥辭。」召文學行義而堂揖謂：「公等有所欲言事，請卒厥辭。」三老孝弟遁巡曰：「明府聰顓正直，氓等復何言！」文學行義遁巡曰：「明府敦厚雅素，生等復何言！」公曰：「即公等不言，業已報我矣。聰顓正直，敦厚雅素，是公等諄諄相教也。」公則戴星吐哺，勤渠聽政，四境萬衆要諸寸丹。曰：「賦均乎？賦不均，則爲酌田。役均乎？役不均，則爲視力。」錯契蔑半綖之羨，騎隸差授稍之等。續食之貴，案問僅供三梧；疾郵之賤，道上裁給一贏。旱乃雩禱，賑戒贅聚。立澍則束先生之神明，全活則富青州之廪粥。黑衣絶跡，有秩承令。呴沫赤子，則吉貝資其紡車；捕詰緑林，則干掫窮其萑穴。墾荒至七十餘畝，俱登名田；撫流滿三百餘户，還其土著。先師之宫圮乎？吾當新其赤白也；弟子之儔困乎？吾爲經其婚喪也。步牡丘以發慨，臨漯津而軫慮。匹夫不獲者何辜？一物失所者疇諉。扇暍寧惟王者，納溝寔丁我躬。用是亭豬必審，敗榴務察，民不我欺，我乃信衆。支錢便其絹輸，移叢破其鬼膾。虞、芮之質盈庭，犴狴之區鞫草。掾曹安其枵腹，佐尉化其飲水；刁灌戢其輕俠，節孝露其精白。竊復聞之，人人公，涵涵乎大則巨浸之廣受百川；粥粥卑牧則須彌之不細一芥。至于理所不可，法所未衷，則又華岱罔撼，賁育靡奪。蓋有河清十奇，不得崗厥美稱；梁令三惠，無以加其纏思者矣。

公任以壬辰，去以戊戌①，公車紙下，慞皇載途。援梟截鐙，兆億齊一。借寇欲叫乎九閽，製錦希終乎大邑。卒之時苗之犢，彊留鍾離之轍。莫挽隆天重地，日居月諸，聚族合謀，爰表生祀。乃于南郊道左，邇厥城闉，購木伐山，堂室斯建。運甓者雲集，錬泥者蟻赴，不匝月而巍然焕然。公其儼如當座，猶天疇曩之南面而臨我也。

公羹牆追逝友，悌邁等身先。自教着滕大儒，一門極雍睦之風，比閭漸仁義之範。施厥有政，良繇于家。所謂弘毅廉平，品材綽綽，允兼數器。擅長諸蕭，其在公哉！其在公哉！

三事佇躋，一政肇武。蠢蠢凡愚，洵難酬德。恢恢天道，詎爽報功。所幸野唫在口，至愛著心。則此祠者，並任延而曜代其可也；則此像者，儷李翕而永世其可也。

公名淳，字天民，原家山西繁峙，後占燕都，登萬曆壬辰科。徵文爲諸生某、齊民某等，合計數千人書陰。

①原作「戌」，徑改。

半舫齋記

余家東土，率皆平原，廣衍無衣帶濠濮之觀。而自余宦遊吴、楚，數數涉江湖，樓船彩鷁響金奏而撾廻飆，庶幾乎平生大觀矣。

越自得謝家食，爲園東城之隅，大則爲犁丘亭，古臺高揭，鉅麗甲一方。而亦有茅茨短築，委檻曲廊，依稀吴越間。菟裘中敞一齋，仰施藻井，俯則裁文杏爲枰。左篏綺疏者六，才與棐几齊，緑沈爲飾，宛若艦窗。右則徒壁立，東西通弄，對啓雙扉。直北爲中扃，南向，穴壁甕如也。主人有味乎歐陽畫舫之旨，而額之似舫之半，曰「半舫齋」云。縱僅爲尺者八，横殺八之一。可吟，可揮，可酒，可碁，可與羲皇遊，可與頭佗居。俯睨遠想，居然三老長年之在御，而烏軋欸乃之聲互相喧荅也。已乃推窗延眺，萬柳廻環，若度秦郵之浦、隋氏之隄。俄而新魄初升，烟雲合帀，隱隱百雉，三數樓櫓争出較奇，則又若放溜懸水栖帆，彭城黄樓亘其前，而坡翁月中遊也。若夫隔林洞簫，深巷寒犬，家童晚炊，鄰媪相杵，又何減水籬吠豹，遠天長笛，前村漁火，野泊夜舂者哉！

余風濤中人也，比雖漸違舟檝，曷敢一日而易波。臣兒曹第誦斯言，尚亦無忘陸海，吾鄉信美其永永，勿見嘲于河伯也。

投轄館記

榆塞杜日章氏，三千里走訾黄之足，以「投轄館」屬記于余。余爲濡筆記之曰：漢陳遵耆酒，每大飲，賓客滿堂，輒關門取客車轄投井中，雖有急終不得去。千載而下，遂歸遵大度好客，争艷爲口實。日章生長榆塞，日所坐卧便習，非犀渠之甲則勃盧之矛，非訇雷之鼓則藺石之具。身手撇旋若鷩鳥捷猿，卞武擊技佽飛射聲之與伍，而牛酒椎釃之爲政爾。胡取于「投轄」而顔之楣？日章大度好客類陳遵，襲其大人大將軍之業，略一染指壇坫間，即謝冠軍安家食。所讀盡《七略》四部之書，所湛漬咸黄、虞、秦、漢六季李唐之故。筆花墨瀋，揮霍鉤摭，長篇短韵，若大黄之弩，一發破的；又若八蠶在簇，綢絡纏綿。良工獨苦，而後絲縷秩如也。縹緗黄素在左，旛旄旍旆在右，長鞦短韘在前，乌擽鑾畫在後。客而折簡，客而不速，客而四遠，客而比鄰，客而冠蓋，客而布衣，客而粲粲門子，客而桓桓將林，無不羮素蓁之味，沾湒丘之漿。抑又庶羞千族，方圓婁進，蹷融格五，激矢博驍，戲車立騎，弄彘鬭虎。方丈之地，蔚爲勝觀。已而合樂大作，呿陀娑門，硠硠嗑嗑。突厥阿鵲，二塩並陳；聽雨聽風，透空碎遠。凉州大徹，颯然四筵。已而脩篴餘簫，合蟬滴溜，瑣窻兒女，掩抑羞澁。已而陽羲就頽，銀缸嗣暉，挏馬蒲桃，移尊改席。瑟徽紋軫，始奏雅琴，客主洽于丙夜，遞壽暢于百齡。即有刺史大窮，尚書期對，孰爲假之？後閣者循井之眉車皆脱轄，日章于客技亦單矣。

客過吾廬，輙言日章不第聰明才藻士，其于敦樸檢柙，精嫻治辦，葢天性然。視遵放縱不拘廢曹甘適者，不可同年語。則日章于遵投轄事，取節焉可耳。若日章者第，飾紈素輕紫稱過賓客以爲娛，而遂忘尊大將軍破虜策勳之業，令楊玉酋非落他人手，日章宜何如者？及乎三城未築，韓公耻之，日章亦耻之矣。駱駝一鎮如馨地，寧不足日章父子起家所，而沾沾乾餱以愆之爲託，其何以得名朔方？義烈慷慨，爲雕幰駕而飛鞚騾，其勿徒以稱過賓客也。而以厲兵秣馬爲封侯畫像圖，則投轄之館，余且用武都丸土爲日章封之矣。日章，日章，其頷之否？

創脩齊河小東店石橋記

我東齊鹺大夫叅知南昌甘公，凡涖事八年所矣。大夫固儒者，其所施設一本於仁。質體國事，如急身首，廉不近名，寮佐化之，牢盆之廨猶氷清焉。諸爲利孔開矣，弊源窒矣，商旅通矣。丁口勤恤而置之掌股，時其乳哺。萬竈熙然㗊洽矣，則猶傀焉，宵晝不遑。曰：「一手足所利益，縣官鹽筴幾何？」則爲披圖經，按海岱汶、濟諸流，曰：「源泉混混者，某某宜疏；赭圻赤岸，某某善崩。」善走應備，蓄洩宜閘，悉次第舉行之。當塗嘉與玆議，爲上聞疏首功矣，乃以餘力治今橋。

夫齊之橋，鉅麗如垂天之雲，飲澗之霓，又如長城亘塞，連山截野，安所不利往而必於玆橋夫？橋無乃贅而功，無乃可已乎？曰：「否，否！小東店之有橋，積葦壘土成之。西南望，大橋百餘弓，繇來舊矣。長清之任力，歲以爲常，亦繇來舊矣。豈其毛髮不足爲大橋，輔而積月，累歲耗此耦國之金錢爲？」竊嘗聞之，此地爲大河南來下流，又岱下伏泉滔滔自東來，秋潦挾百川灌之，瀑注無已，勢與大河相直而不相下。凡出濼源而西指祝阿道者，曰：「有小東店之徒杠在耶！」夫人情，跬步之是便而蹝履，每視其踵足也，勢難彊也。則是橋之不可一日無，而大橋之所屹然倚之爲唇齒，若長檝短櫂然，相成于共濟也，不須明智而灼知其審矣。此我大夫之鋭意于玆橋，玆橋之易土而石，易歲月而卒百年其計也。非甚明智，無繇及此矣。鏗鏗而砰砰者，百千萬億之屐響耶？札札軋軋，三十六輻之轍跡耶？金鐵錚鏦如鬪戈戟者，六贏之鐸聲耶？問渡而不病涉，望大橋而及于前，視此如歸，脱然于乘檋而如趣平陸者，大夫之功德大矣。且孰非王政乎？而第沾沾於商無停策、鹽無留行。若曰「此自以䡾爲政也」，淺淺乎，其睹大夫哉！

兹役也，計費銀一千六百有奇，灰石油鐵凡因劉家口等五閘羨計十五，復佐鹺司歲脩帑金十二。藩司誼形于色，慨損公羨十三。先是匠石預奠，諸閘工料食費展轉盡矣。念急之則稱厲，逋之則病官，大夫主議而竣此鉅重，工捷於承蜩，所見無非長便者，務材惠工通商和民。祛逐年之斂散而肩永圖，卒興不朽一大事，所謂五閘之績，煮海之餘烈也。儒者作用乃爾，大夫其以齊顯重哉！

于時，撫綏貞作則撫中丞延津李公、武林朱公，臨飭藝署則鹽使者晋江龔公，義國暱民甘和相劑則鹽法監司原武胡公。寔與我大夫始終之勞苦匠事，暴露風日，吾郡判閻君、齊尹单君、長清尹崔君，厥有成績。倡諸父老子弟爲牒書達上者，尹大將軍秉衡，此日夜其耦國而厝之兩利者也，得并書之。

大夫名一驥，隆慶辛未進士。

來禽館集卷之十二

傳

仲父南陂先生傳

仲父諱如愚，字美甫，卜築城南五里許，遂號南陂先生。公爲封都諫翁次子，後我都諫世父十年生，生實先我封侍御公四年云。公生而面骨崚崚起，高準豐顴，目光視百步不瞤，音吐洪亮如巨鍾。與群兒戲，兒盡辟易，若大府在側。亦復驅使草木爲角觝之具，揃劒樸兵，鼓列黄口，嚴於壁壘。若曹競目爲從約長，一聽指揮。稍長，肄於塾，猶然好弄，不攻爲佔嗶。然卷中大義輒解，輒能難其經師矣。及冠，爲弟子員，尋入太學。請急歸，代我世父脩晨昏節，間以餘力小逐什一。葢世父俸入才若干緡，而公脩業以息，十年之内漸擬中陶。

迨我世父晚得謝歸，槖中裝垂盡矣，公爲治大第，堂室翼如。次第營莊居，巋然而樓。樹果、藝茹、甃井泉，買牛字犢，爲開四十雙而田之，曰：「吾兄其樂哉良食。」乃今而後，愈益蒿目家秉。居恒對所知友謂：「伯兮出兮仲兮處，吾不任家則孰與安？吾兄於政者，且疇大吾門。而吾游閒自放，不虞絜廉吏子孫乎？」

世父九丈夫子，强半未植立，公俱著之郄前。一旦無幸，世父見捐背，則爲挺身號家衆曰：「吾今無弛擔所矣。」上而王母太孺人在蓐，下而纍纍蘱諸孤，公俛仰無寧時。洎我侍御公一庖三院，錢帛無私藏。世父孺人者姆，一意禀成。二叔無或有攜，日三餅，二父必同梧盤。侍御公從兄任長，莊於嚴親，以故家無常父，人無常衣，童僕千指，卒歲授衣，給篹食器，莫可訾省。擊鐘而食，有九世公藝之風。諸猶子孫從，浸浸成立，不憚一歲數更師。束脩之費朱提十流，所招延皆吴、越名孝廉及邑宿老。遠近爲語曰：「家不支，爲邢師。」于時，侗以最幼儕其間，獨見期許，謂：「是兒十三，有先伯之遺風。」先伯者，世父都諫公也。自餘子姓彬彬英實相劑，試輒冠首。乃公猶用朝夕自煎灼，恐不及諸兒，第問卦及相人者前，無少厭煩。而侗舉進士、王道舉鄉舉，俱於公大故六七年後。於戲！種不及獲，樹不及陰，痛矣，痛矣！

公力能鼓舞豪桀，作使輕俠，六郡素名能。好士者莫敢與均茵馮，盡境人人傾向邢次公。貧者儵贏，死者儵收，困在倒懸者儵解。縣大夫起大繇，舉大工，必就公問計。公亦即坐中爲條牒，靡不曲中。嘉靖己、庚末，歲大侵。先李芝輩輸粟百斛，振起饑人。學宫歲久，上雨滲漉，神座爲淖。旁風晝夜號門，隙柱礎欹欲仆，碩鼠白日人立，穴壁盡空矣。公乃仿皇謀諸弟姪，慨損二千金，撤而新之。諸臺監司競署世德尚義，標榜門閥。乃今素王之宫，偘名爲河间宗祊，豈虐乎哉？然又風流儻蕩，廣治臺沼。元夕爲燈宴，穀雨爲牡丹宴，午日爲菖蒲宴，重九爲菊花宴。歲如券質，所迎致盡三黨尊老、邑雋人快士，盛張音樂，朱絃紅牙雜進，不問所斥爲纏頭錦，庶幾一串珠、一匹綾矣。

及年望六，意忽忽不樂，徐屬家侍御公諸猶子孫從曰：「前，前！吾且不諱，奈何？」口授簿録，一切田莊第宅及小藏稸物，纖介無遺忘。已，乃厲聲誓：「平生一簪着身、一錢自名者，其疇與血食！」隨呼其子脩曰：「磽确之区，倉積之餘，爾食爾居。儻從若叔與世父子孫口量心競者，吾死且必爾褫！」家侍御公以下心骨寒震，莫忍仰視。未幾，逝。後數年，侍御公一用治命，分部家事，各厭大小心意，毛氂無間言。迄今且三十年，但言仲父，相視以淚矣。

公中歲稍仕，爲甘州行都司，斷事觀塞下風氣，彌益忼慨。唯時蒲州楊襄毅公爲撫中丞，最加激賞，圖所爲尉薦公，而公堅意莫回，趣裝歸。楊公當世人倫，鑒裁於公，亦足以觀矣。

延安府同知進階朝列大夫元兄小原邢公傳

元兄爲吾宗元子，爲吾邑祭酒，爲州郡循良，爲東秦黄髮，是宜傳。侗乃傳曰：吾邢之世瑯琊先生，業有《志》及吾邑《乘》，皆可考見，庶幾海内人門。而元兄以都諫世父當户男，生而磊落奇偉，目無今人。少不屑屑章句，曰：「丈夫當用白身取君王寵，博雋異名，而屑屑章句爲也？」好讀史稗書，歷觀古忠孝節俠事，説之。又自喜爲唐人詩，沾沾杜陵甚。性近法書，學書輒大成。十八工爲院體，二十以書得幸肅皇帝。不三年，真拜中書舍人。中書號鳳池，清貴寮友皆極甲科妙選及宰相勳賢任子，而元兄處其中，睨而相視，至不加平揖。又時時諷分宜相發憤時事，遂不獲安位，出爲河間丞。河間隸在内史，部多瞷氏豪，元兄一意鋤治，不就令孰誰。又佐守尹畊治兵，名以諜起。稍遷，爲合水長。合水地濱羌虜，旦旦虞外警。一日，虜薄城下，元兄擐甲操刃，率編民戍守。日從陴上飯一梧青稞及沾少酪酒，三日不解甲。已，督撫發兵至，得解去，遂起雄武名，謂「合水長實邊材」。臺擬特薦，起授臬使。

會丁都諫世父艱歸。歸治喪，一稟文公家禮。越祥間，親筆研爲詩，遒上有唐人風。謫補故城，敢決猶昔，數治大獄，鄰境虞、芮質臺恃以平，然不名甘陵一錢。用前資地陞通判，駐真定焉。亡何，承大母重家食。凡三年，補保定，尋遷爲絳州守。絳山晉望，國俗素剽悍，又王國人徃徃梗沮有司，鄉薦紳日夜司察守所行事，甚口騰播，以爲恒。元兄率行一意，不入藩王一茹菜，不交薦紳觥斝。姧人有犯，必法無貣，而于窮簷下户，則襁褓燠咻如保嬰兒，州以大治。

三年，遷延安府同知。延安古上郡，儉塞不毛，郡丞强半治軍事。時奉諸臺尺一，閲軍實殿最，鶡弁而已。元兄精勤于職，羸車小馬，在所必歷。其所稽核評署，一字悉當實。守陳公每每嗟異，曰：「世豈有若人而不當一面者？吾忝守，實甚媿。」丞居延凡再歲，值庚午舉士，元兄長子王道舉東省，而侗舉順天。元兄曰：「張翰思蓴鱸，未必有佳子弟。六百石千石不止，車且生耳。吾行歸矣。」會撫中丞大簡士，元兄什于階，又寮董公一夕無疾夗，元兄觸念一切，遂用疾請。不俟報，促駕歸。陳守發騎馳犢，遮遲境上。元兄咲謂：「陳公意良厚，勞苦諸君，吾憶夢不離泲水也。」諸臺歎惜勉留，檄及于家，不能挽。已，爲會奏，以禮致仕焉。

元兄歸時，余伯母趙太君高堂尚無恙，諸兄簉履元兄後，濟濟踵相接。余姪孝廉以下稱所爲元兄嗣續者，光采滿襟裾間，瑶林玉樹不足奇也。元兄視先侍御府君齒相亞，然事府君如父，府君亦輙客主遇元兄。兩人交驩林麓間，日遞治具，拉所知厚友周行泲水、屏郛二園中，間及郊墅或貧交疏屬家，卜晝繼夜，賦詩分鬮，于于徐徐，冠紳儼雅，言矩動規，覺阮氏儻蕩不節、謝氏靡靡淫矣。所見謂「庸德至難者」。府君日朝每過元兄邸，朝廟，元兄即隨過府君邸相勞問。胡床茗椀，清坐移刻晷。如是三十年，若朝夕信潮，不爽其度。侗輩竊窺，儀範不減朝典。蓋莊事元兄綦履，略無異先府君焉。

元兄當伯母趙太君喪，已踰耆壽，猶作孺子哭，不以年逮自取逸。襄事肅辦，遠近觀禮，嘖嘖稱慕不容口，咸謂「老而能孝如此」！元兄中書故寮鄞陳先生貧而無家，僦于都也。元兄爲駕，築舍第側，日爲三飯，飽其孥。又爲營近城田，塤唱篪和，暱于毛裏，竟五六年。

及陳先生卒，還其棺。侗讀《漢書》而誼兄，曰：「此何必窮老故舊吕公也。」元兄少意，不可一世。士晚而折節，務爲恭謹。鄉人吉凶禮，在閭在門，登赴必夙，此自侍御府君家法云。邑鄉飲酒禮，蓋與府君分席而酳者十年矣。壽七十七。諸子孫婚姻、世系門閥，具他《志》《狀》中。

侗曰：「元兄以彼其材，在前代用白衣射策，或奉徵辟例，可博大官，都尊顯，而僅僅以邊郡丞貳終也，惜哉！雖然，太學上舍而起家中秘郎，兩令邑一仕名方州，最後爲郡相，與望守頡頏上下，守亟歎『異材吾不及』，卒冒金紫，終其天年，熙朝亦何負兄哉？」蓋其人材氣舒發，不齷齪爲苟合暱就，行雅足以當之耳。元兄詩質而任格，侗雖饒少藻麗，風骨所不如。有孫固能詩，有祖風。食貧自力不替，厥家兼之。孫曾業舉令上，斯足以慰兄九原矣。

邢大姊傳

邢大姊者，不肖侗女兄也。姊爲家侍御公家慈萬太君子女合第一，今歲四十加八，而不肖尚後八年生，爲第一弟。弟生孱薄，五歲痘創甚，憒不省事。而姊偕家太君朝夕視，身受溺，手受痂，不少厭。余熱極中焚，從第间儛鳥獸觗，姊爲小損，輒亦膚受之，嘿不令我太君知也。逾時及笄，適邑李子乾茂才易知，實繼我仲父者，姊而室有家矣。

子乾兩世父俱甲第，名薦紳。父亦入貲有官閥，不齪齪鄉里。而會姊嫁時產中削，一切不顧富人居，姊怡然自適也。又其時吾家襲素業，衣補僅僅，樸囊木櫝不華鮮，無以藉稱名豪送女者，姊怡然自適也。子乾比乃有所生母，姊矜嚴事之，晨炊夜牏，躬執婢媼事，猶恐逆母心。母乃勞新婦：「故任女今任婦耶！」爲名茂才而忻然曰：「易知，豈其娶妻必邑之邢。」子乾唯唯：「兒乃有婦，幸甚！」子乾性伉爽，不喜骫骳，更善酒。問從所知飲，酩酊狼藉歸，袴褑不及解，齁齁睡矣。而姊爲調漿汁，張燈謹護，不醒解不交睫也。子乾每謂人：「吾糟丘亡恙，賴有伯倫賢妻。」

居頃之，子乾有外侮，產愈益削，樸囊木櫝以及上世菟裘良畬立盡，而姊縫裳纈繡以佐不贍，終不忍奸外家鍾石。姊亦諱言貧，每對家太君：「李郎誼不食嗟來食，母幸毋念兒。兒懼爲李郎揶揄。」然又斤斤報施禮，歲時伏樽下，爲我二人壽，偹極精腆。不肖數宦遊，數飲餞我，籩豆有踐。驚而問故，吾姊之中襦禿矣。姊故不宜子，迨中歲，則以一姬進。所繇置一損敝簪珥，子乾咄咄恠事久之。逾年而女，再逾年而子。久之，復子含哺，視乳迨晬有加，豈其有母必邑之邢！子乾每謂大姊：「汝功德我，實唯隴西如綫之緒，我生劣無以報，不審兒曹若何？」六親三黨中婦慣爲妒者，競相誡勉，曰：「得無令邢大家知乎！」姊壹欝善病，惙惙床蓐間，日猶兩走行脚，問家太君加粥及兒子輩跳地狀。太君賴同里閈，歲從大姊臘，減思慮，姁姁相娛。謂：「有女當嫁比舍，兒不肖扶侍家太君，亦藉姊破顏什九。」而姊竟夗矣！嗚呼，痛哉！

姊後子乾大故可二年許，日夜苦當户。又長女及歸，倒篋資送，力疾喘急，必致豐美。一鍼半縷，寧秏氣畢之，未兩月而二豎及矣。吾太君日兩視，不肖輩日一視。及危，額而加枕，拊手向我曰：「生平累吾弟，曩者亡人衣被棺木飯含，俱藉已事，今復相累。柰何？」淚簌簌下。不肖輩目微太君，掩面汍瀾，不敢以聲。已復屬余，令兩甥前曰：「死則死耳，所不瞑者唯二豎子。故阿舅其置夏楚二物交撻，期不絶李氏書種，暱不以勞爾姊地下恚人矣。」余忍淚應：「唯是吾姊之治命，敢不敬從！」又三日，而委頓不起矣，則五月廿四日也。嗚呼，痛哉！

吾姊天性孝誼，温厚勅備，處李氏大族，毛髮無間言。子從姪崇明及婦，汔于成立，所謂世父枀知公者裔孫也。今爲行喪，若喪其妣。然吾宗娣姒以下無大小，靡一不嘖嘖：「我大家有人乎！」太君之側也，僕妾以逭郵，親黨以舉煬矣。卜今十月廿六日吉，偕子乾柩以仲父姊合，不肖爲敦葬事略具。

厥子士忠，逾齠。次士良，未離齔。女三，一嫁二在室。姊或猶是不瞑也者，不肖請終任之，作《邢大姊傳》以誄。邑父老子弟且以券質，我畢命不遺，子乾兒女子永永相藉云。①

①雜著本文前署「持大功服劣弟邢侗撰」，文末署「萬曆十八年十月既望弟邢佑、邢伉，姪邢王瑞同立」。

累封夫人葛大母傳

夫人德平太保端肅葛公元配也，以公貴，累封爲夫人。夫人父爲王處士，母盛媪。王在邑一切小腆，諸孺子女及孫無不競騖華飾，而夫人獨從娖姆坐帷廧間。即素非誦習，而天資端朗，于班大家《七誡》若夙洞諸其胸中。年二十有二，歸端肅公。預謂父母：「兒適士宜士，奩固應嗇。」盖歸公而薪菜鹽、炊食器、席薦之具，無弗親操也者。又夜必纘鐙緝，佐讀躬躬，抑畏奉尊章，務極志體。里中穪賢婦焉。

公以解額第一舉于鄉，公所從授經邑唐令計出赤仄三百千，爲公食飲及首塗費。夫人謂：「公于制有棹楔資，大方伯國中爲縣官禮士至矣，而令乃益之，其何以辭？于閭黨謂始進何？」公頷而却之。迨成進士，倅彰德。夫人勸公慎獄，每曰：「骨生人易，肉夗人難。」公卒用穪厥官。尋爲司馬尚書郎，譏關山海署。園有桑，夫人乃親蠶，又風公謝高句麗貨遺。已，公郎儀制，值世廟臨朝肅，珂馬微動，夫人已起視厨矣。及公督中州學用括帖，羸憊寖劇，夫人不解衣帶者浹月，而疾以平。公積資爲叅知，爲廉訪，爲行省左右丞，夫人皆從會。以行省上計取道，舍舍中，夜從燭次見姝者，咲謂：「夫人嘗我耶？」亟屏去之，不敢置妾，金鄉人兩重焉。嗣是爲撫中丞，爲司餉侍郎，爲少宰，爲南大宗伯。時當貴溪、分宜虐焰薰天，海内靡然變易，而夫人儷體飲冰，輔成清德，實罕厥儔矣。

公由南都拂衣歸，君姑垂八十老也。夫人所爲朝夕饋漿，省牏厠，無異新笄。君姑甏然曰：「無以報吾婦，願吾婦有子有孫，皆如吾婦孝敬。」頃之，君姑違鼎食，夫人曲尽禮制。公以不勞終制。公詔起爲大司徒，會以公子貞慤君行。君顧御一羸，如農瑣人，不蓋不車，困踣黄埃中。見者驚謂曰：「此田禾公子耶？此其所繇産賢母也。」比舍京，公日條上封事。君從子舍任薪水，又時時爲公商訂條牒狀，卒以勸劬不勝卒。夫人聞而哭之哀。已曰：「兒奉父以孝，書生而憂國以忠，單騎不輿以義，以可矣。」

寂後公起爲大司寇，遷御史大夫，夫人篷車而隨，事必内圖。于時故相華亭見卿于新鄭相君急，公退色慘。已，告夫人故。夫人乃曰：「我家何用負華亭，而華亭辟倪之。于誼，新鄭通家也。今日之事，宜論曲直，不宜論恩郤。新鄭任文内，而華亭任釜魚，公意何居？」已而，江陵又卿新鄭。夫人曰：「此所謂雀彈之喻也。吾聞公言，鼂錯詆申屠嘉，而嘉以以；袁盎譖殺鼂錯，而盎亦亡。諸相相殘不解，卒亦漢臣之續耳。且王大臣故游閒，嬖奴胡與高相事而必欲誣服爲？」于是公争兩事，皆得不坐。所株連若戚大將軍、若陳内黄門，咸以無恙，夫人有力焉。

公弱弟五、女弟一，夫人撫育保持，不疑非母。及叔捐娣謝，半遺子女，則又相呴以濕，相濡以沫。蓋舉屬毛離裏之屬，下及多睦千指，夥如也。乃爲晝一其制，門内整然。夏則予方空花練有差，冬則予吉貝毾㲪有差，婚若嫁則予綦綺衣補有差。殀則予兒襆，喪則予幢帨，出則予崚帞，處則予甲襜，均齊方正，略無低昂。生齒漸蕃，遂至居恒遮室，身恒遮衣，迨七十年，一庖五世，肅肅如也，雝雝如也。

夫人作法良峻，行意寔寬。孩幼孫曾延師就塾，僅一裋褐，不得名半鐶，曰：「撲滿喪志乎？」乃至房幃篋笥，則又扃鐍不施，曰：「八荒一闔，而我乃規規防範筐庋間，何其不長者也！」外家弟姪，擇可而周之。其周親黨疏屬，輒先外家。每誦明德皇后語，未嘗不惕然中警。終夫人世，王氏無一讕抵于科條者矣。

公素欽祖，禰時祀必虔。夫人以勑備承之，蠲户滌嘂，殽烝重酎，無不如禮。僮僮祁祁，夙夜在廟，若有睹也。夫人雅性勤渠，逮老刀尺不去手，居恒躬視澣及洴澼絖，不避皸瘃。所須旨蓄、配鹽、幽菽、即㲎、漂許，不假婢僕。至于命服斯皇，取而褚之，非嘉禮不輒御。皂綈冒首，大布被躬，心自安之。兩孫貴仕，時進采衣，非曰：「司服乃不給于鮮也。」

先是冢孫尚寶君，以水部郎奉使過家，懇請夫人北御，弗從。已，尚寶君就家拜屯部，復請北御，又弗從。尚寶君歎歎泣下也，曰：「母在，兒焉往？」夫人謂尚寶君：「第往矣，汝職在山陵，幸及于事而竣。吾老，尚耆饘粥也。即而父母無禄即世久，及今爲國勞臣，以安泉户，且博再命，及而父母，何渠不可？而固請留侍我！」老人恚，不食新矣。尚寶君唯唯就行，極身大役，所爲節約者萬端。晉秩加服，復用使命歸。歸而夫人迎勞而後喜可知已，曰：「汝爲國家省費金錢至四百餘萬，今而歸，自賜鏐幣外，敝書數卷耳。」以顧諸曾玄曰：「此何必瑞物，楊邁朱提糞土矣。」尚寶君使已，請急留。乃規城南地爲小山，數與其内恭人御板輿行園中，而後喜可知已。夫人曰：「而父母無禄即世久，而余老人撫數世而處其慈，而奉觴酒釂我，而遊我于林巒之間，而名行不至虧闕，可報先公地下矣。」

夫人年政九十，甫介眉壽，無幾而終。邑之人塗者行哭，戚者臨哭，如喪其妣。諸猶子群從，纚縗菅屨，苫塊與俱，不別其非三年之制也。夫人丈夫子一，即貞慤君引生曾閔儔也。孫長即尚寶君昕，次檢討君曦，先以省試繼端肅公第一人，一爲國楨，一爲國華，表表寓内云。餘孫曾以下，林立奇頴不具述，以有狀銘。狀銘并詳論祭合窆等事。

邢侗曰：「輓近世，婦道蔑矣，母儀尤堇堇焉。竊自意，古今不相及也。有如夫人，躬秉勞作，如鮑宣妻；佐夫辭不義金，如樂羊子妻；戒私舉火，如張待制妻；明見遠略，如齊國相妻。乃又曲意奉姑，如崔遠母；廣遊子孫朋道，如吳孟仁母；風厲勤官，如劉安世母；體卹婦孺，如魯九子母。此數婦人者，炳燿青史，孤矢腆顔，而夫人一身幾備之，柰何以世代古今論人哉！至于夫人身享大國，婁拜穹封，子孫擅世，黄耇康耄，則又前數婦人所不盡有，而夫人天人際會之極也。侗小子從世講姻戚末，執筆而爲冢宰司徒狀銘，後亦云幸矣。四履九伯，惟兹一母，斯言不阿，則以俟諸國史氏。」

同安高士傳

王君閩之同安人，名崇德，字道脩。以地有大輪山，自署大輪山人。又以意所獸詣，别署雕龍氏云。君家四世同炊，孝謹友睦，有齊氾毓、浦江鄭文嗣風，人以義門歸焉，所司標榜婁矣。

迨君生而頴拔，少爲童子儒。已而，棄去。一室之中，鑪香繚繞，川原四壁，七絃響荅，曰：「吾縱失之韋應物，猶可得之宗少文，奚而不可？」則又曰：「吾蠟屐亡恙也，而禽向者何人乎？」遂鼓一櫂，杖一筭，歷浙東西、豫章、東粤、吴會，中原兩都之佳麗，九塞之險絶，蹤跡半天下。所交與多名宰執要，進賢雋人韻士，把臂入林，時而分鬮刻燭，首低昂哦不輟。閒得一言片語，秀色可飡，泠泠自賞也。

君丰儀瀟灑，是裴叔則流等人。且胸鮮城府，口絶猥談，無長輿之槎蘖，有平子之落穆，居然名下士也。暇日心口自語曰：「彼夫溝中之斷而晉爲萬乘之器者，何居？」廼取旃檀一片，規昉刮摩，爲瞿曇即瞿曇，爲柱下即柱下。一時大紳要爲小像，瞥眼一過，神情宛然，抵掌肖其人貌，振袂攝其天姿。虎賁寓中郎之典刑，優孟倨叔敖之上座，方之戴顒削瘦于銅胛，殷蒨已慕于劉妹，以斯巧捷，不足奇矣。夫前良不得于書，則去而爲畫，不得于畫，則去而爲塑。君之指，將無同乎？少年或以意氣窺君，曰：「是技焉耳！」余曰：「不然，公輸之雲梯，諸葛之流木，冲之之機器，景山之酒鎗，士龍之馬槊，鄧展之蔗杖，此豈不名一技而達士韙焉！精心所極，鬼神所通，道成藝就，不可分合論也。」客又言：「羲之之文，以書相掩；淳風之學，用術靡彰。君之才秇，得無相蔽歟？」余又曰：「不然。君之光價在里揆，在韞藉博綜，即不擅佗長，庸詎爲害？客休矣！相馬以驪黄者，不知天下馬者也。」

江大母傳

泰山太守江君，治泰山政理甚著，薦疏凡二十上。一日函書及余，漬淚盈其函。余發書露狀，則悉其大母事，意屬余傳之。余企芬景烈，闡幽宣懿，其曷敢辭？傳曰：粤自班掾九品，不遺夫婦人；劉向一編，特標乎列女。良以柔順者從一之道，徽貞者未亡之誼，伊何而圖畫丹雘，伊何而流聲竹帛。夫麋鹿同夗、草木俱腐者，可勝道哉？而一孱婦人，質邁挺柏，心踰匪石，瓜瓞綿其綫緒，冠裳表其操閫，此不足坤維象厚，乾昊並隆者哉！

江大母，汪其姓，故名家女。十九歸處士公樞。二年，樞卒，有子在母腹也。勺水杜吻，憯甚塌城之泣；殯槥吊影，矢就投繯之烈。而以君姑吴嫗、伯姒宗姥，競相勸慰。文通之裔延蔓，冀其得雄；瑕丘之鄉付授，庶其無豸。母也汍瀾頷之，强進饘粥。距處士猷代之又四閲月，爰誕厥男。在門遘充閭之色，始嗄著成人之度。于是母氏濡燥必審，寒燠必躬，後房鞠養魏緝，儵其十旬；忍夗保携鄭果，浸其越晬。朱顏隻夜，青燈照人。庭蒿伍夫閒寂，朝哭宛如綆縻。且也左右君姑三世爲命，遭家中否，伯也爲政，公賦穰穰而蝟集，里豪眈眈以虎視。君姑朝露藐孤，秋葉有隕。伯也復亡，維母竭身營辦，奩幌洗然，廬舍他歸，室如懸磬。

久之，彼蒼悔禍，子壯孫毓，迨于清臣，秀擢賈頴，學成柳膽，獨以壁徒四立，禽嗛雙委。郄氏絶締于逸少，神夫致阻于河漢。母兮惻惻，胡以爲懷。比當壯子出販瀕海，資斧久殫，母率厥媳拮据口實。孫不給于飴弄，家未贍于腹果。蕭然屋室，略不動容。所恃清臣門承樸學之業，徒授壁藏之緒，束脩以上，餐膳不乏。乙酉之秋，清臣南闈獲第，母氏思芹永託，字詡有徵，所天齎没之志，其頼斯今以慰也哉！清臣借守岱畝，俸料差具，欿然負朱之瘁，兼罥風樹之慟，叩心九地，嗟何及矣！

今上在宥三十六年，歙諸生以母狀上邑郡監司。會直指宋公巡方竣，報母得如例，奏列天子，報可。旌其閭，竪棹楔焉。行義桓嫗，業歸膰于逮老；貞和虞母，佇賜定于易名。猗歟，休矣！

母得壽七十有九，仗節五十有九年，喪厥天，實惟二十有一歲。清臣名湛然，文章名輩，自爲母狀甚晰。所徵族尊老太僕公紀略，及諸宰執太史韻語，鑿鑿可述，具符于大人應感之會云。

贊曰：汪一嫠，少婦人耳，卒能克婦、克母、大江氏家，異矣。有美清臣，一枝秀出，可槩全林。江源于岷，母其岷之導乎哉！

工科都給事中兩峰陳公傳

夏邑之陳，徙祖繇金陵占箸夏邑，則自國初始十世以降，爲都諫公。尊人以安雖優麗厚曹歸善士。凡三子，長爲孝廉世德，里稱陳長公；次即都諫公，名世恩，字慶遠。兩峰，其寓號也。

公生而幼愿，亦復幼清。八歲就童子學，習肄輒兼人。一日，舉卷中書跽而問尊人：「讀書止估畢已乎？夫口耳之間四寸耳，文滅其質，腹嘵于舌，何以讀書爲？」尊人驚喜，謂：「兒他日當非章句儒。」公倍年成覺，書上口即莫逆于心。沾沾自整，將用厥習肄于家、于廷，意欲有所美七尺軀也。公尊人不甚束濕公等，而公母常太孺人督課極嚴，身坐流黄機，手不去瓢勺勞也。鄰嫗見謂：「夫人何自苦如此？」太孺人曰：「我乃自教兒。」于時，長公廓落大度，或從朋遊嬉，而公裹足不越户限，下帷不輟，寒燠以爲恒。儕輩間挑之遊，公正色荅：「慈氏作勞而吾乃逸，吾懼軻母之斷乃機杼也。」聞者縮舌。

孝廉公每對人家弟行步愼愼，無高趾，居諸不妄言咲，浹日不見喜愠色。讀書務究厥歸指：「以視吾弟，吾乃罔書生耳。」孝廉公固磊磊者，其家庭自相推服如此。常太孺人及其尊人相繼謝，公毁瘠不欲生，將棄故所習經。生言曰：「向者矻矻，妄意華膴路，爲二人計耳。

乃今而後，復忍爲妻子作緣耶？」久之，孝廉公泣相勉，乃相與理篋簪錯，大暢厥辭，名譟州閭中矣。

公群校且十年，舉己卯省試。又八年丙戌，舉禮部。未及對策，即謁告歸。歸途二羸駃犖，則以書數囊、童子跨其上，不勝負重故。公乃飭童子下徒走，二羸獨負書，始良行。抵舍，盡發市書及故藏書，漸漬沉玩。古文詞而外，獨注心經濟，曰：「吾向爲童子儒，不欲嵩嵩事章句學，而今且如何矣？夫宦學之與信而後仕，孰優？」坐臥一氊幾三年，几榻多穿穴。夏之人謂：「子大夫陳公面孔作何狀？」争欲識之，不可得。是時邑金令雅意下公，又念公謁歸貧，風公：「宜若有所言事。」公曰：「主臣，明侯不貴陽鱎，而過念某甚厚。」卒之無綾紋咫尺通焉。

己丑入封于廷，用次得保定理。保定隸粟米部，俗尚囂紛，相競爲武悍，多藪亡命，不可孰誰徒。而又乘軺使者動以十數計，中常侍父兄田宅于兹窟焉，自昔稱難矣。公直躬任事，一字不阿邑其上。會當大訊，堅意不納朝客書，即所當殊死若而人，篝燈披牘，丹筆屢舉不能下。既就爰書，疾驛以達，率不及拏及連㰍一切。中常侍稍有問遺，以好謂之，不入一串茶團扇。諸上官屬以官屬陽秋，片善必録，主在掩覆人小過。著置如列白黑，不爲漫語相應。稻田事起，公與其議，備畫南北土。所可否、難易、久近、害利、便宜，厥後所言靡不酬。

公在事日，中丞直指有所尉薦，必用公爲首。比詔察諸郡邑吏，召致闕下，難其第一者時，時宰意有所暱屬，吴侍御徐公抗聲誦言曰：「以某按行三輔，三輔吏未有正直忠厚如陳某者，合寘第一。」僉曰：「御史言最當。」遂以天下治行第一徵入，拜户科給事中，尋轉右遞，轉左公。觸事拜黄白紙，悉關國是主德、人材、民命之大，不樂爲苛細毛舉。輦下籍籍「陳給事真諫議」云。甲午持節奉使，乙未北入還報，遷爲工科都給事中。未幾遘疾，卒，得年才四十有四。當彌留，曰：「吾奉使所過地，目有所按睹，將以囊草言上。而今已矣。」既而家人檢其草，紙墨猶新焉。

公舞象歲從孝廉公，每罷讀，依依二人膝，于古所謂食已請餘、扇枕取凉者無異。其事孝廉公不殊厥考，終世無違言。念孝廉公無子，慨令次子嗣之。即丙戌中第，不及對策歸，正用孝廉公無禄，不勝鴒原之感。脱然仕進，不欲亟以印紱高兄地下，中有足悲矣。公奉使，便道憩于家，大治牛酒上冢，哭聲四震，若遭初喪，哭孝廉公如其父母。推財班給，親疏各有等，槖中綈皁、小物無少遺留，室如懸磬，猶故孝廉時也。

公五歲，與群兒過城隍祠，因而病悸。居頃之，憬然大寤曰：「適見祠中神來醫我，振册示我，令我毋泄。大抵中寔讖甲科，諫官子孫種種。」公生不偶，靈書告之矣。公偉幹，美鬚髯，風采蔭映數百千輩，宜動靈書。孔子不語恠神，吾則何知？吾則何知？

公元配李孺人，備母儀婦德，今晉封太孺人。子男三，長陛繼公成進士，爲臨邑、歷城兩邑令，聲蹟卓卓冠百城。時以高第徵，猶公保定已事焉。次陛，又次墀陛，即出嗣孝廉公者。兩君競爽行，繼歷城公已事，並名震旦中。諸後歷城起者，林林皆儁材。侗事歷城公久，竊與有獨知，契命侗傳其先，曰：「陞先諫議，束脩力學，勅厲以迨没身，年位俱未慼，生夘有餘恫。願明公哀憐之。」侗曰：「楊諫議先生先之矣，侗何敢辭？惟是齊人齊語，安敢以旄敦測泰山？要之，當實不浮，藉以差逭厥罰，儻其可焉！」

廣川何氏二節母傳

何氏之先，故武也，代爲百夫長。至文卿冠鶡，世其弓冶殪斑，擅其雄捷。每曰：「義烈忠憤，人所珍貴，柰何棄之？」受室爲王氏，生子大清，厥媵繼育，爰有大洪。大清貞亮文雅，頓謝桓桓之習；簡重歛藏，不爲矯矯之行。里人穪之。受室爲鄭氏，繼宗、顯宗生焉。

先是文卿捐舍，霜鵠卑栖，厥族無良來鬩于室。遺槖見蝨于狼毒，藐孤垂噬于梟縱。兼之逼嫁弗悛，刑翦自衛，而又妄姒之男野心，羊舌之家幾敗。所賴大清唱隨諧愿，慰藉相沫，而鄭斁江効安養之節，對鷄成不言之化，未亡一綫，庶其寄之。廼者昊天不吊，大清云殂，王媼瘋憂，尋亦告逝。何氏之室，一寡婦人鄭，挈兩孺子，煢煢耳。無何，媵孽爲虐，視昔尤劇，若曰：「嫡怨將讐之嗣人，丘嫂奚庸以羹頡。」比乃恣卷土之强横，甘覆巢于戕賊。嗚呼，鄭媼危矣！于是烏㹠洞其赤心，鴈鴻厲其嚼掾。晝而居作，夜乃防禦，鰓鰓焉，罜罜焉，寓陽剛于婉嫕，拯生人之死力。彼孽率其獷傲，則綠草奪貨；任其攘捲，則車帷取質。攄洪之過，不勝任昉之誅；若洪之爲，豈測文通之跡也？嗟哉！鄭媼懿乎顯宗，天忽悔禍于何矣。

顯宗禀教畫荻，怵懷斷杼，出之虎即之餘，空諸驥群之表，高秀挺于貞閟，茂異彰于德閈。體洪正業，則落夾者面慙；用綜六秇，則偏技者舌縮。竹笥木屐之居，麥屑葱葉之飰，處之恬如。而乃奉蔆竭其二簋，連跗歡于三荆。竊就時賢之品目，則仲由負米，季江共襆，方之仲子，今古一揆矣。夫發諸積厚，則姜郎赴永平之招；靡于刑于，則丁氏輯扶風之書。詎惟九族亦誕八埏，行見王吉抗薦于桓筵，穆公賜號于母師也。

臨邑烈女傳

賈媛者，邑人賈儒女也。母苗氏，不宜子，生三女，最後爲媛。父母絶憐愛之，比於當户云。儒故窶人子，僦舍賣漿任質，無他長。縣大夫令以木鐸狥衆，猶鄉三老矣。二女俱嫁爲邑人妻，媛以㝡幼，最受憐愛，澳釜爨脂，矻矻作勞。居平寡言語，絶去薄僞，鄰人嘖嘖：「賈氏雙鬟兒，何必愚弱男子哉！」先是許聘郝家兒尚士矣。尚士從里師讀，不難一學官弟子員，而媛今歲垂十六齡。郝家擬是月十九日吉，以新婦歸，而尚士先七日中疾死。媛聞之，墨不以發也。

頃之鄰許媪過勞母，媛以問請媪曰：「兒許郝氏長久矣，茲且臥地未收，兒隨母詣哭，其可乎？」媪爲微母前，母啐媛謂：「騃女子，談何容易！老婦閨閤未深，兒安得以未婚出吊？」媛頷之。再日，天薄寒，及昳，釃酒向二親，手自斟酌曰：「阿爺身無冒絮，阿母操作勞苦，請各畢一巵。」父母爲釂。已而街皷微動，佯入室憩，乃檢待嫁衣補而潔新者，更衣之，即竈前桁自經死。

詰旦，邑孝弟秀民報我大夫劉公，公爲舉幡召之，曰：「欲吊賈女者會此。」不須臾，青衿子滿百人。大夫躬率臨問，出俸錢厚調棺殮。學官與俱，鄉大夫家侍御公以下亦與俱，各爲文吊之。大夫爲先榜貞烈，豎旒旐，一時觀者如堵墻，麾不能去。聲震閭巷，車者式，騎者立，徒者累足矣。大夫崇朝爲奏記，中丞、御史、藩臬、督學及郡請上書闕廷，鄰封二三大夫誄詞亦絡繹踵至焉。

杜下史曰：「天運循環，歲餘遞更。譬之四時，儵其秋矣。」習沿俗澆，坐罵立誶，士風之不競而女德戛戛乎難焉。即令父勉兄勸，長諭友戒，言提其耳，決燥口吻，聽之藐藐耳。外猶象人，中實敗絮也。賈女居無鳴環下堂之誡，家鮮詩書絃歌之漬，厥父歡伯，爲業壚頭遝雜，而媛乃頹然人樸，至性不移，蹈夘如歸，嗒焉長化。彼亦何知異時之丹簡、旦暮之青雲哉？德厚流光，自無容泯爾彼夫截髪嫠耳。引劍湛水，史不勝書，方斯絶紀矣，又何論夫虧閑爽操、人面獸行者耶？

我邑十年以來兩見貞節，馬淑于嫕，賈參以三。睠茲大誼，如彼美實鼎作人立，覆亂胡懼。於戲，皇皇烈矣！繇今不腆之邑，觀摩象德，蒸出和氣，父不虧明，母不震動，子不詭言，將班史所稱重見再徵矣。則用此故哉！用此故哉！①

①雜著本文末署「萬曆庚寅九月既望」。

朱方伯先生傳

朱先生名袗，字汝衷，黄州蘄水縣人也。先世家樂平，顯卿始遷楚繇，曰：「北海有鯤，廼徙南溟。鐵冠丈人荷鋤止畊，九世其興。因携家過蘄，道徑油河，適天雨，見老人戴釜而來，驚與繇合，遂家焉。」八傳至中憲公，名文奎，配姚恭人，生公。

公生而岐嶷，稍長則好觀《理學名臣録》，屹然以聖學自肩。嘗曰：「丈夫提躬繕世，不如是，安比人乎？」乃刻意敦行，所茹啖攻苦，一稟度薛文清、王文成，而發城抉樊，時與紫陽小有異同。比業與麻城耿公在倫、蘄春顧公子良昆季，以名理相證。嚮廼累試不如仲公捷，年三十餘，未補弟子。太公力以穮蔉教之，不可。冬擁敝絮，夏揮汗御燈火，每逾丙夜，鄰寇郵里人盡引去，先生尚伊吾斗室。未幾，學使者王公録茂才。邑有爲諸生冠軍者，善睥睨人，從鄂渚道上揶揄先生曰：「咄咄何爲者？」先生地忍之。已而，舉壬子省試第七人，揶揄者媿，匿不見，先生竟步門謝。先是聶臨川大年嘗誚王太保，直直不爲憾，及大年卒，太保泣銘其墓。里中以此辟先生，知先生意固自遠。

其明年成進士，爲徐文貞公門人，拜官大行。會分宜相柄國，好私庇其鄉，而陶榮康復以方術爲先帝所薦寵，官累宮保。藩臬以下顒嚴憚爲容，先生於計附分宜者，第曰：「余家楚已久。」竟不籍。持節唐藩，徑南陽，望見榮康，倨不爲禮，此真媿死裹詬者。丙辰擢南床，歷城江諸巡，首捕水光火光諸巨猾，置之辟，騆儈輩無從漁。置市籍平賈，猾賈無從踴騰，大府中貴人亦無從低直抑僦費。江上諸偵盜者與盜盜青陽南陵，諸豪家實窟之，則移書監守洎諸介冑曰：「卒不詰盜，吾當問卒；官不詰卒，吾當問官。御史舌本無恙，君試自爲計。」書去，若屬脅息。復條畫方畧，下諸部所在，盜平。前後抗疏諸如投劾世蕃、論罷採蘗，皆關切崇竑，無復擿觖、屑瑟、薦噂、詆娸以自就其聲者。按部，罷一切供帳騶導，人莫識。爲惠文報政最，以無援，平調常州。

常故饒，值兵燹水澇，俗駸以敝。先生訊諸故老，詗其狀，因與民除苛解嬈，約法抯嗇，際無旅帛。肅客菫竹箸木豆，大筵不盈十簋，酒三行罷去，一切庭實貯外帑，備酧給。婚嫁喪祭，一稟度古禮，不得踰，踰者罰無赦。風于有位，小出入劼毖不貸，至戆直蒙詬若宜興郁令者，必請命諸臺揄滌之。繫獄作苦，則窮竟舞文吏，而庚置五更於廳事，諸得已，從容喻辟，誘以好言，震以博慨，多有抱犢涕洟而出者。要囚所麗服，念至旬時，求生不得，攢眉繼之。猶爲計橐饘，增梐枑，敞甍榮，寬鉗釱，預糜蘗，歲時無乏絕。累三年，無一胥臨屬，屬越訟必封還，間有反除白罪者，以此人人感泣。薛考功應旂居五牧，主盟中原，意不可一世，而獨稱説先生治狀，大抵與安福劉太守實生平清强相伯仲云。

尋擢陝西備兵使。去，士女遮道擁留，謀爲立祠繪像，以祀中逵。貽書讓之曰：「碑于石，水火不度。碑于口，日月不漏。諸君惠而好我，願無以不漏易不度。且末世宦取近名，無問治狀，才一蓬轉，即示意于所嘗交好者，令以畏壘從事，千秋之舉遂成。故常願諸君無以故常向守。」士民捧書，泣數行下，祠旋立。且止閲歲庚子凡三十有七年，先生墓栢拱矣。而梁谿鄒公彦吉、宜興吴公安節爲先生門下士，復鳩，其長年祠先生於東郊，而屬其記於雲間馮公。嗜嚄，先生與輓近借交獵聲、詭故旌遠者同乎？

先生至陝，治臨鞏事，度地無如金川險，乃城金川。昕夕訓練斥候，望烽燧不得臥，虜不解，非復昔日。阿西私與番合寇我金川，我金川兵與殊死戰，不决。先生率步騎逆其顔行，虜折北，不救，從間遁。然御先生甚，已復犯靖虜、弘化。先生自决戰如前，而别遣死士縱火焚其營，遂大潰虜，獲牛馬鎧冑無筭。幕府上功，天子爲賜金綺勞之。虜自是無復西窺，而番益斤斤抱頭鳥鼠竄。河州茶市皆相顧驚曰：「此曩所指麾捕首虜夫也。」率戒無犯邊。然三軍以是餒且驕矣。庚癸之呼，呰聞先生督邊餉自不乏，繇諸侯王與吏胥因緣作奸，因請于當事，窮竟讞讕奸吏，誅諸侯王，悉從疏絫。即金壇王長子虐戍其賓客厮役，奏錮鳳陽弘化僧，秩二品，以睚眦詔獄，廷尉不能屈。先生諗番性好鬼，令群矢於神，而得其情，復奏，當罰馬躧嗷各千二，輸太僕，望之成雲錦。一時臨邊肅然。

于時黔國不譓，横桀已孰，廟議思得者碩彈壓之，而先生西陲固嘗懋奇功，乃以叅知滇。故事，藩臬甫到官，應謁黔廟，叩必城下，如人臣禮。先生艴然投袂起，引天子廟儀譙讓之。迺排庭唐，闌入廟中，拜，成禮而去。黔國恩，偵其它辿，以諸玩嘉貽仲子。逢仲子母，訶長鬚而遣之。滇故有金冶，委人多乾没自濡，事覺嫁瓻齊民，已嚮其利。皆有没四千金者，同郡人也，先生訊之如法，不少假。諸被嫁瓻者，盡曠然得平反。比同官若藩司陳公善、臬司徐公栻，皆名德祭酒，迄今三大夫顆鼎爾之。

是年爲隆慶庚午，先生揔裁秋試，得人最盛。冬，擢浙江按察使，旋以右轄復之滇。其明年，姚恭人卒，自滇奔歸。服竟當出，中憲公亦卒，與寧。家食連七年，哀毁骨立，兩喪一如孺慕。樂不御，味不兼，瘞骼施槥，療病粥饑，好行其德，絶無意小草人間。而兩浙之命又下，先生固戎政而領鍾官事，賴勵精釐滌，故家大豪遂無敢僞金錢者。遭里相有父喪，議奪情。先生上書，援宋富弼及劉珙故事，風之歸，而函兩吴縑爲賵賻。相謂：「先生易，已恚甚。」自度不能以選耎回相意，竟老病自劾。凡再上，始得請，而别武林。舟徑毘陵，毘陵故先生故蒞，父老子弟争持牛酒逆其境，勞苦如平生驩。搒人不得行道，故數日揮涕爲别。送之京口，扶携而登金、焦兩山。送者見步屣不須靈壽，相與欷曰：「誰謂乃公老？不屈乃老耳。」酒酣，坐客多戟指詈故相不已。先生起謝曰：「吾自欲歸，縱里相憐而容我，我能以齵然之齒鬭蜉蝣之歲月乎？」識者心高之。

歸則服食廬舍，如寒素，蕘夫牧竪亦暱就無侮。而追尋舊盟，與故所善耿在倫、顧子良諸先生倡正學，益力第。諸先生顒摽隻字，煩辭説，廣延高足以識其門户。而先生獨壹意闇修，慔慔嫪嫪，篤行之爲務。居恒嘗言：「今世學人，聽其言皎如，按其行穢如。目皮道學，眼孔知能，所謂終日吃飯不曾咬着一粒，終日穿衣不曾掛着一絲者，近是。」最後學稍旁及釋典道言，蒲團不輟静業，然嚬咲杖履，齗齗一軌於萬矱，而絶躭空沈寂之弊學。人間以儒佛咨，噤無答曰：「吾畏聖人。」于族慕文正忠宣家法，義田、義塾、義宅、義丘，所在而是。族之貧者待以舉火，讀者待以援師，無室家者待以婚嫁，鬻異地它姓者待以收宗，無歸者待以殯。零丁閔，凶弱植，而孤援者待以魚沫而卵翼推之。媚戚里井，微不恩施，旁魄層累而遞及之。有司推轂東山，堅辭謝去。非賓燕，邑長吏不得接。至事不便民，民抑不自信者，輒移書别白之，嵔嵔秘不令人知。鄉人竟德之，謂：「前有端簡，後有朱公。」端簡姓劉氏，前大司馬致仕，鄉人甚德之云。

始先生縣弧時，先期有老衲持摩尼叩門，言：「三日後當産異兒。」如期，先生生如達，母使監奴追衲子，已趺坐化去。逮下世，復有深衣玄裳者，若而人還榻而請喻度先生，殆去之清都玉虗矣。而遐邇赴泣，族屬哭殫哀至服盡，亦人緦麻三月。形家相朱氏先塋居華桂者，自佳城族而謀奉先生遺骸袝之。仍即塋前築宫，以祀伏臘，泣奠如初，而走下雉。吴公明卿勒珉爲紀其事。

先生生平熾懿，更僕不易，語具督學鄒公彦吉墓碑、宫諭顧公太初墓誌中。客有鄉余問：「先生友孝收族孰與邵公寶？清强介貞孰與秦公紘？薰修實踐孰與賀公欽？戒利遠名孰與劉公大夏？不辟權倓孰與章公溢？夷易真簡孰與薛公瑄？引賢推士孰與章公懋？設奇摧敵制勝尊俎孰與劉公天和？」余謂：「客所爲寫照先生，良真至，而姑以此嘗余，余敢妄爲持論？必諸先生合併而廼當先生，先生其具體矣。」《誌》所云：「貞弗劌人，介弗傷物。」《碑》所云：「若濃若淡，若執若通，而之于大中。」殆庶幾乎先生哉！

先生伯子期至與余同舉甲戌進士，歷官河内守，河内人從祀寇公祠，有《王屋稿》十二卷、《覃懷録》二卷行于世。仲子期昌舉庚戌進士，與余友黄岡王伯固一鳴、黄梅瞿孟堅甲、麻城周子中應嵩、子良應明、黄安吴敦之化諸子，結社爾詩，號江漢間十二子。蓋楚才章光先德，詎有艾云。

邢侗曰：「余與先生伯子、仲子交，爾世誼云。習先生所行事，籍剷分宜，道辱榮康，兩缣唁江陵，投袂折黔國，即古汲直，寧有加焉？乃居常好行其德，讞獄務祈其生，少年嘲，反爲謝，權相敗，不競名，抑何深隱篤摯君子也！不剛不柔，厥德允修。」睿夫謂：「先生學有本原，絶似咎繇。而舉書慎，厥身修，以爾不虚耳。」竊恠先生哀然理學醇儒也。今試檃括其終始，出異兆而没異數，象教家宿命通之説，亶其有之。儒者罕言命，固不得並黜命。寶臣之去來，草草乎哉！

諸清之小傳

諸清臣，字清之，越之會稽人也。山陰多冠舄族，而諸諸尤以人門風雅擅閭。左右稱清之生幼達，於晉諸王中可擬逸少。目下數行，占費十史。若夫制舉之業，含醇藴藻儕伍，却步不及也。一再就童子試，不售，去而發憤游京師。其游，則以尊人客燕市依諸郄下云。一時館臺名輩爭慕説與清之遊，庚遞從臾，占籍近京邑，文筆日上，視一青衿若掇矣。會言者求多，四方士不宜聚溷都邑，躐終南捷士以散去，而清之亦復發憤去京師焉。

清之故羸秀，然而氣尚感慨，浸之薄制秋而爲塞外觀，白檀、盧龍、醫閭、樂浪、玄嶽、桒乾、蜚狐、句注，靡不歷。所至，督撫監司郡國守相縣道諸長，無不上客致清之者。清之簞衣交輸，幅巾紈扇，槃跚顯者，門若遊蓬户。諸公大治牛酒，以得清之一顧爲幸。呼盧鬬博，藏鬮投壺，相與爲布衣歡。先生温然酒所，合周公瑾、何次道成其四體，人人以晚遇清之爲恨也。

清之僑寓邊庭，浸淫五車。文祖六朝，組造綺麗；詩窮工絶致，若琢玉葉，人力盡而天巧侔。書原魏、晉，下迨隋、唐。臨礬終日，油脂繼晷，輒忘其疲。間以餘適揮霍雲烟，渲流花石，匠心所詣，卓爾名家。置之趙子昂、黄子久、王叔明、倪雲林座，幾不能辨主客矣。

業成，欣然自賞，復悽然自悲。時聽胡雛奏笳，嗚嗚和之，壓以胴馬，胡婦競前，衣裾嫳曳，清之亦勃勃柘枝伎癢，裾舞不休。斯時也，爲楚聲而咏沙門雲合、北鋌蓮旋之句，真覺身世之兩遺也。

久之，忽動中原之思。躡履而過二室，擘擘三花，徧讀碑板而樂之。尋乃有意齊、魯講業之都，登泰山而陟其巔，下瞰齊州，都若培塿。已，之海上翫海市，眺蓬萊。觀庶幾止矣，乃廢然自誓曰：「人生七尺，在宙之幾何？而日咄咄馬蹄間，不虞宗少文咲人乎？且篋中之業而欲于馬上竟之，吾誰欺夫？吾尊人洧盤之景偪矣，吾親不能遠窠臼，而吾乃逐逐事遨遊，人子之謂，何雲門勝地也！又吾家，山也，速營菟裘，吾將隱焉。」

其作室，率味乎白文公山木留皮、紙閣蘆簾之旨，而規裁之。曰：「吾以繚虹爲棟，閒雲爲堊，其可乎？中頓繩床棐几，筆格書程，佛道儁函錯雜盈案。向南榮以晞髮，就北牖以納風。長鑱夕以掘藥，苦菜午以供飡。山泉冽其如酒，崖蜜甘其如飴。用而爲吾親一日之餉，將南面百城不與易矣。且吾躭躭與逸少結終古地下緣也，躋高丘而望焉，苧蘿之墓道在也。俯仰異世，晤言一室之内，逸少其頷之乎？」因爲之歌曰：「吾之鄉足剡溪之藤兮，其斫以箸吾詩與吾文。吾之庵饒零陵之蕘兮，其截以肄吾字。」孫登在前，清之在後，長咲振籟，鸞鶴鼓吹。所謂盛世之逸民，亟返以還其真者耶？

來禽館集卷之十三

墓誌銘

累勑封孺人亡妻陳氏墓誌銘

余邑穪科第蟬聯者，惟余不腆河間氏。而家累鉅萬，任俠慷慨，則歸兩陳翁。陳孟翁尤慕義好施予，則余亡妻孺人之王父云。孟翁生蘭陽主簿完，是生孺人。蘭陽公少通經術，内行醇備，而其配夫人于氏，則畿内亞魁于次公之妹，於吾邑穪女師。于夫人凡生兩女子，長適余從兄佃，次則孺人。

孺人數歲從之蘭陽官，無何，二尊人皆暴亡。而適余從兄者姊，將孺人歸。歸甫八歲，蓋蘭陽公無三尺之胤，而余孺人以一孤弱女子無可棲托，則吾母夫人女蓄之。吾母同生六女子，介孺人其間，不問不知其異胞也。吾孺人視吾六姊妹，不遍舉匕箸不食也，不俱眠不就枕也。蓋自八歲如成人，即不自謂陳氏孤女介在姑愛女間過自挹損，乃若自托於吾門冢婦也者，志意復揚揚矣。八歲又七年，穪有家。而余時就外傅，兄弟子侄群處一堂，不時時窺閤門，即間一入臥内，孺人不色見也。

余十有八歲應拔萃貢，又二年，叨薦京闈。僕僕車馬半在長安道，而孺人猶女侍母夫人，一襆被從夫人床笫間，不知其既有家也。經歲無一語及不肖，不知其在遠也。不肖尋舉南宫，視刑部政，孺人隨之京。已，領南宫令，孺人復隨之南宫。居邸中可五歲，身襲嫁時衣補，簪珥無華，曰：「廉吏，君好爲之。所媿新婦不能爲廉吏婦耳。」竟任未嘗私市一縑帛。乃歲時生日，則手製輕吹純綿及甘臇茗醪，封題寓里中，問尊章萬福。家僮回報亡恙，則謂：「余舅姑冉冉老矣。新婦一日之奉及里門，則一日朝餐下咽。未知狄公之妻當年作何狀，有如新婦無似，倘亦寛君家望雲之思乎？」舅姑從里中數數稱「賢哉，婦矣！」

余以庚辰被徵爲御史，則孺人復隨之京。居數月，余按鹺三河。已，按三吴。孺人兀然一室，晝督嫗婢紡，夜篝燈刀尺聲不絶。臧獲數百指，所須衣褐，半出手指。即朝晡所御食，率用疏糲。吾母夫人時時甘滑餉，則以食兒女。母謂：「新婦何自苦乃爾！」曰：「良人以身勤國事數千里外，新婦坐享榮華，復自逸美服食，他日何以謝夫子？不亦隤吾姑勤儉家聲乎？」不肖比隨例出爲楚衆藩，孺人兩度隨之楚，兩從樓舩渡大江間。從舩窗一覿江山之麗，則曰：「閨中婦俗在東鄙，夫安得浮家泛宅於此？此無亦千百不一覯遭乎！」丙戌，余復量移秦太僕，兩上疏得請栖里中，而孺人八月有身矣。及有身，頻夢恠，因奉觀世音精虔甚。數卜課，得凶兆。彌月，身忽腫，檢方書於法謂「子脹」。按方雜進諸藥，孺人摇手不御，曰：「吾病則病耳，安可令生子腹中仰藥乎？」小覺患苦，未一日即床席。于時，按使者毛公過臨，猶手辦脩脯，曰：「諸婦婢安任此大賓飣飣乎？」頃之，同年友陳給事廣野促余小晤四女樹。越一日，而孺人臨蓐矣，愈益患苦。免身得雄，旋不育，即厭去，幾不起。已更數刻，復蘇曰：「吾病如脱矣！」余自道中亟趣歸，臨視若常産，小喘不足異。不肖喜謂更生，都不悲。又越日，及午，喘甚。諸醫環診，進藥不奏效，氣且不屬。呼姑曰：「新婦平生賴母撫養，涓滴未報，今復以小兒女見累，夗且不瞑。」復呼不肖曰：「視兒！視兒！」更不復及他，但嗚嗚作哭聲。余謂：「夗不相負。」亦猶頷之者屢矣。至屬纊不亂。吁嗟乎！蓋孺人平生不食牛犬菟鹿、魚鱉水族之屬，曰：「即快一時口腹，獨奈何不虞他日免身乎？且婦人安可以滋味悦也！」吾每服孺人明達，不謂竟用免身夗矣。吁嗟！天乎？痛哉！

孺人大抵賦性沉毅，色笑不輕，衣履不受纖塵污，即平生無寸縷粒米出中門。外家之親有所請，曰：「吾爲邢氏家秉計，安得長河之流充此漏巵乎？」少精描刻，已，棄去。曰：「縫裳，吾事耳」。其於中厨若出天巧，備極南北之致。余遊道廣，而孺人日備數人之饌，必親必腆，常至亭午不御食，憊甚矣。余性韋漫，而孺人以莊簡佐之，以故無大小臧獲，憚孺人憚於不肖甚也。

孺人自十七八汔今，間歲有身，凡産四男子。其三殤，今一獨存王瑞，年九歲，頗韶秀，能讀不肖書。其最後殤子，則東光兵備副使馬君允登許與爲婚者。女三，長適齊河都督尹君秉衡子功懋，次許禹城鄉進士楊君士鴻子瑞明，又次許樂陵營田副使史君邦直子高先。孺人凡兩得封，俱稱。孺人生於嘉靖三十一年十月初八日，卒於萬曆十五年五月廿二日，得年三十有六。卜葬於城北新兆毛家莊，掩壙則是歲臘月六日也。

葢吾郡于鱗先生狀其内徐恭人也，曰：「恭人，人樸耳。」夫人樸之稱，無乃質勝乎？而我孺人謝絶脂韋，誠樸矣。至人倫物理之鉅，以及米鹽履屧之微，無不曉暢當實者，則又不亦慧甚哉！夫樸慧兼而女德庶幾矣。吁嗟乎，此吾所以不能一息去懷於孺人，而負有裂腸之痛也！不肖生有三十七年，其於俯仰之間差稱完善。居恒亦汗下，於天道忌盈云者，不謂俄而降割，逮我孺人。吁嗟乎，身當之易耳，而令生負裂腸之痛！何必度巴峽聞夜猿乃下淚三聲乎？生平人理盡矣。

竊私念鉅公長者，海内契分不乏，豈無能藉一言寵光逝者，而文勝掩實，實用滋愳。故不揣駢謭，略爲志之。如此葢投筆欲絶者數矣，乃復抆淚而系之銘。

銘曰：「生而樸慧具女德，于歸無良供婦職。兒垂九齡領負奇，母兮見背天何知。余忖度之行不虧，何因降割逝如斯。青鳥之儕江與巫，爲余相冢毛家區。皇天后土式相之，死者妥兮生者治。」

中憲大夫陝西按察司副使章丘逢原張公墓誌銘①

章丘之張徙自棗强，徙祖曰某。其徙以金河决故。按章丘牒主名可紀，爲從政。從政子文顯，降而紀，而能，而雄，而鸞，而焕，世種厥德。焕季子采，肄儒爲諸生，器業卓犖，晚封文林郎，獻縣知縣，里號封翁。元配封孺人，是爲李太君。凡三子，長即憲副公，署號逢原，字子發。汝藴，其名也。

公生而外樸中慧，孩而多疾，父母靳就塾。稍長從青城楊君遊，書一目即成誦，授之大義，了辨如響。未幾，隸學官弟子，試輒冠同曹。孤立行一意，不逐時好，下帷矻矻，生産有亡弗問也。直指吴公觀風試，列名第一，品目起東秦。濟南謝司理延爲子弟師，公傲岸据南向席，略無假貸，于司理亦無所曲折。踰歲，未嘗闞説片言。人謂公：「君于郡都尉如此無裾乎？」公曰：「古爾廉裾，吾裾庸何傷？」是秋癸酉，登解額高等，連上南宫見落，則曰：「吾二人冉冉老矣，吾啚所爲娱諸郄下者。」乃去之柳村，發憤理篋，與陳獻柬諸先輩及胡文學日夜討論，文筆遒上。

庚辰成進士，以次當令領東安。東安在京兆部，中常侍田僮無筭，罔胥史與市猾轉轉爲囊橐，地又盜藪，元元之民敝也久矣。公至，先察不法殊尤吏，一人適于嘯聚衆第，殲厥渠魁而止。故盜十數豪首竄入民兵，躭躭伺便將有啚，卒之無郤可乘，相率投繯死。丈田得粟沃位隱若干畝，匿户陵海若干丁，俱及隸籍。中常侍伏田多出，僮亦無敢跳出入，盜漸逸他竟。公曰：「邑垂衽席矣，而陽侯每虐爲政，奈何？」于是插樹築土，亘二十里，猶金隄也。一日，渾河溢，公立爲文禱之，河以不害，畿人異之。公夙昔留意學校，斯則益脩明禮教，月朝日望。朝廟已，則進諸生，講德析藝以爲恒。飾宫浚頖，不名帑一錢。東安安，師帥父母焉。

于時，獻號衝疲難治，當事表公以繁移獻，報可。公嚴裝將發，萬衆枳車不得行。及抵獻，諸用東安治以治，而愈益加勤。曰：「吾而伎伎綫綫焉，將爾過使客之不暇，而暇爲黔黎計耶？」乃爲補苴蔆䕬，杷搔複陸，量可而行。如汰積收，公審編，均驛騎，一切皆當邑人跂望。嚴不苛細，時袪深文，如唐郎中、齊秀才兩家獄，咄嗟辨雪。不局成案，壤比競相質成，公一一爲平反。爰書確若弢鈑，上官不得更易一字。即上官意或有所上下手，公倜然弗聽也。久之，新廟學緝邑署成橋繕堠，又以餘力及文昌閣文翰亭，職官題名碑皆手自記勒。邑故無志。公帀月著爲成書，贍賅出諸乘上，視東安尤班班可述矣。

滿考三年，治行爲三輔㝡。受勑兩世立俟徵書應公車北。而會墨守與公素鑿枘，公又扑其所自近畘穮葦，某守浸不説，遂風某言公不法十事，從中力持，至奪印聽勘。直指監司按核，某言實無據，坐當比。因更得公治狀，裦然舉首。而會墨守以墨聞，口語不無連欐，遂罷公車，僅遷南京工部主事。當守敗對簿也，日跡公執誰狀，不可得。公實爲守數陰諫，乃得未減。守乃自訟：「張公，天下長者，吾宜齚舌自殺。」

公泣南曹，時弇州先生爲大司寇，見公所爲詩，嗟賞不已。曰：「一昨得子愿，今復得子發，濟上何多賢也？」因序其詩，付剞工，遂定石交。公先監寶源局，一再搉龍江、蕪湖，最後理街道，商民交口頌誼。其所當監搉，吏人咸惴惴三尺。即有少羨緡，趑且數四不敢狎暮以進，銑然寒慄比于凜冰焉。滿三載，考當如都，擬過家爲二尊人壽。一時名卿大夫及知名快士歌詠爛發，縑緗滿載，弇州先生寔爲倡首。歸奏，二尊人不勝色喜，邑爾曠典云。

比已于事而竣，公不欲復南，曰：「桑榆之暖足倚也。」尊人强之厲，攬涕南指。無何，喪母。夫人赴于留，公忍死東奔歸。無何，喪封翁，赴所親。二蕺在堂，雙旐竪帷，公之魂魄亡矣，矧也形骸！襄事拮据，一禀古禮，四方來觀，靡不淚下。葢終禫不近葷醴，不邇聲樂，里人化焉。

及除補户部主事，尋晋員外郎郎中。初試驗糧廳，積弊盡刷。丙申出監天津倉。天津，天下簰篁艫艎泊宿處。故事，使者旁午交酬，授飱加璧無寧時。夫傳于官而家于庾，庾之厚民之薄也。公在事，才具客主靡靡濫費，以故運户脱然無所困苦。公同邑吏部胡公，徃爲廣武，理署永年。永年奉檄輦粟輸津倉，輸者以百五十金返。胡公驚問故，輸者對言：「今使者區釜區釜耳，無他魚酌，故得以粟易銀歸，他邑亦爾是。民等度使者之必有後也。」胡公咲謂使者：「吾邑産幸不及惡言。」

時倭犯朝鮮，公爲蒿目條牒奏上，如調班軍、借漕糧、固守備、飭營壘數事，旋得請。俄遷寧夏叅議，督撫急公甚，疏以監司兼部務留之津。公竭蹷簿書軍書間，夜漏恒三十下不及寢，自是亦少食多疾苦矣。倭平，僅寘賜金列，人爲公不直也。公曰：「冀土臣斤斤官下，而冒上褒蹄錫乎？于分泰矣，始願不及此也。」津傳吏不任賡符節，獛猾舍人暴騷也，往往縮朒壁萑許，不則自裁夘。公爲定來往程品，非信節不得横索，騎吏獲以安。

稅監王朝挑南兵亟將，自言爲地某帥，且陳兵甘心矣，公喻朝禍敗反覆，遂寢不奏，事以平。馬堂繼至，公邑鞅籌者數夕，心口自謂：「吾不難一去，去則吾民何辜？」公平生氣岳岳不下，于是則微用怵好遇宦者，巵酒慰劭，期不魚肉我赤子。堂乃爾賤子樽下，及公共事不敢以毛髮輤津門，妄校奴産子帖然斂手，及減郡稅數萬緡，汔以無擾焉。某弁獻寶坻魚葦，上遣王虎往勘督。虎冠而加翼，民用不寧。公料不可以誼禮争，則爲具疏，疏虎姧狀，願假尚方褫殛。即事由中格，閹寺人人吐舌矣。

庚子大祲，公騎而行荒，殘盎敗機臥壁間，必問所以，上記撫中丞。出帑金滿萬，分賦州邑，教以佈散法，令無贅聚。已，復大疫，則又捐貲市金石草滋，務及病者，所全活以數萬計。若闢書院，表澤宮，創文昌，一修邑宰之舊。興學造士，意不少怠，而至鉏疆奠弱，事尤極軫懷。景州某氏，以貲雄里中，被詰當訊，百計用錢通居閒，不爲意，卒以論坐。比年遷陜西副使，備兵靖虜。士民上書詣臺挽留，不能得，則爲迣列于道，哭聲震天地。公亦汎瀾。

向公之去津也，業決歸志，對所知言：「吾爲縣官數年奔走，筋力不可支。郎山繡水間，將無假余六月息乎？且平子，田園在也。」遂移疾乞休。抵舍，沾沾一壑，課子弄孫。與邑藩伯李公六七輩，結盟林下，文酒甚洽也。前告會未允，而部檄星火趣西上，親串亦復相勸。爲駕，途得隴右耗，意中戀戀鄉國，悽然不樂也。行及邠州，登樓有感，恙乃發。疏上，部從優覆，爲擬痊日起補。公扶疾歸。歸值閱叙賜金，猶能向闕謝。頃之，稍劇。已而瘉，浸尋後劇，乃復加前。丙午冬，竟無禄即世，惜哉！

狀稱公孝友自天性，其班給兩弟財産，必先美好，意在愿快親志，薛包、卜式何人乎？儼然金紫，自處猶褐，夫食無兼豆，坐鮮重席，北窗企脚，南榮曝背，聚書萬卷，若涉牢醴而甘之。管城跐跛，頃刻千言，所重者倫懿，所適者神情，一何温藉大雅君子也。且爲德于鄉，緩急每先人赴之，貧交疏屬，靡所不周至。飢以炊，婚以采，夘以櫬，讀以膏油，如取諸寄。年逾耳順，見諸長老晋晋然，不識人間貴勢爲何物。一門子弟，粥粥卑恭若女子。族鄙臧獲，縮恇畏罪，疇其相教哉！

公坊諸衢，木石取于家，役車誤踐田中稼，爲摧謝厚償之。且曰：「是役也，將以爲先人寵光，余不穀，則何敢專焉？夫棹楔表閭，而借手吾鄉曲，此吾邑已事，余不穀，又何敢借口傍州爲也？」齕公者，守某。所風使告公，部人某，後爲母以忤告，公笞焉。曉其母曰：「若子常抵冒我，我已令棄前過矣。而今乘彼之危，不祥孰甚焉！且汝不難母子如初也。」母子相與抱頭泣，遂釋之。公大都仁質豁達類如此。

野史邢侗曰：「往歲公車騎過臨邑，欵門相視，余出斗酒勞焉。公引滿數斗，慷慨而談天下事，謂：『今可慮莫九邊若貢市，徒自愚，安能愚虜？今宜求下旺酋何策，下愛閼氏何策，下兒單于何策，下呼衍須卜諸種姓何策。夫我局紙上言，而虜真能謏詠以包敵。我蒲弓紙羽，而虜真能使馬如熊彪。我裹糒乾肉，背人自哺，而虜脯酪每遞口交嘗及偏將，安較勝負哉？夫靳釜鐵予粵毋予上黨，似矣。今虜上黨，釜豈勝用？猶夫漢爾牛馬予牡毋予牝，彼南粵于時牝寧可勝用乎？夫靡金錢者，疲弱卒也。疲弱自可名存實空，爲可恨耳。』語既歔欷罷酒。距今且七八年，余睦然在耳。今安得起公九原，使辦賊，辦賊！」

公逝之日，邑里爲罷春杵，即位而哭者，疏賤盈千人。所論著甚富，《仕優》、《應急》二稿先已剟行。公子伯仲以胡先生狀問志余，余卒狀。出入左班，典法雍容，寔難爲繼。侗執筆叹焉，以諸公子請，不得辭。後之攬者，去志存狀，庶爾良惇。諸公子咸負儁異聲，非久次第名域中，竟何須此譾譾言。

銘曰：「風領端然，淵匯泓然，文理察然，倫鑒皦然。孰是方敷，來試宓絃。舟獲長年，民歌所天。久而稍遷，郎曹置員。弗曲以卷，畫指平平。司厥津廨，目藐刀錢。我有賓筵，二簋雙籩。厥積戔戔，爲諸庾先。東夷投鞭，我饟我舷。寇借猷宣，妥此居鄽。中使憑祆，靡我腥羶。孰云便嬛，敢我作緣。勦徹司銓，爰抗西旃。我遘迍邅，我馬言旋。嗛兮勒燕，嗒然即田。洛社相沿，共虞華顛。疾疢連牽，厥命弗延。國失靈筭，里喪大賢。我人涕漣，憂心如懸。家學陶甄，孝秀聯駢。庶其八埏，全昌得全。我體雖捐，我神永縣。生哭粥饘，詒厥榱椽。不忘不愆，先民允詮。營此中穿，樂石載鐫。子孫億千，原膴祠蠲。」

①題中原無「墓」字，據崇本補。

右軍都督府都督僉事鎮守保定總兵官齊河尹公墓誌銘

齊魯于文學固其天性，列國而降，率絀兵爭而右文學。漢一駟先生，齊產，號精《司馬法》，而究厥名實，則子虛烏有耳。及明而驃騎尹公者出，其先蓋由即墨徙齊河，三世而爲王父天章，贈都督。贈都督生綸，是爲觀察府君。以射策甲科身自起家，始曹郎，歷觀察，而最雄于武，亦封都督，則以驃騎貴。故母李累封夫人，夫人夢遇神人，授以信節，而生驃騎也。

驃騎生數歲，就塾矣。塾師課讀，驃騎不伊吾。塾師課字，驃騎不揮染。曰：「男子墮地自有一片氣，何五車也？」厥考觀察公惡其媮媠，笞之百。驃騎內心不服，騰擲泥滓中，號叫震四鄰。曰：「大人虐大將軍，大人不欲身享封侯貴乎？」自是觀察公置不問，而驃騎愈益儻蕩，不修曲謹，人以狂童目之矣。一日，夜過故神祠，從屋廡間出數短人，傴踽而前，問：「大將軍亡恙？」已忽不見處。驃騎愈益自負：「神示我貴徵。」比及揔髮，盜執鄰之父，群盜二十餘曹，獰甚也。驃騎徒步挾彈持弓而射之，發如流星，創顱洞腋，盜盡奔伏。弱冠，舉鼎千斤，見白鶡鶡尾而睨焉，寸寸折之，如折蓬蒿，曰：「安用此蒲弓葦矢乎！」又嘗挈水斗餘，超所立馬，忽過別馬，觀者驚謂猶神。已，隨觀察句注塞之署中，益習雁代豪傑，講明韜畧，稍亦親詩書，恢恢乎有蟯弄八極之思，視九邊綦履間物矣。

當嘉靖三十三年時，督府東粤翁公疏表天下武略奇才士，驃騎年二十，列名第四，用布衣奉旨置陽和軍中。是年，虜犯鐵裹門，驃騎三突重圍，獲級二十有七，身被數創，血流殷車。而同表奇才王邦直遂及于難，驃騎裂襦裹屍，還轅門，叙功第一。而驃騎藐然若罔聞也，曰：「今日之役，主將張達發蹤，邦直死難，宜用第甲乙，衡則何知？且衡儒門子，行將角巾歸私第矣。」于時，督府直指咸謂驃騎退讓不伐，疏請置員本學弟子。而所獲功盡以推達，達藉是復其官。驃騎復隨觀察井陘之署中，歷覽淮陰成安交戰，援立漢趙兩幟地，曰：「了不異人。」意即從署中詣順天舉武舉第二人，隨舉會試第六人。相國華亭徐公見而奇之，召入邸中，爲設食飲甚具，謂：「尹生命世才，非直邊庭緩急，吾將借一臂力焉。」驃騎于例授濟南衛鎮撫，而督府翁公念前勞未賞，亟請守備薊州改授標下遊擊，倚爲贊畫。

明年，倭獗東南，浙督府新都胡公廉知壯勇，疏請驃騎擊倭。驃騎被旨南征，所部署豫、齊勁卒千五百人，軍繇毘陵、檇李、四明、天台，所如必捷。而最後酋長陳東、葉麻挑戰兩頭門，倭詳敗走至石碭山，伏兵儵起，盡圍驃騎。蓋擱而拘者三日，而食馬飲溺，得以不死。又越夕，則神氣勃勃，提刀衝萬人軍，堅若堵墻。俄而萬人悉見雲中壯繆侯現，軍自披靡，踐傷無筭。驃騎賈勇而前，步入倭帥徐海壁。壁所屯軍亦悉見雲中壯繆侯現，莫敢與交，跳躑還。軍中叅將登州戚公以酒澆之，驃騎連舉大白。已而，循髮捫胷，所中彈二，矢五，鎗三，視虜之役創乃三倍。戚公撫而哭，驃騎乃大咲。計先後五十餘戰，所獲級一百二十有四，奪還男婦一千八百三十五名口。督撫直指白其功，乃以他奥援負力先趨，而驃騎次叙稍後，僅得旨陞二級云。

倭平，驃騎入内爲五軍三營叅將，分督皇極等門工。大工竣，蒙賚金幣踰涯。已復用謦，令統五軍貳營，聽征士卒。垂入京，而相國徐公推轂愈力。居常召以自近，諮議国是。自餘浙直留都薦凡二十餘上，而大司馬蒲坂楊公灼知更切，繇叅將非久得陞左軍都督府都督僉事，五軍一營副將。復委督修仙禧宫門簷。于時，世皇帝祝釐别館，間有不時司察，察知驃騎御士卒勤廉。一日，見驃騎周行赤日中，曰：「偉哉，丈夫也。其貌與才行適合。」遂出紵絲一表裏，内帑銀一百兩，給之，且命賜茶。驃騎叩頭稱「主臣」。厥明至演象所，盡分所賚銀。因諭諸卒曰：「一錢，上賜也。」庭中盡呼萬歲。已，復稱：「將軍萬福。」自是名益譟起。而烽火適達甘泉宫，需材甚棘，奉聖旨只着尹秉衡領兵前去，聽江東調遣勦殺。江東者，督府江公也。驃騎統軍至古北，手斬酋虜五人，聲震京師。及叙，復叨賚銀幣踰涯。

居有頃，遂以宿將充保定總兵官，庭受勑予大紅織金紵絲二表裏，銀二十兩。驃騎駕，而臺省睨顧鎮遠不堪戎政，至舉驃騎爲代，令典親軍，即上難于格，不報，業隱然有重臣之望矣。及至鎮，披抉其軍興而振之。鎮故置私卒千名，其什七率納顧山錢，而以其三籍伍。驃騎曰：「何用糞土污乃公！且此七百者，不以急縣官，而令入賕高枕，吾何以令衆乎？」遂盡檄入軍，而復奏擬九邊用。爲旁州鎮有養廉田，歲入幾萬金，驃騎取以市馬，凡得二千七百匹，鎮號爲尹公厩云。當其時，驃騎所受勑最倨，出相國徐公指，而保定守某不甘爲手板禮，遂脩郤鎮臣。驃騎滋不懌曰：「吾家去華不注峰三十里，歷下之亭可遨也，而守臣乃難我！我南當倭、北當胡不怵，而怵一白面書生爲？吾行徃矣。」凡三請急，而予告歸。

歸而拄一并州鐵杖，行履若飛，自署岱下道民。以二童子隨，居壺行榼，在所不乏。而所與下上，則貧交疏昆弟，困橐與共之。又捐負郭百畝爲學田，日讀《左氏春秋》，撮其大指。人有叩者，應荅如響，乃獨不見尊貴人。凡二十年，而會島夷倡亂，上忽召元相申公而問之，謂：「今尹秉衡何如漢趙充國？」上知公以老宮監誦平倭事也，於是南北言官盡用上指，章滿公車。旋召起爲右府僉書，即日刻印佩之，爾備倭練兵總兵，與太僕少卿兼侍御史王公謙並受特勑，軍天津。所招選河朔健兒，所統肄江東步兵。驃騎進兩軍，謂：「北士若虓虎，南士若猿猱。夫偵探狡捷，則南士差勝；馳驅獷悍，則北士爲優。匹夫相能尚相得死，何况主軍。我乃衣食心腹，若兩軍一軍、兩軍一心，倭於何有？」語訖，人盡感奮。尋以解嚴改授保定總兵。逾年，移疾還。未幾，癰發於股，卒。彌留數拊其骸骨，三問其刀。又二年，刀没於盗云。

志曰：「嘉靖間，倭大入犯閩越，江南幾赭矣。自二三文臣外，以戰伐立功名，無不稱少保戚公者。」然而，驃騎固在鴈行也。閩無論，論東越江南，驃騎與存亡，而名不著。即諸文學大夫志日本，亦無一言及驃騎者耳。目可盡塗哉？要以文墨議論，恒佐蝥弧以先登，則驥尾千里之喻矣。細人之言曰：「驃騎北，胡煙熄。驃騎南，鯨波恬。」幾若連鰲贔屓而柱天負地云者。然而志傳寥寥無託也，則驥尾千里之喻然耶？厥初，驃騎將而守臣梗，越二十年再將，而人代違，驃騎之不少保也，天乎？徒厘天語，清問從容，而所繇出一老宫監口，亦可思矣。雖然，驃騎少保而在，今日俱將矣。兩公地下其無忘殪賊乎？颯然英靈，庶度遼左。

銘曰：「宣王中興，吉甫先登。肅皇中興，雲仍作朋。雲仍伊何，曰惟驃騎。再事今皇，借公左臂。爾髮皤皤，爾軍不頗。爾身寢痾，爾辰耗磨。李廣不侯，自昔嘅嘆。驃騎臨危，問刀鳴骭。行地流水，行天太陽。於戲尹公，邦家之良。我志不誣，儕公少保。國有青編，尚賴探討。」

刑部江西司郎中平原張公墓誌銘

濟南王十庄之張，素稱大宗。幾世而上，有爲御史、爲知縣者，名字俱無考。再降諱善，從平原人學，遂家平原。善生見，見生子榮，子榮生還，還生封翁翠。翠凡四子，公其最幼也。

公名敬，字子聚，寓號成庵。先是公母宫宜人哭殤子纍纍下，至哀也。俄而空中大聲震響，作人言曰：「錫汝貴官，勿哀也。」已而生公。公幼不好弄，儼雅若成人。里中兒咸憚之，莫敢以狎進。七齡即就塾，塾師楊數日謂封翁：「郎君驊騄品，非良樂輩，安得盡厥材用？生從此辭矣。」亡何，封翁遂與族侄東麓孝廉言：「小弱弟願受書門下。」東麓諾。封翁從二十里外携公授東麓。東麓教章句，即習章句。尋教爲文，即習爲文。東麓久之向封翁謂：「阿叔，此吾張氏寧馨，吾當避席。」

公及舞象年，歷試俱第一，遂隸學官爲弟子。自是督學歲校，御史觀風校，又無不第一者。是時家貧甚，膏油不給，宫宜人每聚斷櫡香炧，供公夜讀。窮神蒐討，疑義未析，遲明不就枕。一日誤步後園，見汲者曰：「午夜汲何爲？」汲者哄應：「吾乃朝汲，胡夜也？」丁巳，與今廷尉宋公結文字盟，並席連床，不翅同氣。

庚申，封翁寢疾，公藥必親嘗，扶侍以日夜衣不解帶者凡十旬。遍走祠廟，蘄用身代，竟不起。公口絶水漿，誓以身殉。邑中丞張公亟相勸慰，謂：「宗祏重矣，死，孝將安爲？」公乃稍進粥，襄事如禮焉。

公素嗜陽明先生學，居與族弟興泉君言：「此真可羽翼聖經，才一展繹，覺尼洙去人不遥。」丁卯，安成鄒夫子來秉文柄，復首拔公。夫子世傳道學，見公舉止應對而説之，曰：「此非徒秇文士，將衍吾南宗。」乃檄入臬署，與其二子遊，即僉憲公德涵、編脩公德溥是也。侗亦在列，共矢不爲口耳剽竊，務究厥懿實。公名遂先我譟東秦間矣。

是年，公中山東解額，夫子喜動顏色曰：「吾不喜張生第，喜朝家收棟厦材耳。」乙亥，宫宜人寢疾，厥喉創。公淡轂持誦三浹日，至感異人，以奇方進，病良已。已而復病，公瘦懼形色。垂大故，毁慟甚。封翁大故，日襄事如禮焉。

公數困春官，丙戌見落，則從年家大宗伯馮公辭，且歸。馮公力主謁選，而又考功趙公、文選劉公皆公誼，故遂相與合爲地，得河南之羅山。羅時旱暵數月，公涖事一雩遂澍，人呼「明府雨」。羅邑夙號爲獷悍難治，人人爲公危之，公曰：「古不易民而治，是在我劑量調停如何耳。」于是爇香告天，當職不得名羅一錢，身先劭農，俾相競爲力本，民以無嫱。公恒思食爲民天，非廣儲待何以待凶？乃出貲糴穀若干石，微權子母，出當人急，入倍官數。四年，倉積至十萬石。值中州祲，行荒使者鍾公借羅五千石予信陽，本邑則倒囷賑。公復招人濬塘，賦粟視工力，四方皆來就食，所全活盈數十萬。于時井陘兵備吴公榜示恒山屬城，屬以羅山荒政爲法。此得之公姻家贊皇令趙公，目擊僂談葢如此。

公在邑課民種樹，彌年滿窠畛。又起屋百餘間，以徠亡竄。更急鄉要保甲法，申以孝悌，愓以刑章，民往往易争爲睦，輕俠魁宿，不寒而慄，境以大治。麻城天臺耿公，每對人：「羅，盗藪，其禍吾人，則羅之波餘也。今張公乃以高枕波，吾人幸甚。吾聞張公，安成高足，此真不負師矣。」

比滿四載，業及公車，格，而以所齕邑豪右某賄入抑公，得階州。邑民大閧，舉幡集衆幾萬人，慞皇赴闕。及守兩臺門積日成市。兩臺重違曹好，疏請以州銜仍治羅，旋踵報可，獲以光州知州治本邑事，民以深慶。凡再年餘，膏澤滲漉，生兒强半名平原及張矣。當入覲，民枳車不得行，抵都，薦書絡繹上。乃陞刑部貴州司員外郎。時有大璫獄，大司寇特柬屬公。公一意持三尺，竟當重比。執政遞爲先地，略不之恤，朝端靡不懔懔。又一歲，公奉命欽恤秦，少司寇吕公臨别執手惓惓，謂：「張君廉練，必能肉骨儉塞無辜人。」公奉長者言，時揭「公恕仁明」四字於署所，開天罡而釋狴犴囚計二百六十餘。案當讞，有偉男子自言情真，公疑之。及再讞，則男子有所避帷簿耻，而甘以故殺誣服也。公立爲矜減，衆歸神明。公行縣某所，土人愬從間曰：「即少迂，當無磕雷滔滔值也。」公不之信，曰：「使者由徑乎？」少選水暴至，簿從盡奔散，止遺輿夫八。公佯謂：「闢壯繆且前引道，胡以驚爲？」踰瞬，果一壯大人前若爲之導，度嶺忽不見。頃之，縣令見迓，迷頓中出扇褎間，則有分行書。是夜半，夢關壯繆下通語曰：「來護恤部公，來護恤部公。」公心骨震越，默禱建祠報壯繆，即今草園南，南向當座者是。竣役部第，秦恤當上上。

倭寇朝鮮需異材亟，萬中丞公疏置治粟使，語中津津往昔中州捄荒得策、積粟數萬者，宜越資用，意葢指公也。政府據疏問前撫户侍吾郡趙公，趙公以羅山實跡對。政府曰：「若然，則當簡任如疏中言。」公聞而駭，堅謝不可。識度大都類如此。己亥，當京察俄中舊屬，鳳翔險令微詞，益以貴勢力，遂及罷。省程公、臺趙公僉爲不平，公曰：「吾以一寒儉豎儒，厠跡六卿郎，二親妻被恩紀，於分溢矣。歸田不亦晚乎？」所謂妻被恩紀者，公父母先以公受羅山七品勑，嗣復拜刑部五品誥，此公生平最愿可事，故特書之。

公還舍，日下鍵臥間，閱道書、種樹書，課子孫爲制舉文，悉有程度。不數數出見客，亦不數數詣縣大夫。葢諳世數而適天遊，未易涯際也。公素無疾，一夕呼其長君基曰：「吾四體如恒，神忽忽若有所如往，吾不禄矣。異時葬我，當別卦滕公之室而安焉。」長君奉治命，旦日嗛會濟上。觀察韓公以舊契遺名青鳥，趙君至獲吉於城東五里許，于是歲九月二十二日即兆域。

銘曰：「平原大邑，人文黻黼。公産其鄉，前哲嗣武。學宗鄒魯，焕厥華膴。詘于南宫，伸于中土。飲民以和，如醉甘醹。民乃抗留，載歌且舞。身都白雲，恤布幽宇。于公之門，陰隲成府。晚歲歸歟，爲林壑主。令子聞孫，騰踏旁午。得全全昌，于于姁姁。俯兮仰乎，震旦無侮。公從黄壚，一咲揮麈。曷夘曷存，領略終古。」

鴻臚寺序班近田許公墓誌銘

許公，先大母之諸侄，不肖中表叔也。名繼光，字道晦，别號近田。其先由汝南遷棗强，由棗强遷臨棠路，由臨棠遷臨邑。臨邑祖名漢臣，自公上遡凡九代矣。漢臣子名輔，元末爲青州路總管，以勤王夘事爾。輔孫爲河間守侃，人地高邁，祀鄉賢。又四世爲義，官天祐，是爲公父。公兄弟四，公于次，則叔也。

公生而潁異秀發，有心計。葢自其童時入塾，塾諸兒望見辟易，不敢以雁行進。讀書通大義，不屑爲章句儒，意在明習世故，有所跐跋。于官下行間，塾師以齗齗難，公嚚然不受也。及冠，娶王孺人。孺人父王公謂公：「此生磊落大度，即不從青衿起，後必能家。」與之母錢，令逐什一。公輙善計硯策，不再歲，槖隆然矣。旋以貲入太學。太學四方俠雋藪，公推爲諸舍長，事必相質。大司成、少司成咸相目爲山東許氏子，魁壘人。

迨返舍，益用計硯策，饒資斧。每對人：「余身匪家督賈則廉賈，余筭不什一失諸兄弟，一切率倚辦第三之名，何必減驃騎耶？」尋復入貲爲鴻臚序班。已而，真拜爲大行屬。禮度嫻雅，若都肄有素，信心虙僚事長，靡不相能。頃之，奉使抵里門，牛酒上冢墓，班少俸及族，視五服等。族苦征役，向公剌剌語。公如都，以京朝官例爲言當事，俱及復，埒于子大夫焉。于時寺缺鳴贊，僚盡辟席曰：「許公可。」公略不爲意，卒爲有力者先之。亡何，以覃恩授登仕佐郎。望見秋風咨咨，歎曰：「一田間子嗚珂帝里，爲禁近臣數年，篋羽華膴，于願溢矣。吾其歸乎！」遂請告歸。

歸營城南墅，與二三兄弟、疏戚姻舊互設薄主人，畊牧蒔獲，取計硯策，而酌俗觀變，不少爽違。曰：「我任天地自然利疇，其心競我，我于人世間超然燕也。」糾族爲社，婚喪有程品，不至怨曠暴露，貽先人地下羞。又卜地起瓦屋，群族延師業學官童子，浸多成立者，本之公，束脩以上具也。諸侄蘭材氣加等，公損倉積，令從事臬掾曹，今爲大邑尉。邑諸生馬君嗣光，兄弟無口食膏燭費，長揖向公謂：「公長者，其無念北道扶風裔一寒如此耶？」公慨予朱提黍麥，歲歲以爲恒。嗣光後得亳州訓，書抵公子謂：「微許父，胡以至今坐臯比獲斗食也？」

公生平任質無他腸，與人語低裏盡見，視人之急甚于己私。與鄰黨時通酒食，往往假貣錢，用久而忘之，不責償報。邑目先侍御公爲佛子，公則以氣調相得甚歡也。公在殯二十五年徃矣，厥子藎偉然男子，子女在列始葬公，公地下其無遺憾哉！

銘曰：「家世于犂，代顯于齊。稍仕臚句兮班金閨，爲德于鄉兮嘿成蹊。子孫駿發兮系可稽，于萬斯年兮永厥棲。」

誥授徵仕郎官故孝廉洲亭許公墓誌銘

余里中穪喬木，庶幾余不腆邢與南許。寀條相望又世婚姻家，洲亭許公，則余小子中表兄也。許自諫議發源華州，衍流閥閱，遂翹然東土，不第吾馬坊三户邑。公爲黎莊翁當户子。翁善計然、白圭策，家較先世日以興起，而公席資温厚，一意服儁學。象勺著俊異聲，一試爲弟子員，再試獲既廪。數與棘闈，文戰數負不勝，益復發憤古文詞，隱然諸生祭酒矣。

久次當貢學，使者手卷而難之曰：「此尚堪一第所，而逐逐諸老生爲？」公曰：「父且耋矣，願見壯子終一經局。」使者頷之，廼賷策上禮部，隨例廷對畢，即跨蹇還山樊歸命。黎莊翁曰：「兒今得常有斑斕衣矣。」一柴車載孥入舍，視屋椽作鷄肋狀。當祠，二三官宷注目瘠羊豕，有兔斯首，有酒如行潦，歸遺細君，喜氣滿大宅。曰：「此日王石甚少年輩，何得以甕牖窺人乎？兒死不願爲此也。」翁相與大咲，謂：「諫議、華州二祖，地下當矜詡兒。」公即不慕斗食仕，要其中一日不忘翁起居圂腴，園菓畦蔬以時進，方物以日進，裘綺以月進，綠鼎蹋高、蔓延魚龍之戲乘間交作，務當翁歡。一門五世，振振曾玄，隴晦燈窗，不相奸業。公以家督勤勤分帥，靡不得職。黎莊翁黃耉撫之，競躐而前，至不能辨小字，猶汾陽家風矣。

公善治生如翁指，有所假母錢閭左，率取子僅僅，不贏侵科外毫髮。里人匄貸爲賈，時有窘失，輒置不問。問者獲利十倍，即與中分，不復按左契。同祖昆弟十餘人，强半不饒裕，公倡爲社醵朔望，意在通給貧乏。又立囷窌，醵穀盈千石，歲時備蒸祭，及通給闔族貧乏婚喪大事，大槩用范文正公義田法。從弟藎幼孤，受季父彌留囑，相以有成。居平好貯録禁方珍藥，以疾患告，立應，不言疲。又好推餘飯飯人，窶人行乞，日集公門，不少厭。往歲廟學告圮，公損二十千以佐鳩僝。比復，獨力營東廡。庚子大嗛，日作糜有度，全活以千人。廣川邑令劉公甫上，亡其父也，倉卒難蒲圃材。公舉佳木爲殮，直可四十千，不受半鐶報。廣川宋策、平昌胡小連，皆公貧賤交，與生爲橐、死爲槥。清亭郭遵信，故窮老郭翁子，遠相栖託，則爲具筐置妻。邑民李交脩，迫官事來告，願以息女券。公曰：「所須幾何矣？」曰：「六千辦矣。」公如數予助，好謂：「不忍爾父子輒道路也。」廣平人來贖荒年所賣女，公返贖予女，好謂：「爾父子聚面，甚善。」舍中忽亡金，家人下巫有所證，傳僕盗也。公曰：「不證人而證鬼，異哉！不可訓。」卒不詰亡金。

公雅性簡重，不面譽人，不僭毁人。擇可爲惠，未嘗諄諄自暴，横逆儵加，略不爲動。一言相諾，即千里數載無少違。終身篤孝，垂七十猶致毁。邑士民遮臺上狀，使者下記，署表立之程品，歲給米三石。公郤至再三，不能得，推以與鄰里鄉黨之最貧下者焉。晚值詔書歲貢不願仕者，准授七品散官。有司以公應部，覆報可。銀青被服，里閈榮之，海内無兩焉。公每遇節慶，禮依次拜縣庭，迨衰老疲曳，亦望闕拜于家。曰：「士人家祠之謂，何而以慢婿後吾君？何以訓子孫忠孝乎？」公諳識大義類如此。

公諱葑，字君采。洲亭，其寓號也。公子爾實輩擬于戊申二月廿五日舉公窆于城南之祖阡，問志余。余以骨肉雁行處其卑齒，又素辱公眷，知異恒常，且嘉爾實輩圖所以不朽其親者，有至心也，乃爲志之。爾實輩英茂具科第才，矧繩繩者未可量乎！志矣，而系之銘。

銘曰：「文學祭酒，弟子都講，其唯公乎？孝乎睦乎，樸而惠乎。開耋之齡，涉世倦乎。子孫繩繩，作善報乎。銀青箸棺，仕學竟乎。嗚乎！是爲泲水許長公之郛。」

誥封中憲大夫太僕寺少卿南槐于公配恭人顧氏合葬墓誌銘

于氏故出東海，自漢于公已然。而今于公家歷城，則亦繇徙祖六公者自東海占歷城云。六公生仲淵，仲淵生俊，俊生興，興生美，美生壽官恭。恭實于公府君，于公生，爲第一子，長也，稱于長公。既以子太僕君貴，晋封太僕少卿，遂得稱太僕于公。

公先世不離農瑣，至公頗負大志，去農爲儒。爲儒不成，去爲都司掾。都司大吏率用鶡弁武人子，而公以長者爲文無害，視郡決曹。先後大吏鶡弁武人子，見公長者，無不就而問計。公一意區畫，動中科指，所言傳經術。先後大吏無不謂：「于公實教我，何掾也？」會當滿考，且受牒行，而公丈夫子長君鯤，次太僕君鯨，于時咸就外傅，名能學經，公慨然謝去掾，力督二君學，且爲延齊魯大儒、高先王尉，遞置于塾，束脩以上，必及小腆，不復問家有無。制業之外，占對屬律，沉吟口授。夏楚二物，身自操之。晨窗夜燭，隱然與外塾分席矣。

先是邑人許殿卿以解元推第六，郡所遊惟殷正甫、李于鱗，目不可一世。而太僕君者童而過其門，殿卿大驚詫曰：「安得此汗血者，竟千里當無契需，吾請爲帛儀二氏矣。是誰氏子也？」人言：「于公仲子。」殿卿至于公家，曰：「才有息女，願爲仲子箕帚婦。」于公遜避久之。殿卿謂于公：「此何必蹇脩，仲子固吾倩也。」太僕君抗聲言：「主臣！敬謝大人。」是日，于公貰酒與殿卿飲，極驩。自後正甫、于鱗間者休沐里門中，亦無不爭致于公，引爲上客。而藩臬郡邑諸貴仕要人，畢欲一見于公：「咄咄！于公何狀？謂于公者，何以得此于殿卿、正甫、于鱗間哉？」

逮歲戊辰，太僕君踰冠成進士，授比部郎。公曰：「決獄固吾家事，吾家廷尉三尺具在也，兒則奚程？」已而，太僕君用才望改殿中御史。公曰：「御史視比部郎貴倨矣，然而決獄固吾家事也，彈壓有加焉。吾家廷尉不舉侍御史、不遷御史中丞乎？彼所爲三尺具在也，兒則奚程？」太僕君跪受教，所持檢務，一切整峻。哀鰥折獄，審眘不疏，則實用廷尉指。士大夫以尊信，民以不冤。太僕君居平曰：「定國精明任職，爲于公後。鯨即鈍，得家于公先古，今何憾焉。」太僕君除比部，公受勑如其官。最後太僕君遷太僕公，受誥如其官。蓋從鄉里再命，於車上儛時也。公乃恂恂勑謹，無異疇昔，比當太僕君門故居東屏麾，伏謁脩家人禮。而公夷然不屑，絶意交關。里人相調謂：「于公者，名紙不生毛乎？」太僕君繇太僕歸侍公于濼源之亭，幾十五年，備極色養。公羅孫分甘，日以爲恒。又開社如洛中，諄辭雅訓與軟語温謔互發並陳，忽不知其洧盤之景薄也。

公諱芳，字時春，别號南槐。邢侗曰：「方漢于公爲縣獄史，與今于公發身正等。今于公固自長者，决策大吏，不亢不阿，課子學經，不希榮利，父老業已覘知其槩矣。高門大閭今容駟馬，于公何必自言也？厥後太僕君起家御史，歷位僕卿，究所表著，庶幾廷尉。今古治第，兩不虗哉！定國子永，折節脩行，官至列勳，封侯傳國，其在維直之世乎？余見維直美秀多文，幼清檢匝，永亦何渠不可爲？今于公地下，其謂邢子知言也夫！」

銘曰：「從古有云，廷尉之先治壞第，請令大厥門，可容駟馬高蓋車。試觀封太僕，何必漢室之于歷山之西？徵厥閭，疇而畊，疇而糈，封君太僕，鼓腹軒渠。充庭著膝，雅雅魚魚。玉函之山，青鳥銜書。形歸兮嗒爾，魂來兮妥且。」

中憲大夫太僕寺少卿濟南于公配恭人許氏合葬墓誌銘

公諱鯨，字子長，姓于氏，系本故東海于公後。自六公始徙歷城，是爲占籍第一祖。又六世而爲封太僕公芳，實生公，母爲贈太恭人。顧公，其仲也。

公生而龐厚奇佊，渟泓廓落。越在兒襆時，已有成人風。四歲授章句，朗辯如響。九歲能文，即精意《左氏》，相斫以下書靡不洽貫。甫當舞勺，冠諸童子。督學河中裴氏大奇之，曰：「此生風頴秀邁，古蒲衣項橐何人哉？」手携入壺中，呼沐，與沐已，飯之乃去。而是時，開府太倉王公在郡，聞而召邸間，試而三覆之，曰：「阿懋尚不及伊。」謂次君敬美云，遂緣是得雋異聲。而于鱗先生會予告，則亦察公不凡狀，命駒千里爲文章交。邑左史殿卿者，簡貴甚自負，其家靖劭人倫鑒，數覔快婿，難焉。一日乃從衢路望見公，载手而驚曰：「此誰氏子？真吾倩矣。」封太僕公猶謝不敢，懼均茵凴，而公挺身曰：「公昉今處濟南，婿鄉安在？」殿卿咤謂：「人間許長史，何自比于成固？升天事雖然磊砢有之，此子真吾倩矣。」里中交賀兩家羊酒，遂成婚姻。殿卿乃之正甫先生言：「速澆我酒，我以名士餉公。」正甫曰：「是出何等？」殿卿曰：「吾倩也。我不失一郗太傅，公不失一馬南郡。」正甫自是引公大義，久次稱上足。而殿卿時過問焉，曰：「吾倩云何？」正甫正容對：「其在吾徒，則盧子幹之流。」兩人命酒交相勞也。

甲子，公列鄉試前名，戊辰，成進士。其成進士，則正甫先生適以詹長典文衡，公實出門下，亦奇遘云。試政刑部，未幾，奉内諱歸，茹蔬隱割，不闚塵囂。及去幰帨，除爲刑部湖廣司主事。主事于職，遞閲諸郡國獄，俟其長尚書主裁，而公有所可否，尚書不能易一字。尚書間有所難，公絛牒上，竟不能一字易也。以故名籍籍輦轂下。而值有詔用曹郎備臺臣乏，公首以監察御史拜河南道焉。頃之，出按真定。

真定于三輔比右扶風，地頗稱饒樂。公從濟上駕焉，指天而誓之曰：「此西走邯鄲道也，使者不絓一絲往，乃絓一絲還，人將唾吾背矣。」至則與吏民要，要在黜貪遹而會元元。車轍所嚮，墨夫佗羽公子之屬，無不竄出境外。農人相與歌于野曰：「安所得冬之日及吾儕，孰謂御史徒霜厲乎？」其所平反，多引經以斷。邢州富人置同姓姬，前使深文論適矣，公一覽而咲曰：「于禮有之：『買妾不知其姓，則卜之。』此尚不足司空城旦舂，而當適爲？」立破械而釋之。自餘寃死刑，往往原情求活，以及歲所論報伏質囚，視他方獨減。用是失大相心，至鐫俸。

及瓜而返，一襆被如京師。御史大夫賢之，爲奏上，報可。回道久之按順天。順天較真定彌重，所謂京兆馮翊地，戚畹徹侯，輕俠相通，而又宦官𨼆兒寄請爲奸利，譬之騁突之不可御。而公箕踞視之，殊不爲意。若輩共相告誡：「勿犯于公三尺。」京輔以寧。行縣漁陽，爲少保戚大將軍所部略。將軍居嘗怙寵，纇視持斧諸少年，而公按覆軍政獨嚴，將軍至，屏鼓車戲戟物，伏謁若家人禮。公辟倪之，曰：「勞苦將軍，將軍且休矣！」都下一時傳語謂：「濟上于公能屈大將軍，此其人足術。」逮還朝，則以資久掌河南道。

庚辰，用望監試會試。未幾，推掌京畿道。京畿于制，岳岳風格上，而八座曹牘悉由契勘。而公獨行一意，略不通假，葢風采凛如也。尋用臺例遷太僕少卿。逾歲，奉旨護大相喪還荆州。舟過小孤，陽侯震怒，舳艫千尾相啣，俱及于敗，大相行李亦半没魚腹中。而公所御餘皇，破冢而出，卒以無恙，人謂有天。公素負儻蕩懷，是行攬挈山川，孤情爽發。已，決策爲挂冠計，而偶以甚口見詈，遂趣棹歸。

歸以九列朝夕朝，封太僕公，衎衎樂也。已乃撫襁中兒曰：「于氏宗祊在是矣。」稍長，則課之讀曰：「于氏其獨無家政乎？」濟上故七十二泉所，公擅其一，清池朱華，文魚言鳥，恣其泳飛，鵁夷牓在所自隨。累百舭船絶乎譁釦，嘯歌獨賞，盧胡邛空，真覺伯倫非遠；文舉之座賓客滿前，勝流工執，方内方外，一是平等遇之。彈弦跕躧、戲馬蹋高之伎，雜進無間，真有芥視六合之度，悠悠者不足與道也。其最善爲宗長条政子冲。子冲居里時，公與爲要，率以月朔壓羊刲豕，合族上先人隴。子冲比客死，則爲大慟欲絶，行喪立後如將不及。其事嫠嫂，一無所恡。遇季鮫，友愛備至，推與美田宅。商氏姑二女，藐然孤矣，則爲填館而居之。長乃擇對嫁焉。封太僕公每向人：「我仲當我心，不第以封爵貴。嗟嗟！屬念深矣。」

公不欲以詞賦名，乃若所搆撰，無不出于鱗法者。于文自《左氏》外，尤喜龍門太史。命字子長，雖以表諱，則亦惟慕説故。其故爰書在刑部三輔者，兢持爲法。比謝事且十年，晚得末疾，食飲恒須人。然而神明未彫，一罹封太僕公變日，以委頓不逾期，卒可謂死孝矣。先是，今上元年受勑，父母妻視公封贈。已用，皇第一子生，復受誥封贈父母妻如章，閭門榮之。

侗曰：「以人事君，人臣之上績也。公按真定，所尉薦如今督撫中丞尹公、海防經略萬公，悉用門故。在東起居，府主若張北平禮；樊侯樹漆，逾十年乃至縣官。浸假器公之績，葢什伯身自豎勛也。小子侗即至不肖，亦能舒翰紀公疇昔所行事。星之靉靉，安所配月之昭昭乎？」先是，正甫文莊公書致于鱗云：「于鱗，天下文宗。子長，長才大器。勉矣，自愛。」而爲元美者書致殿卿云：「賢婿，吾黨風期阻于言者，千秋竹素，何渠不足于君所乎？」而爲宗伯于公誌。子冲云：「子長長于子冲，而屬甚卑。子利則同舍生。此兩君名聲韞藉，卓出人群。子長與予同年，遊亦甚歡。」而爲子利中丞書致子長云：「子長瓌瑰未易才，不竟厥施。非太公相與娛樂，幾爲澤畔行吟之三閭矣！公品流氣槩，得之四先生。識鑒人倫，得之兩大中丞。余何以知其然哉？以此。」誌已乃銘。

銘曰：「東亭有言，阡陌條暢，公之舉體，得無是似。林公有言，山川坦拖，公之靈襟，庶幾足擬。卓卓人倫，混混名理，所不盡公，如意确几。九列一臺，僅公糠秕，問公之精，以俟老子。」

來禽館集卷之十四

墓誌銘

中憲大夫陜西按察司副使省齋李公墓誌銘

蓋余家濟北臨邑，去吴川數舍。而近稔知有觀察李公者，是歲之春，東光姻家馬次公偕李季子过余，以王慎齋先生狀見屬，而言曰：「季子先府君，余不肖丈人也。屬當窀穸之役，幸有意寵靈之。」余重兩君請，則爲之志。

按狀：公諱懿，字美卿，號省齋。世居吴橋里。上世譜逸莫考。大父旻爲邑諸生，娶於陳，生三丈夫子。仲曰順，封中憲大夫，公父也。娶于氏，封恭人。

公生而潁慧絶倫，八歲就塾師授《千文》，一目不忘。已而中憲公授《大學章句》，篝燈稍肄，丙夜而瀾飜其口中矣。十歲屬文，文多奇語。又六年，而督學胡公按試郡中學政，苛礉甚。試之日而公卷獨得先完。胡公者趣至其案，目而微之，已心賞公。已而果見録得附學官弟子，庭諭之，令多治古文辭。丁酉，公二十二舉於京闈。是歲棘中强半不省論目，而公爲傳喻無少恡，用公餘欵得雋者獨多。自是兩上不録，公益刻厲爲文，晨窓夕膏，矻矻甚於諸生時。

甲辰成進士，殿試二甲第九人。卷在進呈列，所不爲一甲者，毛鼜耳。初授揚之泰州，及官甫三日，即奉于恭人諱，扶服歸。已，除補陝之同州。同州故荒瘠，民居落落如晨星。葢宓生之琴與沙苑之馬嘶聲相發，臨風慨嘆，曰：「民胡以食？」則爲廣闢蒺藜之場若干畆，與下户佃。又復取猾吏而舞文者數十人，寘於理。諸所摩民剔蠹，不遺餘力。凡三載，而城邑改觀，若呴于陽春之臺矣。以最遷南京户部陝西司員外，尋晉本部貴州司郎中。甫年餘，遂擢守漢中府。故事，曹郎偃蹇數年始得一御隼旟領郡竹，而公獨不數年淹也。且漢上善地，莫不謂：「李先生何自佹得之？」頃之，華州諭德王公及所與共事叅知遲公，歷歷道公所繇速得郡狀。葢少宰三渠王公，雅多公同州治蹟，力爲居間。語有之：「桃李不言，下自成蹊。」公之謂矣！

公在郡持大體，不責苛細，一意拊循屬城若干邑，人人如在其襁褓。諸所湔除興舉，一一條析上諸臺，至得比于功令，漢人迄今尸祝之，若欒公之社云。滿三載，遷陝西按察司副使，駐西寧衛。西寧介在萬山中，古用武地，公至而捉鼻詠詩，至「邊將皆承主恩澤，無人解道取凉州」之句，「以如意打唾壺，壺口盡缺」。于時，將吏士即識公忠誼風槩，争自洗濯而會。荼使者甄公行部至，公以遮虜不及見。已而全軍護甄公行，虜伺知城空，又心輕公初授事不閑介胄，遂大衆薄城下，一城盡驚。公曰：「何恐也？城存俱存，城亡俱亡。」迺調鄉兵授秘策，嚴加守禦。虜知有備，夜遁去。而茶使者竟少公不一來相見，意不無少望。公固筴虜，無意往見甄，甄乃大銜公，尋摭拾劾奏，得旨回籍聽調。公怡然曰：「吾所爲卧番坐虜、淅矛炊劍、飲羊控馬、噉酪縮秣、反皮被毳而與皇皇者，冀一得當寇以報縣官耳。今者借使者弛擔故土，幸甚。且吾大人冉冉老矣，自吾爲西寧，夜未嘗不蘆管嗰嗰、霜風淅淅如在其耳中也。而今得謝，以奉杖屨前，古人所稱一日而三公者，何如也？而我乃身自有焉，誠幸甚！」其所爲事中憲公繼夫人何，晨夕備至孺慕，沾沾不敢自名壯大。中憲公鶴髮金緋而御之，樂而後可知也。

中憲公處伯季間，盡分與兩人美田宅，獨自處瘠下。後兩家子蕩產略盡，公復憐而振之，至再三不猒。又脩先祠宇，膢臘享祠，潔虔甚。復以其餘新廟觀佛廬數十餘所，橋梁衢道其爲力億更復不貲，以故黄冠衲子望長幡慧燈，趣之如歸。出吴橋而道者，馬不僵、人不橇矣。

公晚年力行鄉約，月朔聚鄉人而教之，自署爲「鄉祭酒」。里人有所持競，得公一言而解，不復知有南向而長民者，至呼爲「我家太丘」。先後負責者幾千金，一取左券焚之，曰：「我自不爲田嘗，何必假手馮？」先生雅性不喜脂韋，家居一字不欲通官府。傍郡邑皆嘖嘖，李觀察望閭而式。爲文不務藻飾，落筆數千言，沖然可誦。詩喜陶靖節，得其風神，「唯其有之，是以似之」矣。又好作徑尺署書，遒逸有致，不知仲將大令何似，要之近代妙蹟也。酒後耳熱，往往自度曲爲新聲，一座盡傾。乃又善顧曲，如周家公瑾，朋舊親戚人人得見親幸。然才及生産家人事，咄咄罵之矣。屢有薦書，不起。所著《吴川志》、《三五世家》、《擊缶集》、《省齋文集》、《傳家録》諸書行世①。爰爲志之，而復銘之。

銘曰：「於維先生，矯矯神奇。早奉大對，皇覽在茲。方州雄郡，三仕遺愛。出備羌戎，攘外安内。彼譖人子，貽公丘園。所得孰多，孝弟力田。七十古稀，更拓其二。三十餘秋，飲和葆粹。子孫振振，吴川萬年。家聲不隤，隴西大阡。」

①此句之後到「爰爲志之」，雜著本多以下文字：「萬曆十五年七月初五日，無疾卒，距其生正德丙子四月二十八日，得年七十有二。公彌留之前月，俄然曰：『亟爲我治裝，吾且行矣。』清明曠達，故前知云。公娶靖安主簿梁灌女，封恭人。子男三：長如鴈，德州衛指揮僉事，卒，娶臨晉教諭郜良臣女，亦卒。次如豸，太學生，卒，娶太學生王佩女。次如嶧，光禄寺署丞，娶承運庫使于朝宗女。女二，長適太醫院吏目馬允述都給事中汝松次子，即偕如嶧以狀謁吾文者也。次適紀嗣哲。孫男三：長天祐，聘光禄寺監事周綺女。次天輔，聘光禄寺監事湯性敏女。次天柱，聘舉人朱希閔女。孫女一，適楊維湜。」

孝廉將軍菱洲楊公墓誌銘

孝廉將軍楊公菱洲煜，字文貞，吾邑博貴州楊先輩應霈父也。楊先輩數過余，數數稱其家大人孝廉狀。已，又咨嗟泣下，閔其大人爲法受惡，俯印天地，指畫謂余曰：「班昭身自詣闕，上皇帝書，願乞而兄歸國，卒得生入。玉門緹縈請没身官奴，贖父死刑，亦卒得貣貰，名垂竹帛。霈至不肖，含戴齒髮，亦自比於夜郎一男子，曾不能一言爲父暴明恩辱，徒令悶悶以歸，泯泯以死，即需至不肖，不能濯磨自竪，不令兩女子地下咲人乎？」已復咨嗟泣下，意若有所欲言事。乃余輒以大白浮之，字謂楊君曰：「咄，汝霖脱欲不朽尊先將軍，余敢持文墨議論而從前。總之涕泗如河，迺徒使長裾盡濕耳，不如令不佞持文墨議論而從前。」楊先輩唯唯投地謝，連浮數十大白。又越數日，而以狀來相屬。顧余有成言，則安敢辭？

按狀：楊先世蓋出漢太尉震，及宋南渡，有諱橋者徙居吴、越間。傳至成富，從高皇帝授萬户。成富生遵，陞南京江陰衛指揮僉事，調貴州威清衛。數有功伐，卒賜諭祭。遵生鎮，襲指揮僉事。鎮生淵，以功陞指揮同知。淵生權，以功陞指揮使。權生鳳，仍襲淵故爵級，是爲五泉公，數署衛篆有聲。孝廉，將軍父也。

將軍生有異質。比長，孝友温厚，開敏洞達，不習爲脂韋。遇事確然秉志，誼形于色。雖復起家介胄，而動非尼父、子輿氏，一字不罣其口也。又旁及星曆卜相書，皆能通曉大意云。先是，將軍爲兒五歲時，見溺於嫡母紀所，母不欲名兒他姬子，將軍亦心會之。而會所生母紀寢疾，懷數餅徃遺之。母趣至，將軍佯言曰：「兒請以老萊子斑斕舞娱母，其可乎？」遂起舞郎當，槃辟足踵在堂，懷袖及寢餅忽不知其及生母前矣。又逾年而生母見捐，號哭如成人。跽請母：「母幸乞兒衰絰。」母頷之，爲雪涕而听然曰：「是兒幼能忞忞於孝誼者也，是必亢吾宗。」

年廿五，襲授威清衛指揮同知。鄉時，衛士以驛傳脱巾譁未息，將軍之先罹患苦獨深，而將軍一置不校。有所檄覈屯田，更爲調護。衛士齰指而驩曰：「夫安得以德報怨如吾將軍者？」丁巳奉詔採木，臺使屬將軍。將軍身所處上霧下潦，岑牟短後，蹩躠從事，屐穴膚皸，千章若馳。還，值推選軍政，臺監用前勞録將軍。將軍所繇得操務，前茅後纛，精采改觀。已而三署衛，歷十有一年，所與興除，務存大體，中利害，不瑣瑣苛適細舉如小家子。衛故有諸生肄比於學官，既廩，人止食四斗粟，無膳夫供。而將軍爲上記當路，得歲給膳金如例，復增既廩至人滿一石。諸所爲嚴重師儒，興學剏社，皆他介胄綏不省事，而將軍獨亟亟如奉身首。又以餘力飭辦館穀，禮敬普安以西五州衛青衿子三歲而比於試者。士繇是益多楊將軍：「將家子，乃甚厚吾曹。」以莫不交口。縉紳先生間嘖嘖：「楊將軍，國士門風矣。」

部人李秀逸囚，法當坐代。將軍爲寃之，白之恤使者王公。公謂：「囚至秀去，囚逸秀繫。」將軍厲聲而前：「明公獨不見傷弓之鳥乎？今者所有飈去耳，囚惡可復得？」王公爲改容，謂：「楊將軍仁心多識。」卒論減。秀而里有王柱林者，以兄桂林不法事，人冒其名風白御史臺，御史下將軍密逮。恚欲自裁，而將軍慰譬之，且爲直之御史，得毋坐。比有豐城估人楊道二，亦在牘中，將軍並爲庭辨寃狀，左右駭愕。御史用兩事須將軍矣。浙台州把總任錦，以備倭失計戍威清。將軍與鈞敵，尋縱之歸，曰：「任君快士，行矣，勉旃！」甫及歸，而叅佐有銜將軍者，詆將軍受私謁，擬飛語聞當路。而台州檄且至，稱錦已復官，宜削威清名籍，謗乃寢。後十年，將軍卒食其報。吁嗟乎！張蒼、王陵，何必古人也。

貴竹夷人用刧爲生産，而威清環接諸夷落，又寨且當通逵，嘉靖甲乙間剽掠爲患，縣道汔無寧時。將軍妻出，提兵擐甲不少馘，用是斬俘略盡，而所發估人金繒雜寶，廉得主名，趣盡持去，不自名一錢。又春秋計啖諸夷酋，人人爲用死力，通間諜。久之，夷人各相引避，無敢犯威清道。

上黨按部部公用好語所爲慰藉者良厚，而以諸臺先後薦書，洎御史中丞永嘉王公特薦，遂得擢守備，守銅仁。銅仁故盗魁淵藪，往歲龍許保等陷印江三方，疲師數萬僅從羈紲。而將軍至，推赤心以諭國威，諸夷帖然讋服。居久之，無敢以青烽赤羽嘗將軍者。迨今皇帝程各邊安側狀，賚將軍青紵一茲，不可謂曠然異數哉！將軍方便銅，銅亦便將軍。而會分巡思石僉事李某來署撫苗，意有所屬於將軍。將軍憮然爲間曰：「縉紳而苟於自汙，我安用苟汙縉紳爲也？」佯不爲意。而僉事竟用觖望，駕語爲中御史中丞臺。中丞與李故同里閈，又素微介於將軍，遂以白簡聞上。若曰：「銅仁守備煜，濫繫平民冒功，闌死無罪若而人某某。」詔下御史問狀，以屬貴陽李守某。案驗無左證，改署：「瘐死委非平民，捉獲原係哨官。擬楊守備輸粟自贖。」而值當路互爲遷就，遂論戍，戍密雲。

將軍赭衣徒步，間關萬里，行塞垣。無何，戚大將軍聞將軍名，爲衆召將軍而趣之，曰：「爲我亟覓夜郎楊孝廉。故將軍安在？」將軍仍赭衣而見。戚公立與語合，令脱赭衣，衣處士衣，數數問西南夷狀。已，復相調謂：「夜郎王果復識漢大否也？」已乃慰勞，謂：

「黄沙白草間，故將軍得無虞霜露乎？」將軍爲掩袂泣下，戚公亦泣下，左右侍衛千人皆泣下。尋用軍興法，爲繻而遣之，令詣貴揔鎮立功。當其時，得生還，則故台州任把揔居間之力居多，所謂後十年而卒食其報者也。還乃庚辰四月云①。

將軍生某年，卒以某年，彌留之頃，連呼「戰馬」者三。葢又四年八月，而屬志於余。余東北人，廼爲西南間志墓。又楊先輩交識滿天下，志不他屬而屬之不佞東北人，意必有當矣。余平生好慕説古義俠、孝弟、潔清、瓌異之行，今乃從九原而一當孝廉將軍也，差足快心哉！將軍以不附墨罹文罔，卒亦以孝廉得幸戚大將軍，生還萬里冥漠之中，如環轉循，若所謂功狀冤情斯置之矣。我言而在，系諸銘石。

銘曰：「家也萬里，身也萬里，南北東西，孰泰孰否？胡爾儃，胡爾勩，正首丘，視兒霈。」

①此句到下句「葢又四年八月」間，雜著本文字爲：「將軍娶於高邢部郎中登姪處士第女，子男五人：長應雷、次應雨、次應霈、次應霽、次應旌。應雷近得龍威清衛指揮同知；應雨禀生，蚤卒；應霈丙子舉人，清德雅才，卓然名家，視一南宫，第若掇之矣；應旌，衛諸生。女二，長適指揮涂顯祖，次適生員高偉子宗輔。孫男二：可久、可法。孫女五。有異母弟炆，盡分與先世所遺家財。將軍生嘉靖辛卯四月十九日，卒以萬曆甲申十二月十五日。彌留之頃，連呼『戰馬』者三。享年五十有四。葬之日，則乙酉八月十有九日也。祔麻宣河曾祖茔之右邊。」

文林郎洛南縣知縣心禹徐公元配郭孺人暨次配王令人合葬墓誌銘

徐望兗州，徙陵縣，可紀祖爲榮。榮生海，海生斌，斌生宦，宦生明道。列祖皆有德義稱，而宦尤以崇尚風烈著。明道起而劑以儒，鴻龐儼雅，繇邑弟子上國學，鄙閭歸美，號爲徐太公。公生迪吉，字汝惠，别號心禹。稍仕洛南令，人稱洛南公。

公脩軀偉度，天資穎拔，發屑舉踽動合繩準。業自其爲兒時，踰舞象，該通淹洽，即以制舉業冠曹耦。大小數十試，皆名列第一。丁卯，督學安成鄒公校濟南部，公復爲其邑第一。德平葛太史曦，德平第一，不肖侗佹亦如之。三人用一時氣調相結，爲襟契盟，而鄒公大開湖南書院，推公爲都講，與青州朱侍郎鴻謨埒焉。戊辰，詔天下郡邑昉古拔萃異等科舉士，公時弱冠，首應詔，侗亦與在選中。會入太學，日與孟尚璽秋、郭御史大夫子章曲、京兆遷喬、崔郡丞淳、不肖侗輩，卜居蕭寺，下上古今，制業而外，不廢爲安成學。蜀黄太史輝稍後至，更相慕悦，爲爾汝暱，諸同人無不上第相期許，而以時命不淑見落。

庚午返於家，未幾，差次遭大喪者四，惟斂菆掩一酌，諸禮卧苫啜淡，率過禫期，通濟呼爲孝秀徐君云。及闋，未嘗一日離佔畢制業，愈益高孅。當時式而運當陽九，至竟見落，傷哉！公自是無復科舉望，遂發群書，日夜探討，視昔更力大。而朝常國是、刑章兵政以及方寓人情、土俗之凡，小而稗官媵説、種樹活人以及文字夏五、郭公之幻，靡弗研窮，黈乙反覆，絶編時就，厥次姻家康侍御質難同異，務極洞明然後已。公以餘力藝洛陽牡丹、徂徠松、淇園竹篠、泰山櫻桃，無一不根株滋茁，擢本成林。佪過公飲，戲謂公：「公樹植得天甚，學植乃失之，何耶？」公荅謂：「學植弟讓兄，樹植兄讓我。」葢佪泲園花木禿如猿奴，不率職公用爲清謔耳。

公怡然林麓，絶意珪組久，偶以知交勸駕，遂從選次，得洛南。洛南泰下邑，据山當險，民習爲悍黠，不易治。又礦使什九窠洛，疏渠鹵斫遍山谷原田間，酷矣。前令坐不得職去，而公下車則自矢：「平生擊節强項之謂何？而縱閹人魚肉吾赤子，吾將不與此曹俱生也。」礦使輩見公，嶽嶽相向，耳語歛戢。公又每每持額防其饕餮，厲禁發掘田塚。且陰戒「吾人謹備」，境内汔無擾焉。先是，監奴以攫礦告礦户，日久不決。公至，當事改屬公。公則破拘攣而廣司詧，得狀大言曰：「佐饕者嘗去糟床而問酒竊，奚其可諸？非峒禽者悉不坐，其非峒而獲從于進家，是誤進餌而暴之功也，亦不坐。秖論其尤當戍，一餘盡貸釋。」當事無異詞。

寠呂生幼議婚某，妁具也，其家難寠，他女焉。呂以訟公。公答某，數之曰：「此宜禽犢所不爲。」隨顧呂生：「渠女婦矣，拾瀋將焉爲？吾更妁若。」遂出金若干，爲呂擇佳對而遣。已，氏夫婦安其初。洛民感之，化其悍黠，不至以非理煩公庭。洛俗，巾襤士隸校始，饗令以百千。公曰：「卮酒良足矣。」力靳醵錢陋，而令小準疇曩大槩數餉校師，師弟兩用爲德焉。

時值大比，檄屬生儒試。公出教嚴甚，饘餌精辦甚，評隲文卷美劣等級悉當，素士噤不諱。及代商南試，昏而入，晨而試，再昏署甲乙悉當，素商士亦噤不諱。兩邑共歸衡鑒，文譽徹長安中矣。洛數侵，公至，壹意噢休羸頓，天予之歲，相率復業以千百計。四方來就食，公亦不作秦越視，多所全活。

公素健善飯，迨治洛礦事、民事，靡片刻暇，遂減匕箸。因而歎：「邢曼容何人哉？」于時藩臬監司交最洛南，從史臺察薦書旦日上，而公不顧，解綬去。諸監司郡守迫遣至途，手書勉勞：「賢令其爲我等留，終拊洛何如？」公遜謝，卒不顧。抵里，未名洛一錢，則出困窌班其族，尊老卑幼各當意。又出帕物通詒庠校，不第小腆，公枕且高矣。而秦善爲幻者贋冒閹人校，詭私公謂：「礦使、税使跡公遺事，疏且不利公，于公云何？」公心口語：「礦業滿品，而洛無税，是自實其詐也。」姑飯之，已，聽入白濟臬臺。臬詰問本末，贋校色變口塞，臬爲頌繫，夜逃。公恬鎮不亂，類如此。今陝督府顧公，前爲其省左轄，侗書證徐公洛南贋校事，公荅謂：「徐君潔廉，愛利洛南，直欲尸祝之。贋校洵贋，不足介徐君方寸也。」顧公尋且柄大政，其人與言足重，故系之，何必上洛碑。

公晚暮得丈夫子，時時屬塾師劉文學課，亦時時自教兒。公每誦李獻吉任公羡鶩語，意終不懌，曰：「天下有落魄徐某哉？」兒又不速成，侵尋及病。病劇，執文學手：「以是孱藐孤重委君。」

公元配郭孺人，具婦德母儀，里頌賢淑。而助箎王令人，則丈夫子因母也。令人，盤陽王富善女，在閣莊簡明惠，里婦多奇之，曰：「此豈宜田家。」婦笄而歸公，公時未胤也。已誕丈夫子，郭孺人喜動顔色曰：「是婦不直宜男，且宜家。内外多倚辦。」而令人劼励從事，蘋蘩筐筬，米鹽細瑣，靡不治事。郭孺人不翅堂上，郭孺人亦降嫡相與，融融洽也。及孺人捐謝，令人三年無改政。徐族蕃夥，徃徃令得意。有偕語，則毅然形色，不至狷肆。田僮婢侍以數百指，無不振婧而饜心。所乏非財，不濫暴一縷，居嘗不茹葷，不御錦綺。遇子愛而能勞，不以青衿滿志意。其當公在殯，脩客具，主僕皆極豐溢。役役終日，夜漏未嘗食，所由寢疾以此。垂彌留，前箎侶王曰：「佳兒佳婦，女孫在襁，並以累若。」箎王涕泣下曰：「姊脱不諱，新婦敢弗勤弗劭，以墮徐宗？」令人乃瞑。

邢生曰：「余與徐公締四十年徃矣，察其才氣，耿介不阿邑，沈毅而敏于事。事不百中不輕發，西門安于之韋弦適矣。若所爲文章，期于見志，明白正大，不爲骫骳掩抑態。千言涌而萬夫辟，庶幾乎彬彬君子哉。至其閨門雍肅，四氣偹而種厥祥，子而室，女而家，子而翩翩直上，黄壚視而白日皦，公其無憾于人理乎！郭孺人葢斯至德，其有焉。」公徵余志，志孺人最悉，今則稍悉令人，附公後，亦孺人地下指。嗚呼，徐氏其有辭于居徃，余奚媿色于立言？

銘曰：「陵州沃豐，鍾大儒也。試官商山，輕棄繻也。四氣體俻，理性符也。得全全昌，祚胤都也。畸人侔天，響答呼也。奉身完歸，曾氏徒也。三匱即安，永黄壚也。誰其勒銘，山澤枯也。緜緜孝孫，視哺烏也。後千百年，考鍾梟也。」

徐室郭孺人墓誌銘

葢郭孺人及笄而歸孝廉徐君，徐君揔髮少也。于時，大父處士先生，父太學公，大母弭太君，母李夫人，俱健良食，相視而謂「兒勃勃遒上，有婦幸甚」云。孺人婉嫕名家女，比無妯娌跆籍之助，汔用一身，竭其筋骸、心志、識會，如躬四老人之寒溼燥痒而無違遺。而此四老人亟稱賢婦，如出一轍，此豈可以聲音笑貌哉！

徃孝廉之北對于廷，尋入太學也，李夫人擬以孺人隨。孺人請間曰：「新婦孱女子，何事僕僕長安馬蹄間耶？且不聞范式、張劭要結期許時有婦作羮，矪聃然而在堂者何人乎我乃行？」未幾，大父疾作，竟以不起，而孺人猝治棺歛，獨當纖微，不翅孝廉之具記職辦之也。其先後侍大母、父母疾，及治大母以下喪，耗精畢力，略不言勞。迨夫磨鏡生芻之客多睦，阿錫之屬靡不舍舘，飭具人馬，殘羸遠近，大小躡尋，端緒絶無餺郄，此固宿嫗惠媛所爲咨嗟歎羡、願拜後塵者矣！亩後孝廉遘疾獨奇，胸腑牛鬬，神理澌疲。而孺人萬方調護，瘦懼形色。凡越兩期，笃于朝暮。孝廉謂人：「區區病深在蓐，目不見鹽惡，耳不聞啁噍，七尺之軀，新婦實乞之。」其所重德孺人，則以一姬垂乳復一姬進。免男，男字之；免女，女字之；庚免男女，庚字之。提挈保抱，放悲在桑。即子若女昏而傅，孺人晨而出，出以告孺人，無毛毳間也。乃今而後，孝廉有女于歸，而有男在室。其大造于偉長之世，豈小小哉！

竊聞孺人居恒之言曰：「東家羸秀少婦，沾沾輕褣服，終日點黛窗間，不知所謂服媚夢蘭爲何事。西家獷悍長舌不宜子，子在他母腹，輒陰壞之。甚者，得雄，懟，以手自搗頭，擊壁户柱，葦篋方底佹不自保者，兒也。此宜轘暴市中。我愚騃，不欲人指笑我，他氏娣姒唾吾背也。」乃孺人之言如此，可爲女箴矣。

孺人貞簡成性，動合天則，專不爲侈，富而能貧。欸賓慕截髮之風，追遠慎蓬顆之薦。督作不後于臧獲，藴年必先于三族。至于綆缶紝器，編菅秉秆，煬竈雅舂，幽瓜冥果，一切靡密煩碎，無不心手拮据，氾布周揔，一司筦鑰垂三十年。通族頌乎丘嫂，一門戴乎所天。相莊謝熨體之褻，纘燈多佐讀之力。古稱弓韁于彌，衣韌于裏，此孝廉所爲悁邑無已請表厚夜者也。

徐氏陵邑巨姓，世行陰德。以及孝廉器業竑遠，文章贍麗，三家之市，蔚挺巨儒。當隆慶初，與余偕應龍飛拔萃科，繇前所謂北遊太學者也。孝廉久困塲屋，意不可一州郡吏，坐是不赴銓謁，亦以孺人之賢有足安之于家者。孺人，德平故松江別駕郭公第五女，母爲李安人。其諸兄弟姪，彬彬以科第仕宦寂顯有聲。諸女兄弟女姪，亦强半歸字閥閱家。孺人之漸濡觀法，所從來遠哉！且弭太君、李夫人代樹母儀，是自宜孺人賢矣。

銘曰：「昔紀徐吾，今表良妧。揔富膏油，不忘乞夜。昔訶萊妻，今見名姝。績毛捃粒，安夫隱思。昔稱女宗，今仰東郭。罔顧姒言，藉姤發藥。昔頌趙姬，今覿齊娃。撫庶作嫡，恩逮叔隗。於戲噫嘻，後千百年視此碑。」

勑封文林郎杞縣知縣李公暨配劉孺人合葬墓誌銘

陽丘封杞縣令李公，以鄉射賓學宮，非徒以封爵貴也。鄉人素稱李父，亦非以子侍御君貴。公蓋具長者行，而鄉人瞿然顧化，不忍他字，故群然父之云。歲在庚子，冬十月，侍御君函幣介書抵侗所，曰：「化龍所脱屣一官者，爲二大人暮年色養地耳。乃今未十禩，而家嚴倍家慈旋踵繼也。吁嗟嗟，慟哉！即二大人逮禄仕，躋眉壽，化龍有終天之慕焉。唯明公一言賁之，死且不朽。」侗曰：「以井廬契分，李父猶父也，賢父也，又賢者父也。李母猶母也，賢母也，又賢者母也。侗其敢辭？」

按狀：公諱道，字文明，别號南泉。其先冀之棗强人，遷祖李那兒占籍章丘清平鄉，即姜李套居焉。中間譜系散逸，所可考則尚義公曇生懷德公楹，楹生樂善公正，正生省祭公貫，貫生公。公爲省祭公仲子，母夫人郭也。

公甫九歲，郭母以自經死。其死則以省祭公嗃嗃，故公口不言而神傷，溢米間日一下咽也，遂患痞。繼郭者竇撫療以百方，病將不治，卒賴一尼炷艾活。少長，從高才生郭堅、李逢春肄，日見遒上。乃以家累隨廢學，時僅弱冠云。公善書記，尤精方田以下九等及勾股者法，以故闔邑錢穀倚爲準繩。里有程氏甲與公主茵于邑也，程私耗所主財，令君持之急，公爲鬻産代償之。令君陳公誼公，曰：「若不苟半鐶已矣，而爲蔌蔌子償，若其有後乎？」

公之主辦于邑也，隣人劉仲仁醉詈袁子成被繫矣，及入訊，而倉皇遺裹金置公櫝，出而創甚，沃以酒。已抵家，省亡金，恚欲死。公以他委驟歸，聞而驚謂曰：「金固在也，趣還之。」仲仁率孥叩頭百下，愿割中半爲公酒炙資。公曰：「中半孰與二流之差多乎？」謝去之矣。

青衿劉氏乙怙豪挾子，命氣相加也，撟牒投司刑所，僞列多省祭公及家督東秦不法事。司刑更署甿書入按君，按君段立骨人矣。公所爲蹢躅父子間，行金進食，居間無遺力。凡三四年，獄乃白。比在橐饘，行草莽猝中水，危矣。公抗聲曰：「緹縈一孱女子，上事理父冤。吾以鬚眉，寧不逮東秦之爲？陶朱公子攌楚無幾也，而吾日夜腐心，計庶幾見白。吾即去昭昭而即幽夜，何怨哉！」是獄已而竣，則李仲田之訟興。

仲田逋賦，東秦索之厲矣，仲田乃自搏擲破頭首。已，中傷寒，挾日死。讐嗾其家自言也，曰：「仲田死東秦手，宜坐。」公所爲居間也者無遺力，體糜僨絶，視前獄難矣。公之居平曰：「兒幸不坐，賴董公明府，可謂有天。」是獄已而竣，則以甲次受閭胥。是役也，官務肥己，近習社官壹億當萬，壹萬當千，壹千當百，壹百當十，鉅積之家反手盡矣，而矧于公！公乃敝精竭蹷，不惜毛髮，以佐公家。族衆不能前，則曰：「舍旃！東秦尚任虜也。」卒之公家無婧誤，而族衆無流亡，則公之體糜僦絶，視二獄難矣。

嗣是家難漸息，繇賦亦漸平，日唯課侍御君讀，食寢與俱。會就里塾，蚤莫覆驗所程業，意在陶甄大儒。一昨，偷兒伺青氈，公篝火燭偷也。偷者竊語人謂：「李公四壁餘光耿耿，與郎君對，此其人清明在躬，吾甚愧偷。」侍御君辛未補縫衣，公喜見顔色，曰：「譬之農人，今其播矣，自後庶有秋。」甲戌①，省祭公垂耄，卒不以中落廢易，逾艾廢戚。侍御君己卯中省試，時公六十有四齡，督學周公用兩臺僉議，授公鄉有秩，浸浸與冠蓋齒矣。

侍御君癸未舉南宫，是年出令于杞，歸里受訓言。公曰：「而父以上，起家寒素，若以子大夫出令大邑，克光門閥，不翅足矣。第大邑染鼎易婪，子大夫發軔易肆。行矣，勉之！」侍御君長跽前曰：「謹如教。」次年，逆公于杞，並以劉孺人板輿行。既至，徧跡杞邸中，唯圖書數卷及爰書數娄，圜丹行墨積案間耳。公曰：「若習爲吏，且清白吏也。吾與若母屬目有秋，今行覩倉廩如京矣。顧余麤龎爲性，而縣邸若樊籠，即五釜羞而列鼎食，余弗適也。且而母沾沾少女，衣補事兩老人，陽丘同夢矣。」以是再改火而東其轍，其往返以昏夜，屏騶袪衛，僕僕盧兒里媪相周旋，杞遂無一人吏詣太公太君前，祖道寂如。即侍御君斤斤尺幅，要自公與孺人，賢矣。

丙戌②計事已，侍御君上杞三年最，封公爲文林，即杞縣知縣，母劉氏爲孺人。丁亥冬，復逆兩老人于杞。公入邸听然，曰：「孺子政成，逮我兩老人封爵具矣。唯是國典勞臣寮，而臣寮負國典，我用是爲孺子懼焉。孺子而後，乃今奉徵書晉通顯，其無貳事，其無貳心，杞其朝旭要諸崦嵫，其可也。」侍御君長跽前曰：「謹如教。」侍御君之拜侍御也，公數數書移都：「余知若天資，骨鯁不難一言，議官所患，太剛則折耳。」侍御君以蒼頭報命，則謂：「兒戇，小有棖觸即發，以大人指，敢不佩韋？」迨按蜀，風采凝峻震百寮，三尺無少假。即又壹意原貸矜疑，囚每當慮，面作土色，咨嗟愾歎無寧音。公聞之，爲畢一卮，曰：「吾家幾敗于輦上人。兒當斯役，其所原貸，一切必本諸父兄。蜀云漏天，吾兒其煉石補之乎？」

辛卯，侍御君自蜀歸適，坐積勞病脇，因念二尊人冉冉老也，曰：「頃過王陽所迴车道，而怔怔心動也。兒其移疾就子舍乎？」公止之力，曰：「吾二人猶健飰如平時，若乃淹蹇王命于家，且主恩深厚，非若税駕所耳。」侍御君亟還臺，旋按三晉。未幾，叙遷河南之少叅知。尋以病脇滋劇，不勝再出矣。即公亦從容謂君：「此若六月息時也。吾向所介然于太剛則折者，今露其端矣。矧若以按行罹患苦，而父枽榆可相依以暖也。」君遂懇疏，得予告焉。

公生禀孝友，慊慊退讓，無毫毛機利。然值人過，則又輒面折，改則存慰有加。自奉麄糲，衣恒不帛。既貴，宜駕曰：「吾不耐，抑按之如三日新婦也。」與所知交飲，既貴，篤于平生。每念竇母徵尼炙艾事，淚忽淫淫下。晚當大故，視省祭公情禮尤踰等焉。至于困者待火，婚者待禽，亡者待櫬，閭右凡百待緩急，率以爲常。啞李亭疑其妻田與高應時私也，慙而縊。王守業譙其妻與周邦佑妻閧貽之禍也，勒之縊。魏厚計欲自裁，以謝生沈陽抵死妻也。公曰：「嘻，其甚！」魏景初歿，不及斂，以牛衣襚也。公曰：「傷哉，貧也。」或爲之收，或爲之儋石允平，或爲之間喻。遏己拮据，靡密無不爲鄉隣所者。若公者，故宜惇史書之。

公始受室于劉封孺人，則劉之第四女弟也，是爲侍御君者母。侍御君初凡三兄，東秦、大德、有德。一女兄，線，是爲前劉遺體。方劉之逝也，東秦以下稱藐諸矣，省祭公殊憂之。公以省祭公指屬蹇脩意，若曰：「不知其妹視其姊，姊婦而順，母而賢，請以亡婦妹氏婚吾兒。」劉公頷之也。孺人歸公，即安椎布事眊舅繼姑，以孝謹聞。繼姑賓勞之，謂：「新婦固任酒漿蠶織，復爲亡婦任繦褓提挈耶？四藐孤其與若分字之。東秦、大德我爲政，有德暨線若爲政。」居數歲，大德、有德相繼殤，東秦、線婚嫁各如禮。即用詘不及于儉，無論地上尊章慊可，即地下姊晏然瞑目矣。

孺人督侍御君學，本之蚤歲，所謂耿耿四壁餘光，頃則餅餌茗飲餉之也。隔户機杼聲，軋如相荅，數歲以爲恒。每對公言：「兒沉毅，有萬人必徃勇，一介不易操，此任重器也。」自是公漸摩期待，若預識其有埋輪攬轡之標矣。孺人凡兩就杞邸，所御饔食器，侍御君以甘膬供，徃徃不盡錯鍉也。當侍御君按蜀，復按晉，孺人帥諸婦婢業兢兢有度，絕不異農家。或諷之曰：「一侍御太君，安不足晨昏所，而咄咄勤瘁爲？」孺人正色謂：「吾知吾爲田舍老嫗耳，何知侍御太君？」冠帔在篋，韞而藏諸，若不識人間世耀首華躬爲何事也。居嘗恬鎮，最忌甚口，且處諸姒娣至和而莊，即一縫飪至微，無不獻功取質。允矣，笄幃之笵型矣。其於公，若待火，若待禽，若待槽，若待緩急，靡弗慫慂曲中。姊子李美孤，爲之衣食。逆婦同胞兄紀，時時騎而置之邸，與公起居上下若雁行。至問遺則僅果蓏酒脯而止，無一缣私也。若孺人者，故宜女史書之。

公先是七十有九而嬰疾也，侍御君楄柎之具無弗俻矣，恙乃已。又一年，而開八袠之讌，竟日酬接無嬾容。賀客張憲使、康孝廉輩，無不以百歲期者。凡又四年，臘嘉平，當立春觀，所爲曼延魚龍之戲，滿觴而釂，衎衎樂也。逼除而疾復作，迨于庚子正月十一日正寢，終得壽八十有五年。里中蒲伏來吊者數千人，强半即帷哭。又百餘日，是爲四月二十四日，孺人卒，得壽七十年。孺人捐桮棬，則以公棄賓客，又以愛子壯孫母兄一旦就賞謝，悲不自持矣。里中蒲伏吊哭如公喪。

銘曰：「疇其鈎，公乃弦。疇其刀錐，公乃田。疇其潢，公乃淵。疇其凉德，公乃羶。鹿門𩥇駕偕偓佺，玉函青鳥翾以駢。應龍斯化雨八埏，公兮與母雲在天。陽丘膴膴柱下阡，疇其旦暮爾大年。」

①戌，原作「戍」，據崇本改。
②戌，原作「戍」，據崇本改。

勑封徵仕郎中書舍人加四品服色禹城東岡劉公暨封孺人元配王太君合葬墓誌銘

穀城井野二亭相望，猶布碁。而兩邑之親戚故舊，狎暱如朱陳。余識封君劉公，以子總憲君故。以總憲君故，復識總憲子孝廉。葢總憲君，昔者吾友，而封君，余父黨也。孝廉敬狀大父及大母，屬致諸石，余何敢辭？

按封君諱貴，别號東岡，世爲邑人。譜可考，則唯大父海，海生峻，峻實生公。公母則張夫人云。公生十有四年而孤，張夫人遺就塾矣。顧家貧不能爲塾師壽，遂罷讀歸田間。田污邪農瑣，穀嗛，無以養也。然又自矢，非力不衣食，拮据以萬狀，而後母氏稍稍獲寧居矣。公性與歡伯善，日盡淳于一石，不問缾中粟。每醉，輒呼王孺人：「兒子大吾門，兒子大吾門。」謂總憲君也。

公督總憲君學，無間刻晷。冬之日，窺其帷曰：「鴻雪深耶？」夜乃從青熒中望見佔畢狀，曰：「兒真不負餘光之在四壁者。」不覺頓衣起舞。已，低回泣下曰：「而翁衣褐而衣繡，吾志畢矣。」總憲君跽前受訓言。無幾何，崛然起家成進士，拜官中書。又三載，封公爲中書舍人。公拜勑于庭曰：「幸甚！國恩良厚，閭閻小家子何德以堪焉？」乃顧蒼頭：「取吾故褐衣而褚之。非褐之父，何以博兒曹繡衣？」葢書遺總憲君，絡繹不絕于京，而大端不越四言也，曰：「婧鹽者歉，踧蹵者僨，惋懊者乖，綽惜者擾。而其勿歉，勿僨，勿乖，勿擾，何官不可爲？」總憲君出以示同儕，人人吐舌，謂：「安得劉父良箴。」迨後總憲君守黄門，率用公指，稱名諫官。

尋以忤大相，出叅陝藩。公曰：「樂哉！借令兒俛首摧眉，墨墨而至九卿乎，不如落落一節函谷關也。」總憲君任職爲叅議，而會皇第一子詔，詔得晉公視叅議四品服。公復拜誥于庭曰：「幸甚！閭閻小家子跨再命而臨鄉里乎？吾滋懼矣。」乃日與所知故人飲。故人半皆疲薾偃佒，短後葈芒，而公亟講均敵之禮，拍浮達宵。間出之市中，一欵段馬不施連錢，塗遇所知及厮，下馬鞭相揖，咄咄道「主臣」。有微時小郤者某，懼其及也，公謂：「此曹，吾故人。貧老厚遇，宜無如此曹。」又總憲君素所最善某，守濟南，雅敬禮公。里人覘知守意，夜懷百金求居閒。公叱曰：「吾惡用此糞土污我濯濯！郎君不速去，執付邏矣。」宗黨周親連甍接井，宜婚則篚，見骼則棺，古所稱班財赴義，視公寧有二哉？

公配爲封孺人，邑處士王公永嘉女，娶于李，生孺人。即從總憲孝廉所稱太君者。太君十四而歸公，柔嬺少也。會姑張夫人性頗卞急，操下嚴，即遇新婦無少假貸。而太君壹意恭順，曲侍噉寢，晨昏寒暑無嬾容，張夫人極安之。當公治田穀嗛拮据萬狀時，太君無見愠也。晝綴雜常之皮，宵績吉貝之絮，手爲龜裂不云勞。曰：「吾以佐君子而事君姑，終恐婦道有虧耳。」及總憲君就外傅，太君市珥爲帖括費，躬縮腹裁爲束脩餅餌資，靡猒也。又時時取兒所肄書，尋行數墨而程之，務令翻瀾然後已。所謂鴻雪深而餘光燄者，太君悉用雒常吉貝之業先之，不翅勤矣。太君居恒教誡總憲君曰：「尊官大位無難，清白吏爲難。」以故總憲君卒爲大儒廉宦，一切名實飛照海寓，唯母之訓，不獨封君之力云。

太君素性慈良，好掩護人。即臧獲小過，絶去訶責。晚受封命，益安爲節儉，不澣不易衣，不饗不加豆。嘉禮鄭重，副褘一臨，餘唯大布之裳，縴綄蒙冒，見者不知其爲廉訪太君也。公常謂人：「吾内實代吾爲當户，輔吾爲嚴君，吾所不忘。」蓋相將白首，肅穆如賓，一門風範，良足以觀矣。

孝廉君持狀，欷欷泣向余曰：「吾父自爲衆議，爲副使，爲衆政，必取道歸，覲大父母前。最後遷總憲歸，大父值微疾，擬自言謝矣，而大父色動，促之行。甫抵秦而三奏記臺，臺復温語勉之留。天乎，遂不及與大父訣也。又不旋踵，而從大父無幸歿也，父蓋有不化之心焉。顧孤不肖，日幾一第，俾吾大母生見之。而大母復已矣，其胡以安地下二父爲？蓋兩世有隱中之痛也，惟先生一賜發明之，庶有聞於世，而勵將來，不肖孤有至願焉。」

蓋歲戊戌，孝廉赴禮闈，文卷絶奇，中彀矣。而以終場甲乙署誤，格不録。主者自恚，寄言劉君：「此巨鰲，吾網目良疏，甚愧。」劉君孝廉謝不敏。余比聞于儀制臧君，及鄉者同里諸孝廉，具道如此。孝廉行復戊戌之踦，以安大父、母、父地下云。

銘曰：「庭中闈中，白衣其黼。有美靈鼉，疇桴乃鼓。聞子聞孫，駟馬其户。有美東�，疇羽乃楛。鄉歸義評，門亢功祖。以考厥家，不仰而俯。祝阿之陰，长原膴膴。千秋樂且，王媪劉父。」

封文林郎蘇州府推官静庵楊公墓誌銘

吾郡青城都諫楊君，以其尊大人狀來謁不佞侗，曰：「壙中之石願以累先生。」余僭不揣，按狀而誌之。

公諱若山，字道瞻，别號静庵。王父倫，唐縣令。父獻章，考城博士師。博士有子六人，公其家督也。生七歲而失母，夫人趙繼母，以孫少長，從萬從野先生學。令君愛孺孫，携之唐。未竟學，年十九始補博士弟子業，亦漸精。每試郡邑，輒亦高等。省試輒躓。未幾，元配鄘孺人謝，中壺繼以成孺人。又繼王，又繼李。公既以遞試遞不售，又妻喪其耦，盍悒欝傺侘者三十年，五弟皆肩及競爽矣。公曰：「天罰丁余而四更室，愴昔撫今神理幾盡，而尚欲呻其佔僤以幸一第，是與命爲鬬。諸弟韶而才，奮當乘時，而兄不能老守一經頭搶，幾如病嫗就蓐也。自今日薫蓘弗勤於野，粢盛弗潔於廟者，砦兄；廢世經而隳家聲，安窳習而惰士行者，砦弟。」諸弟唯唯，卒皆有聲學宫焉。

迨博士公致事歸，議分箸。人或疑公久當户，豈其微毛毿私潤耶？公如弗聞也者。至日，胠一篋寘中堂，衆視，簿記外敝帷袴數事耳。引身退，一簪弗着也。乃析田僅二十畒，計日饔餐不時給，惟攻苦督都諫君。肄習稍逸，則召立庭下，盡日不與一語。都諫君股栗創於榎楚及之矣。萬曆己卯，都諫君舉于鄉。明年成進士，拜蘇州府推官。以宦考，封公如制，追贈鄌、成二母俱孺人。公愴然曰：「余一儒不成名，而農恒饑，乃不於其身而於其子耶？以及無恙而有今日，顧兒曹安所答主恩。」

歲丙戌，都諫君徵入爲吏科給事中，積資爲左右諫議長。公寓書勉之曰：「諫諍之臣，言無當於國而有所合，言有當於國而有所慴，均爲媿厥職。余不願兒有此。」都諫君抗章封駁，極身毋貳，往往與上意旨迕，遂同鍾給事輩一日罷歸。天下莫不壯山東多直臣云。公迎勞之，曰：「余固知兒之必有今日，幸吾疆匕箸，歸持半菽勺漿以當余壽觴，不甘于大官之臠乎？」即諸臺史數疏都諫君節行，公曰：「華袞而父多矣，何必貴仕爲？」会季子其光卒，光李母出，母以過戚亦卒。於是公益不可堪，疾遂寖加。都諫君遣四出求如楊慶者不得，而公竟不起矣。

公感慨，厭爲瑣尾，衣履不受纖塵污。讀書諳曉古誼烈興亡大致，終身不忘。居平譚議世故，獵髯振袂，舌本如捲白波，無不中窾，然又率用仁質行之。一字畫諾，重于太丘。里故有确田，宿莽爲狐兔宅，官履畝而税不少假，民多竄避。公詣令曰：「沃田畝四鍾，斥鹵妝藁，不足禽獸食，而必取盈，民不支故逃。逃則農寡，農寡則确者益莽，而沃亦因以确矣。不有損益而酌之逋賦，將深留瘠民而事鉏钁，确或可沃也。」令驚曰：「如公言良是。民得減稅不徙，菑畬亦日闢。」然地窪下善潦，公又説令曰：「此去河咫矣，渠而洩之，無使潦集，可成膏壤也。寔以利民，而民敢稱勞？誠一出諭，畚鍤如雲矣。」渠成，民至今利之。令因得能聲，擢去。

公事孫孺人至謹，燠寒食飲，不敢須臾怠，事無巨細必以告。孺人則曰：「惟兒好爲之。」或顧諸子曰：「而兄云何，嫗所不能决也。」其得孺人歡心如此。於諸弟友愛尤篤，每宴集，陳説平生至欷歔泣下。已，復暢悦慰藉。郡邑脩鄉飲禮，屢虚大賓，席公第一。再往，終不欲以兒貴故，數掩邑屋耆艾也。素彊無疾，雖皤乎能御怒馬出入。眉毿毿覆其睫，人咸謂壽徵，然才得七十耳。

曩不佞按江南，得悉都諫狀，葢吳四大郡，爲國家粟帛珍寶之藪，民黠巧難治，而蘇尤甚。都諫君以一身周旋諸部直指、中丞臺監司及郡寮長佐間，凡當沈命法，夙逋魁宿諸所剸裁，以莫不屬楊司理，都諫君擿發如神。又常積思求人，生活每用寬貸，隨至勧鈌寢疾。公聞，日夜馳抵蘇，藥之。愈，即趣駕歸曰：「視兒郡厨如水，震澤之冰與穹窿之蘗，稱其官矣。今以我口腹故，而溢取民一魚菽，可乎？勿取則爾慊，取之則余慊。余豈以四簋傷爾廉哉？」都諫君葢愓焉，不敢留矣。及入爲給事，不能不廢孝爲忠。都諫君若未嘗一日安於省中者，卒之批逆鱗而犯上怒，歸侍公田間如干年，以逮含歛樹封，必誠必敬，毋令有悔焉者。葢天之兩曲成之，是亦都諫君不忘忠告而獲畢其孝云耳。今天子拊髀思骨鯁之臣，都諫君禫而賜環命，公不益含嘻九原哉！

銘曰：「於昭文獻，徵世美兮。煌煌牧師，祖若禰兮。屢悼齊體，亟用誄兮。説令酌賦，止流徙兮。畚舉得渠，寫清泚兮。耒牟禾穄，以盈甽兮。享其利者，謳諸里兮。藝而不試，寔委命兮。掖諸弱季，操家秉兮。勾吴士師，子爲政兮。不隨不阿，名諫諍兮。琅函褒嘉，炳以燿兮。耆而無疾，考終令兮。原陵鬱芊，儷題凑兮。倍萬斯年，子孫佑兮。」

王母張氏墓誌銘

鞏昌公之在王，王有公之在景州，傑然宗衮，巋然其爲枌社長也。詎第景州九河之間，無不知有鞏昌公敦仁市義者。詎第九河間，即大江以北，擅研桒而推氣尚，則又莫不同南指而北道歸也。詎第大江北，而西楚、南越、齊魯、晉秦、粤在萬里，而黑水所滙，赤日所出，鄉其或不悉鞏昌公名行而慷慨談説者，是夫不與世諦而不關聲聞緣者乎！吁，何以得此于人間世哉！

鞏昌公初歲難舉子，卜所爲宜子者，得孺人。孺人父曰道，姓張氏，河間處士也，斬斬有家法，不減汝南李氏。而孺人静莊惠辦，亦正與絡秀爲徒。入門見華屋櫛列，曰：「此宜汎掃，不應苔緣溷聚也。」見衣桁、擣砧、卧簇、籡篩等，曰：「此宜位置如所，不應狼藉委棄致敗也。」見僮奴纍纍肩隨，曰：「此宜隨事分曹所，應量體衣計口餐也。」蓋心口所自語，才力卒任規恢，而闑内姆媪以及三黨婦曹，莫不驚相咨訝，謂：「孺人何自少而嫻事如此？」

已，從公官遼東，則以都司斷事行也。斷事在邊方，居然太府之憲，而公雅性嚴毅，又自矢氷蘗甚，一切不少貸絲毫。孺人時時風之曰：「樂浪、玄菟之間，何自遽得孝子順孫而治之？公其去子産之刑書，而法殷王之三面，塞曲盎如矣。」公頷之，諸從寬政而以子惠行法中。中丞直指大將軍争器斷事廉有調劑，靡所不倚辦。而寖後得人譽，則在庚申行荒云。孺人之言曰：「荒政在主者勤，勤則無贅聚。在主者耐，耐則無遺餔。」公頷之，謂：「一孱婦人妻任政耶？」公喜而登車，披白草而走黄沙，足跡遍全遼矣，所起溝中以數萬計。中丞直指大將軍愈益器斷事可大用，謀欲上書爲久借計。而會以資及序遷鞏昌府通判焉。復用孺人隨，公至，目極蕭條而歎，堅卧不起，曰：「貲郎固宜塞。」孺人曰：「疇昔之遼，萬億口碑，公何負塞，塞亦柰公何也？」公起而視事，謂人：「吾家孱婦人，爲我田僧超不淺。」又復顧孺人而謂曰：「吾至此，第見衮衮崑崙一派水耳。吾所與計者，番漢閧而黄羊麌牛之幾蹏角？桃花之駿、纍卵之鹺凡幾匹石？而渴而飲挏馬之漿，飢而噉明駝之肉，如是已耳，而胡不歸也？吾有柴桒三徑在也。」孺人曰：「五馬别駕，貴矣。公年三十有六，角巾歸第，豪矣。公如戒御，吾當挽車。」公遂决策還。而時直指耿公負一世人倫聲，未嘗不盱衡擊節于斯人也。

公歸而孺人一意秉家政。公故稱素封，萬目睽睽，率難饜可，而孺人以至公極悴當之。客至而公小不問茗汁，大不問梧案，馬不問芻秣，厮不問粲肉，吉不問羊酒，凶不問賵賻，親不問亟饋，疏不問舉火。而公齁鼾在枕，一一受成，日惟焚香匡坐，展一編繹遠古興亡，間一企脚北窓下，作天際真人之想而已。葢如是者垂二十年，而始遘疾。孺人延醫理藥以百方，乃公竟不起。

于時，孺人不難以身從地下也，而比着膝五丈夫子在焉，光禄君居其仲矣。長坐病曠，而餘皆小弱弟，光禄君甫以弱冠，撫之良苦。又其叔子，繼嫡高安人出也，孺人字之、勞之、衣之、食之，必先諸子。清温寒燠，四體與共焉。而曰：「安公地下，庶其藉此兒！」居恒謂光禄君：「而翁于王氏，夙稱祭酒，今已矣，覆楚復楚是在爾曹。爾無惕然于中乎？夫太陋則文慳府怨，太奢則多取賈殃，我一孱婦人，諸子及知所知者，儉及于禮，如是止耳。」于是督光禄君力勤南畮，因地承天，歲獲上農。寢門之内，中霤之外，煦煦而默，徐徐而俯，翹翹而厲，炳炳而白，用柳河東之説而叅亭互發者，孺人耶！至于交酬百出，經費萬端，靡不穠纖中度，夙莫以時。以故囷有餘粟，笥有餘帛，闒潔得六畜之宜，儲偫及賓祭之重，其視鞏昌公世，不更廓然大哉？

又聞孺人之訓其子也，數數致名師，腆厥束脩，朝夕自程業，不以夏楚後姑息。其嫁諸女，奩幌資裝不爲過汰，而衣補鮮潔取衷于制，大爲里中觀式云。葢光禄君歲首以孺人板輿北，計當真拜甘丞，其上方之物孺人且與享焉，而乃一疾無幾棄栖棬逝，光禄君始顧曾及此乎？此光禄君所由復悲也。雖然，徵棺得棺，市槨得槨，木若以美，側而視之，其厚倍焉。芬馥都郁涉最香國而慊然無遺憾者，光禄君之成其爲大孝也。吾妹適光禄君，當室婦，孺人輿櫬南也，妹縗而從。且妹疇昔能道其姑賢也，余志孺人以光禄君故，而以吾妹故。銘署諸左，世系子女婚姻家署銘左。

銘曰：「有蓨一丘，厥土沃兮。堂堂哲人，乃箸玉兮。爰逮三母，粲以儷兮。維母靈光，晚乃祔[1]兮。厥子洎孫，都且美兮。千秋萬年，茲不毀兮。」

[1] 祔，崇本作「祔」。

來禽館集卷之十五

墓誌銘

誥封奉政大夫陝西西安府同知拙齋史公墓誌銘

按狀：公諱袋，字雍如，其自顏楣則曰「拙齋」。盖公雅性不樂儇巧事，顏楣固其質云。公遷祖秀，元末從今左馮翊乘白馬携稚仲良至，占筶樂陵鬲津鄉。素愛馬，謂：「馬死，埋當傍吾墳。」人遂爾「史馬」焉。三世爲勉，四世爲宣，五世爲翱、翔、麒、麟四丈夫。翱以舉人仕海寧令。麟豪長者，生述，由歲貢仕岷府典儀，鄉里推爲善人，配閻孺人，公父母也。

公蚤隸諸生籍，會年及當婚矣，典儀公將之官，擬用伯子入楚，而留公受室，周視其田廬。公長跽曰：「兒尚少，胡以婚也？敢一日去大人前！」乃扶侍入楚。無幾，典儀公無禄，公拮据喪事，惴惴委諸草野之爲鄉人羞。比縿幕及舍，公黧黑骨立，無人形。終喪産削，踰冠猶未婚也。外舅鄭公爲授室，置田差給，朝夕藉以事閻孺人。務竭志物身，與鄭宜人時減日實，曰：「吾將以效所未盡于典儀公者于吾母也。」

公精《易》專經，當席口授長公觀察君，父子相難，鬱爲世儒。觀察君省試魁其經，連第進士，靡所名經師。君每向人：「直所繇就業，父教之也。」公手纂十戒五箴，寄君官中，大抵皆提身自下意。君服膺無替，在所著廉平聲。而公亦用君五品，貴得受誥，爲奉政大夫。比當邑文廟圮，卜日僝功，公損金帛緡錢，幾于空橐。日月劳獎，以汔于成。伯兄以文學祭酒老于鄉，公每佝僂而弱其側，腰臘治具，奉觴爲娱。且勤視啓處，莊于嚴君。相將黃髮，塤倡篪和，有伯康兄弟之風焉。從弟貴，不能爲家矣，公衣食有度，迨其終身。貴遺婦子，又須公以活若干歲，死爲葬，僑爲居，未始以疏屬生厭心。至遇張氏甥，备極恩義，自少至長，置哺娶婦，下至嗣子，復呴沫無貳。及就外傅，束修以上，悉公營辦，不令其家自名一錢也。邑窮老無歸、孤孱孀單莫必其命者，公輒召至賦之食，旦旦以爲恒。有女徒睽睽寒創，濱危矣，公屬僮取火燎之，予敗絮衣，日兩食無缺，獲以不死。久之，爲儓服婚，任其所如往。數歲，睽睽女抱子曳夫而前，倉皇及公門曰：「寠人夫婦幸有糞土之息，非公不及此。」嗷咷叩首，頭肉墳起。公温慰謝遣之。

歲嗛，出粟寓賙于貧，計數二百許斛，恣意所取。垂豐，收責，才視蚪石。諸以子母言者，公笑曰：「老人往者志無藴年，乘人之敝而家于荒，是自爲不誼甚也。」又觀察君間以俸錢應里中緩急需，已而償者難之，公謂：「此王家料入老人籍，兹惠養多矣，而維橐之是亟，奚爲而不可？請用馮驩之薛事，劑券一昔畀炎矣。」鄉隣産售我，産盡糧存，往往而是。公曰：「地縮而糧羸，此從來握筭罪。地轉徙而空，糧是累是宜屬新地主，即余不敏，敢不專承？」人曰：「握筭者罪，公胡弗治乎？」公曰：「是所從來久，姑置之。」公歲賦率羸倍于他家矣。鄉鄰時侵我田疆，或暴搔吾瓜，盗我梨棗菓實也，公佯爲不知也者。或以問公，公曰：「勿言，凡如此等，皆我善鄰也，公何得有言？」老幼强憊，均傭公家，公略不加擇。無論老者任老者之事，食壯者之食，即壯者視老者之肄，食壯者之食，亦不督過。曰：「造父不盡馬力，吾敢盡人力乎？」公之遇宗人也，多睦而下，悉忘寒暑。不直一從弟貴，然又斤斤糾宗爲事，扑勉不恪，以厲餘曹。歲時合族燕毛，雁序秩然井然，觥斝婁巡則又小弛苛禮，等比洽驩。里中父老欣欣相告，若見三代之隆矣。

公平生少不好弄，長不好緣飾，迨于封爵，依然袨褐練巾，非故不御醇綵服。觀察君秉憲于淮，公跨一羸往視之。人曰：「觀察太公豈少數尺輿，而猶是睚夸卑處爲？」公曰：「觀察宜數尺輿，觀察父惟睚夸羸固當。」家居不治垣屋，出入一犢車，曰：「人車，吾不忍也。」素善詩，詩以適情導俗爲主，然亦沿襲白香山，多自得語。中歲逐子秦晉江淮間，遇所愜會，詠歌殆遍。晚築園榭，開沼種魚來禽，青李蒔藝成列，時與朋戚相羊其中，于于甚得也。其所示觀察君十戒五箴，盖篤老行之。里人至不忍自他于姓，相謂爲「吾翁」，即加姓，謂爲「史老佛」云。

當塗馮軾過廬禮敬，造請邑令長上記，用養老尊賢指，歲奉粟若干石，帛若干束，鄉飲酒禮自公乃重，此不可穪達尊與哉？當其負茲時，默然玄靖，屏去血食，日延老衲講西方之業，從容待盡，絶無他簀次困，陶陶永適，以及大歸，此不可穪考終與哉？其所值事勢最難，而公當之，若不見仃憒者。侗以末戚猶子知之獨深，觀察君負盖世姿，誓必爲縣官任鉅重。方其營田淮鳳間，惟萬衆三尺是狥耳。大相意不合，俄然罷之歸，公不色愠，曰：「白士而金紫，何不足汝所乎？」亡何，大相告捐，言者交疏直君屈，立補故觀察官，公不色喜，曰：「寒暑代謝，常耳。吾老人，任運已耳，天其不吊！」

觀察君倏爾云亡，兩雛孫舞象舞勺，文筆方遒，成毁反手間耳。遺書在篋，公破涕，程督如少壯時。且爲召邑才士，爲礱諸資，不數年俱成器業。差次爲受室，不以老謝田中事，妨兩孫學。卒之，長用《禮記》嗣父魁東人，次乃髧髧不減驃騎公與觀察君，名父名子，九原饗茲利，寧無交相慰勞哉！長孫倫魁之日，公從几筵受捷書，尚其灼灼人間世。史氏之天定矣，何必竆滄浪而問之。公所著《拙叟春秋記》，藏于家。

銘曰：「生世魁儒，不售而紆朱，則以丈夫子亨衢；晚節憂劬，匪父而維摯，則以丈夫孫名駒。閲代區區，徑寸于于，槐安爲境葛天徒，壽考福禄惟公俱。」

勅贈文林郎章丘縣知縣元城董公暨封太孺人元配張氏合葬墓誌銘

董公諱增，字謂補天。字謂盖出竹瀧劉先生指。劉先生故從關中趙浚谷學，及登路，以文章氣誼高一時。字謂公，則噐公甚，若曰：「君其爲女媧氏鍊石成五文，而令彼蒼蒼者無缺焉。」

公系出廣川，已，徙蕖城。當金貞元季，遠祖俊以死事功贈太傅，謚忠烈，加上柱國壽國公。有子九人，而文炳者，在元以平江南封趙國公，贈太尉，謚忠獻。下及諸弟並焜燿，著勛伐没，膺贈謚顯如文炳者，復三人。以是終元之世，爾蕖城閥閲，近代無兩云。文炳第八弟，趙國公文忠後，入明而爲平之孫。才興之子名志能者，以子芳貴，封刑部工曹主事，是謂主事祖。先是主事公避亂北走，爲遵化陳氏贅。久之，與其内兄某有郤，内兄欲得而甘心焉。陳安人語泄，主事公携家奔通州。舉一子，小字通州，即主事公所用封貴芳也者。而芳初以永樂乙酉北平解歷官郎中，此盖主事公徙大名元城以後事。主事公從元城卜郡北四十里盤堤家焉，遂大郎中公。郎中公陳安人舉四子，叔曰茂，爲公曾大父。茂舉子二，仲曰僎，爲公大父。而僎以選貢令泰安，歷長清，俱有聲。舉二子，長曰文，公父也。起家決曹，爲省祭官，是謂省祭祖。爲人磊落感慨，善治生。年垂七十，其同胞弟老之，謂其多女獨也。省祭公大詈，謂：「而兄錚錚者，終不作若敖氏餒，且若謂景迫高春耶？行見吾收之桑榆憒卒。

耳。」亡何，閤夫人即舉公。已而，郝夫人復舉仲廣，閤夫人復舉季朗，而前老公者弟一夕嶄

公生負異質，稍長入塾，目輒數行下。習爲《毛公詩》，兼通《魯》、《齊》、《韓》三氏之故，而爾專經，文力日勝。是時，卑從先達東岩都諫君過里中，得所爲制舉業而奇之，曰：「此吾家駒，日遠千里，無契需者。古諺有之『老蚌産珠』，此夜光，真可照十餘乘，幸公之不及於溺焉，此其于功名閎遠矣，而矧于余。」會省祭公卒，公遂起當户。此去嬰彌亡幾，卒然舍吾伊而責治辦，如弗勝何？又妻遇試，試輒病，試已，病良已。公乃仰天嘆曰：「此所謂命也。録録儒生而與造化鬭，無不祥大焉。此一弟子員，何異匏瓜？吾有沙鹿之田可耕耳。」遂謝學使者，以楚服歸。歸曰：「夫木寓龍不任爲雲，或借以行雨，貴似也。吾泥蟠而池中者耳，而人將寶我以似，吾實耻之。」

頃之，族黨果以大師推擇公，公爲强就席。學徒蟻集，公爲講説經義，一如君家仲舒，又如鄭玄。載病兹邑，千人嚮赴。即二子復興、復亨，漸列久次，靡不湛淳。公居恒曰：「兩兒子，大者多質，小者多文。質則四封之騏，文則萬舉之鳳。任重致遠，翔仞下暉，其將奚擇？」少選，兩君同日入頖宫，公爲色喜。又二年，公遂寢疾。

往歲，公夢神遺隃麋者三，隱隱筆形，一爲字四，一爲字五，一爲字壽。屬當綿惙，乃謂兩君曰：「若憶疇昔，嘷囈兆乎？夫季父四十云徂，吾年始逾知命，妖夢是踐，厥數唯五

焉，仲父壽徵矣。聞之薊子訓與數，老夫笑摩銅人曰：『見鑄此以五百年』。吾視吾五十，猶薊生五百耳。且世戕横生而奉縱生，余心有戚戚。若侫伽尸而設爲輪廻，必不可知之説，余顡有泚矣。」語訖而瞑。卒之日，遠近來哭者如干人。

公性恬穆，然而界限甚嚴。當其授徒時，夜一姝者躧庭中。公曰：「是狐祥也，吾刃將斬矣。」答曰：「妾，人耳。憐君閴寂，故來相從。匄沐沐，匄薦藉焉。」公立叱之，姝者忸怩去，公亦絶口不欲談。踰時，則以姝者自與所私語，語漸外聞。聞者爭訝「長者，長者」云。於是里人愈益尊信，一切質成若大府之憲，而公亦時爲判曲直。曲者廩廩如笞箠背，直者儼乎華衮之在躳也。且孝謹與友愛交至，值省祭公兩母夫人喪，哀毁備禮。出分兩弟，獨取瘠下，曰：「吾慕卜式、薛包之爲，恨家貧不能極意，聊以畢吾懷耳。」至於好爲振業人，自少至壯，率以爲常。即儋石堇堇，不避質劑，平生未始不厭人之意而後已也。公所最不喜者滿讕輩，一日署其門曰：「巧言亂是非，利口覆邦家。幸同土壤，死當相直。」里中人人循題撫臆，曰：「董公爲我耶！相務爲籥輔鋌精，時時董公在側矣。」

誌曰：「按狀，謂公嗜酒，好象戲。夫魏文角巾撇勢，梁卿善彈格五，稱名雖異，巧捷一同。若夫伯倫托寄於歡伯，次道致傾於家釀，此又徃代通人之高致，而輓近士人所不得望其津涯者也。章丘君復搤掔，于公大故時，含歛題凑不及禮，太孺人一切具矣，而以仕宦去家，缺於彌留之一訣，號天踊地，誠傷之焉。雖然，章丘君孝情備矣。循吏文苑卓然，名世百祀，而下人得爾爲元城董君。父若母斯爲不朽，即前兩者奚憾耶？語曰：『公侯之後，必復其始。』此言而信，章丘君以降，所爲復始而徵諸壽國趙國者，浸浸其未艾矣。抑微二國，即公積纖成鉅，而德後善慶之餘，無能不復，要諸其始，詎公侯已哉！」

太孺人者，同邑處士張公季女也。生而不茹葷血，見諸甘毳物輒厭之。十五歸公，佐公爲勤儉。及公捐館，督訶二子篤於平時。少嬉，則涕泣道：「爾等即不念地上生蔆，而不念地下死父耶？」壬辰，復亨舉進士，尋補章丘。太孺人以板輿從，時時教誡章丘君曰：「章丘沃土，其無染指。爲民父母而刻人，厲禁以博名高者，非夫也。兒其以廉惠終焉。彼夫東海嚴媼，是誠明知，吾不欲兒有此母也。」章丘君卒用愛利潔清，爲齊魯循良第一，則戢母良箴云。比入計，便奉太孺人還元城。覲已，章丘君跽請復東，太孺人以不耐車乘道路苦，不果行。章丘君跽而辭曰：「母幸良食，兒不十浹日及郄前矣。」太孺人汍瀾曰：「兒乃少此駒隙耶？老人政以歲月視朝晡耳。」章丘君意，資久于格，宜量移計，省覲旦夕事耳。乃不四月，而太孺人逝矣。章丘君刳腸慟，大悔曰：「天乎，詎意有此！」

銘曰：「鉅儒苗裔，通矦耳孫。量才八斗，較受五樽。鈲爛列星，無裨蟲雖。睠彼靈巢，乃長文鷟。載鳴載翥，鷟世沖天。公也不亡，含怡九泉。樹漆歷年，視此重橑。頌德承休，白馬三老。公偕厥內，永安其居。王言煌煌，燭精扶輿。」

文林郎河南道監察御史廣平益軒姚公墓誌銘

公姚姓，三讓名，厥字崇謙。益軒，其所署别號也。先世由太原榆社奉詔北徙太，携士遷占永年。士遷實惟公高祖，四傳而爲處士儼，即公大人，封文林翁。封翁天資樸厚，世延爲施予，里有義門姚氏稱。而公生異，發夢於封翁云。夢爲關壯繆與我戰，北而痕頟。已，公墮地，痕頟宛然也。久之，借璏乃滅。稍長，從叔父學，顈悟絶倫。十歲，嫻爲制舉文，駸駸令上。又數年，爲嘉靖壬戌，吴興潘公以督學試，拔置文學弟子第一。屢試不再屈指，聲振膠庠間。唯時郡人春臺蔡公講明心學，而公以後進過見，延接討論《尚書》，悉其奥旨，公遂推擇爲大師，從者雲集矣。

萬曆癸酉，舉於鄉，連第進士。踰年，用次得祁門令。抵舍壽二親，旋以板輿之邸。盖身率婦子，僅飯脱粟，而樽下之奉則極旨甘。公披誠盡下，不樂爲鉤棘，祁人亦安。公坦易獷悍，化之若苾蒻之翹陽光也。歙民怙勢，將嫁絲絹税於同郡五邑民，四邑操挺起矣。祁覵釁而動，公亟諭之，謂：「有而令在，必不忍而曹代歙民肉。且謀能已税乎？」祁以令故，靡所譁鈤。卒之四邑扞文罔，而祁獨按堵，税竟以不坐。一時上下服公恬鎮，足屬大事，隱然具公輔望矣。三載上績，父母以下受四勑如制。

又二歲，公及于徵矣，值母孺人棄養，倉皇扶匶歸。邑民攀號如喪厥妣，枳其車三日不得行。已，相與醵金建祠，勒石紀事。他以常食位祀公者，千家矣。癸未服闋，拜山東道監察御史。

乙酉，出按三河鹺。周視鹺池，劑量池勢高下，亢潦别爲塍畦，翻車渴烏以時轉運，不令亢乾潦淖莫可孰誰。猶夫土炭低昂屬諸造化，而以吾陰陽反移之鹺，乃大有秋。於是三河不至割裂，方幅爲長蘆倍，公之力焉。

丁亥，出按陜。值歲大侵，公一意荒政，發賑勸貸，迄無餘術，至感神示者石爲糗糧，石爛可噉也。奏石於朝，舉朝咤異，謂公誠感。公按部務持大體，不苛毛屑，然所至不寒而栗。即諸王國人，各屏氣相下曰：「毋觸吾驄馬姚公。」他可知矣。垂已于事，而竣用倦劇，移疾歸。歸數歲，未嘗以片謁抵郡邑門，郡邑閽管不識驄馬姚公何狀。諸守相令長，無不凛凛於姚公甚者。

辛卯，起補浙江道，出按應天諸郡，所轄隸强半公所舊耳目地，一切虧除興建，風裁之外佐以陽和。然至郡大吏有所憑依骫法，則又露章糾舉，略不假毫氂。人相指謂曰：「此其爲真御史邪！」及報命，肺疾以作。又驟聞封翁疾，疾置以歸，尚及扶侍。未幾，罹於大故，哀毁踰恒。

丙申，服闋，猶委頓不能北。會臺檄屢至，不得已，趣駕入臺，補河南道掌道事。用牘掌清理軍政拾遺，疏中多冒時所諱。閹尹爲政，公遂不能一日安于其位。于時，直言見詘，南北省臺幾空無人，而公與諸省臺愈震赫于朝。先是權璫煽焰，立貴顯人，同年某氏風公往諂之。公曰：「七尺之軀與三尺之輿孰重？君且休矣！」聞者咋指高之。公晚居林麓，杜門掃軌，即密戚執友，無故不一面遇。婚喪可哀憐事，則不恡傾身傾橐，期于得當而後已。擇地營兩塾，群諸子弟延師誨之，多睦，咸籠致焉。公奏疏剴切，及他文《爾雅》稿多逸去，亦見公生平任質不衒云。公元配孺人李處士公師儒女，敬共勤儉，于公多所毘贊。其仁逮篷篨，慈遇諸子，尤壼德所難。與公生同年，先公三年卒。

侗與公甲戌同年，又先後臺誼甚暱。文光謹筮某日吉，葬公於某阡，舉李孺人合。以諫議盧公狀來徵寠中文，侗卒業曰：「狀餞言之矣，奚以志？奚以銘？」重違文光指，乃以志，乃以銘。

銘曰：「拳壯之湯湯，維我公之帶裳。紫荊之巖巖，維我公之劍函。侃直公廉，義盪仁漸。家政閭閻，讐視壬憸。」是則公生平之大致，而山水相爲無窮者邪。

平原處士趙次公暨配孫孺人李孺人合葬墓誌銘

平原非故郡址，實故郡四境，其土域衍沃康阜，其人士醇明韶秀，與他四境異。而閥閱高門，則趙氏更稱殊尤。遡趙之世，代以耒耜詩書爲政，至長垣太公貴矣。貴以長公廉訪前令封爵云。次公，太公次子也。

次公諱煇，字子觀。太公凡五子，世用諸趙擬諸竇，而次公丰儀峻整，負絶異姿，磊落忼慨，耻爲人間瑣尾態，俯首就帖括，圉圉不樂也。曰：「此二三册攌囚吾，吾將以計硯、猗頓爲師。」遂同邑人蔡氏子，徃假張氏母錢萬，與之窟徵逐之術。問諸荊，卜告：「吉。首仰足開，内外自撟，外復自垂。」次公大叫曰：「神其詔我矣。吾其擇人而任。」時精萬貨之情而修之。居恒謂：「天其雨粟，吾將倚建元景元乎？而不其然。歲熟取穀予之絲枲，疇其方踞攄樹而嘔絲乎？而不其然。」蚤出取帛絮與之食，而務完物，而無息幣，而無居貴，而揆上極下，極相反之數，而令財幣如流水，而薄飲食，而忍嗜欲，而與用事童僕同苦樂。數年之内，所業略擬中陶。

是時太公太母無恙在堂，廉訪公仕久外也。廉訪盡付家秉次，不欲妨叔季輩讀。次公上奉二尊，籌汁必親，下佐諸弟，膏油以時，晏息夙興，位置内外，靡不有條。至于千畝之田，五畝之宫，時耕時耔，時樹時畜，勃窣蹩躠，儃佪稽固，無自愛焉。且又儷皮溢米，無自私焉。每心自語：「譬之燎原，家則火焉，藉艻而燔者，非夫也，吾兄吾弟，其將無家何？」蓋隱然有卜式、薛包之思矣。往所同假張氏母錢蔡氏子，見公寖盛，心不無内忮，日計母錢負盡以推公。公盡任負。蔡氏子一旦無禄，張氏之世微矣，而公颺言於衆曰：「蔡氏子推負我，我復坐負張氏爲？夫倍德者不祥，乘敝者不義。」乃大傾困積而償之，券乃以折。

公起家于馬要務，環務而居者就公如赴歲。貣閭左粟，不擇窶人子。廬兒從傍曰：「窶人子奚貧也？」公曰：「司城氏爲大夫之無者貧，吾乃貧窶人子，庸何傷？」近曈麗某廬于墓，公造廬遺之物，曰：「疇無父母？此其夫氓，社稷之望也。」爲偲于所司而表之。及家漸裕，絶無張設，蔣席不以縵，栖盥才流漆墨而已。太公卒，苴麻泣血，每戒諸子曰：「而王父壁間之署，可讀也。」署爲「言行心術」語，公實兢兢不忝詞訓云。

諸子亦如長垣太公，滿五人，課諸子讀，猶夫夙昔以膏油佐諸弟時。顧其科令獨嚴，不少假嬉，亦不令與匪人交。曰：「薺尼亂人參，鉤吻亂荇華。爾曹勿爲薺尼鉤吻亂，則幸甚。」公善心計，即研、桒遜之，而以靡密繁夥丁其躬，蓋營綜者。及二終，而公瘁且不起矣。迨于殗殜，太母憂不食，汍瀾而視。公猶彊冠詭從枕上譁，其爲孺子慕，真終身無間，可謂孝矣。

配李孺人忍痛撫五子，逮終喪，人各成立，閨閫以内莊于寢門之外，斬如也，五子秩如也，諸姒娣穆如也。孺人蓋代次公父而以身母，舊貫一新。後公十二年，亦用瘁疽發背卒。侗于公爲從子婿，分宜执役墓石。

誌曰：「按狀，嘉靖末年，倭與夷交訌，詔募六郡良家子實遼陽塞，山東在所餉邊矣。所坐鄉有秩，嗇夫自行賁送，而公以次當行。于時，盗劫彌滿燕趙間，道盡梗。里人調謂：『次公辦裝，抑能辦賊耶？』公笑不答，乃爲裲襠服、裏衣、中褚衣、帕首鞹下，若上番戍。而所乘欵段馬，穴鞍橐其中，卒以無虞。此其智略，庸衆人寧有哉？」今玄菟、樂浪用兵急，軍興以萬億計，白金一流不能致一石粟，議者難之。使盡人趙次公，又何慮行間乏食乎？余竊竊歎焉，乃系之銘。

銘曰：「三十怲怲，積孅人境，於志有之，斷幹極絖。赤亥花練，時通左閭，於志有之，貧而不書。人而無禮，狧康及米，於志有之，李代桃抵。動不見非，渦水之微，於志有之，我貴知稀。不雕而璞，人倫卓卓，於志有之，吾謂已學。城隅之阡，隴峙亹延，於志有之，億萬斯年。」

刑部貴州司郎中雲門魏公墓誌銘

按狀：公諱允孚，字懋誠，别號雲門。家世南樂。南樂之魏，天下莫不聞，而公於魏爲季子，封刑部主事。節齋先生，其父也。母楊太君，贈安人。節齋先生以明經及貢，先後爲青州鞏昌郡别駕，潔廉豈弟，擅時循吏稱。而于諸子，則又躬自督課之。長爲光禄公懋忠，次爲吏部公懋權。公以最幼，從兩兄切劘淳湛，能自得师于父兄間。而以性夙慧，十歲能屬文，十六遊膠庠。又十年，舉順天癸酉鄉試，明年成進士。其成進士，先懋忠三年，懋權六年。筮仕爲吾郡理。

吾郡濟南，名東方第一煩劇區，刑名牒書多倚辦理官，而屬傍郡大獄最難亭平者，御史臺率下記嘗之矣。公一意不爲動，加精致誠，求當情實而後已。昏夜治爰書，手書皸瘃，一字不肯假胥掾。諸胥掾吐舌相異，謂：「我曹閲人多矣，安得神明練核如我君者？又我君少，安得更事如我君？」御史臺及撫中丞每出公所平反暨所置寮吏臧否，向藩臬爾賞，不去口實，以故名奕奕冠同儕。凡六年，慰薦之書二十上，而以不勝忌者，稍遷爲刑曹。公夷然曰：「我生之辰，職當治獄，刑曹固宜。」久之，遞晋爲員外郎中。有胡都御史、龍同知，用大相指殺名士無辜，公論都御史、同知抵，大司寇風欲奪之，公執不可。而會大理少卿王公獨當公議，嘖嘖比部名郎矣。

乙酉，以行誼文學推擇爲山西考官，與吾鄉淄川吏部王公偕。兩公岳岳正氣，連鑣並馳，一時識拔皆純粹士。程式之文，獨號馴雅，序諸後簡者不寒而慄，凛乎氷之在壺也。明年，啣命恤刑河南，日夜爲囚原，所當更生者數百人。盖八郡之牘，數倍於他方伯之輿，而公亦浸倦不支矣。在告二年所，竟用前疾終狀爾。

公事親孝，居家整整有法，以余所覩，記何如也。公踰冠爲理官，已，爲刑曹，已，出爲欽恤。王人離佔畢而服官，常什九皆刑名事，不虞闌入失出乎？乃公以當節齋先生心而爾，無闌入失出也。先生乃從懋誠臘哉！郎署如林，被文衡者幾何？公能矢天日，樹人材，以若所謂嘖嘖名郎之譽，業遍位著公卿間，寧獨玉[①]泉王公一人而已耶？官垂顯而身弗逮，名欲成而年不留，此節齋先生所以愴懷于舐犢，而懋忠重慨于人琴也。嗟乎，先是懋權死，死憤邑國是。乃今懋誠死，死盡瘁活人。三公者，獨懋忠在耳。孤情絶俗，巋然魯靈光。魏氏兄弟死生之際，可以觀世，可以程人。公有近體詩若干首，懋忠爲殺青行之。餘論著多逸去不存。

銘曰：「繁水之陽三鳳雛，九苞耀日名寰區。胡爲鶺令原上呼，季兮逐仲儵爾徂。緊仲泉臺吹管乎，乃邀吾季和且愉。二仲無忌伯也姝，神其式相鳴天衢。」

①玉，萬本此處剜削，據崇本補。

勅封安人張母夏氏墓誌銘

蓋安德有元羽張仲鳳翼云。世名胡氏《春秋》學，而元羽尤磊落感慨，風雅愛利，握一方月旦權衡，名隱隱起海內。乍而即之，不知其猶諸生也。其交于不佞父子兄弟間，歡然骨肉靡間。又兩家外内相間，遺無寧時。嗟嗟，張母，吾母也，則余何敢以文詞自愛？先是張母寢疾，余不及爾水量藥，負元羽，負母也，則余何敢以文詞自愛？所謂不敢自愛其文詞，則元羽以母納壙之石見屬云者。元羽故得幸於弇州先生，父子矣。而王長君復走信自都，力任不朽。張母者，于其尊尚書公，乃元羽服匿辭，若曰：「業已屬之邢君。」謂不佞侗習母深也，則余乃今而後，何敢以文詞自愛？

按元羽所自手狀，母封安人夏氏，觀察府君元配也，系出會稽夏后氏國。初徙吳縣，有以武畧起家爲萬户者，尋以豪不羈坐遷德州衛編伍中，遂占籍爲德州人。其任豪自若，而晚復削奇爲德。更三世祖爲林，林生處士奎。奎有行誼，顯重百里，娶王氏，寔生安人。甫三歲，見異于卜相者前謂：「女富厚貴壽不可言。」俄不見其處。而處士公内懷鄭重，不輕諾。廼者張大父承德公有心計，意夏公鄭重女必非凡女，爲厥子次君擇對。而處士公顧獨有會曰：「此一介嫡女，得所天矣。」十九而歸觀察先生，目無睨視，足無仄步，風儀進止，雅有常則。三日而廟見，則爲潔厨調膳，奉尊章息怵如也。翁媪怡然色喜，曰：「兒有婦矣。」已，乃出椎布懷中，曰：「小家子知有操作耳。」一切米滰衣絮必親，膚爲皸瘃。夜乃篝葛籠而燈，木綿絲枲縷縷出諸其手中，而觀察先生方與左丘明一編上下也。四壁青熒，夜闌相勞，第曰：「苟富貴，毋相忘矣。」于時，業有丘嫂，安人莊事之，即一切倚爲治辦，然而不敢名勞。比爲兩叔娶婦，則又損不腆奩資及觀察先生既廪之入也。承德公絶意德之，而安人則復安二新婦于家，曰：「堂以上二老人爲政，堂以下我孱然四女子爲政。毋若他家，哄然讒閒，簾幃奥突之際戈劍戟如也。」

迨嘉靖癸卯，觀察先生用春秋登上選。明年，成進士。里婦屬垣相嘗，而母獨欿然自下曰：「子大夫數百其曹，矧而子大夫婦么麽何足比數，而從梱内自高標榜？彼夫孟嫗梁婦，系何等官閥耶，而百世仰之。婦貴自持矣。」無何，承德公捐館舍，襄事之不忽，則母力居多。丁未除服，將從觀察先生北裝行矣，强姑在侍，不可，則曰：「姑意便于家，新婦安所得宴然于塗，恬然于都也。」在官日夕猶太夫人臨之。而會歲時伏蠟，必飭具戒僕，起居太夫人前。已，次第逮張氏族，不遽及。夏壬子，以觀察先生户部主事上績封安人。比爲三女子治出嫁衣被，堇堇耳，不踰侈也。且戒之曰：「吾昔嫁書生，才免王章牛衣中涕泣耳。汝輩被繡衣帛，幸甚。夫安得糞土廉吏五斗，而競此無益之觀爲？我死不願也。不見東鄰黄荆作釵，又不見絫絫溝中瘠夫非人子乎？汝曹爲人婦，行矣，勉之。」

已而，觀察先生出守潞子。潞强藩作梗，陰中前守去，先生意難往矣。安人從容謂：「潞竟當不除吏耶？而丈夫擇官，在政不在官，而丈夫擇地，在人不在地。」先生爲發奮，斤斤自勑，剛柔互出。一事必證諸安人而後行，卒之和寧百姓，妥安强宗，助繇内焉。安人時課童，行後園治菜，布帛遠須于家，及出諸手指，都不假外市。郡人至爲歌之曰：「氓乃有八口，我君獨無用。」郡駿聲，遷副使兵備密雲。密雲故兵藪，于時權相驕帥，非金裝萬計不行矣。而先生獨一意策虜，必欲擐甲馳塞以當任使。安人曰：「得時而駕，不得時則龍蛇。今豈夫子張膽行意日耶？且顯然布幣行禮，君素羞爾，而一官如寄，矛頭淅米，劍頭炊飯，何爲者？何如拂衣高謝、五畝敝廬無恙乎？而矧二三豎子，大者任薪水，小者跳地作虎子，一咲相樂，人生適意耳！」觀察先生頷之，而力解綬歸。

歸而偕隱者七年，晚移第城中，方圖終鹿門之操，而先生無疾長逝矣。時乃乙丑春仲也，安人哭聲震動四鄰，悶絶者婁矣。誠不難一身殉地下，而會仆地，耳中錚錚作聲謂：「兩兒子安在？兩兒子性弦韋不均，須汝以立。汝生平味淡茹苦且三十年，至竟慈航泊岸，然今非示寂期也。兩兒子安在？」良久甦。夢耶？真耶？繇是稍稍强粥，節哀勉已窀穸之役。而後周視兩兒，勞伯于鄉，曰：「無忘畔也。」勞仲于邑，則曰：「爾父其才足倚，今者去具戒之年幾何，而促局轅下一寡婦，人將何所逭不戒之辜，而令千里駒踠足乎？吾平居目瞤心動，上扣九閟，下詣三泉，靡所藉手，爾後死也。嗟乎，夫非義方者耶？」

狀稱安人音響洪亮，以故終身無呫囁，亦無嚄唶，家人親黨，遠近大小，以嚴見憚。夏氏諸舅來，必闔户與語。所至宦，輒無錢刀私藏。曰：「婦人橡栗漿汁之外，無交也。」佐觀察先生均視一兄二弟，推與美田宅。迨老，强近期功無間言。臨二婦，成幼無異，莊敬相劑，曰：「爾輩試出葳蕤之鑰，倘有一鎰金、一縑帛，吾當呼爾作姑。」至于土毛之賦，則上下諸姻黨，貧者不敢後，疏者不居薄。且不好乘人之敝，務剷己名德。禮佛持齋，精虔香火，斷機之次，薰爐經卷而已。元羽近復汎瀾占叙：「戊子當省試也，母畧減匕箸矣。孤趦且不敢成行，母爲詳進一杯糜。孤抵歷下，會雨潦，又東人士譁不安于主者，母爲憂之曰：『得無桃蝕李代之僵乎！吾家不滿讕，吾知吾兒免矣。』及孤垂翅歸，則又陽慰之曰：『得不蒙惡聲足矣。吾兒去崦嵫不翅十舍，何渠憂一第耶？』自是母疾寖加，揮藥不御，神理漸極。更十數日，無一語，瞑矣。夫母氏百心慰藉孤，孤無寸策起母疢疾，此孤所爲拊膺疾首躑躅悲號而無一郤自容也。」嗟嗟，元羽苦心，余不爲志，其孰與志？

銘曰：「夏后之先，神明冑也。自吴徂東，名德後也。有女丈夫，惠以禔也。相厥哲人，早永譽也。啓爾後昆，大造張也。衛河湯湯，折而西也。千秋萬歲，視茲藏也。」

勅封文林郎永平府通判後齋馬公墓誌銘

馬公諱廷荊，字汝茂，邑學士大夫爾爲後齋先生。公先世爲勝國名臣，家雲中。迨高皇帝肇造區夏，徙我土，遂占籍爲臨邑人。始祖昇生駿，歲貢太學。駿生惇，領成化間鄉書，授臨汾知縣。惇生錫，領正德間鄉書，授真定知縣，後齋先生府君也。真定翁先娶于吕，後爾太孺人，舉五丈夫子。其四半用茂才異等著稱，有衣冠不齪齪田里，而公行列正第五，雅如昔人所謂不減驃騎云者。繼吕而室爲趙太孺人，丈夫子二，一與公同舉鄉舉，一在膠序久負雋聲。兄弟纍纍，儼然在桑，趙太母均而字之，門閥壼儀爲一邑冠冕，不忝故扶風燁燁闗中矣。

公在遺孤中爲最少，于時尚任太母襁褓，一切能順母心意，無纖介觸忤，孝誼若天性然。已更數禩，值真定翁大戚，盖廉吏之室磬如，而七子者嗸嗸一寡母前懸旒耳。公獨泣謂諸兄弟曰：「吾馬四世科貢，殊不汶汶。而今父死家貧，遂令斷機之次無佔嗶聲。即我孱然七尺者七人，何以謝地下慰地上也？」母子兄弟持抱泣，各益復下帷矻矻。未幾，公即繼踵諸昆，既廪學宫。儋石之入，佐趙大母朝餐，差足自力。而會太母拮据壹欝，痰乃作劇。公則問醫徵藥，先諸兄弟，足重繭，夜十起，潛伺氣息，小未成眠。歸則淚光熒熒枕蓆間，無休矣。

歲嘉靖己酉，領鄉書，遂得漸竭志，物甘毳美新，百計羅致，千里而外函封輩負，數數不爾勞。上事諸昆，下撫兩愛弟，有姜肱大被之風。閫第之間，穆如賓友。孑然一子，終身不置箍，蓋與張孺人相莊白首也。外家二老人無倚，公處其館甥，生養死葬，一如家人禮，此尤末世所難者。

公天質木樸，噐宇閎重，文史之外一無餘羨。好作八分書，綽有漢法。保愛緗帙什物，隻字片紙不令在穢淖，見則手理之，青燈燎之矣。中歲以還，日益勑厲，屏絶遊讌，左規右繩，無少墮行，庶幾寢處不愧其形影者。少減弱獲，户閾爲限，内言外靣，居諸不交。自奉一簋食器，而賓筵獨饒。裘褕必數浣，而奩送頗華。一錢不苟授，而諸群從子弟又無不沾溉餘沫。小逐什一，婚遣厭意，傭調無虞，鄉閭長少無不嘖嘖太丘，太丘與家侍御公埒聲等頌矣。

數上春官不見收，乃謁選得保定之安肅，政平人和，邑甚安之。而以直道左上官意，量移高陽。高陽視前地如斗矣，公則曰：「上有擇官，我無擇民。」一意撫摩其疲瘵，而運之精覈。首繕學宫，捐俸錢若干緡，略無悋色。沙河之役，鋭然百年所不任之力，而不日成之。徒杠輿梁，抑王政耶？有其舉之矣。至於清谿平賦，條牒詳明，平反大獄，當法不苛，則其灼灼大者。邑人至名爲慈母，爲陽春，蓋有慴于大寒之後云。已政洽，則令子姪輩迓趙太母版輿至邸中，甘毳美新之供，視孝廉時不啻爲倍。率其配張孺人暨子若婦朝，日一朝，日三上食。暑則槃辟躬御紈扇，曰：「母無苦褦襶乎？」迨嚴冬，則施罽幕，帀地而爐，酒脯在列，戲爲黄口啻曰：「母其割炙賜兒。」三世一堂，哄然盡歡，曰：「兒得一日藉五斗奉晨昏，及母無恙，兒幸甚。」太母乃簌簌泣曰：「垂老乃及吾第五之成，而食其報也，老婦幸甚。」凡五載，無紕政。以皇子大慶，真定翁受勑，一母得稱太孺人，身受勑及其妻。

尋遷永平通判。永平，故塞上郡，當事者授半刺，意不無重借。而值樂亭缺署，則以公行。公至，則剔蠹疏滯，三月大治。牘金未携半鍰入郡齋，諸上官擬且以塞徼勤公，而太母諱至矣。承訃扶服，望廬而歸，臥苫枕塊，足不入中門。恃粥乃勝語，視杖乃勝起，日夜孺子號者凡再閲月，而漸輟聲。衣衾棺槨皆①夙調大偹，木若以美矣。迄襄大事，一出槖中月俸易以佐戚，觀者賞歎：「馬公之慕，何但五十云爾也。」公自是亦霈溝疾，無復仕進意。

會故部使者巧于相成，坐公及年當罷，公怡然曰：「速營一丘，吾將老焉。」不謂疾日漸深，猶治家人生産不衰。謂其子曰：「我非白首刀錐爲若輩慮，正虞農則妨讀也。我三仕所入俸錢幾何，而勝若輩坐食？吾營營十畝，豈得已哉。」至所自勑厲，視壯視少，不少易轍。晚好岐黄之書，意在藥餌活人。而今已矣，痛哉！我邑大夫劉公，榜其私第，趣爲鄉飲大賓，亦與家侍御公儷。

嗚呼，古人不作，古道稀濶，若公者，去無懷、葛天何遠哉？用相人術占，公方面虬髯，體骨龐厚，是宜百歲，而竟用末疾終也。痛哉！痛哉！卒之日，衣冠危坐，神明湛如。

第曰：「余素不違天，翛然若脱者。」又三月，而其子亦相繼隕殁，所謂不違者安在？

余每過馬公之廬，未始不咨嗟、拊頓致嘆於未定之天矣。雖然，桂林一枝，厥秀亭亭，不于其身與子而于其孫，遲年一紀，余拭目竢之矣。天乎，安在其爲未定耶？公猶子應羲，吾黨聞人，所爲狀公者不忍成目，且能經紀公于父子死喪之際，細大無遺。余姪王業與公子爲姻親，亦能周旋公家生死間。吾曹不落莫矣。

銘曰：「公家之世維扶風，胡元末季栖雲中。黎丘占籍聲教同，科名禮代文戰雄。迨公中葉紹裘弓，一方籍籍穪儒鴻。人倫備美天可衷，詎期蒼昊多朦朦。官兮未暢身委蓬，緊有厥嗣淪蒿菘。國人相呌憂且冲，善人何時依可宗。遺孤五尺氣如虹，允勝素業十畆宫。良辰重九先六春，歸兮爾宅樹且封。孝廉千載石可憑，我文爾隧相無窮。」

①榔皆，萬本殘闕，據崇本補。

進階中大夫福建按察司按察使平原緝齋趙公墓志銘

余以平原爲婿鄉，受室于趙，而廉訪公親則余内之長伯父也，余得穪岳伯父云。于情則尊于里閈，誼則先生長者，且其鄉行宦蹟爗爗滿聽覩，穿中之役，余何敢辭？

按狀，公諱焞，字子明，别號緝齋。趙望天水，于姓苑爲天下族氏第一。平原之趙則出樂安縣，寔用詔徙，以國初至，遂家焉。世務農瑣，至封翁惠始服賈，廉而善息，卒以饒裕。

生五子，公其長也。

公墮地異羣兒，五六歲許，儼雅若成人。八歲肄于塾，所受書輒琅琅成誦。任氏父見而異之曰：「此國器也。」字謂，封翁喜極，深相結，以故兩家遞爲婚姻，至今不絶焉。迨公稍長，隸弟子員，益刻厲向學。所爲文不蹈襲前人一字。夜讀恒至分漏，聞雞即起，令人以榜警，有矍然之思矣。日督諸弟業，不以家務相嬲。弟所當合醵錢用，往往爲代辦，不使知。邑王令素重公，延公暨諸名士爲要會。一日，諸課皆先成，公潭思獨後，甫出舍，則棟折壁頹，當公坐處，几席壓覆盡糜爛。衆相咤訝，非有鬼神不及此。

是歲戊午，獲省薦。禮闈凡數躓，公矢志彌苦，三歲不澣服，文益精進。遂舉乙丑試，令得長垣。長垣，畿南巖邑，號稱難治。公至，一意行三尺，罔貸⿰犭票猾。然于平民，則極心噢咻，賦繇手自上下，胥史不得窺其指。最嚴群胥，盖重足一跡焉。有布商被殺獄，公禱于神，神憑病憶人語曰：「城隍索某。」即逮某訊，不兩言，服。一民妻戮瓜場中，跡所傷，類屠挺斫。公召屠曰：「爾等勿恐，誰假爾挺去也？」一屠謂某假挺有日。亟名捕之，不訊自服。歲大旱，公憂惶廢寢食，大舉雩。日治事于堂，夕一襆被廟所，恒齋四十日，天乃大雨。鄰境皆不澍，是日平原鄉疃獨澍，異矣。適當齋，郡倅過其邑，公一切肅給，獨縛牲不殺。倅得故以告直指，直指賢之。會報最，與注上考例封封翁如爵，胡太君、蔡夫人皆如制。

未幾，徵入，拜河南道監察御史，以嶽嶽敢言顯。唯時平原困大繇，所遣佐傍州役動損數百緡，其在邑供辦祇候費計且什百。徵兵坐戎馬，一馬朱提率十流，人不聊生極矣！公具言兩臺曰：「平原，吾鄉縣也。吾安忍吾聯井荼毒至此！」臺欣然爲汰去其甚，至今安之。用資按廣東，不以南粤險遠嵐癘有難色。抵舍省二尊人，二尊人爲辭訓之曰：「南粤雜夷，且萬里中丞主拊揗，御史主六條察，今日之政，勿隱爲義，汝慎勉之。」公拜受教，促駕行。值廣東舉鄉舉，公勅衆維謹，期勿負士、負天子。事竣，垂署榜，偶從棄牘得一，曰：「此當連第無稽固者，宜冠耦曹。」遂首之。衆心若不盡諧，已而果成進士，同事始嘆服。粤人多嚼檳榔避瘴氣，公初不爾，及于疾已，感奇夢，始嚼檳榔，疾乃間。已復夢人告語曰：「公病良已，然非服補中益氣湯加白五味子，弗全瘳也。」覺，索白五味子，醫工莫以對。已，復夢前人告語曰：「白五味子，即枸杞子也。」寤而索之，一飲即奏效。

粤故貨藪，珠池番舶之爲厲階甚。公峻通山綱水禁，民以不煩①。地鄰蠻府，軍興之不給，公則劑量百計，客主兩②無害。及瓜，不持一珠，吏人廪廪于包端州矣。侯守怙内援，穢德彰聞，公疏其諸不法，失當塗意，叙轉江西叅議以出。歲餘，改陝西。再歲，遷副使。又再歲，遷苑馬卿兼分巡平凉。邇儉塞，非栘中監比，馬政告弛，廄尹失職久矣。公曰：「此莫非王事，莫非王臣。」振迅拮据，清刷屯牧弊，令人與馬相習。馬足芻秣資，寬然孳息。季年馬乃大倍，茶馬使者薦于庭函。

秦多大盗，與犖洛燕趙要，更互爲囊橐，莫可究詰。遠賈由棗强界遇盗戕于途，獄連多人。撫某屬治獄急，人多誣服死。公於秦隴獲盜，盜告棗强行刼狀，移文案騐，盜實戕棗强界中賈，歷歷明白。直指具獄馳上，旋報平允，盜坐法誅，棗邑繫餘纍人獲全活者數十家矣。用是撫某内愧，啣之，以公入覲官不宜縣次續食論，謫少卿。公業遷山西按察使，而秦兩臺以馬政留，改陝西按察使兼馬政，謫則視故三品秩。會亦以外艱赴，奔于家。

公淹秦得窘後疾，至是轉轉以劇。朝一溢米，夕一溢米，哭聲若斷絲殘竹不相屬。勉已襄事，形意俱瘁，所爲率諸弟修色而娱胡太君者萬端，絶口諸弟出分事。凡三年，孝弟爲鄉閭範焉。服除，補陝西行太僕寺少卿，復遷苑馬寺卿。

頃之，遷叅政，分守臨鞏道。鞏昌土素燥悍乏水泉，即綆長數十丈，猶胥井也，公爲苦之。按視近郡，古淤河可治，即掘引直郡中，家家池沼貯，充然口食，而以其支旁溉沃田數千畝，民以永利，人名「趙公泉」。比公竊竊自語曰：「成紀之赤子孑然矣，安得賢守令而相與撫綏生活之？」令連某，乃與其元元讎，誅菀于枯，靡所不至。取逃賦而加貧民，若陽爲調停呰省，而實令民倍等輸。民見賦溢額，一時讙呼幾作，負杆擾愬日以至。公則爲白臺，請以連謝百姓，然後以當職謝連。臺爲愕然，更廉實，論奪職去。

公以是年賫表如京師，歸丁胡太君憂。居喪摧毁，不以禮爾年至逌哀悰。仲弟奄謝，所遺諸藐孤肩踵相接，公覆育化誨，懇懇不爾勞，汔以成立。既葬胡太君，始從諸弟議析箸。初封翁負宅屋資，公獨貸貰以償。又捐俸爲二尊人營室，卒不自有，盡推與諸弟。乃什器田產，復占瘠下。諸弟每向人：「吾伯氏真所謂仁兄也。」服除，補福建叅政，分守建南，簡重清理，閩人甚宜之。而用前所見劾令從中媒孽，吏垣評官以老入彈事，然卒不能詿履素毛氈。曹議爲屈，加按察使銜致仕。歸歲餘，前令猶摭引河渠事，謂公受富人金錢，役民掘水，爲人灌田。公笑謂：「渠在彼中，爲公爲私灼然耳目間，吾何置辯爲？」已而其說竟不行。

先是，原邑儒學玄武庫下，堪輿言當治。公帥先畚揭衆力合作，遂隆隆起。及閩歸，乃遍行學宮，證前堪輿語爲籍以勸，薦紳無不響應。即巨姓賈豎，亦均財力，土木乃大興。公旦日露蓋，躬自程督，時損食爲勞。三閣傑然霞起，文物改觀，而公子之子，女之子，兩及捷科。名邑族姓蟬聯，自今日始焉。

公居平以二尊人不逮含殮爲恨，朝暮詣主前爇香叩首數下，具餟墓所，朝朔望歲以爲常。即小疾苦不敢廢。而公念蔡夫人，誓不再娶。夫人貞孝儉睦，卓然女師。公從閨闥間相禮如賓。往公西秦役，夫人病不能從。未幾，捐謝。公慟悼居諸不能已。維時甫踰五十，至終身不蓄姬媵。晚歲蕭然一榻，一蒼頭炙衣，一平頭瀹茗，三十年目不接婢媪侶。歷官所至，二三僮僕隨，布衣麄飯，自奉簋食器，兼日薦少滋味耳。負性孤特，即燕居無褻言嫿容，望之栗栗，就而傾挹，則又盎如春陽。忠信篤敬家邦，遠邇人盡愛戴。長垣爲生祠祀之，秦隴有故吏故民頌德碑。

公好讀《易》，動則占筮。旁通醫術，時賦藥活人，門多乞者。雅意置義田，未及終事，心悦城隅西北，菟裘而安之。病及殆，不從諸子請還城居。其寢疾則仍前窘後證，在簀十餘日卒。

銘曰：「平原膴膴，乃生悊人。敦仁履義，茹粹含醇。疇其雕鏤，公則璞珍。疇其風波，公則恬津。如彼五色，素質成彬。如彼五音，宫響君龠。官歸吏範，鄉推天民。内行卓卓，夫孰與倫？王少府輩，陽道州鄰。八方宗仰，萬衆主臣。挹其嗛受，詒燕振振。攬其遺挂，俯仰闇闇。佳城有鬱，壙石維新。誰爲銘者？侗也懿親。」

①煩，萬本剜削，據崇本補。

②兩，萬本剜削，據崇本補。

寓公劉叟瘞銘

浮光劉相，挾日者及相人術遊余邑。余仲父斷事公、父侍御公，宿昔恒衣食之。余仲季洎群從，次第亦給少，衣食不乏且三十年。其人嗜酒，即一錢付酒家貰，醉輒道上卧，若須人荷鍤者。醒則若忘。居常口不道臧否，衣履垢污不可近，中實皭如也。有與疑年曰：「老人今且八十矣，而疇逸余之大勞，而疇爲余築糟。」

會邑盛疫，死於歲之六月中。余適之齊河，余仲棺而瘞之城南之阡。余歸而痛焉。爲歲要寒食十月月朝，若節春冬，屬僮酹之。籠炊一柈，濁酒一壺，其畢余身，其不畢余身，以視此砧。

銘曰：「生浮光，死道傍。河間氏，收以藏。犂丘首丘，胡必爾鄉？爾形雖穢，爾行實芳，余其謚爾黔婁康。」

來禽館集卷之十六

墓碑

明雲南督學華容世其孫公碑

竊聞楚子之分，繇洞庭以包舉芊①氏之世，至潘鄉而表大。乃知地以氏顯，季札之標延陵；族緣區別，瑯琊之譜文獻。今華容孫公世其，其楚芊之苗裔乎？世其穹清，孕秀后土，含氣少成。富于天性獨立，陶于詩禮兼之。淵源者元舅，埏埴者大師。攻玉悉聯璜之彦，在頖極俎豆之學。逮夫王庭抗策，皇路馳轡，萬舉歛其振羽，一軍戢其鳴鐸。刑曹展步，兵政嗣握。意欲扶地軸以結主，絳天旗而靖漠。而值昌朝多故，璫孽煽惑，賈生抒其痛哭，徐福列其忠憤。其所不濟，命也何尤？若夫遴簡典屬之役，建明獨偉；分任禮闈之衡，罛掩最盛。斯其翁歸文武，時露一斑者哉。

已出督學，遯在遐域，文翁之禮教載起，元龍之豪氣猶昔。伸憲故于巡方，排人車于開府。不悟青蠅之侶，遂閡丹霄之路也。夫柔馴保挈于嬰孺，獷悍鉏裁於鈇鉞，得其質矣。而又楊伯起之暮賂，門故輒郤；任彦昇之枯麥，兒妻共詛。皎皎揚污，職此故爾。至于當官之俸，必購二酉之積；稽天之潦，首倡三板之作。顧兹質行，有匝其聞，于稽厥世，則陳太丘其徒也。唯是太丘鴻軌垂後，駟門禮美紀諶。親乃箸郗，群忠緬成燕翼。玄伯封侯益邑，恂温並列；五等及于林道，位譽不乏。以蒙竊論宗，宜紀諶乎？億傳群忠乎？羽侯玄伯乎？穀兮穀兮，顔行似續，其未可量也。

太丘六葉蟬聯，我公七代俯仰。程簪笏則今少遜古，裒觚翰則彼不逮此。彼猶遞慙者公卿，此之不忝者風素，矧乎六葉者有盡而七代者無窮哉！相提而較，未足鳴其甲乙也。羽侯以爲沉泉無紀，巨疊逋闕，責在我躬。皇皇愕睨，于是問志于楚，徵碑于齊，志本寧核矣。蒙也何知，聊括太史之言，庸備輶軒之采。庶使龍門之坂常結想于李膺，通德之廬終不没乎鄭玄云爾。

碑曰：「華容之世楚芊先，先生射策彤庭前。爰稽宅相成忠宣，信陽舍人呼阿玄。雍遊獨受高陵甄，經學秇文精以研。初官西省法比便，目無閹尹直若弦。閹摧三諫一死焉，恨不賁與天公箋。二諫同逐公即畋，二載起家官稍遷。蠻夷置議通絶埏，陸震創杖公獲全。公爲錫衰淚血駢，友道一髮公差延。禮闈校文公篚員，惟時所蒔俱蕙荃。嬖奴不軌公内煎，賴公秘計人安眠。邊將署茗行貨泉，公曰亟還余纏牽。一僕長營鈔髮錢，一驅漠驪走且邅。數縉嬴得主人憐，小臣俸薄爾代田。侍郎同舍任巧儇，主兮寙臣臣不然。滇南一封公式遄，淹中何必歌與絃。竭來荒裔風教闐，五文五采交相鮮。中丞無良難舉篴，公曰人車疇敢專。少年御史侵我權，公曰君庖余執籩。群猖爲政内聽偏，公乎視之猶馬蠲。飄然歸歟賡獻豣，瓦盆蒻簞無糾纏。相君太宰疏接聯，公但託言吾體孱。袓褕庳幘厥胆肩，客來徑竹吾手褰。版鍤自役口出煙，萬人之室千人阡。我公昔友盡豫楩，伯安獻吉尤翩翩。閭門顔仲王仲連，餘子同調良作緣。出狗官下處釣川，况兼論著堪長年。有孫騂騄祖父歕，百世不數昭王賢。」②

公名繼芳，世其字，别號石磯先生。以柳塘居士釗爲王父。以處州郡丞封軄方郎沱西先生榮爲父。以劉忠宣公妹氏爲母。以嚴宜人爲夫人。以孝廉宗玉山令爲元子，孝廉宜洞庭漁人海内詞宗爲仲子，以諸生完爲季子。以布衣文雄斯億爲冢孫。孝廉斯傳爲仲孫，韞藉如父兄，今補城武令，勵操字人，行荒湔宿，浸浸以循吏聞。以諸生斯伋、斯保、斯佑爲諸孫。曾孫嫡長羽侯出斯億，繼公成進士，爲庶常吉士，爲諫官，器業震寓中。羽侯弟蓄凡十人，通侯則斯傳當户男，弱冠負神駿聲。餘婚家姻家及諸玄來以有他志傳，兹不詳。

公得壽五十有九，厥生成化，無禄即世嘉靖間。

①本文之「芉」，諸本同，當爲「芈」字誤刻。

②此後文字，雜著本另題「碑陰」。

富平令大梁王君碑

縣官工作無之大興推採，以是閹使四布遍寰寓間。天憲臨赫，地軸爲震，而矧虎假翽于既翼，狼樹頗于始貪，辜較頓烈于鈔竊，蟊蝕滋密于螟蠈者乎。海内盡爾，關陝尤劇焉。于時，士人咄咄狃明哲之云，萌隸慼慼下無從之涕，孰有挺身犯難如富平令王君者？

王君名正志，字淑明，戊戌①成進士，筮仕爲富平令。以侍御公爲大父，黄縣公爲父。奕葉縹緗，不忝瑯琊之緒；聯翩甲第，大衍長淮之流。淑明厥兄濰縣公，力撫少孤，備極友篤。伯淮之被常燠，汜毓之衣遞敝。義方厲于厥考，切劘勤乎礲礱。以故淑明志操不貳，彌益頴拔。加之天性孤潔，雅嚮骨鯁。童而之塾，恐遺錢之凂己；髫而破卷，至請劍而抗顔。迨夫稍長，竊謂龍比斯夫昇平，乃世慕岑晊之董正，嘉范滂之澄清。以葱葉草飯爲高致，以耕息偃詠爲上流。半面之交，輒甚口以理折；同儕之暱，率失氣以虜服。濰縣公居平私憂之，調謂：「阿季嶽嶽，不虞朱雲扼其角耶？」淑明内不無動，意卒難下。

及爲富平，精心出教，狥我單赤。渤海移風于牛犢，濮陽韜光于輿玩。青天白水，官方凜焉。而所最介介者，刀鋸兩墮之。夫數擬搜斜谷之賂書，備陽球之劒客，鳴骹蒿目，寢啖不遑。久之，密要勑號，日恣西園之騶；金玉劉毦，悉憑張汎之晝。冒寒乞以富殖，肆田廬之發掘，騷然四境，讋犬駭鷄矣。甚乃我民陰附爲囊橐，彼醜實藉爲奸利。淑明積恚所結，其能舍旃？于是逢怒益深縱轥轉，至多方横逆，傾邑若焚。淑明遂決策拜章，爲民請命，死生禍福，一惟置之。賈長沙並其太息而輸其痛哭，陸敬輿多其婉致而乏其陗直。葢無不盡人動色，舉宁吐舌。而此曹飛條造語，疾驛以聞。霾翳障天，詔獄斯下。檻車肅郵亭之禁，械梏極纍人之狀。逮至榜掠加慘，爰屬司隸繫焉。淑明引分圜扉，讀書斅淡，間有論著，略無怨嗟。凡歷三霜，溘焉賫卒。徵感夢寐，儼爲明神。孟博託骨于龍舒，然明歸竁于父母。迫諸漏刻，臨命不忘者也。嗚呼，楸棺秃釘，白骨閴其靡親；土壁瓦燈，青蠅厠乎吊客，良足悲矣。

歸櫬大梁，厥姪職方君任其喪事，靡不合經。置嗣惟佶，庶免若敖。濰縣公華顛杖藜，鴈行虛其接翅；職方君壯齡巾幘，竹林孤其泛笲。不第海内簪紳公共之慟，而實王氏公子悢悢必哭之私也。九重之閽正深，六月之霜弗零。姑掩黄壚，俟之青史云爾。是宜碑。

碑曰：「含光承影，澤之鷫鷞。弗匣而藏，出以剸犀。剸而不勝，鋩刃殘缺。雖則缺旃，爰謚良鐵。厥謚奚以？承影含光。千秋兆歲，地葩天章。大梁之墟，煜煜謖謖。風氣星精，駭動萬屋。譬君寶鋏，君其謂何？我要職方，汝倡我歌。瑣瑣錐刀，用不離咫。惟缺乃全，劒兮不死。」

①戍，原作「戉」，據崇本改。

先師穀城于文定公碑

萬曆歲在丁未十一月二十二日，吾師于先生薨於都城相舍之正寢，春秋六十有三。嗚呼，痛哉！

先生神禀名岳，靈漱間氣，蒲衣專聖童之譽，思王破倩人之詰。父兄瑰傑，母氏朗粹。而我先生家庭閨閫，靡匪教學，捥髮褎舉，降心名輩。迨成進士，擢東常吉，朝涉殺青之部，夜然太乙之杖。包劉殷者七業，羅安世之三篋。商偃擅乎科品，顔閔翹乎德囿。一時曹論，公輔是期。

尋爲編脩，脩撰太史，擬終古之任，禁近迫門下之署。遞纂則兩皇之實録，兼董則六曹之章奏。寖膺日講，時侍幃几，啓閎道于聖聽，總眇論于經指。主上多其端雅，同列讓其奥博者矣。洊周麟德，華篚前宿。沈素坐司乎典帙，贊諭職侔乎常侍。夫少伯者敦庸之副，佐銓者統均之亞。而乃拾級以上，八座攸屬。彤伯入急乎宗周，春卿嚮邇乎右僕。天神地祇之故，綱目必綜；科舉宗藩之貫，條牒恒審。可可否否，諤諤蹇蹇，撫公議則閹尹寧置于氷炭，狥國是則平津弗計其鑿枘。伏蒲之請彌切，垂旒之聰愈塞，先生誓掃翳乎圓昊，冀揚暉於明兩。而[石戠]磾之變罔戢，折丹之撼轉偪。于是叩天慈以婁匄，指地肺而隱跡。周公適遭乎拔水，尼父不安于司寇。鐮採則魚山之蕨，綸釣則狼溪之鯉。雖頻年命相而終歲靡報，安石不起如蒼生何？

久之，次孺受端府之辟，稚珪虛瓊條之價，誰爲尸之？誰爲尼之？良可嗟矣。雲陰解駁，鬱華啓耀，中國儀相乎司馬，阿衡晉尹乎王室。太平跂足，人流拭目，而乃一疾不起，溘焉告終。黑幡甫稅，白鷄旋兆。嗚呼，痛哉！

先生居平溫盎，遇事持整。先是，江陵奪情議起，輦邸風靡，而乃惆焉發憤，抗表陳奏。脩郄者從中以傅會，甚口者競號爲多事。及夫氷山見晛，柏凑垂斧，先生剖明功罪之準，取喻帷蓋之義，飛書纚纚，禍以不極。冲流屹龍門之砥，京夏快鳳德之獨，可謂偉矣。先生易簀之際，忍死載筆，史魚棘表乎尸諫，聚溷乞佗于君側。遂致九重加惻，贈卹邁等，持節屬其謹護輼輬，侈以載道十七之餐。生飫酳醊之數，死被榮哀僉慕，遠邇響臻者矣。

先生履宦近要，賞賚稠疊，疏金晏祿，班親逮逖。禮本寧儉，貴而安窶。學徒不勸于鳴鐸，眚災數勤于抵掌。藩户悉刀筆之地，褻燕著儀刑之美。文章立乎正統，訓詞還于大雅。括族則河東、瑯琊未足以方駟，程度則叔度、林宗胡慙于均蔣者哉。先生兩借衡鑒，驥牣樂厩，布滿在列，馳騄賢侶。或嗣厥政事，或續厥文筆，溲中之學未替，河汾之業不衰也。先生未幘傳講，及參鼎軿，衾影洵以靡愿，天壤訖其無忝。遘茲大故，宜付刊記，而矧易名文定厥典煒焉？侗念景鸞以齊詩見系，元賓用殊操動軫，商苞致石于太尉，曹鮢標碣于涼國。肪甯抒其赤猳，後沛享其義錢。侗也業酌斬絰，遠就奔會，高彪引紼，侯芭土簣，寧敢後焉？乃與元兄緯謀，擊石佗山，爰勒斯作。以今視古，何渠不然？

先生名慎行，字無垢，人稱轂山先生。

詞曰：「先生之生，滄溟泰岱。先生之器，璠璵鼎敦。出心八埏，處慕十賚。如彼源泉，渟滙灌溉。石渠帝傅，山東大師。有本如是，流風在斯。疇其推轂，阿衡屬伊。疇其收精，輟茲綸綍。皇斯閔焉，奪我尚父。高蒼不仁，虐彼下土。哲人其萎，有步踽踽。知我者稀，永挂談麈。詒謀孫子，未締朱陳。我有息女，敬諾主臣。先生九地，秣馬載帳。言歸言告，以健賓姻。元兄葬親，靡或不競。聿觀厥成，前茅後勁。四方來會，交口相慶。世禄之家，展也稱令。轂城南啜，帝予厥阡。廣輪弘曠，俎豆潔蠲。黄腸箸玉，不崩不騫。雲來赫赫，億萬斯年。」

通議大夫大理寺卿萊陽龍池張公碑

蓋聞崇壯上薄，則培塿均其宗仰；淵浚下滙，則涔潦失其霑灑。乃臨深者委潤之資，望崖者借蔭之具。我萊陽大廷尉張公，其名山巨浸不可得而量測者乎？

按狀，公諱夢鯉，字汝化，别號龍池先生。厥先家於樂安，勝國始占今籍。高大父雄，以行義散財被旌，三傳而爲贈副使公錕，實公府君。母蓋恭人，公其次子也。觀弧制弓，受姓始于列宿；誦詩考仲，論世本于侯誰。公緣巨魚躍梁，發夢而生，資禀絶異，含醇挺靈。

總角屬文，有如宿搆。家嚴頷面試之，對里先謝北面之席，已復嬴勝負書之即墨學焉。專經遡二十八卷之舊，訓傳得毛氏一家之傳。遂從孺子之行，抗顔大師之列，昌陽、不其兩鹽官地交口頌張次公明經矣。

一試補學官弟子，又二年，試輒高等，既廩于膠。乙卯舉于鄉，明年丙辰成進士。射策之文見賞當軸，而以語少觸諱，甲次不前，視政刑曹，曹偶咸下之。踰年以母恭人喪歸。服除，補户部四川司主事，奉榷滸墅關。旋以父副使公捐館，不果行。乙丑，起補兵部武庫司，歷職方司員外郎，車駕司郎中。主典判帳，奏決承寵于夏官；掌領輿僕，闇對不殊于閱簿。唯時蒲坂襄毅楊公爲政，素負人倫鑒裁，每謂人：「張君朗朗超箸，遇事不撓，六署擇名郎此爲獨上，九伯成國士此其絶塵矣。」未幾，以格得開封府知府，出守焉。

開封，中原劇郡，提封百數，染指最易，剸割最難。公一到官，指河爲誓。龐參下車，弘攬置水之情；任延致書，率先祭酒之署。以公方兹，不翅過之也。比當新鄭樂聖家居，宣麻計日，涖兹土者，過門必入，謬云西河式閭之節；挹膺下拜，實踵張蒼家人之禮。而公略無遺問，不狥竿櫝。及以元宰兼攝首銓卿公，欲發計以百出，卒無端倪。已而嘆曰：「老詩媿見張君。」而公者又營救扶溝王令甚急。新鄭詰之厲，公正色荅曰：「其在今日，諾諾藩臬，諤諤守臣，彼自用彼法，我自用我法，庸何傷？」令竟得免，公亦以戆故叙遷兵備靖邊。靖邊介在陬落之間，號名儉塞。諸使君往往權使其土，虜使其民，傳視其地，讎視其羌，久矣。公值初開貢市，一切孰計乃行。威宣則六條並舉，惠播則八風並翔。藉令給賞盡煩乎公帑，互榷僅充乎漏卮。縣道敝甚，公也患之。自公研慮，以市竣市，用夷撫夷。絫蘖金繒，積羨如投鞍之衆；旺稚羊馬，按堵循畫疆之要。築塞代夫雲火，剔弊竄于雀鼠。列障黨天，聚囷如洗。興學講肄，易馬隊以詩禮；休士枌榆，脱烏延之釐跰。此實張英爵酒所不及籌，謝琰拒氐所不敢望。而天子眷乃丕績，賜金晉俸月異歲殊者也。會行邊大臣王公遴，極言闕下，褒廲有加。且當大慶，恩贈封馹至亦奇遘云。

尋擢山西布政司右參政，職在督儲。公爲察沃瘠，酌登耗，剷其鍽揍，水其牀膢，法其窳婧，劭其曼羨，始之乎方田，卒之乎旁要，燭照數計，驚謂猶神。若乃設爲投櫝之規，潛弭蠶食之蠹，則又唯晉作楷，方幅取模者也。及僉江南按察使，首抑訟師，不三月，亟拜山西右布政使，董鑄綖環。公乃上記，銅非晉產，董子之鍊柱竭矣。民讙則估以十倍，官迫則技嗛五竄。牒凡八事，泉貨以流。兩臺復以賦籍屬右轄，公乃心計手纂，裒益成書。書奏，最當上心，厚被嘉與，遂即其省爲左布政使。不三月，而順天撫中丞之命下矣。

順天，撫臣所部，比漢三輔，則京兆、馮翊實隸之。閭右避茂陵之原，國中齒濟南之瞷，公一意斷擊，式安元元。揆厥大指，要在節縮徭入，蠲免積逋。所節以十二萬計，蠲以八萬計，畿内有更生之慶焉。公在事，三報大虜，三舉大師，一禦古北，而用裨帥李如樌勝，是爲己卯二月之役也。再防遼前屯，而用裨帥楊栗等勝，是爲是年十月之役也。再援遼左，而用躬自提兵先發伐謀勝，是爲明年十月之役也。先後所禽斬若干，奪獲夷噐駝馬若干，數以吉語聞上，亦數奉大賚，叨白金文綺者三，晉俸者一。而是時戚大將軍繼光帥薊得相，負衛、霍聲。公故俻在肺附，略無面從。屬之讎柞則均敵其體，屬之規繩則阿保其任。壯而踐石，賤而斫堊，靡不津津履正，允服高邈矣。頃之，議裁順天巡撫，改公甘肅副都御史銜。未赴，旋召入爲大理卿。公矢心平直，所亭平不更僕數。文内之累抗聲明其不然，夥沉之牘蒿目畢其宿閣。葢君家廷尉相耳孫，以不寃于氏高門卜雲，仍以駟馬矣。時江陵挾貴上人責公疏節，風使暱諫黄紙，公夷然不屑，三疏乞身。俄而予告，惟恐一夕不疾出誃門也。

歸而田僮荒寂，耻爲更造，因天畫地，畊穫以時。班昆則卜式之在河南，市義則孟嘗之於薛邑。置酒娱乎別館，發篋迪乎哲胤。尉薦付之誰何，履跡絶乎公室者矣。且也體陳寔之閎簡，兼華歆之整栗。感仲由之負米，則汍瀾下泣；誼郤缺之餉饁，則閨闥俻禮。異胞同産、猶子歸孫，緩急周旋，仁同一視，斯葢得之天屬者也。以愚而臆，竊目品流，譬之五音繁會，則獨擅其宫；五色錯陳，則獨標其素；五味交和，則獨收其淡；五行代用，則獨主其土。比之冒暉于外而餐誦于丘者，豈可同年而語哉！

公丈夫子四，長乃計部君，嗣誠仲乃拔萃貢，嗣謨叔乃饌堂生，嗣誼季乃弟子員，嗣諒猶。夫鳳穴之羽無弗五彩，鄧林之幹動以干霄。猗歟，盛矣！惜也，公六十有五即於冥漠焉。年詘杖國之期，人軫相杵之慟。尋聲肆響，狀云俻矣，逖芳徃駕，奚其遂旃。邇者重部大椽，箪門義故，聚族竪碑，厥亦崇壯。巖巖後彦，依其泰畔淵浚；浩浩下士，涉其溟際焉爾。

據公三品京朝官，例應降卹起墳，業已報可。而公夙昔晉俸從一品，其置翁仲以下石物不得云侈，是謂萊陽阡。

少保李太公暨元配一品吴夫人墓闕

長垣贈少保李太公，諱楝，字良材，人稱湖西先生。由譜，祖四世而下三贈爲少保，太公其一也。配吴太君，贈一品夫人。今少保兵部尚書于田化龍，則其仲子云。

惟李三輔著姓，藐徙呰之裘馬，一經世業，陋滿籯之阿堵。太公孩弱孤立，母張拮据長育，躬孝源之菜食，顲殷惲之毁瘠。時及受室，值里鉅儒吴公者，子將弘其鑒識，叔鸞慨以予女，是爲吴太君。

太公性全靈稟，行應規表，少成敏慧，不假學習。犀籍雖亡，千人宛其口紀；粥名殊夥，一閲嫺于腹貯。張大母遣就吴公學。太公志略宏遠，狹小佔畢，稍獵文義即通大指，乃以薛包之荒頓，奪車胤之勤肄。懼鈌晨夕，一意力田。污邪蝟螺，均區豆鍾釜之入；粟麰果布，任折閲賱賭之變。于是家以滋大，慈氏晏如。會張大母孀節顯著，褒廬有赫，而于田兄弟于時適當受學。太公跽而前請：「孫業何居？」張大母手授遺書：「趣詣外傅。」太公唯唯，則爲置塾于邑。張大母慕甘泉之畫棰，垂風教于兩子。索靖矜其廟器，馮邍精乎犧《易》。而太公田間鷄黍率内時供，一堂三世爲樂可知。

未幾，于田勝冠舉進士高第。太公訓言相誡，若曰：「少年善惑者志，易衒者才，侹攘每及于敗，阿匼必詭于正。」一時後彦靡不戢李父良箴。于田以次爲嵩縣令，太公踰河如邸，吴太君板輿偕焉。阿威無愧于廉質，孟母弗戀乎坩鮓。載彌弦朔，醒稰以歸。迨于田周歷郎署，洊登藩臬，鯉庭布桃李之蔭，槐甗溢《甘棠》之詠。旋升冏伯，浸借建麾，遼左绛天旗以靖幕，匡邑佇雲容而返舍。翁媪安其綵養，伯氏叶其塤奏。太公問東風之幾藹，倒西粼之三雅。八公徜徉於桂樹，五湖逍遥于菱唱，以方今日，未之或殊。

有頃，夜郎告驚，朝命儵及，于田難其私慊，太公敦以大義。受賑爰戢，秉羽即事，度瀘猝以棗燧，平淮兆于禽酉。忽形妖夢，太公寢疾。移書咫尺，慮遺賊于君父；治命檢帀，母唧恨于含飯。于田心嗛耿弁之侍，永惟張醽之謙，據刀坐劒，抆淚援鼓：「吾父已矣，其惟吾君！」距赴凡兩月，賊乃大平。淺張匡之持節，蔑陳立之斷脰，彌天之業成于終天，吁緊憯矣，吁緊奇矣。事定，太真屢疏以請北，幼度茹辛而叙難。哀毒纏于陽翟，剡割深夫叔胄。皇乃西顧，遲以踰年，憑棺之日則改練之會也。穿復侈其異數，醊酹加于常等，九原其慰焉。

于田百粒糝以過日，赤烏巢以贅闌，駛其日月，大河爲梗。聖人啚茲保任，惟吾勞臣。

于田數控弗獲，奉母以上，沈濤須彼白馬，下揵罄厥淇竹。功幾就緒，母乃亡禄。腸湊夙沐，口玉素葳，九飯淪于隕絶，隻扇興其感愴。天子命以一品禮，啓太公壙合焉，則以播功故云。太公徃喪，張大母體二連之哀瘁，兼顔丁之禮制。庭穀遂其物性，家衆化其德美，三族周其禽槽，四境差其炊火。散懷則野老争席，狎盟則海鷗成陣。至于中閤持整如賓白首，闋日儲用凜氷黄臘，此尤卿貴之世人情所難也。

吴太君引經示景，披卷導寔，二方競爽，咸母之伐。且也焚券棄責，輸粟賙急，與國分政，于家市義，毗贊夫子，一德靡違。若夫發千金之賄，秉謝瘞之節，遡厥閨闥，卒罕其儔。夫鮑、桓齊美，鴻、光儷操，不過闈微于閭史，摽軌于女士。孰與起家裘褐，偕老衮狄。侍中拜乎珪爵，令公遭夫家慶。極榮哀之生死，擅綬饗于天壤。求之人代，靡兩覿已。

太公以萬曆庚子四月廿三日卒，得年六十有九。吴太君以萬曆甲辰七月八日卒，得年七十有四。太公考翁，繼古藴，負才略，諸子孫婚姻麕叙，具載表志，不再書。于田向人甲戌同籍，則鄗趙子、隰邢子相望齊趙，藉甚文筆，先人鍾石，豈宜無言？侗也良久，卻避主臣。則念于田中原赤幟，野鶩非顛夢白，吾黨上座，連璜自失，勉爲結撰，聊偹餐誦，詞之工拙所不計爾。

詞曰：「苦縣受氏析箸蒲，是則子路爲邦區。河流混混南向紆，豕韋雕馬風弗殊。此中二氣相與扶，哲人誕降鼓應桴。大公含抱造化徒，敦仁赴義恒不逋。須臾膚寸浹八都，誰其尸此東岱乎？媪兮自出延陵吴，生兒蚩入麒麟圖。媞媞翁媪俯以痀，天司慶澤如手斢。名家代產名世駒，五文爛錦房星符。人云天驥需龍芻，天子一顧萬馬驚。德兮福報不爽銖，魏邸之土神人娛。少保皎月冰英壺，斯文一柱千秋儒。斯人翁媪斯掩軀，山輝玉兮水媚珠。」

陸令人墓碣銘

吴人王百谷先生，天下士也。既葬其內陸令人之明年，函書戒使，侑以趙宋之研，竹篠之拂，以誌屬余。而申之曰：「不穀亡妻，奄然地下者二十有六年，屬者歲在戊子。父母兄嫂之墓田治矣，乃敢以研田之羨，封之樹之。誌則不穀任實無文，聚壤之傍，願以鐘石累先生。」余發書卒誌，咨嗟久之，乃爲作《陸令人碑》。

陸令人者，王百谷先生元配也。令人代居金閶，二世而上，朱轓起家，曦《易》教授，官方家政，卓然儒宗。其裔孫子紹，大府箕裘，諸生祭酒，令人父也。女子四人，令人居仲。百谷移第伯通之廡，企心德曜之掾，二十來歸，授室毘陵。于時子紹暨其內劉娟，頗眘沈婿之華豔，乍即王生之儒素，炎涼未能等視，翁媪爲之慘顏。而令人清心玉英，雅掾冰凜，柔攬剛健，少孄長慮鳴環，甫旦操作終夕。安二人於眠食，欒夫①君之才彥。

頃之，丘嫂儵謝，家秉萃䑥，孱彼少女猝當筦鑰，口謝勞悴志極。洒濯三族之夥，藹然繾綣之誼。一門之內，儼若朝宁之典。縞衣綦巾，苧縷繭絲，寶釵弗以耀首，寒機用以卒歲。

起先晨窓之鷄，眠及長河之没。厮養百指，童幼盈抱，豚圈鴨闌，醬瓿醯盎，靡一不什全其算，上下其手。以故洽親附疏，習器馴物，大乃祠祀之享，微而裘褕之末，必親必躬，無厭無斁。季女宛其有齋，我姑庶幾無忝矣。已而，蒯太夫人見背，百谷哀過損神，力歉持内，而令人拮据營綜，動中禮儀。生事死塟，姑慈娟順，不謂房闥之流乃能當乎大事者也。

百谷目無阿堵，跡慕義俠，繒綺錢刀隨手略盡，其先府君患之。令人潛損簪珥，衣被以逮筐篋薄裝，買宅兩區，意將昉陽羨之菟裘，佐皂帽于龍德。百谷游燕貂敝，奔吴烏號，憔悴慞惶，橐垂困窘，非藉令人卜鄰有豫，乘屋亟其，則半偈之佛火漸寒，解嘲之堂窞無托矣。百谷又稱，其屬纊之晨，施予介然。有美步摇不欲濫及，女弟彌留目瞠，尚呼愛息鳳凰，此尤不易割之柔情，凜然士君子之風槩也。

令人二丈夫子，無曲無回，英英競秀，東南雙箭。其他女子、孫子女，以《誌》詳，不再書。百谷是役也，蔗節瓜犀，三泉之痛既沉；殘奩故繐，九廻之腸愈劇。循題擗摽，望靈酹餟。信夫安仁之髩易華，奉倩之譚不過爾。敬爲標表而系之銘。

銘曰：「夫也名下，子也名下，白日行天，泉臺不夜。夫及遷汝，子及葬汝，白馬澗邊，如鬣墳起。後千百年，樵牧豎子曰：此太原王君夫婦之室，而牛不礪斧不砥者耶。」

①夫，崇本作「大」。

端道人碣辭

端叟名松，里人也。其父爲巡徼小官，以潔廉稱。從井閭事先侍御公如父，先侍御公視松則諸孫輩也。松質性木僕，内實慧，遇事井然有條理。即寓身賣漿胃脯間，取予不苟一錢。獨好檀施，道人佛子一塵一錫及門，靡不餅飦相款。冬或給絮，歲月以爲恒。市閧及室鬩取決，松一言卒釋，一切解何，費酒肉不惜。己不自任德，遠近有善人名矣。

邑近郭泰山行宮圮，松發願來謀侗募脩。計資銀千許，錢數十萬，米百斛，不乾没毛髮。即在僝工，啖一栖粥，輒出私錢償。操行懔懔質鬼神，邑大夫、邑紳士爭榜其門，比于通德，此亦間氣布衣也。

松素持齋誦經，神恬氣温，顤壽者相。俄于今歲八月中旬病痢，不十日卒。卒之日爲廿有五，得年六十有三。吁嗟乎，松不宜死，死矣！所不死者，視余碣言。

來禽館集卷之十七

誄

安丘大中丞馬公誄有序

公姓馬，諱文煒，字仲韜，定宇其寓號也。爰自扶風肇望，渠丘占箸，指次而論，四公露爽于於菟，五溪發噶于章掖。贈公挺高門之彦，門媪兆長白之孕，公乃誕生。于時，贈公寢覺體中有異，以謂門恭人：「兒必亢吾宗，吾不逮兒成也。」越歲，贈公卒。恭人習荼集蓼，丸熊畫荻。

公六齡就外傅受讀，稍長從季父受《易》。獎助無資于同學，警敏動符乎上智。網羅百氏，藻斲贍逸。舞象之年，一日千里。俗季人僞，洙泗頹經，而公一意聖真，希心六籍，吐言被律，儀止詳整。此已足緣蘖識幹，據標見影，曹人邦族國器預期者也。

嘉靖辛酉雋于省，明年成進士，以次令確山。指水誼畝泉之操，戴星誚垂簾之誕。烹割獨負，簡覈彌精。王經誓不入乎私謁，陳矯志專在于決斷。掫徼之首途，枉戮行販之中洳，攫殺計令吐實，旋以當辜。諸如此等，靡可更僕，郵亭推轂書以數十上。隆慶丁卯，詔入爲山西道監察御史。隨輟五日之制，寵居八使之列。淮陽慕乎戇汲，濟南讋彼俠瞷。職掌所被，寔先于鹺。咸陽議均于盆價，衛覬牒條乎監賣。準今酌古，政以大行。積羨十餘萬金，廉聲蔚起焉。

尋以病告。未久，起補浙江道。公曰：「毦筆非也，埋輪庶而。」于是京師改匿加憚于劉祐，直方允歸于石鑒。移讞大獄，按法不阿。執政銜之，乃出爲德安守。公曰：「二千石不負我，我可負二千石。用聖人之清槩，滌貪夫之濁范。」隨州牧竟以賕論，畧無所徇。已乃昉劉馥之立學，追王尊之飭隄。規世隆之埤雉，擬延壽之喪娶。跡牽招之威服，體吳仲之懷嚮，郡以極治。譽乃上聞，鄧晨之高第靡兩，黃霸之賜金無忝。甲戌，璽書還郡。

乙亥，擢兵偹按察副使，治荊南。瀕發旱魃爲沴，旄穉遮迣。公留三日，齋虔露禱，甘澍立降，遍滿郊野。掘埋陋息壤之妄，俄頃重遺棠之感。涖荊有日，人爲公難之。公遠惟楊震之廉靖，兼任孫饒之惠化，涓勛目無乎宰執，任防篋知乎豪右。列纛所樹，八方盡闢。郡邑凜一臺于枕席，黎元奠三户于盂堵。竊念夫上游重區，日廑討練，餘皇蔽江，戈甲成陣。長壍頓雄乎天險，內薄靡庸夫人力。所謂蕭育在事，南郡之盜賊滅跡；馬敦建麾，鄰羌之部落攻心者矣。凡四載，晉左叅政兼僉事，兵備荊南如故。

屬歲大侵，亟畐振貧，且與屬城爲要：「方今之際，班金鬻粟，務令金粟兩生，則人民全活。贊聚者罰，繼富者治。」荒政之善，天下宗之。公尤加意才美，遴柬茂秀。重稍詳第，人文丕變，省解南宮，得士爲最。文翁敦教于石室，柳君布化于遐裔，以揆斯日，不足多也。比當江陵貴裾，上遣第焉，監奴横行于所部，請地闌出于非分，而公堅持不可。嚴逮暱近，江陵滋以咈然。及歸治葬，監撫削均敵之禮，冠盖多屏息之態，而公獨岳岳不下。攄坐無避揖客，瞥其洵有强項，緬其自昔。

辛巳，遷按察使，駐武昌。楚寮吏咸熠公威，公霽憲攄赤，絶去浮與，反陰礅于桓東，展陽舒于南紀。浸尋仕楚，晚歷大寮，游卿之閎度疑括，季常之最良招納。絜諸宗姓，蔑以加矣。癸未，以臬長上計，當事閱其久次，因拜江西右轄，旋轉左轄。居頃，遂晋僉都御史，撫江西，則江陵既没之又二歲也。公于時出教，類以十事大都六條課吏，百計便民。十三郡恪守科訓，毋敢踰越。獨臨江守殘鷙不戢，箠殺無筭，酷烈埒于次卿，先見彰于嚴媼。公劾實無貰，傅以重比。至于均田弭金谿之鬨，褒忠洗革除之枉，正色已悍宗之擾，旁逭汰辜摧之濫，如斯種種，未易殫述。公皦然白日，致祟魍魎。

丙戌，中臺抨悉抵誣勿罔事，銓部爲覆其奏，若曰坐柏舟以宣淫，命伯夷以鈔盗。反覆詳辯，甚于慰犢，卒難言者，體議量調留都焉。其所勿罔最著，謂持掊鼎入賂相君某。乙酉，行漕楚，會暮，憩安陸，訪弇州之片石，撫欵鼒之有耳，爲之徘徊一晌，佇睡九峻。且鼎乏靈文，色嗛寒瓜，直不四五千，何以賂相君？兹當執筆左證，顯然寔天，以大賢畀予雪也。

公言返故閭，閉門却掃，遠綦履于偃庭，消驚咤于陳座。監司守相緘書閲而靡達，部使言臣薦剡殊不爲意。南昌相趣以起家，公乃置函而不答。獨以鄉人罹患，若厥創鉅，我土無歲，大行收贍，此則發自淵衷不由矯飾者也。公門儼朝典，身自教兒。平生無雕鏤金玉之翫，家庭靡謔浪跛倚之失。以故名儒箸膝，駢翼凌舉，禮部高素出群，徵君孤清摩世。太丘之代，差可倫比。

公晚遘末疾，里中競相祠禱。垂及彌留，密戚願以身代。萬曆癸卯二月告終，春秋七十有一。悲夫！禮部君暨弟聆音莫即，瞻顔弗覿，援重譴于皇天，付微骸于后土。煢煢靡所，憧心不朽，以爲刻桷之荒唐，奚謂擢潁之醇懿。可尚户詠家畫，輝邦藇族，豈異人任，誤託于蒙某也。欽風味道，寧汶汶于前悊；傳芳寫譽，敢罣罣于淺學。庶幾素旂譎行，厚夜靡幽，太常稽勛，旭旦恒鮮云爾。

其辭曰：「鼻祊伯益，支衍東海。大賢一期，五百應載。其人伊何，天挺魁磊。其出伊何，世寶盩鼐。孤童依母，訓著三遷。起家羲《易》，直上連鶚。牛刀試割，目洵無全。笨鈍孝秀，我釁我廛。燕召端公，淮驅驄馬。心計牢盆，圭璧被野。地面流錢，公藐委瓦。我皇輾然，南向引弮。興懷三徑，移疾巖隈。蟊能争卷，人無破苔。帝咨孔亟，公兮駕騋。大讞大議，匪公孰哉？三尺我持，三公豈易。一麾誰爲，東閣賓客。欣然出守，郎公舊宅。緬昔孰輕，奏刀割割。朝正北走，帝坐明堂。黄金獎異，來襆去裝。皇皇刺史，萬夫所望。于荆之役，圖勞弗償。公久章華，非大相指。荏苒七朞，組繡糠粃。大相幹奴，戚黨鄰里。不我抵振，我不否鄙。治宮拓地，閹人露嚅。公曰尺土，吾銜節符。相君予急，執珪踵趨。公曰禮云，無庸拜途。周歷總臺，不離南紀。我官我家，湘漢允喜。擢長江藩，出納校齒。誰揆拊循，乃于公以。相君當軸，公恒積薪。大星告隕，公乃專茵。下成蹊者，不聞齗齗。升沉默定，胡闕望塵。他撫示慈，公則紀振。匪公狥威，斤斧芒刃。表忠弗逋，按酷無恡。有王國人，大法小趁。疇令儉輩，連彼悍宗。告書訛布，囂俗聾攻。留都齮齕，署旭爲春。銓曹辯理，播諸洪鍾。量議移南，公則止坎。進退枯榮，超燕玄覽。門屏雜賓，沼擢綻菡。中宵念旃，野或不糝。公庭弗踐，朝客杜書。當塗慰薦，喧喧懸車。古有萬石，今則填閭。古有擁笏，今亦垂魚。所可周爾，文章道德。所可式矜，績織稼穡。白首齊眉，重爵大國。羗二老人，弗見顏色。公當始第，痛惟母貞。小嫌年限，靡敢誦情。同人汲汲，意切丁丁。公心不昧，曰邦有程。忠信可行，三晨麗上。仰不愧天，俯不我喪。天卒報公，赫赫命貺。父兮母兮，九地隨唱。敢私公後，勿忘公勤。造化蘊積，乃胎芸芸。冰薄則陷，日昃乃曛。公没遺囑，有言無文。嗚呼哀哉！日月悠悠，正衾在殯。孝子刳心，凡附必慎。圓石方塼，筮吉舉櫬。僑謝纏悲，人願身殉。嗚呼哀哉！哀榮生死，于世良奢。如雲門故，服絰制麻。嘶風石獸，蔽空林鴉。若從情感，共巇靈闍。嗚呼哀哉！名子聞孫，銜恤掩閟。四方來觀，停軫立轡。加餟賜阡，倚遲遥蒞。千秋有那，視螭贔屭。嗚呼哀哉！」

新城大司徒王公誄

岱宗中峙，重渤環焉，是爲古先講業齊魯之區。叶光鍾篤，禮樂淳漸，京夏咸莫與比倫。其在我明縕積尤厚，爰有至人，具至心，含至德，備至行，則新城王父以焉。王父者，贈大司徒見峯先生也。先生累葉名德，發祥匪今，爲贈太僕公仲子。少不好弄，瞻視步履，一如巨人。家沿簪紱，力學食貧，入塾則數掩衆稚，在頖則恒難多士。踰冠舉于鄉，爲第七人。是日，歌鹿之筵，慽慽心動，箸欲下而不能，酒入喉而三咽。詎意天親離屬，精祲必先，其先太僕乃于是月捐舍貴陽也。先生跣奔萬里，勉以喪歸。

尋舉壬戌進士，拜楚荆之李官。直道平刑，開罜得雋，士民胥服。比當遼王汰奓不法，先生悉發其奸，借天之幸，未中螫毒，以望詔授刑科給事中，洊歷禮刑二科都給事中。安民固本之疏，穆皇爲之肯頷；責實圖功之議，休采靡不縮舌。迨夫出册名藩，則遠腆苞于若凂；甘心疆貴，則奮利劍以無貫。披胸已興化之託，正色折新鄭之風，倡言安華亭之枕，持平啓德平之歎。所謂敦大正直，深靖竑遠，一時諫地號爾無兩者也。用資得太僕少卿，未幾改鴻臚卿。岳岳公望之夫，屈爲大行之任，畧無動容。已，擢大理。已，晋南太僕。已，北太僕。已，順天府尹。遲回數歲，周歷九列，若近若遠，若信若疑，而先生秉節不回，隨分共職。久之，以副都御史撫熊繹焉。先生矢天指水，峻厥仞嗇。疆王失拔刀之向，橫士罹就釜之典，遠邇快心。凡三年，擢户部右侍郎。癸未，轉左。一代京營，一督倉場，皆劇任云。

于時，先生母劉太淑人春秋高矣，懇疏乞省。奉旨予限才六月，先生遂堅臥不出，若將終身焉。半菽朒三公之大，象萊詭駛童之戲，薦剡婁達，厥耳如塞。朝命臨迫，決死以辭。先生視兄封公踧踖既貴，躬蹈萬石，帥諸弟子姪聯翩上酒太淑人前。金紫銀青，履綦相藉，晝遲明而炫繡，堂閱世以成綵。先生俯然歛退，懼其滿盈，恒戒以無辱，諷之不殆。其家化之舊肄毛氏《詩》，得其理解，思欲傳之人人，而口占編授，先我一門。兼致名世大師，分座合肄，載經寒暑，晨鷄夜炮，矻矻素儒，未一日告勞。以故郗林非叢桂之一枝，鄧氏引諸郎以並上。如斯家督，舉世所無也。

先生孝思絶人，垂老無替，感夢新忠勤之廡，表德勒龜螭之告。維桑與梓，厥念鍾于樹槐，見先于廧，無改徵于圮舍。贍三族以炊羨，連四境之衡降。大布用以飾躬，視鳩緣以佐步。安安大臣之節，藹藹吉人之風。曾何知夫冢公膺御史大夫之尊，諸子極郎署甲科之選乎？先生書示西蜀，謂：「兒幸無相念，我齒尚堪礪石，我目尚堪察蚤。」以故冢公安意治軍，消其紛議，保有三垂。守道守官，屹然長城之固；視帷視膳，無須兒女之暱。先生之目可以瞑矣。

先生晚涉養生家言，飲啖臥起俱有常，兼所著書，悉以牖善導愚、陰隲報施爲主本。居平嚴勑子弟，涖官坩鮓以上比于盜賊。懍懍訓言，毛髮爲指，端凝廉儉，此豈有死道？而天年終此，則管公明之數理誠有之。先生得壽七十有八，平生所霑匄朝廷譽命恩，更僕不可數。訃聞，贈爲户部尚書，禮工二部所擬地上地下典，一切優于恒叙云。

某厠在世牒，復連姻籍，而先生素與先侍御公講德砥名，是爾夙好。旒旐之役，誰則任之？至人至心，至德至行，光光函夏，詎第重渤岱宗間。某因抒哀作誄，以廣聽觀。言辭弗斐，非所計也。

誄曰：「瑯琊發源，桓臺濬流。曰維太僕，爰抗前騶。篤生名世，廟璉天球。肅雝在列，疇足與儔。位在上臣，行則儒素。迹厥有生，諦矚詳步。筮仕司刑，以逮言路。狥職守官，不茹不吐。周迴列寺，京尹是憑。狹斜畹貴，就其規繩。出開楚甸，馬奮車軏。吏無骫法，堵安可徵。羌彼司農，借公來佐。右之左之，以視成課。嚙指動心，臣謝八座。有母之殆，閭黨相賀。公捐簪組，手把犂鋤。校陰量晴，祝禾盈車。爰咨慈氏，父詞載櫫。鍊泥運甓，赫然寧居。我有遺書，以詒孫子。庶其賢科，勿狃胄齒。我無黃金，以侈鄉里。庶其不争，允妥營梟。九卿之父，九卿之身。啾舄几几，我族我鄰。忠臣之子，忠臣之親。丹情翯翯，其闓其忞。開八之齡，嗒焉觀化。木壞哲萎，傳盡京夏。如假斯歸，猶晝即夜。黃腸湊題，斯是永舍。嗚呼哀哉！維帝之眷，優渥無倫。顧彼三官，爻申温綸。司徒正位，皇餟孔陳。既穿復土，天光燭銀。嗚呼哀哉！子姪皇皇，昊蒼曷置。生順没寧，俾昌俾熾。自有塵寰，自有人事。展如我公，萬古不墜。嗚呼哀哉！」

陳母嚴太恭人誄

嚴太恭人者，吾友陳廣野母也。廣野自成進士，即弟畜余，逮後爲理官，爲諫議，兩人聲跡相頡頏，以故兩家尊人亦互相起居，修樽下之禮，一如其家人禮。客歲庚寅春，廣野由吏垣首諫積資拜容臺少卿，司鞮譯事，隸在翰林，爾清貴矣。而母適滿八十歲，期廣野請急擬歸上巵酒。而介弟郎中君，亦于時拜秩爲南昌二千石，會且治裝行。亡何，以訃報。嗟嗟，天胡不少延母而令二大夫割心崩稽爲？

余走馬爲吊廣野廣川之滸，廣野汍瀾而請曰：「孤至不肖，辱不鄙夷而兄視之，先夫人儻亦猶母也。」其一言哀之，余誼不獲辭，乃詢葬期，爰束帛炙鷄，屬家童裹糧往告焉，佐以誄辭。文不文，何暇計哉！

誄曰：「婺宿麗天，瑞采絪緼。遥臨滄江，欝爲縠文。洪波巨芒，鍾乃母身。深山大澤，馮之者神。天非夢夢，理豈汶汶。宜爾子孫，駪駪振振。振振維何，兩席上珍。伯冠春官，仲躡華紳。諫官郎署，咄咄要津。版輿婁駕，迓母海瀕。母曰長安，不如比鄰。我身差健，不廢縫紉。香杭碧荇，其樂何垠。象服王珈，褚而流塵。庶哉黄壤，以謝隱淪。庚寅之歲，壽八十春。伯陟清卿，仲拜守臣。精金燦然，腰章亞鱗。連軔南還，幾母一嚬。書先白母，母坐重茵。召乃叔季，以逮諸荀。我故里姝，今爾太君。我故儒門，今列雙轓。福祚已極，揆厥本源。爾考爾祖，播種實繁。嗚呼哀哉！欝葱賀色，詎爾告堙。一夕之疾，溘焉謝餐。爰倚淒栢，爰庀襚巾。家雖不富，歛乃不貧。嗚呼哀哉！盧兒比走，凶問連旬。天崩地沸，兄號弟辛。難必者天，不待者人。一雙椹衫，易爲麻緆。夜夢何祥，仍上重闈。相牽拜母，解帶行醇。俄而夢覺，苫塊獨蹲。肚裹淚下，痛劇呼旻。狂奔抵舍，攀棺若新。五内俱裂，視息僅存。嗚呼哀哉！占星問卦，支卯干辛。歲年月日，元吉其旋。載揚丹旐，載指靈輪。萬年華表，奠此穸窀。嗚呼哀哉！某與伯氏，若一軀分。同心之契，如鼓斯熏。結言拜母，每媿范君。終天已矣，望酹如焚。嗚呼哀哉！萬石嚴嫗，賢知聲聞。千秋東海，懿烈並芬。嗚呼哀哉！太丘作配，元季雙騫。猗歟母兮，獨秀榮萱。忘憂衎衎，代茁芳蓀。長文孝先，視此後昆。」

東郡大方伯吴公誄

夫賢者云殂，嘅噫寄于宿老；旒旐頌德，哀輓託諸睿匠。是以仲尼興泣于鄭産，伯牙輟響于子期，中郎載筆于有道，延之極思于徵士。良以知己誠難，則綴詞不易。在公動盡則流美匪私。以斯證之，我方伯公不亦古今一轍，異代無爽者歟？方伯公姓吴氏，名道昇，字名輔，東郡聊城人也。延陵布葉弗滯乎札鄉，晉安移柯允卜于箭里，禄仔而降代禮義，聞英文、錫俠二祖尤烈。迨處士江含醇蹈和，州壤向化，公其子焉。

公靈禀溟岳，體周陰陽，厥有度索踐夢，爰始覽揆。少肄毛氏《詩》，屬撰奇敏，里歸聖童。及隸弟子員，屢試卓冠千人。自廢比安成鄒公，以累代淵源爲東人師，延入内署，共諸郎學，一時奕奕名振曹耦。而值先帝踐阼，詔拔異等，公以片玉遂登是科。六館下郭泰之儁異，環橋欽陽城之賞識，某以髫歲亦獲與焉。公連第進士，筮仕李官。三輔雄緊之舊，西京風物之美，公精心棘聽，間亦樹人。

尋丁母胥夫人憂。滿制，補鎮江。斤成風于往斲，鏡徹膽于伏魅。于時雲間缺長，假守于公。禽逸着警捷之譽，品士收藻雅之號，四郡盡傾矣。屬當公車，有召牘簡借前，而公考厭世故里，倉卒奔歸。連君之苫塊幾毁，汲直之禁闥遂邈。滿制，北首，夙望益隆，乃以不阿大相，僅得刑部主事焉。彼詠埤梧者誰歟？此拜雲司者戆哉！官以拙而名愈劭，曹用閒而職彌厲。後宰善之，猶以前俛失青瑣，欲改置銀臺門，公匿不應選，堅守故秩。尋卹恤命復之關中，雅有意于縱畢，畧無心于搦秦。虞祖何覬于九卿，世軌殊當于二絶。事竣報最，稍遷郎中。大司寇李公一世人倫，倚公爲重，訊讞大小悉以相屬。挺身發干掫之譎，盛氣折戚畹之恣，曾不曰西曹地忍之，即丞相無如予何也。

時公計資八載，數擬叅藩，竟以默默才轉陝西副使，理涇邠爾。當西寧告變，勢誠岌岌，近甸戒嚴，而公繕甲訓卒，目不交睫。四塞之地，藉公長城。及攝學校，識拔失職寒士吴岐，旋奏鄉書第一，伯樂所至，幾無留良，此固政術之餘緒，而章縫士顒吐氣實多矣。分陝甫二載，以前刑曹資亟拜叅政，仍兼憲軄，治叙、馬、瀘，兼治蒙、撤諸區。地交夷漢，三方萬里，朱提不足仰活，掇旗嗛于自衛。僰僰非化導之素，犍爲乃用鉞之藪，而公宣威飭令，推誠布公，如警貪濫，如清驛傳，如革水夫，如厲盜禁，如法罔舉人，如逮横通判，皆剪薙奸蠹，不令賊人。而又行荒恤歉，傾帑發困。迨我秀民，置田永贍，鳩僝素王之宫，表正蠻獠之俗，班班厝注，汔以不刊。播州之役，今大司馬邢公奉命經畧，公代録川東，佐理軍事，先聲所被，醜虜乞降。未煩一鏃，坐銷萬甲，在公攻心上策，祕未盡聞。而司馬公意肅形服，表公才畧，賜金勞慰，世所共知者也。

及于三載，兩臺以功狀聞，隨晋四川按察使，勑領清軍、驛傳、屯田、鹽、茶、水利諸務。公由裔土監司入省，涖事風采動于全蜀，官方貞于八面，曾未逾月，大寮小吏、帥臣士伍，凛如也。尋總藩篆，人目爲金穴。公以公綽之無欲，行隱之之歃水。出乃視入，無少低昂。藩府諸王交口申頌，御枚歡鼓所不論矣。未幾賫捧入賀，還以臬長監試蜀棘闈，御史津津歎肅給焉。已，復以臬長入計吏，評隲可否，畢照肝膽。公論所在，絶無依違。部院遣廉大吏以卓異上，公居其首。兼之長安滅賄賂之跡，屬員愓束脩之薦，清風足表，朝霰失嚴者矣。

公由闕下蹔返閭社，山公之啓事寢匾，越藩之右丞爰及。一麾閴其未抗，二豎儵焉見侮。裴相午橋之莊，虚其軟碧；杜公丙穴之吟，曾其罥想。此士修等仰天長號、霣身莫贖者也。

嗚呼哀哉！公百行具足，六合等視，郈子分宅于疏屬，杜誠示悲于同氣，潘楊篤其姻睦，班尹洽其朋眷。若夫矢口成韻，宮商朱紫，洪流浩浩，動見紀述，此又餘事詩人、踔絶國士矣。

公正命以戊戌八月，得壽六十有二。年不配德，位未三事，縉紳慟焉。有子二人，士修、士偉，雙珠宛其照乘于門，佇其再大，人理爾爾，厥應俟旃。公凡三考，三奉璽書，最後溯窮二代，爰逮厥躬，閨閤後先揄狄騈耀，公于塵世可無憾矣。某誼深杵臼，情均死生，謳厥懿行，豈伊異人？乃作誄曰：「延陵衍泒，溫陵揚潤，爰居爰止，聊城孔安。積德累葉，靈鍾穴丹。五文五采，鳳矯其翰。夫子登途，試理三輔。家難中罹，起倅江土。馳驅吳會，政譽清膴。大喪再丁，無父何怙？及年終制，趨召公車。失驩當軸，來主刑書。白雲司近，白雪人踈。俯仰一代，感慨淪胥。坐曹平反，援經證律。三尺如山，甘大相詰。出布王仁，俯躬恤恤。苟得其生，弢我丹筆。一麾司憲，復在秦關。騂騂角弓，向西而彎。尋叅蜀政，轄彼僰蠻。章縫熚熚，文其煸爛。尋正臬司，綰厥六轡。曾弗告勞，君子不器。藩長偶虛，借公赤幟。朱提千娑，不邇于膩。負時雅望，擢越右丞。徘徊閭井，二豎見陵。爲善必報，斯言可憑。云何賷喪，天胡瞢瞢？嗚呼哀哉！夫子之身，備具四氣。夫子之才，兼總萬彙。自昔韜光，蘄保我貴。不逐塵氛，歷迺世味。文犀匪耀，鶴繡非華。坐進此道，天爵無加。型模頓遠，祝史滿家。誰能起公？易茲奇衺。嗚呼哀哉！久厝殯宮，堪輿失題。惟地啓文，若旱逢歲。月吉時良，即此穸窀。孝子至心，爰表世世。嗚呼哀哉！」

封禮部右侍郎兼翰林院侍讀學士青州仰芹馮公誄

萬曆二十四年八月十八日，封禮部右侍郎兼翰林院侍讀學士北海仰芹馮公卒于正寢，得壽五十有八。嗚呼哀哉！

維公累葉名德，南宫起家，敭歷中外，致官叅知，可爾謂貴。决機明哲，未老懸車，疏傳不遥，鹿門再覿，可爾謂達。二豎遒及，咄嗟寢疾，厥嗣宗伯，請急郵歸。齧臂示痛，年命若留，拜床嘗藥，子舍三夕，天幸一也。覃厥封章，秩宗學士，宗伯手誥，逮公殗殜，伏枕憑茵，主臣叩首，亟呼掌記，刺達王家，天幸二也。臣情子職，倉皇奏書，穹封異恩，獲焉若掇。居頃請卹，視内三品，以祭以葬，問等有加，天幸三也。於志有之：身没名垂，是爲不朽。孺子通家託分，敢副旒旐，恭作誄焉。

誄曰：「炎漢之季，繼踵因循。馮氏之世，衣履綿緡。黄河萬里，汎濫三津。亦有北海，浩淼漣淪。極遼洌水，衍泒維新。以委以源，盡鍾哲人。惟公挺生，大行爲父。母娩父外，父死兒乳。彼蒼不仁，降割旁午。人勝劣天，視此當户。當户慧中，不教伊怒。釽摫九流，踔厲終古。年垂掚髮，文府馳聲。四蹄雹戒，萬馬避行。既登天路，沫血悲鳴。小臣有母，單嬬合旌。煌煌天鑒，録此女貞。臣可以仕，牧兹甸氓。奏績維時，量移駕部。旋歷職方，尋膺晋斧。載涖雲中，民歌士舞。虜來問弓，公曰予侮。二枯連集，虜遂頫首。公笑頷云，予氣差吐。讒人肆虐，公宜就卑。于時宗伯，金馬厓巖。人謂而公，必復之踦。公曰君曹，道固委蛇。小人有母，久曠庭帷。我其歸歟，甘旨諸居。衆實急公，和州嚆矢。強弩加遺，爰被秦璽。持臬修兵，闕羊不芊。以何因緣，第借馬箠。暵旱無年，步雩顙泚。塞人不亡，公降之水。晉梁洊陟，移節易州。天都要害，唯公是求。民訛吹煽，謂髡此丘。公但轟飲，人言行休。比興礦議，公曰吾謀。名雖金穴，實尋盜矛。目今攘攘，伐山四陬。安得若人，爲遏張譸。勞極資深，分藩洛下。一日抽身，還我榆社。公既爾羸，宗伯賜假。父倡子賡，優游臘夏。王程不留，宗伯炙輠。子孝臣忠，公顏如赭。詎期二豎，忽忽相攻。宗伯於朝，憂心忡忡。尺疏朝聞，巾車夕東。疾置以覲，公神尚聰。侍藥三日，遺言薄曨。臥而拜命，無幾告終。嗚呼哀哉！公負賞評，羅羅清燕。片善在人，推轂必先。公惟喜施，不遺簡賤。石蚪縑幀，恒首知眷。公體含和，顙條風扇。遇乃僻邪，立折以面。公愛徜徉，慶每會抃。一絓錫衰，盡焉損膳。嗚呼哀哉！旁躭博藝，打馬行棊。雙柑斗酒，鼓吹黃鸝。才凌班左，技擅繇羲。霑醉染造，神來氣隨。廻翔廿載，歃泉是師。自公而他，楊邁朱提。鄉多後彥，斯焉取斯。自公其捐，疇舘疇緇。嗚呼哀哉！公身所遭，人倫會極。身公所行，而報斯食。溱溱萬顙，陂曲平直。悠悠兩間，公乃多得。公壽弗延，若日嚮仄。太完微鐫，余量以臆。嗚呼哀哉！」

來禽館集卷之十八

行狀

先侍御史府君行狀①

吾邢之始，具見弇州公《五世事略志》，遷臨邑則河間鄭顒子昂裔也。北土②碑版文字莫從考，遷祖始彷彿自商河遷臨邑，所可紀則諱伯通公。伯通生陰陽公，諱仲玉。陰陽公精相冢言，夜遇鈔涂盜，盜司爲公曰：「幸不至誤。」相率送閤門。仲玉生處士公，諱鑑。子三，三則孤曾王父，諱政，曰啇嵐公，邑《志》有傳。政生第一子諱溥，爲孤王父，以邑教諭贈吏科都給事中，人稱博野公。從已爵云至行孚里閭③，博通經學。配許太君，實孤王母，許邑喬木。給事廣平守侃、華州牧廣，王母曾王父叔父也。博野公生三子，長都諫公，諱如默；次斷事公，諱如愚；次府君，諱如約，字信甫，邑稱邑涯先生。府君生而凝重，少不好弄。稍長，玄靜澹泊，言少理多，不愧其鼻祖顒子昂矣。

府君體質龐鴻，元首盈尺，高眉豐準，美髯鬖。踰耋登耄，邊鬢猶時時生新，長數寸許，素光豔發，若神仙中人矣。俗忌岐頭蛇及三足蟾，府君幼之城北塔莊釣焉。獲蟾，府君識之，群兒不識也。掣搦良久，置之泥淖中，卒亦不爲祟。

府君少稟清羸不勝，授章句未畢《論語》，迨勝冠，始發策涉書，極力覃思，微文疑義，一目即了了。厥後隨世父京師，世父爲購書，恣其探討。久之，博若宿儒。世父時有所引質，不按覆即對。其治司馬《史記》尤篤，庶稱專門。府君口重遇客，及史則爲娓娓劇談，一出若高屋之建瓴水也。弇州公亦謂：「府君之于太史公，深矣。」

府君爲詩從白香山入，大都適興達情而止。然而四聲三尺，斬然無少縱舍。如「比鄰待舉火，寒士念無家。臺高不礙鴈，場熟且肥鷄。陶菊秋籬行，泛舛隋楊春」，水欲行舟：「已自衣冠稱御史，不將棃棗比封君」，浸浸雅道，亦可窺見一班云。

府君以身夙抱疴，好觀醫經脉方，久之大得其解，鬼神通之矣。用是名精其業，御試擢第二。乞外，得德府良醫正。就國，一時王國人無不倒屣傾鄉，不敢以庶寮相孰誰。比劉選君希尹、李先輩于鱗、胡三老、陳道鳴、薛儀衛相拉爲社，府君以官爲家，意于于安之矣。

前妣趙夫人寢疾久，待盡矣，會天朗白，黯然而雷雹雨交下，雲陰四晦，百靈現焉。一巨人冠冒黄金，塗朱衣，白簡長且十餘丈，鬼物呵擁，獰狰掉磬，旄麾鼓角震燿地天，相與跆藉躧履，大叫曰：「當死者死，當生者生。」府君匿于床，巨人謂府君：「邢君何藏之深也？」一儵怳示之符，雕鏤書篆，若曰「富貴壽考，大昌厥後」云者。府君搶地謝，不知所出。凡三日，硫氣滿庭中，室中幾皆朱書，蜿蜒不可辨別。府君平生秘，不盡與孤等言，但曰：「老人平生，神具告之矣。」

府君依世父諫議之邸，主進焉。白紈黄絹，下逮髮漂微物，緘庋維謹，無所没毫毛。甯年上籍，世父驚謂：「此戔戔者宜爲弟費，柰何株守之？汝節行高兄矣。」府君恒爲孤言，世父兩歲入銀不滿十鎰，物不滿百縑，當時俱付兩弟田矣。

福山大司馬郭公，徃爲御史，用星變應詔，上事激切，肅皇帝怒，逮獄，杖創露骨矣。已免，就邸，創數發動。世父比在言議，時時過相勞也。會入直，則以府君徃。府君時弱冠，業精倉、扁家言，則爲揚潘洗手，注善樂。越日診審，以爲恒。郭公家每不舉火，府君與清坐相對，或間市餅邀啖，府君曰：「今晨已大進食。」歸則畢世父餘啜。世父謂府君：「季從郭侍御所來，秏悴困乎？」府君荅：「弟幸周旋直臣，如飽太牢。」郭每向人：「吾創不死，則以宣甫弟故。」宣甫，世父字也。且四十年，郭公起，歷南大司馬。駕而問府君，驩若同袍。顧不肖侗曰：「是宜有佳兒。」又曰：「三兄福人。」福人宣甫今且爲地下陳矣，爲哭失聲。

王父博野公卒于博野之學舍。世父從工科都給事奔府君，及收，含斂楄柎悉如禮。王母卒則後世父葢棺六年，諸所營綜喪具，靡不蒇偹。會葬千人皆名紳國士，府君比及于惼，曰：「吾將以異日地下報吾伯兄也。」

世父在吏垣，主計書德平。故淯川藺令與山東左方伯張公郄也，中之世父，將列以聞。府君前白謂：「果爾，如父母之邦何？且方伯淯川旅，藺則其縣大夫也，安從取直？」事竟已。方伯以功名終。

有異省某選郎，風世父甘心部侍郎，世父頷之已。已而，府君問：「適來貴人何言？」世父曰：「議彈事。」曰：「彼爲其屬而令諫官代擊其長，于誼若何？且侍郎不職，何必選郎言？」世父曰：「甚哉，吾弟之曙于事也！吾亦漫頷之耳。」議遂寢。侍郎後至正卿。

府君素父事第四叔父孝廉公，無幸叔父三十即世。叔母嫠，無嗣，二女子孩也。府君塓室與居，醯醬以日給，薪米以月給，帛緜以歲給。如是四十年。及終，二女初爲裝而嫁之。厥後女夫不業，則收與叔母居，益食焉。

仲父收責得善銅蛾，然訛金也。大偷王尚朝等十餘曹登墻而入，傅我王母樓，掊鎖擴門，府君帖帖中檻臥也。尚朝三跨，府君火而燭之曰：「此季公善士，勿驚邢季公。」已而事發，就縛，府君猶往視囹圄。死，調棺焉。

世父諸子孫悉付府君課責，府君群于塾。即舉人姪、舉人從孫，有過亦跪受讓。諸爲諸生異等以下，童子以上，盡受榎楚，世父一切不問。所以延師動百千，購書動四五十千，一堂之内絃誦嗷如也。侗則其最後授讀，兩弟及兒則又後。

府君偕仲父事世父如父。世父友愛，二父即長，如在結童，共被遞衣，雍雍如也。三父無異財，三院一庖，經用俱有度。諸子孫、子孫婦偕面無違言，如是三十年。世父卒，仲父當户，最善治生。府君以柔道輔九族，各霑恩。仲父卒，府君乃分與諸姪田宅器物，率自取瘠敝。又不觚平，三娄自取少。既分箸，府君産漸以削，班施以爲常，又教侗在官廉，家遂不支矣。

府君淵箸渟泓，負人倫鑒裁，邑人士在齠齓即與默定品目。某薦賢書，某舉太常，某爵至第幾等，某厚享資奉，某起家累千萬，某老壽長年，某多子孫，某貧夭，某逋蕩不守，某廢頃復興，一如持券取責，不爽秒忽。然又都不欲泄言，久之奇驗，人乃盡服。

邑文廟故制，牗樸隘窄，不足以揭虔妥靈，而又梁桷赤白，陊剥不偹。圖像之威，黕昧就滅。藩拔級夷，庭木禿缺，周觀兩廡澱濊弗勑，府君悲焉。乃叶謀仲兄：「予其大治是。」仲兄謂曰：「此都給事元兄賫没未暝者，盍審與圖？」于是斬材陶瓦，埏連而琉，庀徒千數，嚴于公工。我母萬太君載其漿食，分給以時。逾年訖事，青衿濟濟，肆習貫達，獲以處所。臺使者榜門表焉。

世父奉先有廟焉，府君居南第，相去四十武。每旦雞三號則起，櫛徃朝廟，襟裾必飭，鰓鰓不懈者四十年，未嘗以風雨寒暑異也。

嘉靖己未，嗛，人多析骸以炊，富室藴年矣。府君謀諸仲兄，輸粟三百石，流人鬻于官，且爲期要，無贅聚焉。自餘私哺廬兒貧戚邊忠、李敖、南華、李朝宗等百十有奇。是年鄉人石崇仁、邵表正、劉堂等死，凡二十七斡，悉棺掩之。他平歲次第給槥有差。

壬戌，境大熟，吉貝以數千萬計狼藉，與倉城囷窌衡矣。販者四方至，府君則視市價贏其貨，縮其直，販乃蟻集。販去，僞金見。府君委諸塗，傔人拾曰：「人其嘗我，我將嘗人。」府君曰：「此等小賈，安得問金所從來？」取以投井中，曰：「爾曹識之，吾不令吾三户邑見儳然者幣也。」

孤從仲兄舉人仕、季兄學生任先後疾，府君護視以百方，夜以十起。兩兄每從枕上呼曰：「無以報叔父，願叔父多福多壽多男耳！」至今諸伯帬雲屬依依，宇下忘其寒暑。吁詒，厥烝仍莫匪爾極，大矣哉！

孤家自王父相沿多故敝宅，及仲父邸店稍增矣。府君不靳人請宅，尤不靳族子請。環邑之居，什四皆河間菟裘，然多族子疏屬請以居，無一錢僦也。邸店俗受上僦，即平民僦，府君亦不數數按責焉。

每當歲杪，邑里望府君如外帑，府君擘畫朱提白粲予之。歲自祀竈日迄除日，聚門成市，人人各得意去，疏暱無間言。如是五十餘年，若懸諸政令，惴惴焉懼不及里人。臘元正已届，則猶慮班給有遺筭焉。

府君佈木緜盈隴，採掇才十七八，其二三悉恣鄰鄙男婦、遠方流乞捃取。秋行盡矣，手裹弛干掫，葢棄地之貨，人獲挾纊者百千曹矣。

盗竊田中緜叢、禾穚、疃幹，間逮之城，府君佯爲不見不聞也者，手目語傳僕，令盗者逸。遇貧老婦稚，仍以所盗物付，戒勿盗他家。當秋實，無夜不滿田中跡疃幹，久之亦若與相忘矣。

府君謂姻黨曰：「人所宜先者公賦，宜不後者窮交。食土之毛，勤王之税，是固應爾。吾每當兩税限旬，挾不妥席。又常爲夏公都、陳公士寔等籌，見諸公拮据逋負，火輙出眼中，吾亦若芒負于背，敢不亟解吾囊也？」

邑人有大持競小鬩鬭，俱就府君求平。府君徐出一言而決，兩家各氷釋去。間作謔浪，或杯酒過曰：「得無令邢太公知乎？」府君姁姁者乃使人尊信如此。

府君平居，調百藥齊和之，又爲儲諸珎貴遠方難致物，待請。四方以病告，無不如乞。每爲出禁方，期于起色。麤疏倜儻，望風投至，府君略不嫌。入門醫工張龍、徐嗣歲所輸金石草滋百篚，强半與鄉人共之矣。

省祭龎世禄質引抵當庫，不及稱選人矣。府君出金一流爲贖之，得與隨牒官京倉。趙福全降補鄭州驛丞，無貲往也，府君損十千周之，獲成行。

鄰人荆朝用用大繇困，無産可鬻，則以祖塋券也。府君當其直，棄不舉耜，至今名閒田。城東三里廟張梅，以黑墳業也。府君車屢過之，問：「汝娶有室乎？」梅荅謂：「寠人子，安得妻？」府君捐錢數緡，爲置妻。久而梅竄他所，忘之矣。又二十年，壯大男子及門，叩頭百下，涕泣言：「我僦長山，我故三里廟張梅者子，以有吾母子，咸公之賜。」府君乃予食，厚勞之。

鄰疃大豪黄某，數以事恐府君，府君不爲意。一夕，府君騎，而從僮騎敺娑行，某彎弓騎馬僻掉前大呵謂：「邢公復識此夫否？」府君從容謂：「君，黄君也。馳馬僻掉，得無勞乎？」某爲色沮，徐徐攬轡歸，自是不敢以氣加府君矣。

里人以版籍訟府君，撫移别駕章公聽焉。及對簿，府君實不與版籍事，章公謂訟者：「汝何滿讕至是？」訟者荅：「某故諫議介弟，誠長者，吾儕利其少資斧耳。明公幸貰我，自後不敢復然。」章公薄坐而遣之。訟者出，謂人：「吾不訟邢公，則歷山之麥不必餌，二十三銖之泉不必涉。吾與邢公俱滅跡濟上之庭，汝曹狼牻市耳。」葢府君見訟，而訟者人馬道路貲，皆計日賦也。

鄉有秩黄堂詭張刺姦，按君置之法，立當盧龍戍。與小妻偕就縣送北矣，府君曰：「是瑣瑣者謂母崔妻蔡，何念與連畛！」即日付狼窩污邪六十畆，稟址稱是。厥子節至今家焉。

府君平生所敬，禮必先高才生。邑吕大等數人當受室，身自爲采。諸以稟日以脂，夜則不可勝紀，凡六七十年。訖老無勌多睦之屬，待以温經舉火者尤多。

府君夏日之宿安店，夏公與俱，分榻而卧，寂無人聲。月明地白，未成寢也。頃之，堂中皷隱隱發，已，連撾轟然若雷。夏公無郤避，府君略不爲動，迨久亦無他。

鄉人龐學詩坐灌輸役，無家餬口岱下矣，所遺十歲女睒睒眊也，失足墜眢中。府君從井捄之，爲付田媼，戒朝夕與糜，遂得全活。

武定人從宿安莊，居市木緜數車，直以十笏，計稇載行矣。抵家權之準之，木緜浮於直。亟奔告府君：「木緜視所進入直，數溢十二，柰何？明公得無誤乎？」府君曰：「吾衡無目，吾詎無目。」謝去之。武定人歲以麋絲至，府君加等答。

祖第北樓火，家人請葺。府君曰：「梁欐無恙乎？甂甓無恙乎？什器無恙乎？」對曰：「器毁木燼矣，甓堅無恙也。」府君曰：「幸甚！」屬工勿易甓，庶見先人于鬳。

邑諸生某與孝廉某，以小睚眦發憤，上書北闕，屬御史臺治矣。御史大夫時爲德平端肅葛公，府君戚也。府君夜過公，公迎勞之曰：「幸公過我，我欲有所質。」府君曰：「某亦爲維桑來此。兩人等書生耳，所争至微細事，而欲重勤大憲，此兩家者累卵而泰山壓覆之，危矣。惟公幸貰之。」公曰：「有詔，柰何？」府君曰：「明公廉正，天下莫不聞。即貰之，何渠不可者？某以視兒進士來燕京，有狥，則以父子雙骼出國門。」公瞿然曰：「公忠信我所夙知，何至危言如此！」其事置不理。已而，孝廉不兩月以病死舍中，兩家無纎介焉。

仲父遺子錢齒券者，千萬矣，孤入臺報至，即日取焚之，罷償焉。

府君視孤朝列兄化爲奉冢祀家督，即叔姪相好如塤篪。朝列兄齒相亞，乃其莊府君如嚴君，居第相錯，旦旦省視。及寢門，府君盛衣冠迓，旋踵過勞以荅，林捿三十禩，非疾病徃復無間焉。朝列兄能詩，府君倡和以詩。府君朝列兄俱不善酒，然每再過，必各設簿。主人談則惟來禽、青李、農瑣、桑麻，量晴較雨之外，誤言不舉人過。鄄人以方之廣受阮氏，儻募所不及也。

海豐楊公往由卧内起南大司徒，首途臨邑之道。中道渴，下車汲。佯問傍汲者：「汝邑孰善人也？」汲者謂：「邑有邢太公，天下善士獨吾邑。」已憩敗剎間，僧徒五六，合爪禮楊公。公復佯問如前汲次言，僧徒答：「我邢太公，無少長皆名佛，公豈不知而猶見問耶？」凡行七十里，絫問二十許輩，無貳詞。楊公在家宰，每向人語，取爲里黨範焉。

府君對客移日不吐片字，有餂之者，第以天理，以鬼神，以陰隲，以籯金不如一經，數言對。自謂終身無失口，人謂公一語如河清焉。

邑累歲無年，招王旃、劉孝、張强、劉景和等，分付所售地三千畝爲業田，曰：「吾不欲以養人者物多遺累子孫，且汝等故上世産，今稍復踦，又無年，藉粗存活，足小暢懷也。」

府君謂侗：「吾近四十始生汝，自惟薄禄居非命所當託，堇堇書種足矣。不圖汝負倍年之覺，總髮應貢，踰冠成進士，甫三十稱天子耳目之臣。神羊嶽嶽以華吾躬，而誤西臺之貺命，兩老人目成心歷焉，初願不及此也。」

辛巳，閩侍御林公以長蘆鹺政出矣，孤亦領三河鹺。惟時過家，濟南大商極有所欲，請携橐隆然也。府君逆諸門曰：「西鹺使者而乃交關東鹺使者前，身將行法而教人骫法，此與自攫其貨而亂其官常者何殊？公且休矣。」因屬街卒送之三十里外，而後爲孤言。

壬午，大丈田，人思暴瘠諱腴也。府君則曰：「五沃、五隱、五忞、五猶，相去凡如干倍，而紛紛互置爲？且吾而不腴，誰當腴者？」屬田中盡署腴田。僮爲言：「實瘠若何？」府君曰：「瘠當糞之。生人之幾何而令人爲土役，佔佔喋喋，敝其胲舌，與三老嗇夫較尺寸，至難主者而靳其持平，吾何以載目向三齊豪傑乎？」武德使者贛李公聞而誼焉。

常熟相國嚴公，世父南宫所舉士也，夙知府君高誼，歲久絶起居。會孤按吴，則爲書問：「吾師有弟沉深而練于事，胸可納萬斛，與公爲何等屬也？」孤答謂：「吾父也。」嚴公書復侗曰：「久不閲賢良閥閲書，老眊，幾失言矣，惟明公寬之。向亦疑非甚盛德不生明公。」

邑舉鄉飲酒禮，令長率寮佐廣文先生數及門。遴東一出，郡太守蜀李公下記邑令，爲府君具殊尤禮。記謂：「黄髮名德，厥號邢父。」蓋用弇州公「一邑嬰兒半姓邢」語推演之。嗟乎，意念深矣。

中歲分與姪田，己田差次列也。姪一日忽請田：「姪田不稔，請易叔父者。」府君諾。踰年，姪復請人給吾：「叔父田田亦不稔，願更得先所分箸田也。」府君諾。人謂：「公不憚煩乎？」府君軒渠曰：「失之東菑，得之西疇，失之西疇，得之東菑，此直賦芧戲耳，庸何傷？」

伏日曝衣，陳被故緇，麄縵涴殘，翁綻絮牽其巾，敗也。孤問故，府君曰：「徃與世父同起居，相戒勿入内。此姜伯淮卧具也。越自給事黄門時，季江惡得而舍諸？」因咨嗟掩袂襲而栖梁間。

北門庖丁解牛。牛，牸也。府君有事北門，牛騰擲啣刀嗡嗡鳴，曲跽府君前，若有所匄狀。府君爲咤然曰：「誰刀殺此者？」因問直。庖丁王某以千五百對，府君加參之半贖牛，付宿安田。已，生四犢，牛老死。府君準古帷，葢義瘞焉。

府君惜物命自天性，見燖鷄刲豕，輙爲不懌。每誦宋公序「編橋渡蟻」事，浡浡動喜色。又惜物具，一陶瓦盃用之十年不易，見殘零紙，病黄菜茹，必掇取付閣。恒曰：「此岢嵐曾王父家法也。」

邑林縣簿李公芝與府君相競爲施予，尋以非調困，田莊售府君，獲善價矣。又二十年而李公仲子恕爲廉州端歸，無家，府君舉故莊立授之，爲易劑焉。直以二百金，曰：「吾幸足饘鬻，不忍見廉吏無家、善人無祠所也。」恕爲位，日夜生祝府君矣。

長兒瑞十歲能爲顔平原《麻姑壇書》，府君摩其頂謂：「汝父以名書稱，今且及汝矣。羲、獻逝矣，自覺瑯琊不遥。」瑞既既稟，曰：「汝父束脩而精，汝兩叔相次皆及精，今且汝及矣。試計三十年，家靡縣官饌堂糒凡幾鍾石，而矧數世在官禄稍之入者，君恩不可不知也。」

府君即名好士，然門無雜賓。居視人所上綾文刺謁，非禮辭焉。坐有相，謂：「非分默然不作荅，意所許可，一與之締，終身不改。」富人輕俠伏在樽下，不能博府君一咲，更不與叙勛僧正、隊父道人交。居平，無故未受人一障面方麪、一被體阿錫服，自勑凛然矣。器苦窳，履訛黑，墨㒵涅，紙班黄，魚餒肉敗，酒醨補隙，傍風上雨，遂不足虞矣。新城少司徒王公，徃來道邑必就府君款語，問所以禔躬治家法，府君具對以質。王公持以訓子孫。府君恒謂孤曰：「王公身至九卿，粥粥然若不勝衣，衣縵繒白裏已耳，此其爲雲來錦綺多矣。吾兩家尊親，用古道相徃復，各極厭生平焉。」

世父從鄉賢典得請入學宮，府君爲綵服從之。膠脩爵令長學官，學官弟子前曰：「老夫不意白頭鷹繡而迓兄入祠也。」已，萑蘭泣下。蓋友于之念附著于胷，在頫羹墻如或見兄焉。

東萊趙公以太宰過犂勞府君，用麦④亭之繭先焉。且曰：「某每過犂，心怔怔輒動，以公之近吾親也。」府君曰：「緜定奇温，又大賢賜，爲吾製上褚衣。」侗乃裝復陶之裘。府君衣三歲，不忍敝，曰：「何以報趙公？」孤曰：「詩人桃李之義，侗畢世誦之也。」

比歲境内歉，家無餘貲，孤抽貨衣物間以收贍人。府君聞而責之，謂：「汝父兢兢五十年，所與宗人戚里共財産者，損有餘益不足也。天道乃爾！」莽轄咸輻奏詣府君，府君咲應之，悉與平估。日中之市，府君意主藏納，賈融融焉。

滅耳滅趾之徒、弛刑徒過，府君必閔然憐恤，隨分予少錢米。篤廢若四遠流饉，見則必及露匄。府君大故，邑非所亦盡一哭焉。

有酒所者過府君門，見童子倨罵焉。人謂：「以公之家而不免罵，我等將無處所矣。」府君曰：「我其可罵，是吾砥身資我；無可罵，彼自墮犂舌獄耳，于我何與焉？夫此罵者，人以爲鵂鶹，吾且以爲鸞凰鼓吹矣。」

小奴黠而盜家幹司衣，形以告，府君曰：「我原無此等衣也。」盜發，所司送盜衣，府君曰：「衣，人所恒有，即繡，何門無繡也？」終不受盜失衣。已，有竊徐景山鎗笵銀肖人者八，人謂：「某銷銀顛肖人形。」府君曰：「舍之。古不跡竊器奴者，寧天人乎？」

府君無心徼福，然于梓里佛廬廟觀傾圮，必議脩葺。橋梁道路，匪公督畚鍤無後焉。寒士靡寧宇，瓦甓隨之邑校舍。或曰：「陋如之何？」府君：「錬泥汝乃欲挽溝瀆，而妄比西江之大，亦謬甚矣。莊子不云乎『跂跂爲義』，汝與汝父何居？」聽者歛容。

邑儒學玄武庫下，僉議宜樓，府君樓焉。是維歲辛丑，去大脩學廟四十年，此以詒舉視往者，難且什百矣。

辛丑寒孟，將率宗人祝延府君百年也，特闢西第，錫號「雲腴」，以居室盡白。府君比及覽揆，飲于斯，已而憩于斯，樂矣。遲明，命轝歸故樓，以好謂平頭曰：「吾去，汝主必讓汝，然吾魂夢在故樓，柰何？夫雲腴豈不皚皚？吾目眩焉。吾亦安吾黯黯者耳。」故樓，王父母几杖栖棬地也。

馮用韞先生謂：「公之家，少不醬，長不婺；公之里，居不忮，行不泆；公之庭，禽以馴，犬以伏；公之廡，牛以犪，馬不踶。」孤所不能道也。

府君庚午疽發背，危，孤京邸侍獲全。癸未，孤按吴，痺作幾殆，亦輒瘉，不則孤京兆將失舉，男婚女嫁動閡期。孤其不及訣矣，此所謂天也。

府君與姻家樂陵史太公、禹城楊太公年德相望，鼎足爲淯盤。辛丑，史太公謝，府君忽忽不樂。壬寅春，楊太公謝，府君彌不樂，曰：「吾安能如魯殁靈光而後二公者巋然獨存乎？」是年冬府君謝，孤駐聲在耳，心念之。悲焉！

府君逮耄良食，偶少減食，越日遞良食。已，復遞減，神氣絶無異。小極才七日，及就含，手足如綿，四體盡可就舉，儵然若蜕，猶吴文待詔先生。

府君當彌留，貴請續，賤請代，戚請終暱，疏請終蔭，貧窶請終命。已，邑好學招號會吊，衣冠整泄幾于傾國，含悽什九，隕涕什三。販子菜傭勉擔釋肆，行哭奔臨，如喪考妣。介山斷火，脩里罷社，方斯猥至未足多也。

府君視百歲裁歉九白耳。餘分閏積，則百歲盈矣。邑人素目府君佛，已疑住世爲仙，乃府君竟以人理終始焉。

孤侗曰：「孤執筆投筆幾絶者數矣。初意爲府君述所行事，結撰大篇，猶不慊。而今乃支綴畸零，取裁無所，實開百罪焉。府君臨命，即徵所行事于族，于鄉，人報一𢡟㡆，言多街里。而孤稍加點定，踵其行札，遂不復成篇。厥由摽心沉痛不暇爲文，抑亦爲尊者、親者故不敢文矣。尼父有云『述而不作』，于中有戚戚焉。府君貴柔道類老子，倫三君子類史鰌，孝謹類萬石石奮，分産類卜式，嚴兄類司馬君實，贍族類范仲淹，化俗類太丘長清，不近名如胡質，倫鑒如郭泰，恬適如陶潛，急兄子如第五氏，脩禮殿如文翁，御子孫如荀淑，撫内外孫如王右軍，朋交如僑札，神明康耄類轅固、伏生。嗟乎，是諸古先悊各用桂馥一山耳，而府君陽和旉布，草木盡萌，于稽斯世，亦可謂撮其條貫集厥大全者矣。自孤予告，未一日離庭中，然于府君高年，不能無喜懼。謂：『吾母太君少一紀，計可久奉晨夕。』而太君無禄先焉。彼蒼廻照，謂將貰貣孤等予府君百年，而今若此！天崩地坼，孤尚復靦顔視息稱人子乎？唯是前烈未揚，責關後死，孤即至椎無識，奚諉矣？孤一念府君髦耗，及太君容髪，刀劍據焉。圖以陶幽鬱而永之不朽，則惟吾師、吾友名世之言在，臨風灑血，孤目與腸俱斷矣。孤侗等不任跂予待命之至。」

府君原任德府良醫正，以孤南宫縣滿考封直隷真定府冀州南宫縣知縣，尋遇今東宫初恩重，封文林郎山西道監察御史。以侗今職，於制得稱中憲大夫，配爲萬，孤等者母，狀名太君。以孤初任封孺人，尋以孤御史任重封孺人，於制得稱恭人。府君先配爲趙，孤等前母，以孤御史任贈孺人，於制得稱恭人。府君生正德壬申十月十四日，卒萬曆壬寅十月初二日，得壽九十有一。太君少府君一紀，生卒見狀中。子三。偘，官陝西行太僕寺少卿兼寧夏河東兵糧道按察司僉事。丙戌以湖廣叅議督漕從徐州上疏移疾，部覆促之任。已，再疏，乃得予告。及養父母十六年。婦陳氏，累封孺人，於制得稱恭人，邑蘭陽縣主簿公完女。繼婦趙氏，於制得稱恭人，平原太醫院吏目公熠女，福建按察司按察使公焞姪。佑，邑廩生，比業太學爲國子生。婦張氏，商河光禄寺署正公邦輔女，操江都御史九叙姪。繼婦于氏，德州處士公鰲女。伉，邑廩生。婦葛氏，德平光禄寺監事公守貞女，左都御史端肅公守禮姪。孫男七。王瑞，邑廩生。婦爲德州貢士馬公兆明女，都御史九德孫。王稱，聘德平尚寶司卿葛公昕女，即端肅公曾孫。王藹，聘歷城户部郎中殷公盤女，少保文莊公士儋孫。王桓，未聘，偘出。王璽，聘德州貢士張公鳳翼女，兵俻副使子順孫。王圖，未聘，佑出。王孚，未聘，伉出。女七，一適邑京衛經歷李公鈍子諸生易知；一適德平松江府通判郭公文顥子陝西山陽縣知縣鐩，於制得稱孺人；一適前張公邦輔子國子生完；一適陵縣國子生趙公際子合肥縣主簿禕；一適前郭公文顥季子甲午舉人鏘；一適武定贈平陽府同知馬公志德子新除大同府知府拯，封宜人，於制得稱恭人；一適景州鞏昌府通判王公樞子光禄寺署丞沛然，於制得稱孺人。孫女八，一適齊河都督僉事尹公秉衡子濟南衛指揮功懋⑤；一適禹城吏科給事中楊公士鴻子廩生明庭；一適樂陵營田副使史公邦直子廩生高先⑥；一許兵備副使王公再聘子鍾恒⑦；一許新城兵部左侍郎王公象乾子與定⑧；一幼，偘出；一許歷城臨汾知縣吴公聞詩子才禎；一許前王公再聘季子鍾華，佑出。外孫男十二，士忠、士良，易知出；湯，辛卯舉人，湘，諸生，鐩出；茂梅，國子生，完出；上哥、二哥，禕出；津，諸生，鏘出；天行、御哥，拯出；重姐、斗哥，沛然出。外孫女凡十人。

塋在城西盧家莊東，距城八里許，北距祖塋十三里許。擬今癸卯三月初四吉，府君太君同日紼引就于道，由祖塋啓趙太君合⑨。

①狀，家乘本作「列」。

②家乘本「土」後有「乏」字。

③閆，家乘本作「閒」。

④庱，崇本作「虔」。

⑤「齊河……功懋」句，家乘本作「齊河右軍都督府都督僉事鎮守保定總兵官尹公秉衡子濟南衛指揮僉事功懋」。

⑥「樂陵……高先」句，家乘本作「樂陵督理淮鳳營田河南按察司副使史公邦直子廩生高先」。

⑦「兵備……鍾恒」句，家乘本作「邑整飭榆林兵備陝西按察司副使王公再聘子鍾恒」。

⑧「新城……與定」句，家乘本作「新城總督川貴湖廣兵部左侍郎兼都察院右僉都御史王公象乾子與定」。

⑨此後家乘本又有：「初，孤等難阡，凡歷三名地，師語叶乃卜，已，姻家禹城吏諫楊公、邑觀察王公臨視無異，遂從樹楊，凡三日，靈鵲來巢。萬曆三十一年二月上浣，不孝男侗等泣血稽顙具草。」

累勑封孺人先妣萬太君行狀

先太君出德平萬氏。萬于勝國爲侯，王世裔某以尚主顯重城南迤東，故第號爲駙馬府。

諸萬至今仍襲菟裘居焉。國初祖損錢犒軍，因賜名萬緡。緡降而爲永年，以人材授給事中，太君五世祖也。太君以大使公爲父，張媪爲母，是爲孤外王父母。外王父恂恂質行，不羞斗食，未幾廢罷，與外王母就遺田百畝樂焉。而我太君生于外王父母農作時，廼倉廼積，家固不貧也。

太君生而持重簡穆，終日無支言。與兩姊處帷廧競業，女紅衣補不師而工，楎椸令辟綦屨席几，至細事以上，無不調停護辦。率當品科，里人有賢媛目矣。先待御府君時喪我前妣趙夫人，則用良妁以我王母太夫人，世父都諫公命幣誠辭腆委禽德平之里中。越筓二歲，授綏來歸。王母太夫人葦然閔太君少也。

太君入門則竊竊心自語：「此爲君姑，當竭蹷事。此爲都諫公夫人丘嫂，莫敢與耦敵。此爲都諫公諸婦，即吾諸母。甫入門，少也，意吾其諸母妯娌季孟间乎？」居年餘，王母大安之曰：「賢哉，婦也。誰其相教者？愿而敏，諳事如老成人廼爾。」頃之，王母北就世父，養于官。府君以家太君副車隨至邸，膏油炊火必先其勞。奉王母恬于子舍，相伯母周于賓寮。竟歲一布裳皂綈綴首，身自運碌碡，轟轟有聲。鄰僦江南一大官，婢從郄視之，問爲誰，曰：「我給事季者婦也。」婢以白主母，主母大駭，謂：「其家大官，安有給事顔行者儷而躬親斯下？吾曹褏中指當截矣。」

于時府君羸疾未盡平，業謝童子儒。然好觀書，書自《五經》、《左傳》、《戰國策》、《老聃》、《莊》、《列》、馬遷、班固、《稗》、《諧》、《素》、《難》、占覆百家，李、杜、韋、白之詩，無不汎濫該博，精其家言。太君每每纘燈佐，紡車刀尺若與府君帖括相督程。世父聞之曰：「吾季者無意青紫而力學，吾季婦無意青紫婦而佐力學，其後必有興者。」已而，府君用專岐黃學，御試大醫，名在第二，而坐母老自請外，遂從德藩庶宷。以我王母歸。

歸而太君與仲父者母駢肩共事姑。仲父者母治南疆，浹日一過城，而太君朝夕王母前，飴蜜滫瀡甘滑，若與王母精神通，和灰以漱，紉箴請補，無敢怠遑。王母每謂人：「長婦在官，仲婦在田，微季婦，老人其如朝夕何？」亡何，王母目忽眚，世父又從家食捐賓客，兩伯母勢難數數矣。而太君共養膝下，舌爲王母目，指爲王母言，隤齡委頓，唾洟不時，太君掌承之。即傳婢心猒太君，無幾微色見也。王母踰耋大歸，太君皇皇汲汲，喪事必恪。仲父曰：「微吾季者婦，吾何以引于垣、楹于窀者？」中歲，天幸家餘于財，府君身當户，其所崇事丘嫂者百端，太君亦無幾微色見也。曰：「丘嫂擬母，吾恨不終事太夫人，庶幾爲丘嫂盡之爾。」伯母亦恒向人：「吾娣與吾群萃而處者三十年，未嘗相謾一語，此必有佳兒報之。」厥後孤弱齡登第，伯母曰：「顧誠何如？吾不如娣晚節多矣。」

比當大侵，人且相食，太君風府君出粟振貧，活者凡百千人。邑文廟圮，府君以兩兄指叶謀，揆日具徒敦匠以百數，皆太君綜營。手製糗餅，日數千枚，腕盡爲腫，至今邑子能言之。至指學廟爲河間祊寢，邑青衿濟濟，歲脩家人禮如張北平起居狀，若用鄉校勞來相勞苦者，垂三十年，太君蹙然弗寧也。世父子孫者屬，久之猶同居，縪聯斐尾，都授一塾，悉我太君供餐食，計口散遺畢，羅麪起無弗果然。下逮灑掃僮庸，亦稱是。所延師朝晡進食，芳酸不乏，不至歎苜蓿闌干。吴越大師投誠告至，曰：「邢大母隆師重道，聲問滿江南，我等灕然而止于齋。」以此，卒之諸郎科貢起家，彬彬嚮用，咸母之力焉。

太君質性篤孝，歲時上冢，先日迺趣厨。當祭于廟，盎酒旅薦，僮僮祁祁，四十年如一日。每及君姑，必汍瀾下泣曰：「君姑不及見吾兒女詵詵，栝椀囊衣之小别于疇曩也。」太君遇孤輩衷于慈，然無故不假嚬咲，非公不給酒漿。遇諸婦衷于愛，然無故不命邊坐，非公不予縑帛。遇孤諸姊妹深閨嚴傅，教以婉娩，教以聽從，麻枲繭絲組紃織紝之事，務底質文。至食飲則顓從儉薄，曰：「女子以滋味悦者，異日何以身任婦母、厲風規？」以故名族議婚，必相叅校曰：「何如臨邑萬太君女？」里姑讓婦則曰：「汝胡不臨邑萬太君女而婦、而規、而隨也。」新城王太夫人、德平葛太夫人、海豐楊太夫人，轉相傳説亦如此。

太君習知臧獲甘苦，晨起屬烰人，人賦蔬鬻，然後乃賦事。田僮客作，千指爲率，遠在郊野，亦人與量食。奴産子有他勩，則别賦美好食。而至四境密戚之傔，四方問饋之使，必躬臨飧膳，亟戒斫莝，人馬要極一飽。已，屬小鬟偵一切，屬厭迺止。寠人行乞，望太君若投林窮鳥。跛瘵風靡、疣盲聾瘖，動以三四十人，噭噭持鉢，太君輟饔分禀以及，飯隻羹汁無少滯留。太君以府君及孤好客，日每設數客，不以倉卒主人自諉。誼有所不可，則又不槩以錢用隨，交酬棋脯正復量中，曰：「梱以外大，竟恩施矣，而吾復横班無度，今日闋無儲，所謂弓彊于彌、衣韌于裏者何？」居儉適諸禮，太君有焉。

太君兩拜封典，孤上翟冠，狄人曰：「斯皇寵矣。」然非大禮，終歲不再服。燕處不御袀采服，鼲貂温厚，櫝而藏諸，寧忍凍不忍敝焉。居常不廢績，鄰媼咄咄相驚，謂：「胡不足侍御太君所？而猶是勤績爲？」太君曰：「吾自樂此，敬姜吾師也。」孤自楚藩寄鯖鮓，太君寓書郵亭，力止之曰：「老人自甘苦藚，何必此一坩武昌者？」庭居薦錯，太君爲麾去，曰：「姑舍是，是可居諸繼乎？」孤及仕宦，兩弟長兒湛、淳制舉頗負雋異聲。自餘兒姪，亦次第入小學，極小在溺攢跳地雄矣。子壻外孫及諸孫，倩甲科相望，屬目功名翩翩，逢掖簉履、金紫銀青間絡繹血屬，稱樽偕老，抑有衮宗膴路，大雅勝流，肺附是憑。遠邇筐覿，繽紛踣藉，焜炫閭右，太君俛然歛退，略不介容，此豈平恒閨闥所敢望屏墻藩落者哉！孤又伏念太君往鞠兒瑞時，察其飲噉，簟清茵，燠勞若食母。又瑞夜苦衄，歕薄四溢，如沸汍泉。太君血光殷殷，十指可掬也。已，從昧夢語曰：「小郎鼻端灑乎？」奴亦啍囈對。太君蹶起，循髮至面，無沾濕乃已。其急吾女，甚吾諸姊妹。三孫出嫁，則皆太君庀奩幌資裝焉。從所嫁家小聞疾苦，不憚輈牛行。詎第女孫邑上文學煥病垂死，詈女爲僮親，則其女也，太君納據厚其直，衣以故帛衣，臥起與共，弗置人奴中。如是幾十年，孤等比受禮聘嫁任郎。孤所尤剞心者，孤四歲患痘，貸駃趠趯獸觝于床濱，死婁矣，而太君偕大姊護之良勤。孤踶中姊姊目小損，太君無暑怨也。孤尋下痢，頸項不自持，太君爲不去燭者十宵。孤時遏墜，夜啼不休，太君兒樸不離懷，急則呼叫應，緩則嘘噫荅，轉轉申旦以爲常。孤以身故萬不一報，母以男女故千不一報，母所謂百一什一云者尋常報，報之反耳，孤何與知焉。

一日，孤深衣博帶躡履而過太君，太君謂：「此服良佳，帶垂垂乎，履几几也。吾聞帶名『廓落』，履名『不借』，厥義云何？願汝啓處則帶是戒，遊處則履是思，小子識之。」吾知免矣，此何但孤，古大賢無奉母訓言若斯者。

太君素强無疾，望八之齡髮尚純黑，面顔和澤，孳孳作兒女緣如少壯時，孤私計百歲可券期也。乃以哭七妹甥過哀，腹中痞結，在蓐未十月淪于大故。嗚呼，痛矣！辛丑元辰，先侍御府君、家太君盛服南嚮當座，孤等拜于庭。是年府君正九十，而太君開耋與偕，孤意中戀戀私竊喜，猝不意淪于大故也。無亦器完則釁，物盛則衰，理固然耶？雖然，孤等有親而不逮百年事，無所逃罪矣。大故適于元宵前昔，里人爲不張燈，不舉簫鼓，不設蔓延魚龍、上索蹋高、舩鼎緣撞之戲，葢甚于古不相杵者焉。

孤侍太君疾凡九日，遍告百神請代以身，覺是時天氣盡白，日規爲小，迨于大故眊不知人者三旬。血喀喀在喉間，安望不死而活至今日乎？以至今日，敢不累太君懿德而布諸公。其唯孤等故，則無以寵承蟲蜼之飾，以先太君而卓然九族宗師故，則鉅公名世或當不靳華衮及之也。

太君生嘉靖甲申八月初七日，卒萬曆辛丑正月十四日，未登八衺者裁二年。諸子孫女婦次序人地，門閥婚家姻家襄事時日，俻載家侍御公行列中。

鄉進士遵道邢長君行狀

余邑介在東表，於瀆爲濟，群神群祀，侍祠有之，而名川所匯，往往秀異鍾焉。剖族而譚，出多挺率持信節，處則黄耇康疆建四閭之準，以迄余不腆河間之氏，抑有可按而述焉。余邢望出河間，不知何代徙今邑。余姪孝廉君王道，字遵道。就所名徙祖稱七代孫，以吏部都給諫公爲大父，以封都給諫公爲曾大父，以峕嵐太守公爲高大父，而余元兄朝列公，實稱都給諫公第一子，遵道則又朝列公第一子云。朝列公伉爽奇桀，以書侍世皇久，真拜中書舍人。後坐忤分宜相，出爲令。凡再爲令，一典大州，三佐大府，在所有逴躒聲，而遵道則其直盧中書時所生兒。余丘嫂李宜人，少不宜子，即爲置簉賈令人。遵道，令人子也。令人垂免身，辛苦墊隘，畢夜達晨，宜人丑而具兒襆，寅而見異也。庭而降僧，僧杖錫持鉢，排迮近寢門，足闌而入，啼聲儵而出矣。遵道墮地，三日不乳食。諸婦遞乳，乳輒嘔。寂後一婦乳，輒受乳。問之，乃素不茹葷者。異哉！

七歲入塾，頴慧頓傾其學人。邑大父行夏公每見而難之，遵道徐徐荅謂：「余奉玉堦之大對，而受老生之猥辯爲？」一座盡驚，更爲絶倒。十二肄《毛詩》，倚馬可千言，視一弟子員如掇矣。而以從朝列公官遠方，比十九歲始還籍。一試冠其曹，郡守義興曹公招前而問之：「郎君騹騄之足，不蚤就簪裛，而置諸野，何以故？」遵道對以所繇，曹公遂爲游之諸大寮，自是𡚁試無不居第一者。其所與同研席，皆多睦以上之屬，滿十三人，余宬㑾。而此十三人無不爭自負恃，累代門風，操觚行墨，油素雜前，膏燭映窓，甌檠狼藉，真若百工之肆，而遵道顔行頗下，韞抱獨奇。此十二人人人問業遵道前，儼若經師。遵道抗聲對，各猒其意乃已。即累歲傾貲延傅，贅疣耳。

會歲丁卯，穆皇帝即大位，詔取拔萃貢。余以髫季應選去，遵道時尚未廩食也。廩食實承余若遺之稰者，亦一時一門稍盛事云。庚午，遵道舉山東，余舉順天。于時朝列公遠在烏延，而家侍御公甿當户，一切賓友交酬不猒頻數，曰：「吾子吾孫等慰耳，則等事，吾何愛此筋傶也。」遵道屏息家侍御前，出告反面無異嚴親，亦一時一門稍盛事云。

辛未，余與遵道俱落進士舉，歸而共業，復三年。此三季中，今按察曲公遷喬自長白來，及向所謂十三人者，無恙也。余與曲公頗窮先古，而遵道猷鉱攙本業，余與曲公實内遜遵道，南宫一上第矣。甲戌計偕，余叨下次，遵道復不見收，遂鼓篋遊成均。唯時六館率多宿老大師，而毘陵崐①麓吴公尤爲顯鑠。遵道乃即其門。同門受學則爲今少宗伯學士青州馮公，吴公弟孝廉今叅議吴次公，吴公丈夫子今叅政憲副邑令諸吴公，下上探討，月日有程。而遵道猷與馮公暱近，僦同舍，居同食，每向所知言：「馮公器宇恢恢，可容數十萬人，百王道何敢望馮公？」直以氣調相許耳，此亦庶幾人倫之鑒矣。

逾年歸，歸復上丁丑春官。余時以南宫令入計闕庭，按覆其所爲三試文，計當得雋也，以質吾師東阿先生。先生比官兩坊，謂此舉子業成諸百錬者，得雋宜前。又督學汝南吴公時方爲刑曹，先生上足也，從先生得其文，亟稱之，播諸同舍郎。同舍郎無不盡謂：「邢君得雋者，而竟不第也，悲夫！」遵道居邑邑，余爲裦歸。歸再逾年，而李宜人亦既謝杯棬矣。

遵道生于賈令人，鞠于李宜人。宜人視遵道篤于所生仲。遵道居喪及毁，自狀母懿行絶哀，越祥而葬，一禀先儒禮制。葬已，之濟南千佛、濟東中宫諸山，肆力誦讀，大放厥詞，極悔少學而亦時理故篋中舉子文，曰：「失之東隅，收之桑榆，何渠不可？」而逮癸未丙戌間，再上，竟不第也。遵道之五内灰矣。

馮公在翰林，力勸謁銓。君謁銓，試居第一，于次得李官，乃心猶然不樂也，遂遘寒疾。一榻蕭寺，勢且彌留，二三蒼頭淚眼相向矣。馮公、吴次公、姻家宋公，日一視，夜爲察息，旦復以臆診切，競致名醫，量水稱藥，三公分任之，而疾以平。冢宰楊公聞而誼之曰：「三君子何媿古人？一則吾里，一則吾屬，吾竊快焉！」葢馮、宋皆東人，而吴則吏部司務也。三公慂遵道歸李官：「自佳孰與君身重輕？」遵道抱羸歸，見家侍御公及朝列公而涕泗如雨也：「吾祖誨覆我，吾父生我，猶記蕭寺虩虓時，敢冀鄉園一步地乎？而及覿吾祖，覲吾父，幸矣！」劉中壘改署更生道：「請自今之日作兩世覩耳。」門内外無不淚下。自是遂絶貴仕念矣。

又二秊，而疾復大發，經日斷水漿，但聞音響便作牛鬭。葢如是者凡五秊，始獲差。病差，則以邑大夫劉公發夢爲兆云。亡何，朝列公卒，遵道不勝疲茶，疾以間作。諸所治辦悉于長男，固是依勉彊獲終喪，嗣是顛稍跉踔者，不知其爲客火内伏也。乃又陡進觥斝，日與一二故舊呷啜相樂，膩顔油袷，不以爲汙，而人益迫就邢孝廉矣。

客有都邑曹公故金吾校，上世都給諫公友也，校則善朝列公，晚宦寒乞，遵道推輓逆諸家，朝晡與同食。恒勑妻子謂：「曹公窮老無歸，此吾家吕公，我念不忘爾！」其寛仁厚信類如此。

壬辰，爲男固娶婦，固頗曳輕吹衣，遵道怫然曰：「吾家上世相沿大布之裳，迄余七世矣，而汝好是奇服，吾恐不衷爲葘，小子識之。」固遂取百家言讀之，霾頭一室，間歲即能尺櫝五言詩。遵道見之而後喜可知也。丙申，嫁馬氏女。是歲十月，遣固入太學，意良適。甫再浹辰，而夙疾作矣。

一夕，亟招余，握余手曰：「余其不食新矣。余下暴腫，意忽忽，無生人致，將不及見吾孱子也。」余百方慰之，及除而猶色咲飲噉如平生也。元日，余飲之酒，酒半醉，乃軋[2]翌哭。余亦哭。意實念固，余乃爲書委曲，招固太學之邸中，復以書抵祭酒。同年李公令得請急歸，時固病瘍，賴姻家給諫楊公爲營路符還焉。還，猶及其未大故五日也。痛哉！入門固盡一哭，遵道斷絲殘竹，兟不成聲，見者聞者無不割心酸鼻，矧伊父子乎！

未大故一日，先招余前，蓄縮而語曰：「今日之午，固則吾子爾孫；遲明之辰，固則爾孫爾子。」亟屏左右，出枕上叩頭三四下以屬固，曰：「青州叔必不遺棄兒！」復顧余曰：「叔其後先之，吾詎敢并帑于馮公，冀以旦晚卵翼固耳。」余唯唯。次辰，果不起。臨逝自沐，沐索衣衣，忽瞪目曰：「和尚何來？」李宜人之異，爲不虛矣。

狀曰：「遵道生而疎眉秀目，若澤門之晳，望之知爲貴介矣。顧其中朗朗洞徹，諳于當世之故，而以款曲行之。與人情篤，不見鋒銛③，庶幾有道者，不第文華之足采録也。遵道遇其仲路，意常自下，食則弗先，衣則弗擇，用以奉李宜人。而宜人性自賢母，所爲抑路而昂道者，更僕不能數。此母子兄弟，世寧有哉？抑微遵道路實友弟，路而不死，貴矣。遵道所爲撫路遺孫者不替于其病憊中，可謂吾家風政，家侍御公悦焉。遵道死而余託孤，孤不必言。若路與民之後，余實視力是圖，以安死者。無神何徵，有則安可誣乎？嗟乎！遵道已矣，令在人間世而及壯，稱選人，不爲良牧長則爲名李官。竟此尾不粉署、不御史裏行不已耳。而今已矣，世所覩庸庸詈詈者，何限率享六百及千石，而遵道不沾寸禄，淹没死人，安可與命衡也！遵道坦胸率腹，寸禄之不沾，而柴棘其中者，每每藉跲以進人，又安可與命衡也？余葦然閔之，于其大歸爲題旌夏而綜稡行，實如右焉。鉅公長者，其辱而賜之誌焉，銘焉。余不腆河間之氏，實拜厥貺，侍祠名山之藪，其永以貞石藉乎！出者、處者、生者、死者，咸與于寵光。」

①崐，崇本作「焜」。
②軋，崇本作「輒」。
③銛，崇本作「錯」。

來禽館集卷之十九

行狀

資政大夫户部尚書王公行狀

先生予告歸養林間且二十年，且開八袠期。乃今甲辰十一月十九日俄示微疾，薨於寢。距生嘉靖丁亥六月廿五日，得壽七十有八，所謂且開八袠期者也。楄柎藉幹之具，含玉殮帛，靡不出冢公御史大夫夙昔經畫，季公進士一一受成，事必誠必信，則自家法置相朝夕奠皆如禮。殯於堂，戒使赴於蜀，冢公聞赴，號踊幾絶。已而蘇曰：「天乎！胡使我以至此極也，而父子不一握手訣也！」曰：「天乎！皇鑒之逖而使我連章不獲報也，而父子不一握手訣也！」曰：「天乎！乾非湛溺禄稍者，而徒以疆吏宜狥疆報上也，而父子不一握手訣也！乾其何郤，自容天壤間也，有死足贖焉！」藩臬大寮入而弔，相勉以歠曰：「疆吏狥疆，太公治命臨之矣。有大事在，公胡不歠歟？」凡三日鬻，百日爲菜果食，十三月菜以醯醬絶肉，亟以喪奏上，不報，伏薦，治軍書，抆淚飛羽。疆事已於竣，幾兩年，盱閱墊隘，始奔歸。

歸而憑棺盡哭，慘於祖括，然後料理喪葬一切事，以狀委之侗。侗於分於情俱不得辭。

狀曰：先生諱之垣，字爾式，里人稱爲見峰先生。先生以户部左侍郎予告奉母，既以冢公貴贈右都御史兼兵部左侍郎，今贈資政大夫户部尚書，而膺身所自致陞爵，巍然八座，凛凛若生人。諭祭三壇，賜塋穿窀，制以二品。葢緣國典叅亭酌叙，贈恤殊優厚云。冢公輩擬歲丁未八月十二日窆鄭潢。鄭潢，先生夙卜也，而重以制。即使賁麗爲星，郭璞爲地，吉孰大焉。

王氏之先諸城人，徙祖諱貴，家新城。貴生伍，爲德於鄉，載邑《乘》。伍生潁①川王敎授麟，績學力行，邑推祭酒。四傳爲貴州叅議，諱重光，世稱太僕公。用採木死官下，贈太僕少卿，故云。已用先生恩贈户部右侍郎，嗣復以冢公恩贈右都御史兼兵部左侍郎。元配劉由淑人贈夫人，先生其第二子也。

公應兆生，墮地善病，業用危痘起，浸以成立，家人異之。太僕公燁燁名士，一意學經，日午炊烟絶也。嘗屬先生兄弟，升斗取諸其外家矣。或先生與兄時自運礫硜麩麧，供親饎兄弟食。書聲琅琅，中金石也。公曰：「吾不欲以貧故匄貸無節，令人指笑我也。汝曹安此，真君子矣。」先生常從潁川公潁川之邸中，潁川公數按覆其文而奇之，謂：「必大吾門。」已，從太僕公於吕梁之邸中，文益奇進。

尋以戊午舉鄉試第七人，終宴心動，箸不能下，寔維太僕公捐館貴陽時也，身自以喪歸。

明年，從兄赴闕，請追卹父。人謂：「必行錢伍百緡者而後可。」兄弟乃私相謂：「剉産能五百緡否？且行錢得卹，得無生污逝者乎？」已之。壬戌成進士，得荆州府推官。劉夫人誡之曰：「刑官一摇手，立骨生人，立肉死人，子曷擇焉？」先生奉訓言維謹，垂涕而置丹筆者數矣。以故他郡慮讞，咸願詣王荆州，一時平允譽滿全楚。而會甲子當鄉試，先生得士凡七人。

時遼王横恣，御史奉詔下荆州理官理。先生按逮王國人比周爲黨者十有四，曹王登樓盛氣嘖嘖，出惡語曰：「于若曹胡治也。」先生謹避之，因入以對：「推官王臣，詎敢屑越親藩？今日有三尺在耳。」王勢張甚，恐驚太夫人，因寓家杞縣姪象坤所，王卒未有以中也。丁卯徵爲刑科給事中，值穆宗登極，首疏安民固本四事。北虜陷石州，先生所條牒獨當，詔旨著爲令。用資周歷禮兵二科左右、禮刑二科都給事中，疏無挾日間至。忤旨，奪俸二月。所進《聖功圖》、《基命録》宣付史館。誠意伯奸譎無狀，遂劾奏大都謂：「古用酎金小過尚失侯，世延匿亡命爲亂階，百倍酎金狀，宜置諸法。」政府爲先之，不聽也。諫官某以受指齮齕華亭不當，戍矣，新鄭欲還之而難先生相直也，使所親風先生。先生曰：「輿論若何？與衆爲政耳。」又一諫臣衣緋入掖庭，且哭且笑，班行駭愕。先生疏謂：「此人心疾俇攘，不足問，惟陛下寬之。」僅以罷去。唯時新鄭方脩舊郤，華亭須臾机上矣。先生力持不可，謂：「華亭不但無咎，且大有社稷功。」葛端肅公聞而善之。又先生先是奉使册鄭藩，筐篚一無所受，有葛公之風顥，故見推與云。

辛未，擢太僕少卿。未幾，移鴻臚卿。卿故貲郎格，甲科多不屑就屬。上厲精臨御：「臚句非暇逸職，當事病其强直，用以相調相難耳。」先生夷然不見色，且以肅給帥厥屬人，謂：「鴻臚得王先生爲重。」因掩口當事者焉。甲戌，擢大理右少卿，旋轉左，先生業當拊循矣。兩寮差次先，先生得之不爲意。稍遷南太僕卿，乃笑謂：「吾瑯邪裔而管領瑯邪諸勝，可謂夙緣。」旋轉北太僕，馬政甚飭。丙子擢順天府尹，志在抑輦轂通侯、閹尹貴戚、名豪，而還赤縣元元之民於起色。如均徭役，裁無名費，發間架税，不奉采珠詔。其灼灼者，至脩候氣室，繕治學宮，則尤非五日目京兆者，三輔咸戴頌焉。丁丑，擢都察院右副都御史，巡撫湖廣。楚，幅幀廣闊，襟帶江湖，五方雜處，民悍而賈淫，兼之同姓諸王、峒溪蠻落，調停最不易。先生下車，嚴以爲經，儉以爲緯，主在察吏廉貪勑婧，而登下之百城，吏若霜負，兢兢職業，而重犯法。行縣所至，關陒要害、一尉一候，率當官守。諸王恪遵國憲，夷落竟歲無復闌入我土，譁釦槮差者矣。監撫餘閒，雅意文學，彬彬才士悉召與季公，今進士游宗伯、江夏郭公其一也。其不坐景王故宮火、德安丞倅等飛文流言罪，及不輕當贋曾光誣服獄，人盡悦服。己卯，以三品滿考受三代誥，廕一子太學生。庚辰，擢户部右侍郎，協理戎政。明年，轉左，提督倉場。壬午，三品再滿，再受三代誥，乃從中丞改侍郎銜云。

先生在曹久，次當遷尚書，又望最重，可計日待。乃用母夫人老懇疏請歸，曰：「臣犬馬齒尚堪策，無奈報劉之日短何？」詔許歸覲虛席，予程凡六月。先生稱疾彌篤，請彌力，上乃曲從。先生釋朝事，精意奉母夫人。時擁笏垂魚，時作唐梯蹋索戲，呫呫孺戀，無靳百方。而當諸弟諸郎數十輩，起家中外，輻凑爲名宦，人會以覲朝，持節使轂軛閭門中，金紫銀青聯翩，簉跡煇煌，晝日綺錦不敵，序次舉巵，争願高堂一釂。先生朝家黄髮，歛然子位，勝冠以降。諸餘毀齒孫會詵詵步武闥門，寵際自史册傳聞所未有也。所繇殷殷鼎盛，則以先生當其教父，延師命友，羣萃州處，上下羣經競相发難，無敢以媮佚于先生繩尺。隆寒，薪炭堇堇，則燒甌甎遞取煖，鷄鳴燈發，各畢所讀。及都肄，則爇香以當刻燭，逋限者罰。於是人人矜奮，子弟數十輩各成爲名宦人，夫豈偶然。

先生端朴醇一，心不載巧僞，目不識雕瑑，一室之内，器用苦惡，三栝一榻，畧無羸餘。自爲諸生至九卿，晨夕起居無改度焉。以故，一門化之。涂不從僮騎，庭不聽音樂，家靡有恒父，人靡有常衣。北海氾君之懿範如此哉！東畲故有太僕公祠，榜曰「忠勤」，以紀綸命。比發夢，更建西南郊，視前加飭。諸部使者咸移檄落之。祠田若干畝，俎豆之羨，用贍厥族。先生每向家衆言：「吾衢有槐，吾祖潁川公憇而飯窶人子所也，世世萬子孫勿忘嘉樹，其善護之。」

先生優游子舍多許歲，母以大耄終天年，尉薦蒸仍堅臥不起。至聞家人道及太僕公殉節事，未始不汍瀾下泣。中懷罣罣，垂眊不少衰。乃又極身沖挹，不通雜賓，逍遥著書，期于駐顔導壽。閬然門徑，依俙上皇之風，且偃之室，綦履永絶焉。宜其一門感化，相摩爲孝弟貞馴之行，冠帶衣履被天下哉。當冢公筮仕聞喜，先生則教之：「毋即于墨。」及爲宣府監司，則教之：「汝王父宣力恒于斯。」最後爲川貴督府，則教之：「汝王父死事恒于斯，汝其勉旃。」得令黔人稱爲忠勤烈祖之賢孫，子棨過畢矣。冢公受命行，卒以奠疆拓土標厥元功，先生之目，其無瞑乎！

先生遺書爲《攝生》、《炳燭》、《百警》諸編，皆關切身心，非泛泛作。達者前柱下史曰：「先生自致身地官侍郎，復贈地官尚書，請以地喻。古人名地爲至仁，泰山之上則封禪焉，培塿之側則生松栢，下生黍苗莞蒲，水生魚鱉，民衣焉，食焉，家焉，死焉，地終不責德焉。先生含凝博厚，慶延來裔，流沫蒸黎，渾渾而忘其功，亦猶是矣。」侗狀先生「何以大地至仁」，則庶幾焉爾。

①本篇之「穎川」，萬本及諸本此篇均作「潁川」，誤，徑改。

奉政大夫修正庶尹尚寶司卿加四品服俸德平龍池葛公行狀

今天下第嘉隆柱石名臣，則必用我端肅葛公衮然稱首。而公冢孫爲尚寶公幼明。公諱昕，幼明其字，别號龍池。厥考爲贈户部員外公引生，嚚業所詣，足儷孔門，四科邑士林，薦謚貞慤先生。所司以行履上聞，付史館備正史，具在邑志。元配則贈靳宜人，幼明母也。貞慤再世而上爲林塘公環，環而上爲恂正先生智奕，世名德仁，以端肅公貴，歷贈都察院左都御史。遡而爲徙祖諱士能，占籍德平之長魁里，諳所謂山东葛氏始也。

幼明生于端肅公督學河南之邸中。端肅公夢令辟祴有松干霄也，乃生幼明，夙慧若成人，目光所注，極百步不瞬。坐不邊，行不傍置履，人皆異之。五歲受盧氏姑《孝經》學，八岁就外傅，九岁能爲制舉文，十歲貞愨先生課以司馬《通鑑》，輒有倍年之覺，不恡爲諸叔弟剖析卷中義，相率無逋課。又一年，奉詔入太學讀書，母靳宜人以染誇布爲製諸生服，雜諸裾裾間，略無縮恧。端肅公謂：「汝羡彼裾裾者否？」幼明答謂：「諸生固宜韋布，兒自安之。」公乃大喜。而大司成若六館師交口葛公雅士才敏，與程永康並譽焉。

是年，端肅公由少宰遷南大宗伯，幼明隨之舍。端肅公以見縣令吴公，雍容有度，言論詳娓，吴公大奇之，以爲：「世不乏名公卿，恨名公卿乏佳子弟耳。」即席舉爵爲公壽。邑有方外士，田鸞名，能相人術，縱酒不檢，于當時通貴一無所避，獨嚴幼明，不敢蘁立。因大言于衆：「葛長公相中鳳目，後必大顯，立震世勳。」好事者札記，三十年取質驗也。幼明先後從弭、趙二先生遊，與弟檢討公互相論難，文日以奇，而最後則師博士浙韓公，遂盡其學而學焉，浸浸吴越名士風。

乙卯，丁母宜人喪，括踊帷殯皆如禮。又以意承貞愨先生，務擘捩回其噢咿，蓋薦數與檢討公不食醯醬經時矣。免喪，肄鄉射禮，則用端肅公指。辛酉，以文見賞，攝學臬曾公期以必録。及落，則齚指途矢。樂陵史先生謂：「士果勅厲，則渠答可幾鉥緦，不則青犢化爲終葵。」聞者寒心。

一日之海豊道，有靈狐婆娑掉磬，衣裾言動人也。幼明即之，則闃然亡其形。已，下巫謂：「葛公頂上閃閃三尺火光，其疇敢近？」幼明時乃自負非恒常人矣。

弱冠受王父經于貞慤先生，則自作《易經本義詳解》，朱墨標乙，矻矻窮年。世歷三古，其説本之費氏、楊氏，異時可列學官，今尚秘不傳也。及再蹶省試，益復自恚：「我戰不利，無亦掌故疏歟？」乃纂《通鑑人物要編》，始三代，汔宋初，共五十餘卷。大指與柯公《宋史新編》合，亦尚秘不傳也。

丁卯，端肅公起家户部尚書，則侍貞慤先生行。閲五月，先生卒。再月，端肅公疏請：「壯子客死，恐傷老母心，願賜臣還里，庭覲生母，令亡者歸土，臣不勝慺慺愚誠。」詔可之。戒舟而南，一孱然者孫朝晡奉王父食。已而吊影疏帷，少氣困矣。又恐以瘦毁見色，貽端肅公憂，嫫奵戢抑，以博公須臾歡。蓋所爲委曲者百方。比及家，則幼明神理緜惙，無復生人趣矣。未久，值曾王母李太君喪，端肅公猶致毁，而幼明周旋生死賻賵，蔞翣綵幕，咸繩碑楹間，靡不曲中。已，則舉貞慤先生與靳宜人合諸，用制當厥文質地，叶于夢吉，無遺憾焉。

庚午，端肅公之刑部尚書，幼明從。會當京兆舉，待試銓曹，新鄭相君亟謂：「公賢孫磊落奇偉，宜令蚤試吏，及公目成。而尚隨諸生試，何爲？」幼明猶戀科舉業，不敢言。而公卒難相公意，遂令領中軍都督府都事。時陽武侯所當侯絶，族强有力某賕入欲侯矣。相君以此大事，屬幼明偕臺部諸使亭平之。幼明則案碑牒及摭道路口獨主，至貧下䩄䩄竟以侯。

壬申，遷太僕寺丞，職在提督庫藏，協理西堂事。幼明則蒿目籌畫，期不負冏牧政。故事，輕賫馬價每贏羨什二，則爲榜示：「縣官計入取盈額，及額止矣，惡用羨？」藏吏以下惴惴懼，無敢索。解人綖環緡貫者，則又革馬户告，至無用文狀。則又檄諸省直，勿郡覆驗京俵騎，以省往返費。而至兩營騎操，草場牧放，及宣大、密雲、古北、永平等點閘諸務，又無不精勤料理，謡頌滿郊畿。鳳洲先生比掌太僕，爲之心下，曰：「憲長公宜有此孫。復字謂幼明，君不愧其爲憲長公孫。」相與拍浮，盡一石濟南醪，欣然相得也。

乙亥，奉端肅公賜老歸，爲置社讌集，公以安樂。丙子，復補太僕丞。丁丑，遷户部陝西司員外郎，屬督御馬草場事，一秉秆無私出納，商騶交感，中人亦無敢參差毛髮者，輦下説之。戊寅，端肅公計至都，制以元孫承大喪重，括踊孺泣，一如夙昔，而中加痛曰：「天乎！孤蚩背父母，而王父有常尊焉，有常親焉，有常訓焉，在三之義備矣。孤胡以弗痛也？」亡何，厥配谷宜人卒，身行三年喪，而復以内之匱歸。藐然兩赤子，保抱提挈者何人？幼明當此，滋以戚矣。是年秋，中舍張公稱制抵端肅公家，賜穿復土，贈謚諭祭悉優厚，一皆幼明當户。及葬，遠近來觀禮，無不連臂稱歎，謂公有後云。旋葬谷宜人。

庚辰十月，禫除入京。辛巳，復除工部都水司員外郎。奉旨培築永陵之寶城，條上六事，大司空首肯，疏行之。越歲工訖，費僅所擬半。大司空白見其狀政府，政府重之。頃晋都水司郎中，奉使臨清。癸未，即家改屯田司郎中，寔用曹議：「方中大役，非葛都水弗勝任。」且引永陵工爲驗。是歲四月，適王母王太君八衮期，爲舉慶筵，然後行。

九月，駕幸山陵，欽定壽宫于大峪山，晋俸一級。蓋自甲申十一月，而方中之役爰始荒作，隨拜紵絲表裏之賜。于是條上營建事宜凡一十有四，濟工開納事宜凡四十有一，無不切中肯綮。次第奉詔以行。其最大數者，可僂而言：神木廠木在廠猶可詰。往歲營造，率輦至工次，中人匠作遞相爲乾没，不可問。今則令即廠施龔牡樸而棟宋，而後即工次，復用木屑充稍食，所省無訾算。白甎掌自中人侵冒苦惡，人莫敢孰誰。今則出金責昌平募民填，精好踰十倍，所省亦無訾算。往歲大車例取内史，部又嘵嘵造官車。今則徵止瀛摘輪如干數，從部製唐梯，行地便下記復瀛輪家，所省亦無訾算。往歲簡匠滇黔，回遠，食道路騷甚。今則鳩京兆，僅從枕席度所役。諸儓覊輩亦鳩自京兆，寓賑于工，子來趨事，所省亦無訾算。少司空何公憂木不給，議大發金錢招買，幼明則以五臺没官紅松應用部課，致無敝晋，所省亦無訾算。徐文石告嗛，則疏權分取濬三河等，用部課，致不煩産石地，所省亦無訾算。是役也，所與處盡中人素封賈，兩者望幼明如帝天神聖，莫敢以狎進，相勉以輿譸。凡歷五禩，工訖以成。凡五禩間所霑匄恩賚，如伐木治石則有花幣白金表裏賜，如告木則有花幣白金賜，乙酉駕閲工則有白金賜，玄宫安石則有花幣白金文綺賜，寶城明樓安石則有白金賜，奉安寶座則有花幣賜，豎柱則有花幣賜，迎梁則有花幣賜，架梁則有白金文綺賜，丁亥四月五月續白金賜，安明樓碑柱則有花幣賜，戊子三月續白金賜，九月駕閲工則有花幣白金大紅織金錦雞羅服及玉食賜，壽宫安碑則有白金賜。恩紀埒大臣，而所資用嚶喋不及五百十萬，視永陵品不滿者六之四。水衡無大匱，誅求無他嬲焉。

屯司職惜薪，司炭凡四千萬，甲申諍減增額四百萬四分一，乙酉諍減增額乾清等宫金盆炭三十萬十分五，又汰司炭五廠中人五百六十一員名，無致魚肉。是舉，幼明自奏上，主上且大怒，旋廉得狀，即報可。更覆議無得靳行炭郎美場地，大司空拜手。幼明謂藉郎力差以不溺職，屯司職諸王大臣管兆事，幼明一準制，確執無私狥。其議肅王德王邺僅當原請半，及盡抑法外請。又抑鄭福不得以妃祖濫葬祭典。至靖江王則援上世江南功予全葬。鎮國中尉睦㮮典宗學有文行聲，則爲議邺。親輔國爵餘若在曹議罷房山狂易氏開礦。疏議已，大小官寮奉鍰助工，疏議酌臺臣請留開納事例銀備賑，疏及議清應天蘆課議鑄大錢，悉鑿鑿當公私，非傳舍目官者。

戊子十月，差次方中功，幼明晋尚寶寺卿，加四品服俸，仍理大工事。己丑乃回司。先是乙酉，幼明三年考部留優叙，及戊子八月，再考註授五品，五品勳，俟優叙。上爲書名御屏，若曰：「此勞臣宜破恒格，及論功才用註授五品，議得尚寶，所差强者四品服俸耳。」辛卯，持節于汴，還以王母篤老，請予告。乃即南郊園，時奉王母甚適。

壬辰，檢討公卒于京，人琴之痛，盡人則然，矧也幼明！爲位爲文而酹之，哭聲動四鄰。檢討當彌留，其内任孺人殗殜殆也，奴冒王母指申之審戚，相與公行竊攎如鈔。及喪還，孺人益殆，鈔益甚，轉轉爲囊槖，遺孤鳳痁視息不前矣。幼明屬子龍等稍簿録家事，微問鈔竊狀，遂賈怨，語侵家督。孺人没，幼明頓足曰：「鳳來鳳來，兒勿問。兄弟男女，誰兒也？」屬内邢宜人，母之臥噉起居一如食媪，疾則兩人親隱若創痏，而身自綜棟其家，亭豬敗榴以上，吉貝五穀所販賣出入，悉爲籍記。數歲比富人，則爲議楊氏婚。禹城諫議楊公，檢討公同年暱也，當令密雲，有女未笄，幼明殊有意，而侗爲言馮宗伯。公力主盟，時康侍御公爲進士從史，共成之。人高諫議、宗伯、侍御、尚寶四公誼，而謂不肖侗不作今人肺腑矣。及婚，邢宜人姑新媍，寔女新婦，珍異鮮華必先二姒而後幼明，喜可知也。辛丑付家棟，鳳所籍記藏稸及宗伯公所與舊寄篋而齒數，由侗者庭引朋戚長者面還之。于是友悌始終，遠近懾服，而向所謂語侵家督流播宵小者，澌滅無遺。檢討門人黃、况諸公，乃加額向東曰：「吾今而知伯父者，三齊九土之賢伯父也。」

癸巳，王母王夫人卒，括踴孺泣不以艾年有弛，沐椁美請卹，葬祭悉如制，凡物有加。不肖侗傍皇道側，心口自語：「人子當如是矣。」自是遂無仕宦心，而念端肅公締造厥家不易，貞懿先生賫志苦，則爲輯文集，輯家訓，輯族譜，輯《四禮摘要》，輯《東山論草》。又用魏晉名書行二父王母志傳，闕謳文刋之樂石，極吳會精嫻手。遂令般鬲之鄉碑板走天下，天下若寶《淳化》、《太清》。然幼明未已也，則脩端肅公賜阡，則建神道棹楔，則創貞懿先生塋樓，則新家廟祭器，則追寫二親真形。五十之慕，持以没身伏臘；墓門之餟，帥族肅將月朔；望辰衣冠朝廟凛于明威矣。學宫興作，首出醵錢佐端肅公賜阡，左則自爲閣祀先師，曰：「白足黄冠之欽其祖也，臚孔庸何傷？」曾子祭田缺，則爲道地東諸侯，卒獲復，諄諄大賢聖終食不違。乃爾先年倭有警，城工舉，則大損錢穀爲士民倡。邑則真武廟，野則臺子寺，悉以時敦工焉。

居恒發憤，意在揚威萬里，梟蹛林酋首。其移萬司馬書，所爲策山城君者甚具。居鄉耻一物失所，爲周公言復土商鹽票，爲鍾公言復地糧額，爲沈公言旱菑宜軨，爲汪公程公言條鞭宜酌。已，纚纚爲邑侯王公言更晰，王公韙之。大要主在視地沃下，稍兼居貨行商，而均其賦，以劑畸重。間又爲書抵大司徒趙公所，力乞蠲賑，以活維桑元元之民，咸徵大識云。

幼明極重喪紀，謂此可以觀俗，可以風人。叔祖光禄公没官次，棺殮悉從腆服，乃加等。歲時不受刺謁賀，拮据其櫬返于廬。劉兵馬需次都城死，則爲經紀其喪，付其弟還，而護其媪，表其門。諸若劉縣丞、吴茂章、劉延年、高道士等，各爲槥，周其葬，及其親。樂陵史先生墳有宿草，臨穴大哭，悲感路人。生罹四大喪，易戚兼至，人謂「古道復興，允存士範」。晚刻《孝經》于塾，此幼明狠衷事孝爲倫首，何渠百行不濯濯乎？三黨親疎，班給以月日，恩施下竟同學。海豐谷氏甥炳羣之師友，孤清遒上，成其宅相也。閨門之内，儼若朝典，尼巫行脚靳不得履中唐，尤葛氏家法云。嘗聞端肅公之教簡，而貞愨先生之教嚴，幼明衡量二父間，居諸無替，以故諸子若孫觀劚競爽，發之文藻，相次爲聞達人。至于恬心雅步，少壯成習，三世而上詔之矣。幼明交與有班、尹、莊、惠風，數出人于難，不明其功。不肖侗其縞紵之一，中歲爲婚姻，則又漆瀰膠髋之固。吾不狀幼明而誰狀哉？

幼明素徤善飯，不邇内，不他耗暴氣血，是宜坐享黄耇。乃今以微疾終，不及卦數者一歲，葢有命焉。當屬纊，舉邑走慞皇，數日哀不絕聲。弟鴻臚公晧，侍含殯皆有章。所著工曹奏疏，見專刻。其文章簡牘詩篇，龍等嗣有刻。癸卯，靈芝生有纂集。

邢侗曰：「余從幼明遊最久，察其材氣吐欱山川，包舉萬有，魁壘大度士也。人或憚其風稜若子輿巖巖者。夫巖巖何病哉？當中常侍素封賈，朝而與朝焉，暮而與暮焉，温湯佹熟之瓜，蛟龍織文之錦，甘言日睦而中其曲鈎之啜，大工將何如矣？幼明挺身跱，而此輩盪腸改面，相與力方中，巖巖何病哉？至抱方寸牘索言御前，椙柮語盡犯中人大司空宰相，危之矣，而幼明赴之如牢醴。自惟于時拜杖投裔鄉，尚屬輕比，角巾私第，豈願所及乎？卒之丹慊回天，慨然減椙柮而汏中人，商受盡言利而我當敢决名，豈願所及哉？」邑文學聚族而謀，爰用貞愨先生故號，稱莊毅先生。斯名稱情，即上太常，其無憪墨。吾師轂城先生其惠之銘，海内鉅公宗匠惠之哀輓，侗當矢其糠粃，幸甚幸甚！

累誥封中憲大夫潞安府知府紹庭王公行狀

吾邑瑯琊氏，夙以孝義文章著。其可遡祖，自趙宋逸其名，在元則十道馬步督大將軍盛最顯。迨明興，而用漢中貲徙箸法，乃遷家自萊陽居邑南，八代祖始基之矣。三傳爲從仕公輔，以明經仕岷州衛幕，錚錚節行，有鄉曲稱。生次公，諱倫。倫生處士公，諱世禮。禮生二子，長諱貸，是爲王太公，以茂才勝冠既廩，雅負雋異聲。又數年，不幸無禄。于時，今封公紹庭先生尚在母腹，越三浹辰而後誕，緡緡蠙蠙，生未聞父欬也。母劉太孺人，當太公卒年未三十，頭血濺楹，七日不嘗食，分且殉地下矣。而以其舅姑密戚謹護視，又以宗祊一綫開譬，切封公及墮地，而太孺人浸進溢米也。曰：「吾其忍斬王氏嗣，令不血食？」母實騶氏，母洵能大厥家。

狀曰：封公諱三遷，字養蒙，寓號紹庭。生而晬示，晬諸文錦器玩，弗視也，手掇《孝經》，喃喃若讀狀。一時庭中咸駴異咨歎，謂：「兒有至性如此！」在孩，太孺人口授四言詩，輒誦四言詩。處士公霅涕而喜，命公今名，意以騶氏母期太孺人者。

公既就塾，踽步不苟，目終日無流覽。同學生嬉以挑公，公獨摅案吾伊不輟，挑之亟，則謂同學生：「吾母黽手作勞，保任王氏一綫息若累卵危，而從若等嬉，天壤不葢載吾矣。且吾母小則訶，大則杖，若等爲吾受訶杖乎？吾乃從若嬉。」塾師聞而憐之曰：「此兒定非凡兒。」太公遺沃田一畛，族子躭躭欲之也。太孺人則謂兒：「兒命秋蟬翼耳，其厚自防。」公跽曰：「兒生有命自天，大人幸自寬。」

稍長，則撫舅氏典客劉公所，舅母則侗先侍御公同産妹也，以内德里名劉大家。大家輒子公不殊兒。格格病瘠，不別六畜，公弟蓄無間毛裏，手調羹醯飲食，格格不辨非兒。每塾歸，太孺人逆而問所誦習何等，及黜乙何許，應聲響荅則喜，見色稍滯則恚而予杖。鄰嫗以謂：「太孺人，此藐孤，盍少假諸？」公則間謂嫗：「主臣，嫗意良厚。第舉單孀語懼創吾母心，自後無復爲煩。」嫗簌簌淚下也。公亦哭，乃休。

瑯琊先域水及倫公墓，處士公議有所改卜，而難于他房窶，心口語：「視力之謂何？」公前告處士公：「兒幸饘粥具也，宜竭蹷獨肩此。」兩大父卓錐無所，何忍相嬲爲？」處士公欣然謂：「始以吾兒姁姁者耳，乃今而後知吾兒恢恢者也，必大吾宗。」于是楄柎衾縌，穿道築土，皆公拮据任，兩伯氏受成焉。已，從邑鉅儒李先生肄，邑子滿百數。公沾沾鄭盧，負㦸奥抉微，率用資地遞相授遺，李先生以逸，尋入頖宫。先世起葩經，而公獨受《易》，原出外舅教授于公及伯舅孝廉公。齊魯諸言《易》者，一時莫與均席。久之，手著《連山抉要》，虁草截蒲，録殊于賢聖，微指多所發明焉。

先是孝廉公用《易》魁三輔，目不可一世，偶見公齔而悦之，曰：「此駒也而汗血，異時服在大輅，必良。」乃恿其弟予女，即公元配恭人也。恭人踰笄來歸，最嫻家政，克勤克儉，以娛堂上而佐公讀。公益肆力千古，文業大成，視一第猶承蜩矣。令甲弟子員得復二人繇，公所署宜復，則曩所躭躭欲其沃田父子也。父子啣愧向人：「世誠有異刼服牛乘馬事否？」

公緡鐶必上太孺人，尺縑㪷粟無敢專。太孺人意有所振給，公則曲貣以承。太孺人居平大宅不愉，公則雜取先朝諧稗及里巷新語、諸節孝誼烈、門樹池魚、遺簪敝舄、人情物理之槩，種種前奏，期以當萊綵，安母心。食必具甘膬，衣一權寒燠，反覆故斆，務極適體。帍裱被襆，每視時以上。藥必親嘗，少蜇口則跽而進曰：「願大人勿苦，不聞瞑眩瘳疾乎？」會病累旬月，晝則盡屏雜謝客，夜帷燈私侍，汔漏三十下未輒交睫，蟣蝨櫛比于衣以爲恒。公病羸，須太牢入藥，太孺人命合丸以授。公曰：「先君子仁信動物，誓不食牛。嚴訓不違咫尺，小子何敢屑越以遺地下憂？」疾亦旋差。

一日，公讀書故居，火發上延屋矣。公値熟寢，家幹亦別寢，鼾鼾如皷鞴，蒼黃若蹴踏者，才張目，望見赤幘巨人立其戟，猶厲聲促幹亟赴火。出公火中，巨人忽不見。處士公老疾卒，公曳鞔下惡麄縗，踊號哀動吊人。及葬，蔞翣芻靈一如禮，曰：「吾父已矣，吾今藉手王父，異日報地下耳。」同宗三策，太公諸侄屬也，還自遼左。公念兄一寒如此耶，撤所臥榻栖之，三時進食。謀于太孺人，畀之金，使自爲活。頃之，宗人宮聞風依託，視如三策，無少厭煩。

邑大夫河南馮公，廉知公經學卓絶，延爲二子師。公正顏當座，授《易》視程品，厥後二子以師學次第名中州。方在館邸，有束矢罰金輩函幣而乞公先，公曰：「館師非道地具，吾柰何以皭然七尺家于邑大夫？」掉臂峻辭之，邑人服焉。自是公文譽日茂，直指郡邑，試每高等，而當學臺試則輙復不前。壬午之役，經房大加賞異，垂入彀中矣，而以主者左，卒見落。公略不爲動。已而慨然曰：「此真有數。夫子晋學吹洞簫耳，而白日輕舉我丹鑪鍊液，迨四十年，而風雷鷄犬不祥物往往拂亂之，此真有數，休矣。」名謂二君浩洽：「前，吾以付爾曹，勿墮吾縹緗業也。」公由是督課二君轉轉以劇，門下秀異亦雲集，蔚然都講不忝齊、魯一大師焉。

公配于恭人大故，太孺人老而未眊也，維時憲使君甫逾舞象，明府君及張氏妹才十餘齡耳。闔室皇皇，二三孺子朝夕求其母，摝刀坐劍傷矣。公一手哺摩，一意奉太孺人，歛然怡色，不敢輙见毀瘦。太孺人閔勞，以兒女之故，勉爲加一餐。憲使君蚤獲饌堂食。公十月廪獻太孺人曰：「仲由負米自遠方，擔荷勞矣。此物出官帑不十武，而若灌輸吾家者。兒代吾養，吾頼逭仲由責，母其良食。」太孺人曰：「浩也遒上甚，詎止今日。且洽雁序聯翩可計日。吾老人方寸竊竊若有靈焉，兒其遲之。」未幾，太孺人寢疾。公籲天無所徵醫，禱祠不遑寢食，凡再月而太孺人屬纊焉。公泣血三日，若斷絲殘竹，羌不成聲。白水入吻閒輙吐，汔七日而粥稍稍進，蓋宗老家人大義勉之者數矣。既葴宿于帷不入内者，終禫期。及禫，舉禫化劚錢，火飛蠶室，室盡茀也，去葴堂僅三尺許。葴堂亦盡茀，危矣。公面俄土色，雨泣拜火。已，展肱抱太孺人櫃，大呼：「兒在，母無恐。兒願以身試火，蒼浪天其貰人閒節！母憐孤兒，勿以祝融回禄及也，歸土幸甚！」須臾，風反，得無恙。公遲三年始葬太孺人，當詘舉嬴，特鬻祖詒粟壤，乃辦附棺。一切蔞翣芻靈，視處士公彌備。舉音一慟，雲天慘愁。會葬悉名流快士，靡不悲歡交集，謂：「非是賢母，不生是兒。」三日甘露降庭柏，柏乃公在喪時所長攀號者也。

往直指鍾公檄徵郡邑諸高才生集湖南課，憲使君與焉。公申之辭，若曰：「吾家累代素儒耳，爾兄弟志業勃發從仕，王父以下實臨之勉之，此行唯是勿軼勿婧，以躬攻轂，浸用大家聲。我先太孺人黄壚猶視先君子，藉償汶汶久齎志，吾老人願過畢矣，兒其志之。」憲使兄弟至今奉訓辭，即墨渝紙敝不減告身，曰：「此何必王氏天球河圖也。」歲辛卯，憲使兄弟同捷鄉書，公聞喜而悽然不懌也。恒對客：「吾節母所不少俟者五稔耳，安得叩厚地而暴吾心？」當酒，輒欷歔罷酒也。當祭于祠，淚紛溢墮斝中也。二君返舍，諄諄戒以履盛之難，不及鏖戰雄飛一語焉。奉二君棹楔裹蹄，則以如干班宗族，視服遠近有差，曰：「五世而上何人哉？吾宗五六千指，兩兒獨及庸進。吾邑百七十士，兩兒解額先焉。此其福會稡邦家，區區凉德，誠何以堪也。」

越乙未，憲使君成進士，尋謁告覲堂下。公始囅然，已復蹙然，曰：「兒四體業屬縣官矣，安得以赤心白意而戀戀田中人？」滿限遣之行，抵都，以甲次得户部持節司，保易餉。迎侍公，公拳拳諭：「此曹軍士終日枵腹，受交讁，餉攄什九在質庫。及里閈兒不思亂，則死瘠焉耳。餉不時發，又恒縮焉不及品，爾將柰何？則惟有推之腹心。」憲使君昏昕計調停百出，務均、務視期、務滿品。小不繼，則羣召而庭慰之：「汝等稽固一飽，使者何翅巨創在身乎？」咸歡鼓叩頭去。公自易歸，憲使君以易釀朋尊壽，公郤之嚴，曰：「吾能爲胡質，兒何渠不爲威？且不入坩鮓者，非陶家母乎？吾昂藏山東一男子，何讓此一婦人。」憲使君資及守潞安，逾年，迎侍公。公再越朔擬還，曰：「而公屬入上黨境，稍微之謂守廉甚，且惠在窮，檐單赤誼不狥王國作士，豤豤節孝，粟之厚鄰，封無暴瓜，郄于汝父，愿矣。滯我將焉爲？吾歸上吾父母丘隴，何必王臣膝下乃稱媮快乎？」

公口不道臧否，然能以理伏人。有小不諟，諸酒食過曰：「坐法易耳，安可？」聞吾王太公師李先生謝，公爲經紀其喪。及葬，手紖徒步極四十里，面皴膚裂，盃酒不霑脣，心喪竟三載。往者内弟格溘先朝，露血衕絶矣，公曰：「吾終不令劉氏作若敖。」爲擇從子四維嗣，燠咻保挈，俾遠侵凌。且誦言于公，蠲其繇。郈成有宅，居其子母，口食衣裝無闕，二十年如一日也。思顧舊恩，舅劉公、舅母吾姑孺人，時祭别室焉。陳氏姊遺男啓佑資身無策，公儕諸從子謚而收贍之，屬司筦鑰推解如宜，不疑愛子。李氏姊蓬科澆酹，篤于家祠，臨風灑淚，晚節更深居。諸事仲母李如母，每當節序，伏樽下稱百年無替。宗人玖詿㧅攎戍，母老在蓐，旦暮人耳，公爲白之，得勿就株送邊。友人高陽幕蕭九嵩死，遺上田，厥子蒙稚，族右蠹午蠶食。公挺身蔽翼，力戢邪謀。及子壯有室，公心始降。里叟楊捷家落，女長髮人，奴于馮也。公知，倍直贖，付所親育。及笄，爲具嫁士人。途值朱生鶉衣百結，襤褸不能前，公要致舍中，爲洗沐，予之金，俾販列自全。鈎盤高君爨、厭次宋君儒，皆公平生故人，慨念盛漢吕公事，歲推赤仄白粲爲贈，幸不即溝壑。侗故從侄王徵，受學公門，孑然餘息，病痁臨命，公百里致兒醫爲施鍼石，日迭酣臛賦，含泣屬畢。死爲棤歛，更恤其女弟迄今。孝廉李應論有母，三十年客亡楚邸，不成葬也。從諸生中改筮兆，公助之金，蒲櫝一新，應論藉成禮。踰年舉鄉書，公雅意宗人兒，教爲學官童子，則購杜氏廬置學，束帛延師，歲時損鐶錢餉，絃誦彬彬。後以廬居從弟某，俾有家。

憲使君從曹郎，以劉太孺人節自言，旋報可，如制，樹表于門，石而堅，即表營祠，迫近學宫。公顧名追母，有深旨焉。邑鄉飲禮校他方獨重，非甚盛德，不弟鄉校，庶人且議之。先侍御公憊伏榻，官師好學，曹議以公首賓席，公逡遁乃赴。每騶從及門，必先望北頓首謝，而後乃延邑君輩入也。公一拜勑，兩拜誥，夸三命而臨鄉里，寧非車上儛時耶？公三命益恭循牆，凛凛居里，童孺不狎。即傑㣂傖囁，與講均敵。非公數月綦履不抵邑，車門綾紋之謁漫滅，褢中紈扇魯壺，即比鄰戒無輙入，閨門之内儼若朝典。靳逐時世，粧賓祭俎筵用童衣屨，悉内恭人率婦手指操作，不以假人。憲使兄弟以公金紫被躬，洧盤景偪，微託同人間語，少置前溪子夜之侣，用資燕樂。而公盧胡好謂：「兒意良佳，余老人聽聲漁色，始願不及也。」憲使兄弟時獻華綺及採釣五方之品，公一御輙却去，曰：「汝曹不憶吾鄉也嚻然易水一栢者，且人間福宜惜留餘，若何葛衫毿布，于于超曠，食不厭糲焉？」

甲辰，明府君舉進士上第，僉用庶常吉士期。公書切囑謂：「兒子素矢樸忠，正宜歷試艱難，宣力王家，以弘幹濟仕，何必詞曹官，何必蟠容也！」有識韙之。尋領東光。東光，故弓高地，甫離巨浸，民不火炊，岌岌乎難其爲邑矣。公至邸，爲畫荒政便宜，若權衡、羅糶、賚糜、緩賦數事，明府君奉持行之。遂至起溝斷而肉白髏，人頌太公黃耇，祈加爵焉。公未幾還，東光僧骫法僕僕來謁公也。公書飭明府君，謂：「此髠奴敢來相謁，戇甚！三尺具在，然勿以來謁上下之事，惟平心。不憶疇曩户牖筆研間言乎？」僧竟當法。止書飭「任丘則惟禮，鉅紳興學崇儒，愛養元元，稱過使客，勿陋勿侈」等語。明府君欽于功令，至飲冰厲節，則父子兄弟孜孜講討有素云。

公至心活人，置肆懸壺于居第之右，以貧戚許君督歲所捐金石草滋，費不下三四十千，都以應遠近丐請。且不愛自爲病者，手檢方書，與先侍御公先後一轍矣。舊域三白楊可二百株，歲侵，宗人將鬻之，公閱券各予直，斧斤無尋焉。公每上冢，必躬自荷鍤築，列柏肅肅，皆躬視椹把。比治西第，先建祠廟，而後及餘。尊彝觚爵、斲豆雕籩，靡不蕆。具衣冠朝朔望，餘日整襟從事，即風雨無敢怠遑。注心學廟，與侗輩謀先以三十千坊諸巽，若元君祠、城隍廟、龍王祠，皆公倡議庀徒云。邇日牛儈李賈牛百數，辟潦道田中也，麻菽濯濯盡矣。李賈後乃自反接，頓顙請死罪。公咲謂：「田淖無傷蹏足乎？田中奴得無驚若牛？」善遣之。草竊程可學盜門客金，法當黥爲城旦，公憐其少，又婦子無歸也，屬街彈從頌獲末減。竊伏念公磊落沈審，實用世材，世迂辟舉，坐令抱器以終，惜哉。然而郄擁兩甲科，瑩然聯璧在東方，稱盛絶事。乘除斟酌，天道何爽焉！公已三拜褒書，明府君屬當考績，嗛嗛焉官品壓于其兄也，曰：「兒秩畢，不能重霑綸命貴大人，柰何？」公爲調謔荅：「于古有之，弟不宜高兄。老人題蹼滿床，黄金横腰，貴侈矣！兒俟諸異時。」

公厚頤豐準，神恬氣和，鬢鬚鬒黑，齒堅可礪，望七之齡僅視五十歲許。里中所欲善人長世而延之福澤者，再三十年未艾也，詎意一朝及此乎！明府君連宵之夢，咄咄何祥，鄭署牽衣，是成永訣。憲使君抗旌河北，父子繡衣相睇盻。公謂：「吾春杪必視爾南。」謦音猶在，孰謂兹爲絶絃語、睽别日哉！處士公當大盜鋒堅，視母疾無少摇動，可謂孝烈人。公以遺腹，所謂依依承事北堂而竭于生死者，靡所不盡。且緣憲使君赤誠恖恖，獲私天聽報母恩，孝洵有種耶？

公之歸岱，則以會李節母喪，扶疾挽輀，近親興感。衆方虞委頓，而公踏行冰雪中，益用淒其不已。亟曳登車就舍中，緜惙經旬，卒不起，公其死孝哉！其所遺二君囑，止孝、友、狥官三事，一語不及冗長，治命凛然。二君承赴，摧殘欲死，差次奔，相見抱頭，號咷震烈，白日無光，鬼神薛暴，佐之三家，浥水再見二連。及今將禫闇室，未齒見朝夕孺子泣，日三上食如平生。彷徨繐帳，如覩面顔，觸忌觸節，辰騈跽几筵，舉觴乞醻。值雷雨，曰：

「兒在斯，兒在斯。」二君之慕未五十，而賅其情事，當塗有耳終當料理此人。侗反思縮页：「父兮生我，何以稱人子哉？」

二君所爲事馮恭人，藥必親嘗，先婦詣寢門，雞鳴冠履，肅請所與，甚于公在世時。此何必王休徵、姜肱之被，孩匿如初，摩詰之廬，茹蔬共適，一門風素。海内所希世程，人去暫而稽久，遠去飾而觀真，二君賢聖徒矣。若夫反風零露，閭野必書，惇則因之矣，輩上其無意乎？奏聞自可没，而祀社又奚疑焉？侗託言彝懿骨肉肺附之非，一狀將焉辭！一言而諛，三辰泣之。椎鉅公名世，其無慭惠之不朽焉。侗與有驥尾寵，不第憲使兄弟世世結啣。

累誥封淑人王公元配張氏行狀

淑人偕中丞公懋[1]欽于榆林塞，蓋懋欽用白檀塞兵使徙。中丞行，淑人實從。抵榆林甫踰月，淑人痺疾發，塞儉無醫師審診，卒以不起。懋欽爲嚴後事，棺殮悉如禮，殯于中丞署之客位，加緣幕焉。懋欽時哭，冢孫德璋不時哭，長子振宗從濟南受赴哭于寢，跣而奔。凡□日，振宗達殯所，面黧黑，哭聲不屬幾絶。又□日，始謀以殯歸濟南。諸吏將士法賻，毛氂無所受。垂及行矣，而懋欽念在官下，不能視襄事，慟不自持，乃列淑人素所行事，授振宗曰：「其謁臨邑狀之，東阿志之。」振宗跽而受。又□日，以殯達濟南，厝焉。振宗乃謁余，余乃受簡。

按淑人之先同郡利津人，其可考則自五世祖張羽始。羽以總旗改隸濟南，至淑人父處士秀，遂以閎覽篤行著。彭夫人，其母也。夫人夜夢大秦珠吞而生淑人。淑人生而端默，五歲識女紅，九歲即擅巧技。居嘗自匿一室，鍼縷無停時。當食輒忘食，食數易，汔不食者數矣。時王父母俱亡恙，絶憐愛之，以謂處士：「彭夫人女有貴徵，非其人勿輕許。」而懋欽適當童幼，負雋異聲，一郡轟然。王太公、太淑人亦難其爲佳兒耦矣。

一日，處士過太公，太公置酒與飲。會亦有他客，處士難懋欽，懋欽銜口荅。婁難婁荅如響，清辯粲綺，絶類陳思面試之對。處士大喜，引滿連釂。已，復遍釂客，客復請釂處士爲賀。已，復請處士太公交釂，處士太公已而自交釂，當客許與爲婚姻。是夜大醉，歸白父母前曰：「快婿，快婿！誰與王家小郎者？」

又十年，淑人歸懋欽。是年太公卒，太淑人疾日以劇，淑人所爲扶侍者萬端。太淑人間謂諸母孫曰：「新婦大類余。余徃奉君姑，於廟見時，君姑幸已于疾而瘉，今天以新婦報耶？孰謂滄浪夢夢乎！」丘嫂從旁睨曰：「姑婦相能，樂哉！余乃愧見姑。」明年，太淑人卒，家益窘蹙。伯兄歎澹用，而嫂脩舊郤愈力，懋欽遂不及見炊火矣。淑人積不堪，則就彭夫人。懋欽從肆歸，淑人即逆就，彭夫人曰：「知君非因人熱者，吾賓客館君何害？」嫂恚與分箸，所分盡敝席壞盤椀，餘靡一錢以上物。懋欽顧謂淑人曰：「賢哉，嫂氏成我薛包名。」淑人自是拮据，心手無遑寧矣。值冬，懋欽寒，淑人則煬馬矢相與爲夜。因談：「兄嫂厭薄我，我殊不爲意。」而又調淑人：「汝何不從牛衣中意氣望余耶？」淑人乃咲荅：「君固激昂自奮，竪視王仲卿，何用兒婦人語爲？」懋欽當二人喪，兩易縗，襲縗之服敗爛極矣。及禫，淑人薦新吉貝，鮮潔照映逢掖，竟同學怪問之，曰：「懋欽何裾裾也？」懋欽則荅謂：「如賓，此服出自機杼。」淑人屢舉子振宗等，字育不言勤。兒襆置諸懷，猶力操作沓潮其手。左手固抱詘，是以右手任也；右手固抱詘，是以左手任也；如是旦旦以爲恒。彭夫人閔勞以兼人之事，悲焉。

自是懋欽學日就，屢試冠其耦。及籍既廩，浸以小阜，而伯兄愈益振業無所。粟入則割槩，钱入則割緍，以至都講束脩之入强半與公之。而淑人略無難色，無違言。淑人則又不以小阜安也，事事裁損，勉爲治辦，遂受一廛之居。屬伯兄寢疾，則臾懋欽行兄弟喪殯于家，曰：「懋欽有兄，而令蟲出諸僦，何以成其爲懋欽者？」懋欽每謂人：「成人之兄死，而子阜爲之衰見，賓之兄死，而吾婦爲之殯。賓實不及婦甚。」于時，丘嫂謀他適矣，有兒衢在也，則就淑人屬兒衢。淑人因風之曰：「余向聞先處士言婦人守節失節事，未始不兢兢勑厲，槩于智中。云從一則青雲，苟貳則污泥，唯嫂擇焉。且十歲之孤，豈終稽固其叔父也？魁壘浸淫于大業，日覬有秋，嫂何渠不晏然白首也？嫂其努力擇焉。」不聽，旋他適。淑人收衢。

庚午，懋欽舉於鄉，淑人立促爲衢聘婦。甲戌，懋欽成進士，亟拜南陽司理。淑人逆婦携之官。久之，衢婦與衢午，遺之歸，與具朝夕費不乏。丁丑，爲振宗娶李氏婦。踰歲，德璋生。李氏婦蓐而僨，亡何逝也，淑人又收璋。皇皇字育不言勩，且倍振宗時。又踰歲，復爲振宗續娶劉氏婦。又踰歲，懋欽叙遷比部郎，北矣。比擬付璋繼母所，淑人堅不肯從，曰：「新婦任婦足矣，寧任母耶？余柰何輕棄呱呱者，而令劉氏婦難爲慈。」璋生十歲，然後免于淑人之懷。彭夫人閔勞以兩世之勩，悲焉。

乙酉，懋欽遷守之開封。開封，中原都會。唯時穀嗛天菑，轉轉日甚，膳人糗子在所無聊。懋欽行荒行疫，動與淑人計。賦粥施藥，掩骼貍胔，以故郡屬元元之衆旄倪萬億，無不頌更生焉。河時泛溢，懋欽廬隄上，親執圭璧，沉投白馬，身當水衝，而淑人扃鑰郡宇，殊不爲動。振宗懼，乃喻振宗曰：「河伯爲爾孺子虐耶！且不聞而父侍祀時，一主簿泣在其側，策祝未已，水下三尺。爾爲太守公子，而輕作細人呼暑聲，男子冠其冠，被其襜褕，啐䰞錯愕，匄水偷活，令吏門三老官屬謂太守家張皇視陋，自餘七國躭躭覘我，而咲砥節首公之吏縮朒無佳兒，老婦不爲兒曹願也。」水退，懋欽歸，淑人爲述與振宗言，懋欽大服。而會懋欽退食擬大獄，悉用原情傅法，不枝杜及他。淑人因前白：「近聞他郡守往往敎吏陰白事人一切長短，及得投書，削其主名，而託以爲豪桀大姓子弟所言，何瑣瑣也！君不爲此，甚善。」又太守居得以考功法自第吏千石以下，懋欽燭下署，淑人又前白：「吏宜用愛利潔廉爲上上。人誰無過？而以一眚輒當員程，龔黄將滿讁矣。」懋欽曰：「謹受夫人敎。」

戊子，淑人以家歸濟南，踰年德珣生，是爲振宗次子。時懋欽以資遷兵備，駐霸州，尋調密雲。淑人以子婦喪歸，是爲德珣母。葬已，復携德珣如檀，子育如德璋。德珣有所創患，淑人如創四體，竟以積勞中痺，時竊發焉。丁酉，以彭夫人喪還濟南。戊戌三月，復如檀。越秋七月，偕懋欽之榆林塞。八月，痺發，才踰旬卒。卒之彌留頃，連呼「振宗」者三。其先勝語時，輒澁白懋欽言：「我往來白檀道，見外郡邑發輸人牛推輓，牛喘敝則人任牛力，白汗交流，日不三十里。上番卒唇口乾燥，足重趼，無錢貰湯，手持一柈冰，自取行縢方底中糒和食之。食未下咽，磕磕齒擊矣。君在此，無忘檀。且君今所治榆林塞囬遠，非若白檀偪介上都，聲聞朝夕可達，是非差易明。君稟方直，今者精意創虜，暴露冠蓋，斬鹵數多，而忌者或曰邀極擊之，加以不祥惡聲，或亂中聽。且曰他郭交質詛盟，盡可恃也。今安得如居檀時？勉矣，愼之！」未幾，果如淑人言。

淑人素絶華艷，平生不跛倚流視，不面折人過。子孫、子孫婦有所棖觸，不譙讓，爲便坐，對案不食，俟其自寤乃已。當適懋欽初，懋欽才大儻蕩，豪舉不能無小，及郵，悔，淑人曰：「胡不聽余言。」料事曲中，常出懋欽不意。懋欽曰：「汝男子者，端木賜矣。」居南陽邸，數現光恠，淑人不恠也。懋欽行部，歸爲言其狀，相與一咲置之焉。晚歲，彭夫人留濟南，懋欽戒厚樽下禮，淑人輒從殺。懋欽間以朱提益淑人裝，令詒其弟也，淑人爲佯諾，竟不詒弟金。金每入邸，淑人輒案驗印識明白，曰：「此爲當職之俸也者，此爲皂隸之直也者，此爲薪炭之貲也者。」目未識此外阿堵、縑帛、銖枚。淑人雅不耆葷血，居平第一脱粟飯，家衆非膢臘節歲不與漿酒臛肉，其漿儉樸葢天性云。

懋欽近歲舉鼎宗，淑人暱甚，毛裏鼎宗着淑人膝，不知其非淑人出也。前所改適者嫂，所從適夫亡矣，嫂時過淑人，羞恨齰舌。淑人仍與起居飲噉，絶口不言往事。獨懋欽念羨頡事，則益信蘇季子當未富貴時，歸不爲炊實然。然亦用是德淑人，感慨周旋于艱窶之日：「兄嫂厭薄我而過見呴沫于賢妻，此何可爹口向人道哉！」淑人又能決，懋欽治梁，陰德葘異不能害。是關識會，教導振宗，深居涉學，欻成善士。德璋汗血千里，一日未離王母，究之行天服輅，遡厥泉紵衣飲恩，淑人有焉。懋欽一代寶臣，取精川岳，而俯仰于尊親之寵，逮卑屬之嘘濡，淑人一力成之矣，寧能脱然于悼亡之戚哉？繄唯亡之足悼也。瑯琊四世招泰山之福而會其全，不第奩帷之介介已。

又三年，而懋欽納節歸，暫以六月息，淑人尚未即壤也，乃謀形家于□年□月□日葬焉。先是越期猶哭，懋欽曰：「誰與哭者？」德璋曰：「哭者兒。」曰：「嘻，其甚。」德璋曰：「襁褓新也，胡弗以哭也？」越再期，猶哭。懋欽曰：「誰與哭者？」振宗曰：「哭者兒。」曰：「嘻，其甚。」振宗曰：「桮棬新也，胡弗以哭也？」侗聞而誼之。懋欽屬狀我，討諸三年，宿逋是媿。實亦用懋欽自列淑人行事，經史互陳，質文並劑。侗葢遇作者弱焉，而又前怯東阿先生鴻鉅，懼露形穢，故不知其邅緩如斯也。今無可終避矣，乃爲狀如右。其嚳命、紀次、生卒、窀穸時日，子孫婚姻之數，書如左方。

①懋，崇本均作「懋」。

奉訓大夫尚寶司少卿北山先生濮陽李公行狀

當世作者率推歷下李先生，是謂于鱗。不知更一李先生出濮上，其齒同，其居朝之日同，其談藝同。其所不同，歷下簡貴不暱近人，而濮上伉爽敢決，任俠自豪。兩人者，論難過從，瑕瑜不相貸也。迨後歷下名愈高，濮上若爲所掩，乃先生脩戈待耩，未一日忘于鱗云。

濮上名先芳，字伯承，初號東岱，後更北山，元美猶用東岱命詩筒。先生生而蚤慧，又膚色玉潔也。比當捥髮，與在駙馬籍中，父母强行，使者林君調之，謂：「李郎濮上良佳，帝以壻鄉遺汝矣。」先生正色曰：「芳聞龍門，不聞鳳簫。」林君内恧而奇之，尋罷歸。例予青衿，先生獨不受也。再年，試而爲青衿。二十舉于鄉，僅亞第五人。進士不第，去而遊太學。凡三下第，而遊道日廣，韞負日以奇。

丁未，舉南宮高等，用次得江西之新喻焉。新喻僻悍，民俗踈闊，視事大小賕吏不知官。城壞，虎夜闌入市，蛇鬬寢門，室人交徧讁先生矣。先生夷然謂：「邑故沐猴令，令其無三尺乎？」乃司陰岡大盗謝某等，悉禽論法。又得豪牧長嗇夫而笪之。其所當他獄裴仰三、劉本等，靡不驚侘若神。邑人章浚，家纍巨萬，誤爲大盗連染，先生出之。浚以一硯爲壽，先生謂：「此他山也者。」置之守藏，不問也。一日，藏吏白：「前硯匪石，實銀。」先生笑曰：「陶泓清士，辱以朱提。」立召浚而還之。繇是新喻之政冠冕江國。卒以不善骫骳，三歲得民曹。亡何，祇役留都。抵舍，乃先尚寶大故，拮据終喪。北上，改授刑曹郎。

于時，諸郎高伯宗究心經世，彙稡本朝故實爲《鴻猷録》，先生手所著書而言曰：「我思古人實獲我心，余其改慮從事乎？」乃輯近代一切名家詩而繕之。逾年，亦成書，人謂「西曹雙璧」，名籍籍動巖廊矣。居頃之，改尚寶司丞。尚寶，清嚴地，居右廣，往往唾手上卿。先生侮寮任子如嬰兒，寮寖不懌，寖乃欲甘心矣。己未，充殿試受卷官。已，奉節册臨德藩。德藩，鄉郡地，州邑令長爲負韊矢，御五封軺如臨邛，先生略不爲意。撫中丞萬安朱公、直指襄陽劉公，俱以氣調倄平生驩，先生平揖而睨之，餘客莫得前。使事告竣，陞本司少卿。

壬戌，再充殿試受卷官。是年，屬弟茂才同芳，迓母劉安人就養京邸，傾橐爲弟費。獲需次趙府審理副，母氏悦之。故事，繡衣握方寸印出行部，部使率赴尚寶授受，以爲常。使者劉宋入，先生趣受印，劉宋目從行黑衣。先生曰：「印不足受，尚寶不足交訕耶？而目黑衣爲？」二使者大啣之。會歲大計，因隸諸盤者左其籍，得亳州同知。先生自負遷人，一意斷擊無少避囬。又州孫守，即墨産，用井里故莊，先生以亳士屬之。先生爲立程課，督其援上，居閒者若輩滋不自安，遂風校官劉某羅他事擠先生。復私淮安劉通判與謀。通判即恚先生以州同据其上座者也。先生未幾擢丞寧國，見謝朓青山而樂之，聞鵲鎮鍾聲而泠泠然善也。至持絜令不詭隨人，視毫無異寧，二千石以下憚之。用前校官通判中傷，坐臺抨竟囬籍。先生適在壯年，毛氅無戚容，曰：「天其以山林奉我，而以渦水之微坐進我，我奚爲不豫哉？且夫藏山之業什，吾得其二三而慊六七，豈吾税駕日乎？吾其涖盟于鄉，悉索鄆師以與中原合，吾而足自老矣。」歸之。

又二年，劉安人謝栝棬，不以既艾減哀。及禫，撫中丞姜公薦于朝，寢不報。先生邑而搆清平閣、蓬玄洞、野而營、會丘臺、拾翠軒，草屩鞾冠，吟嘯其間，未一日而廢酒，未一日酒而廢詩書，未一日詩書而廢管弦絲竹也。先生生産故饒，復善計然白圭之策，室計錢帛，谷量牛馬，靡不中訾。乃者困與親交，粟笴與親交，衣囊與親交，財緩急與親交。禽獮爲德于生者，倪文學、朱節卿、趙纍人、范貢士；若而人爲德于死者，蘇尚書、龔觀察、邢宗義、侯繼宋；若而人爲德于家者，叔四老、從弟靈寶仲升輩，猶子如杜輩，從孫炳輩；若而人爲德于僦者，余秀仁、周正照、楊仁輩；若而人肺附而友，朱學博、周太守、蘇鴻臚、蘇孝廉、蘇右史；藝文而友，李于鱗、王元美、殷正甫、宗子相、徐子與、謝茂秦、黎惟敬、歐楨伯、張助甫、王師古、魏懋忠、傅伯俊、董元仲、宋登春、吾師東阿、不佞侗；相吏而友，兩御史大夫南充王公、黄安耿公，兩大司馬銅梁張公、登州陳公，一督府重慶蹇公。于喁鼓吹，視柳宗元所稱先友不翅過焉。

先生家蓄聲伎倍蠻素，園勝履道，文櫝副名山，諳曉琵琶理，類《琵琶行》。其對蘇八右史談此四鵾鷄，大拹雅音。夫沉沉而牛鳴窖中者，宫也；野雉登木者，角也；餘可推言。

江東查八十聞而伏之。晚以目眚，盡遣侍妾，曰：「吾駱無可賣伎，有可驅耳。」先生者抑白公樂天之儔與？其自署達生，不虚矣。先生所著《東岱山房稿》三十卷，已行世。外爲《大學古本四書解》、《毛詩考正》、《春秋辨疑》、《漢注疏臆》、《老子本義解》、《陰符經心經解》、《五嶽志略》、《拾翠軒雜纂》、《十三省歌謡》、《本朝安攘新編》、《古交編》、《闡微録》、《明詩纂》、《醫家須知》、《壺天玉鏡》、《蓬玄雜録》，凡五十萬言，藏于家。

狀曰：元美之序先生詩也，謂似宋延清，似王摩詰，似劉隨州。至樂府，則謂于鱗似合似離，先生以離爲合，若小有軒輊云者。夫樂府不必言，言歌行，言律，言絶，則有唐三子，未必遽操前茅于鱗，未必盡歸左袒矣。要以于鱗才致横軼，孤高響絶，發膺擲耳，駭目洞心矣。徐而求之，聲實衡而肉好倍，璽絲温而麳麥飽，則先生寧甘左辟于于鱗也。先生辛巳向予言：「余爲詩成而于鱗始學詩，余見于鱗于元美，而元美悦。元美競稱五子，而余見汰。余歸，獨往獨來，而五子疏試，取余言而與五子較，同乎？異乎？是宜弗相急而寖相遐也。」余時氷衿口噤不敢荅。乃今又十五年，而獲執役于先生，豈復能爲怵好語用先生指狀先生耳。大抵先濮之音淫，而先生易之以雅；于鱗之言法，而先生濟之以通。隆、萬之趨史，而先生主之以騷；于鱗起白雪，而先生倡清平。歷、濮互上下，兩君相頡頏，各心競而取舍，未始不同歸也。先生裔孫鴻臚君，以治命敦狀不佞侗，將詣宗伯師東阿句銘焉。夫弟子而爲先生屬草則可，糠粃而爲珠玉導則不可。

來禽館集卷之二十

祭文

邑鄉宦合祭賈烈女文

仰觀三辰，俯察九土。綱紐人群，恃有倫五。浸及末世，孰能不波。至人間生，乃揮魯戈。不於鬚眉，而於閨壼。白日夜馳，清霜晝隕。孱彼季女，家本賣漿。成言在前，許身郝郎。一十六齡，問期將嫁。一夕不虞，郎乃即夜。女兮有意，欲哭其家。母曰不然，恐生外譁。女心内傷，父母不測。釃酒向親，娱此日昃。頃之漏下，新裳宛然。素練半匹，英魂上天。比舍驚呼，四衢如沸。髮指神摇，萬夫雨泣。已而憧惶，告我縣君。縣君曰吁，爾胡紛紜。

此可以賀，不可以吊。在閭在門，若走祠廟。譬彼明月，珠胎未離。抑猶良璞，未雕璠璵。水媚山輝，光動萬宇。鏤金刊石，照映終古。普天希遘，在我閭閻。編户縉紳，如丹傅顔。不貳乃貞，殺身云烈。未逮交巵，甘此同穴。既婦死夫，尚夥其徒。以女殉夫，罕覯其儔。首陽餓人，人歸大誼。彼猶丈夫，此乃闔第。某等世居，連井欽此。高風臨棺，酹觴靈飈。蕩空杞人，皇皇敢告。有位三家，蓬門佇竢。王制。

家廟告長兄主入祠文代父作

同産三人，約實居幼。兄先駕鶴，仲逾中壽。獨弟而存，門胙漸替。朝夕孔懷，牖我未逮。自兄見背，業三十年。簪裾履屧，忽焉在前。幸藉休明，被封憲史。白頭豸冠，迓兄入祀。兄弟今昔，榮遇既夥。思紹其先，種德乃可。種德伊何，唯兄是師。口無擇言，行無詭隨。庶幾先民，典刑攸賴。國標老成，家有蓍蔡。耿耿寸衷，逮老不化。小弟病孱，翼我而大。我言不違，我動是佛。委我家乘，付我子侄。一念朴誠，期不相負。既種而獲，尚亦無咎。仲兄念兄，既竭其心。不圖崇祀，乃在於今。仲兄有懷，藉手以報。三人同生，終始相勞。一觴特薦，告詣學宮。明靈不昧，啓佑無窮。

亡妻陳孺人發引祖奠文

自汝棄捐，亦七越月。凄夕良晨，灼腸刺骨。纔言舉殯，淚則先流。時乎不待，竟安可留。二十一年，鳥翼木理。胡罹茲辰，分連拆比。顧汝夙昔，珠掌視兒。兒今視汝，窮泉莫追。愛緣太深，生此煩惱。誰爲破除，哭天欲老。素不佞佛，爲汝脩齋。禮或不可，情則無涯。憶陽道州，三昆不娶。何古何今，邯鄲望步。父兄母弟，謂非中庸。硜哉一節，終焉莫從。雖則莫從，兒女爲質。倘貳此心，有如皎日。汝宗不祀，所親若敖。墳澆位爵，分烏可逃。汝有女兒，曰余從嫂。嫂氏孀單，誓永相保。平生燕婉，此日憑棺。緜綿結恨，萬古千年。

祭東阿尊師于文定公文

小子何知，辱師甄拔。眷言三紀，託跡半生。揆之世法之中，夫豈偶然之故。自師厭政，黄石懸車，小子依親，亦潛泲水，群星敢云配月，人隱亦欲侔天。而師曲垂教導，模範躬先，孝弟力田，若噉余以牢醴。太羹白水，復進我以冲玄。若夫六經、子史、油素雜篇、三唐鼓吹、漢魏槧鉛，靡不疏明于臚句，遡討其真詮。

維余小子，藉解脱乎徽纆，景大方以窺卭，洵發覆于闇汮者矣。小子有時徃謁，坐我園樛，竹林賦並，藥蘘杯傳，蓋無山不着乎屐，而無水不放乎船。俯嘅小子，非王弇州之絶代，而奚以荷華學士之奇緣乎？徃當益都公之北上，與師曁孝與要會于泰、岱之巔，倒清尊而吐露，言必及于濟北之蒙孱。屬斯人以挽轂，若曰：「余其處而以出付之，帳下之阿玄，益都不禄，事乃寂然。」迨師麻拜，借曰：「姑是舍旃！第四目以相撃，嗒然于落落穆穆之境而已也。」斯文儵喪，神返山川，雖師杳茫于一吷，而小子則抱公私二慟以彌年。

駕牛車以逆旐，爰迫及于河干；旋御舟以撫櫬，抵故里以成攢。悠悠六合，芒負刀刊。蓋心焉如喪考，而不計夫經麻群居如往之有無矣。兹瀕寒臘，師偕師母歸妥于冥漠之泉，念白頭之翁媼，戢萬古于丘田；顧賜阡之弘曠，卜昆嗣于斯千。感元兄之至孝，許結締而備除蠲。蓋師母生而聞此，而今此豆登之設，聊作二大人兒女婚姻之几筵也。

祭四川督學傅伯俊文

全才靡量，快士不器。猗歟我兄，造物所畀。譬之宫閑，騰驤上駟。譬之天機，經緯法絨。公舉丁丑，豪傑如雲。踵隨肩筵，赤幟獨君。嘉興名理，一語掩群。宣城節俠，兩地中分。亦有四明，文章揮霍。吾兄當之，彼氣蕭索。奕奕名書，奪枝山魄。粲粲綺談，搴弇州箔。時臨潘縣，時驟桓驄。時移郎署，時出川東。大兵未戢，兄御艨艟。大役未舉，兄鳩僝工。爲國掄才，俄爾造士。玉壘蒼峨，觸目桃李。何來讒人，浮論以起。悠然賦歸，萬事不理。人謀已巧，天意相成。三日入室，夢追兩楹。冲霄蜺氣，斂于豆羹。駕時雄心，著于旐旌。一巨縉紳，兼大檀越。向存非存，今没匪没。兄爲余言，最宜超忽。余荅兄辭，不勝鶻突。兩生同籍，又復同盟。所不及兄，余胃世情。世情種種，名根未輕。尚賴兄神，斬其牽縈。兄視塩埃，如漚在水。人哭几筵，按履惜指。余將傳兄，昉古哀誄。兄兮軒渠，斬余刻晷。

祭檢討葛仲明暨配任孺人文

見麟之郊，呈瑞于物。蓋節之淵，厥起維崛。仲明挺發，乃應郊淵。解元甲科，躡祖之詮。拔在吉人，屢試居首。尋拜史官，班、范作友。他或簡①亢，公實俯如。他或炫矜，公則歛諸。廣顙脩軀，亭亭世表。閥閱名流，每取其少。秦川杖節，登太華巔。蔑覿于藩，絶交貨錢。南省衡文，公號得士。紛其豫章，亦列杞梓。館師元老，託其腹心。曰吾仲明，良璵上金。公望騣騣，數歯歷武。延納英賢，群玉之府。府君貞慤，質影黴衾。公乃兢兢，戢其良箴。志重淵源，夫豈無爲。太丘元方，孝先克類。胡天不信，仁者忽戕。哭公哭私，原野廟堂。未幾孺人，倏與俱謝。遺厥孤雛，見者痛叱。元兄尚壐，閔其念旃。弟亡侄存，非余孰天。十歲之嬰，援襁加膝。洎内恭人，晨夕靡逸。飲食茵蓐，篤于所生。萌蘖之材，汔成棟楹。積錙贏餘，銖兩悉授。侗與同盟，傾座掩袖。遺雛六翮，既具而强。屬其經營，歸公幽房。公共孺人，九原含咲。伯也如兹，爰賁先廟。公神清活，庶翼此雛。公耿舊恩，乞伯帝符。郗詵一枝，微露其報。端肅祖翁，温噢相勞。侗生雅性，好紀義圖。洵美平昌，良惇不誣。公兮孺人，來鑒余瀝。華表騈聲，和其鄰笛。

①簡，諸本原作「蕳」，誤，徑改。

自東阿回祭文定尊師文

客冬送師，緑酒恩州。今春迎師，潞河素旒。我迓我隨，以抵故丘。皇餟孔殷，閭歡咿呦。孱侗相之，惟禮是求。休陽福唐，寔尸厥謀。長君煢煢，二連抗騶。我服加麻，我懷日抽。臺允建祠，作計千秋。垂當復穿，侗則疾郵。暫斯告還，一杯清流。師其鑒旃，神彌六幽。

祭先師文定公祠文

惟師大造所鑄，擬古哲人，晚藉綸扉，湓焉觀化。舉朝及野，疇不盡然。乃建特祠，出諸曹議，兩臺合肯，永秩儀章。殁社于鄉，惟師無忝，侗來奔會，敬奠一觴。庶幾傳焰，神其洋洋。

祭通議大夫按察使王栢翁暨配李宜人文

瑯琊之大，自先始興。江左桓臺，南北並稱。桓臺再徙，奕世奮矜。休徵後啓，跆籍先登。濼翁多祐，六子蒸仍。公處其季，體秀氣凝。少從遠宦，楄柎是憑。蹩躠間關，行喪克勝。長而涉學，青熒一鐙。呦呦鳴鹿，掄魁踏騰。尋升南省，出理兢兢。繼司禮樂，鵷鷺作朋。三周藩臬，車轍軏軏。狥民以官，折伊馮淩。狥官以法，緊我準繩。治兵治水，惟公之能。市恬疆固，山寧水澄。洊登廉訪，未罄股肱。胡天降割，岱宗其崩。寧獨崩岱，室有絃絚。哀哀令子，雙薦肴胥。宜人令德，潤宇寒氷。騈然就化，奄觀逝鵬。曲周令子，雒翥霄層。前者未罄，後者以承。自餘諸子，以逮孫曾。連肩接轂，川至日昇。多男福禄，公其備膺。一門鼎盛，公尤弩硼。愚叨華族，締要有恒。丹誠遥竭，僅藉如澠。

祭誥封王恭人宋母文

竊聞之，婦人政不出梱，名不外揚。吾鄙于恭人胡以稱也？葢恭人實内廷尉，而吾鄙與廷尉公密戚有連，則浸尋懿德，實云自中，于恭人胡無以稱也？

恭人受資貞樸，天予慈良，少佐廷尉公起家膠序，纘鐙澳釜，瑣不言勞。逮事舅姑，敬共恬穆。有齋季女，夫子安之，乃者翼成鴻鉅，爲國九卿。爰自夫子以縣令，以侍御，以京兆，以中丞，以副總憲，以留都大廷尉，彌彊裏劼，廿載一朝。所爲貴而能貧，盈乃自抑，庶幾乎天性聞道者也。

粤自邢尹相持，蛾眉室妬，宫庭已爾，矧于士人之家乎？而我恭人超然爲度，逮下獨仁，房闥助箎之儔，引以均敵之分。此固恭人擅代姆師，比鄰感化，而廷尉公螽斯麟趾之慶行，于恭人遺惠乎卜之矣。若夫詣女之宜于室家，盡恭人之與訓焉；諸第之贍于婚學，盡恭人之與力焉；三族之曁于温飽，盡恭人之與恩焉。而後乃今知夫恭人者，吾兩姓之所依，而吾兩邑姊姒之所取法者也。溘先捐謝，帝似失職。然而恭人榮名顯爵，亦既度越于笄副之流矣。一觴敬祖，何必飾乎無從之悲。

祭趙妗母楊孺人文

侗前母封孺人，葢爲處士趙翁女。母雖無出，不肖輩追原父媿，有罔極之思焉。以故逮事趙氏舅龍溪公，恩切渭陽。即舅氏視不肖輩，骨而肉甥也。妗母楊孺人，醇德慈明，與吾兩家長少又靡不相宜也。迨我母孺人萬太君有中女，實受妗母季子太學委禽，即姑不宜壻姪，然而吾妹非趙母出也，屬毛離裏，有別嫌焉。而戚宜加密，則以舅氏妗母有不可遺忘之情在耳。

妗母登上壽，子孫森立，家幾中仆而復勃勃興，得勤儉之道焉。遇諸子、諸子婦整整有規，不因愛忘砭，邑人皆稱趙母「賢母」。其所與爲婚姻，又皆右族巨姓。平生無不愜可事，母可以瞑矣。兹當歸窆，啓合龍溪舅，不肖輩崇肴醴酒而告也，其有深長之念也夫。

祭濟南劉母王太君文

濟上上流，前邊後李。伊誰繼之，五雲崛起。李躋憲伯，邊歷尚書。究其聲稱，不于簪裾。千古文章，世爭推第。揆厥所生，令聞弗替。五雲有母，孟家與鄰。三遷斷杼，一顎騰旻。十上迍邅，百家淹博。彩筆縱横，萬靈揮霍。不名官閥，今日李邊。里中三母，燕翼駢聯。矧也青雲，異時反手。憲伯尚書，君所固有。晚成若大，曷李曷邊？楊輝盪英，厥茅無前。阿母九原，爰語二姥。唯我三人，以予爲土。侗生接壤，亦好丹鉛。與君一氣，何翅同躔。君欲報王，侗敢忘萬先太君姓。偕豆偕登，君殯我頃。是日來哭，天寒雪昏。引諸道左，將之墓門。三母知名，以三子故。侗乃不才，爲母慙顧。華山矗矗，灤水湯湯。我言視此，將無齊張。

祭累誥封王母劉太淑人文

今方幅萬里，盡人有婦，盡室有母，而求所謂賢令聖善，則百千不一見焉。至求所謂富貴榮寵，子孫蕃顯，令終安樂，福履永綏，不毀如思偪，後凋如女貞，則萬一僅僅矣。若新城王母太淑人，誠有可述者焉。

母少事灤翁，躬績手甕，有古賢婦之風。卒以相夫力學，繇額貢而起甲科，最後灤翁以藩大夫採木夷方，母間關遠涉，上霧下潦，嘗其毒苦而無怨嗟。已而灤翁用盡瘁死，母扶櫬保抱，以三數孩幼歸。夫相夫死事，還櫬故鄉，不與于野吊而播棄其遺孤，斯葢備丈夫之大誼矣。

自母稱未亡人，而諸子若孫婚宦漸成。仲氏司徒公而下，甲第蟬聯，東人鮮額至科占一魁名，青瑣烏臺，玉堂蘭省，分藩建臬，九塞中原。接踵者軒裳，盈床者簪笏，祖孫、父子、兄弟、叔姪，無慮十餘爲輩，而屬毛離裏，則母氏一人以也。于漢有之，萬石君家石奮，東海嚴嫗，此父若母，各以五子顯融，遂至休明百代。第猶未聞石父有名婦，嚴母有顯夫。且兩家昆嗣，合則僅方，分則半歉，而我王氏方且駕龍于八數，邁朱于十輪，褓富之無之童，膝擁禽果之彦，竊以爲人倫冠帶，目擊耳摽，勾股湫肩，百千萬億，未有如斯之盛者也。

又嘗聞之，母含至性，生稟靈和，四體儼畏象之儀，百行樹士女之範。興言君子，涕泗滂沱，寄罹不忘乎牛衣，終老若親乎雞警。丸熊畫荻，冪酒縫裳，躬帥有家，彌耋不勌。即諸郎孫子貴仕四方，時寓文錦之服章，數走裔鄉之甘膬，而母緘之箱篋，盡出賓筵，曰：「老人恃粥與麄，無恙也。」諸子孫婦相繼受國封，華鮮驂御，明璫競前。而母蹙然曰：「老人所識者，椎布耳。」以故諸婦相示爲不佻。蓋中唐之内，肅若朝典，約若素門，家督不名乎常尊，六畜永函乎太和。嗟乎，濟南壼政，天下少雙矣。

比年齒登九袠，神明湛然。司徒公身眷北堂，夢謝長樂。仲處叔出，廣退受留，侍綵者八座之上卿，服官者一庭之玉筍。疇是安母于家，而安諸子弟于國，則司徒公超世之識，五十之慕，厥用貽之也。母今蛻然大歸，重壓尺一，臨竁趣合，母其含笑而見濼翁，翁其如何慰藉母也。吾故曰：「王母者，古今天下一母也。」不腆之文，侑以潔清。

祭東昌傅太君伯俊母文

嗟嗟母今不起矣！余知母以伯俊，知伯俊亦唯母也。伯俊幼曠逸有氣，多豪少年遊。而母時時敎勑之曰：「兒其逸群之足乎，不就銜勒無以服上襄。」伯俊因折節爲恭，下帷發策，人不見其面目者凡若干年。而後奮跡取甲第，爲巖邑。母復敎勑之曰：「兒今有民社寄，亦唯是吳風淫汏多口事，兒其慎旃！」

伯俊到官，用坦衷亮節，卒以化其俗而收其聲，則中唐之內，一日不可無賢母矣。迨拜臺察，伯俊跪而請曰：「母自今其少息慮，以無至大念兒。」母復蹙然曰：「兒其未誦指柔弦直之語乎？是惟兒擇之。」以故伯俊外和内剛，陽爲不孰誰，而陰摧權貴人。數從行部條塞下事，致令大將軍齰指。最後張膽論議大冢宰、御史大夫諸失體狀，臺省人盡服傅侍御，謂：「侍御居平隤唐不自異，乃能歲寒其操如此也。」竟用是鐫爲大行人。而母心愈喜，愈慰藉兒矣，曰：「兒，自今日是母高枕秋也。」

未幾，用行人出使楚。于時母甚恃矍無疾，伯俊猶内難之，而母厲聲曰：「此王事也，老婦敢以一夕累王臣！」伯俊强而前。而母亡何逝矣，伯俊得訃而哭，與楚峽猿聲相和也。已，徒跣歸，撫棺欲絶也。伯俊孝哉！

母始不用小姑息以安兒，于王事而卒，怡然大歸，即不一訣，有臣子之大誼焉。且母素皈依净業，而伯俊精心奉佛如王維，是母是子，固有超然于死生榮寂之界者。余下士，復何言！

祭東阿于師母文

衡山矗矗，湘水湯湯。乃鍾楚媛，以媲齊姜。我師至人，含真抱樸。夫人相之，不揚以縮。我師及第，蜚聲曜文。夫人佐之，不溢以墳。我師在朝，金華入講。夫人進賽，傾耳珂玤。我師在列，玉署同盟。夫人解珮，雅志琮璜。我師孔云，閶黨亹亹。夫人曰于，我酒有蕒。我師永慕，手足偲偲。夫人曰嗎，我鐺有糜。我師起家，無心貴仕。夫人庶而，軒冕泥滓。我師閲世，駐顔大還。夫人企其，烟霞粥饘。佇目拜麻，浮雲若掃。皋橋鹿門，擬拉相老。

云胡不吊，夫人上昇。我師皇皇，實喪厥朋。我師拜章，叙致酸楚。平生糟糠，歸死殯所。皇鑒有赫，詞臣作良。安余側席，無爲故鄉。降衈自天，恩波埋玉。同穴終期，先以身蓐。夫人不瞑，乃在昆仍。我師保嗇，胡弗繩繩。一笑九京，人天因果。唯是譊譊，孰否孰可。某等師門末弟，望柩纏悲，夫人超然，雲駕風綏。剉岱爲羞，酌滄命醴，夫人顧之，筵几如洗。

祭封柱史淄川廷尉高太公文

維菑大國，歷産勳賢。篤生我公，羲皇以前。醇質淵懿，刻畫不沿。泳遊道真，以樂其天。不以儒顯，乃以儒甄。鍾廷尉公，舟濟大川。亦有和羹，梅鹽式煎。爰師都士，翁示型旃。爰秉紀綱，翁貽憲焉。煜霅奕赫，一世所便。況有蘭玉，堦庭駢聯。吐奇耀采，佇觀捷翾。曰慈曰儉，曰不敢先。老氏之旨，翁葆其年。公而請急，上翁觥船。翁其色喜，意中攣攣。促公北發，公弗戒鞭。未幾翁逝，訣含不愆。人倫人理，惟公獨全。侗厠戚末，感此絶弦。孤鶴橫飛，悠情瑶田。有酒新泲，有豆亦蠲。生芻何人，侗胡不然？文章節義，翁與作緣。翁之里門，屹乎不遷。我旌明信，不逐言詮。翁其下歆，怳乎几筵。

祭封中憲大夫上黨郡守王紹庭姊丈文

自公離世，亦越兩朞。卜云其吉，歸窆在茲。孝子盡志，厥物孔治。無鉅無細，營綜靡遺。徵言海内，勒諸彝碑。哲人瑰行，偕天壤垂。不朽爲慮，罔儉是儀。百千萬億，疇窺藩籬。惟侗作狀，當實匪奇。没而祀社，足鄉閭師。馬坊有赫，馬鬣生姿。我來臨殯，爰哭其私。骨肉肺附，痛則奚持。二賢得駕，顯賁無涯。眷言詒厥，靈其妥而。北風吹雪，皓滿蒙魌。名流會葬，觸感生悲。載觀禮制，轉歎成悽。他人會弔，殽俎酒鬺。我所敷告，義敦鍾錡。疇今疇古，我言若斯。知生知死，金石安礡。

祭文太母文

太母之逐子于東也，葢自刺史及今觀察之邸中云。我觀察公英邵而練于事，文妙而老于吏，嚙栢而礪其操，載星而宣其勤。孰是稟成，則太母斷機，丸熊夙昔，懿敎之以也。觀察公仲春班荆坐侗于齊河之路次，首言太母時時戀土狀，亟啚挂冠奉板輿，作介山之隱，而會齎捧屬且見敦，意可藉是便母南歸，遂厥雅志。遽期太母一夕無禄即世乎？觀察公之籲天號地將柰何？侗于此徵觀察公之至孝，感通焉。

齎捧而戒塗，母且分首詣鄉園，一夕不測，楄柎藉幹，以上事孰誰親之？今安然于觀察之邸中，凡所爲含斂收視，具無一之不備，諸大夫上而宷下而屬，蒲伏相救，等于所親，是太母以觀察太君瞑于觀察正寢也。此不可以減觀察公哀思乎？

太母夙昔訓誡觀察公保愛小民，禮敬縉紱，化誨青衿士，而今無禄即世，民憧惶哭于野，縉紳咨嗟誄于位，青衿士聚族酹于郊，以莫不曰：「母逝而我公去濟也，父母孔邇之謂何？」以侗黙觀，從來藩臬大夫以喪去事者，不至人心戀戀如此也。此豈竊言東人，寔其衮衣繫我公。公而及禫，則以學使者及仍觀察借天而能違焉，則以人心戀戀。

故侗小子荷公國士，知力欲去枯集菀，而侗子黄口復蒙以青雲，期兩世丐霑，誼出諸縉紳上，則一卮奉祖，誠悃衷所不能已也。

祭野謚貞慤先生張公文

某竊嘗歷覽前代史稗諸書，蓋有名父之子而未必其子，有名子之父而未聞其父。是故皙、參、鯉、伋不世出，而談、遷、洵、軾之代未恒覿焉。矧于今之季乎？

先生産于鄃，天資龐厚，居然任載之器，而又蚤慧，負博奧聲。制舉之外，精研墳索、竹素、部畧、蟲魚之賾，鉅儒也。事親篤孝友睦，蓋鄉閭人每擬之陳太丘。涉官用世，寧詎不可？而竟以諸生祭酒老。次梗嗣起蚤慧，難爲前博奧甚焉。而其子制舉業，則隆隆待薦，旦夕售矣。先生比歲室無人，次梗所爲慰藉以百方，繩床經卷之次，身當廝養，履屐裙牏必中任使而後已。先生故善酒，次梗廣貰麴生，丙夜必乞先生釂。蓋右丞之榻深靚如之，而無次梗爲之子，此其得于天屬者多矣。

先生萬石八斗，以壽考終，可稱名父。而子次梗，名父有其子。次梗文章鵲起，而饒于孝，且善蓄弟焉。内行勅僃，里推軼群，可稱名子。而父先生，名子有其父，此又天厚人承而旃丹林緫，不可幾得者也。某長豚交次梗久，兩人以古學互規繩，而余諸孫患痘，悉賴次梗以奇術活。二家所少歉然者，未同胞儭耳。今當先生大故，余以眊不能躬舉觴，聊脩常醊，冀先生之一顧。而欣然顧次梗以靈通曰：「是兒通家友，而丝明不貳心。」

祭尚寶司卿龍池葛公文

吾濟之封，喬木維葛。勛業文章，流風未沫。公兮繩武，兼善承橋。李曩齊軌，黄近聯鑣。國憲家猷，綱分目涣。公大其胸，明若秉爟。外憂内蠹，鼎沸絲棼。公研其慮，昭如建蕘。抗疏明廷，庸身是顧。苟利縣官，湯火必赴。大工肇舉，人爲公難。公兮任之，靡誠不殫。木石金錢，往頗乾没。自公手裁，間不容髮。方中竣報，萬年于斯。百億其算，咸公所遺。功鉅酬慳，朝讙市撓。公曰毋然，臣節宜効。被躬金紫，等于飄虚。一日之養，言歸故廬。孝實忠餘，隱乃仕勸。出處君親，人士健羡。盈庭蘭玉，行登明堂。文章勛業，代雄闔閭。公所有餘，人多不足。公所不足，未罄忠告。我知公意，公謝我勤。九原九土，會心欣欣。我男未髫，許以女妻。千載尹班，兼朱陳契。寒燈夜雨，白日花林。劇談寬酌，情好愔愔。公勁予柔，若羹相劑。公塤我篪，若樂相嘒。孰無親戚，知己者稀。孰無朋友，膚交者違。惟我與公，目成自少。垂四十年，朗皦互照。公年逾六，不應岱遊。造化忌完，精英見收。率男撫棺，一慟欲絶。雪地氷天，來鑒薄餟。

祭封吏科給事中楊太公文

磊磊平原，風氣攸萃。乃産哲人，多福斯備。哲人誰屬？吾翁弘農。直方厖厚，古盭巨鐘。翁生亶聰，懇然玄企。等世浮榮，塵垢糠粃。九流四略，靡不抉精。經綸經世，韜于躬畊。抵掌雄談，低昂千古。冠蓋名流，盡避揮麈。教家孝悌，訓里讓仁。玆焉爲政，高義允陳。翁樂園居，開畦粲綺。美實分行，來禽青李。攬時吉貝，曰吾有秋。爾宦爾仕，吾躭此丘。仕宦伊何，吾兄諫議。翁著膝前，明珠不翅。人稱照乘，國寶夜光。風裁整峻，豪宄負霜。三事降顏，諸曹錯踽。于翁庭幃，氣足以吐。式閭絡繹，翁如不聞。使尊用典，翁云去輦。載拜龍函，真封吏諫。鸂鶒銀青，衷服安綻。吾兄所奏，豈乏宮羅。翁兮素絲，其柰翁何。踰耋遐齡，齊年翁姥。以較鹿門，彼寂此膴。聞孫抗首，業擅青雲。太丘之後，是鍾長文。侗辱吾兄，塤篪道藝。矧也賢郎，繄我快壻。翁兮猶父，翁子吾兄。翁歿吾含，兄瘠我羹。他人啈言，第侈厥世。侗也敷詞，出自潸涕。全昌正命，於古所稀。庶鑒愚誠，佇領音徽。

祭累誥封一品夫人鄭太君文

夫人間世稱母以子貴，貴子足貴母矣。而貴子復大賢，賢子不足賢母乎？且也母自賢母，則貴所不必言矣。我司馬公唾手建異域勳，六合之內、六合之外，同口一辭，靡不汾陽晉國歸之。而母以太君處其上，聰明善飯，坐閨闥而受扶餘之捷書賀，色動天地。于時，紳弁軍氓疇不申頌及所生，曰：「邢太師之母，何等母也？而太師，葢代乃爾也。」司马公既多受祉爵賞，本所生母從閨閫衣虬錦，圍虹玉，名爲八座一品太夫人。其所膺主上之褒嘉，爛然天章矣。而母猶然卑躬自抑，手不離績，旦夕常蔬食，諸所御房櫳什器動安窳敝，有故劍之思焉。見者驚謂曰：「太師之母，何等母也！而斤斤儉慎乃如此也。」

司馬公繇總鎮納白檀之節歸，辭以奉母故。而母亦灑然便上公之養，孫子滿前，緹綺孝廉，駢肩文武，而母分甘割炙，恬愉于桑榆。朝暮焚香嚮空拜禮，曰：「何以荅滄浪天！吾家所得于造物者，亦既隆重極矣。」司馬公望耆之歲，娛母如嬰。孺母所欲檀施，無俟頤氣，輒先之。母所欲收贍窮老無歸、親戚故舊輩，司馬公填室贏糧及焉。諸舍人兒奴産子，有一之鮮衣甚口者，司馬公必加創朴，戒之曰：「勿俾我太君知也。」即今諸舍人兒、奴産子，膩簷油帢，見人傴僂行，不辨其爲上公僮。母之意行于家政者如此，豈不誠大賢哉。至我司馬公，壅培忠厚，纖細而脩之，銖黍而累之，一時孝慈敦睦之政，依稀北海汜敏風，則其大賢視母埒。將母之善，令千百年出于虬錦虹玉、壽考子孫之外，而司馬公之貴，用大賢且掩之，曰：「此吾君實相公也。」是母是子，交相爲重，則在閭在門，有徵言矣。

侗忝司馬公宗姓之列，寔不敢以雁行進。乃若以雁行進也，則以司馬公勞謙茹納之以耳。母誠吾母，侗誠小弱子侄，儔捐環獻誄，薦瓣陳帛，母其用河間氏之一脉而歆之勿吐也。

祭岳父趙公暨岳母任太君文

蓋繹幕之鄉，大河環遶，平壤豐沃，往往名德端方之士崛起，而閨闈流化醇貞，靜淑女德亦饒焉。我岳父、岳母，其人也，邑稱天水氏。若昆侖不竭之源，滔滔洪衍，溉潤百物。至詩書淵匯，則又莫敢與諸任齒矣。

岳父出天水，岳母出任，匹宗儷娥，唱隨于喁，有宜室宜家之風。父治舉子，膏油矻矻，蠧破者萬卷而不一酬。所不酬于萬卷者，借百晦銷其壯心焉。其事封太翁、太母、太淑人寒燠，若與一身相通，假無難色難。觀察伯翁以下雁行者五，俱鴻儒，有道歡若。塤篪雝睦之內，朝典在焉。一門倫懿，今所不覯，古所僅有也。

若夫母之安恬明惠，佐夫子而爲强彌，蒸蒸孝友，贊毗實有之。其勤撫息子，筋僦勞疲，教諸女德□競勸，莫敢與齒之家法乎。以故天水之世閥閱委禽者，咸望而趨焉，可以觀刑于。且聞之，父與母平生無逆色，無違言，汔白首相莊若賓，所謂一門倫懿，罄竹不盡述，真天壤間兩完人也。侗情切館甥禮，陳祖奠縈心百感，口舌莫名。望北風而長號，其鑒此兒女之深衷乎？

祭肥城大中丞同川李公文

濟南肥子爰産哲人，曰同川先生。先生生而玉立，飄鬚若仙，方寸之間，未鑿渾然。自登甲第爲名御史，以洎開府建牙，仕宦得意，不爲不榮，而先生自視無有也。小與世迕，拂袖來歸岱下，閑閑且二十年。日唯擄牛山之木，翫封中之雲，歌白石而操猗蘭，人不知其貴人也。立塾延師，淑我後昆，手讐章句而課晨昏，以其身爲政，于里爲敎，于家亦且二十年而悶然無羨者，先生生平之大都也。以故茁芳颺采，篤厥英賢，行爲國楨而輝邦族，不直若阿闍。然兩屈指其未艾也，則先生之謝人門也，可永無遺憾而胡盧地下矣。

人多爲先生奓談一切，而不肖獨察先生微，而知先生者，列星偶謫，而復還太清也。垂鼜以前諸不爲有，而葢棺以後諸不爲無，是則先生而已。先生，先生，其頷余一觴，而收諸死生之知己否？

祭齊河房大中丞文

房望清河，唐杜斯耦。維明赫然，祝阿稱首。公之力學，于古爲徒。公之立身，衾影不渝。公而幼清，孝豐見賞。既遇安成，獨探象罔。聲華籍甚，拔萃對廷。時余小子，亦附脩翎。齊魯大師，橋門講藝。威鳳遲囬，溶登甲第。初宦户省，錢谷秩然。一麾出守，民戴所天。望重翁歸，假公戎地。數載臬藩，歷竪邊幟。塹移中土，以需拊循。飲冰左省，不染一塵。天子曰吁，中興良吏。金綺璽書，旌顯卓異。雲中旗鼓，遂用借公。清風被疆，坐祛雷同。鉅萬之貲，不填溝壑。十萬之師，飽其饘槖。緊云王國，歛厥矯翰。羌彼天驕，毀乎征鞍。一扎不通，上都縉綬。讒妬交關，敢肆甚口。帝心夙鑒，曰爾貞廉。彼言可罪，彼人實憸。公則抗陳，臣實不佞。願賜歸田，期以静勝。自公允告，天下冤公。紛紛薦剡，達于公庭。朝野皈心，冀公起色。遽厄龍蛇，喪此名德。帝稽舊伐，卹録有加。黄腸穿複，綸誥輝霞。孝子哀哀，雙珠挺秀。佇掇巍科，嗣衍諸寶。如公人理，毫髮無虧。如公天全，舉世所希。鉅儒大人，公其不負。遍齊之封，競酹公酒。侗叨小友，亦忝姻親。特來執紼，灑淚青春。

祭東光馬叅知文

使君門望品流，其門人朱司寇狀之矣，同人孫詹事銘之矣，布衣上客盛生誄之矣。凡可爲泉下藉資者，君家茂才諸郎莫不爲，而余謭謭與在會葬者之列，更何所宣洩而暴吾衷？弟猶記憶使君夙昔齒頰之談，而反覆申析之，庶幾以當永訣而已。

君之言曰：「意所可，則降顔于鸞鳳；意所不可，則託志于虎貅。」乃君之爲令尹，爲直指，爲觀察，爲藩伯，然乎哉？君之言曰：「最難得者兄弟，最可念者密戚。」乃君身爲政而鄉爲德，然乎哉？君之言曰：「河梁蘇李意，鷄黍范張情。」乃君交同籍而仕同寀，然乎哉？君之言曰：「座上客常滿，樽中酒不空。」乃君賓列豆而已簋食，然乎哉？君之言曰：「烏啼當户竹，花繞傍池山。」則君垂謝之年經營未訖，而竟不其然者，君之少所未瞑也。

君氣如虹，君性如龍，君音如鍾，君貌如童。而君僅餘四十而年不登，而君僅躋三品而位不豐，則又造物小兒之簸弄，而天靡窮要。君之森森蘭玉，布列滿庭，燕山埒美，荀氏媲隆，則又似天定而人可徵。余叨獨契，一代無雙，寸丹不□，頽山涸江。臨棺盡哭，雲雪茫茫，英靈不昧，鑒我三觴。

祭封奉政大夫拙齋史公文

吁嗟乎，伯翁之壽宜躋百歲未已也，胡爲乎八十有五而遽已耶？夫八十有五，人間之上壽，最難得也，而猶爲伯翁少之。以伯翁之德、之養論之，乃猶少之也。伯翁平生不識巧僞事，若璞未斲，含光弗露，身通六藝，魁然巨儒。而自處如不知書，親課我觀察兄，句權字衡，嚴于大師。卒用進士起家高等，鬱爲名臣，坐饗封爵，赫然人間而自處，如未及貴也。性好山水，叠石爲壘塊峰，環水爲池，種樹藝竹，蜂窠成屋，罍觳在檐，而伯翁與天爲游，與物無競，一歌一詠，陶然上皇，海上有真仙人矣。家僅中産，囷廥常與里人共之。以婚以葬，視翁如趨。而伯翁口不自言恩，心弗弗若遺也。晚撫二孫，若軾若轍。長先魁捷，仲乃躭躭，火攻身谿，巨儒奕世。以儒擅熾，種而穫，而饒口實，逮親賓此，其爲嘉穀之明驗與哉！壽登望九，無疾告終。嗒然歸化，蜕乎若古先之尸解者。擾擾世法，胡獲考終？此正以觀伯翁之德、之養，而余小子若壤蟲之測造化，不亦可爲伯翁地下咲哉？

伯翁與先大人齒相亞，名實相頡頏，今之申奠，不能無近親之感、俱萎之悲。雖然，吾兩家子姓悉可以不朽其先矣，又奚必爲兒女之拳拳乎？尊靈不昧，有頷愚言。

來禽館集卷之二十一

雜俎

古今名人書法評

趙文敏，一代清士，正行功力極盡無加，草書唯帶偏俗。若增朗朗超箸，便是羲、獻入林，更勝國至今，文徵仲差可比肩，祝京兆資才邁世，第隤然自放，不無野狐。王貢士寵，秀發天成，清池惠風，加以數年，未見其止。周天球，禿頴取老，堂堂正正，所乏佳趣。王百穀，遒孅不凡，未合古法，縱横前代，得筆得韻。吾聞其語，未見其人。

淳化帖右軍書評①

黄長睿《法帖刊誤》云：「第六卷首三帖，非右軍書，葢王著僞作。」

米元章云：「《奉對》《屏風》共八行，乃張伯高臨右軍書。」

《奄至》至《胡桃》十二帖，米、黄皆以爲唐人書。

《知問帖》乃右軍真蹟。

《内事》、《肌色》二帖，亦王著書。

《七兒》至《楊子雲》四帖，皆右軍真蹟。亦見《貞觀十七帖》，第傳摹差異耳。

《平康》、《蔡家》二帖，乃羊欣書。與第五卷《富春》、《移屋》、《閑曠》，第十卷《鴨頭》、《地黄》、《阿姨》、《鄱陽》七帖，筆法一手。

《散勢》至《鄉里》八帖二十六行，皆右軍真蹟。

「是月也」以下，乃唐賈曾送張説序，因集右軍書。

《永興》、《腫劇》二帖，亦右軍書。

《闊别帖》亦王著書，辭筆皆俗，與卷首三帖同。

《極寒》、《虞休意》、《建安》三帖，皆右軍真蹟。

《腹中帖》，黄以爲僞，米云張伯高書，得之。

《徐侯》、《敬豫》、《興奴》、《追尋》四帖，皆右軍真蹟。

《臨川帖》，王大令書，與第九卷《湯酒》、《陳事》二帖一手。

《袁生》至《定聽帖》二十三行，皆右軍真蹟。

《羸疾》至《觸暑》，王著傳摹。不通文理，而上誤脱一畫。

《秋月》、《都下》、《二朝》、《徂暑》四帖，皆右軍真蹟。

《月半》、《長素》二帖，亦唐人書。

《許君帖》，本章草，王著改減波磔，殊失古意。見楊用修《丹鉛録》。

《長風帖》，亦右軍真蹟。

《叅軍》、《從洛》二帖，王著書。

《寒切帖》，右軍真蹟。

《前過帖》，王著集右軍書，故筆勢不貫。

《皇象》、《遠婦》、《阮生》、《晚可》、《嘉興》五帖，皆右軍真蹟。

《阮生帖》，寶晋齋刻，甚佳著，失真矣。

《瞻望》、《長平》、《敬和》三帖，唐人書。

《造次帖》，亦章草。

《丹陽》至《道家》七帖，皆唐人書。

《舍子》至《月末》，皆右軍真蹟。

《擇藥》、《寫懷》二帖，皆王著僞蹟。

《行李帖》，智果書。二「果」字省筆，乃「押」字。劉次莊釋文誤作「智永」。

《雪候帖》，右軍真蹟。

《弘遠帖》，王著集右軍書。

《荀侯帖》，歐陽信本臨子敬書。

《窮毒帖》，右軍書。

《沉陰帖》，王著僞蹟。

《自慰》、《毒熱》二帖，唐太宗臨右軍書，覺矜局不暢。

《問疾小園》七行，信本臨右軍書。

《動静帖》十二行，乃子敬妙蹟。如錐畫沙，如印印泥，如折釵股，如壁上屋漏雨，此帖得之。

《龍保》等十六行，見《十七帖》，著摹失真，不逮貞觀遠矣。

《臨海》、《當北》二帖，王著僞蹟，惡札。

《清和帖》十行，右軍真蹟。

《若耶帖》，王著書。

《縣户帖》，右軍真蹟。

《晚可》至《執手》十六帖，共五十五行，皆右軍真蹟。

《阮公帖》，信本臨子敬書。

《上虞帖》，右軍書。

《蒸濕帖》，唐人書。

《西問》至《採菊》七帖，共三十一行，皆右軍真蹟。

《罔極帖》，王著僞蹟。

《獨坐》至《此郡》八帖，共四十五行，皆右軍真蹟。

①雜著本題下署「四明坊人翁攷著，濟南邢侗子愿重訂」。

淳化閣本跋語①

閣帖，墨則李廷珪，黑甚如漆，字畫精明而豐腴，比諸刻爲肥。劉潛夫曰：「真本豐穠有神采。」此本校世行本頗肥，又豐腴豐穠，却合「潭絳太瘦，臨江太媚」，一入眼無須別白。

元祐中，親賢宅從禁中借版墨百本，但用潘谷墨，光暉有餘而不甚黝黑，時有皴皵失字處。此本墨色與潘谷雅合，且失字處間有，真親賢宅本也。

前代拓帖，墨後微以駱駝油少澤之，其光可鑒，而無卵清膠黏氣。此本是其法也。

當時紙以澄心爲上，此非澄心，大似宣州。南唐拓帖，多用寸許直簾竹皮料，此江南拓法，今之作始也。米黻論紙極悉，惜不及作。淳化，局中人比亦稱匱紙，謖謖有聲，而薄若秋蟬之翼。此本非宣州，則匱紙之稍肉好者耳。

會稽内史一帖，云常將陟釐也。此公盡以庫紙乞安石，用不節蒙譏，恨不得數枚付知微拓石。

唐初字尚遒健，得晋、宋風。開元後，寖變爲肥。至趙宋，日趨癡重。矧以王知微之中識，兼以筆力緩弱，即日齊副爲勁豪，比之佩弦之義，然終不能自振也。臥王濛于紙中，坐徐偃于筆下，可以嗤蕭子雲。知微非不坐臥，然資禀乏之。孫虔禮一段迅快，故此帖位置無差，而筆意常少，校沙門老懷仁，詎隔一鄰虗塵。評云：「王著小禪縛律，安得大乘正覺？」信然。

評云：「逸少有女郎才，無丈夫氣。」就草書論耳。若真行，合居喫井水處第一。知微所收右軍，草體過多，真行不能什二。豈盛宋右文，平世不辦，黄金錢縣邵平種瓜門，乃不足知微撿鏡邪？草書置右軍第八，阿敬却第三。信乎天姿限制，即大王尚有低昂，談之縮舌。

《昇元帖》是南唐徐鉉等所摹，緣在淳化前，故名爲「祖帖」。余家有《澄清堂帖》，是豎竹簾楮，墨色黯澹，古香拂鼻，鐫手于轉使處時露鋒頴，遂令逸少鬚麋宛然如在。計知微亦曾見此二本，以資近昇元，乃摹採爲多，致傷肥重，大反澄清。對面九嶷，何必人理？技亦宜然。

《澄清》初不定何代本，取質婁江尚書。尚書以詢顧廷尉研山，研山大駭，以爲此南唐官拓的本，係賀監手摹，清潤天拔，品列《昇元》上。「徃入吾囊中，今流在中原，願屬邢君善寶之」。婁江公及廷尉兩篋猶在，恨知微乏吴松大知識，乃置《澄清》不擥采也。淳化再轉爲淳熙，不勝麄梗，雖致石又不及淳化棗材耳。濯錦堂未及寓目，東書寶賢一泒王孫面孔，煤秖熏人，衺堪葢醬。余家《十七帖》，似較此猶賢。

二王後彦爲王脩敬仁、羊欣敬元，于時號爲「王門二敬」。又有惠式道人。道人右軍彌甥，書法成其宅相。敬仁早世不足懊惋，撿十繙潘谷墨瀋中，無式道人半行，徒令來孫禿永異禩擅場，爲之短氣。

永欣師有兄，名智嵇，亦工八法。于時丁覘驤鼓二智間，略不多讓。記謂「丁真永草」，惜也不見。丁眉嫵，嵇似以快弟見遺。

衛茂猗女史卓然前，則皇甫威明南郡夫人尤爲踔絶，右軍郗夫人倡和于飛。凝之細君謝道韞，阿翁刑于愍公主所生，安僖后受指家尊。唐臨川、晉陽二主頡頏，金塗房叅軍室高媛抗行典午，知微冠紳念重，都不搜及幃廥，千載濟尼，言之神王。

帝王書多酸餡氣，方外書多蔬茹氣，北人書多怒强氣，南人書多攣縮氣。唯是不落積習，不囿風靡，嬌然物表。我思今古，未獲我心。知微供事内廷，曾與吕著作文仲、李侍御居簡道及此段不？

張伯英弟名昶，字文舒，善章法，奕葉清華，家風不墜，時人目之亞聖。即書《華嶽廟碑》，署故給事黄門侍郎者是也。姜孟潁、梁孔達、田彦和、韋仲將皆伯英高足，文舒鴈行。而末季猥書濫及，曾未留神後漢。知微，知微，地下汗顔不？

鍾元常、李太和、顔平原，多自書自鐫，于古所云致石也。此帖用木材，韓昌黎「棗肥失真」之語，若預爲今日證耶。以先代帝王之全力好尚之風流，而固惄數娑佗山，此正不可解。木刻，草書猶可，行筆則半露强割；若正書，僅具支體，肌理全非。知微當時何不極諍淳化隆準，令劖巖郭丹？

虞、褚、歐陽妙蹟，流在人間者甚夥。乃卷中收取僅僅，補綴艱難，即上古稀有殘蟲剩籀，不若此也。

齊匠斵輪，緜駒㩨籥，人巧泯矣，天則具焉。矧夫書爲六藝之首，庸可苟焉？入乎規矩出乎規矩，出乎規矩入乎規矩，始可與論水墨毫潁之業矣。知微在爾時作此大伎倆，恐未必撮會如余言。

鍾鼎欵識，瑑刻别有途。卷中尼父、蒼頡數行，觔骨不屬，法制未備，大與纂帖初指不侔。即起知微詰問，料亦不能對也。安得遠如袁倩、毛惠遠、沈識文、姚懷珍、李懷琳，近如米南宫、黄長睿者，與之緜購名蹟，汰擊是正，增益所無，令王著目爲忠臣。淳化洗其積垢，大難。

作者固難，識者更自寥寥。即如晉、唐諸名家書，隔坐數尺，余即能辨某某。子昂行押，大似右軍，然是元晉書，猶非唐摹晉書比也。卷中間有朱釋數字，乃停雲主人三十許時筆，精謹合度，竟寰中千億操觚人不能得其髣髴，余到目便了夙緣，葢與此公有合也。十策中兩爲轃入，是關中舊木祖刻，亦自具質氣。不如用厚料荆川楮拓潘氏本易之，不失買王得羊耳。猶憶甲戌余初登路時，粤西張羽王以漕務鐫秩係都門，臘日手一策淳化，周環觀之。一少年進賢，俄而入庭内，謂：「此足補鐫秩，不觀此何爲？」羽王荅曰：「此却干俗官什麽？」少年慙而退。一時都門轟傳爲咲端。在杭付淳化余，余題淳化若干則，安可令蒸食哀家梨者流輩見也。

①泲本文題無「跋語」。

澄清堂帖跋

唐、宋搨帖多①用北墨北紙，微以駱駝油拂之，潤而不紬，致足珍也。伏日曬書，偶從敝篋中得故陟釐數番，因命童子以吴懷梅小螺黛拓一十七本，并此一《澄清》，覺羅羅清踈，僅與定武稧叙隔一鄰虗塵耳。異日從王子廓中丞上谷覓駱駝油至，或當頓還舊觀。

①多，泲本作「悉」。

評澄清帖

諸書評中，或謂「澄清」，亦謂「澄心」，意「澄心」是誤爲紙素而言，要當以法帖見本爲攄耳。太倉王鳳洲先生近以書來，備述上海顧廷尉盛稱此帖道：「的是南唐搨。元以四十千爲人所購去，則余喜減朱提一流矣。」行年不惑，久忘晉人結法，留以俟兒曹，想當有庶幾也。

又評

詳觀此帖標目，似不止羲之一人。想年久霜裂，凑合取成帙，便撿藏耳。按《襄陽雜記》，董良史，江西好事家。是本圖命宛結，當是其齋中物。

題家藏宋搨澄清堂帖

四明豐南禺口津津道：「賀知章草書得晉人神秀，已亦往往摹之，未多見也。」此帖傳出鑑湖臨本，銷峭環桀寓于綿密之内，諸王氏拓刻盡在下風矣。辛卯人日，天昏作霾，意致汶汶。因發綿綈什餘重，摩娑喜即頂一再覽觀。旋令家僮煑天池雨前茗，啜漱久之。長安五侯門，此際燎炭，開内法罇，呼笙歌敵寒，應咲吾曹冷落生涯也①。

①以上題澄清堂帖四條，及收入本卷《淳化閣跋語》中的「澄清」一節，沛本總題爲「澄清堂本」。

十七帖跋

此唐摹《十七帖》，虛和閒適，若挹右軍指腕而對右軍眉宇也。摹石出自余懸椎，絲髮惟愜。蓋近臨晉人書多圜熟傷肥，而此獨骨肉匀亭，時露鋒頴，驊留足下起一點輕塵，不似四蹄雷雹黄埃撲人也。原本爲蘭溪相公重購進御留在人間者，此數娑佗山耳。後百餘年，當以十千享之。余非過作狡獪言，物固自有直。

題王弘宋搨帖

按逸少爲休元弘從王父。弘書儻蕩雄快，流采遒越，真是不愧家鷄，何論野鶩。史稱弘書「翰儀體」，後人依昉，良爲有據。而《書林譜斷》略不經見弘姓名，無亦爲文昭勳業蓋之耶？弘性度褊隘，少時有公城子野之戲，史都載此。而臨染之家，竟不搜及毫翰才，乃生妒耶？果妒，當先鍾索，及弘父祖洽、珣諸君矣，此不可曉。

是卷紙墨黯澹，極得晉、宋指腕靈和之致。即老京模搨，小傷直置，尚具優孟典刑也。京兩世名能書，不以豪侈姦邪掩，而弘乃幾成挂漏。賢不肖在秇苑間亦有會厄，寧須疑或者哉？濮陽李司徒，吾鄉先達，久占京師輦轂之藪。其所收藏甚富，印記爲「奴檜堂」。裝池妙好，不在朱恭傕下。今已蕩然流散，卷帙畸零，殊堪太息。此卷幸歸文仲，三吴文獻當不至一博劚錢糊壁也。文仲誠佳士，其保護之。即世爲張氏《天球河圖》，自可人弓人得之，喻不願文仲聞之耳。

是年戊戌二月上澣，余病怔忪，手執不律輒顫，眼眵如膠。重違文仲勵請，乃彊勉題之。

題定武蘭亭[1]自藏石刻。

定武以玉兔金軀爲證，此不足證。證當以拙如椎，含蓄如瑣窓處子，一字一换，轉禿毫之致可掬也。此本柯丹丘家藏，余以三十四千得之，王子廓用四十貂皮易之。

[1]沛本題作「蘭亭本」，《沛園集》不分卷本作「蘭亭定武本」。

題潁上脩稧序初搨本[1]

嘉靖八年，潁上邨民畊得此石，送縣治。縣官都不省視，送之學官，學官益復不省視。齋夫移置鄰壁磨房，凡來磑者坐其上，真若明妃嫁呼韓，有餘辱矣。逮丁酉清明，孔文谷先生涖憲此邦，聞而索之，亟屬姜尹龕諸明倫堂中。黄庭另一石龕左右列。此本搨法不減周藩東書稧序初拓，墨光如漆，何必李廷珪、潘谷乎？

[1]本篇沛本收在「蘭亭本」題下。

跋蘇歐顔書[1]

四明金君維垣，白皙清温，雅多才秇。居濟遊于象賢先生子新舍人之門，所謂粤璣出疆然後珍耳。是册具八關七參家廟參，浸浸尚書箑羽抵掌。至于致石嫻娍，遂不減伏靈芝、黄丈，試邀維垣擘窠大書之，政何必《中興頌》、《東方讚》乎。濟上二公，其尚借其天風。仙鶴，技迺至是哉。大梁左生自詭爲：「吾世平原終挾傖氣，要以獻吉青雲故。」異時磨崖十

①書，泲本作「册」。

題新城王太公集古書

粤自生民代謝，京夏改遷，府庭化爲狐狸之窟，城郭蔚爲熊羆之宿。其不朽者，麗牲中闕之珉，執扇乘馬之砥已耳。桓臺太公，名德奕奕；山陰相公，名章燁燁；歐陽率更，名書卓卓。隧門片碣，遂成三絶。互發相重，葢將不凌矣。董恢圭首再盛于瑯琊，孔宙螭環復輝于聖代，桓臺其以王氏鐘石重耶？鐘石其以桓臺王氏重耶？

子廓既勒吴門、山陰二師相碑矣，會稽之蹋翅復飛，潭州之白骨再肉，無论家乘，秋林有力焉。兹更用伯施書集，填太公傳文，文爲江夏郭太史筆。立言沉粹，若登太華，百盤九折，委曲而入杳冥。政與虞書相發，負兹二妙，斯足不脛而走四裔也。吴生應祈今之諸葛神力，與子廓致石不辭勞勩，因並紀之。

文皇牙慧，會稽手腕，静藏勁鐵，懷仁柔翰。碑爾《聖教》，千古絶塵，疇克嗣之，公子振振。振振伊何，中丞子廓，祖德梓如，雄章焕矱。鈎填響搨，以假名書，右軍九原，泣其亂渠。大雅勒碑，趙模削柹，張翥跌趹，爰齊轉使。發岷唐釋，委閩中丞，良技六之，猶燒

藉芀。司徒不刊，少師有赫，萬億桓臺。

題董太史字卷①

僕生平見玄宰真蹟幾百種，此卷大有李邕、徐浩風。雖小下晋人一等，總之名世業也。是日廣川刺史北卿先生饟至，彩毫遂濡墨爲題此。此時波撼河樓，不減岳陽，惜筆勢不堪作敵。

①泲本題作「董玄宰書」。

題沈石田畫

啓南先生畫法高一代所爲，闊幀巨軸，位置穩密，水墨淋漓，天工人巧蔑以加矣。宜吳閶光價登伯虎、衡山上也。此卷都昉董北苑，長且二丈許，靡一筆不愿。可頓之米家船，恐蛟龍攫之而去。北卿其善有之，勿令向日禁臠臭。咄咄，傝人合作，旃檀供養爲得。

題蘇東坡墨竹贈王濰縣①

文與可謂：「吾篔簹一派，近在彭城。」彭城，子瞻也。子瞻則謂：「與可到處爲公作記，作贊，備負火下，亦合剩得數紙。」葢指與可墨竹只得一兩竿，未及屬厭也。彭城遊戲寒梢萬丈鵝溪澗，最得湖州三昧。而其文章氣節，不翅過之，故宜流傳久遠，坐享百金耳。子瞻之贊文竹云：「風篁雨籜，上傲冰雹。霜根雪節，下貫金鐵。」其子瞻之自道乎？周伯温之贊蘇竹云：「翔鸞展風翮，老氣横几筵。」其猶湖州之道彭城乎？子瞻又云：「咲咲之餘，以竹發妙；竹亦得風，天然而咲。」歷劫迄今，吾與夷門君復遞相軒渠而閲此也。

①泲本題作「蘇東坡竹」。

題趙子昂畫

榮禄公膚如瑩玉，神比秋泓，以故點筆囱間率多幽致。此卷踈木叢篁，穠縱獻態，與片石相爲掩映。風流楚楚，政不在多，無亦魏國仙姬衣紫半臂，呼茗對啜。已，復倚水晶宫檻，納罨畫凉，颸于時徼，榮禄作此耶？榮禄他幀類多重巒厚嶂，采翠爛然，此乃獨標神秀。西子未嫁吴王時，都謝鉛華，衣白苧衣江頭浣紗，則庶乎近之矣。

惠泉銘跋①

自昔名能好事家斠清挹碧，甲乙互騰，而惠泉品第二，不少低昂。天一之精，此爲甲勝，寰中灼然甚矣。夫澄潭展鏡，玷絶秋毫，可爾清泚；味侔醇醴，寒冽齒牙，可爾甘香。淵源太湖，一瀉千里，其本深矣。趨走四垂，鉅盂脩綆，厥用弘矣。至淡而芳酸以和，至潔而茗飲不滓。濯錦方于蜀浪，灌晦埒諸皇陂，厥變神矣。水哉，水哉，其取于此哉！幼于一世鴻流，衡門樂泌，口躭心翫，神理會焉。非夫置疾遞于洛川，較流沫于舌本，徒以供荒淫之啜嗽，佐幽奇之談抆而已也。余非任育長，不識茗茶冷熱，倏然孤澹，不撓不澄，則于幼于矢諸晚歲，其可乎哉！

①沛本篇題作「書惠泉銘後」。

題羅伯符秦國入宮圖

此《八姨騎馬入宮圖》也，何事不着七葉冠來耶？其姿其艷，綽綽風舉；其妝其飾，盈盈雪廻。五花拖沓以助嬌，小髻便娟而篬隊。濃深轉澹，矜極似憨，王孫好手，幾于貌生矣。嗟乎，此禍水餘瀝也，而丹青鄭重如此！勸百風一，古人顛有遠旨。若作帷廧聲酒間觀，不如碎却。

題趙子昂真蹟

白麻陟釐，臨郭蕆玉。枯槎隃麋，滲膚若沃。既醇且綿，亦温而栗。側而視之，厥肉斯倍。典午規橅，李唐趧趚。並栖兩雄，摩空雙鵠。維妙肖形，微芒秒忽。墨池風流，千鈞一髮。我儀古人，疇則咄咄。有宋王孫，趙家松雪。

題汪明生手卷

黄平倩太史書雲門法語，書從手中得，義從胸中了。謂「太史自造法语，却自書」可也，謂「雲門自書自造法語」亦可也。平倩作詩即雲門作語，雲門作語何必非平倩作詩也？而曰「借此銷詩淫」，不幾于多此一重公案乎？明生胸中，元不惹半點塵，若白水陽鏡，無煩清鉛；白氈盪磨，力即作詩。固是平倩作詩，亦是雲門作語，何淫之足云？平倩計日且還朝，試以相質，當謂：「邢居士是學佛作家也。」

題王相公書

太原相公書繇《聖教》孫虔禮出。大是書家，而靳不與人書，此其爲州大夫今觀察韓公書。初覺風骨凜然，久之頓成嫵眉。太原一瓣香，真爲韓南宫。

題元人胡馬圖

元人多作《西戎郊馬圖》，此其矯然者也。深目胡兒，被毻毦衣，用黎單裹頭，與驥足相狎，馴而相忘，足徵彼地國俗。馬是駃鵦叱撥種，庶幾四蹄雷雹，一日天池者哉！枯槎在野，銑然懔慄，寒鴉數點，似掠似窺。情景宛其在目，布色大類天水公。素亦滑膩，非市機織。璠璵自可不必究某山某璞。

題出師頌

章法余自饒爲之，但無百日功耳。明春欲移居西齋，發一勇猛志，當令柳葉畫墨也①。

①沛本此節置本卷《題湯翰林千文》（沛本題作「章草帖」）中。

題吴文定書①

匏翁吴中前輩，行誼擅絶，不直文翰之工爾也。書法法蘇學士，濃顔厚面，祛去吴習，亦畢竟趙宋本色耳。超箸實難。

①沛本題作「吴匏菴書」。

題湯翰林千文①

史游，漢黄門令，作爲《急就》。杜度因之，傑有骨力，而字畫少瘦。劉敬王因之，變法加濃，而結搆工巧。張伯英因之，遂造其極。世所傳八月九日，是其法也。崔子玉灆觴于草書，取奇于漢帝。崔寔箕裘克紹，以逮羅暉。趙襲衣鉢，錚錚并名。此道解解相遞，厥有定評。

羲之《急就》二卷，古法緊細。獻之白父：「前人章草，未能宏逸，極草縱之致。」蓋微嫌前代笨鈍，而亟欲更之也。

王廙是羲之從父，羲寔從廙受章。郗愔章法，亞于右軍。永初竹簡，韋誕《八月》，皇象《文武》，索靖《月儀》，羲之《三月廿四日》、《豹奴》、《子敬》、《荆川》、《自餘》、《孤不度德》、《亮白董卓》、《七月廿六日》，曹子建賦、蕭子雲《出師頌》，悉章草法。

梁中書侍郎虞和書評云：「章書書秩中凡十五卷，今散逸不復追尋，良堪短氣。」

①沛本題作「章草帖」。

七才子入關圖跋

眉山老書生作《七才子入關圖》，此其例也。畫爲王元通，是以字行。少師李成，爲人豪逸自負，每畫竟，自呼「奇！奇」數聲，蓋䟆跋于丹青毫素間者。畫繼目爲滄州人，行筆設色，有噏吐九河之意，風氣能助人哉！曾見程純老所藏李營丘山水巨軸，此正其法。付授之緒，的然不爽。寸縑尺幀，談何容易也！絲理縝滑，即小甂敗猶如截肪。前代事事不苟，類如此。

跋王若水畫

甲戌，余初釋褐，從婁江高氏張復壁間見王若水《秋海棠》一枝，上棲白頭翁二，深鈎淺渲，真逸品也。此軸艷冶中見澹致，肖似處去痕態，骨韻兼絶，工士兩擅。源自富燮、夏奕來，不直師承黄叔要、趙榮禄而已。公名淵，錢塘人，都不作浙派祖。余有揚邁金，定鑄此夫。

題趙子昂真蹟

文敏平生規榘右軍，即大令，中寔不伏，此榘都從《聖教》、《蘭亭》幻出，而微參北海《岳麓》。余也褎中一瓣香，端爲曾南豐。

題德州牧邵北卿家慶圖

此德州牧北卿大夫《家慶圖》也。北卿以藝林才士藉典方州，其政德也，以德政者也，有才而不衒才也。潔身狥衆，嚴使人愛，寬使人畏。蓋聚德萬億，驩心以享北堂，北堂樂融融也。非徒以五鼎口腹養也，以德政養志焉者也。貴至方州，及于北堂，良食且志養焉。郁都甚矣，北卿功名遒上，荷天未艾也。北卿，成其爲孝子也乎？

題趙文敏畫竹

齉材今聚彭城，此文、蘇一段佳話。偶觀是幀，宛然二老家風。榮禄遂饒襪材哉！僕亦近師湖州。

題錢罄室畫

錢徵君書，帷前後悉翠竹碧梧，大與胷中丘壑相萸發，故瀋墨爲圖，居然玄勝。此卷規倣吴仲珪，淋漓蒼莽幾奪化工。人品之高，師法之古，具見之矣。刺史邵公雅寶愛此，即訙牒盈前，神游爾馨，不少置箇中人，吾當把臂矣。是日醉公酒飽，公德行至十二里莊下車，爲寫數語。公退暇才展，猶河間生攢頭磕額商搉《風》、《雅》時也。

題王雅宜墨蹟①

王履吉書，元自獻之出。疏拓秀媚，亭亭天拔，即祝之奇崛，文之和雅，尚難議雁行，矧餘子乎？余三十許時寔諳此法，久之易轍改途，茫然故步，殊不任年華之感也。此軸陽丘銓部胡公家藏，神明焕發，校别作庚覺精嫺。若無論世代，真可登子昂上估矣。百穀向余言：「履吉品清夷簡，貴烏衣龍鳳儔。」拊今念昔，願執厮役于斯人。

①沛本題作「王雅宜書」。

題趙子昂畫①家藏石刻。

湖州之竹，真而不妙。彭城之竹，妙而不真。湖州疎疎密密，彭城不密而疎。二君直氣凜凜，是以筆底勁多和少，森然劍戟，瑣囱猗儺無有也。子昂此幅，于至和處見筆，至峃處見墨，未嘗不勁，未嘗不疎，所謂瑤臺緩步，羅綺驕春，或足擬之。余家舊藏管夫人《蛺蝶》一枝，猶之芳天和暢，麗人臨風蟬褏，醉嬌嫋嫋，殊不勝情。此花此竹，差足當榮禄朝囬，仲姬衣紫綾半臂，援甌酌茗，嬛姗相盼時也。

①沛本題作「趙子昂竹」。

題詹鵬翼小像

千里無契需萬里當，何如退筆十簏繙一桸。鸑鸑嗛嗛，敦鼎恢恢，縹緗之上，緗蕤栖自我，不樂將胡爲？

馬鏡石像贊

端靖鴻麗，則泰山之凝立，八九雲夢，則合靈襟而呑吐。以出入筆捩天花，蹴踏文士而斂之。若無佗技，坐鎮邊庭，不煩繒疋而虜部輸誠。陋彼幻茅，開府建牙，佇厘乎丹扆。公方偃曝南榮，咲捫蝨蟣，槩其平生，不進而退，不駛而遲。知白守黑，竟占九枰之勝，如今兹者耶！

弟子頫像贊

渾金樸璵①，不露以儲。裾裾遽遽②，表衷之餘。我人待糈，人我寄廬。藝攻礲諸，靡盈以虚。是所謂大器晚成，至德必世者歟？

①樸璵，家乘本作「璞玉」。
②遽遽，家乘本作「蘧蘧」，是。

讚雲中君像

玉珮輕擢，皓腕微攘。神光離合，迺戲乃翔。仿偟徙倚，玄翳彌長。芝言託詠，欵嘯楊芳。步衡拾翠，悵立南湘。流波信美，誠素無量。

王羲之像贊

身貌亭亭，玄靈引氣。恬惔精華，尺宅可治。法海四達，觔骨血脉。落落玉虛，千年反魄。童子服伏，丹樓俠日。道士仙人，忽入我室。遺像在圖，徘徊瞻佇。染跡猶龍，永無涅滓。

達觀

既有聖泉，亦有盗泉。泉無聖盗，恠爾學人，强生分別。若聖若盗，舌本無二，强生分別。一心慕聖，盗何從起？廓然無聖，有愛則二。恠爾學人，强生分別。渾身八萬四千毛孔，一浴聖泉，滋垢彌淨。非泉淨體，我體自潔。非體自潔，本來無垢。寄語達師，覷破兹義。詎無聖盗，亦無水泉。天一寥寥，合掌嗒焉。

爲張元平題

眉山神奇，遊戲翰墨。咳唾縱横，軒渠裂眦。惟此兩端，匪關大致。峻節精忠，兼是不器。譬薦大羹，頒厥鹽豉。譬列法筵，先厥揚觶。雲從霞旂，風輪電轡。片帖千金，市價不二。洋洋清潁，一行作吏。點筆題詞，展也佳事。書軼前規，詩晞往驥。蘇、李雁行，王、顔赤幟。幸不鑱錢，詒厥在笥。馬坊城中，光恠日熾。元平儒俠，力可活楹。遂令蟲魚，訖此奰屓。輦歸湖頭，不辭重縋。廉石可師，奚愧有位。

演盧士深妻疊言

虞世南《史略》云：「北齊盧士深妻，有才學。春日以桃花靧兒面，呪曰：『取紅花，取白雪，與兒洗面作光悅；取白雪，取紅花，與兒洗面作光華。取雪白，取花紅，與兒洗面作花容。』」伏睹呪言，葳蕤敏妙，何云蘇氏之機；圓轉周遭，不減相輪之巧。且桃花靧面，人面解作桃花；春日弄兒，阿兒盎然春日。六郎翻似今日門中，夭桃判作存丁[①]。湯姣崽移來樹色，曰余不信，君其問之永興。

①存丁，萬本剜削，據崇本補。

程君房墨讚

陳蔡圍中之甑埃，爾鼻祖也。上黨嶺際之松心，爾正嫡也。至今雲来居歙，偏滿遐遯，繩繩詵詵，攻苦淡轂。墨子之世，其官不貳，其職不溺者耶。

二千卷之黈乙，汝之以；長楊獵之夸詡，汝之以；公輸氏之染削，汝之以；相國寺之鬆塗，汝之以；大宗師之寓言，汝之以。嗚乎，此五墨墨，非夫晉平公之墨墨也。

其質，則墨石之霏屑耶。其膠，則墨牡之膚傶耶。其水，則墨業之濫泉耶。其巧，則墨翟之飛鳶耶。其亡幸，則墨屎之亡賴，以殺其真耶。

高奴之脂、盧龍水二物，君臣劑。玄髗天章，沈郎解厥理。有斐其文，代劂剞。疇譜汝陳玄，署汝客卿也。磨硯不犁，舐筆不稽，箸紙洪，潤以黳，是所謂四美既具，潭潭文府相待而成者也。

又

邵安與朱萬初帖，曰：「深山高居，爐香不可缺。退休之久，嘉品乏絶。野人爲取老松柏之根枝葉，實共擣治之。斫楓肪羼𥡨之，每焚一丸，亦足助清苦。今年大雨時行，土潤溽暑特甚。萬初致石，鼎清晝香，高齋蕭閒，遂爲一日之借，良可喜也。」萬初本墨妙，又兼香癖。葢墨之與香，同一關紐，亦猶書之與畫、謎之與禪也。

幼博①燃漆成劑，遂一時光價幾成墨妖。余誚幼博墨劑乏香，幼博誚余：「墨有墨香，即蘇合贅焉，矧夫龍腦？」余復謂幼博：「今日墨爲政，胡弗自後香並爲政乎？然香有至韻，沉水栴檀非品也，雕房綺閣非地也，肥肉醇酒非主也，傖儈邋遢非客也，勞薪獸炭非弃也，淪肌撲鼻非賞也。狎湘而將身臥，淚颸送微熏；鬭蒴而借舌清，魂烟凝弱縷。或無見鄙於萬初爾，幼博有意荀令君，余將霑匂三日。」

①幼博，泲本作「程幼博」。

墨談

方于魯墨擅名歙州，當以色澤規橅取勝。磨之若糨，有香氣無墨氣，所署非烟寥天一，殊謬不然。左司馬公差愧太玄氏董狐。

三十年前墨止和劑成餅，不施文采，貴在草細烟真，膠清杵到。即無香料，汪汪池腹間作清泠觀，舐筆不膠，入紙不暈。今製一取古文奇字、篆籀填銘、鼎敦饕餮，神恠千態，花木蟲魚，幻象百出，妙奪化工。即皮相之髹采可鑑，梔表蠟裡，無益文苑，有慚上玄。

今三四十年，故家所藏舊市墨，翫之如枯松枝，略無容華。磨之欝勃起藍烟，不深黑。和汁餘升許，都如止水。豪端滑脱，落紙清潤，惜不多得。

羅文龍墨，是豪游中哲匠。金相玉質，水煤盡屬上；清高華鮮，令別作妙觀。空青水碧，木難珊瑚，一笏之費，價抵連城。

僕十五年前于都下得一挺，署記爲辛亥，政與我生之辰相值。此三十八年間，閱幾家梅月幽香，迺落余手。彈之鏗鏗作金石聲，色理闇然，鑽之彌堅。即煩博浪一擊，不能驟碎。然亦不欲研磨，寶若軀命。再三十餘年，擬作河間壙中殉，不復令從世代間磨人。

余姻家齊河尹大將軍，一日談墨，即從秘緘中取一丸見遺，謂爲胡元時物。兩首作鋭，重可三兩，醇黑，無一字欵識，第絲絲起髮理。太樸中最含光恠，似北地松煤劑。想易水耳孫流在中原者，差不失彌祖北法耶。顧家婦清心玉蛺，正何必黛眉鈿額，迺始爲佳。

吾鄉孟大中丞好藏書墨，一旦朝露，便爲里兒攘取殆盡。聞有一挺，爲新安朱紫陽先生欵，是趙宋時物，不審作何色象。計今不爲邨舍女兒畫眉，則爲塾師小童塗鴉。千年尤物，顛至失職，何但中郎竈下桐焦。

見江南奉使大璫製進御數墨，多龍文采翠，表冒黄金塗，中用珠粉金泥、龍腦麝臍。色奪朝曦，芬溢九竅，如内法醞，濃郁饒舌。然乏荷露清遠韵，朝堂高貴不比寒松居士，墨亦宜然。

松江製墨挺作薄片，多署龍香劑，磨之汁清，起重嵐，不甚深黑。比之士品，則逸民之儔。

有墨德，有墨才，有墨韻。太上重玄，匪石而堅，入水不漬，着手不污，德也。小而片研，大而巨斗，譬之飲河，無不具足，捺管蠅頭，拓箒方丈，利可截紙，汁堪入木，才也。黑擬點漆，翳若浮嵐，澄乃秋水，泛則天花，水煤結其氤氲，木石鬱其爛熳，韻也。合此三者，致足爲墨。卿解嘲，乃知隃麋茱勛不減凌烟。

墨欲至實，實則烟沉。墨欲至虚，虚則質清。實實虚虚，既沉復清，是曰墨神。

松煤不膚光，桐膏太骨露。要之，松煤則君子闇然，桐膏乃文士符采。

研發墨猶之錐利木穴，墨磨研猶之水滴石穿。剛柔相制，齒落舌存，物亦爾爾。

墨，月可盡一笏，筆半之，研可建雲仍，三者功力悉敵。世間夭壽不必程能課勞，當自賦質有差。

豨膏墨不知從何作始，見今歙製墨銘云爾：「僕不深知墨法，第以臆測，恐豨膏不能取汁清，想以釉勝耳。釉勝非墨所繇得貴也，鹿角作膠，從來稱尚，何渠不辦？此廼辦豨膏，抑亦宰夫多於捕鹿人耶？」言之可資嘔噱。

余托同年友巡江孫侍御爲製數墨，云是受方氏方略，磨之糊筆，不堪作一字。百計爲墨，原不可得，貯之四年所，卒無一當。又從年友牛觀察得數挺，愈益不任側理用。然獨新樣可人，不欲棄置，因自失咲，非真賞流。

于魯墨滿天下，聞亦能走四夷。想必手與世代低昂，此猶末季烏衣中僑畛耶？倘亦別有秘合，獨爲司馬公出一辦①香，故司馬据實標目乎？北士局曲井蛙，不免爲墨氏司馬氏揶揄。②

①辦，當爲「瓣」，崇本作「辨」。

②此節文字，泲本較萬本多兩段，録於此：「方氏祖孫父子具足古法□羅文龍遂作豪遊中悊匠，何必前代蘇合製也。方于魯紹諸方中崛，雅道□心，流瀋清潤，幾揮明朝絶技。餘雖各競，未是當家耳。」「有徵余書者，令持一螺半挺以代鵞羣，久之古墨盈筐。彊效人製豹囊明光錦，諸件別貯之。一日有知我者，當爲立玄晏先生傳也。羅小華舊合雖聲光奕奕，尚不及今中駟，不審何説？」

評墨

研尚端州，近則龍尾。墨貴奚潘，近則羅小華、方于魯、程君房。紙則澄心、鵠白，今則剡藤、玉山。筆重宣州諸葛派演，吴興張廷錫、陸子復等俱佳。

筆附①

頗憶李唐筆工用羲之法製數莞筆，餉柳誠懸。誠懸大恚，謂不中揮染。工人復依今製重饟，柳乃大加稱賞，遍爲延譽。工人夷然不屑，遂用是定右軍、誠懸光價。良工苦心，亦大高識。大較魏晋間布豪如鐵，一味整健。下此便取隨指腕柔調，安得字裏銀鈎？僕私自語：「世有辨筆人，迺能辨書。談何容易！」

①汭本「附」作「論」。

跋紙①

陟釐，一名水苔，亦云鹿苔，原藥品，古用以造紙，遂號紙爲「陟釐」。轉訛爲「側黎」，再轉爲「側理」。紙名陟釐，至今相沿，翰札中都辨用之。羲之一帖，常將陟釐也是道藥。余借此儁語作紙，爲言非誤。

①沛本題作「紙説」。雜著本此條附本卷「淳化閣本跋語」後，末有「侗跋」二字。

古鑑銘

絶照覽心，圓輝屬面。藏寶匣而光掩，挂玉臺而影現。鑑羅綺于後庭，寫衣簪乎前殿。

漫題

僕七歲能作擘窠書，先侍御公勿善也，對人云：「早慧非福也。」又六年，作雅宜楷書。越春，鄒督學洓齊，取僕弟子員。謂：「此兒文筆，當以古作擅場。書法有前輩風。」先侍御公亦弗善也，謂：「駒齒未成，徒益此兒，過耳。」及登第，年廿四，長矣。殿試，卷雜用沈度、王雅宜、趙榮禄數千言，一字無遺。從今少師見之，頗驚駭，謂：「徐淮以北故無此。」乃竟不知何説落落三甲後半，末餘五十許人耳。先侍御咲相謂：「兒今日真所爲命也，夫吾所望汝者，今日也。而向未啓齒言也，少慧果洩機減福乎？」又向親友大咲，乃已。

來禽館集卷之二十二

記

歷城陳令君爲李于鱗先生立嗣置田記

于鱗先生厭世且三十年所矣，其子駒，後先生十年奄謝，二胤子又相繼無幸死，于是葢代哲人幾同若敖，分觸食于蓬丘之上。所遺諸寡婦人二，稱爲先生巾櫛媵一。則駒者婦，卷婁浮寄于西郭窮巷間，僅僅比下傭，汙邪數晦不足供糝稗。三孀吊影，夜覓少膏，爲人作出嫁衣補，藉小餬口。而其期功疆近中表姻婭之屬，率亦滅跡，無與通往來。女子之交，脯棋永絕，遂令先生一抔馬鬣，荆棘等身，經禩無椒漿之奠，歲時祊寢廢罷可知已。往往動輪之賓踵接濟南，惟相與嘆先生無家無後，付之無可誰何即已。吁嗟嗟，可慨哉！

上谷陳君采，居平脩業，制舉而外最好于鱗先生書，且亦微聞先生無家無後狀，心竊竊念之，謂：「一孱書生，何自而据惠施、鍾期之位乎？天若悔禍于于鱗。」陳君迺成進士，令歷城。下車旬月，即擬爲先生後。聚族僉同，得先生諸弟成龍之孫、世茂之子，甫六歲，于先生親則從曾孫。令君手疏，告先生肇錫嘉名，曰：「嗣爲之要，月賦囷數斗，歲給布數端，以急此兒。」三孀一日而見丈夫子，更遞爲洗沐，喜若撤蔀望天，而數十年彷徨瑟縮咄咄地下之老，遂一日而稱人祖，異哉！

居頃之，令君又心竊竊念：「此不足爲嗣没身計也者，而能爲于鱗亢宗計也者？」迺蚤夜盪胸蒿目，而精爲籌，曰：「非宅孰竟厥居？非田孰竟厥食也？」因謁臺上記，一時臺監郡俱誼令君之指，有請必從，爲購仙臺百畮之産，宅亦稱是，計費一百八十千。又爲葺其窮巷故敝宅，迺茅迺墁，不憚指麾，計費三十有四千。已，又爲嗣課小學讀。已，又爲議婚。令君之爲此也，不沾世俗，捐損俸緡，名第調會。計經費之餘，取羸自我，而靡所病帑一錢。嗣及有田有宅，易下傭之處而席八口無饑之業，三寡婦亦遂有家，于鱗先生自兹魂有守主，墓有時祭，一惟令君是憑是依，令君之功鉅矣哉！

有唐李白有子伯禽，後白死，禽子孤絶，二女子流落農瑣，視于鱗今日正等。爾時范觀察傳正爲白朽骨圖，亦與令君同意。而令君惘然視力俾于鱗，無子孫而有子孫，則更勝之。葢代哲人獲與繼絶興復之義，以快詞林而光士胄，此實天壤一大事。

惠施、鍾期之位奪諸吴門，予之上谷，蓄于海内。同袍之素而酬于官下，後來之彦益以見于鱗之道大而斯文之不墜于地，人勝劣天，于志足證焉。

某以事如濟南，得諸薦紳士輩之談説甚晳，歸而一夕爇燭爲記之。然非令君意也，儻亦天下後世薦紳士輩意爾。

逸事

參知馬叔先逸事

叔先行履，其長君茂才摭拾幾盡矣。余不敢複舉，而臆其逸一二。

先是乙丑，言官豪少年某用中黨指持元老申公甚，其所用持以山陵故，曰法不當相冢書。所密疏極危，臣子不忍言。旦日疏且上，而叔先一夕遉伺得實，躍馬夜過少年所。佯醉，批其闔，迫少年者前曰：「勞苦諸君，申公宜當何法？吾聞之，天子以天下爲土，山陵之役天且卜之，吾曹非堪輿，安得以相冢一字書而危相臣，搆宗社大郤耶？公等且休矣，其以酒來。」遂鬨飲至旦，少年者慮事洩不得行，而申公乃得枕高矣。

丙戌丁亥，叔先先後主内外二計，先事颺言曰：「其不怵無耻而酷殺人者，毋貣；其外飾名行而中實陰賊者，毋貣。」一時名士用挂誤株連岌岌累丸者，悉不坐。葢所陰隲善人實多，而同事刻深者流，自是愈益不醳公矣。公居朝亢爽，一切不爲骫骳，即僚友間履屐不當契，輒面繩之。至有異人私僚友，則又過暴僚友長，不令僚友知。久之，或知，愧詣公，而公遜謝不自居。用是公之意氣徧京朝，而依公爲左袒者，藉藉如雲。公某都諫公懼乖風，素不爲采衣重豆，而對賓客則率進美食，碁酒留連，務令人人得意而後已。其獎成後進，推轂流輩，無論齒牙不惜，若將傾身焉。而急人之難，則又傾橐以爲常矣。

今御史大夫李公，往以撫中丞與公共涖淮。每讀公爰書，即公風議而歎曰：「馬君少年，即古稱鼠獄雞碑者，其才識胡有也？」凡爲其郡縣屬，無不惴惴。上記曰：「此版胡任馬公荅。」至所馭郡縣屬吏，如麻城周君、烏程朱君，則又平揖而下之，曰：「公等才氣竟當十倍曹丕，我何敢以一日惠文而慠若曹？」及意所不可而憑倚奥援者，則又奴隸叱之，不少假也。

邢生歲前聞訃而走唁之，出吴橋。吴橋老人道伺邢生而歎曰：「此必吊馬叔子。叔子而逝者，吾曹將不燙。」又數里，邢生井而憩焉，汲者婦啞啞哭聲曰：「此必吊馬叔子。叔子而逝者，吾曹將不績。」吁嗟，嗟乎！叔先胡以得此于鄉閭百里間哉？

叔先五丈夫子，皆玉立，不隤其家聲，强半爲時鴻儒，視進士舉如持左券而旦夕折也。其所平生交與，盡四方瑰偉大度文章節行之士，故先後爲兒女子姻家，無一不閥閱高門者，此其大致可覩矣。嗟夫！山川敗精英爽見，夢我言而在其萬一，名世泚筆而采焉。

呈詞

上黃撫臺呈詞

竊照于文定公扶輿間氣，昭代偉人。蚤起譽于聖童，咸預占乎國寶。齒當舞象，書涉等身。尋及採芹，詞驚破浪，萎萱感露。時屢晝莲之悲，掩袂扇泠；日切靈椿之供，歡荆共被。同氣叶音，推孝友于髫年，取魁名于總角。迨登甲榜，爰柬水天，親十載之講幃，輯兩朝之實録。南宮南國，樹多士以如林；倡義倡倫，諷行喪于大相。忤時不悔，脱屣如遺，以至炙手權消，籍家議起。于時門故掉首路人，而公獨抗志上書，誦言司寇，乞保垂耄之母，力捄斲棺之苛。累牘連繙，人傳户説，正直忠厚，近古所稀矣。

復藉法筵，洊登宗伯，持藩封于政府，諍國本于聖人。屹如山岳之不移，竟致麗明之有耀。道行身隱，人顯我藏，築室東郊，戢身四壁。國故朝常之益練，七略四部之彌親，恨少人間未見之書，養成天壤所無之業。衹怡情于殘菊，豈有意于樹桃？而及門者户限將穿，執經者口吻欲裂。公爲叩兩端以不厭，敷四教以達材，悉稟洙泗之傳，用造縫衣之輩。東人未嫻聲韻，公更一意鑪錘，亭多識字之侯芭，堂陋馬融之絳帳。葢仞靥之新都養，浸以掇名；

藥籠之舊木參，佇觀拯世，此公得人之明驗也。

公爲德鄉閭，若躬創鉅，憫齊民之溝壑，恒嵩目以調停，敢云分政所司，聊以厝安吾土。均徭役而便本邑，沮洳詎止百步之間；酌條鞭而及大東，河潤乃周九里之外。比當河漕鳩僝之日，更極賑貸蠲卹之謨。當事受成，萬人仰頌。所尤難者，有官鼎鼐，無地樓臺，産不及于中人，門未施乎行馬。設賓才足三梧，自奉僅充一飽。終身友愛，營三葬而兼恤諸孤；九族睦敦，迴四封而其還大讓。間有罔人振觸，惟曰「吾第忍之」。至于郡書邑志關切風猷，講牘詞章補裨文獻，此又生等飲河一勺，望洋無際者也。

頃者蒲輪走郢，司馬如京，九垓想望太平，一日遂成捐謝。用史魚之尸諫，動衮蜼之生悲。眷言優渥之恩，已極泉臺之寵。而生等顧瞻無所，俎豆興思。竊聞歷下殷文莊公業有專祠，其家疏請勑建，下部覆議。德平葛端肅公，亦有專祠，久蒙兩臺批允，署扁表楣。而德平已允春秋二祀所有祭品合用，一切久入正支，徵辦可查。今公長男官生于緯情，願自行營建，不擾官司。木石堊丹置買有緒，且學宮東側基址相應，伏乞俯賜準從。令其家特建祠堂，比照德平，一體編銀，有司舉祀，實與前例相合。至于勑建匄恩，且不敢輕議。生等聚族稽禮，義切情真，不任百代瞻仰顒顒俟命之至。

代德平諸生爲葛東山應詔呈詞

竊照本縣廩膳生員葛引生，受性孤高，得天迥異，蚤當舞象，矩度已邁于成人；頃及束脩，頴悟殆鄰于上智。迨遊膠序，不逐時流，他人跛倚以睨師傅，而君獨矗立如齋。同儕狎暱以倡友朋，而君但静觀。若塑足無横，履目不傍觀。曉夕五車，即蟲蚋氷霜之無間；劇一軌，縱雷霆虎豹而不驚。

比當乃父與川先生□□□□□庭若掃，而挺身當户，竭力事①親。躬安大布之衣，口絶奇珍之膳。于時厥考坐卧小樓，夜恒移丙，而君潛蹲寢户，篝火牛衣，謦咳必伺其微音，茶飲不須于亟召。命之鈔攟，教以檢尋，目腫詎敢言休，神髆未嘗稱怠。以故國朝獻典，遠古史編，奥博不謝于淹中，世學可方于韋氏。至于應時制業，絶去浮文，全遵朱氏之微言，遠紹《孟》、《論》之古義。即累科三刖，略不改其錚錚；或轉難千場，未足摧其岳岳。嘗謂賈太傅疏章切理，吕東萊博義會文。陳言每佐父以揮毫，擬古恒標題以著論。程宗伯命世大儒，孔方伯一時魁宿，咸謂君「今人古行」、「今士古文」。左壁遜以先民，後殿甘于下駟。及陶二嗣不惜百方，臨必以莊，教弗易子。榎楚與噢咻並用，而榎楚爲多；文華與根核同程，而根核猶切。夏需麄苧，冬止絮袍，未聞卿相之門，一類乞寒之素。以故長承先廕，而吏治絶倫；仲繼巍科，而經緯寤主。人謂雙珠之照乘，悉繇一德之正家。若夫五世同庖，一門千指，條條井井，肅肅嬉嬉，外闈無女侍之蹤，内窗絶崽童之影。無論群從，亦有諸父，其曹靡不禀正訓言，藉資道：「奥叔安弟、節兄利師摹方之。」回路自相朴勉，顥頤互爾規程，匪古云然，于今爲烈矣。

且復念夫同人四體，環海一家。義學義倉，追范龍圖之逸駕；撿方軫疾，步陸敬輿之高風。貧交半賴以委禽，通族率緣以舉火。及于疲癃殘疾，尤先饘粥緜裝。急友則蹈血不辭，拯溺即濡頭胡怨。聞人揚惡如觸尊名，見士躄邪若親塗炭。間遭狂狡罵詈及門，唾面不異于婁公，何難殆幾于孟子。清如冰蘗，宛謝絹之胡威；信著丹青，儼化閭之陳寔。居恒慨夫冠婚喪葬，俗習不經，比耦禮文，制殘無考。君則手排儀節，身試弓旃，不謂叔季之秋，獲覩帝王之世。至所難者，與配靳孺人齒同冀缺，案比孟光。一旦閨閤先捐，永誓藁砧無貳。適丁强歲，遂絶賓媒，王少府之凜凜貞操，魯子輿之皇皇義烈，揆之往古，千載一轍矣。

貴游胄裔豪侈成風，笑田禾公子爲任迂，訝范氏純仁爲傷惠，而君麥舟若棄，步擔如飴。往當與川先生被上詔書司徒拜命，會君夙嬰羸憊，鞭策不勝，衆謂暫假篼輿似爲良便，君乃至竟冒炎北發，單御一羸。見者驚謂「猶童」，識者服其大度。率以不任勩劮，未兩月而無祿告終。此其得正，何論結纓易簀乎哉！

君所著有《通禮考》、《過庭紀》、《宗約族譜》、《易經解》四書，《説文東山論草》良堪羽翼乎聖經，兼足鼓吹乎聾俗。以故門人親鄙，聚族而謀，昉文範之易名，準黔婁于美號。

在里人曰「文肅先生」，在曹司馬曰「貞慤先生」，二謚並摽，惟所決擇。竊獨恠夫世人作事，于寒素則驤首抗顔，于閥閲則逃聲匿影。葢謂避嫌瓜李，遠謗甑塵，不知理求當實，事貴得真。必也尤絶之資，盡出蓬蒿之賤，則是松栢果生于培塿，醴泉必出于溷流。忝世點宗之爲肖子，而繩武耀代者之爲下材也。兹值詔徵明世，獨此足當異倫孝子、義夫、真儒、節士，一字飾虚，罪當連坐，正恐大東六郡亦屈此爲第一指也。

①事，萬本闕，據崇本補。

來禽館集卷之二十三

論①

倭國論②

昔杜牧作《罪言》，言浪戰之過也。牧有職守而言非職也，故稱罪焉。余山藪病狂，所謂隱居放言者也，亦言今日戰陳之事，將無爲罪乎？噫，余之言不出于家，不聞于天下，姑識其事于環堵之間而已，奚罪焉？雖然，言而不中，益以見國之福而已之愚，則謂之罪，可也，是亦宜以罪言名之。

萬曆丁酉，倭寇朝鮮，我大舉救之。詔徵天下兵集王京，增沿海鎮巡重臣三四督軍，資品具甚嚴。山東諸縣積粟，悉陸運至登州，而旅順齵設大臣督餉，漕衛入海踰鴨緑而東，加歲賦十二。督撫復以不足請。上切責户兵二部，調兵食愈急。于是朝野談倭事者逢起，竟不知要領所在。

是年冬，太白晝見經天者三月，歲星久處天街之北。昔慕容氏起遼碣，跨有中原，其年星占與此正同。燕太史黄泓所謂陰國必勝者也。愚仰觀天象之異，又覩邑中徵發旁午，百姓駭惶，會病無事，伏枕瘋憂。因思太祖皇帝典訓昭然，令後世勿有事四夷以疲中國，此聖人無窮之慮，又獨深絶日本，誓戒再三，此至誠前知之神。詎意二百年後倭變忽作，禍始朝鮮，我受其敝。既輕與戰，復輕與和，和事不諧，乃更言戰。彼窺和戰之隙，而擇爲利；我無必戰之畫，而漫然應之。前事則非，伐謀于始；後事則非，定計于鮮。均之僥倖一擲而已。盖我之勝負，視倭奴之强弱；倭之强弱，視關酋之能否。余足不涉海上，身不至行間，其能否何由而知？然自傳聞測之，儻亦可以得其似乎。

彼關酋之跳梁幾年矣，謀吞朝鮮而朝鮮不覺，和誤中國而中國不知。且今年六月始有變運之形，八月始有入寇之事。水戰而閑山之卒盡殪，陸攻而南原之戍再殲。畿南四道，望風瓦解，無亡矢遺鏃之費，其用兵亦狡矣。夫乘勝長驅，直逼人之國都，而徘徊養威，以俟其洶懼自潰，此持重者之老謀也。既而王京不下，情見勢屈，若頓兵久暴，我出奇奮擊，勢必得志。若愴皇宵遁，節長氣惰，迫則成擒。今乃從容遠引，左次無咎，或欲致師，或欲他出，杳然莫測其形藏。兵家不難于進，而難于退。以曹孟德、桓元子之將畧猶敗于此。今倭奴舉數萬之衆，深入敵境，何其退之易也。成師以出，來如飄風，我則不知其所守；全師以退，去如脱兔，我則不知其所攻。若此者，可不謂之能哉？然則倭固勁敵也，若與之遠鬬而角力，非智勇倍之不可也。

今之憂朝鮮者，曰：「倭有朝鮮，則爲門庭之寇；我無朝鮮，則失藩籬之國。」此惟原有朝鮮不得不云然耳。假使國家幅員如兩漢，東盡沃沮，將不與倭爲鄰乎？使倭與我搆，又將何所借以爲屏蔽乎？又曰：「朝鮮近遼左，遼左近京師，救焚拯溺，理固當急。」吾聞天子守在四夷，内寧自無外懼。今北虜強踰于倭，去國門數舍，我朝二百年來金甌鞏固以也。先俺答之傑鷔，終于欵塞稽顙，何有于數千里外鱗介之小夷乎？若謂屬國仰沫天朝，恤災字小，誰曰不然？而以屬國之興廢爲中華之盛衰，此則愚之所未解也。今之談禦倭者曰：「以國中之衆，加朝鮮之半，此爲得策。驰之于海外，不至于剥膚，此爲早計。勦累代之寇，取封侯之賞，此爲奇功。」夫禦之，誠是矣。然人情見害則避，夷性難于久要，我不能必制倭奴之死命，則安能必朝鮮之常恃我也？今朝鮮之半，果皆懷中國之德而赤心者乎？抑有畏倭奴之威而兩面者乎？驅之海外，將謂存朝鮮足以捍倭奴乎？抑猶藉國中以衛朝鮮乎？勦累代之寇，將謂暫遏侵畧以爲安乎？將必蕩滌海表而後爲勝乎？吾恐用兵者之未能自必也。

大抵天下之事，懸想臆斷，徵効若在目前；課實責成，齟齬多出意外。今遠涉鯨波，埋根異域，造端洪大，剋期深久，愚以妄憂之。竊爲之説曰，東師有五危，天下有四患，用兵者亦知之乎？何謂五危？兵連禍結，一危也；重戰輕防，二危也；用師不一，三危也；地形不利，四危也；聚散皆難，五危也。

何謂兵連禍結？遠動大衆，惟敵是求。若中原相遇，旗鼓相當，計平時之勞逸，較臨敵之勇怯，則勝負之數，敵固與我共之矣。若彼不前不却，坐而需戰，少用兵則寡不足以敵衆，多用兵則餉不足以應急。裹糧則不可趨利于千里之外，負重則不可屢經于懸度之險，此非如擊老師，入散地，可以沉船破釜而争一戰之勝者也。即使先聲破竹，三北可乘，而彼蠖伏鳥飛，依憑釜穴，堅壁則難爲攻，清野則難爲掠。或多設疑兵以牽我之全師，或四出遊兵以鈔我之輜重，或摭險以斷我之歸路，或泝海以焚我之運舟。欲戰不得，欲退不能，呼吸之間何事不有？又况並海萬里，港道百出，無所不備則無所不寡，一處失守則百處爲虛。賊出没無常，如鬼如蜮，使其簡徒迭進，多方誤我，聲東擊西，救左擊右，則一軍可以綴吾之數將，微衆可以役吾之大兵。彼番休有餘，而我奔命不足，期月之間可坐困矣。天佑王師，必無此事。犬羊愚昧，當機自瞑。但巫臣教吴中行啗虜，倘有以急肄攻瑕之策導之者，安得不廣爲之計也？

何謂重戰輕防？屬者聖皇赫怒，憤島夷之不共，而以武震懾之。諸將懷敵愾之忠，士卒有賈勇之氣。謂急則治標，而榮衛奥隱之防不暇憂也；利當擇重，而錙銖扶寸之害不必顧也。于是悉索四方之衆，並力一隅，邊兵撤矣，浙兵調矣，川、蜀、閩、贛之旅靡不至矣。承平之世，民不知兵，九塞之中，何嘗無事？假令倭奴分艅西向，送死南邦，躪柔脆之區，行無人之地，鞭長不及馬腹，迅雷豈暇掩耳？扼淮、泗則咽喉之路阻，擾吴、浙則財賦之源虛。當此之時，欲招兵則烏合難用，欲還救則運掉不轉。腹背受敵，首尾衡决，萬全之師固如此乎？又東偏海道，定通迆北，勿吉諸部甚貧而貪，使倭厚賂要結，誘之内訌，掣我之肘，張彼之勢，意外之虞亦理之所有也。况土蠻蹢躅于遼陽，長昂睥睨于薊北，套虜之釁日積，播酋之跋扈已極。今空乏内露，底裏外泄，倘諸虜之中窺我罅隙，率引弓之民徼犯亭障，小則要脅市賞，大則侵畧城邑。重媾既屈于財匱，應敵又苦于力分。疆埸之禍彌深，華夷之體益壞。且東師震動，有狼顧之驚；倭醜乘勢，伺狙擊之便。則虓䖑之形，尚未有涯也。

何謂用師不一？關東諸侯不能蹙董卓于洛下，滏水九鎮不能誅慶緒于相州。兵莫難于用衆，已事之龜鑑也。今有元從之兵，有徵調之兵，有招集之兵；有邊鎮之將，有土漢之將，有應募之將；先後繼至，列壘而居，如連雞之不能俱棲，如驂馬之不能獨進。以衆多爲右，以氣力爲雄。强者主之，懦者奴之，戇者趨之，黠者避之。臨陣則曰：「彼爲跳盪，彼爲選鋒。」遞相推諉；合謀則曰：「我欲南轅，我欲東首。」互有異同。巖險之地，則給孤迸者嘗寇于鋒鏑之下；攻圍之際，則驅卑弱者肉薄于梯衝之間。居常畧懷觀望，遇難決致分披。雖曰董之以經畧，監之以總督，廼有諸鎮精兵環衛制府，備紀綱以實帳下，託接伏而保中堅。甚至前茅接刃于郊原，而都護遠隔于山海。郤克之鼓不聞，光弼之旗不颭，指蹤之機不速，一體之誼不洽。即賢者固未必然，而積習之弊從來久矣。且奉詔興師，閭左盡發，豈皆百練之兵、死綏之將？今非精嚴，藝非捷巧，以疲駑之衆，當剽悍之倭，一軍挫衂，諸軍摇惑。

怯者先奔，勇者解體。此不惟無得于致勝之道，適足爲撓敗之資耳。昔唐討淮蔡，動天下之兵，四年不克。後淮西降將董重質自言其故曰：「皆因朝廷徵兵太雜，心志不一，多致敗亡。故初戰二年，蔡人輒勝，是多殺客軍。二年以後，客軍殫少，止與陳許河陽相搏，然後漸以不支。」以此觀之，徵兵無取太多，亦已審矣。

何謂地形不利？窮島彈丸，一揮可定，而用兵所以爾難者，以隔于大海故也。今世有爲搗巢之説者，大浸稽天，颶風靡定，舳艫安得相保？注泊安得必齊？縱波岸可登，深箐廣薦之域，安知進兵要害所在？豈如北虜窮廬依漠，可以乘高覘望，輕騎掩襲者哉！蒙古氏龍山失利，所不忍言。孫仲謀之求亶州，亦一驗也。此説不待辯而知其不可行矣。今第言過江諸軍，尚多有可疑者，所由入者隘，所從歸者迂，兵法謂之圍地。連營過遠，包原溼險阻而爲軍者，古人測其敗徵。側聞鴨緑以東，阻海負山，三江襟帶，野多稻畦，以地圖覆按若甚近，而溝塍紆曲則甚遠。南方水軍既不能距躍于巉巇之道，北邊突騎又不能馳騁于沮洳之區，此非善于用長者也。又兵家喜合惡離，行首宜疏，内聯宜密。今欲連營並進，則方軌不前，魚貫于九折之中，猿扳于千仞之上，齎糧持釜，不戰自疲。若分道間出，則林谷綿亘，木石之所隔閡，榛棘之所牽纏，遊徼不通，策應莫繼，自陷于天隙之内。使賊設伏邀遮，豈不殆哉？且在遠行，師全恃耳目。今岡嶺重復，烽燧難接，島嶼縈回，偵探難進。若内無鄉導，外無間諜，參伍未真，校索未審，蹈不測之險，而爲人主怨，挫强虜不失本末者，又非居濘潦之地，炎暑蒸其上，瀉鹵侵其下，水土不習，飲食不充，癘疫必作，傳染必衆。馬援壺頭之役，可不慎與？然矣。况海壖地悪，匪人所居，我兵餉未集，戰期無日，冬春不結，必至夏秋，經霖雨之時，

何謂聚散皆難？兵猶火也，不戢則將自焚。兵猶水也，無歸則將自溢。盖天下之事莫難于用兵，天下之費莫大于養兵，天下之反側而多變莫甚于馭兵。今徵兵四方，近者數千里，遠者萬里，或萬里餘。計軍行三十里爲率，或累月始至，或踰年始至。迫促從戎，寬號就道，沿途供頓，糜費無涯。若倭奴不出，久淹海上，餉于何有？一日無餉，事豈得帖？若解甲西歸，則路費仍前，而人心已懈。一有緩急，持符更調，安能待西江水以濟燃眉之急也？縱使天威震迅，釜倭蕩平，士馬物故，遠近蕭然，失得僅相償耳。而遺孽保聚，餘燼再合，八道荒殘，必無全理。非重戍無以安朝鮮，非積粟無以養戍卒，而窮海寡困糧之地，朝鮮乏推食之資，待哺空谷，竭力石田，屈頭目以捍手足，傾芻秣以育狐兔，開闢以來何嘗有此？又，新募見兵多是遊食無賴，掛名行伍，衣食縣官，大冀倖功，小藉糊口，事定落籍，上不得國家廩餼之養，下不勝有司征徭之困，抑欝無聊，將生他計。唐末再失河北，皆以鎮兵輕罷，乘怨畔渙，奸人因之，遂爲盜積耳。今固無憂于是，而近日留都振武之變，去歲薊鎮南兵之慘，覆轍豈遠乎？猶有甚者，諸軍度遼莫不取道通、涿，往來郊甸，密邇京畿，玉帛之都會，億萬之廩庾在焉。脱有犒賜不時，觖望湏囂，則輦轂之虞豈屬國之禍可比哉？兹萬所

必無之事，而世有杞人，柰何其慮之過也。

何謂四患？財力匱乏，一患也；轉輸險遠，二患也；人心騷動，三患也；生事多端，四患也。

何謂財力匱絀？自頃國家多故，西討叛逆，東欵倭奴，兩河賑饑，套虜數戰，鼎修宸極，修濬河漕，中外之積已損大半。若夫藩禄日盛，虜賞益增，開採無節，織造不休，貂璫之貴四出，緹綺之使屢下，而財又匱于上矣。乘驛太濫，交際太繁，外僚之騶從過多，衙前之冗役無用。工作淫靡，服舍僭侈，而財又匱于下矣。乃世有耗財二大端，莫甚于今日者，請因備倭而畧言之。夫天下貢賦，不過徭銀、税糧二者而已。徭銀即古之庸也，税糧所謂租調也。徭銀之設，原以供大荒大役之需，匪主守者之可以任意出入也。自條鞭法行，徵銀顧役那移減削，加收平放，其額外之赢固已多矣。即酌議公費，載在令甲者，果皆實費其數乎？抑亦虚冒其名乎？故凡請寄之往來，公私之用度，與夫上司無名之餽送，不急之興作，所稱無礙官銀，皆是物也。噫，官銀豈有無礙者哉？是以上不供度支，下不實庫藏，一有大荒大役，非造請于省府，則科罰于百姓耳。攄天下徭銀當税銀三分之一，除所費者應否中半，而一年之耗已幾百萬矣。税糧所徵者，粟米絲絁之類也。國初原皆本色，今則折色過多；前代猶賦縑楮，今則盡易白金。掌握之富，當中人十家之產；衡石之差，有十加一二之利。向者里社總催大户分解，雖有侵漁屈累之敝，而財貨尚流民間。自催科之柄歸于一人，分釐各收，逐名加耗，積少成鉅，羡益良多。有厚積之饒，而無貪暴之跡。凡州縣之税，大者數十萬，小者不及數千，約之萬其常數也。合天下之州縣一千三百有奇，萬取千焉猶爲廉者，則一年之耗又一百三十餘萬矣。海内物産幾何？歲耗之多若是！彼持此美其田宅，廣羅子息，數十年間居積未散。即有傾敗，則又轉相貿易，于後來宦族藉其名位優免踐更，上産不入農夫，重役皆在白屋。故將來百姓無復起之理，而當今民牧無不富之家。民窮財盡，兹其大端，朝廷雖竭山海以求之恢，左藏以益之安，能填無窮之壑而補萬孔之漏哉？今又重以倭事，舉國供兵，若久虚之人復遘危病，極貧之室更遭饑饉，此患之一也。

何謂轉輸險遠？東征之兵，當事者言非十萬不可。加以傔從工匠之流，又以萬計。人日得米者可二升，一年當得七十萬石。以米五百石爲一船，當用船千四百艘。每艘運卒十人，當一萬四千。一歲得米又當十萬。其天津登萊之坐食者，無與焉。海道自淮揚抵膠萊，自登州抵旅順，皆千里。自旅順抵朝鮮軍營，又不知幾千里。臨、德二倉浮渭入天津幾千里，自天津入朝鮮軍營亦數千里，有料角硝石之阻，有成山黑水之險，風潮震蕩，雺霧瞑迷，倉卒之憂，智力難恃。又造船未必堅緻，梔工未必精習，洪濤滉瀁，未必十無一損。一船損則傷十人之命，少百人之糧，運者有漂溺之悲，戍者有缺乏之懼。料見船不足，須一年數運。運數既頻，則經險必多。經險既多，則所損益大。計口之食，缺一不可。倘缺者過衆，則兵多豈不爲大累哉？又山東諸縣，陸路至登萊或千里，或數百里，大抵滆亥崎嶇，無接軫結駟之道。齊邦四塞，自古記之。若欲運米，不過用鹿車漸致，二人共推米三石，牽挽踰月，得不償失。霜雪皸瘃，巖險顛越，痛楚追併如赴死。所有用驢騾運者，則所致愈少，而脚費尤重。近海鹹磏之地，水草失宜，往多不返。一運不勝其苦，再舉將不知所終矣。于山東則實喪常平之積，于餉軍則不充道路之用，倏有凶札，何以待之？且一銖一粒，去路至艱，比達行營，未必盡爲軍惠。嘗謂帑金輸塞，譬諸落潮之魚，取之者衆。幕府用之，上佐用之，將領用之，雜流遊客亦用之。支放者剥削于先，總分者扣除于後。科銀則報四得三，賦米則易升爲合。故供者已無餘力，而戰者猶未宿飽。此患之二也。

何謂人心騷動？兵者，不祥之器，危民易於爲非。孫子曰：「興師十萬，出征千里，日費千金。百姓不得操事者七十萬家。」蓋十口之産，不養一兵，十年之畊，不償一戰。今天下賦役煩重，上下窘嗇，一遇饑饉，民羸幾卒。弱者道殣相望，强者望屋而食。癸巳甲午之間，青、兖之水災足以駭矣！况乃用兵于凶年之後，誅求于竭澤之餘，大而蜚芻輓粟，小而扉屨廚傳，無地不及，無人得免。叫呵隳突者横于里閈，奔走呼籲者遍于畎畝。農桒以供軍餉而失時，工商以製軍器而廢業。監臨懼稽緩之罪，則嚴迫有司；有司苟且夕之功，則不恤百姓。前日山東守臣議增兵費不及十萬，每畝加二三釐，每丁加三四分，二年並徵，民愁已甚。近觀司農條奏所增者，必二十萬有餘，則視前所加三倍。夫民常賦已不能供，而又加徵無已，則薄田必盡荒棄，貧丁必盡逋逃。逼累之極，獸窮則搏，不爲盜賊胡可得哉？今遠近洶洶，思亂者衆。樂傳謡言，妄談災變，大都不逞無告者之所爲也。又所在招兵，望風麇至，主者未能盡收。或選試不時，或擯斥不用，前無覬望，退受饑寒。一夫狂呼，千人攘臂。亡命緑林，求活魚釜，亦迫之使然耳。臚河懷遠之積，無益東征；豆觚雞泊之徒，終爲隨③禍。彼獨非遼左之事耶？此患之三也。

何謂生事多端？凡人鋭意功名者，未必實效；好陳利弊者，未必可行。今之視倭太輕者曰：「爲虺弗摧，爲蛇柰何？滅此朝食，何惜一擊之功！」視倭太重者曰：「蝮蛇螫手，壯士斷腕，暫勞永逸，何惜數歲之功！」首事者憂切軍旅，雖無利而必興；受事者職在奉行，即有害而不顧。增一官則有一官之費，行一事則有一事之擾。搶攘之中名實易混，藏納之際奔競易容。争進前籌，夸言奇技，百方試藥，誤病已深。聚塵爲美，療饑何濟？司訓練者，如李抱真之昭義土兵，李德裕之雄邊子弟，可也。而如高仙芝之招募，白志貞之蒐補，其于經武不亦疎乎？轉餽餉者，如劉宴之均輸，趙開之出納，可也；而如杜佑之强借，趙贊之掊克，其于足國不亦悖乎？且制敵固圉必有長筭，戰則有搤吭之術、攻心之道，守則有合拳之勢、猿臂之形。今禦方張之寇，防萬里之海，惟當充實重鎮，變化環中。其餘郡縣，自宜務農積穀，保境惜民，知聚知舍，以静制動。經遠之圖，或不出此。若東方小邑，可守者少。今在在修築，處處備豫，搬運木石，買辦硝黄，製造甲兵，堆垛薪草，日增月益，朝送夕輸。報數多屬虚文，稽實半爲烏有。緡錢之乾没者多，器具之完繕者少。以愁怨之民，懷畏愞之志，持朽鈍不堪之器，守跛羊可踰之城，寧不取敵輕而速自困哉？況軍務拮据，必至妨弛吏治；暫時科派，終于遺留民間。以倭警而設者，未必以倭退而罷。鄭當時筭商車而言利，極于酤榷；韓魏公刺義勇而遺害，被于陝西。以二賢之明，猶有過計，況其下者乎？此患之四也。

凡此四者，皆恒情所共見，老生之常談。其在識時之俊，經國之賢，以非常之人，行非常之事，豈拘攣之所易窺？然聞之古人，不盡知用兵之害者，不盡知用兵之利。又曰：「先爲己之不可勝，以待敵之可勝。」辨微者無忽于小，慮遠者無病于詳，使予言不驗，自是社禝之福。而兵凶戰危，即言之或過，君子固當諒其心也。

①本卷崇本作「議」。
②崇本題作「備倭議」。
③隨，崇本作「隋」。

來禽館集卷之二十四

啟

荅新城見峰王年伯

葢代高華，敢望降衡之雅；連閭疵賤，殊慙倚玉之榮。事出夙因，跡忘非顭。恭惟臺下，扶輿間氣，累葉名家。教衍一經，以詩禮文章爲種；芳聯八桂，用貂蟬珪組爲秋。于今則籍籍姚江，在古則煌煌燕甸。方之貴胄，尚屬後塵。雲仍真騏騄之儔，海納略蓬蒿之輩。顧侗裔原寒素地，謝鶱騰遽，叨俯締乎姻盟，遂至仰扳乎德美。侗與中丞尊丈匹穪秦晉，太行讓華岳之尊；族表謝王，咏雪箵瑯琊之席。特承飛翰，先枉結言。長跽而坐，使乎如親玉欬；遥瞻以拜，座下亟報鸞牋。尚容抠謁于隆堂，乃可展誠于下走。臨椷忭躍，倍萬感私。

荅于長文

伏以兩姓人倫，懸諸日月，百年吾道，不廢江河。仰附有因，俯存增愧，恭惟臺下，中原閥閱，東魯箕裘。少承嚴訓于鯉庭，名高尼闕；長闡芳華于韋老，望切漢京。孝追曾氏之踪，業遡文饒之美。顧侗疎放捫臆，思惟先師，萬里聞孫，不肖片言。許女敢曰大而非耦，寔緣締則益親。式玉式金，佳兒佳婦，雖則擬之而少遜，第取合之而什全。特荷瑶音，不勝雀抃。展言李謝，永矢松盟。伏冀台慈照鑒。

荅宋撫臺

鄹魯豎儒，少緣疵賤，錯蟠散木，永謝青黄。沾沾一壑之間，豈冥鴻之敢望？齪齪五窮之伎，乃鼷鼠之自憐。詎意尊臺，天海恢閎，雲霞吐納，三臨部曲。葢萬彙悉在陶鎔，十閲星霜；顧一介更蒙優異，輝煌鉅榜。由門枭而漸及于堂皇，鼎吕華標；自宗祊而下覃于寒畯，精鏐在篚。多物旅庭，頓令沛北寢丘驚沐無前雨露，河間單族争歌有脚陽春。自惟遺履敝簪，尚見收于故主；踠蹄結鼻，猶辱秣于天閑。迨今未敝之軀，已誓永言之報。感深萬態，箋僅數行。所謂喉舌之次容有未宣，而肺腑之間庶幾非淺也。

賀東阿于尊師命相

金甌名覆，欝四海之雲霓；黄閣麻宣，焕九重之日月。主上英明，獨斷朝端，鼓舞維均。恭惟閣下，扶輿間氣。葢代鴻儒，清擬聖人，任優天下。六經鼓吹，豈文酒之東山；一德截庖，乃編摩之洛下。舊學繫心，宸久新綸，拭目先頒。秩晉青宮，尚襲支床之膴貫；身依紫極，特膺合殿之穹階。詔屬敦官，恩周給驛。齊叟魯儒之私慶，滄溟泰岱以重光。

顧侗束髮皈依，覺負釐之獨暱；中年落拓，賴大冶之洪甄。今兹敢箎俊以彈冠，聊欲從祖筵而結襪。三熏三沐，一抃一言，望少岱之山房塹開封薛，喜卧雲之茆棟將去爲霖。縠城一夕，鳴珂泗上，諸侯夾轂佇觀，周鳥何羨蒲車。從來命相之歡，無此愜輿之美。所願倍加珍鼎，勝彼炎塗，諯式榮倌，惠兹下國。

上楊太宰

伏譾一代元臣，抗章乞便；千秋名世，解組遂初。人從緑野，羡其榮華；愚則白雲，擬其舒卷。握衡幾于十載，食禄溢于千鍾。而乃韋布約躬，藿藜適口。每謂盈爲缺府，酌天道以擴其襟期；損乃益門，凖人情以弘其布散。以是門無行馬，室見澁囊，出僅下澤之車，坐列盈尊之酒。春明于野，醉萬樹之綘桃；秋色滿天，湌一籬之黄菊。黄冠白帢以爲裝，拄杖腰鐮而自命。行吟暮嶺，起瞰朝暾，一罏佛火常温，半榻雲光鎮擁。類鹿門之偕隱，而恡多玉帶霞帔；似輞水之幽居，而剩有蘭枝玉樹。白家履道，無論嗣續，即官位亦小不侔蘇氏子瞻，堪比蕭閒，乃壽考又非敢望。勿云前哲，且扢時賢。未聞祭酒之身，兼代祝庖之任。弗知我貴猝觸天刑，眼光出牛背之間；不值大人一笑，肚裏閱羊腸之態。應占夫子千齡，顧愚下士何知？妄臆天民先覺，呼爲小友；非後進之可當，儕于道民，則鰓生之大幸。即今華封藪祝，競伸無筭，恒談世外卮言，謬意少當玄鑒。恭遲片語，以逭罪愚。

上申相公代作

鳳歷初辰，兔寔應九秋之會；龍頭届誕，桂香聯三殿之祥。明良慶魚水殊遭，海甸頌金甌鞏固。恭惟閣下，神原降秀，岳果生申。賴二祖七宗之熙洽，柱石孤擎；藉皇穹后土之式靈，天人恊相。自黑頭而皓首，精忠貫徹三辰；由首撰而元公，粹德光輝八表。嗣今而後，寧二十四考之足云；有生以還，葢百千萬年之僅見。門墻桃李無言，藹藹成蹊；藥籠參苓所在，彰彰奏効。此葢洪罏陶冶，萬類荷其生成；而遐筭靈長，百葉沾其溉澤。顧某深恧不才，猥擯外服。望平津之履跡，跼蹐無從；佇南極之星躔，歡欣欲儛。敬從羣吏，庸曝私衷。即春暉無責報之心，而寸草果無情之物乎？伏瀆尊嚴，頫垂末照。

上喬侍御

竊見歸養未任兵部左侍郎南明汪公，岳降天鍾，孤情絶照。精心汎覽，何但東方朔之富五車；博物探奇，不減張茂先之識華表。文章蓋代，左丘明而後一人；意氣干雲，魯朱家之儔再世。孝能兼乎色養，崇朝而脱屣亞卿；友更篤乎天親，一命而推恩愛弟。渾是古心古行，絶無塵態塵緣。平生塞兑以逃名，但見蓬蒿没屋；有頃栖禪而習静，居然香火名藍。醉中聖而醒狂愚，一片氷心徹底；出蒼生而居遠志，十年龍卧何妨。第陽春白雪，下里轉爾相輕；腰鼓盤鈴，聾俗俛爲奏雅。無恠先生之不起，有望使君之式廬。冀他時之尉薦，似當冠冕多賢；乃此日之游談，非若陽鱎時輩。余中丞近能倡始，明柱史豈惜成終。務令婁水黄山，晚歲齊驅；方軌雞壇，牛耳千秋。借色韭華，不任跂予，伏蕲鑒在。

荅王百谷

遠承開衰之篇與告饑之粟絡繹而至，謹叩頭領訖。伏以雕龍繡虎，極千古之文心；幼婦色絲，炫七襄之妙手。欻然而至，華矣其光。况兼障染臯禽，副以機成吴穀。筵開白晝，若錯錦以爲堂；尊挹燒春，似藉霞而作釀。呼童具飦，命婢煎茶，氣凌雲澤之霜，香泛天池之露。良朋競訝，密戚增歡，何來海内之奇，用介闈中之壽。顧侗十年自廢，婁需匄于天南；

五内未泯，願結銜于地下。敬託鴈行之翼，庸申魚子之牋。别有菲筐，以須再信。

代泰山請直指

虞摽神岳，鷹袍蕩峰。葉于春旗，秦峙雄碑。驄馬振嵓，花于曙角。時當和暢，事比遊觀。恭惟臺下，扶輿上瑞，葢代奇姿，家傳骨鯁，風猷世擅，靈篇秘籙。兹者蹔違天闕，來駕雲封，六龍翻動青霞，三觀争纏紫氣。攬葱蒼之未了，依俙九點齊州；撫檢册于方殘，想像千秋魯甸。盪胷決眥，灑瀑興雷。銀臺金闕重開，飛鳥層霓共下。職等奉振衣之矩步，敢覬霽霜；緣禮岱之餘曦，聊扳解帶。肅然在側，見丈人之獨尊；練似當年，覺門廧之有素。所願明堂聽政，一新幽奝之觀；封禪杜書，大普離明之照。此臺下抗疏所備陳，而職等復借山靈雍容以頌之者也。

荅獻縣徐明府

百年井里，蒙幸切于瞻依；千載心期，公更深于披豁。葢禰衡片刺，才通宓子之堂；而逸少八行，遂返求生之徑。報鶩施薄，愧較感浮。唯是明臺，蔚爲國秀，擅是海珍。蚤射策于天廷，風標磊落；聊試刀于花縣，政術通明。一清真類懸魚，四境争看；下鳳用其餘暇，相彼嚶鳴。九河秋色繽紛，與信使馬蹄而俱下；三輔風威肅爽，捋君侯鴈足以來儀。朱提富有，半流皂帽，欣然一飽，此情茲德，輕岳淺江。恭疏蕪穢之詞，小苔温肫之貺，伏惟慈亮，不既仰私。

上黄大司馬

三考程功，擅九垓之蚤譽；一人加悦，陟八座之穹階。緬追玄滬，鳳圖快覩。彤庭紫綬睢鳩，肇命葆吹增儀。陋典午之陳籌，跡成周之畢老。然而衮衣東國，無以公歸；繡斧齊臺，猶仍節鎮。舉海内元戎之寄，靡茲方六纛之榮。尚書北斗彌尊，君子聖門不嚚。泰山矗矗，布積澍于春雲；滄海泱泱，釃餘波于曉甸。欣佇百城之展頌，竊効下士之小言。忝厠門牆，倍深踴躍。即寸草有心于報德，而大鑪何意于品形？含育休明，泳遊空洞。

上廉訪許公

法宿載臨，芒動岱溟之會；龍門肆闢，輝騰齊魯之封。吏士交歡，紳氓競躍。恭惟臺下，扶輿間氣，葢代偉人。蘭熏舒纕佩之芬，雪白表光明之德。襟期海納，體履山凝。朝端推爲正人，寰宇歸其玄鑒。臺輧洊至，化雨覃敷，洵大東天，幸所私慰。小子雲瞻之切，躬趨未遂，牘奏先陳。孔邇賡歌，敢佐輿人之萬口；承風有日，願依講座之三鱣。

荅吴對渠先生

侗滄海持竿，徂來荷钁。晨朝飯橡，竟一飽之無時；晚暮飲湯，趣三商之一夢。有何文墨，過辱采褒。煌煌盈尺之書，戛戛鳴球之韻。惠而好我，物且及儀。屬之先太史之遺書，命以皇甫氏之論序。神摇不敏，誼則胡辭？稽使百朝，課文一夕。聊申鄙拙，無當高華，伏冀鑒旃，可勝幸甚。

與周斗垣使君

楚會雄飛，披靈襟而自異；齊東雌伏，望大國而願言。葢天合者親，調同者洽，豈期今日乃見先生。當抗節之方新，慮刑鷄之恐後。文詞斐娓，恍濯錦于晴江；意旨綢繆，矢斷金于皦日。矧也倍投青玉，奉之彌用赭顏。眷異典之無前，渴英標之在覿。盈盈一水，脉脉如何。所祈堅釀酒之期，諄諄我好；更欲領吹塤之奏，嗛嗛誰賡。皇天后土，式臨河水，泰山爲政。

上申相公

吾師脱屣三公，言還里社。三十載狀元及第，光播風華；二十年元老中書，榮歸晝繡。

葢休休曠度，於人何所不容；而耿耿純忠，唯天可以自鑒。竊聞角巾私邸，拄杖名山，釋周旦之衮衣，即晉公之綠野。尊開若下，猶故國之春醅；鱸薦雲間，是季鷹之秋饌。無論貧交踈屬、野老村童，靡不飲司馬之醇和，霑仲淹之闓澤。其於今日，互執兩端。凡逐陽浮者，均爲國家惜老成之去；而具識會者，深幸明哲得保身之全。侗也桃李殘行，勃溲賤品，雖成蹊未就，而含生詎敢忘恩？即起色無緣，而視息疇非大造。慨世情之反覆，誓指青松；冀國論之昭明，恍開白日。

上撫臺孫文融

帝念東人，實抒柚其空之日；廷推名世，廼旌麾出鎮之秋。暫輟崇班，借臨近甸，依俙左輔，拱護皇圖。謂扶輿間氣之鍾英，勝開府中原之鉅任。風聲所被，肅列柏之啼烏；霜節才臨，凜諸曹之序鷺。休休納納，洩洩融融。滄溟共岱岳以爲期，霜霰與陽和而並布。憶豐神于華鵠，重開海右此亭；論人地于蓬蒿，誰是濟南名士。麗譙寘日，山川炳焕于揮毫；海嶠傳星，鼓角清閒于拄笏。

不肖侗廿年螢火，曾接席于槐厰；兩度風雲，復附形于鵬運。攄爾時之氣尚，陋前古之雷陳。登堂納拜，要期釀酒之私；握手送行，堪續野橋之詠。顧無柰天衷不牖，人理垂乖，一眚見棄于清時，百喙何辭于知己。猶幸明臺曲貣，洪造無私。得一日之瓦全，莫非鑪鞲；

徼半生之玉汝，盡屬雕鎪。微聞説項于通都，恍若迴光于下舍。忘其寒暑，繼今托厦以千間；任所泳遊，忽縱曝鰓而萬里。葢有盡者林間之齒髮，而難酬者宇下之恩慈。齋沐上書，潔虔如對。

來禽館集卷之二十五

書牘

報公孝與①

客歲之冬暮，後閤門輒有趨廝見報曰：「有客自東方來，擁褦襶，負苓箵，風儀落落，神仙中人也。」弟私心謂，東方無此士，有則爲東蒙公先生。已而季犯以公見報，則爲大叫倒屣。足及于舍舘，刺及于城門，若不一夕而定交，千古托言同裯。何者？足下聲實炫赫，奪我小巫，緊唯是沂、汶、河、濟，風馬牛之不相及也，而儵然一旦涉吾土也，何故？天實賜之。余小子敢不敬承？儼然左顧，劇談浮白，卜畫之未已而夜以繼之。上溯黄虞，中及魏晉，下逮李唐。信陽北地之所爲，文章敵國；吴門歷下之相與，爾女窮交。三物未詛，口血宛然若新；雙盖陡傾，白頭悦乎如故。滄溟泰岱，惟我二人樂矣。

于時輪鞅北轅，未幾薄遊返轡，馬帶五陵之雪，袖染三殿之雲。顔髩悲凉，衣裘蒙茸，挽袂連坐，縮林啖齏。俛仰人代，縱横世情，處仲之壺驟缺，延津之箭自②鳴。于③先寄聲，馮史廻席，昌平飛揚于塞下，太倉扼腕于立談。良與歎汗漫之所遭，極周環之陳跡。我歌君舞，君倡余和，傍人辟匿謂兩狂生矣。行逼歲闌，庭闈不遥，陳遵還轄，相如倦遊。南陌分襟，凄其以風；李季汍瀾，小人佐之。官柳凋傷，前溪凍合，人非金石，情胡以堪！

別來火歷三鑽，弦經十改，既坐嵇康之癖，復牽向平之累。巾車未緣以促駕，尺檟並阻於命懷。徒望蒙山之巔英英乎冒絮，龍門之室隱隱者擊鐘。聲色倉④茫，依稀足下。猶之深宵寐語，覺則失之矣。詎意峕㢊信使，十日賫糧，滿紙寫張敏之情悰，一札極國僑之裁制。洞心駭目，得未曾有，一大快也。且復重之筐篚，屬意雀羅。廻寒色于綈袍，覩高風于結韈。雲芽薦椀，香甘饒舌，唯臭與味有則似之。陋用厚以益形，抃與㦖而交會。何物么麼之子，乃娛明恩于足下也。四近之云，唯遭遇迍邅，是爲兄弟。若餘三者，則有向邯鄲而却步，即故衣而下泣耳。

修之千載，藏之名山，走至不肖，敢保歲寒。伯翁襄事紀異，願任鐘石。萬一精靈沉翳厚地，則不肖猶子之幸，邑志得全編，即效佛頭之戴。雪寒多厲，兩地應同，幸栝茵自愛。

①雜著本題作「報蒙陰公孝與社兄」。

②自，萬本原剜削，據雜著本補。

③于，萬本原剜削，據雜著本補。

④倉，雜著本作「蒼」。

報南宫況重初①

老母比如唐山，道出四封，居積行衛，緝御除道，猶加等矣。不意明公孤情絶俗，式騎敬嚚，襝衿一來，即幃褒拜。匕箸起居，猶母見遇，身非王陵，太君何以辱張北平家人禮耶！犬豚黄口，懷無夜光，荷伯翁假之後乘，周旋少日，百心有加。業擲陳遵之轄，幾納眭夸之羸。仁逮尊老，慈被脆穉。行人中謁，拉羅相藉，戟手交口，雀如其躍。羸糧信宿，委諸道衢，有如履屐之間，悉充任使，何必我君矣。

至于傾城序下，霑體塗足，君子蔚乎鴻序，黔首瞀其蟻集。田者罷犂，舂者輟相，争迓版輿，佹頌寧馨，竹馬鳩首，言烏牙獸，告歡率舞，夜以繼日。豈誠故侯愛利漸被，巷無居人；良以明公口風及人，星言戒物。厲其敢後，蹈之在前，遂令冠盖相望，行李無留。丹青未磨，金石宜勒，誠足跨比屋之醇風，示末流之澆習。迨今浹月，里閈喧傳，唇乾口燥，猶不謂勞也。

小人有母，寸草有心，鞠我可忘，明公可忘？語云：「風雨如晦，鷄鳴不已。」所爲萬一効圖者，永矢如此爾。長跽授詞，西坐如對，伏惟明公幸詧。

①文題中「南宫況」，雜著本作「南宫況令君」。

報王百谷①

愛弟於八月下旬至矣，發讀《泰松篇》，蒼顏秀色，勃勃眉睫間。已復寒風謖謖四來，若負陰崖古雪，急索毳褐冒絮，猶不足敵也。家君聞作小詩，香山蘇州耳，乃謂王先生少陵、嘉州乎？矧有加幣焉，敢不舉君之觴？三千里拜使者，深心可知。一堂三世，疇不南望頌休明，濟北菟裘，賀章如雨，不能當王先生一片陟釐也。樓拂猶龍乎？兩螺可擬兩南金，不腆之文不中塾半偈屏脚，乃爲石災小史塗鴉之技，亦遂辱廣其遊道，用兩事流汗且十斛矣。春中祝融不仁，延及外藏，一二研石化爲池魚。煩公爲購一枚，值可十千而殺者。在明奕奕神令，當是火宅蓮花。借公問訊，周郎顧曲太頻，不至目瞤乎？山齋雅麗，何必江南，抵死捹兩先生一顧之。偶暴下不能自捉筆，占授不虔，幸賜貣貰。

①雜著本題作「報王百谷先生」。

與姻家尹大將軍①

單于自求菹醢，至厪憑几之問，充國雖老加疾，天子見謂少年也。足下澤顏鬒髮，身手如旋，上馬似飛鳥，奪槊若折蘆。適今奮不吞胡，後將軍地下笑人矣。君侯平倭大功，天下幾目爲異代人。即謂猶存，得無虞脚脛寒泄乎？耳食紛紛，百聞安如一見。嗟乎，君侯宜且深藏，莫令三河健兒衣裾撇其門。

①泲本題作「與尹將軍」。

答山陽令郭姊丈

寄到毹氍，細好無比，有衣有褐，可以卒歲矣。商顔芝草，如盖如輪，丹章紺理，尚餘幾莖？麗眉大隱，如綺如角，尚餘幾人？邑人搗紙，竹乎？楮乎？敗魚網乎？妍妙輝光，上擬倫邑、下亦不减澄心者，可將數番至。

與馬明府婣家

劉敬虗先生辟居東郭，絶意計偕，佛道兩書，泛濫采掇，探源會委，溉葉流根。吾世斯人，邈焉疇匹。所謂經户寂如披帷，斯在者也。又聞擅橐駝之技，精計然之策，榆柳成列，牸犗爲群。厥躬任其作勞，壯心藉以永消矣。

報郭使君舜舉

東髪之年即識明公于璧門。明公謂是東方孺子、四蹄間具雷雹者也。已附京兆薦書，歌鹿之辰兩人聯席，共相咨嗟于遇合之難，南北東西，風馬牛耳。而生平再覯，奇絶不常，天若爲之矣。嗣是宦轍差池，風霾殢人，即長安邸中負汾陽行卷，至今刺如于中。乃若仁兄，灑然風調，盎然胸懷，則無一日去此心間。從坊間見所藻評文録，又未始不侈談同輩謂：「郭先生吾友矣。」

山居百念，割絶獨有，嚶鳴一綫，視息僅存。雙鯉并門，藉汾濤擁至孤城，五月雪霰交集，一字一周環，不堪欣樂。已，復淒然自語，不圖友道復見于今也。尺牘雄成婉暢，匠心雕龍，何猶不自盈滿，而沾沾野鶩之見珍，不肖弟寧無愧墨哉！雖然，仁兄命之矣，敢不悉敝賦以從？損惠兼金無堪以藉，即夕盡付酒家，貰壚頭十斛，與密戚共之，若醉明使君醇醪耳。

李丈使來，值弟偶冒風偃臥，一切不及答來辱。幸魚雁不乏，嗣當假陟釐一片道情事，無煩仁兄莊牘也。伏枕諸不盡感私。

答廣西楊中丞

往者滇校文李司農還我濟北之里。甫下車，而以函書及也，有清俸焉。萬里深衷至今銜戢，缺然未以報也，赤鱗蒼距難矣。曲方伯丈來自粵西，復以函書及也，有清俸焉。代興牛耳之致，欝滿八行，且寒温具備，席門窮巷，何以得此于長者哉！已唾之津，不然之朽，于世已矣。臺欲拾其瀋而揚其燎，天下無此理，然有此事矣。論交半世，晚合而盟金石，侗即無幸，蓋棺蹤履、垂纓發夢而來赴者，以德足下乎。

日來家業彫殘，僮奴千指不能再飽，此七寸管又不能生活，臺下謂此夫者人間冗長物耳。婁閱疏詞，良爲縣官吐氣。佇延北召，相與晤言。

答孫湘山給諫

以華容之仞墻律海内，何翅龍門。明公起四世而大其聲，張楚甚矣。寢丘之世，休有烈光焉。每從朋輩憶明公，竊欲泣盟東載而聯之惠好也。顧以無階上謁，恒惴惴焉。實懼無堪爲藉，何圖明公不鄙而賜之箋。滚滚千言，傾筐倒庋，且所爲弘獎不肖者，悉非不肖所敢當也。雲杜何人？而莒邾之是齒，是配林妄意岱宗矣，非所敢當也。尊委寵承，良以含毫爲幸。第所嗛然于稽命者，五斗米道見真人氣索耳。

與真定守尹春寰

楚之役，竟未及一式大賢之閭，至今挹怏。弟山林畸士，久不通當路書，獨于翁丈尚未敢自外門墻，娓娓可知已。畿南兩借當宁者，正用中山爲股肱，功名其自此升乎？南宫張進士庚，其所遭不幸天下所無，而其人之可吊亦天下所無。一椎朴布衣讀書三十年，寢處不愧其形影。不肖弟延之邸中，授弟輩經。徵其行止，郭有道之流亞也。乃薦之大中丞張滸東先生爲西席，果其人有鄉黨毫髮指訾，則今日之褫鐫晚矣。仁丈試問之郡人，問之邑人，問之鄰郡、鄰邑，長而七八十歲，幼而垂髫脱齔之人，有一而不曰「張君負大，抑其孝廉足吊也」，則不肖弟請伏鑕爲張之公道謝，所不遑辭矣。顧其孝不通方而廉不出里閈也，以故齟齬如今日焉。臺下曠代人流，敢以曠代澡雪之冤祈下執事，恃愛誼誠有所激發。臨帋不任僂惶。

與宋中丞可泉

苗兑庵不辭而去，近始知在轘轅下舍，幸轉語一讓之也。日來多務縈心，未及虔候鼎履。山林蹇拙，固應爾爾，亦計慈明素能俯亮耳。南宮張庚進士，其事之始末莫逃炤鑒。昨經院駁，在皮相者，事體慎重宜然。要之，兩院初擬，確于金石，仍望臺下力一主持之。夫張君之平生，動以古人自負，而卒負匡章之釁，命也，何尤？一進士未服一日官，且非狂恣不檢之流，情實可諒。新按臺正係原問崔大尹之梓里，彼已懇詞達之，更乞臺下倡義玉成之，此亦一大功德事也。屢聞完一輩道尊指，已用薄面假貸。今不以謝而以瀆，極知冒昧。區區六載南宮，僅得此士，中心有難自已故耳。臨書跽屬，不盡百千。

答沈東霍叅伯

四明諸君子，人擅聲詩，其所繇法，往往畧景象而重神髓，祛輕俊而趣沉實。以故金閶之里彼自一是非，而四明諸君子更自一是非。不肖與用韞學士諸君子，談之尚矣。至于先生者，則尤得之故友于子冲所。子冲所持五言十餘首，無不重若饞鼎，温若復陶。權聲校字，絶去七子之鉛華，而歸之爾雅。不肖以爲詩止是矣。老嘉則粗有其矱，然而才不鮮標。長卿滔滔隤然自放，去鄺侯三尺遠矣。此愚所爲伏膺足下，而依依于十載，正從四明得四明，海内得海内，非盡懺悦無稽，以鼓脣舌而姦鷄壇，漫隨綰帶之士，羽翼瘖痏而比之乎太横也。惟齊之役，天假我緣，顧又無緣甚，東溟一杯水邈若銀河，遂不及合并于一夕。詎期天孫有意，擲梭千里而睠焉。相及以愜，乘槎之願者，非足下乎？念此情，直將三經清淺，而吾私猶綿綿也，先生其俟之矣。

白頭如新，傾盖如故，中詠此詞，不覺一座無人。謁明光而見帝，别春明而返東秦，其以枉帆德水而枉車泲圃也，實不勝跂予。

與陳廣野太常

季大夫携書計六月末旬得達，中間不記作何語。書甫發而李商至，不奉鹽官片櫝，怏怏甚。一一扣之，則能道仁兄浮家汎宅狀，及如夫人者教成一部歌舞，日按明妃、蔡琰出入塞諸曲耳，樂哉。生平後堂客，不及聽覩樊素、小蠻喉中音、盤中態，郇不憎殺白尚書也。

芒種一書，與新秋俱至，茶凡三盛四封，色味都不渝毛。先生雖班班，然頴末盡含玄菟風霜，足博賣文數婆千萬矣。三千里手蹟如新，展轉令人氣短。所囑仁兄者，年已逾中，宜少減欣樂之趣，以彊骨王神，主領江南妙山水再四十秋，不須常令殿脚女來魔人。人間廣野，寧能金鑄軀邪？一笑，一笑。發函伸帋，當謂河間阿弟解妒人矣。又一笑。叔廣南力想後期，故多爲調笑語。

李商者，輕賫赫蹏旦夕至，或有肺附商署也。

與屠長卿祠部

一從陳茂才得所爲壽家君詩，又兩得見寓尺書，一從商河毛文學，一從東兗楊使君。中間各有碑傳文字一二繙，都已長跪領訖，遲至今未有以報也。大抵弟涉世踈而受性嬾，諸蹦相仍，而南郵或相錯誤，則是之以耳。長卿仁兄紀綱以下，得無訝數歲書閣中不庋邢生半字耶？中朝大徵史材，我輩遂幾脱頴。其所屈指，雲杜李本寧，四明屠長卿，泲北不佞侗，而王百穀亦以布衣之賤參之。餘更得十二人，人有主名，秘不盡聞。要之，我四人者特籍籍傳都門。去年顧吏部涇陽，業已起草省中疏，垂上而事中忤，迄今音耗寥寥，則以諸相君難從度外行事。又館中諸君小忌折角雲輩來耶！

微聞仁兄從督撫觀察談兵甚善，不知于齊亦有駟先生也。即今三五豪少年，一釋屩蓬門，便挽五石弧，驟赤盜而盤蟻封，彯纓擐鎧霜刃，學作北鋋蓮花。旋遂復自命，翁歸文武，材以躐取。夫開府登坛之勛，而不知其中固無有也。嗟嗟，長卿、子愿廉威絶倫，以授征鉞，將三軍，率其胸腹將，必萬人効死，千夫畢能。衝夾踰鋒表其捷，船鼎緣橦避其巧，舞輪擿鏡輸其險，吸息瞋目喻其神。山嶽以掎拔，以鎮寧；江海以沸騰，以恬平。衿甲面縛，雞駭豕突，而吾兩人者，羽扇綸巾自若也。斯不亦儒紳而上將，羸秀而雄武哉？而彼皮相者，往往右彼而左此，寶外澤而録中朝，譻夫一劍之任，而吐遺乎命世恢然者也。夫文不見收，武不蒙擢，天以齊越兩方奉吾曹，而我乃張脉僨興校短長，而狹人以尊己，此謂逆天，吾曹其可已矣。

久别仁兄，又久不通書，敘心故輒抒其憤懑如此。向作寄懷一詩，今書扇頭奉覽。觀彌年戀戀，亦何不念乎足下？鄉三公東來皆急，僕多以足下故諸靡密碎，煩不具陳。杭守季君，敝親也，曾達不肖起居、長卿平善狀否？

與萬伯修

材官還報計日至，戟枝葆羽下矣，開函而卒讀乎？沛水之八行，知復命一斗醇醪也。敝友張君元羽，廣川人，英英公子。少與大宗伯蜀李棠軒同業，同蜚聲麟經，世匠幾魁其房，而以運數偃蹇，卒不見收。其所爲古文辭，左氏而外，非其匹儔矣。弟兄事之三十年，臭味如椒蘭。又婚姻相結，兩姓兒至無常父，此其誼何如也！兹以事會遊太學，奉山蕭督府公迎之過帷中。蓋先塞下而後都門，望雄城非所必走道乎？負笈經生何物干簾堂，則以不肖周親吾曹氣調耳。弇州先生晚歲得齊兩生，不肖之亞，是謂張君。張君見明公風采，當不後壁門石鼓，拜陽城而服其訓詞也。

與郭太史明龍

不佞烟霞日痼，形諜盡消，即平生知己一人如足下，亦復寂不通音驛者，凡幾年餘。非盡雲路泥塗之隔，太半坐嵇生之嬾慢也。客有歙州吴生來，極口眷念如疇昔，則空洞中信有么膺如不佞，不佞敢自外焉？皇長子妙善，居質允誼，正名儲位，而東朝之典缺焉未備，則老癃之所以棄緯而恤也。明公職司勸講，宣翼麗明，區區陽翹一念，願有獻焉。屬有便郵，附通間闊，孟孺無恙，一爲叱及。

與鄒太史四山

夙昔吾師講業鄒魯，及門淳湛之士，唯稷下諸君及不肖三四人而止耳。迨後諸君振纓天路，而弟辱在泥塗，遂不得鞭弭諸君、終事門下，缺焉不通一字者，且七八年餘。猶憶數行南紀，僅附嗣君，自餘伊蘭之臭，在所有之，誠何怪乎見絶于長者也。長者袖中旃檀香，每爲光家孝廉出。孝廉幾欲七寶裝嚴，僕則其見絶于仁兄，似非同人本素，玆敢以尺書通。不肖家世善富，今宦而能貧，山居日久，形諜銷光，所不自汶汶者，柱下五千之業，庶幾函關輈車叟，則所藉以終事門下而不辱我師也。玉堂資厚，計日拜麻，故人凡悴，餘無所復談。

尹春寰年兄

曾憶附緘節下，匄《五車韻瑞》一部，冀託之吴興。吴興近書來，絶未道及，但述尊指招邀不肖弟爲西湖重客，若憐弟之無家而欲爲之計少資斧者。屠長卿好遊，未聞尊貴長者招之遊。弟即不成行，藉此可驕長卿加渠數等矣。

江山孝廉鄭君國望，夙在太倉，相公籠中王辰玉太史同社兄也。往與辰玉各用其經聯魁，相公期以鼎甲，乃至今猶落落也，今就陵邑校。弟識之逆旅，一言便爾投合。過其學舍，索茶飲，見一舞勺童子，白衣而色慘。問所以，乃海豐關道長郎君也。道長延師秣陵，得孝廉。道長客死，孝廉三千里衣阿錫二流，徑還海豐。關長郎依依孝廉膝，甚于其父。而道長元配旋卒于還櫬數旬内，于是關長郎遂真子于孝廉，飲食誦讀于陵之庠舍中矣。異哉！于古史册有此否耶？

孝廉乘春明迎其家，過山東，弟念其官寒尠，道路費多，其意氣敢僭，干之慈臺。浙之官舫堅緻而當實者，望尊留神及之檄下。主者或本郡，或杭郡，俾孝廉真拜其賜而達于齊。孝廉聚首室家而畢其業，異日當以翁修撰之續圖效黄雀環也。一部下孝廉，何得輒勞慈注？鄙意謂，損十日邢生西湖費，三千里山澤同年蹋屩資鄭君，饒得之矣。弟作事夙昔頗離常格，皆復爾爾。唯尊鑒此情于世外，而領之于世内，不勝幸甚幸甚！

與蘇松徐按臺①

昔所栽花地而持斧臨之，此并州別一地天。明公巋然南面御吏民，言念舊遊，身若靈光魯殿，餘則晨星落落，出者處者僅同矍相，射堂參半，狀將不能不致慨于離合升沉之際也。侗也山林謫讁，首荷問貽，遠狀津津，就中有概，把書歡喜，恍被衮衣。矧以朱提在握，爛其盈門，數溢四流，寵分三户，舍衛子忽作王石巨觀矣，何以得此于長者乎？不可不知也。侗則敗如意耳，既不可理而別用，又不自安頑鐵。第從人間作粲花之具，供梵甲之資。明公還朝有日，千里迂程一過，七十二君而觴焉，兼及配林。如不肖，當與節下劇談一出，流漫縱横，方圓上下，此手中指麾物，或不終汶汶以死也。

侗不善爲家，邸田垂盡，半生樂國忽墮瘴鄉。轉思尊先翁教僕以處世大方，謂豐年之玉不及荒年之穀，于今信矣。腹痛興悲，良箴駐耳，悔何及焉！側聞里社探搜極玄，備美書法，亦复典午門風。孤情勝覽，纂一嘯于蘇門，天下無此直指也。久别無階，會兹良便，不自禁其刺刺。計金閶還報，引紙盧胡，不免煩一斗麴生消之耳。外啓僅爲一廣文遊，殊不脱青氊氣，則望記曹留意，儻爲貴人先應，不直雍丘先生饞唾矣。

①泲本題作「與徐直指」。

與井陘吴觀察

久佇南旌，冀一扳良晤，不謂川塗相繆，已而西發，乃幸炙教有時矣。而鬲津諸丈奪我卜歡。蓋聞季丈云云，頗有從事督郵之譃，徒令人彌增悒戀也。畿南，弟舊遊所，門下坐堂皇，而依稀手板槃辟乎，則不佞者亦猶籍在屬城之列耳。獨恨此役不縮在十年之前，沾濡休德，遺瘢尚夥。竊叨惠露洗濯，敢曰：「人代逖矣，不其結旃！」

棗强丞盧蕃，故少司成涞西公猶子，不佞世姻，又翰墨同儕也。比在臚句中疏發一曹姦私，大臚廩廩心伏，宰執而下争識盧君面顔。卒之譽不勝毁，出補爲令官，非其好也。至官，涓滴不及民間。郭令君引而均禮之，謂：「何自得丞如此！」且丞才可立斷大疑，識與學弟輩尚三舍避之。古文奇字、國朝典故滿胸腹間，而乃甘爲丞，直以平生錚錚自好，不羞小官，即非其好所無辭矣。伏望明臺多方察之，及面扣之，一切歷試之，有一之不如弟語，請受誑言之誅。丞職在賊曹，脱或捕不滿品，幸破常格寬之。丞所就，終當不負靨彻，異時相見，須敢把一盃交慶也。揮汗奏書，唐突惶恐。

與蘇松徐撫臺①

向從藥令悉臺下念我深，自作惡無德以堪。近復從一二應朝官知臺下念我不置，益復作惡。不肖老矣，無能爲矣，臺下何不忘簪履而亟欲憐之耶？不肖平生行檢莫逃慈炤，貪廉邪正盡付東流，唯數卷敝書堪度白日，覺年來遊泳頗深耳。臺下涖吴，吴自并州士民加額禱祠而得之者，非漫偶爾也。當年嘉定捄荒事，極仗苦心，不知曾有紀述者否？良夜静思，唯此一段無慙官下。回首三十年，都成陳跡，計吾子孫能標我于圓石間耳。

百穀先生千載名流，去秋與本寧太史屈指言，此兄真布衣間氣。臺下素加禮遇，今一切更望作護法韋馱耳。將櫝者爲秀才薛生。生長小兒業師，篤重士也。無何營求，願節下知其姓名足矣。

行年六十，鬚髮無一莖白，齒尚可礪。漏三十下，矻矻作褚河南《陰符》，細書不訛謬。本寧有云：「子愿不似人間人，似仙似神。」不肖自乃爾老，附發一粲，何如？

①沛本題作「與徐直指」。

答經畧邢太保

自枉寒廬，奉娓娓之論，益知鉅公偉度元自有真，肘後黄金纍纍如斗，文壇武畧兼將相而樹奇標，盡人喁望。上方漢南陽諸葛，下亦不減唐聞喜令公，矧有枌榆之契而忝宗人之分者乎？一時踴躍，冠上塵埃自去矣。碌碌書生，雲泥隔逖，曾不敢具片牘通殷勤。每逢掩沓名流，唾壺在側，常令口缺如意一揮，恨不有喙三尺盡明。公神授耳，屢誦奏疏，苦心可掬。至于文詞謦①暢，正若下匡山之瀑而放三峽之流，異哉！所謂武畧文壇，此其端緒。竟此尾不威寧，其業大伾，其人寧已哉！

往日雙縑，嗛然未報，兹復重以兼金盈函，叙次霞蔚龍騰，何殊面命？諸雲一布，真足以灑澤枯條矣。幄内絳燭熒熒，床頭捉刀兒如雲環繞，封書題字，濫及鄙生，便令李志曹蜍生氣，矧侗尚具胸膝爾人者乎！川閲水以成川，世閲人以成世，願臺端大其所閲，而成其爲蓋代之伐，幸甚！萬撫公曠然廣攬，堪共持籌，將不患同舟中柴棘也。季公陸賈才，不顧而去，心甚怏。如東方千騎，虎豹雲屯佇立，亦令增旺。然不如五湖烟月，差足佐北窗凉飈耳。我乃驕臺下强也。附發一粲。

①謦，萬本漫漶不清，據崇本、泲本補。

答淮撫李道甫

書法我朝，祝京兆放而不情，文待詔秀而不局，皆非晉書也。不肖留意此道四十年，自謂能窺典午門風。大王顛秀天拔，忽而如瑶臺美媛，嫋嫋作態，忽而如當空落石，莫敢睥睨。五十外造于平淡，所謂無意爲書書乃佳也。不肖從骨髓處翻出，節本帖而爲之。高麗使臣每入賀購去，非敢爲佞。至于諸體，法唐法米，取其有致，并以獻技臺次。但扇太長、太闊，不任運腕，乞照鄙式作百柄來，十日寫去，以備送贈，且尠不肖眼明耳。

當今書稱湯鄰初，此公是浙晋書，董玄宰得不肖米一班也，勿訝。

與鍾幼芝

足下東南異禀，西北壯遊，眷言齊同。恃此意氣，足下精冢壁之書，發燒鏁之秘，茂先輸其博物，元常埒其才技，盧諶重德乎越石，許邁締好于逸少，世中人外，庶幾兼之矣。君從塞下遠枉敝廬，褭挾霜姿，靣染沙氣，三尺之崽能操胡音。吹笳則行旅生悲，撟舌則坐客舒笑，嗟哉！吾子禦兒清淑，云何輕去。甘心湩酪弓刀之習，爲丈夫生不畫麒麟，要當用馬革裹其四體，輿還故鄉，死訣妻孥，灰面握手，君不爲矣。吾子手秉如椽，銘山勒碣，孟堅何人乎？君當嗣美。

與陳觀察①

自昔楚材雅爾絶擅，可二三屈指數也。然亦文章節尚，岐而兩塗，鮮兼長合孅者。即寰中辟讓楚而楚近，亦僅僅未槩，覩其人，所謂材難信矣。比從驛書讀諫臣章奏，且隱其姓名而尋繹其語，其浩若長河，巍如泰嶽，快爽如哀家梨，光恠如含光承影，秀豔如曲渚之拒霜，寒慄如峨嵋之積雪，天下有此哉？已而，按其所言事，則中世盲人，隱犯聖人所最忌、宰執所極嗔，而昂首披襟言之，若從懸圃閬風而頫闞聚溷齊州之世界，天下有此乎？五十年來，諫臣文質才力之兼絶，而冠紳節尚文章之並擅，臺下一人而已。

居恒念，生吾世而失斯人，何以覥顔戴目。即自處不在杜陵男子下，然無階上達，可柰何矣！不意尊臺使星入部，執法耀九河間，而所司肅命廩餼下及，將謂二十年之楚吏猶荷念存。然而仕楚不及列執珪，而誤尊臺之一顧，則或者臭味之微合，而伊蘭之不受旃檀，彼也幸哉。林間二十餘載，所當情會意者，惟此憲帖儼然及門之一事。侗死可將之地下，曰：「伊蘭果不受旃檀，彼也有死所矣。」子孫可據以爲七尺墓闕之石，而猶辱在濟南生尊臺一顧之力也。侗實杜陵一男子，而汲汲向人屏息殗殜而作阿邑狀，不令慈明絶纓噴飯，而謂：「騃老，虜之面顔如甲乎？」而侗何以復向八埏豪桀乎？冒瀆崇嚴，极知開罪，竊願納交，伏冀炤亮。

①沛本題作「與陳惠甫」。

與傅金沙

聞仁兄行至甘陵，又三日而返舍中，有之乎？虞積薪耶？時事眵目耶？吾輩生身，最難得者丘壑。再數年而出，出而肩國鉅重，未爲晚耳。弟病痁之後，自置其舘曰「更生」。先是嘐嚱中口喃喃，極欲金刀落髮，割絶世緣。才就瘉，便復作兒女情。金沙大士爲我設何難，作何津筏也！唯是綺語障更深，覺今人一字不跡古，元美暢美，于鱗艱深，皆非班、左斯文正髓，洙水其將興乎？更五年而不肖五十，當以三十册書求印，可矣。秘之，秘之！

山陰金生光甫，羅康老内姪，藻秀不群，携貲北上以圖功名，而兩逆奴叛之彭城，襆被無贏餘。不得已，望門見投，弟舘之六七月。彼將赴河外而收桒榆。河外皐蘭戍，故有金氏族數書招血屬，金生其的派也。夜郎易霸，金生庶幾駸駸上乎？蘭州巨商余順，慨挾生以行，一切爲治辦，大自有心人。順一僑寓在清源，又一在汴。汴，足下故人仕宦者借手爲順遊，爲金生地矣。西邁并望孰籌之，見金生當相怜軫，此詞不贅矣乎？知時下謝客，客自邢生所當不訝耳。多言皇恐。

上黄撫臺

此月初七日之禹城，唁劉翰檢内子之戚。旋過平原，赴宋廷尉聘女之宴。已，取道四女寺，一晤淮撫公祖。已，之景州視王氏妹。已，之樂陵送史婿北行。凡兩旬間，化不肖之右臂爲輪，而左臂爲馬矣。行住樂陵，始接先後尊函，不勝失報之懼。如兹瑣細，特荷挂諸胸臆中，念侗鄙陋，何以當兹推置乎？感激之私，莫可言喻。

河上會廣川邵守，亟出隣初先生數卷相示，古雅醇和，種種造極。是時萬柳聯壖，餘花表岸，爲揭船窓，濡題殆盡，旅中一快事也。高邑趙夢白一札，懷之數月，未敢冒呈。比來討諾乃此塵記曹，不審便中肯惠一字俾區區借手否？不敏悚皇，恃惟慈亮。

與董太史

侗今者一牧監賤夫耳，荷明公獎其開拔，寘之壇宇，曾無輕微毛髮之効，而冒大人丘山之譽。捫膺自語，藉何緣契蒙被至斯？吴用卿每頌情篤，屏營側立，莫克擔荷。繼得陸翰學傳示枉訪，幽襟結言千里，深于平生。忽忽釀酒，未副所期，業需咳唾，自刻漏頃不敢忘也。適值窓友行托見至，心肅肅儀刑，蚤暮如對，侗悚息言。

柬平原劉本初姻弟①

《碧落》篆書在絳州，唐人名筆，正書是宋朝音釋，藏之可備題額之用，然不直一錢也。世所稱《化鴿碑》，即此。云仙人閉户寫完，化鳥而去，正是其靈驗耳。邢生滿腹五車，不然當被本初難倒。《十八學士》，僕處係舊刻，檢出寄呈。

①沛本題作「與劉本初」。

又

病齲數日不出户，渠從間道來視，爲設夫容斗帳、七寶通中枕遲之。僕乃就臥中作老婢呻吟聲，渠向北囪聽廉纖夜雨，孤情可掬，有夢不到楚襄也。次晨與飯，即哺啜，政自可觀。渠復戲謂僕：「使君非富，廼齋次不貧，且能手薦沉水，一縷紫煙都不漫散。」殊咲老傖焚燎有火氣。傍午而别，染浄兩忘，附供一噱。

又

先閲可翁四章，遒美有大方度，出之雍雅，我輩遠不及也。又一夕，奉足下作飄拂蒨麗，允是玉堂材，極羨極羨！聞平原花事大饒，敝莊有佳積種，而土脉人力兩不足，可恨也。有一種石榴紅，瓣勁如鐵，蘂蘂上擎如佛手，名園有否？人蕿六兩附往。

來禽館集卷之二十六

書牘

荅李本寧

去臘亟擬一介伺前旌于廣川道也，會老母偶被微疾，徵醫理藥，忽忽傴歲。除開正甫，挾日北堂見倍矣。天乎！侗何罪也，嚴親九十，慈母不及耋者二年。所望杖屨則破涕承顔，覩栖棬則割心興戀，生人之致，什九絶矣。以此不復及門外事。至于仁兄興定，則又時時從苫次對弟兒一啟齒也。

二月初旬，章丘令君枉車惠吊，頗能盡都城耗，始知黄口齕。仁兄鴒原急難，何必萋蘐？又數昔不成眠矣。齊川遞至手書，叙致含悽，百心俱吐。已，發浙函，則爲嚴親開衮賜也。銀花鑿落，見命稱觴，更信乃達，彌年寄悃。有是乎，仁兄之眷眷哉！陋用厚形，不孝何所辭其疏節乎。酌言獻寢，旋酹几筵，感痛交集，首面幾崩于搶地矣。再閲按君趙公一札，欲進蟠根于萬乘之器，甚休。侗也今者待盡人耳，何以仰承明德？付諸兒輩，用作奕世美談。寒孟霜柯，後彫可掬，令人一飦不能忘甫柏層臺上也。

是日先慈五七之期，晡頃上食，大盡一哭。舉殘鐙伏薦授童曹，咫尺輀車，邈焉隔世。願仁兄自愛，俟哀悰小定，更爲仁兄商出處也。益都公頻年往復，不下三十緘，爲仁兄强半計，當終効大金剛力爾。

答□□□

老母素健無恙，迎春之日偶進一南中楊梅，尋有以德平三歲殤甥報者，遂結聚胸間。復旬日，而綿惙及于危矣。不孝不能精事母，乃罹此變。又非有床蓐扶曳，湯液踐更，居諸涉歷以少罄夫扣代綫延之私，而忽罹此變，此不孝之仰天泣血，一息不欲更生也。覩栝棬則剸刃五中，望杖綦則破顔片晷，佇雙幃之易位，俄百感以興中。穹壤雖大，莫適自容耳。

荷尊垂卹，萬里發函，枉以臺伻之重賵賜有加。三復温詞，開函賁隱，生平之肝膽盡矣。遥望百稽，繼之以拜，從乎其至，以告所天。襄事未期，尚冀慈仁錫類惠之明教，不孝不任刳怵仰祈之切。

與黃撫臺

先師文定公捐謝翟門之署，業自撤帷之辰，尊臺興言，舊雨竪誼，千秋爰有。槩于輔臣之重，特屬材官逆之境上。旌旗在前，弓弩在後，續食縣道，在所欽承。高門之裔，生者死者獲保于家，秋毫皆大賜矣。

厝棺之夕，餟賵臨門，雲漢巍章，寵于諭命。惟閭左右籍籍交談，此足以起逝九原，妥生百口矣。于生以下，其敢汶汶生成！侗等緊惟是頌，義無窮時矣。祠堂之舉，既蒙慈俞，即有專申。侗此中尚有挾日之留，正在經紀，不及一一，先代于生嗚感激如此。

與黄撫臺

侗每從通報中見尊臺無月不爲元元請命，無疏無一字非關痛哭。倸倯輩虛冒冠裳，何計爲所天頌德也，以保我子孫黎民。此葢有百千萬禩之陰隲焉，夫豈一家一人之私！侗荷國士之知，豈敢爲佞。向見卜氏云云，真成咲柄。詳讀大疏，渾厚和平，彼微靄見晛消矣，幸勿挂臆間也。

素卷精佳，未敢輕率着手。今六月擬寫一稍長文字，以荅隆知，漸寫漸覺紙短，因以一色連四補完六幅，欲俟佳工至，裱完納上。今乃惶恐投命，仍付都下盧生續之，何如？發下扇六柄，書訖。别具六柄，並臨大令八幅，統呈。暇中課得《麻姑壇記》一軸，差具小法。羅伯符似謂不肖不能細楷，勉强效顰，不知足當清賞萬一否？

豐貺數加，寵溢望外，且微聞台慈主議而飾溝中之斷，主臣！何以堪茲恩遇乎？丹懇塡中，咨嗟輏瀆，敢附使者以聞。

又與黄撫臺

侗于正月三日裹糧北首，十七日抵張灣，僑居蕭寺，候穀城尊師還柩耗。魚而魚服，即僧衆不識爲何等。又二日，而舍中兒敬賫臺翰至，讀之反覆，若覩慈宇，旅况爲之小展。廿六日，晤于長君，備述尊臺軫注之切，相對泫然。因議及爲師建祠事。正值所天撫湼，實千載一時，祠址擇于學宮之傍。自市故宅，一木植、一瓴甓不敢煩有司毛髮。蓋德平葛端肅公有傍州在，闔學諸生具呈臺次，望尊批允錫以美祠，更勞會按臺合發扁署，以光大典，即攄爲向後疏題勑建之張本，幸甚。

竊念師素叨尊臺氣調文字之知，蓋棺俎豆首藉口風，師地下當頷而欣顧。至於于氏之子姓捐糜銜戴，更何可言。不肖厠在門牆，謬稱莫逆，今日之請，敢代于長君碎首。長君緯一切頗能自致，以逢掖分未敢輒奏尊者前，統祈俯垂灼亮。

又

伏承尊遠遣材官徤力來會穀城葬事，典出無前，榮侈生死。不肖陳情荷允，抑又厚借龍光。事已，率于公子緯北向叩首，以謝異恩。緯持重有心計，大襄鉅細必求哀禮，矢不以阿堵儉親。然自先師講筵正亞卿座，所得俸賚業已洗然盡矣。題主乃蕭少傅，祔后土屬之衍聖，儲長雙玉在贍，謂一時盛際。總之，所天温盎，一切悉係波餘，即二公亦交口明臺隆極，他賓客不必言矣。奔會傯頓間輒附還人，用報成事，野次不盡縷曲云。

與俞絫知

歲暮人還，壓尊手削，兼拜精穀方珍之賜，不肖從潞河蕭寺中得之，不自覺其喜心倒極也。謹此南向百拜以謝。

不肖伴護先師還櫬，已抵阿城矣。于長君迫在柩次，不肖原擬躬詣堂皇，代長君有所匄請于賜壇之重，不意節旄尚在濟州，用是未敢以覊旅之踪遠慁行部。維是命使金先生專伺寵臨，以獲與于趨陪爲幸。真以日爲歲，業有特椷達記，不肖敢副陳焉。伏乞惠之期日，以便躧履恭迎于宅。祭軸已備，伏祈先以臺銜檢示，令其肅付史曹。

與曹縣孟明府

士有異代撫塵之感，直用氣誼相説慕焉耳。不肖之于臺下，生同熙世，千里接聲聞。而又不肖昔遊楚，臺下今遊齊，詎不成孔李通家契哉！臺下龍鸞奮藻，冰玉褆身，是稱名世。而不肖一壑垂盡之人，尚欲嚶鳴于同好，能無致長者絶纓乎？雖然，長者之度何所不容，願納之末交，其可焉。

曹實才藪，有如王茂才士龍，筆鋒足凌太華，腹笥可擬四溟，束脩擅譽，今尚逐逐子衿，曹大宗師其有以振之也。厥弟王士樞，器如握璧，德若持盈，家漸削而好施，學已成而未售，則願大宗師意外賞拔之也。二君圃富名花，時而分我，我乃藉艷陽而訂歲寒。又其家都憲與先都諫年家也，臺下得無按劍而謂鄙也多言乎？

拙製數篇，隨書上獻，副當傾筐倒庋而向明公也。手創初寒，不盡什一。

荅周斗垣民部

倜也陋薛傖糯，世所畏惡吐棄人也。徒以疇曩執珪仕楚，楚諸大夫國人皆我欲焉，曰：「是夫也，于鱗李子之鄉人，而好爲奇節雄文以自標異者也。」計今且二十年，巖穴日深，交遊漸散，畏惡吐棄日以相循，而獨先生用楚之舊而問余于山中。尺函斐娓，叙致綢繆，其所飾睞倜者，皆倜所不自謂能也。先生得無以江鄉脣齒之誤，而過意陋薛傖糯之輩耶？有死不敢當矣！先生高揭壇旆，雄風四被，清英韶令，要諸白頭。即黄岡下雉不足爲，而乃過意濟南精已銷亡之長物。攬衿自顧，衣帶悉發奇香，三家下邑，驚傳重問，清塵濁水，未判兩涂。其所爲氣色不既多乎！亟欲跨衛一過廣厦，面承緒論，以畏寒輒已。先生能終無意乎？

岱岳在瞻，計必登臨，有日迂程，蓬蓽實所跂予。齊賦具蒐，無足當熊繹蘭臺之勝，以于鱗比壤，或可藉爲釀酒，期平原十日。蓋趙國賤臣，長跽而請此楚大夫，其勿鄙夷于斯焉。野芹蜇口，何以荅休明？一切須之異日。

與張太華太史

不肖攌而在服者殆五年，許以尊之庇。比及禫除，先王之禮，時王之制，差已于事而竣矣。唯是孺慕在中，時切隆天重地之感荷。臺下遠函尺牘，貺以雙縑，温厚勞存，深心獨至。吾丈之重典章而洽同社，蓋不肖欣然與悽然合焉。

一昨之秋過穀城。穀城，先生所爲起居臺下者甚備，彼中萬壑千巖，幾欲移家娛老。然以親戚墳墓在焉，不能作潁上兩文忠達。邇來時奉尊翁先生履屧，頗極攸然，寰中小小缺陷，業付冷風野馬。附言申報，用以釋輦下懷也。

行年五十有五，頭顱可知。祝駕已二十年，前路康莊有幾？願觀麟閣之業，安我北窓凉飔。貢生之冠垢塵久矣，柰何任彈也！

荅大司馬李于田①

天家柱石人士膺門，凡在含生俱極傾仰，而矧四十年同籍末品，粗知義理，寥寥疏簡，果爾惛懵出壁蠹壤蟲下哉。兩歲來，又時時窺竊口風，欲伸理敗鐵青黄乎！斲榴感恩彌切，疏節亦豈其情？正緣所委文未敢輕率着筆，一思一汗下，遂乃竊尋若甘開罪者。

不肖每謂今之作者如林，求其于碑板沉雄韻言典質者，似未多得。意欲抗顔宗昉，在六季之先，而經笥嗛腹，書秘媿行，將俟五車浸涉，而奪于家貧學殖弗茂，致難執筆。兼之伏慴大巫，轉成荒蹋，則若何矣。目今自惟萬千謝過，衹拙書一事，少可自强。事蹟業歸隱括，但未聯絡爲篇，竢日酌楮、米書丹，付大吴生運劂，庶幾稍謝時裝，仰規前匠，以微暴于域中，鄙心或小降也。不虚，不虚！

子長天拔，子瞻雄逸，惟臺下足兼之。侗也何人，敢污樂廐，妄穪帛儀氏哉？寒研軋軋，捉管不盡，素悰填積，容春和敬奏不宣。

①沛本題作「答李于田」。

與大司農趙南渚先生

天相名德，諗知臺候禔履倍平時，國是人綱，寔惟允賴。孤清儼雅，屹如岱宗之不拔。葢海内圓冠方履，以及元元之衆，無不翹首拊手頌休明者，矧夫同郡門廧之士，欽承風範爲日已久，而又近叨甄鑄，著在形模，即雲泥分隔，敢自外遠不以一字通殷勤，尚得穪爲具有心膂、耿耿含靈輩哉？

不肖還山廿載，自分于世常違。夫不可青黄之木，而欲晋之萬乘之器，孰不驚而駭走者？獨尊臺持平，通國蟠木加先。去冬按臺剡削，不肖獲以黯謫，綴諸尾末，秋毫悉屬大恩。葢得之督漕李公、方伯沈公者甚具。夫尊臺雅心樹植，直欲付之不言，而蠹李荒桃猥承雨露，疇則云施其于斯際，木亦不能無情矣。侗猶所謂具心膂者，中宵捫忖，誠于何地報鴻私？侗計廿年伊蘭見染，一日及于昭明，則乙巳以後之身，天所予也，尊所成也。人間貴仕固已絶意無營，而竹素縹緗之故則時軫于懷。鄙欲琢磨兩漢，洗濯三唐，以期翼清時之鵬運，陪長者之下風。而尊臺非六經周秦之語不罣諸臆，不灑于筆端。即如比日奏疏諸篇，一本赤衷罣罣而彩毫揮斥，遂至前無千古，後無來今，細入蝨心，大蹴鰲極。有明一代，朝堂閎鉅之業，至矣，盡矣，蔑以加矣！

吾郡于鱗先輩，創然獨造，拔地拓天，幾足名代。顧其所標榜人流者，擬古之雄，鷄壇之霸耳。求如尊臺探驪批逆，聚米畫石，抒謀王之貇素，調萬彙之靈和，起垂死之枵萌，裕九邊之厚寔，則于鱗有掩面不前耳。夫尊臺所有而于鱗無之，于鱗所有而尊臺則彩毫揮斥之餘耳。擬古之雄，鷄壇之霸，即在今日，疇敢舍吾大司馬之歷下而屬他人？侗所擬展苔鴻私者，于尊臺柱國十年之後，携卭鼓篋，從杖屨于十畝水雲之間，前而于，後而喁，執筆而記一代藏山之磊磊者，侗其王藍田之裴迪也乎！此寔不肖本懷，不敢一毫假飾。所爲不竟汶汶甄鑄大恩者，如是止矣。

久圖上書謝臺慈，以家居慳于境外，使縈縈者幾一歲，罪誠無所解矣。今屬蒼頭隨本邑張翰林幹力行，明其積悃如此。馮元成感成就不薄，詞人之運差賴此兄及李本寧一振之。海内牢落仕宦不及中人之文章，至二君極矣。北嚮百首，不盡願言。

與雲中霍撫臺

侗聞之，公乘之塗啟，則巖穴損價；葉公之蜓進，則泥蟠見擯。詎知巖穴者德藝之藪，泥蟠者飛躍之式。葢嚮臻必俟于靈感，影赴尚須于建標。

竊見新都處士方君問孝，字胥成，天質貞亮，瑰才卓躒。捥髮之歲厭薄時制，絶目舉子之業，充耳公車之學。謂姬孔之緒徒標都講，風雅之道足抗前麾。非嬴秦、炎漢以前之書弗觀，非武德、開元以上之言不涉。浸精沐艷，吮理刻肌，以故發爲論撰，彝鼎失色，竹素非陳。驟而即之，若闔舀其奇；徐而繹之，則沉典其則。無論文篇，就其有韵之語，業幾萬首。騷選再駕，初盛還步，儻或錯簡徃編，雜置先古，宿士流覽，必無別白。

嘗謂太初疏野而少温密，茂秦直置而乏宛縟，以彼方此，何翅徑庭！東阿大宗伯一世人倫，傾筐倒庋，謂見方遲。遍譽公卿，長其遒譽。僕也霑匂師門，獲奉遺唾，其爲方也置喙，寧不願長三尺已哉？方袓褐北來，尚嗛一遇，宗伯以外，闃無其人。即今遊道交市，形吠相接，有如此士，何必古人？伏願公乘坐嘯之暇，踵胡床之致，一談一詠，清風穆如，庶幾真龍在庭，簪弁奪氣。方也無魚無車，何足多慮。造次奏箋，不勝肝膽之切。

與王百谷

明公岳岳巨人，乃亦病痎。語云「篙觸聖鼓杖」，汔有此疾，足下不畏于匡耶？安得華陽之苦狀，如橚實，如瓜，以餉足下，令其病良已。若曰「將昌乃瘧，請屏赭鞭桃湯以俟之」，濟、漯二流不能去惡，而僕以疾所患在齵，食飲都妨，正因擊齒時事太多，故墮此口業耳。

山澤林鹽之外，靡所不搜。刑臣四出，亡命景從，用鉞如戲。頃者清源告變，梟者三人，斫而不殊者四十五人。震鄰在泲，𩵦鯨在躬，何地可問太平？遙興輕舉，足下有術而可，僕不惜行縢千里也。三春無雨，禾盡卷焦，畿輔之間，嗸嗸轉劇。天子第坐深宮噉肉，肆帝之使不假神明，東朝妙善居貿，不册不婚，言官啟事蒸仍，褎如充耳。劎掫周衛，僅及鈎陳，足下試謂今天下治耶？亂耶？

張郎行李久滯此中，深愧無能爲藉。爲作一札達苕川，儻以蠶織爲桑榆乎？僕願歲歲從長康樹胲。

與武德陳觀察

侗徃從譙私獲侍，湖頭數語，已涉汪洋大都矣。已，得其所條牒數則，讀之，董之醇，賈之切，陸之婉致，所謂國是民情備焉。即聖主聰明不及納用，要之天之未欲平治天下也。侗竊念，文章一技耳，至旉爲經世，則無鴻麗大焉。明臺天韻雄成，廓寥淵穆，蓋于人間世一切，直等諸野馬，等諸泠風。夫蒼浪太虚，然後覆幬無究極，明臺似之乎？

無隶，古渤海望，盛漢楊僕下樓船即其地。維四野蕭條，鹽田錯畛，則島夷汎泊，最緊關處也。秦晉、上谷、雲中、白檀、樂浪諸邊略，有邊略形則著邊略情，耳目習爲防禦。無隶無邊略形情，而居其緊重，隱憂在焉。近銓衡擬此于固原、陽和二大鎮，故所借率鉅公名世，明公勿薄無隶也。且河最要無如廣川，津門南望若徐關水府，清源北視爲碣石重扃，明公自顧所借輕重何如也。布令一新，寬而使吏民畏，嚴而使吏民愛，蘇和仲之旨具矣。至于峻拒盤飡于千里之外，不使隸人擔負作馬奔牛喘狀，此非細故。不肖履宦十年，目中僅覩山林下一快心事也。

榮湙初知多公政，不敢即具問訊。茲臆稍清暇乃奏記上啟。處三伏生秋，是在前麾一顧，不必道出平昌也，鄙小邑最稱安近耳。侗東向龍門，肅肅如對。

荅吕心吾總憲

伊周顔閔，峙岳中原，天下翕然宗之。李所謂龍門，謝所云東山，直喀喀孩臭談耳。侗受知遇獨深，提拂甚切，乃不裹糧負笈造庭階，寒暄炙侍，即亦不克時陳竿牘代未面之私也，尚得戴齒髮稱人哉？則以年來穀慳歲儉，食力傭書，昕夕拮据，落拓極矣。安能周四境外乎？

忽報臺傔驚皇，與坐徐仲尊翰，宛轉百心，且重以多儀誼均天壤，鄙人何以稱也？具悉慶堂融洽鄉里，歸誠片語垂型，一絲系鼎，此獨座之所繇亟藉耳。不審臺斾北指，可容不肖侗長裾謁郵舍，躬奏雕蟲末技否？所委詣書一一幹上，卷用褚河南法，是比來趨尚紙。則勉效顏平原，取其儼雅，用配訓言，海奉細流，泰延撮土，即日憲府題才應⿰婁頁是。畣傔旬日，不敢假手兒子門生，赤心可念也。

長男三上名場不遇，頗汎濫群書。近兢兢學道，見伯父咳唾必飲次。未冠亦觀場三四，俱授經五則在亂鄉。此先大人之遺，侗薄德，安所得多男及書種未絶乎？連三按使者爭薦侗于朝，此不過面上眉耳，不能通耳目用也。因憶往歲明臺極心揚詡，今尚其餘波耳。

荅康驤漢侍御

孤拮据襄事，積勞成病，一臥經十旬，幾成異物。荷尊之庇，望秋小差，然精力已耗敗什九矣。忽叨使命，長跽捧讀，何臺下之與人周也如此！損致兩縑，領已，容覔郵續布之節。

閱報章，臺下識度超軼萬夫，而文章全力又足以發之。無論同列諸端避席，葢合臺省而抗前茅，無論求之即目，總計四五十年。自孤有知覺而程批鱗之彦，臺下寧第二屈指乎？三韓之命未下，合是朝宁不可一日無汲包儔。厭次如許地，曼倩以諷諫勝，而臺下以正諫稱，此洵數千年奇事，井閭末學似不可無紀載也。望鳳威于千仞，殊自忘其壤蟲之陋。附言踴躍，惟不罪饒聒幸甚！

與撫臺尹春寰年丈①

德州鄒事甫竣，歸擬搆栩栩園詩，乃雲間董思白翰編舟自北來，特以尺素邀晤言。不得已，遂取道武城，意在叩渠筆訣，故不憚僕僕煩也。坐柁間三日，備出古法書名跡縱觀之，真平生一奇耳。還過平原，道中俄聞楚鄉異耗，心震越不夷。及抵家，則所司悉臺檄禁，一切事果真矣。

嗟乎，不肖視臺下同氣也，又所天也，老伯母猶母也。戀德感恩，其胡能爲情？漢上几筵，東秦節鉞，君親去住真難之乎？爲此日矣，即圖蒲伏戟門，薄陳香楮，輒以申嚴未果，專竢嗃爈出齊門，孺子白馬素車至矣。事變倉皇，驚魂冷骨，欲語百千，不敢悤諸倚次。伏冀節哀委化，以嗇他年柱石之身，弟不任忉怛纏衷之至。

①泲本題作「與尹春寰」。

荅中丞魏見泉

填撫三晋以來，愛利覃于庶人，威信著于夷狄。又建所不易辦之勛，創所不易談之事，甚都甚休。虎竹而上，通綸而下，盪胷相誓，凡不染指幾何人？精祲不孚，獷悍貪婪，凡被斥逐幾何人？一意一跡，是關國脉，不第争頌名開府也。

奪晋如保，還之臺緫，想望風裁，京夏顒顒。如侗黔譾，拊手太公，捫膺獨契，不覺深情之倒極也。遠荷如天，破常分俸，詢之謁者，此是黄河一度再清，敢不敬拜温言！見命滿紙霞光，惠而好我，不翅厚矣。疎曠久甘，寔懼唐突。鉞下晝吟，宵寐却望并州桑乾，沛水可指此心耳！先此借使展言慺慺之私，須恪以盡。

荅毛直指

天幸小東，遂徼繡斧之辱，即下車之日，侗非不擬一簞佐濟上父老。迓霜稜而以勢閡，六條未應唐突，乃心未嘗不數數向之也。頃聞巡行先及青淄，會不肖州民挂冠長謝，長裾曲笠又不宜遠詣臺門，徒然抱耿，不圖慈念之厚用相存也。尺函數語，字字肝腸，矧也拜如天之貺，以尊逮賤，用暖嘘枯，曾謂末路有之乎？感之深，不覺汍瀾繼之矣。

不肖生平志向，自許無愧四知。計惟明臺鑒灼，苟有知我，無恤其他。從此閉門埋照，課子娱親。上之不能望弇州先生高躅，即小美爲曹，寧敢多讓？二公臺下郡人也，請以爲不肖質，可乎？側聞按部簡訟而恤民，摘官而嚴吏，若曰「渾厚精明，綽乎並舉」。伺如貌應日出之光，河流湯湯，請視兩者。

荅總河李于田

前勒報附使者，未五日而疾大作，凡六閱月，髗僦皆非生人。大抵受病在積勞積思，一旦驟發，遂成沉頓。入冬始勝巾櫛，然衰相現矣。尊公祖涖盟濟上，控馭東諸侯，海岱增其氣色。况不肖徊三十年鴈行末弟，方幅内鷄社同人，乃不能晋一牋脩慶典，尚得稱爲有心習者哉？所用稽故邅迴者，以前所云云耳。每讀于鱗先生「人間水屬司空」之語，乃謂「今日水屬趙魏御史大夫」，天寔式靈，僉奏乃績，無煩璧馬。

主上操河印，用酬漏天，一徹侯爵逋負至今，國家勞賢格可槩作口舌漫耶？窮歲牢愁，拜書自遠，十千相餉，桂玉不虞，不但酒貲矣。爲尊伯翁執筆役，坐病不敏，抑慴伏大巫，數草數毁，念今終無可避矣。

小吴生來自吴下，適當其時。呈稿後弟自書丹，不至再㢓討諾也。元樞虚席，計不久居東，推轂部下人流凡幾許，預有訊焉。

荅大司寇趙吉亭先生

甚矣，先生之急不肖也，不肖葢有聞焉。先生每向人：「吾黨邢君，廉士也，文士也，意氣士也。」鼎鐺猶有耳，矧也人乎！侗乃時用咨嗟，感慨謂：「世有先生知我，我即死無憾！」居恒展衣祿褷，未嘗不望龍門興稽拜思焉。薄言申候，固其夙心。先生不拒門靥，斯幸矣。而遠殘鄭重，抒厥襟期。今則大使至矣，手書斐娓，損惠清珍，高秋摇落，得先生一字，不轉逌宋玉悲乎！

朝綱將不浹歲，當及歸一，先生脂駕而過荒居，手摘來禽，共談名理，齊老生借與星緯占矣。草猝不虔，惟尊鑒貰。

上温按臺

我公祖驄馬按大東，葢以伯夷之清，躬伊尹之任，而推誠盡下，則又具柳下惠之和。所謂褚季野身備四氣，奚足埒之也？時與長老知言者屈指綱滂之品，似是百年以來，未覩憲紀肅貞如今日者。此自籍甚輿人之口，侗不佞何敢知焉！

侗少而勵操，不屬爲庸常人。中遭連染，浸及沉淪，于世長已矣。乃尊臺天空日霽，無隱不周，剡書達闕，謬采微薄姓名而光揚之。西漢右軍之目，士林佹得偏稱，業足騰驤一代，而臺下以身兼數器，加不肖侗仞翔清馥，是謂鸞鷟芝蘭耳。而侗則有心喜翻倒極，仞翔則雞群不伍，清馥則鮑臭遠絶。臺下薦我而兼昭雪我，是一疏而倍兩疏指也。且自玄黄以判，此恩有兩哉。

侗生平自許，直欲捐七尺報人，然須罔極如親者。今獲負墻門，仞有死所矣。不寧斯世鐫珉勒策，世世萬子孫詎敢忘之？唯是承顔尚逖，跽請無期，雲海茫茫，託之夢寐。伏願錦堂倍玉，少俟春明，駕言幾甸，以對蒼赤社稷，實式賴之。

來禽館集卷之二十七

書牘

上撫臺孫文融

竊見歷下李滄溟先生攀龍，葆真履素，取則先民，鎔古鑄今，蔚爲代寶。海内綴文之士，靡不宗之。而今五畮之宅已非文靖之舊，襄陽之里空摽孟亭之名，門祚寥寥，雲仍僅僅。侗每詢訪人士，皆云李駒淪喪，有子繼亡，止遺一孽孫，又復無母，才離襁褓，寄命嫠媪，是爲駒者。婦僦居窮巷，托跡浮萍，並日無臝糲之食，經年尠漿汁之饋。致令鮑山黄土作赤曆以咲人，嶕湖白雲化素虹而繞墓。其於今日，責在明公。唯侗含意欲申，歷春及夏，恐以不急之務驟溷鈴次，悠悠之世見謂好名。

廼者尺一北來，瓜期不遠，千秋氣調，機緣在兹。伏願明公下記所司，略損公帑，爲贖數椽之敝屋，小復白雪之舊居。月或給米一石，歲布若干疋，藉以長養壯髮，緜延後昆一綫。猶龍之緒實被如天之福，斯文一脉，其疇逆心是在臺端，倡義力此永圖。侗也竊效途聞，奚敢任德？臨書不盡覬俟之至。

與萬伯脩觀察

兩年間凡托兩布衣爲郵，一爲京口章廷綸，一爲歙州方胥成。二君畫法詩篇，庶幾擅代，不審伯脩仁兄署中作何眼相眎也。世態漸波，乃遊閒之徒更甚，願足下好其真者，無若不肖，翻爲葉公所咲耳。汪幕來，讀足下書，書詞閎麗忼慨，事事次心，背面之説豈所宜談？要之，我輩交許不應作今人，亦不應詭作古人。詭作古人，反不若今人之爲愈也。善哉，諸葛武矦之言曰：「士之相知，温不增華，寒不改葉，貫四時而不衰。」請與足下共勗之。

足下天資敏紗，挾藉數哭，滔滔莽莽，動不可涯。即如以戈鋋世業，以詩書起家。以詩書起家，復以戈鋋報國，握槊耀其神武，彎弓表其巧捷，談部摧其利距，氣海輸其廣納。噴語成蘭，染紙騰采。牋牀則琳、瑀之亞，檄露則班、賓之儔。頓令崑芝慙其明麗，雕虎讓其雄成。玄黄既判，齒髮林壬，未或覿夫文武兼資能事斯畢者也。嗟嗟，伯脩既無難邊事，亦未可便易邊事。掊擊單于者羸幾倍？攝伏單于者羸幾倍？以掊擊爲攝伏，以攝伏爲掊擊，互相訾笄，孰羸幾倍？盪胸而籌，聚米而略，庫具如干？車廐具如干？馬府具如干？幣門具如干？當户且渠，畚挶之爲役，棘矜之爲使，飛罕之爲掩，包匭之爲餌，雲梢之爲誤，變崽之爲問。揖而手通指，瞚而目通指，躡而足通指，總而心通指。而後乃今，戰與欵無争勝，金與粟無争貴，野與市無争民，華與夷無争界。忽然而我如忘，忽然而彼如寄。一忘一寄，大順之世也，寧御夷之道乎哉？

區區下劣，勞疲十晦，躬畊漆其如幹。展其力，用僅止于挈餅；副其器，量財任乎截雞。學道末緣乎象罔，躭藝復困于二毛。羸縢無勝遊之具，積孅乏中陶之榮。平生意尚，都已云訖，孰與夫命世絶倫伯修足下者哉！

荅王子廓中丞

千里塞垣走明駝快足，而及我于山居也。意良厚，題封焜炫諸雲雨耶？曇花下來乎？實不自意，撫中丞列戟如檣，乃爾葳蕤其舌。邢生號稱倔彊，不免汗下氷紋一璽也。囊盛珍餌，何羨來禽、青李、櫻桃、日給滕。愧無右軍好手作疏爲荅，澤尪扶老不第治聾，一門體氣常佳，盡感足下遠惠之至耳。中權千載人，言語玅天下，唯吴王百穀可與比倫，他非其儗。足下羅而致之幕下也，數娑千萬，不足多矣。客冬無幸，咫尺相失，蓋促蒼頭謝過三舍外，而中權御風長徃，杳不可攀。此段胥成所及知，而乃金人其口，不以曉告明白。二郵均討，必方乎及我也者。引批牽復，仁丈其爲我三子者，何如斷案耶！

胥成巧於筆札，拙于喉舌，長裾槃辟，研田有秋。廷綸伏蚓初伸，未際風雷，行一以振，當是王家叔明其儔。撫中丞臺好畫饒史，請以畫言。夫畫有工，有士，有意外，有象中。廷綸之畫，士而意外，正如右丞雪裹緑蕉，大年朝陵始廻，抑或掌大於股，人長于樹，皴瀍逗漏，渲染遺失，種種小誤實不能無。而其一片冥濛褵褷、霏霏拂拂之致，更江東兩都一億其算，不能當其盤礴劍頭吐納晷許也。弟于此藝躭之廿年，而居平勾股尚難。巷無居人，不謂晚得章生。即生者，韵言清舉，大類斐君迪，而人或因畫以掩，並短二長。即胥成連羽，歉于鷫鷞，未始不爲章君發憤矣。尚寶公雖亟章，未得章，寸幀尺幅而沾沾不已，要以弟言重耳。若所謂張元春誠高，今以一軸往，蒼然窠蘚，幾令勝國諸子無處生活。惜也倦遊不及，從臾出塞，余五芝精雅絶倫，便當遠紹唐仇戢羽之日，業已入我籠中。今作大鳥摶空，我徒視諸藪澤，可如何矣！

程扇宫詞領已，讀之一再，政猶身歷水殿雲廊，而裛其咲語風香者，敢不敬伏。

與少宗伯孫以德年兄

往歲附書徐太史，嗣會盛太古，知已得達。比聞仙鷁過廣川，可圖一晤語。緣里居無郵耗，又不及追躡景光。同袍兄弟中，最蒙知眷莫如不肖，廼一别參商如此！人非金石，其胡以堪？仁兄飛踐皇路，浸浸柄用，不患積薪。弟一辱泥塗，遂無澡雪之日，十年家食，愁病參半。且平生不善治生，故業日荒，日益削。一門童僕，竟日僅飽半升粟，主人差不菜色。然無王珉一頓美食餉賓客也。計此段太古能言之。

太古云爲馬衾知介志文，衾知公子亦云云，都蒙不拒。弟與衾知生死交，藉有顔色，今公子跪而請諸邸舍，唯仁兄有意。成言朱太復拮据一狀良佳，望鉅公賜之賞譽，得少流便。其詞不更作于鱗牙後慧，幸甚。扶風新阡，待此發策，知不惔如掾一揮洒也。公子雋博舉子，文美如粤南明璣。蕰胸次與筆下迥絶纖塵，其兩弟俱躭躭第五，異日者不忝仁兄門墻。河間梨不減哀家，此河間哀家諸子，可匹美江南樝孫，先生其均而蓄之，無有吐棄乎？人面逐世高低，乃人心更甚。不肖者真一不足齒之儈耳，復何言！

再荅萬伯脩使君①

弟凡奉三書足下所矣。寓章者激，寓方者直，寓汪者宛，都蒙涵納。人與書俱在空洞中，乃知從前不肖弟自它於伯脩仁兄不長者耳，悔來幾欲自燒物。顧足下不見不肖措舌狀，柰何千里發一乘重之。即謁者下及蒿萊，分俸饋藥，副以隃麋。隃麋，弟固請之，拜賜無媿。若參藥一秤，費文質周郭者三千，合清俸共得朱提二流。即今輦上人巧作事，見淮陰治粟，上郡治兵，兩公疏所齕彈，頓使軒裳輩無處生活。枯槎如弟，横被異恩，浸假遇好事者摶掩，而比奇請之條，弟與足下不惟偪乎？一咲，一咲。

來函勢吞岷江，光掩列缺，氣攄風雲，采蕩睢涣。鄒、魯、燕、趙，妙合以成文；琹、筑、笙、竽，異好而成致。猗歟盛矣！洒藍炊鼻，掌大方幅，奉匜沃盥，殆將不暇，而敢抗志以高？兄妄壓刑而穪齊，大便當生，致拔余舌矣。湟中一櫝、《出塞》諸曲聲華被紙，光景盈字，持此可以冠冕列鎮，奪揚雄威。第絶節興唱則蚓竅自伏，擅代振姿則魋顔却匿。伯脩足下高明之府，願言少戢摩尼之光，毋俾形諜之成，謝彼排迮，保我多有杞人徐福，諒亦仁兄之所不吐也。匏苦不才，于人共濟，不肖之役，良亦在兹。五月炎歊，負薪褦襶，望天山之背，片片作瓊花。又從帝所分得中尚署，獻帶若箇長也。

袁本初，儻蕩人，遇夏每雄飲。足下旌旗在北門作幾大排當，河朔名流，登筵爛醉。已乃走馬射柳，風生鼻端，此時抑復思東頭竹篠間否？

①沛本題作「答萬伯修」。

與撫臺李于田年兄①

仁公振鐸大東，不佞從喀喀中竊其餘響，幸甚。贈言在篋，側聞時示，同人且曰：「人不可以無友。」弟誠疏蹇，敢自它於大度外耶？遼左功名，遂至拓天拔地，大伾以往，名世杳然。未幾節下脩其故業，且矦矣。高句麗良是，史何渠亦穪下句麗？人參何故作人葠？濟南有長白，遼亦有長白。紫貂青鼠，二毛孰優？八稍五味，若箇風致？殊絶令威，化鶴雀去，幾許春秋？管寧一榻，當坐穿穴。斯地寓公，斯人龍德，抑復有碑板文字散在醫巫閭間否？右軍寄問，譙周并徵，司馬錯成，都樓觀一一不遺，僕今亦欲稍廣異聞耳。

兹托爲郵者，邑子朱西仕遼。遼除目公乘，而下勾股，不可蹤跡，意厥司存似是雀鼠耗耳。顧此何足溷仁公？然輒以溷仁公，則以西志節、才諝、年齡、風貌，都非齷齪者流。又西其先與家大人遊，家大人督作疏，匪直以泛然邑子。故西者，升斗第取其量中，不者僅與大鰥同飽，死無所勵節下矣。節下其爲越次而策之，如霜一片戈戟中，令西者稍得而前，齊虜其不以司庾終乎？不佞厥躬，其猶有譽命。

①沛本題作「與李于田」。

荅王恒叔叅知

蒙也俗在齊鄙，資稟庸下，顧常受訓于父師矣。束髮登路，竭才狗官，期以絶暮金于昌邑，還黔首于化人。執心秉節，五年於兹，頗見取于賢豪大方。迨後接跡中臺，彌厲操檢，不謂伊蘭有臭，苦來逼人。遂使風霾翳于中道，黑白易乎正形。黄門冒宣淫之譏，下妾滋佯僵之惑，良以悲矣。

還山以來，朋好都絶門，故耻名乎師籍，親暱殆同于疏屬。兼之百年鼎食，一旦瓠落不堪，棄寂趨炎，亦復人情爾爾，無足深怪。乃我恒叔先生，曠致横絶，玄覽軼倫。視蔭之交，篤于白頭，東來停軌，損翰相存。累櫝連緡，騰花散藹，縮少文于咫尺，揖禽向于睫衡。駭目洞心，窺庭卭目，玄冬遒盡，陽煦忽臨。其所次心，政在輸寫丹貇，商略道素。至於兼金輟饋，紈扇手題，則又千秋之末誼，徑寸之緒標也。

竊憶先生往在掖垣，無日不嶽嶽。葢三事以下，屏息降心者屢矣。以故位箸尠汰敗之嚣，藩畹廻驕溢之態。三十年來，諫臣任職，厥唯先生。嗟乎，朱雲表殿檻之名，長孺惴淮南之駕，遂令車輪馬跡，帆影檣陰，幾躑躅乎窮天，殆周環乎儉塞。興言指事，標理明例，未或不搤擘于當塗，怵懷乎世網矣。睠兹廟路漸夷，賜環計日，茂陵之托豈所敢聞？所冀北上迂程，不忘鎌採之賤；青芹白水，猶可以羞行人。歲晚天涯，藩齋落莫，此其氣味，蒙所夙諳。願言珍攝，以對含齒，寔不任翹企深！

與兵垣①

門下鮮標令望，高視寰宇，再入兵垣以來，抗言發論，忼慨持正，而又時時出之以巽，濟之以通。正如芍藥而劑和羹，揆其意指，必欲裨廟堂之緩急，奠方幅之黔黎，甚盛節也。不肖生長齊東，少習佔畢，束髮入仕，復躭宦學。骨節輭媚，意氣灰隤，每見一二矢口譚邊之士，心竊咲之。不圖比來目見兵戈，寇將壓境，乃復釋詩書而講韜略，拋荷芰而就裲襠。吁嗟乎，維桑與梓，孰厝磐石？孰置累碁？不肖而不此之爲慮，是木石耳矣。所上兩臺揭帖，録圖記曹，其爲此議者刳衷盪腹、蒿目分宵者，何翅再四？總之，全齊六郡素不知兵，近海諸方兵食俱詘，而此百十餘城束手累足，瞪目吞聲，以寄脰於儵臨之寇，不已慟哉！

夫議水軍矣，議陸軍矣，而此二軍者，非若土偶木梗，旦夕摹削而備盤鈴腰鼓之戲者也。言議增餉矣，議厲兵矣，而此二物者，非由天降地湧、泥沙摶取，而供朝茅暮栗之豢者也。即文墨之徃者言之，主者覆之，不曰「事在彼中難以遥度」，則曰「錢糧處置一任便宜」。即文墨之徃來，業已動經旬月，又曹騰以上下，何異隔韈搔膚？究其抹摋，一旦倭臨，所謂寄脰于俄頃之間者，良非虛謬。以故不肖僭爲條牒，要如老宫監剌剌天寶年中事，頗關實際。人衛家守，耳目心志流洽便習，期于言之可行，行之無費，庶幾擬堅壁于古法，合守得其中策也。若全齊而俱爾，則總計東方鄉約民丁且三四十餘萬矣。分封戍守，力逸功專，而狂寇雖有數萬之多，更誰爲之更番休息者？彼在所而攻，我在所而備，以我之逸待彼之勞，以我之專待彼之散，以我之常待彼之暫，而寇將無志衰于曠日、鋒挫于連城者哉！在野言野，不肖之技止此矣。外此而張皇乎，犀渠之鋏日，艅艎之蔽江，當陳臨敵而奏謶，則不肖其受誑惑之誅無貸，恃在千載心期，輙破山林之例而私布之。如此惟尊炤察，不第不肖一人一家，幸甚！

①泲本題作「與某兵垣」。

上中相公

不肖侗自束髮厠跡師門，汔今且二十餘年。中間造就之恩，曲成之誼，即歷萬億不能指數。以所素盟矢萬一，砥礪休明，少自表見，以不至爲師門玷，則所以庶幾明報也。不意風濤中起，栖泊倉皇，一官自棄，視弁髦不足爲輕。于時兩當大計，群不逞尚欲甘心，賴師尊芘幸保皮毛。進賢雖挂，尚得被衣履冠帶而爾鄉里之縉紳，秋毫皆鉅賜也。

歸田五載，凡遇生辰慶典，一字不敢通門闌。即侗與木石居，未必五内渾然木石也。第居恒竊意侗在師門，乃子弟中之最不肖者，其以罪黜而放之田畔，違遠邑邸。昊天之號，夫豈恝然，而竟以形跡播越，影響自幽孺慕，徒勤面顔如甲，萬緣俱冷，疏數尚足道哉！不意師臺海天茹納，猶賜記存，一得之姜大理壁，再得之傅道長光宅。具悉尊慈閔，以瓜李之嫌見累。諄諄操守行履之間，猶曰「所可哀憐之士也」。侗轉恚自外之非宜，而硜硜者之無睹於大方矣。然亦不敢輒有慁瀆，乃今輒有慁瀆，則以已故馬門生允登事，拉淚而奏記焉，惟師辱聽之。

馬門生平生英爽，才具幹略，不竢不肖縷陳矣。至于一片爲父師赤心，直欲排群疑，犯衆怒，而登之昭明之理，庶幾由在尼父不聞惡聲者。卒以嘵嘵去國，躑躅外藩，三押漕糧，風波盡瘁。一旦邳州疾作，暴死水濱，妻子遠在家園，相依又無幹僕，無論含飯無人，抑亦蓋棺潦草。嗟哉！扁舟寄厝，魂魄覊孤，唯有青蠅作吊客耳。吾師聞此，或亦不免當食頓箸也。近於五月十三日柩抵東光，不肖侗奔吊盡哭，稍爲經紀其家事。又復許其少女在襁褓者，續爲婚姻。一日在宙，一日不忍負此死友。

馬門生有五子，其四皆娶有婦。長次二生，資學可望大成。與之商談間，渠云：「漕撫周軍門欲爲題奏優恤，河道潘軍門亦再四咨嗟，圖有以慰之于地下者，俱未見下落。」侗竊思，往嘉靖間貴州右叅議王重光以採木卒於旅邸，得贈爲太僕少卿。近儀真管河郎中羅用敬，亦得追贈如前官。以允登而論，俱比二員官階稍高，而事干國儲鉅重，較之採木、管河亦不甚相懸。且涉歷江湖，風濤萬狀，三度押運，已及滿期。計今四五月，原望例陞，若夫暴卒河壖，漕務未竣，真所謂死於王事者。以愚而慮，比照從前二例，奏求贈録，似未爲過。仰唯尊師俯念二十年布衣門墻之舊，亦曾少效赤誠于左右，留神委曲，一賜允行，此正公道中之異恩也。佇企台慈手批數字，俾不肖侗有所持循，從臾其子亟爲陳乞，則人間君臣、師弟、父子、朋友之誼，具爲愜可。臨啟不任激切感慨皇惧待命之至。

上申相公

門生比以馬門生身後之事上凂師慈，荷尊俯注，曲賜裁荅，且温詞下慰，睠然忘其不肖之踈逖，而沾沾寘之胸臆者。侗捧讀長跽，不胜感激，不胜悚惶。

馬門生事，先是河道優恤之情，業有公擄矣。今其長男苦欲叩闕陳乞，其所上書，祇以押運三次資深勞瘁爲言，并未敢妄援往例，致有齟齬。切念馬門生稟性慷慨，中多憤世之幽思，一經外補，日夜焦灼。葢所望于恩師之拯援而還之卿寺者，良獨切至。比見事勢不諧，邑欝無聊，寢食違常。一旦至此，計此君賫志未消，張目未瞑也。伏冀尊師機務少暇，留神委曲，敦屬部議，得從優叙。獲叨京朝一官之贈，則門牆死生之誼，人人頌而戴之，不直馬君一片隱衷獲伸地下而已也。

不肖伺伏在草野，本不宜再三塵瀆，第以馬生幼弱，未敢輒叩尊嚴，伺用是不避瑣煩，敬爲代陳如此，唯師亮宥。

上撫臺黄公

不腆下邑，十歲以前頗稱醇簡易治。乃用連遭穀嗛，木緜無秋，遂似官地不相能，而僊形愈見。元元之民不至盡人流離，實以臺下撫摩之念視他屬獨切獨先耳。孤等有日夜與孑黎申頌休德而已。

所可幸者，新令君坦誠頴拔，周慎精嚴，不再旬而諸務改觀矣。第南三鄉地荒力竭，不能一體完科，要須從長計議。于條編中特示寬折，則闔邑元氣可廻。即如德平紛紛岐貳，正亦坐南沙北潦地不齊一之故。脱若下邑縣司有所申呈，爲南鄉乞恤，則惟尊俯賜留意焉。孤等土田俱屬鄰城，亦仰恃慈明委心見遇，故不覺刺刺爲桑梓公言之。臨緘不勝惶恐。

與李于田學憲

往奉《墨本賦》及考卷之惠。賦清麗，韋、柳高手也。考卷人具才品，無向時割裂裝綴之陋。聞大宗伯署中評爲宇内第一，冠諸行學，監司不虚哉。

弟久病成衰，閉門飲藥，忽拜志書大序，發函卒讀，且喜且諤。文是大議論，風會攸關，波動雲流，無一毫强割態。葢自肥腸滿腦中來，紛紛擬秦摹漢，愈露捧心，風斯下矣。至于一字見褒，足刊金石，嵁巇牢落，差以傅顔。憶得《何大復序》、《武功志志序》，至今並傳，弟則愧羔之裘而狐其袖也。能檄縣多刷十餘緡，一爲送海内同人，更藉青雲無已耳。大集篋之，實有深意，縣君能自陳底裏，撫院見收，一切皆餘論所及，敢不結中。

微聞當宁欲奪估嗶而就裲襠，宜抱相如之癖，何緣詹見，一叙闊悰。臨書悁邑。

上御史大夫温公①

侗也突奥熒燭之明，亡所胥額於世，幸際老師數納，緣是得自試其狗馬之能，方面熱内慚羞死不暇。廼蒙師臺温諭奬許，陳義甚高，已又開發慧藏，引迷謬人而偕之大道。玩味師旨，苞裹今古，如渴者飲河，知有滿腹不自知其天之高地之下也。

夫寓宙真空，實相無有，定在無有。形影既無，端緒亦無。究竟如指爲空，則日用形形色色孰非實際？如指爲實，則日用倏爾忽爾孰非幻境？如以爲在市朝，則桓圭衮冕、彝鼎大常是何指歸？如以爲在山林，則巖厓泉石、蕨薇衣鉢是何安頓？江山紫翠，日日餞行；烏兔升沉，時時解纜。乃知此道無起滅，無顯晦，其實也不實，其虚也不虚。市朝澹泊，未嘗不山林；山林自適，未嘗不朝肆。廓之則極高極卑，惟所彌漫；斂之則一呼一吸，唯所橐籥。圓常妙應，觸處皆真。葢師臺所「喫緊爲世人不知有空相、不知有實相」者，誠至論也。再讀「素位而行，寧人奪境」數語，仰窺師臺體驗踐履，真聖賢中正學問，謹佩服終身。

第「山林」一節，原與本道尹觀察劇論長生性命之學，反覆辯詰，不一而足。緣是忘其固陋，因謂潭底日紅，山頭月白，非入山静坐不能呈露此景。龍吟於淵，虎嘯於谷，非入山静坐不能駕馭此景。忘裏覓，覓裏忘，定中起，忘中用，非入山静坐不能冥會此景。鄞鄂混成，蟾光朗照，爐以奠鼎，室以凝神，非入山静坐不能妙觀此景。葢聖學以戒懼慎獨爲工夫，而中和位育，皆是作用；玄學以致虚守静爲宗旨，而脱胎神化，乃顯脩爲。則弟子前所爲尹觀察訂證者，就事論事，似又着於枯槁寂寞也。兹聆台教，敬謝敬謝。

極欲叩領師臺之教，顧繁冗雜遝，無一寧息。稍暇，當假以公役晋謁恩臺，乃得縱觀海若之大全。

①沵本題作「上温中丞」。

與張仲儀轉致歷城趙大司徒

雲間馮元成先生僑寓此州，思光之舫膠于河滸。日罨糙對七歲兒子作苦，見若謂爲五斗耳。夫元成目無萬鍾，安所沾沾五斗爲？正緣身隱吴趨，翹翹物表，研田宜穰，而自署馮三白。其一白曰白文，以不受徵文金，往往爲人白作也。江南如許人門故業如掃，栖遲皐廡，一字不通。貴要人研田且不計獲，安得不兒子號飢，婦無袴耶？今以五斗出坐此。元成絶世天才，所爲文上造九天，下薄九地。推岱華而負溟渤，羅萬有而走群靈。侗以元成方北地，覺北地小傖元成，鑪錘極矣。

居平私竊品目，時子若元成者，風期類閔仲叔，天韻似李長源，至于文章擅代，卑史子而翼九經，似非文士足例。此人者，不以處水天石渠之次，令其持平國典，藻黼皇猷，而俾之以藩臬外臣，待魚貫之命，其何以稱吾世右文也。

元成持牒將如京，能使不持牒如京而就近除一官，省一切交酬費。有雲杜李本寧傍州可差擬。今武德使君未有人，元成用叅知兼僉事甚宜此缺。所謂宜此缺者，蕭條曠莽之野，百里無甜井，五月見鮮韮，他人所不甘，唯是海光挂檐際，蚤受東旭如車輪，載歌載咏，與元成雅相便適耳。程公業丈極領弟言，慨許爲恩之，以爲非我歷下司徒先生不可。先生當代人倫，方吐握，知名士片長之必收，而矧元成厠其同袍，且士又非一世士。計一言可得諸銓省無難者，我先生當不俟我輩之畢辭，而灑然其無逆心矣。

元成向弟張仲儀，豈可爲我無詞于歷下先生前。弟敢爲紹，而用足下爲公業。僕姑佐弟，宜佐二公强弩，而身方待嫁，安得輒與干蹇脩。頃者嚴按臺挂㓨，秋毫皆我先生力也。王正自有一介來茲，不敢率然。

與兗東戴觀察

少年掾自東來，恭奉臺下所遺諸殺青業，侗叩頭領已。伏憶南床風裁，所露奏黄紙白簡章，勾股莫紀，天下靡不翹仰震讋，泰山在瞻。乃以餘力成文章，矢口宫商，發言朱紫，幾令盲史腐令、鄴下雲間、藍田杜陵、考功隨州諸流輩，死尚畏人。夫予角去齒，二翼兩足，造物制之矣。臺下奏書滿公車，著書遍名山，人所皆有己亦有，人所都無己不無，豈非天授之全能，人倫之罕覯哉！邇者分臬臨沂，泣盟魯甸，差可比於先王之觀。孤情迥兮絶照，淵量湛乎内函，以遵鄒嶧，以撫瑯琊，司馬之壯遊不必談矣。侗也申詠酒肉淮陵之語，而感代興之世，竊願隨行以中雋也。

爲郵少年掾，不肖中表侄。家禮詩書錢帛之業。今值中衰，以天之幸，獲備一日掃除噢咻，貺賚稟鬻米而外，恩等再生。掾兄名懷，文筆優長，業胡氏，號名「知經」。比邵使君羅而致之幕下，大被周爾。我輩小假羽毛，定是摶空大物。掾者亦足藉手事臺下，不至與他農佛弟子，請以曝書一片地爲鹿野壇塲。侗不任丹誠切切。

掾還，適不肖大病後捉管，不能悉所欲語。居頃之，當倒庋傾筐以歸函丈，憍陳如求爲

瑣小兒伍，明恩其無有負矣。

與徐汝惠貢士

半歲未通一字書，正緣塵坌牽紲。近值緦功，神理欝欝，謝公不廢聲樂，蒙則用緗素遣之耳。項斯自奇，每恨蒙喙不三尺。日來之役，聊道悃，實未足發兄聲采，何至損孟公之牘，而諄覆見謝，爲麴生告竭罍。且蒙恥賴明公一洗之，第施之者無倦色矣。蒙則柰腆懵何也？

小齋劼勵，日力練泥削梓，此身幾作土木偶人。壘石爲山，僅爾弇中百骸一節耳。無論錢刀畧盡，而困中粟麥半梯無遺，愚公移石，不謂千古復有蒙也。雖然，我自用我法，若聽東鄰牙籌聲，頭岑岑不能舉，五臟且嘔出矣。白家履道坊未逾小園，彼乃官位差勝。我有豚犬，視龜兒十倍。日捉筆作方寸書，朝顔暮歐，津津負跨，竈聲又不聞。白公有堂上老人，我乃日舉兩巵，起居眠食。嗟乎，汝惠與角去齒，傅翼兩足，蒙所得于造物者，奢矣，今當行樂耳！須富貴何時？不知我者不可聞此言，知我者又何可不聞此言。

拙詩文儘多散草，都未料理，容次第納觀。晨興見使者，不覺飛揚信筆，唯明公亮之。

與王子廓中丞

金箋潤麗，秋爽當擬各體書之。《三教經》用高勾麗紙書，欲合作也。以上當俟以扇至泚毫。吾家《十七帖》，竟樹寰中赤幟。《澄清》亦是秘本，略眆蟬翼拓，覺斐亹足好致。儻得川扇，紙薄如輕䌤、綿如純繭者拓之，宛然定武禊本矣。便賦數緡來。峨眉石小盈周尺、尺許者，幸命行人斫一二拳置來禽中。米氏癖日日以劇，卒難療也。

荅愚庵上人

遠承法帖下問，勞疲褦襶間，忽若清泠灑及也。兼荷名香兩種，一洗人世伊蘭。優鉢羅花，印成妙相，如影如欱，又復如幻，安得吾師拈出此義，解脱火宅，實學人之上願耳。遥瞻悉替，上歎下歸，恨隔由延十數，不獲僉然坐列。見一毛端，徒從古雪同条，竊聆净染，不殊身在光網之下也。

附荅江硯一枚，望師猶立文字，廣媲毗曇。聚頭扇二握，用代松枝。有時登寶華座，披僧伽黎，或亦不免須此耳。乾侍者還敬訊安穩，自餘綺語不足慁前。和南謹疏。

來禽館集卷之二十八

書牘

與李本寧

從董觀察所奉還書，所爲不朽先人者，概蒙允許，異時有藉以見先人地下矣。感鏤之切，詎可名言？報禮過隆，兩碑皆奇物，且并杯勺見還，轉生慙恧。以鄙之私，俟拜文之日，將輸王氏青氊以謝。然青氊適在質庫，故前未及申，真如向所謂韓昌黎笑人矣。

弟書不佳，聞高句麗頗耽之，每以中金如許易一條幅書。條幅，即今上四幅是也。仁兄得無爲故人捧腹？即故人無文名，亦偷得書名也。

黄撫翁急弟甚，便中爲弟謝之。别諭領已，廣川咫尺，弟當親走下澤，爲足下御過來禽耳。董觀察，敝門人，又同郡戚屬，業囑以後輩禮事仞厯，不知何若？弟去冬謁東阿先生轂城第，歸而冒寒。今春大發，幾賈其生。在簀三閲月，今復食新矣，正亦不必以官爲逃也。

此段唯仁兄可與道之，携我婦子一二，里莊收二麥，黄鷄作羹，噉磨棊餅，大是田家瓦盆味，不堪持餉也。

與趙吉亭冢宰

見翁先生節臨下邑，獲奉起居之悉，極慰景企素懷。及拜函書，龍鸞飛動，杜祁公、文潞公手蹟差得爾。至于眷言眇末，寄意人境之外，則又尊者、長者弘獎至心，不肖寔惴惴不敢當也。佇俟蒲駕北來，掃室焚香，跽聆明訓，兼出一二藏帙少博清歡。處士星猥忝臺躔間，不免煩太史驚奏，亦齊魯部中一奇耳。

侗入山廿載，近頗有物色之者，秋毫以上莫匪明恩，志所爾「結草啣環」，似關稗説，侗則欲躬自試之也。轂城師一旦至此，侗春初身抵潞河，沿途經紀其喪者百日許。比師母繼捐，復抵其家，爲一妥其族嚚，計臺下所欲知者。歲暮隆寒，伏惟珍調飧膳，以需即日温綸。

與阮民部

病差。竊伏思玄度五月，坐氷壺飲東頭竹篠間，非天際真人，安能與此古歡乎？手畢，滿陟釐諸雲雨天花下矣。其所奬飾不肖者，悉非不肖所得當①一二也。委至諸書，欣然領會，所擬呈拙技不止此，傾筐倒庋有日矣。君以爲雄，誰敢不雄？而仍自惜其腕，不虞負長者負知己乎？拜公之賜甚慰菖樽，山中人極易爲德，況此重金。侗頓首白箋上復。

①「當」以上句又見本集「輯遺」之《答陳使君》开篇。

與王成所年丈

自入山林以來，身與氓隸爲伍，心與猿鶴爲儔，即閉户閑吟，僅同視肉，臨窗散帙，不過撮囊而已。荷年丈不忘夙昔而賜之書，書詞懇至，非尋常徃復之空文，誦以周環，如遊如泳，古爾空谷跫然，寧足喻哉？惟是既唾之核，不闞籧篨，年丈何自津津然。而几筵敦鼎一切而張之，弟雖愚陋，不敢聞命也。家漸簫條，門真羅雀，風鑑張生所能目悉，然門廧弹鋏之士何敢爲慢焉。言不宣衷，渠應①覼縷諸憑臺炤之。

①應，萬本漫漶不清，據崇本補。

與馬見素給事

侗厠鄉閭之末，凡庸無足比數，獨于尊門夙欽通德。又仰棣華而詠韡韡，有遐思焉。未面馳神，誠非漫浪，蓋此中有契分之合也。倚廬居守，忽枉素牋，推與過情，豈所應有？唯是太翁老先生宗盟一世，流羡後來，而以旒旐之言謬及不肖，主臣，主臣！身愧中郎附聲介休之烈，非平生一大幸哉！敬拜寵加，期于春和，具草仍自寫以通，備扶風大乘也。使者追我于塗，又遲我于家，挾旬暴露，可爾良信。甫解緩，奉書不恪，祈慈鑒，幸甚。

與馮琢庵宗伯

伏蒙尊恤賜箋，枉賵藉以仲兄之重，謹頓首肅書申荅以謝訖。比日嫁孤侄女，即遵道舍侄最幼妹，二府先長兄所遺四歲孽也。不孝有少子女，自矢與平門要結，而此獨拮据，令適大家。朋戚見譙謂：「汝然糠自燿，乃復假人四壁餘光，甚不情。」不孝謂：「僕則譬之秃燈一息，膏煎未盡則與人夜，膏煎一盡則人我俱已。」附告臺下，亦見不孝爲侄孫麽弛擔一事也。臺下念念亡侄，毛髮闃亡侄者，敢不以聞！

春榜得士多名下先輩，如渭南南君居益，則尤卓犖不羣，品書肄漢、魏以上，書法肄晉、唐以上都嫻。貴公子結屋青柯坪，身以老僕自爨汲，儼若寒生，無論才具，此宋公序流等人也。居益諸父俱在事，不須不孝緩頰。盖居益父事不孝，久緣其先棗强與有死分，憒憒中慰其登路。乃復輙以輶塵臺下，終收此士而寘之礱礪之列，伊季父可二，潼關可三矣。華胄素族，唯材是取，惟質是憑，似無他嫌忌。

右目近眚，不能自行筆，更希慈亮。

與郭禹門明府

不肖侗往遊趙、魏間，雅習此中人文，綺粲韶秀而更優于品。即如今小宰董先生，其人也先生最善，不肖侗有鴈行之誼。臺下處其里閈，蘭芳所襲，臭味與同之。所謂綺粲韶秀而有其品。齊東楊丈爲侗言，若合符節而券償焉。不肖侗即散材無當，何敢廢然自外于門牆哉？

下車未幾，風聽一新，盖豈弟神明之頌，萬衆無岐舌，遠邇若一塗。不肖侗霑濡倍切，又不直河之潤泛焉九里而已也。以董先生故躬申未遂，先以一力候起居，周覩授室之地，竟將躧履問玄奇。兹不盡伯一。

與蕭含譽

夙從楚會知先生，近讀所上奏章，爲之罷酒。言足以諫，事可以風，海内此人耳。願言未遂，忽拜函書，娓娓數百言，旨豐情篤，何以得此于長者哉！江黄一世家，何减雕龍崔氏，侗請捉襟奉杖，以備周旋。委序欣承，容抽思恭報寒凌一片，不在翠壁而在青氊，至心皈向，非敢貌言，惟先生鑒察。

與蜀撫王霽宇

一騎紅塵來自巴蜀，解裝見訊纍纍，悉盛情所注也。朱提精榼，製出王國，復陶佳織，珍屬隴西。緑昌雅足消煩，丹椒正堪煖老。楊集書肆八寶，錯落並陳，一時損重，下里驚奇，真所謂施者無勸而受者靦顔矣。孰無親戚？誰乏朋儔？歲寒不改，晚節腧深，惟親家一人而已。

拙序付刻未？弟亟須數幅以應人求，再諭大人之集古跋，未見大令所裒何文，一見即勉圖寄上也。六扇頗擬原帖，秋風篋笥，毋至棄捐。以一易一畫面貢品，何如？若五六分蜀扇，便惠二三十，散之諸兒侄。以伯翁督此地，封胡竭[1]末，人人思把握蜀蠶耳。《升庵集》不知剜殘至此。此老博綜沉典，當朝不第二。有屬弟暇中爲更一銓次，親家募吴匠鏤之，此文獻大舉止也。代尊序，弟力爲之，以頗悉此老平生。

内江龔懷川道長，天下義烈丈夫。臺中不受謝薦禮，獨我二人。望尊破格一表章之，即弟輩山中嗃矢矣。其所著書，亦有一種雄快處。水蔺事，移書與計之，此公定有卓見也。切實！切實！書中即道弟薦言云云。

日來徵文之使遠自四郵，幾擬弇州，强半吾親家爲噉。名士一解顔否？感憶離悰，百不盡一，臨椷但有耿耿。

①竭，諸本同，當作「羯」或「遏」。

與康驤漢侍御

是月之十有八日亭午，不肖身手西京琬琰，窮弇閬之致，而馮仲君匹馬見過，面盡黄埃。

解帶相寒暄，坐而進茗汁。問所之，則曰：「康尊師將以愛息字先元兄三郎也，余其往謝之。」不肖不覺喜氣浸浸滿大宅。已，咨嗟嘆焉。古人不作，古道安復？今于臺下見古人古道矣。頃聞宗伯先生之門閬其如掃，太夫人日以淚瀋洗面耳。臺下慨以大事然許之，輕數百里之塗，而割尋常兒女之戀，置目前華膴婚姻之要，而狥冢間宿草之尚。書良謂，千載季札可追，徐君冥漠無已之望，不忍辜也。彼覇州公，倔强人耳。容城之諾遂足蔭萸，後來跐踄環海，臺下直方而大，温厚以平，絶照孤情，事事直無前古，則覇州者，其臺下生平大庾中一稊米乎？不肖亦宗伯髻齓交，敢因便道悃悰。

薄有歙人置墨數螺，借以明殷勤。臺下篝燈起草，月費上方隃麋凡幾斛，此寔不足供白簡用，聊爲最少郎君塗鵶耳。春漸暄融，唯爲社稷蒼生自愛。

與趙南渚司徒①

浮雲蔽日，狂霾漲天，周有流言，孔遭伐木，此何足毫毛損至德。不肖今年政六十，閲世頗深矣。富平冢翁已事是臺下三五年後旁州也，萬萬勿爲時局介懷，乞留此紙爲異日券焉。荷口風寢以隆極，復叨按劾半字，悉尊慈鎔鑄。侗雖至鄙，寧不知恩？日夜俟加官銜，躉如里第，奉身百叩堦墀下爾門墻賤子，効千百年延祝。此外有幅後者云：「向爲于師拮据一切，近勉營一螭首，手書拙撰，石尚在犂丘之鄉，先搨二本，一上政府，一上臺次，用以報成事，紓眷眷轂城亭下雅懷。侗今日入土，不至負非徒之誚矣。」

李北海當年橫被多口，岌岌矣。許昌出一男子孔璋爲申雪，北海得無恙，璋流遵化。侗亦俟時而起，必不作杉栢四周、牖下汶汶鬼也。天若祚明，當不令侗捐七尺軀。蟲豸有知，侗尚笑于鱗一夕心痛死，死非所焉耳。天地神明，昭察此五内。廿五日言。

①泲本題作「與趙司徒」。

與茅二岑

先從東光舍親王令君①處得寄聲耗，已仞注心。尋自廣川道中奉温函，大貺之，辱及扇頭見懷詩，再拜領受，且感且愧。弟之疏節極矣，何猶荷尊丈拳拳至此！讀新編清婉足致，風骨沈厚，殊無吴儂故態，家學可知。弟家荒学荒，徒有五男兒，其四都弄紙筆。大者舉業差成，然秋禾何以濟春困乎？足下膝下凡幾輩？亟欲有聞。邇來朋道漸薄，即烏鎮一殘書尚不受乞，若見尊丈此情，當忸顏死矣。

僻居東鄙，如坐甑中，南來音驛頻歲不通。慶吊闕如，豈其本意？則惟足下亮之耳。尚億疇年寓司掾者，有加物至今未報。總之，疏節不可言，赤懇未嘗泯也。積薪已久，漢廷後乘，安得不駕軼前車，行覩尊丈自此升矣。

弟五十又五之年，髮無一莖白者，秖是釜塵不滑其和。來人立馬嗣有致託之吾邑太史張公也。

①舍親王令君，崇本作「令王舍親」。

上東阿宗伯于尊師①

春杪恭謁師門，廿年悾悃，自惟晚暮，開罪百端，不翅多矣。我師并心一氣，隆之情，禮之極，先期置驛詔之通逵曰：「臨邑弟子至矣。」已而潔除施帳，授几置御，斸辰選勝，居壺行榼，迄無寧時。虎窟之春若遲，殿春之蘂似期。侗也醒醉相參，縱持互見，勺河爲飲，涉泰而遊，真自忘其淵崇也。至于剖析文心，榷談名理，正言之暇，雜以清謔。遊然舉鳳，鏘珮委裘，不謂二代之典刑，兼有六朝之風貌矣。還家頌述，老稚吐舌相驚，咸謂此行虛往，乃爾實歸。斸患療病，不在阿井之膠，而在師門之雅素，真不覺其恍焉惚兮，盡室皆沐于汪澤也。

俟生嗣至，伏領訓言，冷語銷魂，復若置身東郭者。長兄淳湛之資，不獨符②采爲勝，入闈何所亟？所欲知小記及諸韵言，補訂有端，專人獻上，并以行卷荅嚴命矣。暫附奏牋，不虔皇恐。

①泲本題作「上于宗伯」。

②符，萬本作「苻」，據崇本改。

答黄撫臺①

節奉臺下手櫝，字衷天拔，法度丰姿，靡所不有。即今竟日臨池之輩，莫能蠡測其妙，侗真汗下矣。齋閣箸籌之暇，一刻不離青箱黄卷，間發爲文筆，籠盖時才萬萬。元美有其㤯而無其整，于鱗有其法而乏其逸，身兼數器，吐欲川雲，其在温陵更何疑何説？侗以末技獲奉門牆研席，詎非至幸至幸與哉！字史晋人之外極重隋碑，以承晉而啓初唐，歐、虞嚆矢也。真定張公禮《龍藏碑》，求之數年始得，敬附一紙。罗山人伯符雅慕此，此足以洗吴門纖媚之陋矣。頃過廣川，見宋守所造兵仗，龍雀之刀，緑沉之槍，雄于武庫。撫轄中自有人。行道遠歸，冒寒擁絮，庚三日，乃得勒報典籤。唯毋督過行人，侗庶逭餘罪。

①泲本題作「答黄中丞」。

上曹中丞①

侗不肖往厠臺皇下屬，荷鴻私至深渥矣，即疲薾不勝乎？玉汝而庣敗，亦及于瓦全，秋毫以上敢不歸德于門屏乎？蟲豸有知，蠕動亦云稱報，而必求于執珪緤組之間，則國士須貴要華膴而後可也，而匹夫子姓無聞人矣。分隔雲泥，缺焉祇候，盖侗所欲効之臺下者，有居平之臆焉，請一申明之。

主上倦勤，鎮日與宫𥨊奥窔對，其于賢士大夫咫尺九疑矣。且復歡伯之緣日富，而阿堵之嗜横中。鞭笞滿前，公車塵積，宫府半懸官之署，宵小多告訐之文。政府飄飄若贅龐言路，瞿圃小吏持大寮之短長。屬轄抆長官之黜陟，國是慊彌淩于白日。有識輩靡不壯之，且或危之，而臺端雍容自若也。九州開府櫛比相聞，臭有外觀而用奮、内恧而汗流者矣。樞位久懸，計以一席爲借，東事如何？竊恐倭用蔚釜爲敗囮，而猝伺他塗以入犯，則督府渠帥不亦棄之原野，而緩不及腹心乎？兵垂竭，粟垂罄矣。而一旦呼食與卒于中原困憊之地，儻亦戛戛乎難哉！

侗也老𣜿耳，不緯之恤而恤宗國，見爲越俎。亦恃臺端平生國士之遇，聊以抒其憤欝，則多言罹罪，輒自忘其不可矣。

會當窓友赴官行，附承興定西矚臺躔，不任企戀懇誠之至。

①萬本、崇本文題剜削，據泲本補。

上李相公九我

臘嘉平有所咨禀于𥨊仞下，荷尊留神俯答，娓娓數百言，莫非格訓，乃今而後，夫子之發吾覆也。侗懵懵，敢不戢尊良箴！侗于新正月半潛抵潞河祇候，以此間近都會，耳目頗長，故未敢以短疏上凟。仰仞尊愛我而曲成我，雅有深指，白魚魚服，乃所以戢尊良箴。

二月二日張灣戒榜，三月三日侗隨命使共厝文定先師于穀城正寢。闔眷都無所疾苦，秋毫盡尊之芘也。侗住鄄城尚有日月，爲小商畧家事，及輯理遺書。已，從新城迎得青烏，爲卜賜塋，數筳地方，得還蝸舍也。碑板一切，則須會葬前圖之。佇正家席，以對天下。

上大司徒趙南渚

德廎之敝也久矣，賴阮使君一洗而新之。大都使君不以日力爾過，使客不以阿堵數娑點。家門清白，斤斤勑厲三年，如持玉奉盈處女之貞、巨鰲之負也。尊臺倫鑒，灼灼八方，每先之部轄。即如秦使君鄜衍之竪，今得陽和，阮使君其文學選乎？失之聊魯，將酬之何所欶？不肖見善如飴，夙辱門廧，誼切敢樂告焉。頃過東阿，穀城師所推尊一世龍門而歛然自避者，出于由衷，且曰：「既稽大拜，復稽冢席，如此世界，圓盖遂將轉方輿。」不肖衝口答：「大拜冢席俱不足入吾郡司徒相公心，惟是片善必揚，惟恐有聞，拮据國是，入對不崇朝，矢以身狥師，其念旃！式旃！」相與大笑，釂斝二三。

不肖將以六十未至之三歲，窮《易》、讀《尚書》。高蹇瘁行人，達士也，不肖小子願學焉。張仲儀貢士津津我者，非我所畢世自期者也，豈其如此靣孔而遽厠先生之下足乎？別有坐進，以俟振策。

答康驤漢侍御

去歲錦旋厭次，不肖獲奉後堂款譙，氷壺照座，明露五中，平生之韞愜什九盡矣。已，復絡繹承牋函，娓娓相命，重以珍貽，惠而好我，温厚有加，都非林壑菅蒯所宜蒙被也。自按行玄菟，無便度遼，且亦臺門難爲鱗距者。三時洊歷，半字莫通，班尹惠莊之締何如？而忍此寥寥，則以勢不能耳。忽至遠書，若墮雲表，紫團紫鼂，益以朱提。禦臘扶羸，酒貲不乏，臺下之念我深矣。反覆書詞，百心莫既。總之，天光燭燭而蒙蔀增暉，霑匄詎有涯哉！

續讀數疏，爲京夏、爲長白之境，先見卓然，疇不望鮑驄還而宸旒受益者，斷不作近日諸使者淹也。息壤之盟，刻衷日切，未敢率然以瀆，須面承乃踐矣。倚岱泳滄，三辰在上，臺下其有意收之乎？重遣立馬索還，言不及抒寫，惟尊俯鑒。

與高東溟中丞

每從南來士大夫及商販遊客得臺下涖浙狀，咸謂氷玉凛然，轅門日入少，鮭菜脱粟數升耳。三尺六條馭吏，吏知兢慎，赤子藉兒襆母襁安于堵牆。海禁界若天塹，然私洋遏絶，華夷無相干蠲，有是哉，天下名開府也。詎微足下昭代濯濯，維新無二矣。

侗日夕望越雲加額而大問，及之兩箋温厚，藉甚古歡。且辱之多貺，有幣有金，有奇珍異物，窮巷驚謂：「邢生多顯貴遊乎？何得長者之使者及門也。」至念我出處，大誼可知。侗伊蘭有臭，自矢不敢妄意輦上人。旃檀非下劣類，侗自諳之。泲濱烟月分已與樵牧平分，臺下再過當悉。蒙也獨座虛一席，計冬寒得代，野人其走淄水，賫雪釀，勞傔從乎？洵非貌言耳。感激萬千，毫潁莫既，皈依之切，天日臨之。

答馮琢庵①

林巒疵賤，苫凷②棘欒，兩無足當于長者。長者誤誰何之聽，而枉駕辱臨之？不孝顛倒縗麻，禮文錯愕，幸長者之卒貰而寬之也。解帶留連，頓忘新故，放歌舊雨，樂莫樂于此辰矣。

遠拜新篇，墨花飛蔌，塗金紈扇，過于蕺山。大抵詩以律而挾古，字用王而雜章。區區草澤，將不敢問齊盟壇坫；青山謝眺，徒切去後眷懷耳。依命占韻，言副之別箋，唯仁③丈其教之。

①萬本、崇本文題剜削，據泲本補。
②凷，崇本作「由」。
③仁，泲本作「翁」。

與李于田年丈

漢人無神道碑，秖有墓闕或墓闕銘。無銘曰闕，有銘曰墓闕銘。今郭明老文正合也。闕者，碑石上闕一孔，麗牲也，吴孟元亦知之。入壙爲志銘，在地爲闕銘。極重大，極古雅，哀辭似未灼灼，幸信而勿疑。更之如何？

與李本寧社兄

高、范二君至，小悉維揚旅况，但不知近日動静何似。偶從一書估聞已卜居秦淮，作歐公隸尾計。計自今魚腹得向浮沉故處寄將矣。

弟久不薦布衣輩尊所，今李君子有吴人伯起，百谷座上小友也。業舉無成，遷而爲詩。詩有王、孟風，畫法亦祖文休承行徑，風流楚楚，德足以將之。客弟處歲餘矣，敢爲蛙客詣臺下。此君貧甚，然有志操墨瀋，餘波足當洪潤，弟何翅躬自被之乎！緣寓此中，毫無爲裝橐地，敢煩臺下仁兄，即謝客，或不謝犂丘客也。新郎君掌上明珠，并問安好。

與徐鍾嶽學憲

孤侗草土餘生，林巒長物，曾何足挂慈臺胸臆之萬一。即萬一挂胸臆，常可相遇焉，亦云幸矣。殊不自意出庸衆，而超趠寘諸孤東秦十二搢笏垂紳之流，所不得躡影希風者，而慈臺拳拳，獨三致意焉。不肖孤特寵承焉，此猶次心于世諦也。

小兒王瑞，圈欄豚犢，猥荷尊師賜之提拂，一言標目，畢世人倫係之。頃當入棘，更辱台慈慰藉，推温布煦，篤于子孫。孤侗一得傳聞，且驚且喜，不減蘂榜之署名焉。即大造無私，因材培植，乃偏承雨露者，寧甘草木于無知哉？欲一申謝鴻庥，趦且未敢。俄蒙使信，臨之八行兼兩，非料所及。分廉俸于槩量，鏗清商于琅磕，向南遥頓，怳若纕麻之錫衮也。

瑞性質近迂，恪修常秇之外，頗留意于薛文清公之書。經旬閉閤，不交一外言，不邇一俗事，亟圖勉成噐業，不負尊師異恩。我老公祖知之，得無爲此兒加匕乎？仰惛崇嚴，即寸綀不得輙奏，恒用慊然。薄有家藏《晋書》，出于舊印，聊供藜火。并以單姓家乘，請正裁。禮宜敦介，盖所爲趦且者未釋也。柰何極睇膺門，穆乎如對。孤侗久病，飾巾伏薦，不勝感戴皈依之切。

與李侍御

往托馬唐山起居門下，旋奉報書鄭重，且用筐篚以相加遺，眷然肺附，不翅厚矣。至言吾曹所難得者山林，則又拜知己之深，談出風塵數等矣，侗也敢不佩服！連讀大疏，具關國是，非他耳剽目竊以飾太平者。兹持楚憲，一切刷積弊而清之，三湘七澤望見風采，疇不翹首頷休明？侗恨不縮漕役十年，奉承功令也。

蘄諸生姜夔，舊授兒曹書，其人奇顥博聞，倚馬萬言。楚材最良，此生尤其卓絶。不肖比薦之馬瀛滸署中，爲館賓。已，邵中丞公羅而致之幕下。已，相繼爲秦中丞西席。夫以嬴秀諸生，無他前地，歷諸達官貴人，不惜束帛招之，其才品定非庸庸者。于時，秦、馬二公念姜生家寠甚，爲措處小資斧費，其意具在王太湖乞李本寧書中。兹事乍聽誠可駭，第一中丞、一監司爲門下貧生計當時，豈虞其有後□？即今撫院李老先生，震世清操，其不樂聞此事明甚，所望門下爲委曲一援之。緩其既往而植其將來，不肖三千里爲故人貧交之分止此矣。門下執法也，而以骫法請，誠知有罪，第以不肖一日梓里故驩之藉，孰誰曰不然乎？

林莽日深，諸無足爲刺刺炎候，幸甚。葆玉以對南紀官寮人士之望，無任卷卷。

與總河劉華石年丈

初意俟憲車臨鎮半月後，即跽請覿風儀，叙積闊，其證具之于長君書中。不意五月初旬，兩兒遞病。才就可，而末弟足病頓發，足腫如瓜瓠，骨節盡痛，晝夜叫號不休。盖病本受于按吴時，嘉定中濕，時時舉發，不似今年之甚也。使來不省人事者二旬，及小愈，惟從枕上頷感，手爲足困不能執筆，日飯使人屬其小候，不謂竟淹至今也。末弟今且進食飲如平時矣，保有數年活矣。然氣弱不能遠出，晋謁或于明春。連年李修吾年兄樓船見迓者三，而趦且未應，徒戴其厚。要之，人有性不能輒强也。

于長君，博雅君子，舉業可冀一捷，非他任子比。至孝至誼，元老以下皆敬禮之，末弟近結爲兒女姻矣。如以諸生分入見，望尊霽顔破格遇之。無論大賢之後，末弟之屋上烏，即其人，固自佳品耳。諸所欲言，須之專布。

與王霽宇年丈

伏拜序帖之命久矣，意興未至，不敢草草下筆。留張定作催檄使者凡二十餘日，一夕篝火成之，覺有當也。我親家一片精思，弟私計頗能揚扢，中間迴護時事，曲盡鄙心，庶幾萬一足報知己矣。

爲葛丈文，雄麗則有之，今而不古也。吴下號名文翰淵藪，令此等役付之，則皮膚勾當足矣，安能次骨？談何容易乎？

呵凍作字實難，先上副本，明春手和再計。黄鼠人參，俟作起予，用畢下摺。

答王霽宇年丈

弟于鄉曲鄙人也，于世畸人也，曾何毫末之足數，而我親家眷眷弘獎之，插標樹羽，直欲引而登之大雅之塗，不謂其鄙且畸也，則亦生平之大幸哉。

尊門世德流芳，聲華盖代，即有善鳴之輩，莫能彩繪緒餘。顧侗黯謭，屢以大委相及，肩弱難勝。正虞弛擔安所竟千山之重負乎？雖然，業已命之矣，敢不敬承！唯是筐篚遠臨，動關異數，弟有僂僂不自寧而已。百拜領嘉，矢諸五内，藉使報還，伏唯台亮不具。

荅于振方觀察

薦紳學士屈指江左名家，必首鳴珂里第。盖云閭門之内，詩書成市，多睦之屬，雝雝肅肅，居然通德之鄉矣。不佞侗勝冠而知慕，按轡而竊式焉，良非一日之積。茲幸熊車駐止在我東秦，侗以林麓檮材無緣攀詣，秋深凄緊，天末懷人，未始不依依幕下也。乃荷台慈過廑存軫，惠以温詞，啟副發封，宛然次面。至于分俸鏐而下逮，推家食以酒貲，此又越常之賜，鍥骨之感矣。

島夷狂逞，賴一柱，不翅連鰲。侗小子何能效其鳴躍，祇用自慚耳。憑信拜返典籤，惟台慈幸鑒。臨緘不任惓惓。

與高東溟學憲

不肖伏在林麓，寂無音驛，辜負甄培。居恒自媿，匏苦不材，分應自繫，其疇曰：「與人共濟乎？一丘一壑，是吾事也。」臺下岳岳巖廊，所爲條牒諸章疏，不作他人口吻，語斷在可行，言質而慊丹，邇來第一諫官矣。濟南如馨地，賴涖盟神王。吾輩壇坫下人，即死聲木色，當不作曹蜍、李志也。臺下或咎不肖寂無音驛乎？盖名紙生毛，不北向者，十三年而遂苦匏自繫也。千載人豁其襟，期包荒疏逖，所爲咎其寂無音驛者，愛我耳。將生我羽毛，顧無柰其瘖痟甚也。向病痎瘧，如亥市間日一作，比及三年。客歲四月始及平，又柰何其不寂無音驛乎？

新著一書，寥寥不盈咫尺，頗借古爲喻。臺下對列栢樹啼烏，一賜流覽焉，亦知瘖痟士有意不龜手海上禁方耳，終不直盧扁一軒渠也。不肖皇恐妄言。

來禽館集卷之二十九

書牘

與趙吉亭少宰

天曹雄緊，領袖簪紳，即衣履襟帶尚足輝暎寰區，而臺下夷然不屑也。一疏陳情，蟬蜕宰衡如視敝屣，若恐一日之養以三公見挂者，此其爲孤情絶照，澹致殷懷。無論此世，即前古竹帛所鐫垂，斷斷乎無能貳也。

台爐過寒閏，停鸞枉問。郊亭詹佇，滿目凄其，葢感德戀别之衷誠，不以人地懸殊而忘其耿耿矣。即今虜逞寇深，正當宁物色老成之日，而以雙闈在侍，竊計不能用尺一而奪東山。鄉邦小子隸在門墻，眷言風素，恨無緣一辦長房縮地之術，厠飫緒論暴露所懷，徒咏「我所思兮海一方」，聊以紓其岑寂也。

近晤見翁先生，仰悉空洞中未忘么䏝，故敢以尺椷候尊履。秋漸蕭條，唯爲君親保錬，以對天下懸思。

與季弟論文①

文宗少年連捷，兩掇魁名，秖是文氣暢條，思致盈溢，清徹而不枯，平大而不庸也。今觀所取士，大抵然矣。夫舉業之文原無定體，要在蔚然成章，不至逗凑，則主者無隙可尋。譬之南海明珠，宜爲素絲所貫，而間雜綵繒，繒非不美也，而纍纍之妙妨矣。中山狐裘，宜以純綿貼之，而猥加輕縠，縠非不佳也，而綏綏之用乖矣。此言聯絡配合之勢然也。近日之文，非不稱簡，稱潔，稱古，稱蒼，而所失則正坐前二端。

竊謂今之作者，要在周覽題旨，融液天機，命筆如飛，略無阻礙。寧無新調，而不可因調以累其氣；寧無致語，而不可因語以盭于理。滔滔滚滚，如江如河，抑之不殺，壅之不竭，此暢與平之所爲亟務也。嗟乎！寂寥簡短，即左丘明不能户户曉也，而以用于時文，孰其諳之？澁滯枯焦，即《汲冢竹書》不能人人喻也，而以加于制業，疇無駭之？

杜撰不經，割裂不合，則句與字之病也。口未及開，喉間已梗，則股與實講之病也。浮聲切響，對待無音，平仄全非，誦如嚼蠟，則聲韻之病也。末殺常令有餘，方能醒眼，而欲引乃絶，方望垂觖，則束題之病也。即如往日某某之文，非不聳動寰區，而卒非大家者，則以刷洗時文之太過，削刻字句之太薄。逐語逐股陡玩動人，而徹頭徹尾讀之，則伶牙俐齒靦面獻笑之態種種索露，其餘不足觀也已。嗟乎，能有鑒于某某爲文之弊，而知暢與平之説爲今時之大藥、取捷之真丹矣。愚夙慕古，而以時文効杞人之慮，乃復如此。其情欝勃未能已已，惟弟察之。

①沛本題作「與季弟」。

與趙南渚京兆

蒲輪安車，一旦加纁璧而下田間，就卧内起先生出領三輔，世皆以鵠華爲東山矣。先生然且拜疏以親爲解，一何出處從容就誼也。

顧今海宇洶洶，赤白羽交馳四境，主上宵旰而求文武。憲萬邦者，非先生不可，夫安得終傲朝廷尺一爲也？當涂宜身勸爲駕，知不令大夫乘牛車。湖頭菰蔣且付田僮，數椽茅茨付盧兒，不肖願授簡賦《驪駒》。先生從帷中宜露其面目，使路人瞻見風裁，此京兆非便面拊馬張子高眉憮者流。從此萬年長安無敢以輕塵濺先生車輪，乃知天子爲湯沐推擇材略大度士，自有真耳。

不肖偃蹇山中，且七八年于茲，不腆胸中頗貯數百蠹魚，而邸店膏田瓜分殆盡。又連年穀嗛未報，八口嗸嗸，交遍相責，謂區區不積泉刀，爲鄉里兒曹羞。嗟夫，此蠹魚數百，吾且驕於南面百城，何論一囊錢也！又俗士譙不肖不談兵。夫伊吾佔畢，取孫吴二三策而翻瀾其口中，怒馬張弓，釋不律而親鶡弁之業，僕雖七尺丈夫，非其素嫺，每于中夜咄咄，第罵种放小生徒點終南一片青蒼石，我死不願爲矣。晚辱先生國士之知，出炎火而濯清泠，視此生胡能汶汶，顧猶恠先生未入犂丘之界中，一私邢生于田娟。村童間至，竟令先生匪石。

近得屠長卿書，謂歷下有太常趙先生，其附庸又有足下，可稱兩清流。嗟乎，不知不肖當去先生千由延，即歛袵而厠門下之憍陳如猶不可爲，何得如所云云？世多皮相士，不肖願爲千載而下所相，然不敢槩以蓬之心而自外先生也。不者，邢生坐甘名緡生毛矣。

上穀城座師于宗伯

孤侗連歲所遭值，荼毒極矣。刳心折骨，幾不自存。而以先大夫平生，先夫人閫德，不忍無傳婦孤，抆淚以不腆之言進焉。念吾師當朝鴻鉅，百代儒宗，一語噓枯，足垂不朽，而矧孤親則門牆之列，寧靳以衮黼華之哉。又先大夫奉教席者且三十年，于世締足稱知己。使樽三錫，賁于草茆，今則其泉下者，此所用死生肉骨，顒顒南嚮而百稽上懇，覬之曹史者也。

葬期太迫，誤以形家之言爲正，諸不得改移，所干志撰，萬萬不能及時。鄉人之請，庶幾可期。石大而字亦大，擬與顔魯公碑同制，千言上下，撮其大略足矣。欲及三月初旬付之佳棗，侈會賓也。遺弟代陳送之，血淚孤侗則于襄事後抵穀城，跽而膝席稱明恩。憒憒不倫，仰惟尊慈照察。

賀黄撫臺

我老公祖涖盟齊魯，歲月滋久矣。士民于喁，疇不欲借寇？仍數年而地望日隆，竊恐未遂卧攀之願耳。惟天幸此敝邑，主上若察群情而賜之便，晉銜司馬，無改節旄，小東人士當亦有利乎？篝燈草疏，頫年凡幾萬言；據案飛文，一日凡如干紙。求一字之不切世盲民隱，無有也。他省建牙諸公，或用文冒，而尊臺以丹懇行之。校量他方，猷至動九重之睿聽而及見之行，小東人士之慶尊臺，一腔丹懇遺之也。

前在穀城奉于師，座中言其所依戀陽春、服膺冰玉者，頗勞未已，輒取少宰止翁爲配。已而曰：「操趣同焉，才力倍蓰不及也。」秘談如此，宰天下者寧無意乎？乃侗則又以暫借節旄爲至會心事。即尊臺或亦以不即棄遠犂丘下士如侗者，爲一段世外情適耳。轅門旗鼓載新，侗未亟從吏人上版，嗛嗛可如何焉！謹肅家僮，庸申賀候。秋氣漸凉，伏冀衣裘飲啜，時加保愛。

與傅民部

張丈凡三寓言，三致隆指也。主臣，何以當先生肺腑哉！新釀才離糟床，敬上二器。此麴真用白蓮花漿合成，清芬頗饒舌鼻間。先生大賞東秦酒汁，弟尚未降服。滄酒亦在品中，似不去菊花市肆氣。菊固佳，然入酒殊殢酒香，乃濁如都城黑龍挂爾。廣川近法漢酎，或兩重三重，清如玉醴。此以酌苧蘿浣女，雅足相當。及登，黃金沓切壁，帶金釭，間回視苧蘿，不無寒乞。廣川酎其不免鴟夷委地乎？

弟前向省下諸公言，刁家、趙家兩樽，俱不堪大嚼。及大嚼，諸老極相頷賞。座有青州從事，堇勝歷下露，不甚挾甜耳。韻足郫落，插花半殘，爾馨娟不足隤吾玉山也。往在吴，聆弇州公妙論：「酒具有才德，才分十八，德分十二，乃著風采。」廣川新樣，其無乃清勝擬伯夷乎？伊尹將于何處生活？非犁丘生過任，請問諸舌。

荅黄撫臺①

侗也丘壑餘生，荷尊噓植，洧盤得歲，莫匪至恩。仰報春暉，嗛焉背曝，翻承節饋，寵及蘅茆，百拜領存，感作無地。文定先師已矣，孑然嗣子，族閧里讙。猥沐仁膏，晏兮禮次，一絲一髮寔賴所天。

祠額允題，先期示指，凡叨門故疇，不鍥中方，正是嘉靖間名喻麋。男冕，孫男鳳岐，奕世紹徽，家聲不替。邵格之青丘青藍，擅譽羅氏。雲來屬耳于魯，初製堅潤玉如，于此道略無遺法。君房漆灊，可謂極玄，但質不甚膩，杵不及千也。

前蒙湖潁刁鏄之賜，久失謝言。天海曠淪，率難摹荅。王正轉律，佇伺宸函。

①沛本題作「答黄中丞」。

與謝在杭司李

三日前雪霰凌亂，三日後温燠如春，天時欻變，加絮脱裘，大煩將攝。憶此際射堂走馬，意氣雄飛，人作堵牆觀也。明公據其上，指麾勝負，佐以觥籌，良適。邢生兀坐一甑中，掀鬚抽思，矻矻腐毫，致不逮一塗鴉小生，甚媿丈夫矣。九日搆得小詩，藉以代問。相思如月，弦望爲期，此情不可道。

與王百穀

先生咲僕戀戀進賢乎？讀來書，冠纓欲絶矣。僕寔有意先生同升此段，計本寧、元成二丈能達也。《五子讃》中有微指，瞿待詔非邇日旁州耶？平生嚮慕先生，由衷不可解，豈敢負春酒詩？行將以五千言脩祝延觖事耳。

即墨機近作斑斕，似楚鄉蠻織，不中裁服，襆被或須此。葉生行，曾將一扇去不？至浮沉不？本寧久客邗溝，不審書櫝往來頻數不？

岕茗佳者，望寄一箬。盛垂老始知此味，人安可量山海珎？椿油一器，器僅方管仲，到便啓嘗之。

荅武德陳使君

枉憲嚴而脩布衣之好，終宵清話，援古證今，靡不入玄解中微機者。侗也其爲誦讀，豈直十年。專力惠八行，神明奕奕，雪翎長句，卓絶詞林。太白之僊，少陵之史，嘉州之腆，長吉之奇，一時總稡，覺今作者都無復人，真增一藭譜佳事矣。偶得蜜鷟一種，稱名未雅，而昂首寔顱䴕䴕，不知足當賞評否？大洋圜法，庶所謂安息。鑄幣如王面者，漢武之創。白選秦帝之行半兩，此猶其遺意乎？至于國錢遞減，則用九分七銖，八分五銖，七分三銖。指夷狄之有泉貨，中華佹得而經見也。所云火鼠、毛白、鳩鴉、鶻石、沈水、暫香等，古里其無闕史哉。寶玩移時襲之法錦，書肆中不作舍衛城中貧子狀矣。荔枝嚼之，猶是盛夏甘香，乃知販者殊腊。二茗悉□□方物暴富，不但獲三品錢。番桃二色，番菜一囊，附見一芹。《郭孝子碑》，古隸啓今隸，堪偹鄴架一斑。酒以霜寒未甚，尚不能佳，容少日敬呈三方録上。

荅青州趙太史

不肖空巖羸卧人耳，辱尊惠櫝及詩，言語妙天下，感在五中。以脚疾偃蹇，不履庭户凡七旬，手爲足困，缺然久不報也。職此日夜寢噉，幾失故常矣。寧弁木訥者流，即不好傳人語，不肖寒暄語亦匿不以聞乎？良可恠也。

茶商詢之不得，故想竊借犂丘以行。再厪蘧使，彌不自安，留垂帀月，所課正不能多，扁聯扇畫共十二事，黔技止此矣。不肖周尺徑尺齋閣額書，頗不落夾堂署，天固限之，不欲自捉床頭刀，令夫己氏據榻間也。所擬致書肆者，當不減氂牛腰，以須興到褚帖，不省弱冠時所獲，即在敝篋已四十年。漫題前後共十則，或可作吾兩家子孫異時佳話耳。

寒季可命駕如上都乎？不肖預炙地罏以俟。促膝所傾寫，計不第魚子牋中刺刺矣。公子兄灼然玉舉，輒爲題楣。河已流澌，鼎茵自愛。晨拈秃潁，轉使殊不隨人，端是小巫氣，索不免奉謝安石絺尾擲還也。

與黃撫臺

侗往役吴中，中濕，得脚氣，每歲一發。今六月初，鬱蒸之極，時用盆水濯足，引起沉痼作劇，不任救藥。葢展轉床蓐者整整三閱月，近始就平坐。是筆研都絶，即亦緣省中諸院駐臨，不敢以蹤跡溷臺下。然而赤衷孺慕，則晝夕刻漏無間時也。樞府借典禁兵，督府借彈要塞，皆以命世德威推轂，而天聽轉高，何故？側聞韓門未闢，旗鼓肅穆。

齋居賦得秋菊佳色凡幾首，搨得《蘭亭》凡幾絺，侗也無分面承之。鴿原告急，應軫素懷，敬庀尺書申慰。侗有人乎？本寧李公之僑次也，附寄函封上臺下。此公尚客維揚，周旋乃弟蕭縣事，風義可嘉。賣文自給，立獲千金，半以分貧士，轉眼依然徒四壁爾。闊久奏言。

與王百谷

葉君至，奉到八行。怳然面對，明月峽是馮開之卷中津津物，清珍極矣。穀雨及期，望半盛新茗。齊遭儉歲，不肖幾向厮賤分食。往日鹽官，阿堵且鉅萬，悔不携歸飽孥子也。咲咲。

數年前謝仁祖載米饟歷下傖，遂成詞林佳話，迄今無以報，慊甚。儻藉天幸南征，敢不傾槖？案上乏管城堪作擘窠者、十行草今隸者，倍足噉麨，齋中事矣。拙書百幅非多，一俟彩毫灕然而至，即時課上也。登路望許商，從郵亭拈禿頴，聊用申覆。手顫端怯大巫。大巫，陳孟公也。

荅萊陽文太青

自聆麈談，每每五夜不成寐，白日亦不入黄嬭鄉，明公沐浴蒙也深哉。爀人千里，目送神摇，徒以二豎相淩，未緣東首。臨邛主人有意，或傾張高兩地主佐足下，日朝相如爾。不虛！不虛！

觀海不如觀文，公尚有涯際哉？拜郎官俸何隆泰如此？良足十日酒貲，何云茗椀？尊大人殺青編，真是提玄輔易，人間未見書也。即致撫翁道所以，便乞順下二三緡。足下自棟厦材，造化欲從甑塵礱厲之。當路高范雲不直廉靖一事，足下勿攢眉，簿書鞭撻間也。會薄冗，又行人立馬，不既愿言。

荅黄撫臺

節奉尊函，傾筐倒庋極矣，小子侗何以當之！如命，即遣許生于初六日南行，爲侍廿日糧。此其爲青黄輪囷斷榴者，不直許生也。不肖墨池一派，有餘榮焉。德州僑寓有太平劉光信，久在朱狀元門下，剞劂名手，隨諭之偕行矣。仍囑許生，一切歛然自下，不敢辜負明恩。若不肖賤姓名附在耆碩元德，豈不會心？再四籌之，萬萬不宜以冗散一司卑末銜，而與尊撫台大父列也。感茲挾借，瑑刻不磨矣。

伏讀橋碑，雅與王尊巖先生旨趣合。總之原本六經，而出之以肥腸滿腦，雅顥波際縠文，雲間逸翮，所謂郢人斤斵無形跡，仙人衣裳棄刀尺者，唯此足當之也。不佞，不佞。河書具仞大臣爲社稷苦衷，淇園下楗，主簿傳隄，覺猶遜數籌耳，此不刊典也。總河公祖招邀三至，儻于三月中到，彼或得布氍毹于一片寒山石下，坐卧黄絹幼婦間爾。

《漢書》「大宛國」，宛原作平，而遵巖詩中作仄用，何故？唯尊幸教之。遵巖文章，不第追逐歐、曾，大抵得之腐令神髓者爲多。王李拮据，似不免罨翠羅珍，沾沾作好奇而過焉者狀。遵巖地下應咲此輩畫脂鏤冰耳。

凍研皆層冰，一二日小和，書扇付行人。恐置之，則成叔夜孏晨起，火濬奏箋，不勑不勑。

荅劉華石年兄

不肖弟越在草莽，正如垂殘之果，已吐之核，其不足重登籩實甚明矣。以故退然塊處，形影自慙。即海内故人賓客未必盡見菲薄，而爾生之刺十載生毛，匹縑乘韋，一切慶吊之禮都成閣絶，亦自分廢錮之人，誼當爾爾。仰天指地，其樂陶然，餘不知其不可矣。

去歳見門下爲張庚進士移尹真定年兄書，一則曰知吾丈，二則曰知吾丈。竑詞偉指，若借不肖爲嚆矢，而寘諸一日之同人。嗟夫，門下之意念深矣。繇此愈益自信，故人賓客果未盡見菲薄，而硁硁爾生之介，轉自恚陋中甚也。積雨空齋，日以調鶴聽蛙爲事，而秋憲府中星言走信，殆不遠燕、齊三十舍，而幸然存之。閩繒潞機，篚筐鄭重，且以尺櫝先焉。中間叙致綢繆，豁披離絶，急聲中筑，緩聲中琴，和氣溢于藤緘，光景盈于墨瀋，積絲散璽，倡壎和篪，未或絜比，至文方駕醲欵矣。嗟夫，雀羅門署，每謂千載如新。以此其情，將無大駡翟公不長者耶！

比見門下進賢一疏，遂令魋顔結鼻之夫競相刻畫，唐突西施，我則綦巾縞素甘之。夫不肖者，非不鬚髯如戟，音響如鐘，腹瓠垂口河瀉，軀且七尺有咫也。第不能馴馬如羊，彎弓若蘆，釋進賢而冠若箕，解荷衣而据氷橐。即胸富歸連，笔絫元化，真如比丘大士説五侯鯖，口則津津，指實未染，不如緑幘傳①講一宰夫，左手執鸞刀，右手挈芳酸，指點盤飧，並樂賓主也。又自昔兵政豈盡棄文儒？盾鼻磨墨，勒銘燕然山，提十斛隃糜，挽黄流而紀伐崆峒之石，此一記室事，我死不願爲矣。种放小生以終南爲捷徑，弟則用一丸塞濟水，高居彈琴著書，力食百畝。日一杯水享二親，心自甘于五鼎。即貧如原憲，賤若三騶，何不足邢生所耶？敬謝故人。世固厭君平，又柰君平之厭世何？

僕所坐，非有貪惏不檢，濡足權門，簸弄政柄，而脩報恩郄也。其所連染，直以吴興故嗣，後以海寧。故彼二丈者，僕有無要結賄賂爲聲援，其事在大明中，不須别白。又不肖者年來不能响其八口，安有能貧如邢生，而與斯世齷齪者流齊條科罪乎？一息尚存，不能汶汶者，以此邢生年四十時，已效王右軍誓墓爲誓天矣。

許大方幅，我自可抗志圖千載名門下，其俟諸？當借華山片石，爲副在所綿尾，敢大言毋讓。承惠問家嚴，此洵骨肉誼，再九叩頭以謝。

①傳，諸本同，當爲「傅」。

與保定撫臺宋可泉

南宮況令君，乃鳳池丈本房第一明經，計已炤知其槩矣。日來彼中似續相過，則能道其持廉自好，一錢不入私室，簡静平大，得爲人上之體。深鑒故令覆轍，一切錢谷數目，督握筭者鎖廨清之兩月，毫髪錙銖，期于不爽。然後懸之功令，諸復舊額，猾吏不得窺左足。閭右之徵輸，人人減筭，半歲可省萬餘金。兩造在前，從容一語，折之如氷判。然挾日不入一鍰錢，數晷即了廳事，晝簾自對而已。至于養老愛士，崇上節誼，禁民不得侈喻，庶幾成風。

臺下視此曹天下一令乎？抑止求多于三輔乎？不肖葢不没人美善，而故游一念得曠世異材，更何難于鍰頗。唯臺下埏之埴之！此誠清廟重器，亟爲門墻賀矣。若廣平陳令盤，江夏無雙。不肖葢識其淵微，并附奏書，多言悚息。

與撫臺李①

伏自撫齊得命，不肖弟即抃躍無喻，真古所謂二天云者，日夜望台旌臨幸。聞于六月下浣之吉涖行省政事堂矣。百寮瞻肅，萬衆喁于，謠戴一日，有同情焉。不肖弟乃反後士民歌僲乎？一昨長公太史丈發解連魁，身都鈴閣，名滿八埏間。固自斯文家學，然崑丘代稱魚雅，求韞匵而當盟壇，孰尊門橋梓若哉？遥天阻遨，展慶末緣，特此道悃衷。

弟年來情事，計沈太素公祖能談之。良産半削，穀嗛相繼，血屬二百指殆并日一食，非復念年之不腆寒宗矣。秋深或躧屣仞嶓，圖而以罄一切焉。向所寓孫震老公祖指者，意良厚，迄今耿耿。省城氣頗佳，後湖之鯽不減秦淮，碧藕芡菱亦自不乏。唯是酒汁如寒食餳，再過五挾辰當以新醅獻也。欲語萬千，轉成訥澁，諸惟尊鑒炤。

①崇本題作「與李方伯」。

荅謝在杭司理

積歲無秋，鼎食之家拮据口腹，不肖之心骨塵土盡矣。彌年缺報，豈是本懷？特厲枉信冰雪凌兢中，不虞使人馬蹄咄咄耶。麈賦視于鱗錦帶，不翅雁行，彼初唐位置耳。明公，漢魏材也，劂工精雅。若坐趙宋澄心緗素間，紈中詩洎書，翛然自遠，不肖胡以有此哉？隃麋極副呵研，更望明公時時嗣及。隃麋從糜，漢《地理志》：「扶風邑，墨鄉也。」今《墨譜》顛作「縻」，乃知昌黎郎君在所，而是附供軒渠。箋乃繪工絶致，琵琶花下對門姬，井胥生魚矣，乃輸此金閶白嶽手也。

旬日詇墓，言大作苦。此地無丹砂赤土，乃至騰涌。指盡龜坼不能行狎，以書付之小史，明春牘厥胥。

荅王百谷

丘張兩君先後至，俱奉新舛，後者差勝。自今非真伏龍岡産不手開，此間不辨毛生。丘君尚處囊中，稍爲根柢中山，以彼中玄菟與管城氏上世有連耳。擬欲遊之即墨張中丞家，冀得受封如即墨，竟如何？檿桑之璽不減八蠶，第斑斕衲衣，僕定其品目，秦復陶越石帆季孟間也。丘君傳教絶，欲得此敬篚一端以呈。向來所獻，都不及此。此即墨寒機，僕諛墓所獲，願博藍田黄磁斗中蒲，累年彌盛者一盛，丘君當不恡舟車雇直及灌濯煩勞耳。張君以仲儀北發，亦客馬坊城。又一畫史孫氏，自于文若所至丘君坐上。座兩君，一東一西，三吳鼎峙，殊不厭一濟南老秃翁。

玄冬遒盡，日罄清酳十升。南中更耆芊芊而四蹄者，不免費闗内矦券册耳。丘君請改事，乃得生活。才言斑管，淚與英皇俱下矣。

與張觀察

東裔勛猷，遂以仁兄爲第一。此自萬先生識鑒，亟引同升，彼肘後黄金可取而代也。弟也山澤深矣，當撰鐃歌法曲，頌揚兩足下休明耳。遠書鄭重，一字一韻，葠藥精珍，扶羸益氣，使我神明開朗，吟嘯窓間，皆大惠矣。新篇雄深雅麗，幾以青蓮爲骨，常侍爲筋，長卿爲色，錦瑟五十絃者爲澤。異哉！吐妙詞於絶域，真有横槊賦詩、盾鼻磨墨之風，翩翩信一世之豪也。

薄有周丹泉新陶竹節鑪一具，真伏龍天池一鉼，拙草數册，聊將積臆。此估人牛生能不浮沉？我輩鸞箋，亦是一片有心者。鴻高鯉逝，尚其問諸兹傖。

與萬撫臺

向所薦臨邑故令劉承忠，以東昌丞得調至遼矣。此恢廓奇品，華臺下卒收之。承忠有一老友任弘道，年七十許矣，多讀異書，多識奇事。其于海内山川大形廣勢，無不考核確實，四夷八蠻逆順之故，無不通練周徹，去虚談之士天壤矣。彼似不欲出朝鮮境，異日玉节還朝，覓彼一見，可作總樞時一溲勃藥物耳。附言草草。

上曹撫臺

伏謐龍門嵯峩，仞廧下士，越在草莽，無繇一親綦履，聆訓言。追遡疇曩，甄鑄異恩，未効秋毫以上之報。捫膺自語，葢缺如也。赫連兵變之後，闗隴枵虚矣，當宁簡掄耆德而拊循之，良非。偶爾間一竊窺條奏，一皆乞命于元元。即天鑒或翳于浮雲，而丹慊彌凌于白日，有識輩靡不壯之，且或危之，而臺端雍容自若也。九州開府，櫛比相聞，真有外觀而用奮，内涊而汗流者矣。樞位久懸，計以一席爲借，東事如何？竊恐倭用蔚釜爲敗囮，而猝伺他塗以入犯，則督府渠帥不亦棄之原野，而緩不及腹心乎？兵垂竭，粟垂罄矣，而一旦呼食與卒于中原困憊之地，倘亦戛戛乎難哉！

侗也老廢耳，不韙之恤而恤宗國，見爲越俎。亦恃臺下平生國士之遇，聊以抒其憤鬱，則多言罹罪，輒自忘其不可矣。

會當窓友赴官行，附承興定西矚臺躔，不任企戀懇誠之至。

與王濰縣

君家夷甫雅尚玄達，雖目無阿堵，不聞舉百斛米麥饟人也。二十漠驪驪泥淖行千里，其前三十六輻者，人以二十爲曹蹄足，交馳充衢。塞道賦國，若何朋道如兹？侈矣，侈矣！即明侯性自厚德，不應亹亹施于不可知者何人也。小人之腹日飫，君子之澤何以報之？鏡是炎漢白楸和間物，燦如銀彩，碧于寒瓜，敢不拜賜！屏書庚書十二綈，益以獻之四綈。此腕力尚可挽白鷳十石，于仁兄胡愛焉？家乘領已，小暇爲次序之，定作一人間事，借手壽太翁也。諸卷軸未及題，留以質往來。

部擬臺省諸曹都不報，似是異時位置。一昔繇宮中仁兄少須事定，不如冢宰之屬及小司馬穩便耳。書法遂爾，韶秀虚和，何陡健舉如此？入暄①何處覓竹篠中飲，令人意念深。

①暄，崇本作「喧」。

寄王百谷

丘、張兩君都不至，茗飲缺乏，望南郵若在天上。足下視伏龍産正同敗葉，安所得厠半偈竹罏間，霑匄消煩喝耶？謝在杭有書相及否？二青氊蒙齒頰餘芬否？

去者老伏波，敝親尹大將軍友也。將軍不然也，而伏波爲噓之，卒至起家，乃知伏波非鶡弁庸庸者。邇來違蘭錡而事薄遊，將過毘陵謁周太守，以爲山則虎丘，人則閶丘，不以旦暮遇也，何以稱平生？特託區區爲介。伏波青犢在囊中，中宵輙吼，幸明公慎護之，勿令過劍池飛而化去也。伏波有心計，善爲人曹丘。願廣其游，無致落莫。

荅樂陵史婿錫卿紹卿

學臺文心慧目，既以爲雄，誰敢不雄？音驛至矣，將爲君舉一巵也。纍纍負擔，見存于百里外，厚哉！緑幘傳韝，人疲以筋傶，僕將爲謁居摩足矣。易牙調味，不應以繭足厘也，賢婿其愛我哉！果肴醑俱領矣。禮魁及亞，正在厭次之里，通德之門，敢預慶焉。嗣有專使。

與署縣汪二尹①

陳節婦含蘗之操，存孤之誼，具在縣志，可查。今葢棺事定矣。膠庠合詞以請，可謂至公，惟臺覆按而轉申焉，以及于恤，幸甚。目今周身之木，含歛之資，一無所備，則有不能久待者。清俸幾何，未敢以齒。所冀囷儲雀鼠之餘一推死媪，可以風生人矣。冒言多罪。

①署，崇本作「晉」。

荅南和朱撫公①

自角巾歸第，口不言平吴事，儼然謝傅一東山矣。雖欲勿用，山川其舍諸？西塞東遼，播餘礦蘗，行見蒲輪及里巷間也。

疇曩之役，天子賞功甚薄，黄口之口與青史之口，孰爲長短？孰是曙直？不肖弟山東潦倒書生耳，久欲私赫連狀，而足未出户閾耳，未涉邊庭。仁兄者以一切端委來，不惜十易燭，爲拓天拔地之業，樹頰胲耳。雄談信雄，十三篇《孫武子》較此書虞稗乎！墅記風流，自命儻蕩，則午橋晉國所不得窺帷廧。弇州以園勝，此則以園主人勝耳。

麴生佳絶，出自比鄰，恐不煩篋内鷫鸘。弟一齋如斗，疎豁自豪，若見漢家，大不免夜郎王内恚燒物也。我明府丹懇盎如，精詳沉固，二三子何患乎無君？仁兄借寵腆以相加，敢不拜大賜之重勤。一書温煥，失其隆寒，且詞嫺甚，如《國策》，如《内外傳》，如班，如義慶，翁歸文武，何必地下之陳。弟也殘簡蠹魚，屈伸以寸，樂成小家子。夜郎猶大，矧望漢乎？

雜刻數緡，聊當一面。手墨須之春和。行者促窘，不能覶縷，惟仁兄貫在。

①泲本題作「答朱南和」。

與于直指

巃有曲衷及感德之誠，近託宣府材官順賚以報。緣憲節下不得以傔人唐突，故附良郵，計蒙慈炤。

平鄉陸令應鍾，檇李太宰諸孫，東南才士也。三刖而就縣官，似非其好，乃其爲政佳矣。矢天指日，斷不名一錢，經月銜齋，不入半鐶牘，有胡氏問絹之廉焉。幹局何如也？愛民若子，訓士如師。間有豪不馴者，三尺無少貣之。以故境内廩然奉法，然而陽煦深矣，依依父母也。以此員年資器具，經博才華，焉能屈畿南第二指？惟是格小遜焉。臺下其略驪黄乎？而神駿之是先焉。國馬，天下馬，在所題評，不肖齒頰内無中駟也。

不肖於令累世通家，知令甚稔，敢以私聞，而以公句薦賢之典。

荅南比部

明生來，具悉雅尚，即失之目睫所得，則千歲萬里長矣。過承挹謝，秖益厚顔。略讀大兄諸作，風骨稜稜而饒于藻，異時必以此道樹鴻名。書法率更家學，頓令常吉無處生活。不孝老矣，唯尊君老年兄墓闕尚虛，是爲缺事。伏蒙敦教，敢不竭蹷以從？抵舍幸速料理遺蹟，付東郵。撰已，勉作手書，藉申腹痛之要，不負也。明生伏膺賢竹林，不直在文章同調，多于家法行事。

聞大兄差滿還朝，便過來禽一晤，小作商略，何如何如？舉業文遂有漢人氣，江左粉光釉色一掃，可空此數歲後督學基地也。偶痰火盛發，據案不能盡半幅縑，容差日書寫以致。

與鍾都諫龍原

不肖之視臺下，儼然函丈之席，寔不敢妄齒金蘭之籍也。天下都以海岱爲龍門，而侗也青齊相望，躧履卒後時，豈真木石其心胸？則以頻年二豎相纏，年荒嗛齾，兼之羸車小馬，寔未易營耳。真人天畔不染人世紛囂，殊覺東林甚口，八埏未應，澍霈四岳，豈便輿雲？孰誰兮能窺臺下者。

後來之彥，每矢口談文，敝舌扢韵，語不直宗工一噱。臺下之著述精矣，大矣，此又侗輩捫膺增恧，搶地無隙，所用皈心函丈，不能一夕自寧耳。俄承鼎翰，弘獎過情，緬叙先牒，依依古道。侗所爲感千百而思逃萬億者也。輒憑校官兄先此塵覆，容專布積悃以盡。

上漕儲董絫知

明公由汲直郡握憲，得蘇公西湖，似足徜徉文酒。然時厄在河伯，諸大夫顛與水争能，非命世鉅公，疇能一言兩言而決？蘇公當日起□樓大隄障水，徒步爲士卒先，竟亦不妨文酒。明公今日得無一切似之乎？

不肖草土餘生，見明公登路薦問，爲一見齒少，脩手腕之逋而冀逭其討也，死罪！五十外人潑墨濡頭爲文士，技不直海内少年一噱。宿因未了，正猶蓟莛秣馬，不甘其斫剉，不謂賤勞也。翹首長淮，投壺中鼎者，何人代興？屬矣愿言，茵鼎自愛。

上蜀撫霽宇王姻家

孤坐抱疴數月，屢荅尊緘，俱涉荒略。中夜念之，殊不自安。偶得一奇人奇事，奉貢臺次焉。

新安固墨藪，以爲技至方于魯止矣，不知前有程君房爲赤幟也。君房，江表名家，揮金借客，祖父以來皆爾，至君房彌甚。去一京朝官，若脱秋蟬之翼。殫精子墨，遂足通神。所稱玄元靈氣以漆汁和成，法無前古。若夫規橅象制之巧，過于化工。自三代以及末季，天罡之羅不備于此矣。其用朱漆爲都統盛柈，塗金施彩，駭目洞心，更以己意爲文房諸漆器，妙盡時流，弟眼中所未見也。此君慕親家如渴，以爲寰中第一名閥，不及躧履，何以絶技爲？亟欲買舟三峽，徑造轅門，盡出平生指揮玅品獻之八寶書肆間。臺下其弛階戟而納之賓席，雄風四起，又不直絶技之足賞而已。我親家撥冗而讀其所爲詩文，要離俠骨當不復香。異時垂天業，斂角巾歸第，徜羊藥圃中，思作平泉緑野之勝。髹樹班榻，異色梧擎，非君房其孰與辦焉？君房舍中開局鏤書，精雅在趙宋上，即《墨苑》可見一斑。親家留神竹素，此又當把臂入林者。轅門萬里，尊嚴迥邃如帝天，乃爲一奇人遊，計當失咲。然知親家者，莫如弟。此吾輩散懷怡老至佳事，不欲以芹子匿嗜，故特與親家共之耳。

楊用修《文集》，板漸漫滅，儻能還復舊觀，是漏天界中一大文獻事。此老風流博奥，亦堪承領本朝狀頭。暇與伯俊督學兄商之，當有處分耳。

篝火作書，言不倫次，淋漓墨瀋，忽淡忽濃，病後之容可掬也。我親家素多妙思，能于荅版之餘手勒若干墨式付君房，俾世内號爲新城王府忠勤堂製品，亦何所不佳？幸速圖之。弟所創數新樣，想君房一一徃贊也。蜀古松心，極稱善材，與君房面訂，或可追坡翁。

卷中説語未盡，而綈忽竭，依稀白傅廬山寺裏晚燈前之致。何時得至鈐下，竊一寄慨也。

上黄撫臺

生等厠在台臺撫育之下，一紀餘矣，洵是賴以生成。詎第忘其寒暑，矢心獻頌，泄道歌棠，積誠種種，匪能以毫顥蒼皇罄也。

鄙小邑菑沴頻仍，特蒙慈軫，視他處有加。蠲改暨米銀歲月遞及，秋毫以上莫匪異恩，生等疏属貧戚顤多霑匄，何翅生等身自被之乎！環雀珠蛇，誓同異顤，穹天極地，齊勒萬夫。唯是今歲之情形，更岌岌危矣。彌年雪雨愆期，麥秋如掃，沾沾妄覬者，穀秋耳。五月終透雨較遲，立苗率晚，所幸澍霖相接帀月，茂密可觀。不意積濕，胎蟲油然藴蠹，一夕而蠶蕟陡布，三日而顥穗盡截。若穀，若黍，若稷，秃然植立，嫩葉都蝕。正如江南竹箭，縱眸百里，半粒全無。加之霪潦爲蹔，高糧如藸秫等經月在水中，根株糜爛，苞穗陽乾。霪潦之菑并及穀黍等，一切楷幹盡付泥淖中。木綿晚佈，出土非時，計株不能什一，又株僅二三寸許耳。一遭大雨，陷没無餘，無論一葉無存，即綿柴亦復無半莖入矣。釜内絶乎炊糧，釜底慳乎炊火。鄙小邑半借木綿易米爲活，乃今千斤之地秤鮮斤餘，百金之家斗絶糠覈，又何論乎數畞貧民、傭身窶子哉？生等竊覩近狀，率擔稗幼望小熟地面竊逃。無柰數日絶食，婦羸向風僵死，男子力竭棄稗于塗。生等間從五里廟清凉店路傍拾得遺孩，付僮奴代乳。自餘目所不見，力所不贍，詎可更僕！大抵出門一望，百家之聚，數口之家，屋上則椽檁皆空，屋下則人烟盡絶。窮鳥初巢，饑烏漸逝，有科在簿，無主應催。有地在圖，何人辦種？樹榆盡白，老蓿連萎，井溢鹵頹，即一二遺民栖身無所，戴星披月，枵腹號空，如是而已。

我老公祖忠誼對天，慈仁優聖，望恩汲汲，所不必言。伏讁按臺老公祖，一念閔恤至心，形諸累疏者，不減鄭俠流民之奏。巡行所至，曲納空牒，廣加咨度，在在已囬陽矣。今所懇冀者，尊臺亟爲生等鄙小邑轉道如許情形，賜之均照，幸甚！幸甚！緣按臺老公祖憲綱崇峻，及瓜候代，書櫝例不得通。生等者雖係爲桑梓誦言，跡鄰私啓，故趦且未敢也。諸生百姓各具稟呈，伏惟尊臺俯垂允議，第一改折，即次停征。

無食則無民，無民則無邑，即官司拮据萬狀，不過守舊版，抱空質，卒何益于縣官租税之毫毛？此而不爲破格之施，將至社稷人民俱困。生等血誠一縷，灑淚叩天，不盡南向跽陳之切。

與少宗伯郭明龍

侗一齊東不足齒之傖耳，書劒無成，清時坐廢，獨一腔意氣未盡沬焉。尊臺天海襟期，不忘簡賤，微聞齒頰時且挂及。驚汗蒼黄，何以爲稱？

是年十月上浣，李本寧先生迂程過訪。屈指海内文章冠冕，輒相推戴，不第以張楚爲言。侗謂先生之文，醉六經而酣正史，副諧稗而伍風謠，風骨獨存，筆參造化。入乎規矩，出乎規矩；出乎規矩，入乎規矩。覺弇州漫而濟南僻，先生去其二短而兼浩浩洪流、巉巉奇絶之二長，是之謂卓然立統，不旁門靡者。明興詎有二哉？兩人更相頷歎，不能已已。至于聖人南注，直欲舉一世人流萌隸付之。凡在冠裳，顒顒傾嚮，恨不蚤覩丞相之旆北來。當時涑水公似猶以殘剩蠹魚殉其懸繫。若先生則手提元化，四岳雲興，一日而成洗濯乾坤之會。此則兩人之所稔習，而非兩人之所得言也。

違教命幾三十年矣，彷彿隆堂設醴，優孟二曹遞進互呈，才如挾日，人安得不速老也？廣川之滸，專待郵籤，先生可許布衣門舊前而伏謁乎？膝下繩繩肆文溺簡之狀，可得聞歟？侗有五男兒，大者遒上，小亦授讀，則皆先君子之遺也。侗凉德不及此也。

瞿先生待詔爲翰林，足使縹緗吐氣，然亦唯楚當此材。廉吏一科，寥寥不振，先生尚有意乎？則又非不肖所宜言也。不肖對結二菴，一署「天茁」，一署「黄嬭」焉。觀生稳睡，此外都無所營。侗明歲六十，鬢髮無半莖白，齒猶堪礪。敢曰天逸人隱之勳乎？第佐捧腹。

與張北海公子

昨與足下談，如入山陰道中，應接不暇。吾黨復得一快士，終夜喜不寐。晨起呵凍畫拳石，頗不惡幸。即付演，留作往來公案耳。

又

冰清玉潤，後彦所希，而在吾維桑之晅，敢不矢其歲寒！拙書留從者，頗有深意。苦旱憂蝗，不能遂也，須之菊綻時。

崇禎本補詩文（以崇禎本卷次爲序）

書牘

柬平原劉本初姻弟·又（見崇本卷五）

濟上于文若雅善丹青，自此公物後，江以北與斯道者葢寥寥也。一日，憩歷下天茁園，從稱兒睹任仁卿畫扇，蒼秀奇古，勃勃有寶光。不佞色然異之，喜其筆姿天授，非近日吴習，彷佛其視文若先生所謂「後來之彦」矣。聞敦彝兄長郎負雋，已爲學使者擢冠朋曹，而次君又當以丹青名世。敦彝盛德，固宜有佳兒之報也。僕忝戚契，爲之快然不已。便中致鄙意，何如？

柬門人李仲昌①（見崇本卷九）

桓樨而蒙不足齒矣。藹將受室，文理無眉眼毫毛，將若何？尊仲兄寧忍坐視乎？句櫛而字比也，其亦句訓而字提之乎？倘有少進焉，敢忘死報？

①柬，原作「東」，誤，徑改。

傳

郯城公傳（見崇本卷十一）

蓋余獲交范仁元先生暨子夢章孝廉，恂恂粥粥，瑶光四映。嘗作而嘆曰：「深山大澤，是生龍蛇，兹必有異矣。」既而攷其世代有聞人。其自仁元以上，凡四世爲郯城公。已詢所爲郯城公者何狀，知公嘗貳于郯，郯人私焉，相率曰：「吾公及退，老于鄉，鄉之人亦以其宜于郯也。」遂相與賢之曰「郯城公」。是宜傳。

傳曰：公諱鑑，字克明，直隸吴橋人。少有奇節，性嚴峭，又拓拔磊落，不屑屑章句儒。讀書一再過，輒通曉，亦輒厭去。稍稍用幹材起家，貳令于郯。郯，瘠邑也，歲比不登，盜賊多有。公壹意佐令拊循緝禦，又雅不欲見異于其長，往往陰爲部署而陽歸令，令與邑人兩德之，郯以大治。

屬費令缺，費人詣臺請公署，公一出其丞郯者署費，而費亦大治。居亡何，乃郯令亦以他事去，郯人亟復公居攝，且恨不即令公，而費人固已心難之矣。兩邑人相率争于臺，臺賢而兩畀之。河濟至今醢爲稱説。嘗以公暇登馬陵絶頂，嘯歌憑弔，彷彿萬弩齊發狀，問：「所爲遂成竪子之名者，地與人果安在？」魯殿書雲，遥遥送目，欣然以喜，悄然以悲矣。

及瓜，輒倦遊，兩邑人坂號泣送，至有達里門始去者。邑大夫誼公以年德，請酳膠序，公避匿不肯就。里第旁有大乘禪刹，故事，每萬壽及履端長至，先一日，邑大夫率屬肄禮其地，龍鑾先馭，令即輿後以從。公一日遮道語曰：「天威咫尺之謂，何不匐匍前導，乃偃蹇輿中！」爲邑大夫下車謝，逡逡成禮去。然自是心莊公，數數過問政。公于邑中一切利病，不憚慷慨發攄。至間以私風，則褎然充耳矣。

一夕，令復來，公引至廡下，就月班荆，良久不肅入户。令怪問故，公具以「宦薄，不能具膏，不敢以暗室悮明府」對。令色然心異，亟口「廉吏」不置。旦日割少俸佐公膏，公主臣遜謝曰：「明府意良厚，古人不恥以猪肝累安邑耶！」亟去之。其清心雅韻多此，類柱下史。

邢生曰：「以予觀于公之鄉，前代若張承吉、劉莘老，史多稱其狷介峭直。公以小吏歸，躡鄉先生後塵，不囁嚅屏息，乃獨能引伸大義，抗色折邑令長，俾至下車引謝，識者壯之，倘古人未之聞耶。即拓拔磊落不屑章句乎？乃廉于官、誼于家，寧貧不具膏而恥以四壁餘明賁緣邑大夫，所稱不因人熱者矣。出處辭受間抑何皎皎光明也。吾以爲真讀書人，如是耳。公既振躡千仞，旁睨衆流，而位列僅僅，雅不配其才志，又何怪仁元先生之吐納萬斛，夢章孝廉之瑩然冰玉，行且振先生之緒而光大于無垠也哉！」

雜俎

題王摩詰輞川圖（見崇本卷二十三）

摩詰「有韻」之言，遂爲李唐一代冠冕，要以胸次灑然勝耳。其丹青遊戲，則又迥出世匠之表。今所傳石本《輞川圖》，直可懸之酒肆者。葢摩詰原自有圖，二分二十，如所賦五言詩，濃嵐叠嶂，蒼蘚檏窠，曲盡巧心。而吴人或病其大著，以爲不似近時輕纖霏拂之態，此可咲也。夫意致欲虛，筆致欲實，此政北宋以前箇中妙寤，而吴人魔于勝國之技，不能驟脱夏蟲遼豕之喻，豈虛乎哉！

吴中故家藏有當日粉本，郭忠恕曾摹一弱，校祖迹不別毫髮，藉以存藍田之舊，亦使誦其詩者有所據以尋于縑素方丈間耳。摩詰自請宿世謬詞客，前身真畫師，可稱實録云。

跋吴橋范會川公書（見崇本卷二十三）

吴川范氏有會川公，名德紹先，高才擅世，惜賦鵬太蚤，不及大吐珠光。雖生平雅善臨池，妙蹟堪傳，然四方不多見也。其子仁元先生與孫孝廉夢章，孝思淵摯，不忍没公手澤，檢之殘編剩幅，中得公所書《後赤壁賦》一卷，裝演成帙，留在人間。孝廉馳一函介而示余曰：「此吾大父遺書，吾家天球河圖也，願先生鑑之。」余拜受諦觀，見其骨法蒼秀，天真爛然，出入山谷、子昂間，不覺歛衽悚服，起慕先輩典型。宜乎仁元橋梓知善寶之矣！

聞仁元文行兩絶，夢章少年脱穎，貌如冰玉，才如相如、子長，立志如文正、忠宣，行當掞藻木天，爲國之雄俊寶臣，則公之所留，又不直妙蹟數行已也。

墨紀①（見崇本卷二十三）

余於筆硯親者數十年，所中間與墨相磨，毋計梃笏。余則媿於尚玄楊氏墨，甚無稱於陳玄君，意謂墨技無良。嚮所得而藏者，庶幾絶寶，一得之故家所藏舊市，一得之羅龍文所製，一得之姻氏齊河尹大將軍所遺，一得之都下故族。數者各有所佳，《墨談》備載，特得于②都下者較勝，署記「辛亥」，政與有生齊年，余方寶之，擬他日作河間壙中殉物。

會詔起尹大將軍復鎮保定，善余好墨，郵寄署「妙品」者三函八笏，署「重玄」者八笏。初焉入目，色澤無異時工，磨而視之，勃然五色雲起鳳池之上，堅而能潤，黝而有光，余求所謂舐筆不膠、入紙不暈，今始見之。較之方于魯、寥天一、非烟，不翅倍蓰，直與所藏辛亥製者鴈行。若羅氏徒重珍糜而質且退三舍，署記名歲知作者爲新安程氏君房。余不知君房爲何如人，即其造物入神，足稱絶技。及按品列列，種尚居下乘，不知上此而寥天一、非煙宜當何似。方憾索無所自，幾幾屬望於南之知交。亡何，鄉人韓中丞惺菴公從東遼巡撫歸，過余之來禽館，見案頭珍重「妙品」及所書《墨談》，雅捐寥天一、非煙二笏惠余，戒勿輕試。余曰：「噫！孔周宵練見影而不見光，此之謂耶？柙而不試，徒將磨人。」旋洗端硯，注水涓滴試磨。一綫紫煙上浮，神王氣清，晰光射目，其視「重玄」、「妙品」迥出天淵。亟閉藏之，不亞隋氏之珠、和氏之璧，宵練宜下風矣。問其所從，曰得之程鴻臚。大約者君房乃其别名。予素耳其爲人于明③公，謂其探玄好玩，即今名實相副，誠可稱墨家董狐④。

古人藏墨，貯以豹皮囊，極其慎重。徐常侍尤善賞鑒，潘谷隔囊而神會之，石昌言懸室不磨，吕行甫書餘啜瀋，皆稱絶嗜，毋媿尚玄。蘇長公購數十百家，用錦囊盛貯，凡螺，凡丸，凡餅，一標題，懸不忍試，久之笑曰：「人固磨墨，墨且磨我。」前人善墨，奈何手澤無存，藉識者紀之，尤未盡泯，是藏者與作者兩不朽也。余不能善藏以圖不朽，忍令世寶而無傳，不知磨我之餘子將奚適？顧他日爲尤物，尚知今所從來，因題紀以當錦囊，存以磨後之好者。

①《十六家墨説》本「紀」作「記」。

②「備載，特得于」，崇本原作「備得」，據《十六家墨説》本補。

③明，《十六家墨説》本作「名」。
④狐，崇本原作「孤」，據《十六家墨説》本改。

題辭

邑侯藥公去思册題辭（見崇本卷二十三）

伏以琴鳴宓賤，星戴巫期，逸勞原自齊徽，今古無難合徹。史稱時犢，詩詠「召棠」。行者幾於空轅，居者因之感樹。若我父母藥大人，産天下莫强之雄區，裕君子不器之大受。烹蘚拔薤，歃水縣魚。五年績著露章，一日歌翻驪唱。上都鼎借，争傳籍籍罪車；内史符分，共仰恢恢贊政。汲黯徙而居右，祭遵市以爲彈處；季孟間饒公輔，地侗等林中樗散。素希偃室之履，綦陌上柳條；秖見烏傷之笠，纖荀安陽生。當社祀卓密縣久，系口碑凡厥有心。知其不忝一錢，姑取劉寵聊用；慰人雙寫在廷，葉令不煩翥漢。盖贈言盈篋，悉珠貝璵璠；而續尾于貂，忘瓦礫泥塗云爾。

七言律詩

賦得春江花夜月（見崇本卷二十六）

駘蕩和風玉溆邊，溶溶物色最堪憐。錦㯹照水當輪滿，浩魄融煙焯樹鮮。芳甸正宜同宴夕，畫樓猶是待歸年。此情遮莫成空寂，落月摇花春枉然。

其他版本《來禽館集》序跋

序（崇禎本）

范景文

或曰：「文章一道，與世運爲升降者也。」余應之曰：「非也，各隨其耳目之習尚移之。屈、宋辱於芊①衰，丘明後乎麟獲，唐之季也韓、柳代興，宋之終也文、謝崛起，安在其世之爲升降也？」匪特世無升降，即文亦未有升降。善作者各極其精神之所到而已矣。《易》曰：「物相雜故曰文。」此言夫文之貴乎雜也。然則猷綺靡而惟取夫拙朴，黜組練而惟遵夫淺易。是黻黼之觀不如裋②褐之飾，而鳳麟之質無以與於牛羊之皮也，豈不悖哉！湯臨川每言：「自有此道，前人業已登峰造極，後有作者，度無有能過之，稱能而已。」此誠可謂知言。其無能者隨人步趨，如優人之行鄉飲，獻酬秩秩，未免俳氣。能者則才及於格，情軌於法，躊躇滿志，不極不止。此豈升降爲梔蠟者哉！

國初之文盛於劉、宋，迨李、何出而諱言劉、宋矣。七子出而又諱言李、何矣。七子之持世較久，海内宗之逾百年。乃取其淺易之説而攻之，不旋踵而敗矣。今之治攻具者，生吞註疏之賸語，以爲理學；襞緝策論之蠹括，以爲經濟。而曰：「我能爲拙朴，悉掃前輩而空之。」嗟乎！此一筭子書法，三家村學究所能爲耳，寧③復有過人者乎！

余猶及見臨邑邢先生。先生生濟南後④，爲人自標風簡，豪翥樂易，推賢愛士，嘗若不及。其爲文，韻生於才，膚冒其骨，有子長之沉鬱，極長卿之絢麗。選徵刻羽，比事屬詞，即使鄒、枚八公及子政父子，未能或之先也。雖漱潤摭采，時亦體兼衆妙，而氣格遒上，直逼東西二京。本寧止以六朝相方，猶非通論矣。色光日煊，神理不磨，則真六朝非豔六朝，真兩漢非竄兩漢。上下古今，豈隨氣運升降者哉。

先生韶齒建明，華顛清退，通不赫赫，窮不嘐嘐，蕭條高寄，無以塵務經懷。故發爲文章，鴻碩鉅麗，足以鼓吹休明。以今讀之，令人有盛世之思焉。且其臨池墨妙，擅能近代，祖禰鐘、王，絶無一毫唐宋氣習。昔人謂右軍以書法掩其文，令先生之文具在此，豈得以書法掩者耶？余故爲序而傳之。

旹

崇禎歲次丁丑春日書於留都公署　河間范景文題

①光緒本録此文作「芈」，是。

②裋，光緒本録此文作「短」。

③寧，光緒本録此文作「豈」。

④光緒本録此文，此後文字爲：「其爲文也，亦欲破濟南秦、漢之拘，而稍稍漱潤於六朝。然先生爲人自標風簡，豪翥樂易，推賢愛士，常若不及，故其爲文，才足以冒其度，韻足以稱其情，雖偪現先生之精神，而要不失濟南之風範。語曰：『齊

魯之間，其於文學蓋天性也。』濟南而後，舍先生吾誰與歸？

當神廟時，嘗欲蒐良史材，欲以先生與越之長卿、楚之本寧應，而布衣王生者亦與焉。自今觀之，王生直能爲吴儂纖語耳。長卿頽放，俗氣不除；破楚材者堪勍敵然，吾微惜本寧。先生不善護名，世豈有撰集至等身而無蕪敗者哉？

頃來南中，南人之知先生者，徒以先生臨池妙天下，至其爲文，不少概見。昔人謂右軍、松雪，皆以書法掩其文，吾於先生亦云。故序而傳之。吴川范景文夢章甫撰。」由本校和本文後之史以明《跋》之校，可知臨邑邢氏後人所見崇禎本序、跋與南京書坊原刻文字之差異，未明其因。

重訂來禽館集跋（崇禎本）

史以明

外祖子愿先生，繼歷下弇州而起，薄海内外奉爲一代宗工。小子以明其生也晚，當萬曆辛亥，府君携赴南京民部任，計方五歲。時過外家，僅記外祖右目①傍一大黑痣，併彷彿其冠裳肅客容，及取小子抱置膝上一二事，不意其爲永訣也。及稍長趨庭，府君每及少時爲外祖標識栽培，輒思外祖不置，未嘗不泫然淚下，圖所以報之。手出入《來禽》一編，曰：「存則其人，殁則其書，將以此志不忘、圖不朽②焉。」治裹之暇，訂較付梓，業使天下問字來禽者，得少窺見門墻。然猶以爲未得懸布國門爲歉。會今丁丑，留都書肆重梓以行③。

大司馬范質公先生庚爲之序，其論外祖人品文品甚悉。所言「氣格遒上，直逼東西二京。

本寧止以六朝相方，未爲通論」；又以外祖爲「真六朝，非黯六朝；真兩漢，非竄兩漢」，尤爲知言。外祖家世、文章翰墨詳于當世諸明公，兹獨附所自出。

外祖有五男子，伯舅玉符、叔舅玉襄，皆有聲文學，先后早世。仲舅玉衡，博雅善詩文，臨池之技，人稱「小邢」，世皆目爲大令云。季舅玉節，得外祖楷法。兩舅屢薦賓興，需時聯翩起。少舅玉褒，醇樸能守世業，亦文學。老母内行三，胞姊二，一適齊河尹，一適禹城楊，皆海岱世家。老母拜封安人，制稱恭人，十五從府君，而其字也以結童。外祖常目爲快婿，而標識栽培之者。生不肖二子、二女，稱邢家外孫。

外祖素嗜鮒魚，老母寓石頭宦邸時，每寄奉。及聞訃，絶不加匕，如曾家羊棗矣。至今二十餘年，每見南糟，思其所嗜，即望之流涕也。小子以明忝爲龍門骨肉，深愧不能大振兩地家聲。惟是此集，外祖之神情畢注，府君之手澤實存，恭爲重訂，用作家珍。願與諸舅謀之，決不負兩家尊④人著書刻書本意。

旹

崇禎丁丑八月二十二日樂陵外孫史以明頓首百拜跋于家之鳴和堂

①目，康熙本録此文作「口」。又，馮時可撰《邢公墓道碑銘》寫邢侗此容貌特徵則爲「左眉有黑子，相者以爲文星」。

②「不忘，圖不朽」，康熙本録此文作「心喪代服勤」。

③此句後至「大司馬」，康熙本録此文多「天啓壬戌，府君藐諸孤且不知有崇禎改元，何論兹集。今之流傳，料地下脩

文，亦一快事。因簡閲原稿，每見手澤，益爲唏吁。勉爲訂定，欲不失《來禽》本來面目也。新刻成」一段文字。

④尊，康熙本録此文作「先」。

來禽館集跋（康熙本）

鄭　雍

予自髫年戲嬉於邑學宫中，見有若斯爲廟碑者，有若所爲臥碑者，儕輩稍長者指之曰：「某某神廟時邑侯山東臨邑邢公書也。」公之書法妙天下，與宗伯董公齊名者也。余旹未深雀蟲法，然以他碑較之，已覺有異焉者。稍長，遊于邑縉紳先生家，又見公所爲送宋處士真蹟及來禽搨本。蓋真蹟允是凌轢董公，而搨本之蕭散簡遠而間以濃重，雖貞觀以來之工於臨摹者無以過也，徃徃低徊不能去。

既而受知于邑侯裴公，讀書大槐館中。大槐館者，又公之剏之邑士講學課藝者也。予生也晚，雖不獲與于公之教育，然見館中之一扁一聯，恍見公之奥酣揮毫也；見館中之小池凝緑、古槐插天，恍見公之琴鶴悠然、吟風弄月也。而獨不能得公之真蹟而珍之，不能得公之全集而讀之，每以此爲恨。

戊午夏，筮仕于天曹，適得公之臨邑，于是數十年之縈縈于懷者而後乃今快然矣！曰：

「向之恨不得而珍之讀之者，今庶得取而珍之讀之矣。」甫下車，公之孫瑶石、擢石、天石兄弟率其子姪來謁。急索所爲真蹟全集者。蓋真蹟率贋本，獨文集可讀焉耳！公時猶及見弇洲、滄溟諸先生，其詩其文真而不靡、質而不俚，亦足與七子分路揚鑣云。顧其書不無殘闕者，詢之，則以家之藏板經兵燹而不全也。予急購梨棗，付梓人，令其求全善而補刊焉，然後所謂「全集」者始全矣。雖然全集者全矣，而真蹟者不真，余終以不得而珍之爲恨焉已矣！

旹

康熙十有九祼歲次庚申南亭後學鄭雍穆菴氏題于勤政齋中

刊修來禽館集序（道光本）

莫樹椿

子愿先生聚河嶽之精英，蔚爲山東物望，至今二百餘年。凡其手澤所存，雖栝棬玩好，胥當珍惜，況乎著作之昭垂。而顧即於殘缺而莫理，非惟子若孫心有不忍，抑亦守土者之所慼焉而不能一日安者也。

余宰臨邑，既訪求來禽館爲之正名定分，移大士於别廟，刻先生位迎祀其中，且爲之記。

又得先生詩文集，卒讀之。數典則精核淹貫，浩如煙海；論事則布帛菽粟，淡而稱旨；言情則纏綿悱惻，婉而多風。宜四方之求者接踵而來，無如所存舊板久已殘缺而不全也。

丁亥冬，石莊廣文來臨，殷殷以維風化端士習爲首務。一日，顧謂予曰：「《來禽館集》舊板殘廢，宜亟修之。余已商諸邢氏昆季子，盍爲之倡以成斯舉乎？」余瞿然曰：「此固我輩分内事也，子不憚勞，余復奚辭？」爰爲小引，喻諸邢，翕然首肯。頃已集腋成裘，剋日開雕，不數月而告竣，遂成完璧。雖曰興廢有時，要以知人事之不可不盡也。

余思先生德業名位早已表著人寰，與日月並垂不朽，亦安藉是區區者以傳？惟是後之學者思慕先生，既不得見先生矣，而欲一讀其詩書而卒不可得，未免令人向隅也。今幸得蕆事，洵足以厭四方之求，而先生之手澤用以長留，則先生雖往，如見先生矣。然則斯舉也，豈惟其子若孫所甚願，而凡與有名教之責者，孰不欣欣然樂觀厥成也乎？爰撮始末，弁諸簡端。是爲序。

道光八年戊子孟夏月上浣閩杭莫樹椿頓首拜撰

張夢麒識言（道光本）

丁亥冬，麒司鐸臨邑，訪求子愿先生《文集》。其子姓之遊鄉校者皆曰：「舊板殘缺，僅存其半，有志補軼者久矣。」麒不自揣，商諸邢氏而思所以完之，咸欣然從。相與搜羅散失，剔補蠹朽，六閱月蕆事，復藏於來禽館。

夫孫子守其先人之手澤，世德也。考徵文獻，邑人士知所宗仰，亦職教事者之幸也。茲集之成，悉由諸邢氏力，而校訂誤謁，麒勉襄厥事。工既竣，諸邢氏屬紀緣起，謹誌數言於簡，並冀後此者隨時修補，用壽其傳於海內，庶無負先生啓迪來茲之意焉！

道光戊子七月後學觀城張夢麒石莊氏識

孔昭薰識言（道光本）

昔時摹《來禽館帖》，慕子愿先生瀟灑高古，如入晋人堂奥，其刻石至今無恙也。而全集歷數百年後，幾及散佚。薰同年友張君石莊，風雅士也，司諭兹邑，與先生之雲仍共裒輯，遂復完帙。

夫先生文章事業之垂，卓然直著，藐兹末學，奚敢贅詞？使或文獻無徵，津梁莫自，譬夫未游泰岱不知嶽之高，未睹黄河不知流之鉅，亦可慨已！

大泌山人序云：「來禽館巃具木石，又與衆共之。」今集既栞成，來禽館且拓其地而新，爲後之人游詠其間，追維俛仰，古意蒼凉，無不爲之興起也。薰幸來先生之里，附數言以誌景行之意。

道光己丑仲秋之月臨邑縣訓導後學闕里孔昭薰識

邢慈識言（道光本）

《來禽館集》，先太僕祖别業也，明季本邑王中表編次成集，樂陵中表史氏後先相成，集方備。迨明末，遭兵燹，殘毁甚。南宫鄭公，先太僕祖通家好，筮仕臨邑，與余伯高祖天瑤、摺石鐫補，集又全。我朝乾隆四十七年，《欽定四庫全書》得邀徵入，祖之福，集之幸，孫之榮也。迄今四十餘年，庫藏雖全，家藏又缺，未及修補。雲仍之責，無容逭者。亥冬聚族公議，共勉助貲付之梨棗，集又得成。自今已往，能保無殘蝕乎？爰志集終，以望奕禩力學者，口誦心維，保守於心；力田者，修殘補缺，保守於貲，則相引無替矣。是爲記。

道光玖年歲次己丑荷月下旬壬辰日慈等仝薰沐敬識

重刻來禽館集序（光緒本）

楊倬雲

庚寅春，余承乏奉高量移犁邱有日矣。穀城王蘭居農部，余同年友也，秉犁邱鐸凡十年，通籍後讀禮家居，適來主岱麓書院講席，朝夕過從，相得甚歡。爲余述犁邱山川形勢、風土人情及古今人物甚悉。人物之盛，在前明中葉，若王、若李、若邢，皆名重一時，而邢爲之冠。邢氏有子才、子愿，皆北方名士，而子愿爲之冠。子愿先生累官至太僕寺卿，所著《來禽館集》二十九卷，並所刻《十七帖》、《澄清堂帖》、《蘭亭帖》凡數種，皆行於世。板皆藏來禽館中。館之興廢不一，後人葺而新之，以爲先生祠，歲時致祭弗衰。

邢氏之興，固未有艾也。迨余下車伊始，求所謂來禽館者而造焉。得瞻先生遺像，並讀壁間諸石刻，低徊留之不能去云。旋出重貲購《來禽集》弗能得。詢諸藏書家，皆以爲板多散失，是以鮮有存者。先生裔孫貢生九齡、監生尚斌，篤行君子也，將有續刻之舉，祗因工繁費鉅，未易卒辦。阮而尚斌公歿，病革時猶以先集未修爲憾。其子庠生文興仰承先志，謀於九齡公。九齡公遂携家藏《來禽館集》一部問序於余。余讀之如獲拱璧。該生爲余言曰：「家九世祖太僕公手著此書，刊行已三百餘年。道光年間漸有殘缺，賴邑侯莫公修而補之，得還舊觀。同治七年，南匪擾境，板毀於兵燹者四百餘頁，有志重刊而未逮。今同族人世治、文元、鴻蔭贊成義舉。而捐貲鳩工，則文興之力居多。擇日開鐫，將板之燒毀者畫行添補，其寥落僅存者，亦復重加脩整。特乞一言爲序，以光簡冊。」余以該生等能讀其先人之書，無墜其先人之緒；而其先人所籍以不朽者，亦賴該生等有以傳之，太僕公可謂有後矣。

今春三月，余奉調將回奉高，而是書刊刻行且告竣，因舉曩日所聞，於蘭居同年及該生所自述者，敘次如右。即付該生，以待剞劂。至太僕公德行、學問、文章之純懿古茂，至淵且博，是集具載，可無庸余之贅言也。

夫維時襄斯事者，邢世治、邢杩、邢案、邢良材、邢尚敬、邢尚榮、邢尚源、邢尚璽、邢有容，理合備書。

旹

光緒十七年辛卯夏日賜同進士出身知泰安縣事調署臨邑縣古義豐楊倬雲拜撰

序（光緒本）

趙汝鵬

夫一代之興，必有一代之名人生於其間。漯陰古治，在勝朝即多儒臣，後先輝暎，如邢太僕公，其尤著者也。公生長世家，先代積德，科甲綿延，至公而家聲大振。年少遊泮，未幾捷京兆試。成進士後，作南宮令，以循良報績，擢御史臺，巡按三吴。公感朝廷知遇，凡察吏安民諸善政，無不次第舉行之。任滿還朝，又拜楚中參藩之命，未久遷太僕少卿，終以忤璫予告歸。旋里後，專以經史自娱，外事弗預也。

先生書法二王，按吴時得《十七帖》真本，歸而勒諸石。獲其帖者輒寶之。其爲文，一以唐宋八家爲法。著作鴻博，交稱於搢紳之口，遺有《來禽館集》、《瑞露館》等帖。帖存樂陵先生姻家。

《來禽館集》現存先生家祠中，二百餘年，子孫世守勿替。同治間，邑遭寇難，板毁於兵者十之三四。先生十世孫、監生邢尚斌，誠信君子也，素行孝友，鄉里稱善人。每與族叔邢九齡言，輒太息曰：「《來禽館集》，先太僕手澤，可聽其缺而不完乎？吾當倡率族人捐貲重修之。」祇以工繁費鉅，未能猝辦。無何而尚斌公疾作，九齡公往視，猶諄諄切囑謂：「先祖遺集未修，余生平憾事也。叔其助吾子勉成此舉。」公第三子文生邢文興，仰承先志，獨捐重貲；同族人邢世治等將板之缺者續刻之，擇日開雕，不數月而工告竣矣。予秉鐸斯邑，悉知其事。諸君求序於予，予慨然曰：「是集重刊，微特於邢氏家乘有光，即闔邑人文，亦多生色也。」故特爲之序，一以見表揚之義，一以抒欽慕之忱云爾。

光緒十七年辛卯夏日丙子科副榜臨邑縣教諭古徐鄉趙汝鵬頓首拜撰

序（光緒本）

房承訓

夫德業著於表揚，志事成於繼述。往往有卓越名流立說著書，紙貴一時。及代遠年湮，後人不善永守，漸至泯滅者，何可勝道。犁邱邢太僕子愿先生，前朝名士也，其品行學問與文辭書法，不特莫能名贊，亦且諸序備悉，無煩蛇足。所著有《來禽館集》若干卷，刊行於世已二百餘年。家有藏板，經同治七年捻匪入境，被兵燬殘十之四五。有先生十世孫邢尚斌深爲抱恨，欲行重刊。與族叔邢夢與若次議舉乃事，未就而遘病云殁。臨危猶執夢與手諄諄泣囑，務期終事。其子邢文興，少年樸實，痛父志之未逮，爰出重貲，同夢與勸族衆腋助，擇日開鐫。是舉也，始事者邢尚斌，襄事者邢夢與。共族衆而成其事，實由於邢文興之克承父志也。邢夢與爲余言之，余慨然曰：「此其於先人，誠可謂表揚繼述者矣。」不揣簡陋，故爲之序。然於太僕本集，則終未敢綴一詞云。

光緒十七年歲在重光單閼協洽月日，主講犁台書院將陵房承訓拜撰

集外詩文輯遺

集外詩文輯遺

詩

咏定清寺仙桐

就爨行見焦，胡然覩華茁。物理詎有因，神功固無滅。雲液漾寒芽，陽春被枯蘖。蕭寺儼蓬游，曹南表仙轍。宜爾上聖鄉，未泯冲虚訣。白日召羣靈，徵年小彭戴。

（清）康熙《山東通志》卷五十三

□□□□□

露色已成霜，夢廻夜未半。流月照空幃，隐隐聞孤雁。啼殘黛色消，香燼紫烟散。何處擣衣聲？徘徊望銀漢。

《沵園集》卷一

□□□□□

青樓大道傍，垂柳復垂楊。白馬黄金勒，春風何處郎，柔支縈素腕，香絮裛啼妝。春盡黍黍別，曲終空斷腸。

《沵園集》卷一

偶題

篆籀久蕪没，時流安足云。雕蟲非薄技，刻鵠自高文。霜候聽蛩切，花期戀菊薰。披圖一相賞，識字愧揚雲。

《沵園集》卷一

春日咏懷

憨憨無役老人懷，春日烘門晏始開。遊衍太平初試杖，安排樂事且拈杯。世情花□富家發，公道燕均貧户來。識字不多强不識，小軒聊與物追陪。

《沵園集》卷一

贈别張府尹入覲登雲守鳳陽時作。

嗚珂此去建章宫，裊裊垂楊驛路中。臺上黄金仍購駿，天邊龍劍久成虹。漫誇屏翰周方伯，快覩鈞衡漢上公。一曲驪歌成遠别，相看莫遣酒杯空。

（清）光緒《寧陽縣志》卷二十四

廣野仁兄請急省覲尋奉慈諱忍哀口占以吊以别四首

翰苑名卿冠二京，書銜真箇似冰清。道民今作靈巇長，舊日蘭臺也署名。

翻雲覆雨世情多，不管陰晴奈我何。日醉酴醽盈一石，咲他不達是湘羅。

問寢高堂事已非，捋藍新汁滴麻衣。恠來請急緣何事，叫斷雙鴻片影歸。

平生見説鴒原苦，今日臨岐果是真。視脉尚温腸已斷，多情何必孟才人。

《沛園集》卷一

題宣和御筆白鷹

鐵爪金睛雪作衣，石頭亭立特生威。解絲欲奮青雲去，應是凡禽不敢飛。

右邢子愿先生題宋徽宗所畫白鷹詩，讀之如面風霜，頓令毛骨欲悚。然細玩詩意，於神王氣壯中，早有一番超然世外、功成不居之意流露言下。此前輩風流，識力獨絶處。我輩讀此詩，當知師此詩，若讀此詩，兼思讀此畫，且亟思見此書，直相皮耳。漁洋先生曰「悔教書法掩詩名」，正此謂也。聞此卷藏之鄆城舊家，非重貲莫能購其耳。孫同寅怡亭頗以無力致之爲憾，手此詩囑余爲跋，因綴數語聊一解脱。時在己酉之冬十一月廿一日也。古無棣張映杓謹識。

《邢氏家乘》卷十《藝文志三》

序跋

德平端肅葛公文集序

世所稱文章家，一主騷盟，一主儒學。而復有所謂劾勤官下，乭乭當職之言。當職之言，部署條牒論議奏狀，貴在理暢事核，臚分眉列，切于當世之務。而儒學則上周、孔，下程、朱，揭倫常道素，而行中天。騷則涖盟千古，刻骨鐫肌，屈、宋之與遊，而班、馬之與竊。曹、劉、沈、宋之爲伍，而甫、白、維、浩之爲隣。究其所業，不流葩散采、驚雷電而泣鬼神不止也。葢自三岐别而互心競，云騷之不能爲儒，而儒之不能爲當職，從来久矣。

我端肅葛公以宏詞鮮起家，連捷春官。自筮仕而竟宫保尚書御史大夫，歷資凡二十許政。弱冠以逮白頭，中間才十餘禩予告里居耳，餘皆當職日也。其所在官言官，別有疏草。及今所彙稡卷中，班班朋寮虜贈之草，一切憂國卹民之大致，理暢事核矣。而暨乎里居間適鴻製短篇，刻燭之所成，而分鬮之所占，又無不倫常道素之畢陳。取而配之騷盟之列，骨强神王，散采流葩，無一不引于繩墨者。夫以當職而兼儒難矣，而儒且能兼乎騷，三岐之合于大塗，而确然心競之，歸乎漭瀁之野，公其文章之大全乎！

公立朝忠鯁，岳峙鋩寒，而至宣恩盡下，則又沛乎春雨，穆如清風，一節靡得而專名焉。《詩》曰：「維其有之，是以似之。」言者心之符采，寧渠有異乎哉？余忝公姻戚世講之末，及公門廧有素，兹者按鹺中州，浥公餘烈，則李官學省拊循之碑口咸在焉。因與懷守朱君竊竊欽慕，咨嗟不已。偶检篋中得公遺稿，遂属守序次剛行之。守，公御史院故属子大夫也，稟成猶昔，出自狠丹。公哲孫幼明、仲明，博奥多文，紹明世統。則此編也者，儻亦足爲家乘之副在乎！

萬曆壬午八月吉旦，賜進士第文林郎巡按山西虜等監察御史，年家眷晚生邢侗頓首拜譔。

（明）葛守禮《端肅公文集》

臨邑縣志序

余邑故無志，爲國朝二百餘年缺典。德靖間，文儒蔚起，擅厥才識可無不爲。而以登朝仕宦去，無暇問諸掌故，業即夙昔長吏，又繼踵因循，謂無當簿書殿，最弃不省事。嗟夫！則必天降地出，而後可矣。我邑令劉君守官下最久，每以興起斯文爲任。而會兩臺用，邑人遮泄請留，爲上書得報，詔以旁郡别駕銜，視事如故。唯時不佞方家食，君乃造余，拜手相向謂：「此區區夙志也，其爲我成之。」余遁迹謝不敏。而我督學使者李公甫下條教，亦復有意我邑文獻修缺事，諄切見屬。余辭不獲，迺退而竭其跫跫，受鉛槧焉。

嗟夫！一鄭國之命，草創討論，修飾潤色，遞更四賢之手，迺稱嘉詞。一邑乘鄭重，視詞令且倍蓰焉，而余不妄①，獨力肩之。蒇蕆之不逮，而溪刻之徒勞，不亦滋作者笑端乎。然業已成之矣，又安所辟匿爲是。故首厥地理定邑也，斷厥沿革論世也，系厥氏望明祖也。以備觀采風俗有焉，以肅政教建置有焉，以崇虔報祠祀有焉，以軫民依賦役有焉，以表位著官師有焉，以稽類萃選舉有焉，以紀奉爵侯王有焉。及于循良官師勸矣，及於人物選舉審矣，及於列女人物廣矣，及於事記祥異序矣，及於藝文符采彰矣，及於朸而曲終之奏錯雜陳矣。例多從舊，義取竊比。書凡十六卷，總之五萬餘言。浹月而已藁草，三月而畢殺青，嘉與祕欑，唯所命之。

茲役也，吾黨蓋有三數同人焉，率力可勝，長可任也。而侗以黭譾當之虧䰛，奈何有掘地而得劍者矣，首缺刃折，迺齒太牢，鷸鶃夫容匣而藏諸。不妄②之于茲書也，其猶是夫，其猶是夫！萬歷十九年歲在辛卯人日，邑人邢侗子愿甫志③。

（清）康熙《臨邑縣志》卷首

①②「妄」，《民國續修臨邑縣志》作「佞」。

③本句「萬歷」以下文字據《民國續修臨邑縣志》補。

重修武定州志引

余從楚藩兩拜疏，自謝家食。蓋中蔚之園，蓬蒿鬱其蕪没；翟尉之門，貧賤署乎雀羅。顧悠然自愜，嗒乎若遺時一汎濫，緗素點定篇章。博識羨乎張華，滑稽弔乎方朔。《來禽青李》，摹内史之銀鈎；「色絲幼婦」，發中郎之珉碣。春玩落花，秋弄白雲，五體付之槩株，二儀恍乎初判矣。一日，觀察李君道甫攜帙而臨之，謂：「此武定野史未定書，子爲我輯之校之。」余重道甫請，實以道甫品流絶代，絜清自好。開一府于窮鄙，浹旬僅能茹菜；胠百牘于一篋，落筆颯然若飛。且復飭久廢之軍容，軫阽危之民瘼。盡人猇騰，所在春育。若夫屬邑長丞奉法，儼坐使者於堂皇；郊蹊刳折無虞，賴有仁公之覆露。間袪民蠹，率頻年漏目之渠魁；動勑賊曹，慮一夫未帖于枕薦。人或謂其錚錚，喜事不自緘默，而苟無此君，則弱之肉，强之食，虎其吏，魚其民矣。張官設吏，意乃謂何？而駕言龔渤海之將欲安之也，則疇其勝之也哉！士論定于蓋棺，故志不及立傳，姑爲表著一二簡端。道甫鋭意武功，且復沾沾文獻，惟其有之，是以似之矣。所謂質有其文武，未得而器擬者也。武定知有憲司紀綱，實自道甫開端；藉識風土大凡，則亦自道甫始。基之矣，猗與盛哉！猗與盛哉！

萬歷十六年長至日。

邢侗曰：劉先生心澄秋水，念鍾枌榆。授簡一書，類别四帙，凡計五萬餘言。鉅綱小目，國獻野纂，無一不殫精晨曦，畢光夕瑩，允足稱近代之傑作，一方之信史矣。余最不肖，又中歉異同，才一臨文，筆不能下，蓋所爲仍原志者什七，增附者什三，大抵劉先生之志，主於源委富贍，而余不肖畧主於裁，則兩人之言具在爾。嗟乎！先輩安可易及，亦安可輕爲補綴。侗過矣！侗過矣！

書成于萬曆戊子長至。捐貲搆材，徵匠開局，則州大夫桑公東陽任之。屬城四令君陽信傅商弼、商河荆光祖、樂陵趙永禄、海豊劉志仁，咸有佐理落成事焉。

（明）萬曆《武定州志》

〔校〕明萬曆《武定州志》底本字多漫漶不清，清咸豐《武定府志》卷三十六收本文之正文部分，據補。兩志個别字均不清，則據《邢氏家乘》卷十補。

于文定公年譜跋①

門人邢侗曰②：先生實鍾嶽靈星采應夢而生，天挺靈異，少而凝重，敏慧絶倫。即舞象之年，去炎甘寂業，已具大人度矣。踰冠都翰林，器業爲一時冠冕。即海内自負才儁，各睥睨不相下，見先生不覺傴僂而弱其傍，先生遜謝弗當也。不甯惟是名宰翰林，前輩咸謂先生「海涵泰峙，我輩所不及」。經筵敷奏，莫非沃主德而抑邪萌」。即主上亦謂「于先生朗朗超著，一字朕所會心」。此豈咄嗟偶合者？先生徘徊進退，不欲與時賢競進。人先而我獨後，勞勳深而斂然不自明焉。桃李不言，下乃成蹊，信乎其不虚也。

初，不附江陵明目猖彈事，卒之江陵敗，而百方營救。所上丘司寇書，傳之四遠③，即東鰜西鰈之域，無不忠信伏焉。至心所如往，天日爲昭，何言人世哉！正位禮曹，封事數十上，無非爲麗明纱善計，且屢駁正王國非，干請主上，稍示厭之。己氏冷齒相加，中常侍欲甘心數矣。先生乃奉身退。更一紀餘，而東宫册立。先生廢其身而行其志，何病哉！顷主上耿耿心目，不忘耆舊，從閴寂中授先生魁柄。若以太平望師臣，一切無能撓沮。主上英斷，固如此哉，大僚推轂所不足馮也。豈天心未欲治平？先生一朝告謝，君臣魚水，顧不得大行其志耶。據所亟承恩卹，前後無倫。主上不勝云亡之悼，易名文定。允矣稱情其所爲官。其子孫者，猶未艾也。遣護如制，所遣治兆乃九列大臣，此從前元公所不敢望。王公擢去，復遣京卿，不旋踵先死，蒙被隆天重地，蔑以加矣！

先生心小而膽决邁萬夫，人不得而親疏。事惟視理，理所不可，賁育莫奪。平生所重在倫彝，己事彰彰可考。孝爲百行首，先生之於太公、太夫人，終身孺慕，言必汎瀾，日行嗛焉，禄養有死不自寧。誰無父母，執此證九原，真無愧色也哉。群從族屬，居諸爲生活、爲婚稼、爲死喪，孤則收失，職則振跳，而逸爲保全地。先生之衷，良苦矣！沾沾門故，率導周行，而呴沫無嫻容。

先生周歷詞曹，無財不有所歸。即萬鍾百鎰，寧勝此真心白意乎。先生凡三在告，有難于對人言者，官不負人，總之人不負官，爲難能耳。我稽人迅，人巧我拙，遲速哀序，可以觀世道焉。先生所亟在三，而隆師敦友，皇皇若不及譜，灼然具矣。四十年老詞臣，登位八座，門無行馬，僮不曳帛，馬不④食粟，廳事僅僅，視太祝許。若夫犯而不校，顏氏何專美焉。

先生文章命世，渾厚不斲，居然謨典。再覩進講之書，明白婉至，程氏「折柳」之答，覺傷峻耳。詩醞釀初盛間，七子之儔，及吴下阿蒙退舍矣。先生與馮用韞宗伯談經濟，無所不服膺，然不無介然其任，而媒絳灌讎。與公孝與談文章韻語，則鮮不合者，曰：「得失寸心，搔首問青天耳。」每謂侗：「女文章一夜郎王，躭躭自命碑版志傳、漢季魏初乎。」侗一念先生言，哀腸若抽。鍾期已矣，小子何質成焉！

先生完名全節，衾影無慙，然不爲吊奇炫異事。彼夫託爲大言而寄蹤[5]人外，任荒唐而廢耳目，之近先生，謂非倫常庸行，不與爲徒矣。先生恒爽然於造物之生息。若曰崑陵泛源，沃焦消海，盈洞瀾汋，理有固然。涵涵平大，惡課訾而祛面背，今世無此也。

先生垂入對，爲侗言：「諸言事臣，吾當以死諍；閹宦採榷，吾當以赤誠回照；蜀洛墳典，吾當以平等引至；公元元臨命，吾當以圖畫情形。」奏言出口，而躬不逮。果蒼生之無禄耶？世侈大臣輒云「皋夔伊傅」，侗懼其阿有，如躋先生于韓、富、范、歐列，何渠分同異乎。要之人地如此以成事，論非九品中正衡矣。且史局春曹之日班班[6]露爽，何者非韓、范、富、歐業乎？夫[7]又何疑焉。侗奉先生杖屨，淺而言之，若靖節門人舁舉事。先生視侗，則馬南郡之于鄭康成，不翅是過焉矣。侗迎匵潞滸，敢妄爲傳？父視多天地鬼神，實式鑒之。比長君緯以先生行履謬屬侗，侗懼黔讀弗勝，幸先生《枕史》在，可據也。《枕史》勝冠以前，備述童年家[8]塾臺邱、習肄師友之詳，及指次家難屢空狀，所差[9]慰者，韶年一第而已。勝冠以後，登仕路，膺[10]華貫。蓋于[11]皇朝臨御之儀，主上敬勤之槩，不厭再三。乃其身講筵，叨賜九列，寵禮幾于禿顛；書之五世，沐恩煌煌爲烈。先生詎惟勒石，實勒衷矣。拳拳家國，爲念深矣哉。宰臣大吏、臺省郎曹之故，以逮天菑物變，烽火爓書，奉使假緋，虎符英蕩，動關大體，濡墨必書先生，蓋有微指焉。唯是朋儕戚密，義故通家，一札十行，授衣置頓，靡或有遺。將以修報酬，崇雅道，殊自忘其瑣瑣也。侗一夕臨文，筆不能下，實錄具在，何庸猥鄙辭。所小斟酌者，夏五郭公，陶陰烏舄，及不必傳之人人者。蓋存者什六，去者什四，差似成書，各曰《年譜》。侗非敢偕掠美先生事詞，妄謂不仍則不備，不竭一得則不情。左氏擬經，馬遷襲用秦以上書，顔籍彙漢，孝標疏明《世説》，不專一法。要于前代聖賢，互有商考。侗也其義則竊取之矣。拜麻以後，則据郭唐二孝廉扎遺疏布載方册，此其犖犖大者，可與倡議江陵疏上邱司寇書并行于世。先生黄壚可作，其將謂三生强作事，則安所逃罪焉。《枕史》不敢竟使汶汶。大葬之後，侗與長君緯當排纘一編，藏之東海氏叠寃之次。更百年，洵足以立標示訓，稱我明一代家史，則今《年譜》可廢矣。長君緯嘔心竭蹷以圖，先生身後可謂有子。我開府司馬黄公書及侗于公子「老成敏練，文定公爲不死」，如言哉，知言哉。鉅公長者，其閔而惠之不朽之詞，緯也厚幸！侗等厚幸！

《東阿于文定公年譜》卷末，《邢氏家乘》卷十《藝文志二》

①底本原無題，此題見民國《續修東阿縣誌》，家乘本作「東阿尊師于文定公年譜叙」。

②門人邢侗曰，民國《續修東阿縣誌》作「我」。

③遠，家乘本作「達」。

④不，家乘本作「無」。

⑤蹤，家乘本作「縱」。

⑥曹之日班班，底本原殘闕，據家乘補。民國《續修東阿縣誌》作「官諸奏英英」。
⑦夫，原闕，據家乘本補。
⑧家，原闕，據家乘本補。
⑨差，原闕，據家乘本補。
⑩仕路膺，原闕，據家乘本補。
⑪由此而後之文原闕，係據家乘本補。民國《東阿縣志》輯此文亦到此。其編者按：「惜抄册紙破，卷頁終而文未盡，閲者憾焉。細玩之，要言已足，少者直緒論耳。且以邢公之文載于公之事，無虚車之誚矣。即殘編斷簡，甯肯棄置？故録之以附夏五郭公之例云。」

于氏家藏詩稿後序

蓋吾鄉于鱗先生有言：「齊魯于文學，故其天性。」侗也執鞭往昔，興懷駿烈，則喞焉長慕之矣。矧夫生同軫域，誼托門牆，即或英標未覯，而獲以鉛槧，附垂不朽。甯無忘味蘭言，比音玉步，晞遠日篤，處近彌親者哉。我册川翁夙藴瓌奇，天挺間世，薄生人之常戀，營竹素之令圖。雖復稍嬰輪鞅，而冲襟雅韻，一寄之詩，思既川騰，辭亦林蔚，朝華夕秀，丹霞之氣，以舒寫物倫，類黄鐘之律斯罊。

喆嗣自吾師太史公外，伯仲翩翩，并富篇什。珠星宵聚，踵陳氏之遐蹤；玉樹春暉，分謝庭之茂蔭。今覽茲《集》，即言不相襲，格以類殊，而究厥體裁，率沈雄朗潤，妙入玄解。

蓋緣本乎天趣，發之性靈，是以機動神隨，意無乏緒，微雲河漢，抑亦庶幾秋水芙蓉。疇庸雕餙，洋洋乎，纚纚乎，斯已奇矣！太史公經幃之暇，蒐厥遺逸，屬付剞劂。於乎！龍門莫仰，媿任昉之非才；鳳池有毛，知鴻業之未竟。三復終篇，聊志梗槩云爾。若迺翁行履家世，則賈石葵先生《序》詳之矣。《集》四卷，總萬有餘言。

萬曆戊寅秋日犂丘邢侗頓首謹書。

（清）道光《東阿縣志》卷十八

壽邢封公九十偕壽序跋①

吾鄉大冢宰趙公業屬張元平小宰，用少宰九我先生口，爲家兩大人頌矣。九我先生會曹事稍暇，與冢宰公道及不肖侗，曰：「子愿者，余杵臼交也。」冢宰因答謂：「頃藉明公爲其兩大人壽草。」則屬之張考功元平，不欲以雕蟲技輙慁清嚴耳。九我先生曰：「主臣，余當自爲之。」乃援筆作《邢太公偕壽篇》。各章鉅麗，取艸茆而衮黼之，里閈稱爲最盛事矣。已，元平復以先所屬艸來，念其至意，有獨知之契焉，因并付剞劂以傳。不肖自顧何緣寵承三宰公休德，世世萬子孫不敢忘也。不肖侗謹跋。

《邢氏家乘》卷十《藝文志二》

①此文原附李廷機《壽邢封公九十偕壽序》後，文題爲校點者加。

擬古書

擬漢留侯良招四皓書①

良聞智士不違時而遂志，忠臣不潔身而忘君。故應龍潛淵，雲蒸而變；鴻飛遵陸，羽用爲儀。何者？時有消息，物有變化，人亦宜然。哲士上察天道之盈虚，下驗人事之得失，故能乘利趨便。使功施宗社，名流天壤，自古及今，未之易也。往者秦綱未解，法吏趦趄，塗膏釁鼓，救過不贍。足下孤憤鬱腕，傷心祖龍之焰，蒿目黄犬之悲。遂謝去人間，侶諸君子洗耳上流，誼不齒秦粟。海内高公，誼以爲商山之芝，首陽之蕨，兩者都爲美譚。

天下既賢之矣，夫太公避海，卒載後車，爰佐赤符，遂開青社，公之所知也。卽千載而後，誰復以公之出爲。公病者，今漢道方隆，觧絶弦，寬察綱，豪傑命世之士，因先談而集輦下者，葢百千人。其意亦願攀龍鱗，附鳳翼，攝尺寸之柄以成功名，未爲失計。而況足下負非常之望，一時薦紳之徒，先生咸引領東望曰：「庶幾其改轍乎？豈諸臣是榮，將國家之大計是託。」而公復雅持前操，入林不反，是操何説也？

聞諸道路，爲陛下輕士嫚駡，公等誼不辱此，又過矣。陛下豁達大度，從善如轉圜。方在傳檄時，委鬻矦以關中，拔曲逆於亡命，納酈生於高陽。淮陰，楚之逐臣也，一見而受上將，上親負斧鉞，跪進而舉之壇下，此非天下所希聞哉！卽僕以亡國賤虜，未有汗馬之勞，徒掉三寸舌爲帝者師。況在足下十倍於僕，其爲禮貌更復何如？由此觀之，陛下直嫚僞儒爾。聽道路之訛，牽拘攣之議，是使文王復作，而太公終不遇也。

且陛下將建朝儀、興禮樂，當吐哺白屋，寤寐商巖，思得公久矣。而太子又甚仁孝，固稱元良。上將令就學，徒念左右丞弼，詢兹黄髮，日睨視諸臣，卽蕭、曹、樊、灌，雖豐沛舊游，並羈職事，未有象上指者。誠願得公等師之，令餽醬酳爵，如保傅禮，陛下所欣慕焉。公誠去狷介之私，念國家之本，惠顧不佞儼然報之可。僕將奉令于太子，以白璧一雙、玄纁十束，徵公於商山，公勿拒焉。在《易·蠱》之「上九」曰：「不事王侯，高尚其事。」蠱不可振，哲人牋焉。今陛下聖德則天，應在《乾》之「九五」。太子仁孝方冲年，應在《蒙》之「初六」。「九五」之《象》曰：「飛龍在天，利見大人。」君求臣也。《蒙》之《彖》曰：「匪我求童蒙，童蒙求我。」貴養正也。足下不以此時改心易慮，應飛龍之召，清少海之源，以光昭令德，爲漢宗臣而終，與芳杜同腐朽，非良之所知也。吾聞大隱在朝，下隱在山，知隱逢時，石隱枯槁，惟足下財擇。

書至，四皓感良言，遂出。

①《邢氏家乘》卷十載邢侗著述目録，其中在《擬古十書》目下的文字曰：「此太僕公擬古書原本也。文字雕鏤精雅，紙札堅潔，的是當時家刻。但題云《邢子愿擬古十書》，今纔有『卻克』、『單于』、『張湯』、『司馬』四書耳。來禽館藏札有云：『如丈擬古五篇，直似鎔冶舊銅，重出鑪錘。令吴中賞鑑家見之，必謂商周時物無疑。』然則即所謂五篇而缺一耶？抑離此四書而別有五篇耶？全集益以『井公』、『范蠡』二篇爲六書，則史民部搜校時疑已散軼不全矣。」補出此篇，則「十書」已見七書。

記

南宫縣學藏書記（時爲邑令。）

往不佞居里塾，好購諸古今書讀之。而家故沛北，非通都，覼覼屑屑耳，不能舉羣衆也。既從子大夫後，始得以其間物色宛委、二酉之藏，廼七略、四部而下，書稍稍具。顧無幾出，令南宫一行作吏，百務紛遝，思欲鍵户下帷，綜覽千古如諸生時，什伯不逮矣。夫以不佞之好古，又力足以辨之，然少也苦于聚之不廣。而今復尼于學之無時，猶怲怲不慊于志。矧諸士子亦僻在鄉邑，家半不自贍，或欲有所考覽探涉，則安從致之？且無論經緯元化敘別倫，則闡發性靈，叅錯萬變，不可一日廢竹素也。即頃歲省會比士秉文者，録制義外，尤必于再試、終試，加研覈焉。業請于上申之功令矣。

諸士子生當右文之代，幸優游黌序，得肆其力于問學，而司牧者文獻弗備，謂作新何？於是特鐫月俸、捐少贖鍰，爲置經史子集及國朝制典諸書若干部，庋之學宫，俾邑之爲博士弟子者，請而誦，或假而録，已則還之故處。爰勒其籍于石，俾無損佚，覬來者有稽焉。嗟乎！漱六藝之芳，潤擷百代之菁華，今而後，于諸君子有厚望矣。若徒以玩物喪志爲解，而曰吾一以貫之，安所事多識也者，則不佞茲舉誠贅疣也夫！

《邢氏家乘》卷十《藝文志二》

臨邑縣戒珠禪寺藏經堂記行書，在戒珠寺。

賜同進士出身知南宫縣事邑人邢侗譔并書

戒珠禪寺之在臨邑，其來已古，人代蔑紀，寺有藏經則自今始。其造經者，則禮懺社善男子周思順等，寺僧佛傳等。經既得請，又爲經堂三間，以藏經云。諸學人念善果難成、塵刼易散，今茲不着，後何述焉，爰伐石須彌，鳩工生衆，謁屬宰官之言，永昭沙門之業。余惟道之爲用，高陵天表，廣踰地圻，摘其數端，若九牛之拔一毛；贊其大千，若太倉之投一粟。勞逸唯人，損益非道，蓋天毒偎人，見于虞益；泥洹入善，申自史聃。唐虞之際，期已盛矣。四二之章，豈必待蘭臺而後重；三藏之教，又何資玄奘而後彰乎？信乎！世之大者，道之小人，所遐者天，所邇超乎生外，論所難存，多所見明，其怪自釋。頗而佛子，循爾天階，惟一惟精，乃博乃約。億萬千言，不出西來妙指；面牆咫尺，自有十大神州。元通一心，功施三品。撫教得崖，莫非爾極。卽經不能爲功，又何疣於言也。假爾毛頴，聊紀歲月云耳。

萬歷四年歲舍丙子四月八日。

（清）同治《臨邑縣志》卷十五

修華嚴寺殿臺碑記正書，題名不録。在華嚴寺。

賜進士第中憲大夫陝西苑馬寺卿前直隸蘇松巡按御史邑人邢侗撰

犂邱南十五里許，寺名華嚴。寺弗審創自何代，日久爲風雨漂搖，鳥鼠牙角。嘉靖間，殿宇雖已修葺，尚有殿之臺基坍塌未就。觀者如傳舍，尠爲慮焉。志信姜君，領進香會首，于兹不忍見其圮壞，當惻然曰：「何以視臺基之至於此乎！臺廢則殿宇因之，而佛像亦弗堪矣！」寺僧圓滿、廣儒等卽心叩之，姜君欣而許諾。時以利用浩繁爲懼，齊諸鄉閭士庶，立會聚財，懇懇以畢務是念。孰意接年荒歉，財散者不能收拾，雖有心，安遂乎？邑侯劉公，以循良六載，由臨邑而擢襄陽，復以士庶乞留任東昌，而署臨邑。政聲感召，歲頗豐收，可以興作時矣。姜君志不自抑，先請命於琴堂，旣商推於士夫，集前所與共事者，畧事弗竣，迺捐己貲財，助買磚石；出己粟米，飯諸匠役。不旬日間，工完而成，規模堅緻。一方黎庶，觀之者無不稱羡焉。猶恐日久湮没，非文字無以紀一時盛典，仍命工刻石，僧衆醮謝。

昔不能完之事，一旦而完備，鄉閭隨會之心，亦有所底止。姜君其大盡力於佛氏者乎！而佛氏之庇姜君可預卜矣。是役也，興作於歲之暮春，落成於歲之季夏，立石於歲之仲秋云。

萬曆十七年歲次己丑秋八月吉旦。

（清）同治《臨邑縣志》卷十五

重修真武廟碑 正書，篆額。在宿安鎮。

賜進士第中順大夫陝西行太僕寺少卿兼按察司僉事前山西道監察御史侍經筵官邑人邢侗撰文

真武廟，在宿安通逵作鎮，壬癸屹爲一方巨障云。廟不知所自始，聞諸父老云：殘元之季，在所垣屋生蓬蒿，而此廟巋然獨存。土人伐槲千章，槲盡廟露，迄于今，蓋二百三十餘年，而梁麗瓦甓無恙也。又聞正德間，流賊猖獗，斬刈踐壞處處而是，而是廟亦復巋然獨存。以玄帝數從雲空赫斯臨下，著其光怪，賊曹無不人人若劒擬其脰、而黿蛇繞身者。又覩夫靈旗蕭颯，而飇輪造次滿軍中也。吁！異哉！用是賊曹羅拜望廟，心怵骨震，一方鷄犬羅落，卒無損毫毛，而後神之威力，砰隱滿境中。蓋迄于今又八十載，而居者宴然生息，男女長養，禾畜無一之不愜。土人願而疾癘夭札之不侵，則神之式靈如此哉。

廟迄于今固無恙，而端居南面之像不無少謝，其裝嚴拱衛侍立之徒，章采剥如，而伏臘父老子弟之心滋以戚矣。且倣風上雨之爲，歲月漸深，而其所謂無恙者，能不借資于人力而煥然頓還乎舊觀，否也。余、况茂學子御倌，慨然廣施，因材于林，因陶于土，因工授役，于困丹漆金碧之屬，取諸清源萬貨之聚，而不以爲勞。而廟一新，藻井門唐，有其舉之，曰：「吾以行吾區區之一意而已。」夫兹鎮之興，自家侍御公始。凡五十年，而諸子若姪佽佽妥業，以無墮其締搆，而浸昌浸茂者，神所私也。則吾家之先諸姓而作新其廟貌，亦物理人情之必至，無居德已。子御精虔耿耿，凡營兹鎮之廟觀者三，而冢嗣生是，又不居德而神福之，其疇曰：「報於何有耶。」侗有方外友蜀人如山，固屬子御爲翼室而居之，子御因以吾都諫世父所遺石龕而置之庭，以續香鐙之業。若夫護國保民而釐，天子金鑄其軀，以享萬年靈山之祀，則其灼灼大者耳。兹爲一方紀，不敢贅也。

萬歷二十四年歲在丙申四月吉日。

（清）同治《臨邑縣志》卷十五

興國寺重修佛殿記（正書，篆額，題名不録。在興國寺。）

興國寺，僻在邑西十五里許，四周邨落環帀，地腴而平。山門嵯峨，殿廡巃嵸，歲時香燈絡繹踵至，蓋在邑中佛刹稱首云。自余爲諸生時，嘗過焉。及余釋褐成進士、爲南宫宰，徵殿中御史，持斧晉吴，已而督餉三楚，數十餘年，馳驅塵壒中，無能數數少憩。于浄土之區，殆有憾心也。

迨余倦遊，挂冠成隱，與烟蘿林水相狎，又輿過其地，則所謂寺之嵯峨巃嵸，無復曩舊之觀。風蝕雨剥，瓦敗壁殘，幾委儀像于草莽。入一瞻顧，不覺目駭神異，以爲大雄氏教被十地六塵在所燭照，今而殿廡不飭，法像不肖，令鄉父老何以趍蹌于伏臘耶！於是諸釋子和南請曰：「大夫肯一言爲我大雄氏光，我釋子屬乞假于四方高賢大良會，醵金錯朱提，成此善果。」余乃唯唯。自是而後，釋子某與偕善男子某，互相傳募，甫踰歲而捐金者、負粟者、解帛者、施材者，雜遝蓁至而億計，營繕之費足矣。遂鳩工飭衆，堊漆甍坳之需靡不備具。再閱歲而厥功告竣，榱棟重新，儀像焕赫。凡鄉父老羣趍瞻視，嘖嘖頌稱。諸釋子復和南，仍請余言紀之。

余惟佛教之于生人，淪肌洽髓，爰周遡漢，隋唐而降，此道彌熾。轉法輪之普照，化羣有於闃寂，使雨暘以時，災眚寡少，則大雄氏默出，吾人于熱惱而厝之清涼，其爲功德利益也豈淺鮮哉！因爲數語紀之。至若探幽索寂，極如來之指，則爾釋子之業也，非吾所知焉。書此識歲月云。

進士第中順大夫陝西行太僕寺少卿兼按察司僉事前監察御史侍經筵官邑人邢侗撰文。

（清）同治《臨邑縣志》卷十五

重修大興寺碑正書，在大興寺。

蓋以佛教之興，源遡于姬周，流衍于赤漢，降及天監，日漸月漬，其道彌熾，遂焜燿乎九垓，瀚淼乎八極。而梁主益酷，軒崇釋宫，盡焕於是。祝髮披緇之流，肩摩踵接；伐鐘鳴磬之音，林遞山承。而大教勝顯，元旨暢著，導十地之迷途，啟三千之沙界。拯彼羣生，同臻彼岸。凡戴髮含齒之倫，茹毛飲血之類，孰非蕩漾乎法流，光燭乎慧照哉！以故梵刹之設，碁列中區，星羅六合，是處皆有，在所不乏。

去臨邑世里舊有大興寺，年深莫紀，歲久湮廢。寺北有優婆塞营送堂等，目不忍其傾圮，心遂奮于剏造。各出母錢若干，置社蓄息，載歷幾春秋，得子錢亦若干。兼以四境之表封，壤相接者之捐施，來或銖兩而微儲，纖羸以洪以鉅，計度其程費，事可集矣。故合議撰辰，鳩工市材，聚經始之。衆乘農力之暇，不逾年而厥績告成也。煜然正殿爽塏而聳觀，煇矣維馱閈敞以儼望。伽藍峃寮，鐘虡嵯峨，山門赫奕，粲然一新。若其藻棟騰彩，飛甍曜丹，慈雲出没乎雕題，法雨滂沱乎繡栱。煌煌金像，肅具瞻於羣氓；泠泠清鐘，徹灝響於碧落。且其寺懷鈎盤以爲襟帶，環蓁薄而作衫裾。闃然廣漠之野，寂乎大壑之陰。每當四正兩月，春夏二時，人天際通，理俗化洽。男女雜遝以霧合，老稚繽紛猶鱗次。人烟撲地，篆氣裊空，徼福異刼，締因來世。信爲大觀，宛如都會。雖則衆慮齊一，羣力奮趍，實皆大雄氏之濟施冥助，俾其功用，神速以至此爾。功畢礱石，藉紀歲月，並繕脩諸善男子姓名列于左方。

萬曆三十年歲次壬寅四月浴佛穀旦，賜進士第中順大夫陝西行太僕寺少卿兼按察司僉事邑人邢侗譔文。

（清）同治《臨邑縣志》卷十五

樂陵郭令君增修膠宮創置學田去思碑記

緊昔漢文翁當景帝末爲蜀郡守，修起學宮，儲才敷化，蜀地士學于京師者，比齊魯焉。吏民爲立祠堂，歲時祭祀不絕，所從來尚矣。郭令君蒞事帀月，乃臨環橋，則見夫若殿、若廡、若門、若坊，與夫垣墻祭器，咸樸且陊也。于是敦匠庀徒，先聖殿，次兩廡，次戟門，次櫺星門，次市坊，最後墻若器，悉黝堊丹漆，而磊砌增補之。其牌則訪顏柳者流役管城子，且飾以金。更相聖殿兩山外間處構二門，扁以「義路」、「禮門」，計費俸百金。由是望之，恢恢燿燿，奕奕堂堂，凡祇謁者，俱瞻顧徘徊而不忍去。

令君又竊竊念士鼓篋橋門，倘不足供糝稗，且無暇修業制舉，矧日婚日喪，又苦於無藉耶。遂向邑新中禮魁、史姓諱高允處，價鬻地二百五十畝，永爲學田，計費俸五十金。高允，故憲副邦直子，素佩乃父喻義訓，即同廩弟高先慨然出不價者地二百五十畝，亦爲學田，共得五百畝。招民佃種，計畝納租若干石。就諸青衿中檢其藜莧腸者，歲終給散之。其應助婚賻喪者，俄聞俄給，務令雍容于矩矱，不至固陋爲也。且令君腹中可稱經笥，其于芹士嘗用迦陵音，以不惑解惑，令其不惑。季課外每月設六會課藝，授饘餐，示心訣，躬品題，俾得筏喻而岸。此其興學育士，宛然文翁氣象。而樂邑士相繼鵬摶者，甯不歸美蜀郡誘進哉！令君意尚欲搆魁星樓，建文昌閣。亡何會命下，擢隴右天水郡丞，監督甘州兵餉。乃深念母苗臻眉壽，不任道塗險巇，安忍效温太真絶裾者。爲會撫按兩御史臺，題請改東魯郡丞，管沂州事。

駕行已越月矣，士相與聚族而言曰：「吾儕撤蔀望天據筏登岸，一惟令君是憑是依！盍思之以碑。」適余以事如樂陵，學博高君重光、張君璞，率弟子員王思治等徵言爲記，以誌不忘。余故叙其巔末如此。

令君名汝賢，魏之元城人。萬歷戊子鄉貢進士。別號禹門。至若招流移而户口增，開荒蕪而生養遂，廣栽植而利用裕，修河堤而水患除，包皇税而商賈逸，戢豪佑而良民安，徽猷種種，詳載蒼黔《去思記》中，兹不具而悉云。

（清）咸豐《武定府志》卷三十二

傳

左副都御史伯淵李公傳

李濬，字伯淵，樂安州人。生而殊異，爲兒時，有紅軍爲厲，不敢入其村。長遊州學，有狐作孽，嘗戲謔衆，獨不敢侮公。又鄰有鸜鵒神依人，報事閭説語言，公至閴然。人以此咸仰重之。永樂初，貢入太學。於是朝廷亟取諸生四人，至則擢爲御史，而公其一焉。後巡按四川，饒著賢聲。以父艱回籍，居廬值親。

藩高煦謀逆，屢致公，公托疾不往。濬聚族人謀之，欲先發以聞。即時匿其母及妻子，假符於濟南都司指揮靳榮，難之。公按劍執榮而叱之曰：「靳榮，以我壞汝事乎？」榮俯首下謝，捧符以進。公得符，乃詭名舍人王剛報海洋事，置傳而北。榮果報煦，煦發飛騎追之，馳者王剛之外無聞也。使還奏煦，煦怒曰：「王剛，非李濬而誰？」磔其使，再發已無及矣。公抵京師，候奏宣廟。御文華殿，亟召進賜膳，訊方畧。上素知煦桀悍危之，公力主親討，由是四晝夜六軍駐樂安之北。煦倉卒不及爲謀，且登城北望如兵山，始怖悸甚，輒開北門就縛。多公先機之力也。上乃改樂安州爲武定州，晉公左僉都御史，賜襲衣文幣。擬廕一子錦衣衛千户，予家人十户，公田十頃。公咸讓弗居，弗得請，祈受衣幣。暨秩，遂僨浙江糧儲，鎮易州廠，繼復總制都察院，改遼東鎮守，以母艱還。邊疆告急，時在天順初年也，上乃召奪哀莅任。公至遼東，謀燒荒以靖之，至今歲以爲例。再晉左副都御史。公先後居遼八年，朝廷依以爲屏。因風沙翳目，抗疏乞歸，詔許之。未幾卒於家。

初，公還家不治宫室，藩臬長倅時請遷修，公惟辭以子孫不能守而止。卒之日，家無他嬴，惟圖書百卷已爾。君子曰：蕭相國秉窮宅之介，孫叔敖懷惡地之志，皆以儉示後，昭其長有。公之所蹈，亦可謂遥續清颷矣。

邢侗曰：李御史上高煦變，乞上自將，蓋與鼂錯議出七國反狀，欲令上自將兵，而身居守事絶相等。乃錯卒當大逆，妻子無噍類，而濬一發遂中機宜，厝安宗社，身名俱泰，一何幸也。要之，濬之告變事出倉皇，議成俄傾，在廷諸臣無復青翟、嘉、歐之輩以文網相牽者，而錯顯爲權首，一中於哀絲，遂成於通劾。機事不密，害乃及身而殳。口讓多怨，劉安「鼂危」之論照然斷案。吁！亦悲矣。然則禍變君臣之際，其所由來豈偶然哉！

（清）光緒《惠民縣誌》卷二十七

墓誌銘

明滎陽丞李公墓誌銘

賜進士第文林郎南宮縣知縣犂丘邢侗譔

公諱潔，字伯清。其先青州樂安人，五世祖遷古平原。再世有士賢者，以子貴，勑封文林郎。士賢子孚，由貢生任至代州同知。孚之子以省試第一人同知嘉興府者曰性，性生琚，琚生公。蓋公自毀齒而孤，而奉母孺人張，憚于嚴父云。生而天資敻異，善悟彊記。稍長爲博士弟子業，一歲凡三更師，嗣是名藉藉縫掖間。而德平葛與川公、新城王灤川公皆一時勝流，得以文詞爾魯衛矣。學使者每手公卷，嘖嘖賞嘆不休，歷他郡邑，則爲誇詡守宰諸生。乃以數奇，卒不第。比及壯，則以選貢稱國子生。尋以母張命，拜河南滎陽丞。公於家大人爲同生姊夫。先是公謁選也，會余伯諫議公在事，或風之曰：「諫議君家至戚，倘爲汝地，即州邑長吏可慱矣。」公正色曰：「諫議，天子諍臣，銓曹天下衡準，寧詎以余故撓此兩者公也？」竟得滎陽丞。

故事，丞嚴奉令君，不敢以鴈行。進而公獨以履行操潔，大爲寮長所器重。公爲滎陽丞幾五禩，旋以母張違養。扶櫬歸行之日，榮父老子弟，遮送道左可千數。所至村落，競進罈酒，依依不忍去。未幾，共爲豎石頌焉。吁嗟嗟乎！何以得此聲于梁陳間哉！亦可思矣。

自是閒居里中，日以圖籍自娱。尤喜爲聲詩，自古樂府以下諸體具備，靡不當古作者。五七言律，翩翩少陵之遺響矣。公性雅恬静，日鍵關却掃，足踵不及邑大夫。遇二三老人友，則又竟日譚笑。公故不善酒，一再釂，輒至耳熱，絶倒放歌，聲振屋梁，少年子不及也。晚家用益窘，有勸以稱貸自給者，公掉首曰：「貧自貧耳。即一日敝軀先朝露，柰何以子錢累二三豎子耶？」無何，于萬曆四年十一月二十九日卒。距生于弘治十二年二月二十五日，得壽七十有八。

始配賈孺人，繼邢孺人，即余姑氏丈夫。子四：長方培，中廢舉子業；次方植、方郁、方穠，俱邑諸生。方郁，即余所受學者。女子二，長歸諸生石獻忠；次許諸生趙祝，與方穠先後夭。孫男七，孫女六，俱幼。將以萬曆六年二月三日葬于城東先塋之次。

誌曰：疇昔之歲，余既舉于鄉，乃公囊所爲詩文二卷以書謂余曰：「不佞犬馬齒老矣。念平生無他長，第此下里語具在耳。即死當以不朽辱吾子，惟終圖之。」越三年而公卒。乃今且會葬，而厥子方培等又以狀至。即余甚謭蕪，顧安可負此生託哉？竊平原自天漢以降，故爾巨區。其間多產瓌偉不常之夫，有如曼倩猾稽，傾動人主；禰生善賦，傲睨一世；管輅上易，先知中折。而公生于千百世之後，淹淹一老丞，即謂能當此三人者哉。乃公調俳而有其節，賦詩而發其輝，學《易》而及于男婚女嫁，使三子而在，未審孰執牛耳爾。平原故墟，莽莽榛蔓。即三十年無一制科起家者，公取其精矣。是爲銘。

銘曰：「孰卑之才，而厄其遘；孰嗇其家，而豐其壽。綿綿者後耶，矯矯者文耶。封而樹者，廉吏之墳耶，詩伯之墳耶。」

大明萬曆六年歲次戊寅二月朔日吉旦立。

録自原碑拓片

明故承德郎陝西鞏昌府通判東臺王公墓志銘

賜進士中順大夫陝西行太僕寺少卿兼按察司僉事前山西道監察御史侍經筵官濟南邢侗譔

王公者，景州樹德里人也，名樞，字柄卿，别號東臺。上世譜逸蔑考，而其五世祖從善，徙自山東博興縣，蓋瑯琊之系云。公大父昌府鴻悉用德義聞郡中，而又代禅計然之策，貲算無量，甲丙舍連雲相望。即乘軺使者暨估豎輩北走長安道也，以莫不指曰：「此王氏菟裘乎？」

公生十五年而孤，然性自力學，舉動如成人。又三年，補博士弟子，卒以家敝夺志。入貲爲太學少傅。南渠吕公一見相賞，謂：「王生美，無廢。」引爲上客。而其他名流賢倨覽折節慕悦，屨交錯於僑舍無虚矣。頃之，隨牒得遼東都司斷事。遼固窮塞，文吏稀減，即文罔亦大致踈闊。蓋衛幕而上，威重視尊官，以故往往恣縱無忌，率羅墨不檢敗。而公獻斤斤三尺，一時吏士相戒莫敢犯。會歲大祲，檄賑金復諸衛，履跡車轍靡不周歷。環所不毛者千里計，人數十萬，咸得霑活。臺使諸公聞而相咤訝，謂：「王幕紈綺者也，夫安得任政如此？」繇是，名藉藉及都門矣。

可二載，以冣遷鞏昌通判。至輒蒿目餉芟，百不失一，愈益斤斤三尺無少替。而上官有謬爲東濕者，公意不爲動，遂決筴投劾歸。望風歎曰：「先人敝廬亡恙耶？乃沾沾五斗爲？而矻矻一線中原間，此法玉關幾何？彼夫古人何渠而津津生入也卒非哉？」今少司寇楚侗耿公比按部河西，素難許可，獨器公甚。兩移檄慰遲，竟莫能挽，得致仕歸，歸僅三十有六歲。望强仕尚數舍，曾無幾微自見一切，抒其所未試於家。

而公族故昌盛，群從子弟，冠蓋駢填，有江左王謝之風，無遠近一推公爲王氏祭酒。諸乘軺而過者，十九懷刺拜堂上，問公平善，争自結納。而公大治牛酒，投其車轄，與之抵掌今古，刺刺不休。即京朝事，無一不淹習，縷談鑿鑿中窾。又無不相咤訝，謂：「王公豪長者也。」乃復任政如此。

公質龐厚，噐韞淵藉，美鬚髯。公平居，毅然履屧不苟，望者見憚。至與人無少長，畢露悾款，人各得意去。周人之急如出己私。蓋三族而外，里居有連者，饑而後待，以果然也；寒而後待，以燠如也。即折券而中負之者，率篝火焚之曰：「爾曹幸無念，我自行我志。安得馮驩先生所謂市義也者，爾曹幸無念。」

先是，公通儻自喜，好爲聲酒車馬，宫室之奉，而晚乃務自屏息，一意爲節約，曰：「庶幾有以示子孫。」居嘗正色謂諸子兒輩：「生而衣帛食肉，所虞者輕蹻。盛氣其下，惟讀書一銷之。吾家廣川仲舒非爾師邪？」人人謂公義方矣。邇年，郡守渤海李公敦趣爲鄉大賓，公勉一赴，亦不復謁謝，已乃堅卧不出。不可以識公之風槩哉。

公生於嘉靖丙戌三月初七日，卒於萬曆乙酉八月廿四日，得壽六十。卜於丁亥四月十一日，歸窀穸。配張氏，都憲介夫公之孫女。繼配廖氏，太宰龍湾公之孫女。繼配高氏，生丈夫子一人，湛然。側室張氏生丈夫子四人，長渾然，娶張氏；次沛然，國子生，娶馬氏；次渟然；次澹然。女五，長適東光馬允登，以名御史出補山東副憲觀察青州；次適故城庠生孫起鳳；次適景州光禄寺署丞蘇應旻；俱廖出。次適恩縣庠生石渠，餘未字，亦張出。孫男□女一，尚幼，俱沛然出。

余每從家侍御公悉廣川王氏先世葢與先伯都諫公爲石交，云已復締好。觀察公始獲面東臺公於長安邸中，用是覼聞頗具，觀察公名家子乎。公即識諸齠齔間，有坦腹東床之奇，卒之交相翼相而兩相成。此其識度豈尋常可涯涘哉！觀察公居恒語所知家文人功德，不肖誼不敢卒忘，兹以狀來屬志於余。余不敏，乃爲志之如右，而繼之銘。

銘曰：「瑯琊鼻祖，廣川耳孫。源深派衍，宜爾振振。謂公宦薄，五馬爲鄰。謂公中隱，望遒士紳。富貴福澤，庶幾無垠。人所槩公者，世諦浮艷之粗；我所徹公者，天常人理之真。」

萬曆十五年四月　日立。

録自原碑拓片

雜俎

題自書畫

晉楷勁勝，所謂鐵畫銀鈎也。下一解則唐初虞褚，小帶姿媚矣。余臨晉僅得唐耳。徵者亦秖買王得羊耳。是日用宋局研，方正墨，陸氏筆，惜册如東海沙魚，澁甚，不能盡所長。異日購得高句驪細薄紙，先書而後付潢人，庶幾不負大方來意也。①

深秋淫雨不止，坐雲腴凡六日，平頭薦少沈水，及煑松羅茗，差足排遣，然猶不勝宋玉悲哉蕭瑟之懷也。案間偶有高麗殘紙，是萬司馬所寄，遂潑墨作此啚。筆是□錢雞毛製，攣縮不堪轉使，因歎僕不如蘇和仲多矣。呼酒釂一梅花杯，霑醉漫題。

玉舉齋凡住浹辰，都弄筆墨自娱。此中頗有研光綾，遂爲畫數十幀。恐異日董思白先生見之不直一噓也。

青方先生訪余絳雪齋，余案頭偶畫奇石一娑，青方乃補竹二莖。竹蜿蜿成龍，似欲飛去，石則一拳頑然爾。士品妍媸如此，余安能強焉。

勝國諸公好作枯木竹石，子昂擅絕，顧定之、倪雲林亦其流亞也。本朝文徵仲、王吏部、陳道復悉具妙致，堪與勝國爲敵。余有畫癖，惜無十日功，以此不足存耳。

《泲園集》卷三

①此節文字家乘本題作「臨右軍霜寒帖正書」。

雜紀

五峰山原號大面，復名青崖，不知名號所自始。五筍造天干雲，栢樹數萬株，糾拔接葉。從山巔下瞰，簇簇如薺。牛㹀躋磵中，才如野鳧泛藻荇間，真世外一奇絕觀也。世但盛張靈巘，以鄙而論，端合在伯仲爾。

九華如簇，子瞻移作盆盎間，觀此縮天地手叚也。

西湖是几席，物顯亦有之，所謂「迭作西湖之長」是也。吾甚服膺此老，當爲黃金鑄其軀，世世祀之。

從東阿道平陰，平陰道長清，路傍亂石，歲久爲暴水所嚙，都如象馬，如初平羊。嵌空玲瓏，猶之具區太湖者，不可勝數。從來棄置，無過而覗覗者。僕下輿徘回不能去，乃知人士遇合與否，當亦如此他山也。

余新營沸上菟裘，即杜工部舊遊鵲華兩岐處。長河貫中央，銀杏一株叅天，垂柳二十餘，高可四十尺。堂齋小擬澹園，几偈差具，畸人足老此鄉矣。

《沸園集》卷三

文徵仲書

文徵仲德行醇和，故發爲手蹟，左規右矩，都從《聖教》、《脩稧》中出。吳門今乃寥寥矣。

《沸園集》卷三

祝枝山書

祝枝山初法鍾大傅，直鋒隱肉，時含篆籀于正行中，國朝無上法書也。至于草書一種，規昉懷素，遂流于高閑亞栖間，直可懸之酒肆耳。文徵仲醇和虛靚，功力造就，雅與元季子昂比肩。王雅宜溫然握璧，秋水夫蓉足擬也。

祝京兆書，今隸中時帶古隸，我朝無雙藝也。晚乃隤然自放，少違大雅。文徵仲秀逸虛和，都從晉唐變化，所謂温良在中，眉睫與之矣。王石湖風致瀟灑，王子敬、虞永興者流。祝京兆天才縱逸，不免英雄欺人。楷行步驟羲、獻，兼法鍾元常，時露篆籀于片石匹素間，方今第一手也。若草體，過自務詡顛旭、秃素，任其所如，略無繩檢。文太史虚和醇孅，覺無可疵瑕也。

祝京兆書，真一代傑作也。惜晚末流入于惡道，如高閑輩酒肆具耳。文太史規矩準繩，温良在中，毫纇與之矣。王雅宜風流楚楚，天際青霞，人間青鳳。五采失其光芒，百態掩其步作，斯人可起，余將執鞭。

《涖園集》卷三

行書石刻在來禽館。

穀城師輦至，黄花六十，色色俱足。僕報以家釀雪酒廿盛。

子愿先生墨跡，予在臨邑四載不數見。此書乃徐樹人明府所藏者也。以先生書法不可多得，親爲雙鉤寄余，並屬勒諸貞珉，俾垂久遠。因選高手上石，神采奕然，頗不失廬山真面。爲書數語，以誌緣起，且以副樹人諄諄相屬之意云。上杭莫樹椿題。

（清）道光《臨邑縣志》卷十五《金石志》

論

三學寺趙文敏書額論

余往者癸酉秋將上公車，過武定，詣兵使者劉公，就州寺憇焉。見其刹宇雄古，意必前代經營。摩娑殿前螭首，得趙文敏碑。碑是文敏筆，爲惡手摹丹失真，又刻手不佳，愈益失真，甚爲慨噫者久之。時日已西薄，又入殿禮佛已遍。禮十八羅漢，度西南壁，彷彿一大額倚墻角，閃爍有光怪。余私憶碑爲文敏書，額亦應是，亟呼燭燭之。則先覩「吴興趙孟頫題名」數字，大於巨杯。遂狂呼趣住持僧及隨從蒼頭數人，舁出臺砌諦觀，乃一竪額。竪可五尺，濶三之。額爲「三學資福禪寺」六字。字正書無行筆，莊嚴肉好，當是真臨池本色。左方上首題「功德主揚州路總管田可宜」，亦文敏書，大可棊筭許。稍下下方數寸，即所謂吴興題名。右方上首題爲「延祐七年十二月初一日，功德主棣州達魯花赤管金萬山」；稍下下方數寸，則爲「主持提點釋道成立」。二題名亦俱文敏書。上書與揚州總管式相直，下則直文敏自題名。大小書刻，俱不失真，都作黄金飾字，空青篏空，居然一巨麗偉觀也。邊匡亦渾質，不類時匠斲。余爲拂㓗塵，依依其下，若坐卧碧落碑間不忍去。已，屬住持尋問故處署置之。僧唯唯。復數年，業懸天王殿中央。

嗟乎！文敏一墨本殘蠹書，世尚寶若珍貝，而一署書巨額，金碧盪輝，爲勅賜名藍標榜，幾同中郎爨餘之物，良可悲矣！非余有翰墨嗜痂癖，則此神物者終與壞壁之泥同盡，胡覩所謂「焕若神明、頓還舊觀」者哉！此亦州一大文獻，不知從余蹤跡後十餘年，而州《志》屬余手，特爲書額之興復如此。嗟乎！彼夫韜光埋照，而世人曾不過而傍睨者，獨此額乎哉！

（清）咸豐《武定府志》卷三十一

許忠節公論

忠節公以一汝南書生起家，爲褊小邑張聲備實，寇莫敢前。卒以首功擢憲，本轄於時，天子所爲論報者不薄。已乃遮寇利津，一勝於高苑，再下德平，大捷於海豐。當時濟北數十城倚藉許公，若凶年穀玉、涸泉甘霖矣。天授豪傑適與宸濠之禍會，若夫正色罵賊，不翅顔氏二卿同烈。彼其中耿耿，蓋有以夙辦之也。

嘗聞古老之談，謂忠節一日夏納凉於江西副使邸中後軒，瀕夕倚榻臥，淚淫淫濕其夫人臂裾。夫人驚怪問故，第指堂中藻井謂：「有急可仰懸此間。」忠節業拚一死，不忸告家人故。亦復淚淫淫濕其夫人臂裾，從容一訣。默默焉桃李無言，其所謂區處死生者，及於中庸矣。豫章以節終，無棣以忠始，二方所爲報公者，第有雕俎羊豬，畫旂香火，公其翩然劃雲，披髮而下來歟。是必以李公觀察三才之詩而合聲奏之也。

（清）咸豐《武定府志》卷三十一

棣州論

自唐貞觀中置棣州於厭次，而廣袤遂定，歷代相沿，未有增益。州人劉繼先輩謂洪武初立青城縣，割我親仁鄉數里隸之，而河迤南膏腴之地始不爲我有矣。由今以觀其四境，川塗墟落、井閭郵傳之所碁布，與土産之毛，猶足稱方州之雄。然而中間瘠鹵之區十居三四，一望曠莽，海氣薄注，較之隣境麥秀油油，禾黍芃芃，桑以沃若，棗以纂纂，則直可二叅。嗚呼！北地固無火耕水耨之苦，倘力田作，無不變蒿萊爲膏壤者。乃頻年貧者，轉徙魚鹽之利，富者多挾貲貿數井之布至千百，出都城塞上，或販梨棗買舴艋，下江東逐什一，農事不講久矣。安得上之人抑其末而教導之，使知力田崇本也乎？

（清）咸豐《武定府志》卷三十一

臨邑縣志人物傳後論

論曰：司馬子長作《史記》，自敘津津其先太史公不少置。班孟堅纂《漢史》，原本家世，所稱乳穀於檡之先，詳哉其言之矣。無論古人，即近世康德涵志武功，喬景叔志耀州，各及於其先人亡諱也。乃侗於此，誠媿之焉，誠懼之焉。余邢五代以上皆有科第，稱官閥，頗世其家學。而我曾王父、世父見於「列傳」如前云。至於王父都諫公之醇德，從祖企曾氏之文學，仲父斷事公之義俠，非不確然可紀。而以親則近私，黯則近誣，吾寧置之矣。家侍御公好行仁義，著稱一鄉，老稚俱有望廬息心之風，而侗含毫不敢及，無亦二史之罪人乎。雖然蓋棺乃定，公論在人，此兩者余姑俟之矣。我大夫劉公生平無曲狥，其於人物互推再三，亦首肯可傳信無疑焉。

《邢氏家乘》卷十《藝文志二》

揭

揭帖一篇①

原任陝西行太僕寺少卿兼按察司僉事今養病致仕邢侗，爲在三義重驚聞師訃，亟願行喪以全大分至情事。職侗厠名萬曆二年進士，實出故大學士東阿于先生之門，計今且三十餘年徃矣。職自筮仕縣令，以迨爲巡鹽巡按御史、糧儲衆議，節受訓督，隨分盡職，未至敗常渝守。比時緣職親老，連疏乞歸。尋值職師以尚書予告林泉，相望三百里。職間歲一詣視穀城山中，蔬茗見欵，動以浹旬。所譚摧經史子雜、朝常國故，以及古今有韻之言，靡不臚分縷析，聞所未聞。而爔倜賴天啟牖，亦頗莫逆于心。

已而爔遭大喪，師若創鉅在身，使信慇勤，誄銘真至，藉當大事，詎難殺身。甲辰穐杪，爔抵山中展謝，師乃慰藉轉深。爔出爔近作詩文相質，過蒙極口推許，謂爔足繼衣鉢。北樓開讌，厭猒夜分。悉屏左右，謂：「余老矣。數畝薄田，盡以授緯。所積數卷書，足下異日与緯中分之。」執手叮嚀，爔不覺淚下。

師以乙巳仲穐病疝作劇，家人沾沾有請，第曰「臨邑，臨邑」。察師微指，親隱關情比于骨肉，何以加焉。屬當爔師大拜如京，倜以間道送之恩縣旅邸，明鐙杯酒，驩悰甚洽。不意相别未幾，爔師一旦溘先萎此哲人，寔社稷蒼生之慟。爔悲號啣恤，何敢專之？

竊念爔師粹德清忠，爲帝者師閱歷垂四十秊，夷夏同傾，婦孺盡服。其所應該卹謚，諸恩自有公評，爔安敢置喙？而倜有所宜自盡，而不拮据自盡，何以稱人世間？于志有之曰「心喪三年」，又曰「群居則絰」，又孔門「二三子皆絰」，則是心喪仍絰也。又曰「吊服加麻」，則非全不制服也。降而桓榮之于朱普，侯芭之于子雲，郭禹之于郭荷，皆行服行喪。鄭玄之卒，門故衰絰者卒以千人。再降而薛收輩之于王通員半千，何彦先之于王義方，皆行服治喪。降而顧德玉之于俞長孺，奉屍就家，衰絰受吊。倪瓚之于王仁輔，没爲制服，卜葬治喪。又《晉·禮志》「師服之制」，「齊衰三月」，則師原自有服也。

觽師訃至，觽瓐愴承親諱，即置木主設寢，酌古服經。親友相唁，則麻衣拜之。已，復自惟王朗之于師楊賜棄官行服，侗今無官可棄，一步不北，一息豈能自安？但侗係養病致仕四品職官，猝然入京未便朝謁，且恐人以北面之大途爲終南之捷徑。若夫易槖毁形，微行匍匐，則職猶未敢盡言。惟是觽師歸櫬有日，千里摇摇，殊艱跋涉。皇上尚遣官給驛，侗豈木石！侗已決策，預備十日乾糗，一輛芒鞵，直抵近京半程野店迎師還柩。隨孤子緯，朝則與朝，暮則與暮，沿途伴護，徐達東阿正寢，以妥靈寃。

葢緯爲當户之男，而侗自附于族衆之强丁；緯爲徒跣之孤，而侗自列于攀棺之死士，何渠而不可？不寧惟是，收拾遺編，付梨行世，侗可爲韓愈之李漢；經營墳塚，龜手樹松，侗可爲令狐茂之列徒；伐山作頌，深刻大書，侗可爲劉寬之商苞；父事激衷，起居闈闥，侗可爲王陵夫人之張蒼；世道漸波，人心叵測，侗可爲孔門之子路，兼之繇前所謂桓榮諸子，皆侗師也。吾誰欺，欺天乎？

興言至此，滴淚成血矣！夫桃李貴在不言，躬行何必出口。而侗以穴居痿頓，正恐赴義不卒。用是感慨露陳以自矜，奮用以質之。

當世主盟大人長者，俾若持券而次第齒責焉，則相成之雅寵于更生，不泯之丹揭于未死。大倫幸甚，孱侗幸甚。須至揭帖者。

①本文原無題，此爲校點者所加。

書牘

答李于田

居恒展衣禄褫，未嘗不望龍門興稽拜思焉。薄言申候，固其夙心。先生不拒門廧，斯幸矣。而遠牋鄭重，抒厥襟期。今則大使至矣，手書斐娓，損惠清珍，高秋摇落，得先生一字，不轉逭宋玉。悲乎朝綱，將不浹歲當及歸一。先生脂駕而過荒居，手摘來禽，共談名理，齊老生借與星緯占矣。外啓僅爲一廣文遊，殊不脱青氈氣。則望記曹留意，倘爲貴人先，應不直雍丘先生饞唾矣。

《沸園集》卷五

與馬綮知①

貝州片晌之晤，遂成傾倒，風流忼慨，事事次心。南郊執手，轉盼異涯，計當同此勞勞耳。何日抵楚臺，秋來安隱饒樂否？去者吴士王百谷，羣從也，今應江西舊令之辟，道出鄂城，以明公蜚聲四遠，在所望其下風，極知宦況清嚴，毫無仰沫。便塗知已爲草一二，薄號書，俾不弛擔于行李，甚盛惠也。誼烈錚錚歸之如市，如我輩人區中復幾萬，勿厭煩罵，是夫淋漓潦倒也。

《沛園集》卷五

①雜著本題作「與馬叅知年丈」。

答陳使君

病差，竊伏思玄度五月，坐氷壺飲東頭竹篠間，非天際真人，安能與此古歡乎。手畢，陟鼇滿諸雲雨天花下矣。其所獎飾不肖者，悉非不肖所得當①也。大洋圜法，庶所謂安息鑄幣如王面者。漢武之創白選，秦帝之行半兩，此猶其遺意乎。至于國錢遞減，則用九分七銖，八分五銖，七分三銖，指夷狄之有泉貨，中華佹得而經見也。所云火鼠、毛白鳩、鵁鶄石、沈水、暫香等，古里其無闕史哉。寶玩移時襲之法錦書肆中，不作舍衛城中貧子狀矣。荔枝嚼之猶是盛夏甘香，乃知販者殊腊方物暴富，不但獲三品錢。《郭孝子碑》，古隸啓今隸，堪備鄴架一班。酒以霜寒未甚，尚不能佳，容少日敬呈。

《沛園集》卷五

①由此以上部分已見本集《來禽館集》卷二十八《與阮民部》，篇題不同，此後文字亦異，故輯於此。

答錢明府①

明府頃上臺謁過郡城，郵籖鞅報也。未幾則雙舄冥冥矣。彌年期會一日，而雲雨虛無，可勝懊惱？鄭莊置驛長安郊，我乃失之四境。新詩損寄，秋水爲神，正復作几杖觀也。明府勞民胼胝，邑乃大熟，曹南萬户欲假七寶裝嚴道路，口碑實繁其侣，不第土②生矣。

《沛園集》卷五

①雜著本題作「答曹縣錢明府」。

②土，雜著本作「王」。

與張元羽①

重陽寂莫，用不律代黄花，輒成一詩，奉訙足下。泛廣川，臨高臺，手把茱萸，亦憶及白衣故人不？龍山標格，遂成千古風流。我乃自嫌掉頭紗帽側耳。吴郎尚未成行，不虞素衣爲緇乎？其丈人賞鑒擅場，携有趙子昂卷，借來一觀。

《沛園集》卷五

①雜著本題作「與張元羽丈」。

與張幼于①

得春中書，所爲弘獎者甚盛，無德以戡言。念平生末繇輸其企羡，徒讀快賦生銘，用濁酒銷之，不覺唾壺之垂缺耳。薛生英英，固知門無雜賓。𠚽授兒曹書，間一談及張先生，寒色霏霏四至，原嘗不作，朱劇云亡。千秋義俠，賴公後死。小詩奉寄，情□□箋秋行盡矣，寧無棄捐？

①雜著本題作「與吴門張幼于先生」。

《泲園集》卷五

與薛鳳儀①

日來暴下不已。昨夕復委頓，幾與傖鬼鄰矣。邢生腹如垂瓠，忽不自覺沈郎之甚潦倒。冠進賢見我縣君，腰帶遂至移孔。若乃後劇如前，則神理浸極。歸與百谷談，區區善病乃爾。南北兩高枕，差堪並伏也。

①雜著本題作「病中戲柬薛鳳儀文學」。

《泲園集》卷五

與劉明府①

明府弓如滿輪，箭如脱丸，令人有封狼居胥之想。郎君十二盤馬數回，挽强破的，將門將種，故自不凡。獲觀瞿圃，形意俱下。

《沛園集》卷五

①與，雜著本作「柬」。

答胡從治①

《經》云：「華山四方削成。」果如削成，從華陰望山際，長松才如簇薺。希夷峽突出岐路，不甚險絶。洗頭盆不中，與天女膏沐。仙人掌頳色，隱起石壁間。指掌殊不了了。

《沛園集》卷五

①雜著本題作「胡從治中丞問華山」。

與李道甫①

吾郡城西北，平湖展鏡，水芙蓉竟畝者百。町畔垂柳下拂，紅翠間雜，正如西施亭亭苧蘿邨，彼小加艷耳。第畫船簫鼓，歌扇酒鎗，不逮錢塘實境實際。未知誰爲桓文。

《沛園集》卷五

①雜著本題作「柬李道甫觀察年兄」。

與徐汝惠①

新開小沼，半壁泓然，僅堪受月。足下文魚滿盎，乞得數頭。極知珍貴，不以供左慈湧戲，厭校人饞口也。

《沛園集》卷五

①與，雜著本作「柬」。

答汪長君①

首山之鑄，體方湛盧。幾辱椎埋之手，乃登櫑具之佩。雄身匹虹，照水比雪。睠兹奇物，輒以奉答。重誼殉名，可存深古。

《沛園集》卷五

①雜著本題作「答汪司馬長君兼送古銅劍」。

與顧朗哉①

損惠良筆，極副揮染。第蒙學書作苦，日以繼夜。每坐蘭亭于簡端，兼走祕闕于毫次。抱犢之柿葉，不給零陵之緑蕉。垂盡倘能遺，玄菟以百頭。假管城而千雉，庶或供狂素之濡首，魏傅之運斤，不爾牋麻雜遝，動盈數箱。竊恐曇邨之鴟鴞，竟難籠致；柳厨之羽化，終不返兎也。

《沛園集》卷五

①雜著本題作「與顧朗哉索筆」。

與崔明府①

龍眠、尚壕兩卷，附郭生奉納，王恭作。人無長物，止此一領簟，不欲輒餉丈人，丈人應悉。恭也屬匠摹，令其加意照料，烟煤塞眼，十指如懸鎚，即拈沾作解事，人惡能辨盤礴伎倆耶。李卷真是澄心堂紙，薄如蟬翼，滑如玉版，可直老瞞臺上十片鴛鴦瓦。崔先生大善知識㝡善護持，視此兩薄蹁宜作黃金布地觀。咄嗟寒具，油來逼人，請以詛之大士前。願乞神力褫此五色闡提，令其丹粉化泥，沙紙素作椶櫚。我言不信，君其問之如來。

《沛園集》卷五

與李本寧①

王大令書《保母磚》，蘇長公書《乳母志》，要是邇時詞筆騫翥，意致沉欝，含毫吮朱，自適其適。原非有意必傳，亦非有意必不傳，片言隻字，卒堪千古。乃知少昊之簪，非美好之器；虞玩之屐，極詘黑之敝。非借二公嘉言誼行，惡能照耀史册。信乎蒼蠅用驥尾以千里，鵬鳥因扶摇而九萬。事發相重，物理爾爾，何獨人流。

①雜著本題作「與德平明府鄴下崔公」。

與陳廣野

自領送茶帖子，嗣後不奉聲問。弟以數馬衹役衡晉間，旋抵郡中，往復廿餘日。歸來營營簿領，數欲奏書門下未果，非敢一瞬相忘。政恐草猝取譏尊貴耳。向與嘉茗，入暑頼已自度。第坐中不見採芳主者，即令喉吻相遊，何若抵足深宵剌剌，就李儂家也。伯修書來，道魏博佳會，每口不佞不置耳。汪司馬志太母夫人，郵可不令侗見之。近得硬黄紙舊榻《聖教》本，足稱神物。足下連宵見斗女間紫氣乎？盖在冀分，一咲。

①雜著本題作「柬李本寧年兄」。

旬日内凡三荷垂問，千里一面矣。弟廿八出塲來奔走，竟日夕不得飽飯，委無片刻作報使者所知，幸仁兄諒之。漢巵鑪一件，即蘇文學腰鼎式，色似更翠潤。今附奉齋閣，永晝薦沈水之自銷否。

偶得榛木界方二，謹分奉棐几。此種體重而質膩，樹在郡南，即吴儂無此矣。從此相矢，吾兩人得一事必爲平分，將以永世，世金蘭耳。老虎頭今在晉州，日爲我游揚，視師公處書來，恠我不借京貴齒牙，固自一片好心。第精神勸懥，有所不暇耳。仁兄謂何如？古爵可即與去役帶來一翫，當爲足下作鼎敦牙儈，斷不作老虎頭竊《聖教》狀也。

奉仁兄初六日報書具悉，兩姪各得雋，伯母而下喜可知也。所具尚慳，夙盟伯一廼厘沾沾見謝耶。望黄門先生門闌，賀色繚繞。吴使者末緣一躧履户外，盈盈脉脉，此日更軫情耳。虎頭阿兄來此已五日，高車㠶繡，招摇吴市中，極不減豪舉。弟堇堇一往拜，一小遲署中，尚未得折簡譙集。此來殊不似居恒謔浪，想再晤，當露本色。君房比有書，微露華轉意，盖亦知已眎我耳。吉水仲兄論定矣，何但留曹郎。近遊吴城徐少叅園，廼是匏翁故址，大有致。貴邑酒蝦，風味殊絶，何日得一霑脣。

拜再信，無一不如弟所擬損饟數矣。㑹顔冒領，寔因手底乏用，一時副急，亦恃鮑叔知我貧爾。巾履寂適三小豚，圓頂方趾，服以誇賓示戚，使者所親覩，弟婦以下皆感。日飯白粲，闔門皆感，不必言鐙毬華燦。北土自未曾得計，可作十年雞上蓮花娛也。阿膠弟自合，惜不多。開化舊紙，拓《十七帖》，附一繙文事字事，天融一一幹上，付餘姚茶客。郭來二邢氓忠貇甚，南宮故黎，那得有此，此亦誠信之感也。岕茶勾中品，二觔足矣。明月峽者佳，須長興熟識輩，庶免見贋。索之老虎頭兄，半撮不寄，真是智不能驅使草木矣，笑笑。酒霜後乃澄，每歲當貢四大罍，易冬米四斛也。

念毛氂未効，媿且無郤自容，乃辱分金，隆泰滋用，不安于心。鐙毬華豔，目所未覩；白粲盈車，浮淮遠達。總之皆異寵也。年來荒頓，轉不可支缺，然稱答須之未即即土日耳。一秦復陶得之蘭州，計曹奉作緜袍。清酒二盛，差具黍味，但恐未便得至，奈何！弟劼勵，穀城一切，幾賣此身於于公之門，往來百許日，方得妥師於寢。近師母又逝，復赴劼勵，所小稽使，以此祭于師，文足當典謨，何又重之幣？具死者復生，生者不愧矣。傳述節烈，敢不如指。應詶擾擾，絶無片刻清適。明春當勉課自書諸、米，付棃齎往也。問虎頭兄索數兩岕茶，靳不予，殊笑人。弟邇日酒可飲三十小杯，飯亦健，鬒尚無一莖白者，讀書覺有味，想當有數十年活也。

答陳元瑞

六月十五日奉到尊大人書，具悉。闔眷安隱，不勝歡喜。已而使者用雅命見及，纍纍滿囊，北來箪裝何記念之厚如此。二篚，曲中流黄耶？益以八蠶之麗，千兔之鋒，東南之美盡是矣。齊東傖父，何以爲報也。行卷文豊而有骨，典具乎奇，若伯氏則不煩繩削，進乎伎矣。一代國華，足稱雙璧。更何必元方季方哉。拭目聯驁，以慰堂上。粗有不虔，極慙不類。矜恕荒陋，幸甚，幸甚！

扇甚佳，使到，賈勇書得五柄。是夜目眚大作，痛不可當。俟八月初，通寄此微事，物斷不乾没也。高句麗□太光不任書，容易他紙。足下書似眉山《文選序》，必是大書。敬拜賢兄，努力同捷。

附録

附録

傳記

陝西行太僕寺少卿邢公墓誌銘[1]

李維楨

臨邑邢氏，十世以上譜系莫傳。或曰：「周公後，封於邢，子孫因以爲氏。」而顒子昂著河間，其遠祖云：家臨邑者伯通，自許商來遷，子仲玉善形家言，得吉地以葬。生子鑑，鑑三子，政，以鄉舉知岢嵐州，邑志鄉賢[2]。政子詩[3]明經，爲博野諭，以伯子如默，贈吏科都給事中。季子如約，累善，人稱佛子，没謚之莊惠。娶於萬，以伯子子愿封御史，封孺人。

子愿名侗，士大夫率字之。皙而清揚，左眉有黑子，相者以爲文星。既長，聲如鐘，目如電，髮鬢如雲，鬚髯如戟。給事公没，父當户。督租吏誶不休，子愿發憤：「丈夫不致身青雲，乃辱其親耶？」學日勤，十四爲諸生。十七，督學使安福鄒公首録之：「異日當文名天下。」召讀書濟南司衡[4]堂，鄒公親行冠禮，東方傳爲盛事。隆慶戊辰，詔簡諸生高等，入太學，毋論年資。子愿應詔，同輩招游狹邪，不往，屏居下鍵，誦聲達旦。

庚午舉京兆，甲戌成進士，授南宮令。請於父：「若何爲政？」父曰：「吾家故温，不需若養。祓除其心，以和惠民。」子愿敬諾。之官，一切供億⑤，率取諸家。削邑市貨者籍，不復用問遺。訓咨故實，不干不犯，民有訟，悉其聰明盡之，兩造俛首無言。或摘其隱如神，他邑人争來質成。上官崇信，子愿所上爰書，皆報可。有當死而薦賄者，聲其罪，坐如率。豪奪小民，捕而正法。直指以貴人關説，欲出之，不可。獄囚凍餒，予糜予纊，無瘐死者。銓度丁口衆寡，定庸調，無或不均。土偹墾，紀農協功。冏寺馬直侵牟多端，上書主者，盡言無諱。金矢之罰以市粟，歲當二千石數，縱舍不如額，太公充以家廪。月試邑，校諸生，寒畯則給餐錢，得韓、郭兩叅知，周郡守若干人。孝廉若任給事、李侍御、閻博士，經承爲文，褎然高第。繕學宮，創文星閣，闢玉帶街，翼以兩坊，規制增勝。士通籍者相踵。月朔集父老子弟講禮讀法，申以高皇帝六條，摩厲之於義，雖窮里，躬行化誨，而奬其善者。月朝鄉長⑥，復事孝子、弟弟、順孫、貞婦，閭史累書矣，盗賊不入界，夜户不閉。南宫令特以廉令祠。

徵拜山西道御史，按河東鹽法，所部河南、山西、陝西，延袤數千里。故事：游徼捕私鹽，不滿品有罰，下得其人則繆⑦，爲私販名具獄，而諸卒代之贖。主者懲其妄，獄上必繫詣臺，赭衣彌道，十無一生。子愿罷無逮，活數千人。既得代，羨課贖鍰累萬，一無所取。盖余後二十年入晉，晉人猶誦説不置。所舉方面有司數十百人，往往受謝，子愿不内⑧一牘。已按三吴，雲間大盗張邦陵以海爲穴，衡行二十年，磔而尸之市，而檄散其餘黨。有三重囚當行戮，抗章乞宥，駁者謂市恩，奪奉三月。子愿喜：「吾以三月奉全三人命，所得多矣。」歲荒，便宜開賑而後上聞，民無轉徙，所過焚香祝之。遷湖廣叅議，行笥財十金，吴綾二匹耳。在湖廣攝藩篆，職督儲，不急催科，而杜諸輸賦利竇殆盡。漕艘之行也，敕材官勿苛諸卒。有以氷簟獻者，斥之。兩渡淮，已於事則歸覲兩尊人，不携楚方物。

二年，擢陝西行太僕少卿。而念兩尊人老，遂移病自免，三上得請，時年方三十餘也。朝莫⑨視寢膳，如嬰孺不離側，而市五方之珍雜進之。父病，藥必親嘗，夜擗心呼天：「作人如父，守固不偷，節度不携，德足以昭馨香，惠足以同民人，天顧降割耶？」坐醫其傍，而身立侍，唇燥則舌潤之，息微則鼻通之，大小遺則手受之，忘食忘寐，疲極或仆地。母視而驚：「兩老人即死，有若在。若柰何先自斃？」對曰：「兒殊不覺至此。迫欲安父，且安母耳。」六戚問疾者見其狀，嘖嘖孝子。父瘳，母憶大女在齊河，命子愿省之⑩，而母忽病。子愿聞耗，天已暝，策馬馳，從者請須見星，弗顧，昏夜呼邑門而入，長跽母前，謝死罪，反首搶地，禱於天。徵名醫五六曹診療，百物唯其可者，無弗趨也，卒不起。自恨，頭觸壁，啼無聲，水不下咽，三日幾死。父亦弗善也，稍稍啜粥，杖而起。

其後父耄耋，子愿大會父老，率群從子姓上書⑪，歌舞選具，通國人若四達⑫賓客，分日展慶，盡月而罷。比卒，子愿五十，始衰，哭泣過哀，經歲不處内。里俗：隣有喪，惟弔與送。至是相議葬者，佛子也。葬佛子者，孝子也。禮宜加等，助之纏披、帷荒、楮紐、翣綏之屬，采飾顯明，文章比象，蓋建邑以來未有。屆期，環齊魯境儭舍來觀，累數萬人。始見諸下里物，駭嘆歡笑；已見子愿骨立墨面泣血，則皆惻然，淚淫淫濡其廁足處。前母趙葬且六十年，舁以祔，而更美棺，奉六珈[13]揄翟以殉。廬墓期年，封樹悉經其手，華表蹕域，弘壯無二。歲時之奠，哀如初喪。邑博士弟子稱其孝，白上官，子愿謝之：「人子用親取名，罪也。」事乃已。

子愿兩弟，童年相好無尤，仕宦或遺衣若諸器爲二械，實精麗者其中貽弟。而父以食指繁，強析箸，然得美食，必召與俱。嘗季弟送其姊之遼左，而妾范病，遣婢子問候消息，屬婦趙製含襚，而以所藏美櫝殮之。從子王道故同舉於鄉，王業爲儒官，兩人死，附身附槨，事與綜理。王庭之母與因母若王寵婦如之。道有子[14]，固能詩，與倡和，游揚其名，延師訓業。子廓爲茂才，館王庭於塾，經紀其家。婦卒，更爲繼。從父有息女，擇婿而厚裝送之。女兄女弟，適德平二郭而孀，每单騎存問其家，割名田以共生口。而爲郭孝廉覓得快婿，裨其奩資。元配陳孺人少失怙，萬孺人迎以爲女，笄而婚。佐夫學與仕以勤儉[15]，事尊章以孝，御臧獲以嚴，處後先姻黨以睦，育女子以義方。既卒，不忍置適，而父母謂宗子無無宗婦者，子女少，未婚嫁，不可但已，因有今趙孺人。趙孺人善視諸子女，當子愿意。而陳公無後，伏臘爲位以祭。有從弟從子，賴以舉火。婿尹功懋有父喪，少釁於難，坐其庭中以勸綏謗言。已復有操戈者，勢甚張，子愿婉劑之，其人愧，釋憾⑯。今功懋行三年喪，如喪考妣焉。婿史高先亦以父喪受侮，覆露之而勉之學。既舉進士，傷陳孺人不逮見也。

其於師，若前鄒公，爲主祀於家，祭必齋如，終其身。座主東阿于文定里居，歲一往候之。文定恒語人：「子愿君子，世無知者。」意盛⑰不平。既相，子愿餞之境上，祝曰：「天下人才何限，吾師翕受敷施，無以小子示天下私。」甫入朝，遽卒。跋涉霜雪，迎喪都門之外。抵東阿，酬酢弔賓，贊其任子⑱内史緯。請謚請卹，請祀學宮，禮使臣之將命者，任子受成而已⑲。嘗女季弟女，因以字任子子⑳。葬日，執紼涙如縻，衆咸嗟異。而爲碑，手書之，號「二絶」。

其於友，若棗强南令，同榜稔交也。南卒，督學使方按南宫校士，子愿請急爲治後事。學使曰：「君行古人高誼，吾當下拜。」至棗强南子居，益甫齓，篋僅三十金，陽付老蒼頭去，以杜窺伺，而捐累月奉爲費。後李于鱗先生者踣弊不振，言諸孫中丞，購故白雪樓以居，置田贍之㉑。德平太史葛公卒，屬禹城楊公以女女其孤。海寧陳給事亦同榜相善，晚節敗名，而作惡者以殊死誣其子，力與之雪㉒。

其於教後進，因體能㉓質而利之成名者衆，方伯李徽猷㉔其尤也。爰有「邢太師」之號。李昌期、劉弘光兩生才，俾與子同筆研書，而賻其親喪。張心傳、李悏、徐方、羅錦、呂大丁、馬君來、夏祥、張鉉、李惠、李愫、朱西㉕，或爲之殯母，若妻若身，或爲之愁庇，或爲之辦裝，或爲之先游延譽，不可勝數。

鄉有相者劉浮光㉖，死而葬之，題其墓，寒食必酹酒焉。有置孩溺贅㉗者，拾爲家幹徐三從子，而月賦之粟。歲饑，傾囷篚以賑，上書蠲租。邑長吏懼負課，督如故，正色極諫，寧失其歡。已苦旱蝗，走白中丞黄公，調穀振貸。邑爲他邑代養二馬，奏記當路，罷其征。西第南北兩門中爲弄，販夫販婦，知邢氏父子不摧㉘直，肩摩求售。所爲來禽館者，與衆共之，不加筦籥。郭外緗㉙花園亦然。丐者接跡，與金與粟，皆饜所欲㉚。田舍翁引上坐，同案食。途遇少年無賴，避不見，揖與言。或嫌太縛絀，指其腹曰：「是空洞猶江海爲百谷王，何所不容？」之隣國，帷裳垢敝，老稚争趨擁，願識邢大人何狀，下與立談。所經逆旅主人，瓦盆草具，對之不厭。邑賈氏女，未行，以死從夫，亟臨其喪，上臺司旌門。凡人一言一行之善，稱不去口。童僕有過，厲聲色訶詰，不輕箠楚，須臾霽矣。寄逕宋，或竊其冠以逃，邏者大索，戒勿推，宋太宰服其量。知隸人門志路之竊金而不言也。門尋病，使人問之，左右掩口：「盜固當病，何問爲？」子愿愀然：「是事我久，柰何令受穢名以没？」隸農得盜粟者，東詣吏趣貰之。楚有童子，試而挾書，三木囊頭，子愿語部使者：「壹赦幼弱。」脱其械。人有中冓之言，不答，無已則叱去：「胡不畏釋氏犁舌獄。」泰山行宮之毁也，邑子端松募繕，介而詣邑令欒公，通力合作，而表松門爲善士，死則會葬，爲傳其事。廟祀關壯穆邑西偏，有靈應，邑人廩廩，釋回增美焉。子愿服食器用，質而雅，儉而易求，絶不爲奇，曰：「奇生怪，怪生無常，是産禍也。」

文法兩漢、六朝，間及周秦。詩具諸體，不名一家。劇字琢句，務極新藻。篝燈擁衾，沉吟不輟，覺所未安，起而更之，草凡十數易。有《集》行世。《臨邑》、《南宫》志，事核而文，無曲筆，人以比康武功、顔隨州、童沔陽、郭江夏。倭事起，畫便宜十許條，萬開府、許給事嘆曰：「先軫有謀，胥臣多聞，子愿兼之矣。」語具《集》中。

書法鍾、王、虞、褚、顛米、禿素，而深得右軍神體㉛，觀者造次殆不辨。畫則入黄、趙、董、馬堂奥。家有《澄清堂》、《黄庭》、《蘭亭》諸帖，雲中君、王右軍、杜子美㉜象，子瞻枯木，子昂墨竹，所最㉝瑩精，故舉筆往往類之㉞，極爲海内所珍。辛亥春，上語内豎以邢某字扇進覽，偶得之某黄門所，上欣賞，命女史學其書㉟。邢司馬平倭至高勾麗，有李狀元妻託致書子愿，願爲弟子，恨左衽不齒中華耳。朱宗㊱（伯出使，從人適携其字二幅，購之黄金同價。琉球使者入貢，願少留，買邢書去。自李于鱗後，天下士奔走弇州、太函，子愿晚起鼎立。

性復喜客，客來致餼授館，多至十百人，遠至經歲。房燕殽蒸，終承權輿。别則計道里具資斧。昔者齊衣冠之會，垂橐而入，稇載而出，然施惠如出，責子愿所羞也。好茗飲品第，江南人所餽，有鴻漸、魯望之致。家釀清絶，其名寖盛求者塞路，所取給惟吉貝無他物。歲比不收，太公私濟之。既分諸弟，入日薄，不足更費。晚年客益填委，書畫外酬幣宴貨鮮矣。對酒談謔鋒起，三教九流，直能端辨之，博能上下。比之窮，日夕應答）無舛迕，坐立無欠伸，年垂六十，目無纖翳，燈下蠅頭書不爽黍杪，齒利噉堅，步履矯健，游客言邢先生精神包身，文史滿腹，異人也。

初爲御史，夷陵王篆慕名，以子同社人制義，請子愿序爲重。忌者乃生之言抑之，久而論定，是夫也，不援而進，不阿而退。臺司以下，高其誼，或迂道往訪，如見卧龍、鳳雛，推轂于朝，章十數上。陳文憲修國史，議以子愿及二三儒碩載筆，會卒不果。王元美、郭美命、屠長卿、焦弱侯、趙夢白、馮元敏極所推許。黄司馬撫山東十二年，尉薦殷勤甚倫，高孩之尊爲海内一人，靳爾時顔其廬「一代龍門」云。

子愿故壯無疾，而陳孺人遺長子王瑞有美才，死，無子，哀傷踰年，遂病，四十日，神不亂。既革，援筆書曰：「天高水長，學則如此，止惟五峰小圃未成，西漢書未爛耳。」子更請，卒無一語，自理襟帶，正容端坐而瞑。其夕陰雲四起，烈風雷雨，俄而天鼓鳴。逾日，顔若生。趙孺人夢子愿作道人像，從竈觚出，躡五色雲，皷吹擁道而升。歲在萬曆壬子四月二十有七日，距生嘉靖辛亥十有一月二十有六日，年六十有二㊲。元配陳孺人，蘭陽主簿公完女；繼趙孺人，平原太醫吏目公熠女，按察使公焞姪也。五子，一曰王瑞，廩生，娶副都御史馬公九德子禹州判官公兆明女；二曰王稱，庠生，側㊳室馮出，娶德平尚寶葛公昕女，太子少保左都御史端肅公守禮曾孫、進士户部主事如麟公女弟也；三曰王藹，庠生，趙出，娶思州太守殷公盤女，少保大學士文莊公士儋孫也；四曰王桓，郡庠生，與稱同出，娶平原刑部侍郎宋公仕女；五曰王嘉，與藹同出，未聘。女五人，一適齊河元戎尹公秉衡子、指揮僉事功懋，一適禹城給事楊公士鴻子、太學生燾，一適樂陵憲副史公邦直子、湖廣襄陽太守高先，俱陳出；一適同邑副使王公再聘子、庠生鍾恒，一字新城太子太保兵部尚書王公象乾子與定，俱趙出。嗣女，一字東阿禮部尚書大學士于文定公孫、今中書舍人緯子官，生元煐，即前所云女季弟女者。孫男一，琚；孫女二，一王藹出，一王桓出，俱幼。

余長子愿五歲，而才行遠遜之。子愿引爲知己，病時猶呼余不置。仲子臚列行事萬餘言，與史襄陽叅稽之，以屬余志。余文不中子愿，衙官亦愧謝其子若壻，然何可辭。

銘曰：「嘉隆中興，作者七子。歷下李君，實執牛耳。白雪聲希，高樓尋圯。中原靈氣，垂欲盡矣。東阿益都，相紹而起。介先後間，邢子愿氏。雖則師友，而名過之。英英繡虎，粲粲色絲。旁及書畫，冠絶當時。無翼而飛，無脛而馳。人所曹好，君所勤施。以被九州，以嫮四夷。較李于馮，蓋未曾有。其才誠美，其德良厚。其事親孝，其字弟友。廉而能平，毅而能受。和而能辨，坦而能守。譽之不矜，毁之不醜。可藐三公，可羣匹夫。死生貴賤，久要靡渝。與俗俛仰，與道隆汚。與物應迹，與天爲徒。生也非偶，没也非無。若升佛地，若陟仙都。泰山巖巖，爲君之象。東海泱泱，爲君之量。金石竹帛，斯文未喪。尸祝俎豆，遠邇相望。猗與子愿，孰者克尚。容棺一邱，是無盡藏。」

賜進士出身通奉大夫陝西布政使司右布政使兼按察司僉事予告前兩任浙江山西按察使七任江西河南四川山西陝西左右叅政五奉勑提督陝西學政整飭江北河西洮岷兵備督理山西糧儲翰林院修撰國史官京山友人李維楨譔。

（明）李維楨《大泌山房集》卷七十九（明萬曆三十九年刻本。按：此本所收此文殘缺較多，據民國元年續修《邢氏家乘》本校補）。

①篇題家乘本作「明中順大夫陝西行太僕寺少卿知吾邢公墓誌銘」。

②鄉賢，家乘本作「有傳」。

③詩，家乘本作「溥以」。

④司衡，家乘本作「至公」。

⑤億，家乘本作「儀」。

⑥長，家乘本作「老」。

⑦繆，家乘本作「謬」。

⑧內，家乘本作「納」，通。

⑨莫，家乘本作「暮」，通。

⑩「母憶」句，家乘本作「子愿乃顧大女于齊河」。

⑪子姓上書，家乘本作「子姪上壽」。

⑫達，家乘本作「遠」。

⑬六珈，家乘本作「珈笄」。
⑭因母若王寵婦如之道有子，家乘本作「道子固婦亦如之」。
⑮儉，家乘本無。
⑯釋憾，家乘本無。
⑰盛，家乘本作「甚」。
⑱任子，家乘本作「家嗣」。
⑲任子受成而已，家乘本無。
⑳任子子，家乘本作「内史子元熯」。
㉑之，家乘本無。
㉒「海寧陈給事……力與之雪」句，家乘本無。
㉓能，家乘本作「相」。
㉔李徽猷，家乘本作「李公徽猷」。
㉕「爰有『邢太師』之號……朱西」句，家乘本作「取劉宏光、李應期兩生才，俾與子同筆研而賻其親喪。士紳如某某等，小人如羅錦等」。
㉖鄉有相者劉浮光，家乘本作「其于鄉，若相者劉」。
㉗贊，家乘本作「攢」。
㉘摧，家乘本作「榷」。
㉙郭外緗，家乘本作「濟上湘」。
㉚皆厭所欲，家乘本作「若飲河皆滿其腹」。

㉛體，家乘本作「髓」。
㉜杜子美，家乘本無。
㉝最，家乘本作「取」。
㉞類，家乘本作「肖」。
㉟此處家乘本有「隨置以圖記」句。
㊱「朱宗」以下至「無舛迕」，其間文字原本殘闕，據家乘本補。
㊲此處家乘本有「没三歲，督學吴公特檄祀鄉賢」句。
㊳「側」字以下至文末文字原本殘闕，據家乘本補。

祭邢子愿

李維楨

余以公登第之年知公，以公枲藩之年交公，蓋四十年矣。寸人不知其所由合，而膠漆苧縞，針芥金蘭，可方古人。己酉秋，余因急難解官，問舟東下，迂路而謁公里第，三日夜始别。公餞之中道，風霜袭袂，村鷄啼曙，依依不忍去。昔公少年姣好，至是肌革豐盈，鬚髯尺許，如拂馬肝石。而嘆余已龍鍾，謂當先作泉臺主人。既羇旅白門，書疏往返以十數。舊年公喪伯子，覺不勝哀，今年公書來，謂某公品題詞場，「以邢生與李君並，煩足下墓志中入此論，死有餘榮」。私怪言何不祥，而詎意其爲永訣語耶！

公詞翰雙美，鷹揚虎視於江河之北。好客下士，其門如市，天下人稔知之。其居官獨持風裁。吴兒善轣轆，欺人莫之熒惑，吴俗紛華靡麗，一無所染。理鹽政河東，捐萬金不顧。督漕於楚，釐除苛政，垂久遠利。爲南宫令，去後見思，天下不盡悉也。

太公家饒益而好施，又聽公施。與諸子析箸，家督居薄，客以平昔意氣望公，公無以望客之腹。衣冠滿座，濁酒噉麵，與之書一紙、詩一章，或小畫一幀而已。詩不恒作，畫尤不易得。惟八行書，貴於南金，即朝鮮諸國争購之。而公貧日益，所搆黎丘園，頹垣破椽，鞠爲茅草。子女婚嫁，事繁取給，麥與木綿，往往聽命于歲，不足用流。移見公出，擁輿而啼，極知公亡何有。然舍公将安仗，蹙然沉吟，爲貸質以資之，天下不悉也。

于相國可遠檢鏡所歸。往余過東阿，相國正病坐，余床頭慷慨言，世有兩賢負俗之議，每用扼擥，君與子愿是也。君肝腸在舌，口不擇言，雜以謔浪。人短君浮薄倨傲，無妨大致。若子愿，乃誣其失節，寃甚矣！子愿自以治行高第拜御史，于王夷陵何與？夷陵慕子愿才名，以其子舉業丐之延譽，且不直夷陵子也，所請不直子愿也。與子愿同臺爲夷陵奔走交者自有人，柰何以子愿同類並觀乎？陳大丘弔張讓，狄梁公與武氏決賭，程明道爲條例不損賢聲，子愿竟廢。夫子愿孝弟廉讓，君子也。吾不阿私所好，公之心行，晚年少白于賢士大夫，諸談鄒魯人才者，率推轂之。天忽降割，抑何故哉？

公病四十日，恃其壯，庸醫以利下藥治，遂革。大呼：「海内知己，惟李本寧一人！」嗟乎！知則知矣，何補公生前，何益公身後？悲憤之極，爲文祭公，涕泗哽噎。如可贖兮，人百其身。「民今方殆，視天夢夢。」爲此詩者，先得我心。公事可遠有服勤至死之義，地下周旋，定不苦寂寂耳。

邢子愿先生傳

（明）李維楨《大泌山房集》卷一百十六

黄克纘

邢子愿，名侗，濟南臨邑人。曷爲稱字？賢也！賢不可名。故齊之三尺童子，皆知有子愿先生云。邢之先出於周公，在左氏《傳》，富辰之言曰：「凡蔣邢茅胙祭，周公之允也。」《春秋》書城邢，書「邢遷于夷儀」，凡數見於經。厥後子孫遂盛於河間，鄚鄚子昂其遠祖也。自許商遷于臨邑，則自伯通始。伯通子仲玉，習青烏家書，獲吉地以葬。生子鑑；鑑生政，以鄉舉知嵩嵐州，有宦蹟；生子溥，舉明經，爲博野教諭，以子如默貴，贈吏科都給事中；生三子，其季如約，封監察御史，卽子愿父也。

子愿夙稟靈慧，家多藏書，年十四已能盡讀，補博士弟子員。十七試於督學安福鄒公，文第一，召至濟南讀書，爲親行冠禮，齊中以爲美談。穆宗卽位，詔選天下髦士，縣一人貢太學。子愿應詔至京，盡友天下士。學日益博，文日益有名。

庚午舉于京，甲戌成進士，授南宫令。邑當燕齊之郊，雞犬之聲相聞。君治邑如家，廩食囊衣，悉自家中具之，不以煩邑人。小大之獄，察之必以情。鄰邑有訟久不能決，得君片言而決。至于法無可貸者，雖權貴居間，上官示意，不少徇也。贖金盡市粟，以備荒年。稍有餘羨，即以修學宮，周寒士，歲課月試，供給賞勞甚豊。於諸生中得韓方伯策、郭叅知士吉，其登科第者相繼不絶。以卓異徵拜監察御史，出按河東鹺政。所部秦晉中州，地甚廣遠，鹺禁故嚴，州縣游徼，捕不及格，往往以其人抵，罪械赴臺，疲于奔命。子愿戒勿逮，始免道斃云。使回贖鍰，無所取報，謝無所受。一時以柱下惠文按部者，咸服其廉。已按三吴，精察練達，舞文者無所售其奸。雲間大盗張邦陵，雄據海上，出没波濤斥鹵間，爲民害。君設方畧，令所司擒斬之，懸于市，遂解散其餘黨，民賴以安。

先是，權貴子有鹿蒙虎皮、欲鬻餘技以欺世者，多引名士以爲重。同年某御史素重子愿，遂列名評隲中，子愿不知也。至是權貴敗，銓部引繩批根，凡與其子遊者俱罷官。而子愿以跡素疎逖，得外轉楚藩叅議。子愿不之白，怡然之官。督漕粟至淮上，往返風濤中二年，艱險萬狀。猶以前事轉陜西行太僕寺少卿，時年僅三十餘耳。

私念二尊人春秋高，不欲遠離，乃乞身歸養。朝夕承歡，四方珍膳無不畢致。一日，之齊河視其大女，忽聞母病，時已昏夜，從者請俟星月。君策馬馳百里，呼城門而入，長跽請罪，謂：「兒不朝夕膝下，致母有此疾！」及醫藥救療，百計不效，至于大故。擗踊泣血，勺飲不入口者數日。父自以意寛譬之，乃稍稍啜粥，杖而後起，人稱篤孝。

父年大耋，猶康强無恙。子愿每歲大會親戚鄉黨，率子姪稱觴上壽。徵歌舞，開筵讌，旬日乃罷。或病其過侈，曰：「吾親耄矣，苟可博一日之歡，雖傾家爲樂，寧有愛乎？」父年九十餘下世，哀毁如喪母，啟前母趙孺人柩及母萬孺人同葬。送者數千人。堂坊壞廈之築，旌旐蔞翣之觀，埏隧華表之樹，堅固輝煌，惟力是視。齊魯觀者嘖嘖謂：「今日始見仁人孝子之葬其親也！」

天性友愛，衣服飲食，有無美惡，與二弟共之。雖羣從兄弟及姑姊妹之子，視之亦如同産。爲治奩擇壻，嫁小功姪一人，嫁妹之孤女一人；理衾槥殮從嫂二人；殮從姪孝廉一人；爲從姪擇配具聘禮者二人。又與當道書乞贖白雪樓，而爲李于鱗立後。其高誼真可以風薄俗而激頹波矣！至如劉浮光者，以相人之術來依子愿父，非有許負之能，不過窮而無所歸者耳。子愿乃館穀之終身，憐其死而無後，每遇寒食，輒令家僮携雞酒往祭其墓。若是者，徒念其曾爲父客，餒之是忘父也。公孫對食于故人，君卿供養乎吕公，古今一揆，而子愿仁孝，殆遠過之矣。

子愿夙以古文詞鳴，最熟太史公、班孟堅，晚乃馳騁於東漢、晉宋間，好作駢儷語。一時操觚之士于大江以北咸推子愿狎主齊盟。詩則出入李、杜、王、岑，高古典雅，每每工而拙。用之于鱗之後，君爲代興。余時與唱和，每詩筒至，輒私念此中有佳句，如尹婕妤望見邢夫人，自痛其不如也。臨池之美，上下晉、唐、宋、元，而尤工二王法。四方以佳箋名箋求書者，常置案几。子愿興至，爲一揮洒之。其精工斐亹，焕若神明，雜之閣帖真蹟中，殆不可復辨。此品當爲第一。小楷臨米，似拙而媚；掛壁書多臨大令，而時雜用米體。今世書法，類稱「邢董」，然董僅工方寸行書，其餘諸體不能及也。畫則僅倣子昂草石聊以自適，餘非所長，去董元宰遠矣。

子愿素寡疾，因長子王瑞才而早夭，思念成疾患，秘結醫者，驟以利劑投之，取快一時。余在濟南聞之，曰：「噫！子愿已矣！姚僧坦之言曾不聞乎？」逾半月訃至。死之日，海内知與不知，皆爲泣下。時方爲余作《城安德記》，遂爲絶筆云。

黄某曰：「世但知子愿文章翰墨之美，不知其篤于人倫，厚于故舊，行誼甚高，雖古人不能及也。余宦齊十五年，與子愿會者屢矣。相見唯評隲古今，商搉文藝，時或爲地方求賑、爲賢士先容，此外無一語及他事也。」

子愿有木綿二十餘頃，所入盡以供客。客去頗有贈遺，最後贈以字一幅、箑一二握而已。人以文藝富，而子愿以文藝貧。其門人李徽猷、子壻史高先、子王稱等撰其行列，語皆實事，非苟溢美而已。余又聞邢大司馬從朝鮮歸，彼國閨秀曾介之求子愿文翰。昔白傅詩篇，雞林賈爭市；蕭子雲筆蹟，高麗使望舟拜求，不謂子愿詞翰乃爲外國婦人女子珍愛。噫！名盛矣！不令他美俱爲所掩乎？惟焦弱侯之言曰：「吾鄉子愿，禮義之宗也。」噫！舍其小而取其大，世之深知子愿者，其在斯人乎，其在斯人乎！

祭少卿邢子愿

黃克纘

嗚呼！惟上天之生才兮，歷數百年而一見。人才之有大小兮，若九州之有郡縣。余遍觀于斯世兮，莫吾子之能先。蓋弱冠而拔俊於黌序兮，入辟雍而友俊彦。世紛紛其多才兮，覩子文而心戰。掇高科於拾芥兮，聽臚傳于金殿。宰帝畿之劇邑兮，登循吏之列傳。入持憲于西臺金石爲肝兮，鐵以爲面。西按兩河而南按三吴兮，每求瘼而審讞。既才美之見憐兮，亦招妬而蒙譴。倏叅藩而冏寺兮，若韓大夫之失寵。益徙屯于荒甸念雙親之垂白兮，阻冬温與夏扇。遂解組以歸來兮，益覃經于黃卷。

經有蒐而必窮兮，史有畋而必徧。發性靈于篇章兮，備古雅與菊蒨。若兩漢之沉雄兮，若六朝之綺練。若風雅之温厚兮，若盛唐之宛變。若金石之和鳴兮，若干莫之精鍊。彼七子之高才兮，互標榜以自炫。其高或與子相伯仲兮，其下者當却步而色變。

若乃怡情於羊欣之裙，適興于張芝之絹，近則米氏父子，遠則王氏羲獻，無不窮其骨髓，盡其笑諺，形神俱得，嫣然一盼。大江南北，誰不興羡？京兆無光，玉堂失衒。勒高文於豐碑，比綵筆于如椽。誠當今之寡二，爲一代之獨擅。

某從東來，始識蘧瑗，多君孝友之行，美君幼婦之撰。時或下榻，時或飲讌，我以君爲嶧陽孤桐，君以我爲東南竹箭。近讀君所撰筑城之碑，方謂君苗當焚其筆硯。天豈虐生乎此人，方草疏而上薦。而君固已下厭濁世，騎星辰而鞭雷電。嗚呼！世寧復有斯人乎，使我淫淫而淚濺。聞君疾猶可爲兮，爲庸醫誤投于一煎。豈天意亦妬才兮，故令等毒藥于肴膳！

余方移官于金陵兮，聊爲文以致奠。傾明湖之水不足以寫恨兮，增余衷之悁悁。寄生芻之一束兮，焚沉香之一瓣。嗟余腸之九迴兮，君豈能起而食予之饌！

（明）黄克纘《數馬集》卷五十一

明中順大夫陝西行太僕寺少卿知吾邢公墓道碑銘

馮時可

徃邢子愿以甲戌成進士，余聞其出，而與司禮馮保相值于道。保時負上寵，氣勢赫然，從者驅公馬使避。公大聲曰：「余山東邢侗，豈畏人者！吾將吗諸天閽。」保卒讓路而去，舉朝以爲快。萬曆乙巳冬，余以待補詣燕道廣川，值河冰不得前，館于馬氏。子愿乃自臨邑馳百里至廣川，冠服修謁，謂余曰：「余甚敬公，自家卽冠服矣。」余留之，飲至半夜，子愿曰：「余自今與公爲碩交矣，後死者請爲銘。」是時有張仲儀者，集晉陵王徵君穉登、雲杜李方伯維楨、雲間董學憲其昌，及公與不肖時可，類其詩曰「中興五子詩」，使余爲贊。余固謝不從，曰：「生平耻以文名，又耻以文黨，寧孤君雅意。」適子愿來，躍然曰：「是余志也。函之良久，子之來，天贊耶？徼天之靈，與子刑牲相要，無紫蘭青松是剪。」余唯唯。竊謂人生大塊，稟稊米而空野馬耳。故以形處，則萍浮在水；以神交，則龍合在天。是故家懷同氣，國懷同志。同氣本親，同志本天。志爲文章，天所殊，天所聯也。假以不馭之權，羣諸不朽之囿。橐鑰遞傳，谷鐘遥應。冰壺相映于千秋，明月相通于萬里，壎箎琴瑟豈顧問哉，遂爲《五子贊》。公旣梓而傳之矣，遂邀余至臨邑。初館余于南園，後館余于家之後舍，凡一月。子愿酒甚美，肴甚佳，集四方之饌以享余，余不能當也。是歲，余在其家度除巳，而赴黄中丞紹夫之召，則初春也。歸而復過其家，則送余于椒園，握手涕零，不能爲別。旣余走燕京，補官廣東，子愿復走使爲送。是時信使不絶，未嘗不誇其齒髮之無恙。壬子，余將入賀，擬復過其家，中道遇黄中丞，始知其没于四月二十七日。遂與中丞相泣。又數年，而得銘其墓。甚矣！余之辠也。

按邢氏十世以上譜系莫傳，或曰：「周公後封于邢，子孫因爲氏。」而遠祖顒子昂著河間，迨伯通自許商來，遷臨邑。子仲玉得吉地以葬，生子鑑，有三子，政，以鄉舉知岢嵐州。政子溥，起明經爲博野諭。伯子如默，爲吏科都給事中，贈博野諭，如其官。季子如約，好行其德，稱佛子，士民尊之，私謚「莊惠」，余曾爲《碑記》；以子愿貴，封御史，娶于萬，而生子愿，萬封孺人。

子愿名侗，美皙清揚，左眉有黑子，相者以爲文星。旣長，聲如鐘，目如電，髮鬢如雲，鬚髯如戟。給事公没，父當户，爲督租吏辱。子愿憤曰：「丈夫不能榮其親，而以親辱耶？」益勤學無間日。十四入庠；十七，督學使安福鄒公奇之曰：「是天下才也。」召讀書于其堂，爲親行冠禮。隆慶戊辰，以諸生高等入成均，下鍵誦讀，足絶俠邪。庚午，舉京兆；甲戌成進士，受南宫令。益自祓除其心，以愛民爲主，罷一切供億，所用悉自家餉。民有訟，片言決斷，兩造咸服，稱爲神明。上官才之，兼令決旁邑訟。所上爰書，文無害。以賄干者，聲其罪，坐如率。豪奪小民，以三尺繩之無貸。直指欲出之，執不可恤。因親給糜饘，無一庾。銓度丁口，定庸調甚均。土無不墾，冏寺馬直多侵牟，上書悉蠲其弊，金矢之罰，悉以市穀二千石責之，輒充以家廩。月試諸生，自備饔飧，寒畯仍周之。所得名士，應舉者甚多。繕學宫，創文星閣，闢玉帶街，翼以兩坊。士通籍者，由兹相踵，申講高皇帝六條，旌善、癉惡、孝友、任恤之風行焉。邑無吠厖，外户不閉。以廉吏高第徵拜御史，按河東鹽法，所部數千里。故事游徼捕私鹽，不滿品有罰。不得其人，嘗謬舉其名，而諸卒代之贖。主者懲其妄，獄上必繫，詣臺十無一生。公令罷無逮，活數千人。既得代，羨庫贖鍰累萬，一無所取。所舉方面有司謝儀悉不納，亦不開其牘。方按河東鹾，會所善林侍御亦按長蘆鹾。濟南賈因懷重貲詣子愿，乞齒牙。公曰：「東西使者交關，何異自授？」力謝去賈。已按三吴，雲間大盗張邦陵，以海爲穴，衡行無忌。公磔尸之市，檄散其餘黨。爲宥三重囚奪俸三月，公喜曰：「吾以三月俸全三命，所得侈矣。」歲荒，便宜開賑而後上，民無轉徙。遷湖廣叅議，行笥僅十金，吴綾二匹耳。在湖廣攝藩篆，職督儲，緩催科，革諸弊竇殆盡。及汎漕艘，勑材官勿苛。諸卒有以氷簟獻者，斥之。兩渡淮，已于事歸覲兩尊人，不携楚方物。二年，擢陝西行太僕少卿，因移病自免，三上得請。時年方三十餘耳。

朝暮視寢膳，不離二親側，極力市五方珍進之。父病立侍，唇燥以舌潤，息微以鼻通，大小遺必手受之。忘食忘寐，疲極或仆地。六親問疾者，嘖嘖稱孝子。父瘳，母忽病，子愿時顧大女于齊河，聞耗星夜言旋，長跽母前請死罪。反首搶地禱于天，百計醫禱勿效，母終。頭觸壁，哭如壞牆，水不下咽，三日幾死。父弗善也，稍稍啜粥，杖而起。

其後父耄耋，子愿大會父老子姓上壽，通國人四遠賓客分日展慶，盡月而罷。比卒，子愿已五十，哭泣過哀，經歲不處内。里黨感其至孝，助之纏被、帷荒、褚組、翣綏之屬。環齊魯境來弔數萬人，見子愿骨立，墨面泣血，莫不爲□□前母趙葬且六十年，舁以柎，而更美棺，奉珈笄褕翟以殉。廬墓，手自封樹，歲時之奠，哀如初喪。邑博士弟子以白上官，子愿固謝曰：「人子忍以親取名耶！」

子愿兩弟，一生相好無尤。所得精麗，必貽弟。父以食指繁，强析箸，然得美食必致之。季弟送其姊之遼左，而妾范病，遺婢子問候及終，以所藏美櫝殮之。從子王道同舉于鄉，王業爲儒官，兩人死，棺槨咸與綜理。王庭之母，道子固婦，亦如之。固能詩，不吝游揚，延師訓業。子廓爲茂才，館王庭于塾，經紀其家，婦卒，更爲繼。從兄[1]有息女，擇婿而厚裝送之。女兄女弟，適德平二郭而孀，每存問其家，割各田以共生口。爲郭孝廉覔得快壻，助其奩資。元配陳孺人少失怙，萬孺人迎以爲女，笄而婚。佐夫學仕，處家教子，無不殫心。既卒，不忍置適，人咸謂宗子無無宗婦者，乃娶趙孺人。趙孺人善視諸子女，當子愿意。而陳公無後，伏臘爲位以祭，有從弟從子賴以舉火。壻尹功懋有父喪，少釁于難，子愿爲解紛息謗至今。功懋行三年喪，如喪考妣焉。壻史高先以父喪受侮，覆露之而勉之學。既舉進士，至今感焉。

座主東阿于文定里居，歲一往候。文定恒語：「子天下才，惜無知子者。」既相，子愿餞之，祝曰：「天下人才何限，必有賢于侗者，無以小子示天下私。」文定甫入朝，遽卒。公往迎喪都門外，抵東阿。經紀其喪，凡請謚、請卹、請祀學宮，皆爲效力。嘗女季弟女，因以字内史子元瑛。葬日，執紼淚如縻。爲碑，仍手書之，人稱「二絶」。

棗强南令同榜稔交也。南卒，督學使方按南宮，子愿請急爲治後事，學使高之。公親至棗强，捐累月俸助之。李于鱗後不振，請諸孫中丞文融購故白雪樓以居，置田贍之。德平太史葛公卒，屬禹城楊公以女女其孤。方伯李公徽猷，視之若子，不吝教誨。取劉宏光、李應期兩生才，俾與子同筆硯，而賻其親喪。其他與殯、與賑，不可枚舉。

邑苦旱蝗，走白黄中丞，調穀濟之。邑爲他邑代養二馬，奏記當路，罷其征。販夫販婦，求售不榷直。丐者接迹不拒，與金與粟無間日。與田舍翁鈞禮。遇少年無賴避不見，亦招之，揖與言。所經逆旅主人，瓦盆艸具，相對不厭。賈氏女以死殉夫，亟臨其喪。稱人善不去口，童僕未嘗箠楚。或詰責之，須臾卽霽。竊冠者戒勿推。有竊金者，知而不言，反問其病。盜粟者輙不問。楚有童子，試而挾書，部使者置之法，公以幼弱請脱其械。聞中蒋之言，不答不究。服食器用，質而雅，儉而易求，絶不爲奇，曰：「奇生怪，怪生無常，是産禍也。」

文法周秦、兩漢，間及六朝。詩則五七言律武唐，古風追漢魏。李空同爲一世詞宗，公尚少之，曾書與不佞。僕視北地，覺北地小傖，不如門下鑪錘極也。今天下錯鍉歃血，靡然雅拜于七子，公獨謂：「其氣先今人而不虐，其武後古人而不化。高趾無善迹，急張無雅調。其所假號于左、馬、盛唐者，貌也，而非神也。」其識見之超卓，真有孤出獨樹，竪立三界，縱横萬古雄哉。

《臨邑》、《南宫》志，事核而文，嚴而直，信史筆也。倭事起，畫便宜十許條。萬開府諸公嘆曰：「先軫有謀，胥臣多聞，子愿兼之矣。」

書法宗鍾、王、虞、褚、顛米、禿素，而深得右軍神髓。畫入黄、趙、董、馬堂奧。辛亥春，今上令内竪以邢侗字扇進覽，爲擊節稱賞。邢司馬至高麗，有李狀元妻托致書子愿，願爲弟子。朱宗伯出使，從人適攜其字二幅，購之黄金同價。琉球使者入貢，願少留買邢書去。年垂六十，目無纖翳，燈下蠅頭書，不爽黍杪。齒利嗽堅，步履矯健，孰意其一疾不起耶！子愿在日，四方客迂道往訪，長者車不絶。當事推轂于朝章數十上。陳文憲修國史，議以子愿及二三儒碩載筆，會卒不果。其所交，與王氏二美、郭美命、屠長卿、焦弱侯、趙夢白、李本寧，及不肖時可、高孩之，一時獨步，然推尊子愿爲海内傑出。

子愿故壯無疾，以長子王瑞有美才死，無子，哀傷踰年，遂病。四十日，臨没，神不亂，援筆書曰：「天高水長，學則如此。止惟五峯小圃未成，西漢書未爛耳。」正容端坐而瞑。其夕，烈風雷雨，俄而天鼓鳴。逾日，顔若生。没三歲，督學吴公檄祀鄉賢，諸子自王瑞外，次王稱，又次王藹、王桓、王嘉，皆高才能文章，世其家。餘詳李本寧《誌》。

銘曰：「古稱不朽，功德與言。卓哉邢君，實稟其全。於昭我明，泰運方躔。何李初導，七子後鞭。天下争赴，浮氣若顛。雖優飾畫，正始茫然。陳陳相因，腐爛不鮮。公實後起，卓識無前。筆挫萬象，胸涵兩間。六經黼黻，百氏陶甄。雲烟吐納，蛟龍騰騫。經緯互燿，金石相宣。大而能化，明而且元。匪直覺人，抑且補天。旁及書畫，靡不貫穿。鍾王相授，董黄獨傳。周流四官，莫敢不虔。廉潔不劌，馨香却羶。藻文質行，内方外圓。竭節二親，死孝可憐。周旋里黨，無論愚賢。汝寒我袴，汝突我烟。三公可羣，八騶可延。譬之神龍，于天于田。金石不朽，竹帛不捐。我銘其邱，用垂千年。」

萬曆戊午孟冬月舊治通家友弟馮時可頓首撰。

《邢氏家乘》卷五《家傳》

①兄，李維楨撰「邢侗墓志銘」作「父」。

續畫史繪要・邢侗

邢侗，字子愿，號知吾，山東臨邑人。官御史，以詞翰著稱。臨仿法帖，雖未能盡合古人，但筆力矯健，圓而能轉，時亦有得。有《來禽帖》行於世。

（明）朱謀垔《續畫史會要》

南宮縣循良傳

山東臨邑人，由進士三年任行取御史。邢侗，字子愿，修《南宮志》

萬歷中知南宮事，公正廉潔，先教化，後文法。在任五年，野無不耕之田，下無廢學之士，盜息訟簡，吏民親愛之，號之曰「邢父」。尋擢御史，邑人懷其德，祠而祝之。去思祠在東門内南，南宮子祠西。

《邢氏家乘》卷五《家傳》

列朝詩集小傳・邢侗

侗，字子愿，臨邑人。萬曆二年進士，除南宮知縣，歷御史參議，終陝西行太僕寺少卿。子愿生七歲，能作擘窠書，十餘歲，楷法王雅宜。二十四歲登第，殿試策，書法擅場，主者驚異，卒置榜尾。罷官時，年才三十餘。先世席資鉅萬，美田宅，甲泲水上。子愿築來禽館，在古犂丘上，讀書識字，焚香掃地，不問家人生産。四方賓客造門，户履恒滿。減産奉客，酒鎗簪珥，時時在質庫中。晚年書名益重，購請填咽，碑版照四裔。妹慈靜，善倣兄書；家僮戴禄，亦通六書之學。同里王尚書洽，集子愿書，刻《來禽館帖》。濟南風流文彩，幾與江左文、董先後照映。李維楨序其《集》，儗諸北齊邢子才云。

（清）錢謙益《列朝詩集小傳》丁集下

静志居詩話·邢侗

邢侗，字子愿，臨邑人。萬曆甲戌進士，除南宫知縣，徵授監察御史，出爲湖廣參議，陞陝西行太僕少卿。有《來禽館集》。

子愿雖有詩名，爲書法所掩。其言曰：「詩盛于嘉隆七子，以爲盡詞人之變矣。然效趨者高趾，促柱者急張。往往不病而呻吟，匪樂而强笑，江河日下，七子之盛，七子之衰也。」蓋深中時流之弊，特其自撰不見脱穎耳。

（清）朱彝尊《静志居詩話》卷十五

明史・列傳・邢侗

邢侗，字子愿。萬曆二年進士，終陝西行太僕卿。家資鉅萬，築來禽館於古犂丘，減産奉客，遂致中落。妹慈静，善倣兄書。

《明史》卷二百八十八《列傳》第一百七十六

四庫全書總目・來禽館集

《來禽館集》二十九卷，明邢侗撰。侗字子愿，臨邑人。萬曆甲戌進士，官至陝西行太僕卿。《明史・文苑傳》附載《董其昌傳》中。是集凡文二十四卷，詩僅五卷。侗以善書得名，當時有「北邢南董」之目。其序于慎行詩集，謂「李何學唐，爲化鳩之眼」；而於太倉、歷下並有微詞，蓋能不依七子門户者。故所作大抵和平雅秀，王士禎《論詩絶句》亦有「來禽夫子本神清」之語。特骨幹未堅，不能自成一隊。文體則更近於澀矣。

《四庫全書總目》卷一百七十九

明畫録・邢侗

邢侗，字子愿，臨邑人。萬曆間由進士官侍御，參楚藩。工詩文，著有《來禽館集》。以書法擅名。寫墨竹宗石室一派，每自言追師湖州云。

（清）徐沁《明畫録》卷七

無聲詩史·邢侗

邢侗，字子愿，臨邑人。由制科仕至太僕卿。臨池之學，規摩二王，筆花娟潤，如時女步春，秀骨楚楚，可謂登山陰之堂，而襲其韶者矣。間寫文石，亦藝林片玉也。

（清）姜紹書《無聲詩史》卷四

臨邑縣志·人物志·邢侗

邢侗，字子愿。以進士尹南宫，擢監察御史，叅藩三楚，終陝西行太僕卿，所至有威惠聲。以親老乞養歸，年纔三十餘。先世席資鉅萬，美田宅，甲泲水上。築來禽館於古犂邱。四方賓客造門，户屨恒滿。減産奉客，酒槍簪珥，時時在質庫中。夙以詩古文詞淩駕儕輩，高古典雅，工而拙，用之于鱗之後，復爲盟主。書法出入二王，與華亭董其昌分長大江南北。時張瑞圖、米萬鍾同以善書名，學者稱「邢張米董」，然不逮邢董遠甚。晚年名益重，購請填咽。高勾麗使賫兼金從人轉求。其傾動外域如此。著有《來禽館詩文集》及《來禽館帖》行世。

（清）道光《臨邑縣志·人物志·文苑》

邢氏家乘·邢侗

侗，字子愿，號知吾。隆慶戊辰恩選，庚午京闈舉人，萬曆甲戌進士。歷任南宫知縣，山西道監察御史，湖廣叅議，陝西行太僕寺少卿兼僉事。以文章名，世有文集、字帖傳海内。配陳氏、趙氏，生五子，側室馮氏，王稱、王桓爲其所出。

《前賢履歷紀》云：邢某字知吾，詩四房，濟南府臨邑縣人。乙亥四月授南宫縣，庚辰六月行取山西道御史，辛巳三月巡監河東，癸未三月巡按蘓松，甲申二月陞湖廣叅議，丙戌二月陞陝西太僕寺少卿，五月告病准致仕。

壽六十二歲。生于嘉靖辛亥十月二十六日亥時，卒于萬歷壬子四月二十七日子時。葬城西塋。東萊趙吉亭先生題墓碑，云「海内大孝名公子愿邢先生之墓」，書丹爲劉耳枝先生。入「鄉賢」，有傳。

《邢氏家乘》卷四《世系表》

圖書在版編目(CIP)數據

邢侗集/(明)邢侗著;宫曉衛,修廣利輯校. —濟南:齊魯書社,2017.3
ISBN 978-7-5333-3735-3

Ⅰ.①邢… Ⅱ.①邢… ②宫… ③修… Ⅲ.①邢侗(1551-1612)—文集 Ⅳ.①Z424.8

中國版本圖書館CIP數據核字(2017)第035206號

邢侗集
〔明〕邢侗 著
宫曉衛 修廣利 輯校

主管單位	山東出版傳媒股份有限公司
出版發行	齊魯書社
社　　址	濟南市英雄山路189號
郵　　編	250002
網　　址	www.qlss.com.cn
電子郵箱	qilupress@126.com
營銷中心	(0531)82098521　82098519
印　　刷	山東新華印務有限責任公司
開　　本	720mm×1020mm　1/16
印　　張	55.5
插　　頁	3
字　　數	589千
版　　次	2017年3月第1版
印　　次	2017年3月第1次印刷
印　　數	1—1600
標準書號	ISBN 978-7-5333-3735-3
定　　價	**186.00圓**